Semon, Richard Wolfgang

Im australischen Busch und an den Küsten des Korallenmeeres

Semon, Richard Wolfgang

Im australischen Busch und an den Küsten des Korallenmeeres

Inktank publishing, 2018

www.inktank-publishing.com

ISBN/EAN: 9783747766095

Im australischen Busch

und an den

Küsten des Korallenmeeres

Reiseerlebnisse
und Beobachtungen eines Naturforschers
in
Australien, Neu-Guinea und den Molukken

von

Richard Semon

Zweite, verbesserte Auflage

Mit 86 Abbildungen und 4 Karten

Leipzig
Verlag von Wilhelm Engelmann
1903

Herrn

Professor ERNST HAECKEL,

dem Begründer phylogenetischer Forschung,

und

Herrn

Dr. PAUL v. RITTER,

dem hochherzigen Förderer dieser Wissenschaft,

widme ich diesen Bericht einer Reise,
deren Ziel es war, einige stammesgeschichtliche Probleme
ihrer Lösung näher zu bringen,

in Dankbarkeit und Verehrung.

Vorwort zur ersten Auflage.

Als ich im Jahre 1891 eine längere Reise nach Australien antrat, waren es ganz spezielle zoologische Ziele, die mich dorthin führten und dort festhielten. Das Studium der wunderbaren australischen Fauna, der eierlegenden Säugetiere, der Beuteltiere und der Lungenfische war die eigentliche Aufgabe, die ich mir bei meiner Abreise vorsetzte und auf deren Lösung ich meine Kräfte konzentriert habe. Daß es mir gelang, sie im großen und ganzen befriedigend zu lösen, verdanke ich zunächst der reichen pekuniären Unterstützung, die Herr Dr. Paul von Ritter meinem selbständig begonnenen Unternehmen zu Teil werden ließ, verdanke ich ferner dem Rat und der Hilfe meiner Jenenser Lehrer, Freunde und Kollegen, den Herren Professoren Haeckel und Fürbringer, verdanke ich endlich dem Beistand, den neue Freunde, mit denen ich erst unterwegs in Berührung trat, mir und meinen Bestrebungen gewährten: in erster Linie Herrn W. F. McCord auf Coonambula am Burnett und seiner liebenswürdigen Familie, ferner Herrn Dr. Melchior Treub, Direktor des botanischen Gartens in Buitenzorg, und vielen anderen, deren Namen ich hier nicht einzeln aufzählen will, denen ich aber allezeit ein dankbares Gedächtnis bewahren werde.

Die mitgebrachten Sammlungen werden von einer größeren Anzahl Zoologen und Anatomen und von mir selbst untersucht und durchgearbeitet, und die Resultate in einem streng wissenschaftlichen Reisewerke unter dem Titel: »Zoologische Forschungsreisen in Australien und dem malayischen Archipel« veröffentlicht. Sechs Lieferungen sind bereits erschienen und etwa zwanzig weitere sind noch zu erwarten.

Vieles jedoch, was ich auf meiner Reise erlebt, erfahren und beobachtet habe, paßt nicht in den Rahmen jenes Werkes, das sich allein an den Fachgelehrten wendet. Zahlreiche Einzelbeobachtungen an Tieren und Pflanzen, Studien über Land und Leute, Eindrücke, die die Landschaft der australischen Buschwälder, der Koralleninseln der Torresstraße, der Tropenvegetation von Neu-Guinea, Java und Ambon hervorriefen, das Gesamtbild jener fernen Australländer und Inseln konnten ihre Wiedergabe nur in der zwangloseren Form einer Reisebeschreibung finden. So entstand dieses Buch, das, wie ich hoffe, zwar auch dem Naturforscher manches bieten wird, das aber für jeden bestimmt ist, der es liebt, den Forschungsreisenden zu fremden Ländern und Völkern zu begleiten und an seinen Mühen und Arbeiten ebenso teilzunehmen, wie an den unvergleichlichen Genüssen, die die Betrachtung von Natur und Menschenleben in jenen herrlichen Teilen der Erde jedem gewähren muß, der seine Augen öffnet und um sich schaut.

Durch das freundliche Entgegenkommen der Verlagsbuchhandlung wurde es mir ermöglicht, vieles von dem, was ich mit Worten beschrieb, auch durch das Bild zu veranschaulichen. Mit ganz wenigen Ausnahmen sind alle die mitgegebenen Abbildungen von Landschaften und Menschen Originale nach meinen eigenen Photographien, die Tierbilder größenteils Zeichnungen von Herrn A. Giltsch nach Objekten aus den von mir heimgebrachten Sammlungen. Da mein aus Europa mitgenommener photographischer Apparat schon nach wenigen Monaten versagte, mußte ich mich mit einer alten Camera begnügen, die ich in einer kleinen Ansiedlung Queenslands dem dortigen Grobschmied, Uhrmacher und Photographen abkaufte. Dem Umstande, daß in jener abgelegenen Gegend ein photographischer Apparat irgend welcher Art zu erhalten war, verdanke ich die Möglichkeit, überhaupt Abbildungen zu bringen. Freilich stand meine dortige Erwerbung nicht auf der Höhe moderner Technik, und die Erzeugnisse des Instruments bedurften einer ausgiebigen Retouche von der Hand unseres kunstgeübten Jenenser Meisters, Adolf Giltsch.

Kein anderer Erdteil ist von deutschen Reisenden so stiefmütterlich behandelt worden, wie Australien. Deshalb wird meine Darstellung vielleicht auch für das große Publikum, das in dem letzten Jahrzehnt vorwiegend von Afrika zu hören bekommen hat, einiges Interesse besitzen. Meinen zahlreichen Freunden im fernen Osten aber wird hoffentlich dieses Buch als ein Gedenkzeichen des deutschen Forschers, den sie so edelmütig unterstützt haben, wert sein, und sie werden freundlich seinen Gruß und Dank entgegennehmen.

Jena, den 7. November 1895.

Richard Semon.

Vorwort zur zweiten Auflage.

Nahezu sieben Jahre sind seit dem Erscheinen der ersten Auflage meines Reisewerks verflossen, und während dieser Zeit hat weder die wirtschaftliche Entwicklung der von mir bereisten Gebiete noch die wissenschaftliche Erforschung ihrer tierischen und pflanzlichen Bewohner geruht. Inwieweit sollte ich diesen Veränderungen in der neuen Auflage Rechnung tragen? Von vorn herein war ich mir klar darüber, daß meine Schilderung den Charakter des Selbsterlebten und Selbstgeschauten behalten müsse, und dass alle Nachträge, die sich auf Informationen aus zweiter oder dritter Hand stützten, nur von Übel sein würden. Ich schildere also auch in der zweiten Auflage das Australien, Neu-Guinea und Malayia, wie ich es in den Jahren 1891—1893 kennen gelernt habe.

Dagegen habe ich die Fortschritte, die in unserer naturwissenschaftlichen Kenntnis jener Länder in der Zwischenzeit eingetreten sind, insoweit berücksichtigt, als es mir im Rahmen einer populärwissenschaftlichen Darstellung angebracht erschien. Sind doch inzwischen die von mir mitgebrachten Sammlungen größtenteils bearbeitet und die Ergebnisse in 21 bisher erschienenen Lieferungen meiner Zoologischen Forschungsreisen (Jena, G. Fischer) eingehend dargestellt worden.

Die Arbeiten der nahezu funfzig Mitarbeiter an diesem Werke sind in Gestalt mancher Ergänzungen und Verbesserungen dem vorliegenden Buche zu gut gekommen. Eine ausführlichere Erörterung der Frage nach der Einführung oder Einwanderung des Dingohundes in Australien unter Berücksichtigung der neuerdings geäußerten Ansichten wird vielleicht manchem Leser willkommen sein.

Stark gekürzt habe ich dagegen an den zoogeographischen Auseinandersetzungen. Die Materialien zur Beurteilung dieser Fragen haben sich in letzter Zeit sehr vermehrt; eine bedeutende geistige Arbeit auf diesem Gebiet ist dazugekommen. Eine Klärung der

Ansichten ist aber dadurch vorläufig noch nicht eingetreten. Die Schlüsse, die man aus der Verteilung der Tiere und Pflanzen auf die weit zurückliegende Geschichte der von ihnen bewohnten Gebiete macht, werden in vielen Fällen wohl noch solange höchst unsichere bleiben, als sie der genaueren geologischen, paläontologischen und ozeanographischen Kenntnis des gesamten Schauplatzes vorangehen, nicht auf ihr basieren. Ich habe deshalb darauf verzichtet, meine Leser in diesen Urwald von interessanten aber meis kurzlebigen Hypothesen einzuführen.

Bei der verbessernden Durchsicht des Kapitels über Neu-Guinea konnte ich mich des unschätzbaren Beistandes und Rates unseres ersten deutschen Neu-Guinea-Pioniers, Dr. Otto Finsch erfreuen. Ihm in erster Linie verdankt das deutsche Volk seinen kostbaren Neu-Guinea-Besitz. Als friedlicher Eroberer wie als Forschungsreisender hat er dort bahnbrechendes geleistet. Daß ihm, der die sichere Stellung in der Heimat aufgegeben hat, um das zu vollführen, nach getaner Arbeit bei uns kein Plätzchen offen steht, kein Posten, der seinen gewiß nicht unbescheidenen Ansprüchen genügt und der ihm Gelegenheit bietet, entweder seine reiche koloniale oder seine vielseitige wissenschaftliche Erfahrung zu verwerten, daß er gezwungen ist, am Abend seines Lebens in der Fremde sein Brot zu suchen, ist traurig und beschämend.

Meine Gattin, die das vorliegende Buch bereits vor 4 Jahren ins Englische übertragen hat (London, Macmillan and Co., 1899), hat viel zur stilistischen Verbesserung der vorliegenden deutschen Auflage beigetragen.

Diese Auflage erscheint in demselben Jahre, in dem Ernst Haeckel in sein siebenzigstes Lebensjahr getreten ist. Möge ihm unter den zahlreichen und wertvolleren Ehrengaben, von denen er sich bei Vollendung dieses Jahres umgeben sehen wird, auch dieser bescheidene Beitrag eines treu ergebenen Schülers eine kleine Freude bereiten.

Prinz-Ludwigshöhe bei München, den 1. April 1903.

Richard Semon.

Inhalt.

Verzeichnis der Abbildungen.

Erstes Kapitel.

Von Jena bis Queensland.

Wer das Bedürfnis hat, sich hin und wieder aus dem gleichmäßigen Gange seines Alltagslebens herauszureißen, neue Landschaftsbilder zu schauen, die Werke vergangener und gegenwärtiger Kunst zu genießen, buntes Völkerleben zu studieren, dem bietet unser altehrwürdiges Europa mit seinen Alpen, norwegischen Fjorden und den in unvergleichlicher Schönheit strahlenden Küstenländern des Mittelmeers, mit der Lebensfülle seiner Großstädte und dem Erinnerungsreichtum der alten hellenischen und römischen Kulturstätten, dem bunten Volksleben Italiens, Dalmatiens, der Türkei ein Feld, das von keinem andern Gebiet der Erde in seiner Vielseitigkeit erreicht wird. Nur für denjenigen, der das naheliegende Gute einigermaßen kennt, ist es geraten, in die Ferne zu schweifen, Ägypten und Indien zu bereisen, sich an dem fremdartigen Treiben des Orients, Japans und Chinas zu ergötzen, die Schönheiten der Tropenlandschaft in Ceylon oder Brasilien aufzusuchen, in Nordamerika die gewaltige Schaffenskraft des modernsten Kulturvolkes kennen zu lernen.

Für einen solchen Reisenden, der ästhetischen Genüssen, historischen und volkswirtschaftlichen Studien nachgeht, bietet der fünfte Erdteil, bietet Australien entschieden weniger als irgend einer der vier andern, und sein Besuch ist demjenigen, der wesentlich das Vergnügen sucht und die übrige Welt noch nicht kennt, keineswegs anzuraten.

Anders aber stellt sich Australien dem Naturforscher dar, vor allem dem Zoologen. Seine Pflanzen- und besonders seine Tierwelt ist so eigenartig, daß man berechtigt ist, bei zoogeographischer Einteilung die australische Region einerseits der ganzen übrigen Welt anderseits gegenüberzustellen, und nur aus praktischen Gründen ist diese Einteilung in den Lehrbüchern nicht durchgeführt worden. Tiere, die in allen andern Erdteilen vorkommen, wie die katzen- und hundeartigen Raubtiere, Rinder, Antilopen und Schweine, die Insektenfresser und Affen fehlen in Australien gänzlich. Dafür kommen dort Geschöpfe vor, die auf der ganzen übrigen Erde längst ausgestorben sind, wie die Beuteltiere, die sonst nur noch in Amerika in einer Familie überleben, die eierlegenden Säugetiere, die ganz auf Australien beschränkt sind, der durch Lungen atmende Fisch Ceratodus, der ein Bindeglied zwischen Fischen und Amphibien vorstellt und in vergangenen Erdperioden auf der ganzen Erde zu finden war. Man hat daher Australien treffend das Land der lebenden Fossilien genannt und könnte es auch das Land der fehlenden Zwischenglieder, der »missing links« nennen, da jene sonst auf der Erde ausgestorbenen Geschöpfe eine Zwischenstellung zwischen Tierklassen einnehmen, die ohne Zusammenhang dastehen würden, wenn man nur die in den übrigen Erdteilen lebenden Formen ins Auge faßt. Der Lungenfisch Ceratodus ist solch ein Zwischenglied zwischen Fischen und Amphibien, die eierlegenden Säugetiere vermitteln zwischen Reptilien und höheren Säugetieren.

Die Fossilien, die wir versteinert im Schoße der Erde finden, bieten dem Naturforscher zur Untersuchung nur das knöcherne oder knorplige Skelett, die Schuppen und Panzer der Haut, die äußere Form, während von den Weichteilen: Muskulatur, Nervensystem, Sinnesorganen, Eingeweiden fast niemals Spuren erhalten sind. Das Studium der »lebenden Fossilien«, wie sie sich in den erwähnten Fällen noch in Australien finden, ist angetan, diese empfindlichen Lücken unsrer Kenntnis auszufüllen. Besonders wichtig ist es auch, die embryonale Entwicklung jener Übergangstiere zu studieren. Ist doch nach dem Ausspruche des großen Naturforschers Karl Ernst v. Baer »die Entwicklungsgeschichte der wahre Lichtträger für Untersuchungen über organische Körper«. Es ist deshalb als eine lohnende und Erfolg versprechende Aufgabe anzusehen, das Material für das entwicklungsgeschichtliche Studium solcher »lebender Fossilien« zu beschaffen.

Als ich im Juni 1891 eine auf mehrere Jahre berechnete naturwissenschaftliche Reise antrat, besaßen wir gar keine Kenntnisse über die Entwicklung der Lungenfische. Was die eierlegenden Säugetiere anlangt, so war außer der Tatsache des Eierlegens und einem interessanten Befund betreffs der Bezahnung junger Schnabeltiere über ihre Entwicklung ebenfalls nichts bekannt. Aber auch die Anatomie der ausgewachsenen Tiere war noch sehr lückenhaft, und selbst die Anatomie und Entwicklung der Beuteltiere war in keiner Weise erschöpfend untersucht.

Ich wählte also Australien als das erste und wichtigste Feld meiner Tätigkeit, und in Australien wiederum eine Gegend, in der alle jene Geschöpfe, nach denen mein Trachten stand, zusammen vorkommen. Beuteltiere finden sich dort überall, dasselbe gilt für beide Gattungen der eierlegenden Säugetiere mit Ausnahme des Nordens jenseits des 18° s. B., wo das Schnabeltier fehlt. Der Lungenfisch Ceratodus aber findet sich nur in zwei kleineren Flüssen der Ostküste, dem Mary- und Burnett-River in Queensland. So blieb für mich kein Zweifel, daß ich in dieser Gegend meine Arbeit beginnen müsse, und dementsprechend habe ich gehandelt. Ich habe mich natürlich bei meiner Arbeit weder auf dies eine Gebiet noch auf diese eine Gruppe von Aufgaben beschränkt. Ich habe später den Norden Queenslands, die Inseln der Torresstraße, Neu-Guinea, Java und die Molukken bereist und habe überall gesammelt, gesehen und beobachtet, soviel ich nur konnte. Der Schwerpunkt meiner Tätigkeit lag aber in Australien und in der Erforschung seiner wunderbaren Wirbeltierfauna.

Die Fortpflanzung der meisten Wirbeltiere Australiens beginnt, sofern sie sich nicht über das ganze Jahr ausdehnt, gegen Ende des Winters und Anfang des Frühlings, und da auf der südlichen Hemisphäre dann Sommer herrscht, wenn wir Winter haben, dann Frühling, wenn bei uns Herbst ist, so mußte ich bedacht sein, meine Arbeit spätestens im August, der unserm Februar entspricht, an Ort und Stelle aufzunehmen.

Am 13. Juni 1891 verließ ich Jena, dessen Berge und Talwiesen gerade im schönsten Frühlingsschmuck prangten, und trat meine Reise an. Mein Gepäck, bestehend aus dreizehn Kisten und Koffern, die meine Ausrüstung an Bekleidungsgegenständen, Instrumenten, Büchern, Chemikalien, Gläsern, Jagdwaffen und Fischereigerät enthielten, hatte ich schon lange vorausgeschickt. Trotzdem sich beim Antritt der Reise die ominöse Zahl 13 so aufdringlich vordrängte, war ich doch frohen Mutes und leichten Herzens und gab nicht viel auf die Unkenrufe eines befreundeten Bekenners des Aberglaubens. Da ich bis zum Abgang meines Schiffes noch Zeit hatte, beschloß ich den Naturschönheiten der alten Welt einen Abschiedsblick zuzuwerfen. Von Luzern und vom Rigi genoß ich den Anblick unserer herrlichen Schneealpen und sah sodann die Ufer der italienischen Seen in der vollen Üppigkeit des jungen Sommers. In Genua blieben mir noch vier Tage, da sich Ankunft und Abfahrt meines Schiffes etwas verzögerte. Genua, Pegli, Monaco, die ganze Küste des tyrrhenischen Meeres bis Neapel, Messina und Palermo, etwas schöneres ist nirgends zu finden in Ost und West, unter den Tropen und auf der südlichen

1*

Hemisphäre! Das Aufsuchen des Eigenartigen, Charakteristischen hat aber einen ebenso hohen Reiz als der Genuß des durchaus Schönen.

Am 22. Juni kam endlich mein Schiff, der Norddeutsche Lloyd-Dampfer Nürnberg, von Bremen nach Sydney bestimmt, in Genua an. Die Nürnberg war ein ziemlich altes Schiff von 2000 Tons, das für solche Hauptfahrten nur während der toten Saison in Dienst gestellt wurde und neuerdings blos zur Küstenschiffahrt an den chinesischen und japanischen Küsten verwendet wird. Da vorauszusehen war, daß im Juli die Temperatur auf dem roten Meer erdrückend heiß, die Fahrt über den indischen Ozean ziemlich stürmisch sein würde, gingen um diese Zeit nur wenige Kajütenpassagiere hinüber. Als ich auf das Schiff kam, war blos ein Passagier erster Klasse dort, ein zweiter kam in Ceylon hinzu, fünf Erwachsene und zwei Kinder in der zweiten Klasse, über hundert Auswanderer im Zwischendeck. Außerdem noch ein deutscher Truppentransport, fünf Offiziere und gegen hundert Matrosen, Ablösungsmannschaft für unser in der Südsee stationiertes Kriegsschiff Sperber.

Mit den lustigen und unternehmenden Offizieren, prächtigen Seemannstypen, schloß ich gleich in Genua Freundschaft und habe mit ihnen in den folgenden sechs Wochen manche heitere Stunde an Bord verlebt und manchen ereignisreichen Streifzug an Land unternommen. Solche Seefahrten mit ihrem Leben und Treiben an Bord, fliegenden Fischen, Meerleuchten, Besuch der Hafenstädte sind aber schon so tausendfach beschrieben und verherrlicht worden, daß ich kurz darüber hinweggehe. Sechs Wochen an Bord haben nichts reizendes für mich. Das Leben auf hoher See erscheint mir monoton, es fehlt an hinreichender körperlicher Bewegung, gefesselt an einen so kleinen Raum im unermeßlichen Ozean kommt man sich wie ein Gefangener vor. Jeder Aufenthalt an Land bedeutet einen Lichtblick, aber meist ist er nur allzu kurz und gibt kaum Zeit zu flüchtigen Eindrücken. Während eine Segel- oder Dampferfahrt von wenigen Tagen längs interessanter Küsten oder auch über das hohe Meer zu dem angenehmsten und genußreichsten gehört, was es gibt, werden mir wochen- und monatelange Fahrten auf hoher See direkt zur Qual. Das schönste sind die stillen Abende und Nächte in den Tropen, wenn das Schiff in rascher und doch kaum fühlbarer Bewegung die Wasserfläche durchfurcht, sanfte Kühle die Hitze des Tages ablöst, der Mond sein Zauberlicht über das ruhende Meer ergießt, und mit den schönsten Sternbildern des nördlichen Himmels, Orion, Stier und Hund, sich der Glanz des südlichen Kreuzes und des prächtigen Skorpions vereinigt.

Von Genua fuhren wir zwischen Corsica und Elba hindurch an den Ponza- und Liparischen Inseln vorbei auf Messina zu. Als wir nachts dicht an dem Vulkan Stromboli vorüberkamen, sahen wir zwei mächtige Lavastreifen gleich glühenden Schlangen sich von der Spitze des Kraters ins Meer hinabwinden.

Am nächsten Tage passierten wir Kreta und zwei Tage später, am 29. Juni, gingen wir vor Port Said vor Anker. Sobald unser Fuß das Land betrat, begann aus zwei mit schäbiger Eleganz ausgestatteten Lokalen Orchestermusik zu ertönen, fliegende Händler strömten herbei, ägyptische Knaben boten Nargilehs an, aufgeputzte Damen promenierten in unsre Nähe. Als wir nach einigen Stunden wieder an Bord gingen, schwand wie mit einem Zauberschlag das belebte Bild, schweigend und verlassen schien der Ort dazuliegen, bis zum Glück, gerade als wir die Anker lichteten, ein französischer Dampfer von Aden kommend anlangte, der ebenso geräuschvoll und großartig empfangen wurde wie wir.

Nach siebzehnstündiger Kanalfahrt waren wir in Suez und dampften nach kurzem Aufenthalt daselbst wieder ins Meer hinaus, vorbei an den schöngeformten, sonnendurchglühten Wüstenbergen der Sinaihalbinsel. Vom 30. Juni bis 5. Juli durchfuhren wir den tiefblauen Meeresabschnitt, den man das rote Meer nennt, und lernten, da wir den Wind mit uns hatten und uns im Monat Juli befanden, die berühmte Bratofenhitze dieses Binnenmeeres unverfälscht kennen. Das schlimmste war, daß die Temperatur während dreier Tage auch nachts nicht unter 32° C. fiel. Sowie wir Perim passierten und durch die Straße von Bab-el-Mandeb in den Golf von Aden eintraten, empfing uns eine Douche kühler Luft in Gestalt eines kräftigen Südwestwindes. Unser Aufenthalt in dem verbrannt und vertrocknet aussehenden Aden war zu kurz, um an Land zu gehen. Dafür füllte sich bald das Schiff mit arabischen Händlern, Juden, Somaliverkäufern, die auf unserm Deck eine Art Markt von Antilopenhörnern, Sägefischsägen, getrockneten Sonnen- und Igelfischen, Muscheln, Matten, Körben und Straußenfedern einrichteten und sich mehr durch hohe als feste Preise auszeichneten. Mein besonderes Interesse erregten einige prächtig gewachsene Somali mit edlen, fast kaukasischen Gesichtszügen, die außer der tiefschwarzen Farbe ihrer sammtartigen Haut nichts negerhaftes an sich hatten.

Ein starker Südwestmonsun blies uns beim Verlassen des Golfs von Aden aus dem indischen Ocean entgegen. Vier Tage lang hatte unser Schiff gegen den mit Sturmesgewalt wehenden Wind anzukämpfen, unten alle Luken dicht, auf Deck vor Wind, Regen und

Sturzwellen kein Aufenthalt. Kein Wunder, daß da fast Allen von uns der Appetit mehr oder weniger verging. Das Meer schwärmte hier von fliegenden Fischen, die in ihrem Fluge oft genug, besonders nachts zu uns an Bord geweht wurden und, vom Falle verletzt, ihren leuchtenden Darminhalt weithin verspritzten, ein Zeichen, daß sie sich vorwiegend von leuchtenden Meerestieren nähren. Am 11. Juli passierten wir das Leuchtfeuer der kleinen Insel Minicoy zwischen Laccadiven und Malediven und gingen am 12. Juli vor Colombo vor Anker.

Nach der beschwerlichen Seefahrt waren die 24 Stunden, die wir auf Ceylon verweilen durften, eine wunderbare Erholung und reizende Unterbrechung. Für mich hatte die herrliche Insel noch ganz besondere Anziehungskraft. War sie mir doch durch die mündlichen und schriftlichen Schilderungen, durch Farbenskizzen und Photographien meines Lehrers Professor Haeckel vertrauter als irgend ein andrer Fleck Erde, den ich nicht persönlich gesehen hatte. Das schöne, farbenprächtige Tropenbild, das Stadt und Hafen Colombo bietet, das heitere Treiben der Singhalesen und Tamilen, die orientalische Bequemlichkeit des »Oriental Hotel«, eine nächtliche Djinrikischafahrt mit großer Leuchtkäferillumination, morgens eine Fahrt durch Stadt und Land zum berühmten Buddhatempel, als letztes noch große singhalesische Reistafel ließen mir die 24 Stunden auf Ceylon auf meiner Seereise als das erscheinen, was eine Rast in der Oase dem Wüstenreisenden ist. Kaum aus dem Hafen von Colombo heraus, nahm unser Schiff seine stampfende und schlingernde Bewegung wieder auf. Wir verspürten die Fernwirkung eines heftigen Sturmes, der um jene Zeit viele hundert Meilen östlich von uns wütete.

Am 15. Juli abends erschien Triton bei uns an Bord und meldete für den nächsten Tag, an dem wir die Linie zu passieren hatten, den Besuch Neptuns an. Als feuriger Ball warf er sich dann über Bord und leuchtete noch lange hinter dem Schiffe her; war er es selbst oder nur eine brennende Theertonne, die seinen Pfad bezeichnete? Schon seit mehreren Tagen hatten die braven Unteroffiziere des Matrosentransports allerlei geheimnisvolle Vorbereitungen für den feierlichen Akt der Linientaufe getroffen. Am nächsten Tage um die Mittagsstunde erschien der Meergott selber mit Dreizack und mächtigem Flachsbart, an der Seite seine mit einem kleinen Schnurrbart gezierte Gemahlin Amphitrite mit Triton, Polizeisoldaten, Negern, Ärzten, Barbieren, einem Pastor und einem Aktuar. Nachdem einige schöne Reden in gereimter Form hergesagt und eine Anzahl Orden verteilt waren, begann der eigentliche Taufakt an allen denen, die zum erstenmal die Linie passierten.

Die feierliche Handlung bestand in Einseifen, Rasieren mit einem riesigen Holzmesser, Tauchbad in Seewasser, in schwereren Fällen auch Durchjagen durch einen weiten Leinwandschlauch, sogenannten Windsail, wobei ein nachgesandter starker Wasserstrahl mit als Beförderungsmittel diente. Zum Schluß wurde ein Schwein rasiert und getauft, und das Ende war allgemeine Spritzerei und Taucherei, am Abend eine solenne Kneiperei der Unteroffiziere und Mannschaften, zu der wir alle beisteuerten. Die Linientaufe ist sonst an Bord der großen Passagierdampfer abgeschafft, weil viele der modernen Reisenden für einen derben Spaß zu zimperlich sind. Hier bei uns war sie Privatangelegenheit des Matrosentransports, an der aber auch ein Teil der übrigen Passagiere und die Mannschaft des Schiffes mit Vergnügen teilnahmen.

Am 19. Juli stoppte die Maschine plötzlich und wir erfuhren, daß eine Eisenstange an der Luftpumpe gebrochen sei. Die Reparatur dauerte 20 Stunden, während der wir beliebig im indischen Ocean hin- und hergeschaukelt wurden. Die Segel konnten wir nicht benutzen, weil nach Überschreiten der Linie uns ein starker Südostpassat gerade in die Zähne blies.

Am 27. Juli nachts passierten wir Kap Leeuwin und fuhren vom nächsten Morgen an in Sicht der bergigen Südwestküste von Australien. Eine Schar von Albatrossen schloß sich uns an und begleitete in schwebendem Fluge unser Schiff bis nach Adelaide, wo wir vier Tage später vor Anker gingen.

Hier betrat ich zum ersten male australischen Boden und empfing einen sehr angenehmen Eindruck von der Hauptstadt der Kolonie Süd-Australien. Adelaide mit einer Bevölkerung von 130000 Einwohnern hat einen mehr ländlichen als großstädtischen Anstrich. Aber die Straßen sind breit und freundlich, die zahlreichen öffentlichen Gebäude stattlich, die Wohnhäuser vielfach villenartig, mit gedecktem Vorbau und Balkon, überall Gärten und Anlagen, im Hintergrunde malerisch geformte Hügel. Adelaide, Melbourne und Sydney sind so oft auch von deutschen Reisenden beschrieben worden, daß ich, der ich in diesen großen Städten nur kurz verweilte, eine Schilderung meines Aufenthalts in ihnen ganz unterlassen will. Das großstädtische volkreiche Melbourne mit fast einer halben Million Einwohner sah ich zudem nur bei sehr schlechtem Wetter. Hier besuchte ich unsern berühmten, seitdem verstorbenen Landsmann, Baron Ferdinand von Müller, einen der Pionier-Erforscher Australiens und besten Kenner seiner Flora, der mich freundlich aufnahm und bereitwillig mit Rat für meine ferneren Reisepläne unterstützte.

In Sydney verweilte ich eine Woche und benutzte dieselbe, um mich ein wenig über australische Verhältnisse, Queensland, Reisen und Leben im Innern zu orientieren. Sydney kann mit Recht stolz sein auf seine Lage und besonders auf seinen Hafen, Port Jackson, der zu den herrlichsten der Welt gehört. Dieses Zeugnis möchte ich ihm ausstellen nicht wegen seiner Schönheit, die beispielsweise von der Neapels weit übertroffen wird, sondern wegen seiner Eigenartigkeit. In seiner Topographie erinnert Port Jackson an einen norwegischen Fjord, und zwar einen Fjord, dessen Ufer von niederen Hügeln, nicht von hohen Bergen umrahmt werden, etwa wie am Christianiafjord. Ich habe seit meinem Besuch Australiens Christiania gesehen und war überrascht, im hohen Norden Europas ein Gegenstück zu der australischen Hafenstadt wiederzufinden. Der unregelmäßig gekrümmte Hauptfjord, an dem Sydney liegt, läuft in den sogenannten Paramatta River aus, keinen Fluß, sondern einen langen schmalen Meeresarm. Vom Hauptfjord aus erstrecken sich nach beiden Seiten vielgestaltige Seitenarme, Baien, Buchten in unabsehbarer Menge; hier und da sind kleine hügelige Inseln eingestreut, alle Ufer bis zum Meere herab mit Baumwuchs und Gärten bedeckt, aus denen zahllose Häuser und Villen hervorschimmern, während das blaue Wasser von großen und kleinen Dampfern, Segelschiffen und Booten belebt wird.

Diese Verteilung von Land und Wasser, von Vorgebirgen, bewaldeten Höhen, Inseln und Buchten, der Kontrast von blauem Meer, rötlichem Gestein, grüner Vegetation und hellschimmernden Häusern macht unter dem klaren australischen Himmel einen unvergleichlichen Eindruck, der weniger wegen seiner Großartigkeit als wegen seiner Eigenart und Frische Jedem, der ihn genießen durfte, unvergeßlich bleiben wird. Der wohlgepflegte halbtropische botanische Garten an der Nordspitze der Halbinsel, auf der die eigentliche Stadt liegt, übertrifft seiner Lage nach wohl alle botanischen Gärten der Welt.

Ich verbrachte viele Stunden täglich in dem ausgezeichneten naturwissenschaftlichen und ethnographischen Museum, in dem sich der Gemeinsinn des jungen Kulturlandes ebenso zeigt wie in den prächtigen öffentlichen Gebäuden, der schönen Universität, den vortrefflichen wissenschaftlichen Instituten, überhaupt der sorgfältigen Pflege der Wissenschaft. Von meinen naturwissenschaftlichen Kollegen an der Universität und den Instituten und Museen Sydneys wurde ich sehr zuvorkommend aufgenommen. Auf das liebenswürdigste nahm sich der deutsche Konsul, Herr Sahl, meiner an und öffnete mir sein gastliches Haus.

Nach sechstägigem Aufenthalt verließ ich Sydney und schiffte mich auf der »Barcoo« nach Brisbane ein. Das Wetter war herrlich, »viel Volk fuhr mit, die Lust war groß«. Wir hatten an Bord einen Fußball-Klub, der nach Brisbane ging, um sich im Fußballspiel mit den Queensländern zu messen. Die jungen Leute beherrschten das Schiff und erfüllten es mit Lärm und Heiterkeit. Auf ihre Bitten verstand sich der Kapitän dazu, ehe wir am Kai landeten, einen Fußball am Hauptmast zu hissen, und groß war deshalb der Jubel der Brisbaner Sportsleute, als unser Schiff so anlangte. Die Szenerie der Küste wurde erst interessant, als wir die vorgelagerten Inseln Stradbroke Island und Moreton Island nördlich umkreisend in die Moreton-Bay einfuhren, in die sich der Brisbanefluß ergießt. Nördlich von der Einfahrt erblickt man die wunderlich geformten, vulkanischen Kegel der »Glass-houses«. Brisbane liegt nicht direkt am Meere, sondern etwa vierzig Kilometer stromaufwärts, zu beiden Seiten des Brisbane-River, der an dieser Stelle mehrere mächtige Windungen macht. Die sogenannte City liegt am linken Ufer des Flusses, und der schönste und belebteste Teil der Stadt ist halbinselartig in eine mächtige V-förmige Flußwindung eingebettet.

In Brisbane war ich im ganzen dreimal, alles zusammen fast einen Monat und habe die aufblühende Stadt, die unter dem herrlichsten Klima liegt, das man sich denken kann, recht lieb gewonnen. Anfangs wohnte ich in dem freundlichen Bellevue-Hotel, später aber in dem prachtvollen Queensland-Club, in dem mir auf Antrag meiner neuerworbenen Queensländer Freunde in gastfreier Weise der Zutritt eröffnet wurde. Es ist eine besondere Annehmlichkeit des Reisens in Australien, daß in den größeren Städten Herren, die bekannt oder empfohlen sind, nicht im Hotel zu wohnen brauchen, sondern in den ungleich behaglicheren, meist palastartigen Klubs. Ein Palast ist auch der Queensland-Club in Alice Street gegenüber dem grünen Queensland Park, der sich in den herrlichen, vom Fluß umwundenen botanischen Garten fortsetzt. In letzterem liegt die Residenz des Gouverneurs. Schräg dem Klub gegenüber liegt das architektonisch hervorragende Parlamentsgebäude.

Brisbane ist 1825 als eine Sträflingskolonie gegründet worden und wurde erst 1842 für freie Ansiedelung geöffnet. Seitdem ist es mächtig aufgeblüht und zählt jetzt mit Einschluß der Vorstädte nahezu 100000 Einwohner. Die Stadt macht einen recht freundlichen Eindruck mit ihren breiten sauberen Straßen, ihren hübschen, gewöhnlich mit Vorbau versehenen Häusern und zahlreichen Gärten. Die Hauptstraße der Stadt ist die breite verkehrsreiche Queen-Street, in der sich das eigentliche Geschäftsleben abspielt. Hier finden sich die meisten öffentlichen Gebäude, die Ministerien, das Postgebäude, die Queensland-Nationalbank, viele andre große Geschäftshäuser und Laden bei Laden. Die Privathäuser liegen meist in den stilleren Seitenstraßen, gewöhnlich villenartig von Gärten umgeben. Haben sie nur ein Erdgeschoß, so ist der Hauptfront fast stets eine luftige gedeckte Veranda vorgebaut. Haben sie ein oberes Stockwerk, so trägt der Vorbau noch einen breiten mit Schattendach versehenen Balkon. Diese Bauart der Häuser verleiht der Stadt, in deren Gärten Palmen, Bananen, Bambus üppig gedeihen, einen fast tropischen Anstrich.

Ich suchte zunächst unsern deutschen Konsul, Honorable Johann Christian Heußler auf, an den ich von unserm auswärtigen Amt empfohlen war. Herr Heußler tat für mich, was in seinen Kraften stand, und vermittelte meine Bekanntschaft mit vielen Behörden und Personen, von denen mir wertvoller Rat und Beistand zu teil wurde. Zu besonderm Danke bin ich verpflichtet dem deutschen Arzte Herrn Dr. Eugen Hirschfeld, dem Parlamentsmitglied Herrn John Hamilton, den Herren Frank und Alek Ivory, frühern Squattern am Burnett, vor allem aber dem Under Colonial Secretary, Herrn William Edward Parry Okeden. Wesentlich durch die tatkräftige Unterstützung des letzteren gelang es mir alle Vorbereitungen rasch und prompt zu erledigen, die nötigen Spezialempfehlungen für meine ferneren Reisen in Queensland zu erhalten, Karten und amtliche Berichte aus den Ministerien zu erlangen und von jeder Steuer für den von mir zu verwendenden Alkohol befreit zu werden. Letzteres war eine ungemein wichtige Vergünstigung, die man mir übrigens erst zu teil werden ließ, als man sich ganz genau von dem rein wissenschaftlichen Charakter meiner Ziele überzeugt hatte. Herr Okeden machte mich auch mit seinem damals gerade in Brisbane weilenden Schwager, Herrn W. F. McCord von Coonambula am Burnett bekannt, dessen Beistand wesentlich zum Erfolge meiner Reise beigetragen, und dessen Gastlichkeit die Einsamkeit meines fast einjährigen Buschlebens wunderbar verschönt hat.

Nur mit inniger Dankbarkeit und Anerkennung kann ich der Art und Weise gedenken, wie man in Brisbane und überall in Queensland meinen wissenschaftlichen Bestrebungen entgegengekommen ist. Immer ist man bemüht gewesen, mir zu helfen und mich alles Sehenswerte sehen zu lassen, so das schön angelegte und gut gehaltene Hospital und das besonders durch seinen Reichtum an Queensländer

Fossilien interessante Museum. Der Direktor Herr C. W. de Vis, bekannt durch zahlreiche paläontologische Untersuchungen, erwies mir später noch dadurch einen sehr großen Dienst, daß er mir bei der Erlangung von Embryonen der wunderbaren Sirenenart Dugong behilflich war.

Herr Hamilton führte mich in dem prächtigen Parlamentsgebäude herum, und ich wohnte einer Plenarsitzung bei. Die Gemüter befanden sich damals in lebhafter Gährung. Die australischen Kolonien haben ihre Sozialisten wie die alte Welt, und wenn dieselben auch in Queensland nicht solchen Einfluß ausüben wie in New South Wales, beginnt dort auch schon die »Arbeiterfrage« eine große Rolle zu spielen.

Eine andre Bewegung, die viel Staub aufwirbelt, zielt dahin, die riesige Kolonie Queensland in zwei oder lieber in drei Teile aufzulösen, einen südlichen, mittleren und nördlichen, die ebenso autonom sein sollen, wie jetzt die ganze Kolonie den übrigen australischen gegenüber ist. Früher sei ja auch Queensland unter dem Namen Moreton-Bay-Distrikt nur ein Teil von New South Wales gewesen und erst 1859 von diesem abgelöst worden. Ich will hier bemerken, daß die einzelnen Kolonien autonom nebeneinander stehen. Sie regieren sich selber, und die von England herübergesandten Gouverneure haben lediglich repräsentative Stellung und sind ebenso einflußlos auf die Gesetzgebungen der Kolonien, wie es der Souverän im englischen Mutterlande ist. Das einzige Band, das die australischen Kolonien zur Zeit meiner Anwesenheit dort untereinander verknüpfte, war der Besitz einer gemeinsamen in den australischen Gewässern stationierten Flotte unter Oberbefehl eines englischen Admirals. Zu ihrer Herstellung hatte man sich vor kurzem entschlossen, um im Falle, daß das Mutterland in einen Krieg verwickelt würde, vor plötzlichen Überraschungen durch fremde Seemächte einigermaßen geschützt zu sein.

Während nun viele Australier einen engeren Zusammenschluß der Kolonien etwa nach dem Beispiel der Vereinigten Staaten von Amerika schon damals erstrebten, ein Ziel, das bekanntlich durch die Föderation der australischen Kolonien neuerdings erreicht worden ist, wünschte man damals, und wünscht wohl auch noch heute in Nord- und Mittelqueensland die Aufteilung der großen Kolonie in drei. Dieser Wunsch entspringt lediglich wirtschaftlichen Erwägungen. Ein sehr großer Teil der Einkünfte der Kolonie fließt aus den zentralen und nördlichen Teilen, wo sich die ergiebigsten Goldminen und die größten Bestände an Rindern und Schafen finden. Die Mittel- und Nordqueensländer behaupten nun, daß bei der gegenwärtigen Zusammensetzung des

Parlaments, die dem dichter bevölkerten Süden besonders zu Gute kommt, und bei dem Sitze aller Zentralgewalten in Brisbane die Verteilung von Leistung und Gegenleistung keine gerechte sei. Bisher haben sie wohl wenig Aussicht auf die Verwirklichung ihrer Separationsgelüste. Später aber, wenn die Bevölkerung auch in den nördlichen Teilen von Queensland, Süd- und Westaustralien erheblich zugenommen hat, werden die Kolonien wahrscheinlich denselben Weg einschlagen, den die Vereinigten Staaten von Amerika erfolgreich vor ihnen beschritten haben.

Für Politik herrscht in der Hauptstadt des jungen Staatenorganismus ein lebhaftes Interesse, während man draußen in den kleinen Städten und Ansiedlungen wenig davon spürt. Allgemein dagegen ist die Neigung zu Spekulationen, besonders solchen in Goldminen, und die Liebe zum Sport, vor allem dem Rennsport. Komme man in Brisbane in was für Kreise man wolle: fast immer dreht sich die Unterhaltung der Männer um diese drei Angelpunkte.

Von Brisbane machte ich einen Ausflug flußaufwärts nach Ipswich am Bremer River, einem Nebenfluß des Brisbane. Die aufblühende Stadt liegt in einem landwirtschaftlich sehr begünstigten Distrikt und verspricht eine bedeutende Zukunft durch den Besitz reicher Kohlenlager. Auch Sandgate, das kleine Seebad bei Brisbane an der Moreton-Bay, besuchte ich und erfreute mich an dem hübschen Ausblick auf die Bai und an einem kräftigen Seebade.

Für meine Weiterreise nach Maryborough wählte ich diesmal die Eisenbahn; später habe ich die Reise auch zu Schiff längs der Küste zurückgelegt. Die Eisenbahnfahrt bietet manches interessante. Hinter Brisbane sieht man ganze Felder längs der Bahn mit Ananas bepflanzt, die regelrecht in Reihen gestellt sind, wie Kohlköpfe oder Rüben. Vor Gympie ist die Schienenstraße durch einen dichten tropischen Urwald gelegt. Eine undurchdringliche Mauer von mächtigen Palmen, Feigenbäumen, Eucalypten, Araucarien und Dammara erhebt sich zu beiden Seiten des Bahnkörpers. Schlingpflanzen winden sich von Baum zu Baum, im Astwerk haben sich mächtige epiphytische Farne und eigentümlich gelbbraune Orchideen eingenistet. Dieser Anblick sticht auffallend ab von dem gewöhnlichen australischen Landschaftsbild, der offenen Parklandschaft und dem Akaziendickicht oder Scrub. Ich komme später noch auf die Bedingungen zurück, unter denen sich in Australien die sehr verschiedenen Vegetationstypen entwickeln.

Die Bahn führt dann nach Gympie, einem der Hauptgoldfelder Queenslands mit einer Bevölkerung von fast 8500 Einwohnern. Das edle Metall wurde hier zuerst im Jahre 1867 entdeckt, und man hat in 25 Jahren Gold im Wert von über 40 Millionen Mark zu Tage gefördert. Noch immer ist die Goldproduktion eine reichliche. Gympie liegt am Mittellauf des Maryflusses. Sein natürlicher Hafen ist Maryborough, das 50 Kilometer von der Mündung des Flusses liegt, in den bis dorthin mit der Flut noch mittelgroße Dampfer einlaufen können.

In Maryborough habe ich mich öfters aufgehalten und habe diesen wichtigen Hafenort genau kennen gelernt, von dem aus das Edelmetall der Gympie-, Kilkivan- und zahlreicher andrer Minen, das Bauholz des reich bewaldeten Hinterlandes, der Zucker von den Zuckerrohrplantagen an den Flußufern des Unterlaufs verschifft werden. So zeigt sich überall Wohlstand und Aufblühen und offenbart sich bei dem Gemeinsinn der Australier besonders in dem stattlichen Auftreten der öffentlichen Einrichtungen, der Schulen und Kirchen, des Stadtparkes und der School of Arts. Letztere findet man in jeder australischen Stadt und fast in jeder Ansiedlung. Es ist das im wesentlichen eine Art öffentlicher Bibliothek, deren Benutzung gegen einen geringen Jahresbeitrag einem Jeden freisteht. In kleinen Ansiedlungen ist es ein kleines Häuschen, in dem einige australische Journale und die Wochenausgabe der Times aufliegen. In Orten wie Maryborough ist ein stattliches geräumiges Haus mit einer Bibliothek von 4000 Bänden, einem hübschen Museum, Lesezimmern mit zahlreichen australischen und englischen Zeitungen, auch einigen deutschen und französischen Wochenschriften. Ein zweites, nie fehlendes Requisit einer einigermaßen ansehnlichen australischen Stadt ist der Stadtpark, die »Gardens«, deren Pflege und eifrige Benutzung den Pionieren Herzenssache und Bedürfnis zu sein scheint. Als ich am Abend meiner Ankunft in den Straßen der Stadt herumschlenderte, kam mir ein großer Menschenzug mit Musik und Fackeln entgegen, die vernehmlich das schöne alte Studentenlied: »Crambamboli, das ist der Titel« sangen. Sollte in Maryborough ein Verein ehemaliger deutscher Studenten existieren, die mir einen sinnigen Willkommengruß bringen wollen? Doch nein, es ist die Salvation Army mit ihren weiblichen und männlichen Streitern, die nach der Weise des ausgelassenen Burschenliedes einen frommen Text singen. Die Verbreitung der Army an den Küsten Australiens ist eine große. Die Ansichten über ihre Wirksamkeit sind geteilt. Doch hört man überwiegend günstige Urteile über ihren Einfluß auf die unteren Klassen.

Am nächsten Tage besuchte ich eine Zuckerplantage am Fluß, die »Island Plantation«, und sah das Zuckerrohr in allen Stadien seines Wachstums. Hat das Rohr die genügende Höhe erreicht, so werden die Blätterkronen abgeschlagen und gesammelt, um später als Viehfutter benutzt zu werden. Der Saft des Rohres wird mit Maschinen ausgepreßt, das Rohr darauf angefeuchtet und nochmals gepreßt. Der Saft wird schließlich mit Kalk versetzt und durch eine Rohrleitung in Reservoire an Bord von besonderen Dampfern geleitet, die ihn zu den Raffinerien transportieren.

Das Schlimmste bei der Arbeit in den Zuckerplantagen besteht in dem Entfernen der dürren Blätter aus dem Rohrwalde, in den kein Hauch Luft dringt, und dessen Temperatur für einen Weißen auf die Dauer unerträglich ist. Man hat deshalb auch neuerdings auf die Verwendung der Südseeinsulaner, in Queensland summarisch Kanakas genannt, für die Bearbeitung der Zuckerplantagen zurückgreifen müssen, die bis vor kurzem gesetzlich untersagt war. Bei der Rekrutierung der Arbeitskräfte aus der Südsee für die Queensländer Zuckerplantagen waren ehedem die schnödesten Gewalttaten, Menschenraub und Sklavenhandel vorgekommen, gegen die sich schließlich die öffentliche Meinung, ebenso sehr aber auch die Eifersucht der weißen Arbeiter gewendet hatte, die ihre Löhne nicht durch »schwarze Arbeit« gedrückt haben wollten. Es stellte sich indessen heraus, daß man ohne Kanakas in den Zuckerrohrplantagen nicht fertig werden konnte, und so wurden sie neuerdings wieder zugezogen, das Rekrutierungssystem allerdings von der Regierung einer sorgfältigen Kontrolle unterworfen.

Durch die Agentur und Speditionsfirma Graham and Gataker, die man mir empfohlen hatte, erhielt ich wertvolle Auskünfte verschiedener Art. Mr. John Graham hatte selbst längere Zeit am mittleren Burnett gelebt und war Agent für die meisten Squatters dort. Auch mir hat er während meines langen Aufenthalts im Busch stets getreulich beigestanden und meine Verbindung mit der Küste vermittelt, mir alles notwendige, was ich im Innern nicht erhalten konnte, zugesandt und meine Sammlungen in Empfang genommen und nach Europa verschifft. Durch ihn erfuhr ich auch, daß Ceratodus nicht an den Unterläufen des Mary- und Burnettflusses vorkommt, also nicht in Maryborough oder in Bundaberg am Burnett, sondern weiter oben jenseits des Gezeiteneinflusses. Im ganzen riet er mir lieber den Mittellauf des Burnettflusses als den des Maryflusses aufzusuchen, und ich bin froh seinem Rate gefolgt zu sein. Ich beschloß deshalb zunächst die kleine Ansiedlung Gayndah am mittleren Burnett aufzusuchen und zu sehen, was dort zu erreichen war. Am 23. August abends war ich endlich mit allen Vorbereitungen fertig und bereit, nunmehr meine speziellen Aufgaben ernstlich in Angriff zu nehmen.

Zweites Kapitel.

Reise ins Land hinein.

Nur ein Naturforscher wird es ganz verstehen können, andre Leute werden vielleicht lächeln, wenn ich sage, daß mich eine fast feierliche Stimmung beherrschte, als ich am Morgen des 24. August auf den kleinen Bahnhof von Maryborough eilte, den Zug bestieg und meine Reise westwärts antrat, um in das gelobte Land der Zoologen vorzudringen.

Einmal täglich fuhr damals ein Zug von Maryborough in westlicher Richtung und erreichte in etwa vier Stunden die kleine Niederlassung Biggenden, wo die Linie vorläufig endete. Diese kurze Bahnstrecke ist wesentlich gebaut, um den Transport von Bauholz an die Küste, oder richtiger gesagt, an den schiffbaren Unterlauf des Maryflusses zu erleichtern.

Das Hinterland von Maryborough ist reich an gut verwertbaren Bauhölzern. Große Mengen von dem, was man in Australien als »Pine«, Kiefer, bezeichnet, werden aus den Waldungen, durch welche die Bahn führt, an die Bahnstrecke selbst und von dort nach Maryborough geschafft, daselbst durch Dampfschneidemühlen zu Balken und Brettern zerschnitten und dann weithin verschifft. Ich sah Schuner mit Brettern aus Maryborough im fernsten Norden von Australien, in Thursday Island in der Torresstraße, wo die Bretter zur Anfertigung von Kisten für den Versand der Perlmutterschalen verwendet werden. Es verdient hervorgehoben zu werden, daß die uns vertrauten Arten der Nadelhölzer in Australien durchaus fehlen: da gibt es keine Kiefern, Fichten, Tannen, Lärchen, Thujen und Zedern. Dagegen kommen Araucarien, Dammara, Cupressineen und Podocarpeen in den Küstendistrikten stellenweise häufig vor und liefern ein vortreffliches Bauholz. Die Ansiedler bezeichnen fast alle Nadelhölzer als Kiefer; sie unterscheiden dann eine Kauri-Kiefer (Dammara), Moreton-Bay-Kiefer, (Araucaria), Zypressen-Kiefer (Callitris), weibliche Kiefer »She Pine«

(Podocarpus) und so weiter. Vor allen berühmt und als Bauholz gesucht ist die Queensländer Kauri, Dammara robusta, die in dem Küstenstreifen von Moreton-Bay bis zur Burnettmündung, besonders reichlich am Unterlauf des Mary und Burnett, vorkommt.

Etwas nach 10 Uhr vormittags kam ich in Biggenden an. Hier befindet sich eine kleine Wismut-Mine. Man gewinnt das Wismut durch Auswaschen einer Ablagerung, die vorwiegend Magneteisenstein enthält. Die Hauptschwierigkeit besteht darin, Magneteisen und Wismut durch Waschen zu trennen, da beide ein sehr ähnliches spezifisches Gewicht besitzen. Ein hoher Granitrücken schließt im Westen, ein schmaler Streifen Kalkfels im Osten das Wismutlager ab. Im Norden finden sich ausgedehnte Ablagerungen von Kieselschiefer. Von hier an mußte ich meine Reise nach Gayndah mit der Coach fortsetzen. Unter einer australischen Postkutsche muß man sich nicht ein schweres Ungetüm vorstellen, wie es in vergangenen Zeiten den Verkehr in Europa vermittelte und wie es sich vor der vordringenden Kultur nunmehr in die schwer zugänglichen Alpentäler zurückgezogen hat. Die europäische Postkutsche repräsentierte ein Stadium einer weiter fortgeschrittenen Kultur: das der chaussierten Wege. In Australien braucht man dagegen ein Gefährt, das auf ungebahnten Pfaden, über Stock und Stein, durch Schluchten und Wasserläufe vorwärts kann. Dazu nimmt man für den Postverkehr am liebsten einen leichten, offenen Stellwagen, auf dem mit dem Kutscher fünf oder höchstens sechs Personen Platz finden. Bei Regen kann ein leichtes Verdeck übergespannt werden; zuweilen fehlt aber diese nützliche Einrichtung auch ganz.

Dieses Wägelchen ist meist mit vier Pferden bespannt. Gut eingefahrene Tiere wie unsre Postpferde sind das fast nie. Der anstrengende Dienst vor dem Postwagen in diesen Gegenden macht die Pferde bald für diesen Zweck unbrauchbar, zumal es sich bei der Billigkeit des Materials kaum der Mühe verlohnt, ihnen gehörige Pflege angedeihen zu lassen. So findet man fast nur junge Pferde vor dem Postwagen; zuweilen kommt es vor, daß einige darunter sind, die das erste oder zweite Mal im Geschirr gehen. Die Lenkung eines solchen Gespanns über das schwierige, ungebahnte Terrain erfordert vollendete Meisterschaft in der Fahrkunst, und zu dieser haben es viele Australier in der Tat gebracht. Der Rosselenker hier muß nicht nur sein wildes Viergespann absolut in der Gewalt haben; es bedarf auch fortdauernder gespannter Aufmerksamkeit auf den Weg, richtiger Beurteilung der Bodenbeschaffenheit, damit der Wagen in der Regenzeit nicht in sumpfigen Gegenden stecken bleibt, Spürsinns im Auffinden neuer Wege, wenn durch elementare Gewalten aller Art die gewohnte Linie unwegsam geworden ist, kalten Blutes, wenn einmal ein Unfall eintritt, kurzum eines vollendeten »Buschmanns«. Unfälle der verschiedensten Art sind denn auch beim Wagenreisen in Australien keine Seltenheiten, und ich bin mehr als einmal von ihnen betroffen worden.

Auf jener Fahrt von Biggenden nach Gayndah ging aber alles glatt. Der Lenker unseres Postwagens war ein erfahrener Meister, eine »old hand« wie man hier zu sagen pflegt, der seinem Amte mit unerschütterlicher Ruhe oblag. Der Weg führt zunächst durch Flachland zu der Squatterstation Degilbo[1]) und dann nach dem kleinen, neu aufgeschossenen Minenstädtchen Mount Shamrock. Hier findet sich Gold und Silber vergesellschaftet mit Wismut, Magnetit, Eisen, Kupfer und andern Erzen. Die Ablagerungen befinden sich inmitten eines weit ausgedehnten Lagers von geschichtetem Sandstein, das von Basalten umschlossen und hier und da unterbrochen wird. Mount Shamrock selbst ist ein niedriger Hügel von etwa fünfzig Meter Höhe. Auf seinem Gipfel wurde zuerst das Gold in einem eisenfarbigen Felsstück, das frei an der Oberfläche lag, entdeckt.

Wir hielten hier kurze Rast und nahmen in einem der Wirtshäuser dieses Orts unser Mittagsmahl ein. Wo immer eine kleine Ansiedlung aufblüht, da wachsen sofort eine Anzahl »Hotels« mit auf. Die Preise, die man in denselben für Mahlzeiten und Unterkunft zu zahlen hat, sind ziemlich hohe; die Mahlzeiten einfach aber ganz gut, die Einrichtung der Wohnräume eine höchst primitive, die Reinlichkeit gewöhnlich eine erträgliche. Die wahre Einnahmequelle dieser Wirtshäuser wird aber durch den Schenktisch, die »bar« repräsentiert, an dem viele Goldgräber und Stockmen regelmäßig einen großen Teil ihres sauer erworbenen Verdienstes, oft den ganzen, durchzubringen pflegen.

Zwischen Mount Shamrock und Gayndah wurden dann noch einmal die Pferde bei der Squatterstation Wetheron gewechselt. Nicht weit hinter Wetheron trafen wir am Wege einen Schwarzen, der ein guter Bekannter des Kutschers zu sein schien und auf seine Bitte von letzterem mit in den Postwagen aufgenommen wurde. Es war ein wohlgebauter, kräftiger Mann von Mittelgröße, mit schwarzem welligem Haar und struppigem Vollbart, der Gesichtsbildung nach,

1) Das Wort Degilbo hat für unsre Ohren den typischen Klang der australischen Sprachen. In Wirklichkeit ist es aber nichts andres als die Umkehrung des englischen Wortes »obliged«, und verdankt seine Entstehung einem scherzhaften Erlebnis des Begründers der Station.

der schmalen, seitlich zusammengedrückten Stirn, den breiten Backenknochen, der breiten flachen Nase, dem großen schmallippigen Munde, ein vortrefflicher Repräsentant des australischen Typus, der für mich durchaus nichts besonders häßliches oder abschreckendes hat. Bekleidet war unser neuer Gefährte mit einem europäischen Hemde und einem Paar zerlumpter Hosen, im übrigen aber barfuß, barhäuptig, ungekämmt und ungewaschen.

In Brisbane hatte ich einen der Squatter im Burnett-Distrikt, Herrn W. F. McCord von Coonambula kennen gelernt, und dieser hatte mir einen Schwarzen namens Frank aus der Gayndahgegend als geeignete Persönlichkeit bezeichnet, um die Bekanntschaft mit andern Schwarzen zu vermitteln, letztere mit meinen Absichten bekannt zu machen und selbst beim Fange der von mir gewünschten Tiere zu helfen. Ich war nun auf das angenehmste überrascht, als ich erfuhr, daß unser schwarzer Reisebegleiter, der erste Schwarze, mit dem ich in Australien in Berührung kam, eben dieser Mann war. Frank erklärte sich sogleich bereit in meine Dienste zu treten, mir noch weitere Schwarze zu besorgen, mir alles zu fangen und zu finden, was ich wünschte. Von seinen Versprechungen hat er einen Teil wahr gemacht, einen andern nicht; er hat mir sogar schließlich direkt geschadet, so daß ich bei meinem zweiten Aufenthalt am Burnett seine Dienste ganz zurückwies.

An diesem Nachmittag fuhren wir in völliger Eintracht dahin, und wäre ich abergläubisch gewesen, so hätte ich das plötzliche Auftauchen dieses Schwarzen, auf dessen Hilfe ich große Hoffnungen setzte, am ersten Tage an dem ich mein Werk begann und beim ersten Schritt in den Busch, als ein günstiges Vorzeichen betrachten können. Wir kamen nun in bergige Gegend, ein welliges Hügelland, dessen Höhen und Tiefen gleichmäßig von lichtem Eucalyptuswald bedeckt waren. Gegen vier Uhr fuhren wir durch den Barambah Creek nahe seiner Mündung in den Burnett und hielten einige Augenblicke an einem einsamen Hause an der Straße. Es gehörte einem kleinen Farmer, der nebenbei noch Getränke ausschänkt und Reisende gegen Entgelt aufnimmt. Sein Haus wird deshalb ein Wirtshaus genannt. Natürlich ist die Gastwirtschaft nur die Nebenbeschäftigung, da oft monatelang kein Fremder einkehrt. Derartige primitivste Wirtshäuser sind eine charakteristische Erscheinung derjenigen Distrikte Australiens, die sich eben der Kultur zu erschließen beginnen.

Vor uns im Westen stiegen jetzt höhere Bergformen empor und die Unebenheit des Terrains nahm zu. Als wir um eine Berglehne herumfuhren, wies der Kutscher mit der Peitsche geradeaus. Vor uns lag das tief eingeschnittene breite Tal des Burnett, in dessen Grunde der augenblicklich ziemlich wasserarme Fluß dahinströmte. Gegen Westen wird das Talbild durch zwei sonderbar gestaltete Berge abgeschlossen, den Mount Debateable und Mount Gayndah. Dazwischen liegt die kleine Ansiedlung Gayndah selbst, am Fuße eines niederen Hügels über eine so ausgedehnte Fläche ausgestreut, daß man darauf eine 100mal größere Stadt aufbauen könnte.

Die Hauptstraße, an der die meisten Häuser in weiten Abständen voneinander liegen, folgt nahezu vier Kilometer weit dem Laufe des Flusses auf der Höhe des rechten Ufers. Viele Häuser sind seitlich von kleinen Gärten und Anpflanzungen eingefaßt, und das lebhafte kräftige Grün der Orangen- und Zitronenbäume, die hier mit Vorliebe kultiviert werden und die vortrefflich gedeihen, gewährt einen angenehmen Kontrast und eine erfreuliche Abwechslung für das Auge, das an das matte Blaugrün des Eucalyptusbusches gewöhnt ist. Die Einwohnerzahl wird auf 500 Seelen angegeben, doch ist sie wohl erheblich geringer und nimmt noch fortdauernd ab. Als in den sechziger Jahren die Erschließung des Burnettdistrikts begann, und man anfing, das Land zu Weidezwecken zu benutzen, wurde fast ausschließlich die lohnende und gewinnbringende Schafzucht getrieben, und Gayndah erwuchs als das Zentrum eines vielversprechenden, Wolle produzierenden Distrikts. Dieser Zustand erhielt sich eine Zeitlang, bis sich allmählich die Weide verschlechterte, das Halten von Schafherden unmöglich wurde und aufgegeben werden mußte. Man wird erstaunt fragen, welche Ursachen eine dauernde Verschlechterung der Weide eines so ausgedehnten Bezirkes herbeiführen können. Die Antwort lautet: die Weidetiere selbst. Das Weidefutter besteht in diesen Teilen Queenslands aus einer größeren Anzahl von Grasarten, von denen ein Teil dem Vieh nahrhaft und zuträglich ist und von ihm mit Vorliebe genommen wird; ein andrer Teil ist härter, kieselhaltiger und ärmer an Nahrungsstoffen und dazu auch weniger schmackhaft. Die Schafe sind nun sehr geschickt, beim Weiden die besseren Grasarten zwischen den weniger guten herauszurupfen, und diese Auslese, die die guten Arten fortdauernd vernichtet und schließlich gar nicht mehr zum Blühen kommen läßt, die schlechteren aber erhält, bewirkt mit der Zeit ein Überwuchern der letzteren gegenüber den ersteren, die endlich ganz verschwinden. Es ist eine wahre Auslese des Schlechteren. Dazu kommt, daß jene härteren kieselreicheren Grasarten meist auch besonders harte und spitze Grannen haben, die in dem dichten Vließ der Schafe hängen bleiben, sich tief in die Haut einbohren und nicht selten den Tod der Tiere verursachen.

2*

Rinder und Pferde ziehen zwar auch die weicheren Grasarten vor; sie sind aber mit ihren gröberen Mäulern weit weniger im stande eine Auslese zu üben. Die Grannen bieten für sie bei ihrem kürzeren, glatten Fell und ihrer derben Haut so gut wie gar keine Gefahr.

So hat man sich denn entschließen müssen, im Burnettdistrikt die Schafzucht aufzugeben und sich der weniger lohnenden Rinder- und Pferdezucht zuzuwenden. Der Übergang war für die damaligen Besitzer mit großen Kosten und Verlusten verbunden, und Gayndah, dessen Lebensnerv der Zwischenhandel zwischen den Wolleproduzenten und der Küste war, ist seitdem mehr und mehr zurückgegangen. Dazu kommt, daß in der Umgebung, in Eidsvold, Mount Shamrock, Paradise und verschiedenen andern Orten Gold gefunden worden ist, und der jüngere, unternehmungslustige Teil der Bevölkerung Gayndahs dorthin strömt. Jetzt setzt sich der Hauptteil der Bevölkerung aus einer Anzahl von kleinen Farmern zusammen, meist Deutschen, die wesentlich für ihren eignen Bedarf produzieren und oft nebenbei noch ein Handwerk betreiben. Dazu kommen die offiziellen Persönlichkeiten, die keiner einigermaßen ansehnlichen Ansiedlung Australiens fehlen: der Regierungsvertreter oder »Police Magistrate«, meist kurzweg »P. M.« genannt; der Doktor, der Pfarrer, dem die Seelsorge für den ganzen ausgedehnten Distrikt obliegt, und der sich infolgedessen fast immer auf Reisen befindet, der Postmeister und der Schulmeister. Dann findet man noch ein paar Ladenbesitzer, in deren Niederlagen fast jeder Gegenstand zu finden ist, den man in diesem verkehrsfernen Erdenwinkel brauchen kann: Mehl, Tee, Kaffee und Konserven; Spaten, Äxte, Beile, Messer und andre Stahlwaren; Stoffe, Decken, Wäsche, Kleider und Damenhüte; Pulver, Patronen, Angelgerät und Zelte, kurz Alles und noch Einiges. Das Vorhandensein eines solchen »general store« in jedem kleinen Neste Australiens, in dem man oft Gegenstände findet, nach denen man vergeblich in einer kleinen europäischen Stadt suchen würde, ist für den Reisenden, der sich nicht mit allzuviel Gepäck schleppen kann, eine große Annehmlichkeit und ist ein Beweis für den praktischen Sinn und Unternehmungsgeist der australischen Pioniere. Endlich fehlen natürlich auch in Gayndah zahlreiche Gast- und Schenkwirte nicht mit obligaten »Hotels« und Wirtshäusern. Dagegen fehlt eine Bank und dies ist ein bedenkliches Zeichen für die Blüte der Ansiedlung. Wo immer eine Ansiedlung gedeiht, da etabliert sich ein Zweiggeschäft einer der größeren Banken, die in Brisbane oder weiter südlich ihren Sitz haben, und richtet unter

Leitung eines »Manager« und eines oder zweier Gehilfen in irgend einem Häuschen seine Bureaus ein. Manche kleine Minenstadt im Inneren hat ihre zwei oder drei Banken. Da fast der gesamte Geldverkehr durch Schecks und nicht durch bare Münze vermittelt wird, hat man in diesen Banken ein bedeutendes Mittel der Verkehrserleichterung.

In Gayndah ließ ich mich nun zunächst im Klubhotel häuslich nieder und hoffte, da Städtchen, Menschen und Haus mir gefielen, hier meine Ziele verfolgen und meine Aufgaben vollenden zu können. Das Klubhotel in Gayndah ist ein einstöckiges Holzhaus mit Wellblechdach. Eine Veranda umgibt die Front des Hauses; von ihr aus tritt man in die Schankstube, den bar-room und in die beiden Hauptzimmer, die den etwaigen Gästen — nur ab und zu sind solche vorhanden — als gemeinsames Speise- und Wohnzimmer dienen. Nach hinten zu folgen eine Anzahl Schlafzimmer. Die Einrichtung des Ganzen ist die denkbar einfachste. Doch sind die Betten erträglich, und die Verpflegung eine ganz gute. Der Pensionspreis ist allerdings hoch, er beträgt 10½ Mark für den Tag. Aber das ist die Regel durch ganz Australien für alle Gasthäuser, in denen die besseren Stände zu verkehren pflegen. Denselben Preis bezahlt man in den eleganten Hotels von Sydney und Brisbane. Je weiter man nach Norden und ins Innere geht, um so primitiver werden die Gasthäuser; der Preis aber ändert sich gewöhnlich nicht.

Die Wirtin des Klubhotels räumte mir eine als Vorratsraum dienende Holzhütte zum zoologischen Laboratorium ein, und nachdem nach einigen Tagen der Ochsenkarren mit meinem Gepäck von Biggenden angekommen war, konnte ich allen Ernstes mit meinen Arbeiten beginnen.

Allgemein wurde mir gesagt, daß ich in Gayndah den Lungenfisch Ceratodus, Ameisenigel und Schnabeltiere, sowie Beuteltiere jeder Art ebenso leicht und ebenso reichlich erhalten könnte, als an irgend einem andern Orte am Burnett. Schwarze Eingeborene, die als Helfer beim Sammeln hätten dienen können, fanden sich zwar damals gerade nicht in der Nähe von Gayndah, und Frank, mein Reisebegleiter in der Coach, war für einige Zeit verschwunden. Verschiedene junge Burschen unter den Ansiedlern erboten sich aber für mich Tiere zu sammeln, und da ich gute Preise bezahlte, befand ich mich bald im Besitz einer Anzahl Schnabeltiere und erhielt auch nach einigen Tagen ein frisch gefangenes, noch lebendes Exemplar des berühmten Lungenfisches Ceratodus, des »Burnett Salmon« wie die Ansiedler ihn nennen. Weniger gut aber sah es mit den Beuteltieren aus, und ganz schlecht mit dem Ameisenigel Echidna, zu dessen Fang der unvergleichliche Spürsinn und das Falkenauge der Schwarzen gehört, die die Spuren dieses Geschöpfes auf hartem Felsboden entdecken und die ihnen in die unwegsamen Dickichte oder »Scrubs« nachgehen.

Meine frohen Erwartungen, die sich noch steigerten, als ich im Eileiter verschiedener von mir und meinen Helfern geschossener Schnabeltiere in der Furchung begriffene Eier fand, wurden also bald abgekühlt, und ich begann ernstlich zu erwägen, ob ich nicht besser täte, tiefer in den unberührten Busch zu ziehen und meine Zelte jedesmal dort aufzuschlagen, wo das Tierleben am reichsten, die Bedingungen zum Fange und zur Jagd am günstigsten wären. Zwar rieten mir verschiedene meiner neuen Freunde in Gayndah von diesem Plane ab; sie hoben die Schwierigkeiten des Lebens und besonders des wissenschaftlichen Sammelns im Busch hervor und meinten, mit der Zeit würde ich auch in der näheren Umgebung Gayndahs alles finden, was ich suchte. Ich hatte aber ein gewisses instinktives Gefühl, daß die guten Ratschläge nicht ganz aus selbstlosen Motiven entsprängen. In diesem abgelegenen Erdenwinkel bietet die Anwesenheit eines Fremden eine angenehme Abwechslung für die Bewohner, besonders für diejenigen, welche nicht zu sehr mit Geschäften überhauft sind. Sein Tun und Treiben ist Gegenstand der Beobachtung und kritischen Musterung; man unterhält sich gern mit ihm über seine Eindrücke von Australien, Queensland, Brisbane und der engeren Heimat. Seine Unerfahrenheit im Buschleben, seine naive Unkenntnis mancher Dinge, die den guten Leuten selbst in Fleisch und Blut übergegangen sind, ist eine Quelle gutmütiger Heiterkeit. Der Australier im Inneren setzt den frisch von Europa angekommenen Fremdling, überhaupt den Neuling im Buschleben in eine besondere Kategorie, er bezeichnet ihn als einen »new chum« und stellt ihm mit Stolz den erfahrenen Pionier, den »old bushman« gegenüber. So wenig ich nun dagegen einzuwenden hatte, als eine Art Schaustück, ein Objekt allgemeiner Unterhaltung in Gayndah zu figurieren, so konnte ich dies doch unmöglich als die Hauptaufgabe meiner weiten Reise betrachten. Es war aber immerhin eine schwierige Frage für mich, ob ich bei einem Zeltleben im tiefen Busch in größerer Entfernung von allen Hilfsmitteln und aller Kommunikation meinen Zielen besser dienen würde als hier in Gayndah. Der schwarze Eingeborene Frank, der mittlerweile wieder aufgetaucht war, behauptete das allerdings, aber dem standen die Ratschläge der meisten weißen Ansiedler gegenüber.

Zum Glück machte ich um diese Zeit die nähere Bekanntschaft eines Herren, der lange Zeit auf einer Squatterstation gelebt hatte, und jetzt nahe Gayndah auf einer »Selection« Rinderzucht betrieb. Mr. W. B. Maltby sagte mir, es könne gar kein Zweifel bestehen, daß ich bei einem selbständigen Lagerleben ungleich mehr erreichen würde, als wenn ich in Gayndah bliebe, oder in einem einsamen Wirtshaus an der Straße zwischen Gayndah und der Minenstadt Eidsvold meinen Wohnsitz aufschlüge. Um mit den Schwarzen zu arbeiten, sei es notwendig, sie auf ihren nomadischen Wanderzügen zu begleiten. Das Leben im australischen Busch sei angenehm, auch der Transport der Sammlungen, Gläser, Spiritus usw. böte keine besonderen Schwierigkeiten, noch weniger die Beschaffung des notwendigen Lagergerätes und die Verproviantierung. Man könne alles Erforderliche in Gayndah beschaffen; für einen zuverlässigen und erfahrenen weißen Begleiter wolle er sorgen.

Diese Mitteilungen stimmten so sehr mit den Auffassungen überein, die ich mir selbst während meines kurzen Aufenthaltes in Gayndah gebildet hatte, daß mein Entschluß sofort gefaßt war. Frank wurde abgesandt, um mit einem kleinen Stamm von Schwarzen, die am Boyne, einem Nebenfluß des Burnett, in der Nähe der Squatterstation Cooranga lagerten, zu verhandeln und sie womöglich alle in meine Dienste zu nehmen. Ich selbst begann inzwischen mit dem Ankauf der für ein längeres Lagerleben notwendigen Ausrüstungsgegenstände und Vorräte. Das Vorhandensein der »general stores« in Gayndah kam mir dabei außerordentlich zu statten. Zelte, Äxte, Beile, Spaten, Zinngefäße, ein kleiner eiserner Backofen, Mehl, Tee, Konserven und noch viele andere Bedürfnisse für ein »Camp« waren vorrätig und wurden zu nicht übertrieben hohen Preisen gekauft. Viele nützliche Gegenstände fanden sich auch in meinem von Europa mitgebrachten Gepäck. Ferner kaufte ich sofort ein Reitpferd für mich, einen braunen Wallach, den ich nach dem Rosse eines europäischen Freundes »Schamyl« taufte, und vollständiges Zaum- und Sattelzeug. Schamyl, für den ich den für dortige Verhältnisse nicht billigen Preis von 140 Mark zahlte, erwies sich als ganz brauchbar, aber doch für die häufigen weiten Ritte, die ich zu machen hatte, nicht kräftig und lebhaft genug. Später ritt ich deshalb gewöhnlich jüngere und lebhaftere Pferde, die ich von einem befreundeten Squatter kaufte.

Bei allen meinen Einkäufen gingen mir Mr. Maltby und meine Freunde in Gayndah mit Rat und Tat zur Hand. Von besonderer Wichtigkeit war aber die Gewinnung eines brauchbaren und zuverlässigen Reisebegleiters. Denn obgleich ich schon vorher weite Reisen gemacht und fern von der Kultur in wilden Gegenden gelebt hatte, war es mir doch klar, daß die Technik des Buschlebens in Australien eine ganz eigenartige sei, und daß ich mich vollkommen als Neuling zu betrachten und viel zu lernen habe. Der Umstand, daß ich mir dessen von vornherein bewußt war, daß ich gleich in Gayndah verschiedene erfahrene und vernünftige Ratgeber fand und ihre Ratschläge auch beherzigte, vor allem aber daß mein hier erworbener Begleiter sich als ein ausgezeichneter vertrauenswürdiger Lehrmeister erwies, hat es bewirkt, daß das Lehrgeld, welches ich für meine australischen Erfahrungen zu zahlen hatte, ein verschwindend kleines gewesen ist.

Eduard Dahlke, mein Begleiter während meines ganzen Buschlebens am Burnett, also zusammen während fast neun Monaten, war als vierjähriges Kind mit seinen Eltern von Deutschland nach Australien ausgewandert. Sein Vater stammte aus Angermünde und war in Deutschland Bauarbeiter gewesen. Nach mannigfachen Schicksalen in Australien war die Familie nach Queensland und endlich in das ferne Gayndah verschlagen worden und lebte dort nun schon seit langer Zeit auf einer kleinen, von ihr selbst gegründeten Farm. Die Eltern hatten trotz eines dreißigjährigen Aufenthalts in Australien die englische Sprache nur unvollkommen gelernt. Die Kinder, ein Sohn und eine Tochter, dagegen waren gänzlich zu Engländern oder besser Australiern geworden und sprachen das Deutsche höchst mangelhaft.

Außer der Dahlkeschen gab es in Gayndah noch verschiedene andre deutsche Farmen, und ihren Inhabern wurde allgemein von seiten der britischen Ansiedler und Squatters das beste Zeugnis ausgestellt. Dies gilt ganz allgemein für Queensland, ja für ganz Australien. Verschiedene urteilsfähige Australier britischer Herkunft haben mir versichert, daß die strebsamen, fleißigen und genügsamen Deutschen als Pionieransiedler und Farmer von keinem anderen europäischen Stamm übertroffen, ja wohl von keinem erreicht würden. Vielleicht fehle ihnen etwas der Unternehmungsgeist im großen Stile. Aber dies rührt wohl hauptsächlich daher, daß fast nur Deutsche aus den niederen Ständen und aus kleinen Verhältnissen im australischen Busch als Farmer und Kolonisten wirken. Unter den Squatters, die sich von Hause aus ganz vorwiegend aus den vermögenden Klassen rekrutieren, finden sich in Queensland so gut wie keine Deutschen. Umsomehr drängen sich deutsche Kaufleute und Gewerbtreibende in den großen Zentren an der Küste. Auf diese dehnten jedoch meine australischen Gewährsleute das uneingeschränkte Lob, das sie den deutschen Farmern zollten, nicht in gleichem Maße aus, obgleich sie die Tüchtigkeit und Strebsamkeit auch für die Mehrzahl von ihnen anerkannten. Und auch jenes Lob der Farmer schränkten sie ein, indem sie behaupteten, Deutschland liefere zwar ein unvergleichliches Material an Kolonisten, aber dieses Material bringe seine guten Eigenschaften erst dann zur vollen Entfaltung, wenn die Kolonie von nicht-deutscher — natürlich meinten sie von britischer — Seite geleitet werde. Der oft wiederholten Behauptung, die Deutschen hätten nicht das Zeug dazu eine Kolonie zu leiten, habe ich natürlich stets auf das entschiedenste widersprochen und halte sie, obschon leider die bisher vorliegenden Tatsachen sie zu begründen scheinen, für gänzlich falsch und unsinnig.

Das richtige Leiten von Kolonien ist eine Kunst, die langsam und mit Opfern gelernt sein will. Es ist unbillig, eine Nation, die in dieser Beziehung ihre ersten Anfänge vor wenigen Jahrzehnten gemacht hat, mit Nationen zu vergleichen, denen eine mehrhundertjährige Erfahrung zur Seite steht, und auf einige nicht abzuleugnende Mißgriffe hin uns überhaupt diese Fähigkeit abzusprechen. Daß unsere frisch aus Deutschland exportierten Beamten zunächst geneigt sind, Anschauungen und Maßregeln, die für die deutsche Heimat zum Teil begründet und jedenfalls historisch aus den Verhältnissen herausentwickelt sind, auf ferne Länder zu übertragen, wo dieselben ganz und gar nicht am Platze sind, ist nichts wunderbares. Dies wird sich in dem Maße bessern, als unser Stamm an Beamten wächst, die sich draußen umgetan und abgerieben haben und die für diese Stellungen nicht Rekruten sind. Deutschland hat Recht, auf seine Beamten und Offiziere stolz zu sein, und die jungen Leutnants und Referendare, die wir unter einseitiger Bevorzugung ihrer militärischen und juristischen Vorbildung als Beamte in unsre Kolonien schicken, stellen an sich betrachtet ein ebenso gutes Rohmaterial dar, als irgend eine andre Nation es besitzt. Der büreaukratische Geist aber, der schon für die gegenwärtigen deutschen Verhältnisse nicht mehr paßt, und unter Negern und Papuas, im Verkehr mit kühnen Kolonisten und unternehmungslustigen Kaufleuten ganz unberechtigt und schädlich ist, sollte so bald wie möglich abgestreift werden. Es ist Pflicht, von oben her diese Erkenntnis bei den hinausgesandten Beamten wachzurufen, statt Formalismus, Verordnungssucht und Schreiberwesen zu begünstigen. Dann wird es sich zeigen, daß nicht nur die deutschen Kaufleute und Farmer, sondern auch die deutschen

Beamten und Offiziere als Kolonisten denen andrer Nationen mindestens ebenbürtig sind.

Als ich in späterer Zeit noch mehr Weiße in meine Dienste nahm, wählte ich auch diese aus den jungen Australiern deutscher Abstammung aus Gayndah aus und hatte fast durchweg Grund, mit meinen Leuten zufrieden zu sein.

Dahlke erbot sich, für die Zeit unserer Reisen einen starken zweirädrigen Karren, eine sogenannte »Dray«, sowie fünf kräftige Zugpferde zu meiner Verfügung zu stellen. Außerdem nahm er für sich selbst noch einige Reitpferde mit. Für seine Dienste, sowie für die Dray nebst Bespannung erhielt er wöchentlich 40 Mark und freie Verpflegung. Als er gegen Ende meines zweiten Aufenthalts am Burnett schwer erkrankte und nach Gayndah zurückkehren mußte, zahlte ich ihm für die Dray und die Pferde, die er bei mir ließ, wöchentlich 20 Mark.

Während ich so in Gayndah meine Expedition vorbereitete, kam Frank zurück und brachte die erfreuliche Nachricht, daß die Schwarzen, zu denen ich ihn geschickt hatte, bereit seien, unter den von mir vorgeschlagenen Bedingungen für mich zu jagen und besonders Echidna zu fangen.

Am zweiten September waren alle Vorbereitungen beendet und am Morgen des dritten trat Dahlke mit der hochbepackten Dray unter Franks Führung seine Reise an den Boyne an. Da die Dray zunächst ein Stück der Straße zu folgen hatte und sich weit langsamer fortbewegte als ein Reiter, blieb ich noch einen Tag in Gayndah und folgte erst am vierten September.

Den freien Tag benutzte ich, um mit einigen meiner neuen Freunde aus Gayndah dem Squatter der nächstgelegenen Squatterstation Mount Debateable, Herrn W. Humphery einen Besuch abzustatten. Wir fuhren in zwei leichten Wagen, sogenannten Buggies, hinaus, die Dr. A. Cole, dem Arzte in Gayndah, und Herrn E. M. Waraker, dem Landvermesser (Surveyor), gehörten. In dem einen saß der Doktor mit der Gattin Warakers, in dem andern der letztere mit mir selber. Dicht vor der Station hatten wir durch einen Paddock zu fahren, und Herr Waraker stieg ab, um das Gatter zu öffnen. Als ich nun, während er stehen blieb, um es wieder zu schließen, durch die enge Öffnung hindurchfuhr, streifte das eine Rad einen Pfahl der Umzäunung. Die jungen, feurigen, noch nicht eingefahrenen Pferde wichen hierdurch erschreckt noch mehr nach der fatalen Seite aus, und der leichte Wagen fiel um. Das machte die Pferde ganz rasend. In tollen Sprüngen jagten sie davon, den um-

Zu Seite 26.

Dahlke mit der Dray und den Pferden.

gestürzten Wagen hinter sich schleifend. Ich selbst war noch zur rechten Zeit abgesprungen und lief nebenher, aus Leibeskräften an den Zügeln zerrend, die ich in der Hand behalten hatte. Doch würde es mir schwerlich gelungen sein, die völlig außer sich geratenen Tiere zum Stehen zu bringen, wären sie nicht zum Glück geradewegs in den spitzen Winkel einer Umzäunung hineingerast und dadurch vollkommen gefangen worden. Mit Mühe gelang es uns die aufgeregten Tiere zu beruhigen, die wunderbarerweise weder sich selbst noch den umgestürzten Wagen ernstlich beschädigt hatten. Noch zehn Schritte weiter und der Wagen wäre wahrscheinlich an einem Baumstamm zertrümmert worden. So ging es mit einigen Verbiegungen und Verbeulungen ab.

Bald löste sich unser anfänglicher Schreck in Heiterkeit auf. Ich wurde allgemein zu dieser glänzenden Leistung, durch die ich mich in das Buschleben eingeführt hatte, beglückwünscht, und mir die schönsten Erfolge für die Zukunft in Aussicht gestellt. Denn, sagte man, das sei keine Kleinigkeit und müsse den Neid der erfahrensten Rosselenker erregen, daß der Wagen unter diesen Umständen nicht zu Atomen zertrümmert worden sei. Und in der Tat; das Glück blieb mir treu, und manche Fährlichkeit, in die ich während meines Buschlebens durch eigene Schuld oder durch unverschuldete Zufälligkeiten geriet, lief ebenso glücklich ab wie dieser erste Versuch, meine Kunst an den uneingefahrenen Queensländer Pferden zu versuchen.

Drittes Kapitel.

Erste Erfahrungen im Busch.

In der Frühe des nächsten Morgens ritt ich wohlgemut ins Land hinein. Nach einer kalten, sternenklaren Nacht lachte mir der frischste, strahlendste Morgen entgegen. Das Ende des australischen Winters war gekommen, und das Herannahen des Frühlings kündigte sich an; allerdings nicht durch das Auftreten einer jungen Belaubung an den Bäumen. Denn letztere haben in Australien keinen periodischen Laubwechsel, sondern werfen und erneuern ihre Blätter das ganze Jahr hindurch. Aber das Gras, das während des Winters gelblich, dürr und vertrocknet aussieht, beginnt frisch zu sprießen und der Landschaft eine lebhaftere Färbung zu verleihen. Die Luft ist von wunderbarer Reinheit und Frische und scharf zeichnen sich die hohen, reich verästelten und belaubten, aber doch durchsichtigen Gestalten der Eucalypten vom tiefblauen Himmel ab. Gras überzieht den Erdboden, soweit das Auge reicht, und nur in der Tiefe des wasserleeren Flußbetts schimmert gelblicher Sand. Überschaut man von einer Anhöhe aus das Land, betrachtet man die Rücken der emporragenden Berge, so scheint eine gleichmäßige Bewaldung Höhen und Tiefen, Berge und Täler zu überziehen. Wenn man aber dem Walde zustrebt, so weicht er vor uns zurück. Wir sehen uns zwar von Bäumen umgeben, aber diese stehen so weit auseinandergerückt, daß man von Wald nicht gut sprechen kann, und auch in Australien selbst den Ausdruck »forest« niemals hört. Wir befinden uns in einer typischen Parklandschaft. Die Bäume stehen in Abständen von 10 bis 20 Metern und dulden in der Regel keine Nachbarn, auch kein Unterholz in ihrer Nähe. Ihr weithin ausgebreitetes und in eine Tiefe von 60 bis 70 Meter abwärts dringendes Wurzelwerk bemächtigt sich rasch aller Feuchtigkeit, die dem Boden in einem gewissen Umkreis zugeführt wird, und unterdrückt das Aufkommen jedes ansehnlichen Konkurrenten.

Nur die Gräser und solche Pflanzen, die ihre Wurzeln nicht über eine oberflächliche Erdschicht hinab in die Tiefe erstrecken, vermögen in jenem Umkreis zu gedeihen, besonders auch deshalb, weil die Bäume des australischen Buschwaldes, die der überwiegenden Mehrzahl nach der Familie der Eucalypten angehören, diesen Umkreis so gut wie nicht beschatten. Zwar sind die Eucalypten reich verästelt und reich belaubt. Die Blätter sind aber sämtlich klein, und da sie vertikal herabhängen und ihre Spreite nicht parallel zum Erdboden gestellt ist, wird fast gar kein Schatten geworfen, wenn die Sonne hoch steht, und das tut sie in diesen Breiten den größten Teil des Tages über. So kann das Gras üppig unter und zwischen den Bäumen gedeihen; denn Licht hat es in Fülle und es entnimmt die Feuchtigkeit, deren es bedarf, oberflächlicheren Bodenschichten, als es die Wurzeln seiner gewaltigen Nachbarn tun. Doch ist letzteres nur mit gewisser Einschränkung gültig. Tötet man nämlich in einem gewissen Bezirk alle Bäume ab, so wird der Graswuchs üppiger und kann mehr als die doppelte Anzahl von Weidetieren ernähren als vorher. Von dieser Erfahrung ausgehend pflegen die Squatters in bestimmten, auch sonst zur Weide geeigneten Flecken ihrer Pachten sämtliche Bäume zu töten, indem sie dieselben »ringeln«. Das Ringeln geschieht auf zwei Weisen. Entweder man entfernt etwa in halber Mannshöhe über dem Boden blos die Rinde in einem Gürtel von 30—40 cm Breite. Oder aber man entfernt einen viel schmäleren Ring, schlägt aber noch tief in das junge Holz, den Splint hinein. Die zweite Methode ist die sicherere, rascher wirkende und wird jetzt vorwiegend angewandt. So geringelte Bäume sterben in vier bis sechs, höchstens in acht Monaten ab. Da das Holz der Eucalypten und Akazien aber ein sehr festes, widerstandsfähiges ist, bleiben die Baumleichen noch viele Jahre lang aufrecht stehen, bis sie endlich nach und nach durch Sturm oder Buschfeuer umgestürzt und gänzlich vernichtet werden. Es gibt keinen trostloseren Anblick als eine Landschaft mit geringelten, abgestorbenen Bäumen, wo meilenweit die Baummumien ihre dürren, blattlosen Äste über das frisch unter ihnen grünende Gras emporrecken, ein Vorzeichen dafür, daß die Tage selbst der ungeheuren Buschwälder Australiens gezählt sind und in absehbarer Zeit der menschlichen Übermacht zum Opfer fallen werden. Augenblicklich sind es am Burnett allerdings nur einige verhältnismäßig kleine Flecken in der Umgebung der Ansiedlungen und Squatterstationen, die den Beginn der Zerstörung andeuten.

Eingestreut in den lichten Buschwald findet man allenthalben Dickichte, die als »Scrub« bezeichnet werden und die für Australien ebenso charakteristisch sind wie der Buschwald selbst. An gewissen Strecken in der Nähe der Küste auf Bergeshöhen und in feuchten Schluchten im Norden von Queensland gibt es echte tropische Urwälder, die der Australier als »tropical scrub« bezeichnet. Der tropische Scrub und der Scrub im eigentlichen Sinne des Wortes sind streng auseinanderzuhalten; ihre Physiognomie ist die denkbar verschiedenste, und die Bedingungen ihrer Entstehung sind gerade die entgegengesetzten.

Der tropische Scrub ist wie gesagt ein echter Urwald mit Palmen, Baumfarnen, Ficus, Kletterpalmen, Lianen, Orchideen und allem sonstigen Zubehör. Er bildet sich da, wo unter einer tropischen oder subtropischen Sonne einigermaßen regelmäßige Niederschläge erfolgen. Der Scrub im wahren Sinne des Worts aber entsteht da, wo das eigentliche australische Klima herrscht, reichliche Niederschläge mit oft Jahre lang andauernden Dürren wechseln. Die Bedingung seiner Entstehung ist an die Bodenbeschaffenheit geknüpft; dieselbe muß kurz gesagt eine sumpfige sein. Betritt man in sehr dürren Zeiten einen Scrub, so kann man allerdings stellenweise seinen Boden auch trocken, hart, voller Risse und Sprünge finden. In feuchteren Zeiten ist das anders. Man sieht dann in vielen Scrubs kleine Sümpfe, Teiche, Lagunen, und ganz allgemein ist dort der Boden weicher und sumpfiger als im offenen Busch. Es müssen im Gebiet des Scrubs unter der oberflächlichen Bodenschicht undurchlässige Schichten das rasche Hindurchsickern der niedergeschlagenen Feuchtigkeit in die Tiefe verhindern.

Diese größere Bodenfeuchtigkeit ist es, die einen viel dichteren Pflanzenwuchs möglich macht, als er im offenen Busch zu finden ist. Dabei sind es aber ganz besondere Pflanzenarten, die, den eigentümlichen Verhältnissen angepaßt, sich da finden, wo die echten Scrubs sich entfalten. Es müssen eben Pflanzen sein, denen eine bedeutende Bodenfeuchtigkeit zusagt, die aber ihre Laubkronen monate- und jahrelang in einer wasserdampfarmen, beinah wasserdampffreien Atmosphäre baden können, ohne dadurch Schaden zu leiden. Im Burnettdistrikt sind es vor allem gewisse Akazien, die diesen Anforderungen genügen, in erster Linie die Acazia harpophylla, von den Ansiedlern »Brigalow« genannt, die den Hauptbestand der Queensländer Scrubs ausmachen. Dazwischen findet man Melaleuca- und Callistemon-Arten, die »tea-trees« der Australier, Casuarina glauca, die »scrub-oak«, ferner Myrtus- und Eugenia-Arten, die »Myrtle« der Kolonisten, Eremophila mitchelli, »Sandal wood«, und endlich vereinzelt die abenteuerlichen »Bottle trees«, Sterculia quadrifida. Dieselben werden als Flaschenbäume bezeichnet, weil ihr Stamm zwischen Basis und Baumkrone flaschenförmig aufgetrieben ist. Dagegen fehlen Palmen und Baumfarne, Kletterpalmen und andre Lianen, Orchideen und sonstige Epiphyten völlig. Dickichte mit einer Vegetation, die wir gewohnt sind als tropisch zu bezeichnen, entwickeln sich in Australien in denselben Breiten überall da, wo zu der Feuchtigkeit des Bodens eine gehörige und einigermaßen kontinuierliche Luftfeuchtigkeit tritt; in gewissen Strichen längs der Küste, in feuchten Schluchten und um die Gipfel höherer Berge, auch wenn dieselben mehr ins Innere des Landes gerückt sind. Von diesen Urwäldern Australiens werde ich später noch zu erzählen haben.

Die Höhe der meisten Bäume, aus denen sich der typische Scrub zusammensetzt, ist eine mäßige; nur die bottle trees erreichen zuweilen gewaltige Dimensionen. Eigentliches Unterholz findet man meist nur an den Rändern. Ebenso fehlen die Moose als Decke des Bodens, der meist nackt ist und nur hie und da an lichten Stellen Spuren von Graswuchs zeigt. An den Baumstämmen fehlen Moose und Flechten fast vollständig. Dagegen sind die massenhaften Baumleichen, die in allen Stadien des Vergehens den Boden bedecken, für den Scrub charakteristisch.

Heftige Regenfälle lockern den Boden und bewirken das Umstürzen zahlreicher Bäume. Die für gewöhnlich herrschende Trockenheit der Atmosphäre hindert einen raschen Zerfall und bewirkt, daß das tote Holz langsam vertrocknet und nicht wie in feuchterem Klima durch Fäulnis und pflanzliche Parasiten und Tierfraß einer raschen Zerstörung anheimfällt. Dasselbe gilt übrigens für die abgestorbenen Bäume im offenen Busch.

So bietet der Brigalow Scrub mit seinen düsteren immergrünen Baumkronen, den nackten Stämmen, dem kahlen von Baumleichen und totem Holz bedeckten Boden einen ernsten, fast traurigen Anblick. Das Eindringen in sein Inneres ist zwar beschwerlich, aber ungleich leichter als das in den eigentlichen Urwald. Zu Pferde ist es allerdings oft bedenklich, zuweilen sogar unmöglich, dichtere Scrubs zu durchqueren, da die gefallenen Bäume den Pferdebeinen gefährliche und selbst unübersteigliche Hindernisse in den Weg legen.

Schlimmer als die Brigalow- und Tea-tree-Scrubs Queenslands sind die »Mallee-Scrubs« und »Mulga-Scrubs«, die in den südlicheren Teilen Australiens ungeheure Flächen des Bodens bedecken und den Schrecken der Reisenden bilden. Der Mallee-Scrub wird fast ausschließlich von einer zwerghaften Eucalyptusart, der Eucalyptus dumosa oder »Mallee« gebildet, deren Stämme so dicht beieinander wachsen wie die Schilfrohre oder Bambuse. Erst vier bis fünf Meter über dem Boden beginnen sie sich zu verzweigen. Mit Hackmesser und Beil hat man sich seinen Weg durch diese Dickichte zu bahnen, was bei ihrer weiten Ausdehnung zuweilen eine ungeheure Arbeit erfordert. Von geringerer Ausdehnung, aber noch unzulänglicher sind die »Mulga-Scrubs«, deren Hauptbestandteil von Zwergakazien (Acacia aneura) gebildet wird. Diese Akazien sind mit so furchtbaren Stacheln bewehrt und bilden stellenweise so dicht verflochtene Hecken, daß ein Durchdringen überhaupt zur Unmöglichkeit wird.

Der Burnett und seine Nebenflüsse haben sich durch ihr periodisches Anschwellen tiefe Betten in das von ihnen durchströmte Land eingeschnitten, die meistens nahezu wasserleer sind. Im wasserleeren Flußbett herrschen in mancher Beziehung für den Pflanzenwuchs ähnliche Bedingungen wie im Scrub: reichliche Bewässerung von unten bei mangelnder Luftfeuchtigkeit. So sehen wir denn auch, wie sich im Bett des Flußlaufs eine ähnliche Vegetation entwickelt wie im Scrub. Auf dem weißschimmernden Sande gedeihen dichte Gruppen von »tea-tree« (Melaleuca linariifolia und Callistemon lanceolata) und von »river-oak« (Casuarina suberosa). Bei hohen Fluten ragen oft nur die Kronen dieser Bäume aus dem Wasser empor, der Grund, in dem ihre Wurzeln verankert sind, wird unterwaschen, und der Fluß bedeckt sich mit Massen entwurzelter Bäume, die, rasch abwärts getragen, auf die Flußufer wie Hobel wirken und auch ihrerseits zur Vertiefung und Verbreiterung des Flußbetts beitragen.

Während die tea-trees und river-oaks in der Tiefe des Flußbetts gedeihen, wird die Höhe des Flußufers von Eucalypten bestanden und zwar herrschen hier die »blue gum« vor, die sich durch ihre milchweiße Rinde vor andern Eucalyptusarten auszeichnen.

In den südlicheren Teilen Australiens bezeichnet man den neuerdings auch vielfach in Südeuropa angepflanzten Eucalyptus globulus als blue gum. Am Burnett wird diese Art durch eine verwandte (Eucalyptus tereticornis?) vertreten. Die blue gum erreichen eine ungeheure Höhe, und die zwerghaften Exemplare dieser Bäume, die man in Italien sieht, geben eine ganz falsche Vorstellung von den hochragenden und stolzen Gestalten ihrer australischen Eltern. Unter besonders günstigen Umständen kann Eucalyptus globulus eine Höhe von nahezu 120 Metern erreichen; Exemplare von 70 Meter Höhe und 4 bis 5 Meter Umfang sind keine Seltenheit. Noch gewaltigere Dimensionen erreicht Eucalyptus colossea von Westaustralien, und ein Exemplar von Eucalyptus amygdalina im Dandenong-Gebirge bei Melbourne maß 152 Meter, war also etwa ebenso hoch wie der

Kölner Dom und übertraf das Straßburger Münster, Sankt Peter, die Cheops-Pyramide sowie die berühmten »big trees« im Yosemite-Tal von Kalifornien (Wellingtonia gigantea, das höchste Exemplar 120 Meter) ganz bedeutend.

Wenn man durch den Busch reitend in der Ferne irgendwo die weißen Rinden der blue gum schimmern sieht, so kann man sicher sein, daß man sich einem Wasserlauf nähert. Auch in der Nähe von Sümpfen, Lagunen und Seen, da wo sich keine Scrubvegetation

Eucalyptuswald.

entwickelt hat, wächst mit Vorliebe blue gum. Es scheint, daß diese Eucalyptusart eine feuchtere Bodenbeschaffenheit verlangt als ihre Familiengenossen, denn nur ausnahmsweise findet man sie von den Gewässern entfernt.

Mein Weg folgte zunächst der Straße, die von Gayndah nach der Minenstadt Eidsvold, etwa 100 Kilometer stromaufwärts von Gayndah, führt. Was man hier Landstraße oder »main road« nennt, ist keine künstlich gebaute Straße. Es ist eine Bildung, die sich sozusagen von selbst dadurch entwickelt hat, daß die Räder der

Postkutschen, Karren und Lastwagen, die den spärlichen Verkehr zwischen zwei Orten vermitteln, immer derselben Linie folgen und allmählich ihre Spur dem Boden eindrücken. Nichts ist einfacher als in Australien eine Straße herzustellen. Ein Wegvermesser stellt mit einigen ortskundigen Ansiedlern zwischen zwei Orten, die verbunden werden sollen, die kürzeste Route fest, die für Fuhrwerk wegsam ist, und bezeichnet sie durch Kerben an den Bäumen. Das übrige überläßt man dem Verkehr. An Brückenbau ist natürlich nicht zu denken. Die Flüsse werden an geeigneten Furten überschritten. Steigt der Fluß, so stockt der Verkehr und zu Flutzeiten hört zuweilen alle Verbindung auf Wochen, ja Monate auf. Terrainhindernisse werden möglichst umgangen. Stürzt ein Baum quer über die Straße, so nimmt man sich nicht die Mühe ihn zu entfernen, sondern fährt um ihn herum, und allmählich bildet sich ein Bogen der Straße aus, der das Hindernis umkreist. Nur an befahreneren Wegen hilft man hier und da künstlich nach, indem man an besonders schwierigen Steigungen den Grund ein wenig ebnet, an sumpfigen Übergängen Knüppeldämme primitiver Art baut und, wenn der Weg durch Dickicht führt, längs der Straße etwas abholzt. Von Ansiedlungen wie Gayndah werden von Zeit zu Zeit einige Leute als sogenannte »road party« ausgeschickt, um die Wege zu revidieren und die gröbsten Schäden, die im Laufe von ein oder zwei Jahren durch Regen, Überschwemmung und Erdrutsche entstanden sind, auszubessern. Mir war es immer besonders interessant, solche Embryonalstadien von Verkehrsstraßen zu beobachten, wie wir sie in Europa wohl kaum noch irgendwo zu sehen bekommen. Tritt doch heutzutage bei uns eine Straße gleich als etwas in seiner Art fertiges in Erscheinung.

Ich erwartete, gegen Sonnenuntergang meine Dray einzuholen, etwa da wo wir die Straße zu verlassen und ohne Weg durch den Busch zu ziehen hatten. Wie erstaunte ich aber, als ich schon nach zweistündigem Reiten Dahlke mit seinen Pferden und der leeren Dray auf mich zukommen sah. Er war am gestrigen Abend bis zu der Stelle gelangt, wo man den Aranbanga Creek, gewöhnlich Deep Creek genannt, einen Nebenfluß des Burnett zu überschreiten pflegt, und hatte noch am Abend den Übergang über den ziemlich angeschwollenen Fluß unternommen, um am entgegengesetzten Ufer zu kampieren. Glücklich war er das Ufer hinab und durch den Strom gefahren, dessen Wasser den Pferden bis an die Brust ging. Beim Erklimmen des entgegengesetzten steilen und schlüpfrigen Ufers war aber eins der Leitpferde ausgeglitten und hatte die übrigen Pferde mit sich zur Seite gerissen. Um ein Haar wäre die Dray mit den vier Pferden das Ufer hinab zurück in den Strom gestürzt. Es gelang zum Glück den vereinigten Bemühungen von Dahlke und Frank, die Pferde zu beruhigen und dem gestürzten Tier wieder auf die Beine zu helfen. Die Deichsel der Dray aber war gebrochen, und letztere für den Weitertransport des schweren Gepäcks unbrauchbar geworden. Dahlke und Frank hatten deshalb die Pferde ausgespannt und die Dray abgeladen. Frank war an Ort und Stelle beim Gepäck geblieben, während Dahlke die leere Dray nach Gayndah zurückbrachte, um sie dort reparieren zu lassen und sich vorläufig eine andere zu borgen.

Das war ein übler Anfang meiner Expedition, doch mußte ich schon dankbar sein, daß nicht größeres Unheil geschehen war, und das Gepäck nicht gelitten hatte. So belief sich der Schaden nur auf eine gebrochene Deichsel und, was schlimmer war, auf einen Zeitverlust von zwei Tagen. Ich trennte mich von Dahlke, der in ziemlich deprimierter Stimmung nach Gayndah zurückfuhr, und setzte meinen Weg fort. An einigen Stellen längs der Straße wuchs in größerer Menge der eigentümliche australische ›Grasbaum‹ Xanthorrhoea, ein Baum, dessen kräftiger, meist gerader, mehrere Meter hoher Stamm als Krone ein mächtiges Büschel grober grasähnlicher Blätter trägt. Zur Blütezeit schießt aus ihrer Mitte ein mächtiger Blütenkolben empor. Gegen Mittag kam ich an die Unglücksstätte, wo ich Frank wie einen schwarzen Marius auf den Trümmern meines wüst am Flußufer ausgestreuten Gepäcks fand. So gut es ging, richtete ich mich hier für einen mehrtägigen Aufenthalt ein. Wir trugen das gesamte Gepäck auf die Höhe des linken Flußufers, stauten es zu einem Haufen zusammen und bedeckten das Ganze zum Schutz gegen Regen und Tau mit der Tarpaulin, der großen wasserdichten Leinwanddecke, die jede Dray mit sich führt.

Bei unserer Arbeit wurden wir von einem Fuhrmann namens Corry unterstützt, der mit einem mit acht Ochsen bespannten Lastfuhrwerk von Gayndah nach der Squatterstation Cooranga unterwegs war und in der Nähe kampierte. Seine ganze Familie, Frau und vier kleine Kinder, begleitete ihn. Am Abend vorher hatte er den Creek kurz vor Dahlke glücklich passiert und war Zeuge des Unfalls meiner Dray gewesen. In der Not hatte er sich hilfreich erwiesen. Nachts war er plötzlich zu Dahlke gekommen, hatte ihm geklagt, seine Frau sei schwer fieberkrank und schwach, und hatte ihn um etwas stärkendes für die Frau, am liebsten Rum oder Brandy gebeten. Nun befanden sich in meinem Gepäck mehrere Flaschen Rum, die ich mitgenommen hatte, um die Schwarzen für Fleiß und gut geleistete Arbeit ab und zu durch einen kräftigen Schluck, einen »nip« zu belohnen. Das hatten mir meine Freunde in Gayndah als das beste Mittel geraten, die lässigen Schwarzen anzuspornen. Der gutmütige Dahlke, der kein Menschenkenner war, gab dem besorgten Ehemann vertrauensvoll eine volle Flasche Rum und forderte ihn auf, ihr eine Dosis zur Stärkung der kranken Frau zu entnehmen, den Rest aber zurückzubringen. Natürlich sah man Flasche und Inhalt niemals wieder, wohl aber konnte man noch am folgenden Tage dem Manne anmerken, daß die Medizin für die Kranke ihren Weg zum größten Teil oder ganz in seine Kehle gefunden hatte. Die Frau sah ich den ganzen Tag über wohlgemut und einer schwer Fieberkranken so unähnlich wie möglich um ihren Wagen hantieren und die Lagerarbeiten verrichten.

Dies war meine erste Bekanntschaft mit der Familie Corry. Weniger freundlich gestalteten sich später meine Beziehungen zu der würdigen Mutter meines rumliebenden Freundes. Mrs. Catherine Corry, die in einem elenden Wirtshause an der Straße zwischen Gayndah und Eidsvold nahe der zu Coonambula gehörigen »Station« Mundubbera hauste und als eine weder im Punkte ihres Geschäftsbetriebes noch im Punkte der Reinlichkeit von Haus und Küche skrupulöse alte Dame bekannt war. Der Police Magistrate von Gayndah, Herr W. R. O. Hill hatte mir der Vorsorge halber gleich einen Brief an sie mitgegeben, in dem ihr auf das strengste verboten wurde, meinen Schwarzen Rum und andere Spirituosen zu verkaufen. Der Vertrieb von geistigen Getränken an die Schwarzen ist zwar in Queensland verboten und unter Strafe gestellt; meine Bekannten in Gayndah waren aber Menschenkenner, und sagten voraus, daß eine so über alle Vorurteile erhabene Frau wie Mrs. Corry dem Gesetze sicherlich ein Schnippchen schlagen würde, wenn die Schwarzen nicht mit leeren Händen zu ihr kämen. Leider erwies sich diese Prophezeihung als nur zu wahr.

Da der Himmel klar und wolkenlos und Regen nicht zu befürchten war, schlug ich kein Zelt auf, sondern übernachtete unter freiem Himmel. Einen Vorrat an Brod und an gekochtem Fleisch hatten wir von Gayndah mitgenommen. So brauchte ich also nur meinen Tee zu kochen, um diesen etwas ominösen Tag, meinen ersten im Busch, mit einer stärkenden Mahlzeit zu beschließen. Die Nacht war kalt, und ich fror trotz meiner Decken ganz gehörig, da die Kälte von unten her durch die Leinwand meines Feldbetts drang. Ein solches Feldbett oder »stretcher« kann man sich leicht herstellen, indem man einen Sack zwischen zwei Baumstangen spannt, die von zwei Paar gekreuzten Hölzern getragen werden. Einen Stretcher macht sich jeder, der längere Zeit im Busch kampieren muß. Denn es ist, zumal in der kühlen Jahreszeit, sehr ungesund, Nacht für Nacht unmittelbar auf dem Boden zu schlafen. Bei kürzeren Touren macht man natürlich nicht so viel Umstände, sondern schläft einfach auf einem Sack oder einer Decke auf der Erde.

Beutelbär, Phascolarctos cinereus.

Am nächsten Tage durchstreifte ich die Umgegend und war hier gleich überrascht über die Menge der Wildspuren, die ich am Boden und an den Bäumen sah, und über den Reichtum der Vogelwelt, die diese scheinbar so dürftigen Buschwälder bevölkert. Durch Frank lernte ich bald die Spuren der verschiedenen Beuteltiere unterscheiden. Auf einem hohen Eucalyptus sahen wir ein großes Baumbeuteltier, den Beutelbär, »native bear« der Kolonisten, Phascolarctos cinereus, sitzen. Es ist ein schwerfälliges Geschöpf, etwa von der

Größe des bekannten amerikanischen Waschbären und demselben entfernt ähnlich, aber viel plumper. Bemerkenswert ist die Verkümmerung des Schwanzes, die ihn von den meisten andern Beuteltieren unterscheidet und bei einem Baumtier besonders auffallend ist. Beobachtet man aber die langsamen bedächtigen Bewegungen des Tieres, sieht man, wie es beim Klettern nur immer der fortlaufenden Straße, das heißt den Verzweigungen der Äste folgt und sich an sie mit seinen scharfen, kräftigen Krallen anklammert, niemals aber frei von Ast zu Ast springt, so wird einem klar, daß es des Schwanzes nicht bedarf, der bei temperamentvolleren Baumtieren als Balancier- und Schwungapparat beim Springen und Hinüberschwingen von Ast zu Ast dient. In dieser Beziehung erinnert Phascolarctos an die Faultiere und wird auch von einigen als australisches Faultier bezeichnet. Natürlich hat er seinem anatomischen Bau nach weder mit Bären, Waschbären oder Faultieren etwas zu tun; er ist ein echtes Beuteltier wie die Känguruhs und Beuteldachse, so wenig er auch diesen Verwandten ähneln mag.

Mein Schuß verwundete das Tier; im Fallen gelang es ihm aber, mit den Vorderpfoten einen starken Ast zu ergreifen und seinen Sturz aufzuhalten. So hing es eine Weile frei an den Vorderfüßen und versuchte vergeblich die Hinterfüße nachzuziehen und sich ganz auf den Ast zu schwingen. Da ich jeden Augenblick erwartete, es würde herabfallen, zögerte ich einen zweiten Schuß abzugeben. Frank unterrichtete mich aber über die Lebenszähigkeit und Kraft dieser Tiere und sagte mir, sie könnten verwundet in dieser Stellung viele Stunden sich festhalten, ehe sie vor Erschöpfung und Schwäche herabfielen. Mein zweiter Schrotschuß verwundete den Kopf und den linken Vorderlauf. Eine Weile hing das Tier noch allein am rechten Vorderlauf, dann stürzte es schwer herab und starb wenige Minuten darauf. Es war ein starkes vollausgewachsenes Weibchen, das ein etwa halbjähriges Junges von 20 cm Länge auf dem Rücken trug. Das arme Tierchen klammerte sich mit seinen scharfen Krallen an seine tote Mutter an und wollte sich durchaus nicht losreißen lassen. Ich dachte daran, es mit in mein zu errichtendes Lager zu nehmen und dort großzuziehen. Am nächsten Morgen aber fand ich, daß es nachts den erkalteten Körper seiner Mutter verlassen hatte und entwichen war.

Am Nachmittag dieses Tages kam Dahlke mit den Pferden und einer geborgten Dray zurück. Der Übergang über den Creek mit der leeren Dray bereitete keine Schwierigkeiten, bald war das gesamte Gepäck wieder aufgeladen, und als wir uns am Abend zur

Ruhe legten, war alles für einen frühen Aufbruch am nächsten Morgen bereit.

Wir wollten an diesem Tage der Straße bis in die Nähe von Mundubbera folgen, wo sich eine Art Vorwerk, eine »Außenstation« der Großpacht Coonambula befindet. Von dort wollten wir dann quer durch den Busch in genau südlicher Richtung an den Boyne ziehen. Zwischen Mundubbera und Deep Creek liegen zwei ziemlich steile Bergrücken, deren Überwindung der schwerbeladenen Dray voraussichtlich bedeutende Mühe kosten würde. Ich ritt der Dray voraus direkt nach dem Wirtshaus der Frau Corry, um mit der Besitzerin ein ernstes Wort zu reden und jeden Schnapsverkauf an meine Schwarzen von vornherein abzuschneiden. Entrüstet wies die alte Dame die Unterstellung solcher Gesetzwidrigkeit zurück. Ich hatte meine Zweifel an der Aufrichtigkeit dieser Entrüstung, machte aber vorläufig keinen Gebrauch von dem Schreiben des Police Magistrate, sondern behielt dasselbe bis auf weiteres als Trumpf in meiner Tasche. Das Wirtshaus machte einen so wenig Vertrauen erweckenden Eindruck, daß ich vorzog, zur Dray zurückzureiten und dort mein Frühstück einzunehmen. Nach zwei Uhr stieß ich auf Dahlke und Frank, gerade als sie hart an der Arbeit waren, den schweren Anstieg über den zweiten Höhenzug zu bewältigen. Mit großer Anstrengung gelang es endlich, denn die Pferde, die ein halbes Jahr lang frei auf der Weide gewesen waren, zeigten sich nach der langen Untätigkeit so schwerer Arbeit nicht gewachsen. Auf der Höhe hielten wir kurze Rast und nahmen eine eilige Mahlzeit ein. Zu unsern Füßen lag ein hügeliges, mit Eucalyptusvegetation bedecktes Waldland, Eucalyptuswald soweit das Auge reichte, im Westen vor uns die Täler des Burnett und seiner Zuflüsse, im Süden die seines stattlichen Nebenflusses Boyne und dessen Vasallen. Was ich vor mir sah, sollte für das nächste Jahr das Feld meiner Tätigkeit sein. Es waren ganz bestimmte wissenschaftliche Probleme, deren Lösung ich in diesen Tälern und auf diesen Höhen suchte, Probleme, die nicht allein mir, sondern vielen Naturforschern im fernen Europa so gut wie in Amerika wichtig und interessant erschienen. In das Gefühl der Freude, eine so schöne Aufgabe vor mir zu haben, mischte sich vielleicht auch ein klein wenig Zweifel und Besorgnis, ob die Erfolge meinen Erwartungen entsprechen würden. Doch galt es jetzt nicht, über die Zukunft sich Gedanken zu machen, sondern frisch den Augenblick zu ergreifen. Als ich 14 Monate später von derselben Höhe einen Scheideblick auf jenes Land warf, war es, als ob ich Abschied von einem alten Freunde nähme, der mein vertrauensvolles Entgegenkommen belohnt hatte, und dessen Züge mir ewig unvergeßlich bleiben werden.

Erst nach Anbruch der Dunkelheit erreichten wir nahe Mundubbera den Punkt, wo wir die Straße verlassen und für diese Nacht lagern wollten. Wir machten Halt, spannten die Pferde aus und ließen sie mit gefesselten Vorderfüßen frei weiden. Eben hatten wir ein Feuer angezündet, um unsern Tee zu kochen, da erscholl ein lauter Zuruf, und quer durch den Busch sprengten ein paar Reiter auf uns zu. Es waren zwei von den Schwarzen, die Frank für mich angeworben hatte, und die uns hierher entgegengekommen waren, um uns zu einem Punkte am Boyne zu leiten, den sie für unser erstes Camp für besonders geeignet hielten. Beide waren wohlgewachsene kräftige Männer mit schwarzem lockigem Haupthaar und struppigen schwarzen Bärten, mit Hemd und Hose bekleidet, ihre Pferde ein Paar ausrangierte Klepper, die sie einmal als Lohn für geleistete Arbeit auf einer Squatterstation erhalten hatten. Der eine von ihnen, der bei den Weißen den Namen Garry führte, war der glückliche Besitzer einer alten Winchester Büchse, die er gut zu gebrauchen verstand. Beide erklärten mir ihre sowie ihrer Freunde Bereitwilligkeit, in meine Dienste zu treten, und versprachen, so viele Ameisenigel, Schnabeltiere und Beuteltiere für mich zu fangen und zu erlegen, als ich nur wünschen könnte.

Diese Nacht war noch kälter als die vorhergehenden. Als ich beim Morgengrauen erwachte, sah ich in den Zweigen des Eucalyptusbaumes, unter dem ich schlief, ein seltsames Geschöpf auf- und abspringen, das durch seine flinken Bewegungen und durch seinen langen buschigen Schwanz einigermaßen an ein Eichhörnchen erinnerte. Lange Zeit beobachtete ich das muntere Tierchen, ohne mich zu rühren. Endlich verließ es den Baum und lief auf den nächsten Nachbarn desselben, der an hundert Schritte entfernt stand, zu. Als ich ihm den Weg dahin abschnitt, lief es zum ersten Baume zurück. Dieser war nur niedrig, ohne dichte Belaubung, ohne ein Astloch, das Unterschlupf gewähren konnte. Ängstlich sprang das Tierchen auf demselben herum, wagte aber nicht ihn zu verlassen und sein Heil in der Flucht auf ebener Erde zu versuchen. Mein Schuß brachte ein starkes männliches Exemplar von Phascologale penicillata herab, von den Kolonisten »Bush-rat« genannt, ein Beuteltier, das den fleisch- und insektenfressenden Beutelmardern (Dasyurus) nahe steht und durch die Form seines Kopfes etwas an die Spitzmäuse erinnert. Die Buschratte macht sich nicht selten zum ungebetenen Gast und Mitbewohner der menschlichen Behausungen im Busch, ähnlich wie ihr kleinerer Verwandter, Sminthopsis crassicaudata, die Buschmaus oder Beutelmaus (pouched mouse) der Kolonisten, und der seltnere Antechinomys laniger. Während jene Beutelmäuse kaum irgend welchen Schaden tun und höchstens abends und nachts durch ihr Rascheln stören, wird die viel größere und stärkere Buschratte dem schwächeren Hausgeflügel gefährlich und steht wegen ihrer Raublust und Mordsucht in üblem Ansehen.

Buschratte. Phascologale penicillata.

Ich trennte mich hier von meiner Dray und ritt, geleitet von Garry, direkt nach der Squatterstation Cooranga, während Dahlke und die Übrigen mit der Dray an den zum Lager ausersehenen Platz zogen. Unterwegs trafen wir zweimal auf kleine Trupps von Känguruhs und beidemale erlegte Garry durch einen wohlgezielten Büchsenschuß ein Stück, das eine Mal ein starkes Weibchen mit einem erst kürzlich geborenen, sehr unentwickelten und noch halb durchsichtigen Beuteljungen in der Tasche. Weniger glücklich war er bei dem Versuch, seine Kunst an einigen der Wildenten zu erproben, die in großer Menge die kleinen Weiher und Seen sowie die Wasser der Flüsse selbst bevölkern.

Gegen Mittag kamen wir nach Cooranga, einer Station am rechten Ufer des Boyne Flusses, die von Herrn F. A. B. Turner verwaltet wird. Herr Turner nahm mich auf das freundlichste auf und erteilte mir die Erlaubnis, auf seiner Pacht zu lagern und zu jagen. Natürlich steht es jedermann frei, das Land in allen Richtungen zu durchreisen, zu kampieren, selbst längeren Aufenthalt zu nehmen, und besonders der Goldsucher, das heißt ein jeder, der mit Hacke und Spaten das Land durchzieht und angibt, nach dem edlen Metall zu fahnden, genießt in dieser Beziehung die weitgehendsten Privilegien. Wo eine Straße das Land durchzieht, darf jeder bis zu hundert Schritten rechts und links von derselben längere Zeit kampieren; auch gibt es auf allen größeren Pachten sogenannte »Reserves«, auf denen das längere Kampieren für Fremde ohne weiteres erlaubt ist. Wird irgendwo in einem Gebiet Gold gefunden, so nimmt auf Antrag des Finders oder in zweiter Linie jedes Beliebigen, der hier eine Mine anlegen will, die Regierung die Fundstelle und ihre Umgebung dem Squatter weg, teilt sie in Bezirke von bestimmter Ausdehnung und übergibt dieselben den Goldgräbern zur Ausnutzung. Bei der Verteilung der Bezirke genießt natürlich der erste Finder des Goldes besondere Vorrechte. Auf der andern Seite hat der Squatter das Recht, Leute, die sich unberechtigterweise auf seiner Pacht, seinem »Run«, einnisten wollen, zu vertreiben, besonders wenn er sie in Verdacht hat, ihren Bedarf an Rindfleisch unentgeltlich aus seinen Herden zu decken. Will sich allerdings ein Farmer auf einem Run wirklich niederlassen, so braucht er nur um ein gewisses Stück Land, sofern dasselbe nicht durch den Squatter eingehegt, in einen »Paddock« verwandelt ist, einzukommen. Er erhält dasselbe dann als »Selection« zugeschlagen, ist aber verpflichtet, es einzuhegen. Die Regierung begünstigt die Niederlassung von Kleinbauern, und in der Tat dürfte auf diesem Wege am leichtesten das Ziel erreicht werden, das Land aus einem Weideland in ein Getreideland zu verwandeln.

Mr. Turner machte mir, wie gesagt, keine Schwierigkeiten, auf Coorangagebiet zu jagen und zu kampieren. Allerdings war er im Zweifel, ob der Ort, den ich zum Camp ausersehen hatte und dessen Lage ich ihm nicht genau angeben konnte, da ich dieselbe nur aus den Beschreibungen der Schwarzen kannte, zu Cooranga oder zu Coonambula gehörte. Er versprach mir, mich jedenfalls bald zu besuchen. Nachmittags ritt ich von Cooranga fort und folgte dem

Laufe des Flusses etwa 14 Kilometer abwärts bis zur Mündung eines kleinen, zur Zeit fast wasserleeren Nebenflusses, Coochers Creek, in denselben. Wir überschritten den Creek und sahen in einiger Entfernung stromabwärts ein weißes Zelt durch den Busch schimmern. Es war mein eigenes Camp, das im Entstehen begriffen war (vgl. Karte II [1]). Dahlke war vor einer Stunde hier eingetroffen und hatte sich sofort daran gemacht, ein Zelt für mich aufzuschlagen. Als Lagerplatz hatte er eine kleine Anhöhe über einem toten Arm des Flusses gewählt, etwa 40 Meter über dem gegenwärtigen Wasserstande, so daß wir für den Fall einer Überschwemmung ziemlich gesichert waren. Ringsum war gutes Weideland für unsere Pferde; einige Kilometer östlich vom Boyne befand sich ein dichter Scrub, von dem sich die Schwarzen viel für den Fang von Echidna versprachen. Die Schwarzen hatten ihr Lager einen halben Kilometer von dem meinigen aufgeschlagen, weil ich aus verschiedenen Gründen eine gewisse räumliche Entfernung gewünscht hatte. Es war völlig dunkel, als ich zu ihnen hinüberging, und an zahlreichen Stellen loderten ihre Lagerfeuer und beleuchteten die dunkeln Gestalten der Männer, Frauen und Kinder. Bei meinem Nahen erhob sich ein vielstimmiges Geheul der halbwilden Hunde, ihrer steten Begleiter und Helfer bei der Jagd. Mein plötzliches Erscheinen schien die Hunde nicht wenig zu erregen, sie sprangen auf mich zu und ein paar große Bestien schienen nicht übel Lust zu haben, sich auf mich zu stürzen, eine seltene Erscheinung, denn gewöhnlich sind diese Hunde Menschen gegenüber feige und wenig angriffslustig. Die Weiber schrieen den Hunden zu, die Männer warfen Stöcke und Feuerbrände nach ihnen, einer reichte mir rasch einen tüchtigen Knüppel, um mir das wilde Gesindel vom Leibe zu halten. Das Ganze bot bei den flackernden Lagerfeuern, der eigenartigen Umgebung, den fremden Lauten und Ausrufen eine wilde, bewegte Szene. Endlich gaben sich die Hunde zufrieden und umknurrten mich nur noch mißtrauisch in einiger Entfernung.

Das Camp zählte nicht ganz 30 Eingeborene, Männer, Weiber und Kinder, die sich auf acht Familien verteilten. Jede Familie lagerte für sich in einiger Entfernung von den andern, so daß das Camp einen ziemlichen Raum bedeckte und die zahlreichen zerstreuten Feuer auf eine viel größere Schar schließen ließen. Nur zwei Familien besaßen alte und schadhafte Leinwandzelte, die sie gelegentlich einmal von Weißen eingehandelt hatten. Die übrigen verwahrten sich gegen Kälte, Tau und Regen mittels einiger schräg aneinandergelehnter Rindenplanken, die durch einen schief in die

Erde gesteckten Stab gestützt wurden. Vor diesem primitiven Rindenzelt, das einem Kartenhaus gleicht und dessen offene Seite stes dem Winde abgekehrt ist, brennt das Feuer. Dreht sich der Wind und treibt den Rauch oder gar Regen in das Innere, so genügen wenige Augenblicke, um das ganze Bauwerk um seine Achse zu drehen und vom Winde abzukehren.

Die Schwarzen schienen sehr erfreut über mein Kommen, sie versprachen eifrig für mich zu jagen und gleich morgen mit Arbeit zu beginnen. Ich konnte also leichten Herzens und voll froher Erwartungen in mein eigenes Lager zurückkehren und mein nunmehr fertig aufgerichtetes Schlafzelt beziehen.

Diese Nacht war noch kälter als die vorhergehenden und ich wurde jedesmal durch die Kälte erweckt, wenn die Decke, unter der ich schlief, sich verschob und nicht den ganzen Körper bedeckte. Morgens waren die Gräser um das Lager mit Reif bedeckt. Um 8 Uhr morgens war aber die Temperatur schon wieder eine angenehm warme und sie betrug mittags im Schatten des Zeltes 25° C. Ein Teil der Schwarzen hatte sein Versprechen wahr gemacht und war auf den Fang von Echidna ausgezogen.

An diesem Tage wurden wir mit der Einrichtung des Camps so ziemlich fertig. Ich hatte zwei kleine Zelte für mich selbst, eins zum Schlafen und Wohnen, ein anderes als Laboratorium. Dahlke hatte sich aus dem wasserdichten Wagentuch oder Tarpaulin eine Art Zelt errichtet und hier deponierten wir auch unsere Vorräte und Lagergeräte. Die Zelte, die man in Australien verwendet, bestehen aus dünner Leinwand und stellen, wenn aufgespannt, kleine rechteckige Häuschen vor mit schräg abfallendem Dach; der Eingang befindet sich an der einen Schmalseite. Das ganze Zelt wiegt nur wenige Pfund, denn man führt keine Zeltstangen mit sich, sondern baut sich das Gerüst jedesmal von neuem aus frisch gefällten Bäumchen auf. Die vertikalen Teile des Gerüstes werden in die Erde gegraben und so befestigt; die Querstangen legt man in die Astgabeln der vertikalen Träger, so daß eine Querstange auf ein Paar hohen Trägern dem First des Zeltes, zwei niedere rechts und links davon in gleichen Abständen den beiden seitlichen Dachkanten entsprechen. Man streift nun den First des Zeltes über die mittlere Querstange und spannt die Seitenteile aus, indem man sie an die seitlichen niederen Querstangen mit Stricken festbindet. Geübte Hände können in weniger als einer Stunde die nötigen Bäume fällen, das Gerüst aufschlagen und ein Zelt fix und fertig herrichten. Dasselbe gewährt jedoch nur mangelhaften Schutz gegen die Sonne und gar keinen

Zu Seite 44.

Frank Ada Jimmy Harry Old Tom Johnny Maggie

Die Schwarzen vor meinen Zelten.

gegen einen starken, länger andauernden Regen, denn das Zelttuch ist nicht wasserdicht. Um das Ganze wasserdicht zu machen, spannt man in einiger Entfernung über dem Zeltdach noch ein einfaches, an sich auch nicht wasserdichtes Leinwanddach, eine sogenannte »Fly« aus. Dieselbe ist von etwas größeren Dimensionen als diejenigen des eigentlichen Zeltdaches. Die Fly bricht die Gewalt auch der stärksten Regen so weit, daß fast alles Wasser an den Seiten abträufelt, auch dann wenn sie selbst vollständig durchfeuchtet ist. Höchstens ein feiner Sprühregen fällt von der inneren Fläche der Fly auf das Zeltdach und kann dasselbe zwar allmählich durchfeuchten, hat aber nicht genug Kraft durchzuschlagen. Während wochenlanger, ungemein heftiger Regengüsse, die ich im November durchzumachen hatte, blieb ich doch im Inneren meiner Zelte vor direkter Benetzung geschützt, obwohl alles rings um mich triefte, und es eines ganz besonders guten und dementsprechend dichten und schweren wasserdichten Zeltes ohne »Fly« bedurft hätte, um solchen langandauernden Regengüssen zu widerstehen. Vor einem derartigen wasserdichten Zelte hat aber das australische den Vorzug unvergleichlich größerer Leichtigkeit und viel größerer Billigkeit.

Tische und Bänke sind bald gemacht, indem man Kistenbretter oder, wenn diese fehlen, Stücke von Baumrinde auf Holzpflöcke nagelt, die in die Erde getrieben werden. Der Feuerplatz wird durch ein Dach von Büschen oder besser noch von Baumrinde vor Regen geschützt. Ein paar dicke schwere noch frische Holzblöcke dienen als Grundlage des Feuers; sie glimmen und kohlen fort, auch wenn man kein helles Feuer brennt, und ermöglichen es, daß die Glut weder bei Tag noch bei Nacht ganz erlischt und stets heiße Asche, ein wichtiger Bedarfsgegenstand im Lager, vorrätig ist.

Gleichmäßig verlief im allgemeinen mein Lagerleben, denn jede Tagesstunde hatte ihre besonderen Arbeiten und stellte ihre besonderen Anforderungen. Die ersten Morgenstunden, eine Stunde vor bis eine Stunde nach Sonnenaufgang, waren der Schnabeltierjagd gewidmet.

Das Schnabeltier, Ornithorhynchus anatinus, ist nur durch eine einzige lebende Art in Australien und somit auf der Welt vertreten, es findet sich auch nicht in ganz Australien, sondern nur im Süden und Osten des Erdteils bis zum 18. Grad s. Br., sowie in Tasmanien. Es bewohnt die Ufer der fließenden Gewässer, in denen es seine Nahrung findet, und ist ein Wassertier wie der Biber, der Otter oder der Seehund, d. h., es ist für das Auffinden seiner Nahrung auf das Wasser angewiesen, kann auch lange unter Wasser verweilen, im Wasser selbst aber nicht atmen, da seine Lunge, wie die aller Säugetiere, zur direkten Wasseratmung untauglich ist. Den Tag über verweilt es meist schlafend in seinem selbstgegrabenen Bau am Flußufer. Dieser Bau besitzt einen über und einen unter Wasser befindlichen Zugang, die beide zusammenmündend in eine 6—10—15 Meter lange Röhre leiten, welche schräg vom Wasserspiegel am Flußufer aufwärts führt und in einen kleinen Kessel endigt. Baue mit zahlreicheren Röhren, die labyrinthisch untereinander zusammenhängen, habe ich nicht beobachtet. Ihr Vorkommen ist wohl als Ausnahme zu betrachten.

Ich fand bald heraus, auf welche Weise das Tier am besten zu erlegen sei. Jeden Morgen noch vor Anbruch des Tages erhob ich mich und eilte zu solchen Stellen des Flusses, die ihrer ganzen Beschaffenheit nach mit Wahrscheinlichkeit als Jagdrevier der Schnabeltiere anzusehen waren. Denn nur in tiefen und breiteren Stellen des Flusses, wo die Tiere beim Untertauchen dem Auge verschwinden und sich deshalb sicher fühlen, wo das Wasser langsam fließt und sich auf dem Boden eine reiche Tier- und Pflanzenwelt ansiedeln kann, hat man auf Schnabeltiere zu rechnen.

In der Zeit des australischen Winters, also Juni bis Ende August, wenn die Nächte kalt sind, darf man sicher sein, die Tiere bei Sonnenaufgang und Sonnenuntergang im Flusse zu finden. Ist man morgens frühzeitig am Fluß und erwartet das Anbrechen des Tages, so kann man, sobald die ersten Sonnenlichtstrahlen die Wasserfläche treffen und die Gegenstände unterscheidbar machen, im Fluß einen Gegenstand von ein bis zwei Fuß Länge unterscheiden, der wie ein Brett flach im Wasser schwimmt. Zuweilen liegt er eine zeitlang regungslos da, dann plötzlich wieder ist er verschwunden, um nach einigen Minuten an einer andern Stelle aufzutauchen. Es ist dies das Schnabeltier, welches im Schlamm des Flußbettes sein Morgenfrühstück sucht. Mit seinem platten Entenschnabel gründelt es im Flußschlamm nach Insektenlarven, Würmern, Schnecken und besonders nach Muscheln. Was es findet, wird nicht sofort verzehrt, sondern zuerst in den geräumigen Backentaschen aufgespeichert. Sind diese gefüllt, dann erst beginnt das Geschäft des Zermalmens und Verschluckens der Nahrung an der Oberfläche. Wenn man also das Tier regungslos an der Oberfläche treiben sieht, so ist es mit dem Geschäft der Zerkleinerung seiner Nahrung beschäftigt. Die Schnabeltiere haben ebensowenig Zähne wie die Ameisenigel, aber es ist schon von vornherein klar, daß dieser Zahnmangel kein ursprüngliches Merkmal der Eier legenden Säugetiere ist. Sind doch die einfacher organisierten Wirbeltiere, Fische, Amphibien und Reptilien, durch den Besitz von Zähnen ausgezeichnet und kann es also schon aus diesem Grunde keinem Zweifel unterliegen, daß der Mangel an Zähnen bei höheren Tieren eine sekundäre Erscheinung ist. Ganz das gleiche gilt von den Vögeln, von denen die zahnbesitzenden ursprünglichen Formen durch fossile Funde bekannt geworden sind. Auch bei den Schnabeltieren läßt sich der direkte Beweis führen, daß sie von Zähne besitzenden Geschöpfen abstammen. Das junge Tier besitzt nämlich noch sowohl im Ober- wie im Unterkiefer flache mit Höckern besetzte Zähne, im ganzen deren acht, die durchaus den Zähnen gewisser, sehr niedrig stehender fossiler Säugetiere, der Multituberkulaten, gleichen. Diese Zähne werden bald abgenutzt und

Schnabeltier. Ornithorrhynchus anatinus.

fallen schließlich ganz aus; sie werden dann durch eine hornige Verdickung der Kieferränder ersetzt. Ich konnte vielfach am Burnett die Beobachtung machen, daß die Hauptnahrung unsres Tieres aus einer hartschaligen Muschel, Corbicula nepeanensis Lesson, besteht, welche man oft in Fülle in den Backentaschen aufgespeichert findet. Zum Zerkleinern dieser Nahrung sind Zähne natürlich schlechte Werkzeuge; dieselben sind viel zu spröde und brüchig und werden deshalb bald abgenutzt. Hornig verdickte Kieferränder sind ungleich bessere Hilfsmittel, so harte Nüsse zu knacken. Und so ist wahrscheinlich der Mangel der Zähne und sein eigentümlicher Ersatz aus der Muschelnahrung des Schnabeltieres zu erklären.

Wenn das Schnabeltier sich an der Oberfläche des Wassers befindet, kann es mit seinen kleinen, tief im Pelzwerk versteckten Augen genau beobachten, was über ihm am ansteigenden Flußufer vor sich geht. Ebenso scharf ist sein Gehör, und der geringste verdächtige Laut genügt, um das scheue Tier zu verscheuchen. Es ist deshalb ein vergebliches Bemühen, sich heranschleichen zu wollen, so lange es an der Oberfläche verweilt. Man hat regungslos wie eine Bildsäule stehen zu bleiben, bis es untergetaucht ist, dann springt man sofort vorwärts auf die Stelle zu, an der es verschwunden; sowie es auftaucht, bleibt man wieder stehen, und dies wiederholt man, bis man auf Schußweite herangekommen ist. Man hat sich ganz ähnlich zu verhalten wie beim Anspringen eines Auerhahns. Ist man auf Schußweite heran, so erwartet man mit gehobenem Gewehr das erneute Wiederauftauchen des Wildes. Denn schon das Erheben der Flinte würde genügen, um das Tier zu erschrecken und auf Nimmerwiedersehen zu verscheuchen. Einmal verscheucht, läßt sich das Schnabeltier an demselben Morgen oder Abend sicher nicht wieder blicken. Als ich erst einmal diese Methode heraus hatte, ist mir kaum jemals ein Schnabeltier entgangen, obwohl seine Jagd bei den Kolonisten für eine schwierige gilt.

Auch das ist ein falsches Vorurteil, daß das Tier zähe und schwer zu erlegen sei. Ein jeder Treffer tötet es, selbst wenn er nicht den Kopf, sondern nur den Leib trifft. Die entgegengesetzte Ansicht kann nur dadurch entstanden sein, daß man auf das Tier im Moment des Untertauchens schoß und es einfach fehlte. Es lag mir daran, eine Reihe von gut erhaltenen Schnabeltiergehirnen zu erlangen und deshalb zielte ich niemals auf den Kopf, sondern immer nur auf den Leib des Tieres und bediente mich auch nur feiner Schrotsorten, Nr. 6 oder Nr. 8; dennoch habe ich mein Wild regelmäßig erlegt. Gewöhnlich lagen die Tiere im Feuer, einigemale hatten sie noch etwas Lebenskraft und versuchten dann regelmäßig durch Tauchen den einen unter Wasser gelegenen Eingang zu erreichen und so zu entkommen. Niemals sah ich sie den Versuch machen, durch den andern über Wasser befindlichen Zugang ihren Bau zu gewinnen. Sind die Tiere jedoch schwer verwundet, so sind ihre Versuche zu tauchen fruchtlos, da der Körper spezifisch bedeutend leichter ist als das Wasser, und es zum Tauchen eines bedeutenden Kraftaufwands bedarf. Die angeschossenen Tiere hörte ich einigemale ein dumpfes Stöhnen ausstoßen. Bennett, der verschiedene Exemplare längere Zeit gefangen gehalten und genau beobachtet hat, berichtet von brummenden, knurrenden, quiekenden und pfeifenden Lauten, die sie auszustoßen pflegten, wenn sie miteinander spielten oder wenn sie sich gegenseitig signalisierten.

Ich versuchte auch die Tiere in Schlingen zu fangen und weiß, daß diese Methode schon verschiedentlich geglückt ist. Man bringt die Schlingen vor dem über Wasser befindlichen Zugang des Baues an und fängt das Tier dann, wenn es den Bau verläßt oder in denselben zurückkehrt. Ich hatte mit dieser Methode keinen Erfolg, was ich auf zwei Gründe zurückführe. Einmal wird wohl in den meisten Fällen der unter Wasser befindliche Zugang als Aus- und Einlaufsrohr benutzt, und der über dem Wasser befindliche Zugang dient bloß als Ventilator und nur gelegentlich als Pforte. Dann aber kann man es kaum vermeiden, seine Schlingen vor Bauen aufzustellen, die längst verlassen sind. Das Schnabeltier liebt es, daß der über dem Wasser befindliche Zugang seines Baues sich einige Meter über dem Wasserspiegel befindet. Steigt nun das Wasser im Fluß sehr hoch oder fällt es andrerseits sehr tief, so genügt der Bau nicht mehr den Anforderungen, und das Tier verläßt sein altes Heim und gründet sich eine neue Wohnstätte. Dies kann in einem Jahre mehrere Male vorkommen, deshalb findet man an Stellen, die dem Schnabeltier als Wohnstätte zusagen, neben bewohnten immer eine ganze Reihe von verlassenen Bauen. Da der über Wasser befindliche Zugang selten befahren wird, so ist es durchaus nicht leicht, einem Bau von vornherein anzusehen, ob er bewohnt ist oder nicht. Ich glaube also, daß ich meine Schlingen in vielen Fällen vor längst verlassenen Bauen aufgestellt habe.

In Gayndah hatte ich während meines kurzen Aufenthaltes eine ansehnliche Menge von Schnabeltieren erbeutet, auch hier in meinem Camp am Boyne hatte ich anfangs noch ziemliches Glück; bald aber hörte das auf und zwar im gleichen Maße, als die Nächte wärmer wurden. Waren die Nächte recht kalt, so konnte man zuweilen am hellen Tage noch die Schnabeltiere im Wasser herumschwimmen und ihre Nahrung aufsuchen sehen. Als es wärmer wurde, war es damit zu Ende. Auch in der Morgen- und Abenddämmerung waren die Tiere dann seltener zu finden, und in der wirklich heißen Zeit gelang es mir so gut wie niemals mehr, sie anzutreffen und zu erlegen. Ganz genau dieselbe Erscheinung beobachtete ich im folgenden Jahre, als ich im Juni 1892 an den Burnett zurückkehrte und bis Ende Oktober dort blieb. Ich kann mir das nur so erklären, daß in der wärmeren Jahreszeit die Tiere fast ausschließlich die Nächte zum Besuche des Wassers benutzen und den Tag über schlafend in ihren Höhlen verbringen. Von meinen Schwarzen konnte ich wenig Auskunft über die Lebensgewohnheiten des Tieres, das sie »Jungjumore« nennen, erhalten, denn sie pflegen dasselbe nicht zu jagen, weil sie sein Fleisch gänzlich verschmähen. In der Tat strömt das Tier einen unangenehmen tranigen Geruch aus, selbst wenn es abgehäutet ist. Meine Schwarzen zeigten eine ungemeine Geringschätzung gegen den »Jungjumore« und waren kaum dazu zu bringen, mir beim Ausgraben ihrer Baue zu helfen oder sich sonst irgendwie um das ihrer Ansicht nach nutzlose Geschöpf zu kümmern. Eine ganz andre Hochachtung erwiesen sie dagegen dem Ameisenigel, dessen Fleisch sie für eine Delikatesse ersten Ranges halten und sogar über Rindfleisch stellen, das größte Kompliment, das sie einer Speise machen können. Wie Bennett berichtet, haben die Eingeborenen am Wollondilly und am Yas-Fluß in New-South-Wales einen andern Geschmack und sind auf Schnabeltierfleisch sehr erpicht.

Von den weißen Kolonisten wird das Schnabeltier nicht verfolgt. Zwar ist das Pelzwerk schön und dicht; es erinnert etwas an den Maulwurfpelz, hat aber längere Haare. Für Pelzwerk ist indessen in einem so warmen Lande wie Queensland wenig Bedarf und auch in den südlicheren kälteren Kolonien ist das Schnabeltier keiner nennenswerten Verfolgung ausgesetzt, weil seine Jagd denn doch zu schwierig und unergiebig, das erlegte Wild auch zu klein ist, um als Handelsartikel in Frage zu kommen. Da ich nicht alle erlegten Schnabeltiere, wie sie waren, in Spiritus steckte, sondern bei vielen die einzelnen Organe präparierte, die Gehirne herausnahm, die Skelette trocknete, so konnte ich eine ziemliche Menge von Schnabeltierfellen mit nach Hause bringen, die zu Pelzmützen verarbeitet für einige verständnisvolle Freunde und mich selbst ein interessantes Erinnerungsstück an das eierlegende Säugetier bei den Antipoden darstellen.

Gerade in der ersten Woche meines Zeltlebens war die Schnabeltierjagd recht ergiebig, aber auch mit der Tätigkeit meiner Schwarzen konnte ich zufrieden sein. Zunächst war es die Neuheit der Aufgabe, die sie anzog; dann hatte ich ihnen auch in meiner Unerfahrenheit ihres Charakters gewisse Versprechungen gemacht, die ihnen sehr verlockend erschienen, die sich aber bald als unausführbar erwiesen. Ich hatte nämlich mit ihnen verabredet, sie am Ende jeder Woche bar auszuzahlen, weil ich nicht glaubte, daß ihre Verfügung über bares Geld hier im fernen Busch für mich irgendwelche Unzuträglichkeiten mit sich bringen würde. Für jeden weiblichen Ameisenigel sollte der Bringer »half a crown«, 2½ Mark erhalten, für einen männlichen Ameisenigel »six pence«. Ebenso hatte jedes Beuteltier seinen bestimmten, nicht sehr hohen Preis. Wer fleißig arbeitete und mir abends viele Tiere brachte, erhielt dann noch als Extrabelohnung einen »nip«. Außerdem versprach ich, um den Wetteifer auf das Höchste anzuspornen, demjenigen, der mir im Laufe der ganzen Zeit unseres Zusammenseins die meisten und mir wertvollsten Tiere brächte, eine Prämie von 20 Mark. Für andre Tiere, wie Vögel, Reptilien, Frösche, Insekten zahlte ich nichts oder doch keinen nennenswerten Preis, weil ich bald sah, daß mir die Schwarzen statt der von mir gewünschten Tiere sonst alles mögliche Zeug brachten, und es zu schwer war, ihnen auf andre Weise klar zu machen, auf was ich besonderen Wert legte.

Alles dies erregte in der ersten Woche einen lebhaften Wetteifer und in reichlicher Weise strömte mir das Material zu, so daß ich den ganzen Tag vollauf zu tun hatte, die mir gebrachten Tiere zu öffnen, Eier und Junge zu konservieren, Organe einzulegen und für die feinere Untersuchung, die erst in der Heimat erfolgen sollte, vorzubereiten. So wurden mir z. B. am 10. September nicht weniger als 8 weibliche Ameisenigel gebracht, von ihnen hatten 2 Eier im Uterus; 2 trugen Eier und 3 Beuteljunge im Beutel. Außerdem erhielt ich an demselben Tage eine größere Menge von Beuteltieren. Als ich am Sonnabend den 12. September Rechnung machte und auszahlte, erhielt jeder Schwarze ein ansehnliches Stück Geld; den Löwenanteil der alte Jimmy, der sich auch in der Folge als mein bester und treuester Gehilfe erwies. Er hatte mir in dieser Woche 6 weibliche Ameisenigel gebracht, 4 sogenannte Opossums (Trichosurus vulpecula), ein Bändikut (Perameles obesula) und noch verschiedene andere Kleinigkeiten. Nach Abzug der Rationen an Mehl, Tee, Zucker und Tabak, die er von meinen Vorräten entnommen hatte, blieben ihm noch 11 Schilling, die ich in meiner Unerfahrenheit vertrauensvoll in seine Hände legte. In gleicher Weise erhielt fast jeder andere eine mehr oder weniger reichliche Löhnung, und ich war schon einigermaßen besorgt, ob, wenn die Dinge so weiter gingen, meine Mittel ausreichen würden. Am Sonnabend Abend erhielten dann alle Schwarzen noch für ihre gut geleistete Arbeit einen Schluck, und Jimmy, der Sieger im Wettstreit, ein Extragläschen. Alles war Zufriedenheit und Harmonie, als die Schwarzen sich von meinem Camp in das ihrige zurückzogen. Noch lange sah man die dunklen Gestalten sich um die Feuer bewegen, schwatzend, lachend und singend.

Ich selbst konnte mit dem Ergebnis dieser Woche wohl zufrieden sein. Ich hatte einige junge Entwicklungsstadien der Schnabeltiere mir selbst verschafft und mehrere Exemplare von jungen und älteren

Eiern des Ameisenigels, auch einige Beuteljunge dieses Geschöpfes durch die Schwarzen erhalten. Die von mir untersuchten Beuteltiere besaßen alle schon größere Beuteljunge, keine der für die anatomische Untersuchung besonders wertvollen jüngeren Stadien. Ich war also für diese Tiere schon zu spät gekommen. Aber dies ließ sich verschmerzen in Anbetracht meiner Erfolge mit den ungleich wichtigeren eierlegenden Säugetieren. Auch hatte ich gefunden, daß die Brunstzeit des Beutelbären, Phascolarctos cinereus, noch bevorstand. Ich konnte also hoffen, wenigstens von diesem Beuteltiere eine Entwicklungsserie zu beschaffen. Eier des Lungenfisches Ceratodus waren allerdings noch nicht gefunden. Ja wir hatten noch nicht ernstlich Anstalten gemacht, nach ihnen zu suchen, da Frank mich versicherte, daß das augenblicklich in dem trüben Wasser der angeschwollenen Flüsse unmöglich wäre. Er vermaß sich aber hoch und teuer, sie mir ohne Schwierigkeit zu beschaffen, wenn der Wasserstand etwas niedriger, das Wasser selbst durchsichtiger sein würde. Leider schenkte ich den Versicherungen dieses Schwätzers, der, wie ich später herausfand, von seinen eigenen Stammesgenossen ziemlich verächtlich angesehen wurde, allzu geneigtes Gehör.

Am nächsten Tage sollte Ruhetag sein, und ich machte mich nach Coonambula auf, um dem Besitzer dieser ausgedehnten Großpacht, Herrn W. F. McCord, meinen Besuch abzustatten und ihn um die Erlaubnis zu bitten, auf seinem Gebiet kampieren und jagen zu dürfen. Ich war nun allerdings vorher noch nicht in Coonambula gewesen, und da ich größtenteils ohne Weg und Steg zu reiten hatte, so war ich selbst etwas neugierig, ob und wie ich mich nach dem etwa 30 Kilometer von meinem Lager entfernten Squattersitze, hier allgemein »station« genannt, hinfinden würde. Sich ohne Weg und Steg zurecht zu finden und aufs Geratewohl nach Orten zu reisen, deren Lage man nur ganz im allgemeinen nach Himmelsgegend und Entfernung kennt, ist in Australien etwas ganz Selbstverständliches. Es fällt auch Niemandem ein, sich dabei eines Kompasses zu bedienen. Bei dem fast immer klaren, wolkenlosen Himmel genügt die Stellung der Sonne, die in der südlichen Hemisphäre mittags natürlich im Norden steht, um sich über die Himmelsrichtung zu orientieren. Ferner hat man dann noch auf den Lauf der Flüsse, die Richtung der Bergzüge zu achten, und der kundige Buschmann findet sich auf diese Weise im fremden Gebiet ebenso sicher zurecht wie der Europäer in einem Kulturlande, das Chausseen und Wegweiser zu seiner Verfügung stellt.

Da ich damals meines Wegs noch so gar nicht sicher war,

machte ich einen kleinen Umweg und begab mich zunächst nach Mundubberra am Burnett, von wo eine Art Straße nach Coonambula führt. Es ist das eine durch die auf- und abpassierenden Wagen und Karren geschaffene Wegspur, die hier und da kaum sichtbar ist und besonders an den Stellen, wo sie den Fluß überschreitet, sich in einem labilen Zustande befindet, da das Flußbett und damit auch die passierbaren Furten fast durch jedes Hochwasser verändert werden. Das Überschreiten der Flüsse zu Pferde hat für gewöhnlich keine Schwierigkeiten und selbst dann, wenn Hochwasser ist, kommt der Reiter fast immer hinüber, weil den meisten Pferden die Fähigkeit zum Schwimmen angeboren ist. Dagegen ist natürlich ein Überschreiten der angeschwollenen Flüsse für jegliches Fuhrwerk ein Ding der Unmöglichkeit, und auch bei niedrigem Wasserstand haben Wagen und Karren häufig große Schwierigkeiten nicht sowohl den Fluß selbst zu überschreiten als vielmehr vom Wasser heraus das steile Flußufer zu erklimmen. Zur Zeit des Hochwassers stockt der Wagen- und Karrenverkehr. Werden die Flüsse ganz groß und reißend, so hört auch die Möglichkeit auf, sie zu Pferde zu überschreiten, und dann kann es vorkommen, daß die im Innern gelegenen Bezirke von jedem Verkehr mit der Außenwelt abgeschnitten sind.

Aufwärts von Mundubbera macht der Burnettfluß einen mächtigen nach Süden gewendeten Bogen und diesen schneidet man ab, indem man in der Sehne reitend, den Fluß zweimal überschreitet. Nach dem zweiten Flußübergang bemerkt man schon allerorts Spuren menschlicher Tätigkeit. Einige 100 Meter vom Fluß entfernt kommt man an eine weit ausgedehnte Umzäunung, in die der Weg mittels eines hölzernen Gatters hineinführt. Die Umzäunung hat etwa 3 Kilometer im Durchmesser und stellt einen »Paddock« dar, wie sie überall in der Nähe der Stationen angelegt werden, um gewisse Teile der Rinder-, Pferde- und Schafherden eingehegt zu halten. Der größte Teil der Herden weidet frei im Busch und ist überhaupt nicht eingehegt. Es ist aber von Vorteil, eine Anzahl Pferde, die zum Gebrauch der Station notwendig sind, jederzeit bequem in der Nähe zu haben. Auch errichtet man Paddocks an Stellen mit besonders guter Weide, wo man die Rinder, die man zum Verkauf wegsenden will, fett macht. So finden die Paddocks noch vielfache andere Verwendung, und allein in der nächsten Nähe von Coonambula gibt es deren drei, alle von den Leuten der Station selbst angelegt und in Stand gehalten. Um die Güte der Weide in diesen Paddocks zu erhöhen, sind die sämtlichen Bäume in ihnen geringelt und zum

Absterben gebracht, und man kann nicht sagen, daß diese nützliche Einrichtung der landschaftlichen Umgebung der Station zur Zierde gereicht. Hat man den Paddock durchritten, so kommt man durch ein zweites Gatter ins Freie. Die Gatter sind so eingerichtet, daß man sie vom Pferd aus öffnen und schließen kann, vorausgesetzt, daß man nicht ein allzu wildes und unruhiges Pferd reitet.

Hier öffnet sich ein Ausblick auf eine kleine grasbedeckte Ebene, die vom Baumwuchs entblößt ist. Abgeschlossen wird das Bild durch die steile Wand des rechten Ufers des St. Johns-Creek, an dessen linkem, sanft abgeflachtem Ufer die Station liegt. Ihre Gebäude sind im weiten Umkreis über die grüne Ebene zerstreut; das weinumrankte Herrenhaus inmitten eines Gartens voll von Rosen, Pfirsichbäumen und Orangen, das neugebaute Lagerhaus für die Vorräte, die Scheune und Wagenremise, das Haus für die Stockmen, die Schmiede, der Wollschuppen und endlich abseits nahe dem Creek die »hut«, in der die Wirtschaft für die Leute geführt wird. Alle diese Gebäude sind aus Holz an Ort und Stelle von dem Besitzer und seinen Leuten errichtet, alle mit Wellblech gedeckt, das in sämtlichen australischen Ansiedlungen eine sehr bemerkenswerte Rolle spielt. Holzdächer würden ja ebenso billig herzustellen sein und eine kühlere Bedachung liefern als das Wellblech. Die Wellblechdächer haben aber den besonderen Vorzug, das Regenwasser in sehr reinem Zustande und in zweckentsprechender Weise ablaufen zu lassen, so daß man es leicht in neben den Häusern stehenden Reservoiren aus Wellblech, den »tanks«, auffangen und sammeln kann. Dieses Wasser bildet ein viel saubereres, angenehmeres und gesünderes Getränk als das Wasser der Flußläufe, das in trockenen Zeiten eine unangenehme Beschaffenheit annehmen, ja ganz versiegen kann. Es erregt deshalb immer große Bestürzung, wenn es heißt, daß die tanks beinahe leer sind, und man zu dem wenig erfreulichen Flußwasser für die Zwecke der Küche und Haushaltung greifen muß.

Ich war dem Besitzer von Coonambula, Herrn William F. Mc Cord, schon flüchtig in Brisbane begegnet, wo mich sein Schwager, der Unterstaatssekretär Herr Perry Okeden, mit ihm bekannt gemacht hatte. Herr McCord, ein Irländer von Geburt, lebt seit 30 Jahren in Australien und wohnt mit seiner Familie schon seit langer Zeit auf Coonambula. Obwohl ihm eigentlich noch gänzlich fremd, wurde ich sogleich auf das herzlichste und zuvorkommendste aufgenommen, und seiner Hilfe und tatkräftigen Freundschaft habe ich einen großen Teil meiner Erfolge in jenen fernen Gegenden zu danken. Die edle Gastfreundschaft, die ich in seinem stets offenen

Hause genoß, warf Lichtblicke in mein australisches Leben, das zwar viele wissenschaftliche und ästhetische Anregungen bot, manches aber vermissen ließ, was wir ungern auf die Dauer entbehren, vor allem die Möglichkeit der Aussprache und Unterhaltung mit gebildeten Menschen.

Das Haus, in dem die Familie wohnte, war äußerlich ziemlich unscheinbar, innen aber mit jenem Komfort und jener Behaglichkeit ausgestattet, mit dem die Briten überall ihr Heim einzurichten pflegen. Ein schöneres Wohnhaus, das neu gebaut und nur kurze Zeit bewohnt worden war, war vor einigen Jahren total niedergebrannt, und so mußte die Familie in das ältere, früher bewohnte Haus zurücksiedeln.

Coonambula kann als das typische Beispiel einer australischen Großpacht gelten. Es ist von mittlerer Ausdehnung, etwa 6 (deutsche) Quadratmeilen im Umfang. Außerdem besitzt Herr McCord eine zweite, etwa gleich große Pacht namens Cania im Quellgebiet des Burnett. Im Norden und Westen von Queensland kommen erheblich größere Pachten vor, von 20 bis 30 Quadratmeilen Flächenraum, die somit manches deutsche Herzogtum an Größe übertreffen. Auf Coonambula und Cania zusammen weiden etwa 20 Tausend Rinder und 5 bis 6 Hundert Pferde; der Bestand an Schafen ist gering, weil wie schon erwähnt die Weide für die Schafe nicht günstig ist. Es gibt in Australien Pachten, wo die Kopfzahl der Rinder 50 bis 60 Tausend und darüber beträgt. Die Großpächter, Squatters genannt, befassen sich fast ausschließlich mit Vieh- und Pferdezucht, Ackerbau wird nur in der Nähe der Küste betrieben; denn augenblicklich würde bei den mangelhaften Verkehrswegen der Transport von Getreide vom Innern zur Küste in keiner Weise lohnen. Etwas anderes ist es mit der kostbaren Wolle, die den Versand lohnt, oder mit den Rindern und Pferden, weil die lebende Ware auf eigenen Beinen die weitesten Wege von dem entfernten Innern bis zu den Verkehrszentren zurücklegen kann. Die Squatters kultivieren nicht einmal das Getreide für ihren eigenen Bedarf; sie ziehen es vor, das Mehl, das sie brauchen, von dem nächsten Orte, wo es Farmer gibt, kommen zu lassen. Auf Coonambula wird nur etwas Korn für die Stallhengste gezogen, außerdem Grünfutter für die Gebrauchspferde der Station während der trocknen Jahreszeit. Die Rinder weiden frei und ungehütet in halbwildem Zustande im weiten grasbedeckten Busch. Man züchtet sie fast ausschließlich als Schlachtvieh. Ab und zu werden Herden von einigen 100 bis einigen 1000 schlachtfähigen Stücken zusammen gemustert und von einigen erfahrenen Stockmen an die Küste getrieben. Für ganz Queensland ist bis jetzt der Hauptmarkt Sydney. Ein Transport vom Burnett dorthin nimmt mindestens 2 bis 3 Monate in Anspruch. Neuerdings hat man aber in Brisbane und auch nördlich vom Burnett am Fitzroy-River bei Rockhampton Gefrierwerke eingerichtet, in denen das Fleisch sofort zum Transport nach Europa vorbereitet werden kann. Man sucht dadurch den sehr gesunkenen Wert des Schlachtviehes zu heben. Milch- und Käsewirtschaft lohnt sich natürlich nur in der Nähe der größeren Zentren; im Busch gibt man sich nur so weit damit ab, als es für den eigenen Bedarf erforderlich ist. Übrigens hatte Herr McCord an der Nordostgrenze seines Gebietes eine Milchfarm eingerichtet. Nicht fern von dort war nämlich vor einigen Jahren auf dem Grunde der Pacht Eidsvold Gold aufgefunden worden, und den Bedarf des dort aufgeblühten Minenstädtchens an Milch und Butter deckte die Station Coonambula.

Die Pferdezucht ist eine besondere Liebhaberei der australischen Squatters, und da in Australien die gewöhnlichen Fortbewegungsmittel für Jedermann nicht die eigenen, sondern die Pferdebeine sind, so ist der Absatz im Lande selbst ein bedeutender. Auch werden neuerdings nicht unbeträchtliche Mengen der kräftigen und sehr dauerhaften Pferde nach Java und besonders zu militärischen Zwecken nach Indien exportiert. Die Pferdezucht und die Pferdeproduktion hat sich jedoch in den letzten Jahrzehnten in Australien derart gesteigert, daß trotz des erweiterten Absatzgebietes der Preis der Pferde dauernd im Fallen begriffen ist. Im Busch kann man schon ein ganz brauchbares Pferd für 50 bis 60 Mark kaufen und erhält ein vorzügliches Halbblut auf vielen Stationen für 150 bis 200 Mark, ein Tier, das in Europa das Zehnfache wert sein würde. Es sind das Nachkommen der seit 50 Jahren von England importierten Pferde, die man früher reichlich mit arabischem Blut gekreuzt hat, um ihnen größere Ausdauer zu verleihen. Neuerdings werden als Zuchthengste fast ausschließlich englische Vollbluthengste verwendet, und man kann sagen, daß bereits eine eigentümliche australische Rasse erzeugt worden ist, die für die dortigen Verhältnisse Unübertreffliches leistet. Als Reitpferde züchtet man einen mittelgroßen oder großen Schlag, der sich durch Kraft, Ausdauer und eine für unsere Begriffe geradezu unglaubliche Genügsamkeit auszeichnet. Man ist im stande, auf guten australischen Pferden Tag für Tag wochenlang Strecken von 60 bis 80 Kilometern zurückzulegen, ohne den Tieren ein anderes Futter zu geben, als das, was sie nachts auf der Weide finden. Ein gut gefüttertes europäisches Pferd kann ja einige Tage lang eine weit größere Reiseleistung zustandebringen, wie die Distanzritte der letzten Jahre gezeigt haben. Aber erstens halten europäische Pferde solche Anstrengungen nur ganz kurze Zeit aus, und zweitens würden dieselben für sie ganz ausgeschlossen sein, wenn sie vor und während derselben nur mit Weidefutter ernährt würden. Daneben züchtet man besonders für den Wagengebrauch verschiedene Sorten von Ponies. Endlich findet man noch schwere Arbeitspferde für die Arbeit vor den Karren und Gütertransportwagen, deren Zucht Spezialität einzelner Stationen ist.

Herr McCord forderte mich auf, wenigstens bis zum morgigen Tage in Coonambula zu bleiben, und stellte mich seiner Familie vor, seiner Gattin und deren Mutter Frau Wall, der Wittwe eines englischen Geistlichen von Barbados. Mit seinen Kindern, zwei Knaben Ned und Percy und zwei Mädchen Tephi und Winnie, im Alter von 12 bis 4 Jahren, wurde ich ebenfalls bald gut Freund. Die Kinder wurden von ihrer Großmutter unterrichtet, die älteren nicht nur in den Elementarwissenschaften, sondern auch in französisch, deutsch und sogar lateinisch. Frau Wall war eben eine wunderbare alte Dame, und man würde Mühe haben, in einer europäischen Zentrale eine Frau von so vielseitigem und gründlichem Wissen zu finden, wie sie hier in diesen entlegenen Erdenwinkel verschlagen war. Sie hatte Amerika, Europa und Australien bereist, hatte längere Zeit in Oxford gelebt und mit den dortigen Gelehrten im Verkehr gestanden. Sie besaß über die meisten Dinge ein unbefangenes und selbständiges Urteil, das freilich mit dem meinigen oft nicht übereinstimmte. So hatten wir in der Folgezeit manches heftige Scharmützel über Religion, Politik, Naturwissenschaft und ganz besonders über Spiritismus. Dem Familienkreise gehörte endlich noch ein junger Volontärsquatter, Herr Kenneth Peile an.

Da es Sonntag war, ruhte die Arbeit auf der Station und jedermann ging seinen Privatvergnügungen und Beschäftigungen nach. In den australischen Städten herrscht eine fast ebenso strikte Sonntagsruhe, wie im englischen Mutterlande, und der Reisende, der an kontinental-europäische Zustände gewöhnt ist, wird dadurch vielfach gehemmt und empfindet vorwiegend die unangenehmen Seiten dieser britischen Einrichtung. Im Busch ist man nicht so streng, und wenn die Herden in den Hürden zusammengetrieben auf das Mustern warten, und den hungernden, eng zusammengepferchten Tieren jede Verzögerung Schaden bringen kann, dann wird natürlich auch am Sonntag gearbeitet, wie an jedem gewöhnlichen Tage. Wo es aber angeht, gönnt der Squatter seinen hart arbeitenden Leuten am Sonntag Ruhe. Dann pflegt der Stockman seine Kleider auszubessern und die Hemden und Englischlederhosen zu waschen. Wer eine Kunstfertigkeit besitzt, übt dieselbe; der geht zum Flusse angeln, jener liest ein Buch, und Hausmädchen und Köchin der Station Coonambula unternehmen mit Vorliebe am Sonntagnachmittag einen Spazierritt, auf dem sie der galante Groom begleitet. Als ich später näher bei der Station kampierte, wurde »Professors Camp« ein beliebtes Ziel für diese Spazierritte, wo dann Dahlke in meiner Abwesenheit die Honneurs zu machen pflegte.

Ich war gerade recht zum Frühstück gekommen, und nach demselben zeigte mir mein Gastfreund die Gebäude und Anlagen seines Besitzes und seine beiden trefflichen Zuchthengste, während mich die Kinder mit Hühnerhof und Schulstube bekannt machten. Natürlich gab es auch einen Tennisplatz bei der Station, der nirgends fehlt, wo Engländer Hütten bauen, und dessen Benutzung am Sonntag von den rigoroseren Mitgliedern der Familie wenigstens toleriert wurde. Die Hauptmahlzeit, das Dinner, wurde um $^1/_2$8 Uhr eingenommen, und jeder hatte dazu an Sonn- wie Wochentagen seine Kleidung zu wechseln. Man brauchte nicht gerade Gesellschaftstoilette anzulegen, aber es wurde erwartet, daß man sein Arbeitskleid mit einem anderen Gewand vertauschte. An Wochentagen wurde nach dem Dinner, dem die Kinder nicht beiwohnten, musiziert und dann eine Partie Whist gespielt, an Sonntagen war letzteres Vergnügen ganz verpönt, und Frau Wall wachte streng darüber, daß sich in die Sonntagsmusik keine profanen Klänge mischten, die wir Jüngeren manchmal durch allerlei Künste einzuschmuggeln suchten. Trotz dieser Beschränkungen gehören die Sonntags- wie Wochentagsabende auf Coonambula zu meinen liebsten Erinnerungen, und ihnen sah ich immer sehnsuchtsvoll entgegen, wenn es mir einmal in meinem Camp allzu einsam wurde, die wissenschaftlichen Erfolge auf sich warten ließen, Enttäuschungen eintraten oder die Schwarzen mir Verdruß machten.

Als ich Herrn McCord mein Verfahren erzählte, die Schwarzen am Ende jeder Woche bar abzulohnen, schüttelte er den Kopf und meinte, das wäre bedenklich, da sie es vermutlich doch fertig bringen würden, mit dem Gelde alle möglichen Dummheiten anzustellen. Er selbst, wenn er Schwarze beschäftige, lohne sie immer erst bei ihrer Entlassung ab, und dies sei das einzig mögliche und durchführbare Verfahren.

Als ich am nächsten Tag in meinen Camp zurückkehren wollte, schlug Herr Mc Cord mir vor, mich ein Stück zu begleiten, um mir eine Stelle zu zeigen, die er für besonders günstig für ein längeres

Camp hielt. Dieser Platz war nur etwa 10 Kilometer von der Station Coonambula entfernt und liegt gerade an der Stelle, wo der Auburn, ein rechter Nebenfluß des Burnett, sich in diesen ergießt. Das Bett des Auburn ist von dieser Stelle an bis 2 Kilometer aufwärts außerordentlich vertieft, und das Wasser hat hier so gut wie gar kein Gefälle. Solche Vertiefungen im Flusse bilden den Lieblingsaufenthalt sowohl der Schnabeltiere als auch des Ceratodus, und deshalb erschien die Örtlichkeit für meine Zwecke außerordentlich passend. 3 Kilometer weiter stromabwärts ergießt sich der Boyne in den Burnett. Vom linken Burnettufer aus betrachtet, gewährt die von dichten tea-trees umwachsene Mündung des Auburn einen ganz reizenden Anblick, eine Flußlandschaft, wie man sie sonst in Queensland nur selten sieht.

Ehe wir diese Stelle besuchten, führte mich mein Wirt zu einem kleinen sumpfigen See, an dem er häufig wilde Enten und Gänse zu schießen pflegte. Im Burnettgebiet gibt es eine große Artenzahl von Wildenten und Wildgänsen. Zwei Arten sind aber besonders häufig und brachten eine angenehme Abwechslung in unsere einförmige Speisekarte. Die eine ist eine echte Wildente, die unserer Stockente, Anas boschas, in Aussehen, Geschmack und Lebensgewohnheiten ganz nahe steht; nur ist ihr Gefieder viel unscheinbarer, auch sind die Männchen nicht merklich lebhafter gefärbt als die Weibchen. Von den Kolonisten wird sie »black duck« genannt, ihr wissenschaftlicher Name ist Anas superciliosa. Die andre Art, die am Burnett als »wood duck« bezeichnet wird, ist keine wirkliche Ente, sondern steht den Bernikelgänsen nahe und heißt mit ihrem wissenschaftlichen Namen Chlamydochen jubata. Beide Arten sind leicht zu erlegen, wenn man sie in Gegenden jagt, in denen sie wenig oder keine Verfolgungen erlitten haben und den Menschen noch nicht kennen. Wenn ich mein Camp in neue Jagdgründe verlegte, machte es mir immer in den ersten Tagen meines Aufenthaltes keine Schwierigkeit, mich an die Wasservögel heranzuschleichen und zu Schuß zu kommen. In unglaublich kurzer Zeit aber wurden jedesmal die Tiere durch Erfahrung klug und standen dann an Vorsicht und Schlauheit ihren europäischen Verwandten nicht im mindesten nach. Wildente und Wildgans gehören zu den klügsten und vorsichtigsten Vögeln, die es überhaupt gibt, und derjenige, der nur unsere durch Domestikation um ihren natürlichen Verstand gekommenen Hausenten und Hausgänse kennt, hat keine Ahnung davon, wie viel Beobachtungsgabe und Urteilskraft in so einem Vogelkopf stecken kann, und wie unangebracht dem Jäger das vielgebrauchte

Beiwort »dumme Gans« erscheint, das wir als respektwidrige Bezeichnung für unbegabte Vertreter des weiblichen Geschlechts reserviert haben, während der nützliche Verwandte des Pferdes für den Mangel an Klugkeit beim männlichen Geschlecht ebenso ungerechtfertigt zum Vergleiche herangezogen wird.

Da ich meistens bei meinen Ritten und Jagdzügen allein war, so hatte ich kein anderes Mittel, die Enten zu jagen, als mich an sie heranzuschleichen, wenn sie auf dem Wasser der Flüsse oder Sümpfe lagen. Dies ist nur dann möglich, wenn sehr gute Deckung vorhanden ist. Auf offenem oder wenig dicht bestandenem Terrain an die Vögel heranzukommen, ist so aussichtslos, daß ich bald jeden Versuch in dieser Richtung aufgab. Aber selbst wenn dichtes teatree-Gestrüpp ein Heranschleichen auf Schußweite ermöglicht, hat man die äußerste Vorsicht zu gebrauchen; man muß auf Händen und Füßen vorwärts kriechen, jedes Geräusch vermeiden und, sobald man die Tiere sieht, sie einen also auch sehen können, sogar jede Bewegung. Dennoch wird man bei aller Vorsicht oft um den leckeren Braten betrogen. Herr Mc Cord schlug mir eine andre Jagdart vor. Er kannte die Richtung, in welcher die Enten von diesem See aus gewöhnlich nach dem Flusse abstrichen, und wies mir einen günstigen Stand an, während er im weiten Bogen zum Wasser galoppierte und das Wild aufjagte. Die schlauen Vögel taten uns aber nicht den Gefallen, an meinem Stand vorüber zu streichen, sondern wählten eine andre Flugrichtung und wir mußten mit leeren Händen abziehen.

Ein paar kleine Erdtauben, sogenannte Squatter-pigeons, Geophaps scripta, die vor uns aufbaumten und sich in aller Gemächlichkeit herunter schießen ließen, boten nur einen geringen Ersatz, denn sie sind zwar eine schmackhafte Speise, aber für die Bedürfnisse eines durch das Buschleben gekräftigten Appetits allzu winzig. Diese niedlichen braunen Täubchen sind hier im lichten Busch recht häufig und eigentlich zahm zu nennen, denn sie lassen den Menschen dicht an sich herankommen und bäumen aufgescheucht auf dem ersten besten Baumast auf, wo sie dumm und gleichgültig sitzen bleiben. Im Gegensatze zu den Enten und Gänsen werden sie durch die Verfolgung nicht gewitzigt und würden in einem bevölkerten Gebiet in aller Kürze ausgerottet sein.

Eine Stunde vor Mittag trennte ich mich von meinem Begleiter und hatte nun noch einen etwa zweistündigen Weg zu meinem Camp zu reiten. Als ich dort anlangte, kam mir Dahlke mit sehr langem Gesicht entgegen. »Alles in Ordnung?« fragte ich ihn, »haben die

Schwarzen heute schon etwas gebracht?« »Die Schwarzen sind heute überhaupt nicht ausgegangen«, antwortete er. »Was ist denn aber los«, fragte ich erstaunt, »sie wollten doch heute wieder Echidna suchen?« »Das ganze Camp ist seit gestern betrunken«, war die Antwort, »die meisten sind so steif, daß sie sich nicht rühren können, und Johnny hat seine Frau halb tot geprügelt«. Nun fing er eine lange, betrübliche Erzählung an, aus der Folgendes hervorging: Am Sonntagmorgen früh hatten sich zwei Schwarze, welche Pferde besaßen, mit dem größten Teil des von mir am Sonnabend ausgezahlten Geldes nach Mundubbera aufgemacht, wo die würdige Mrs. Corrie wie die Hexe des Märchens im Walde hauste, und dort hatten sie für schweres Geld 4 Flaschen außerordentlich schlechten Rums erhalten. Wie vorauszusehen, hatte trotz meiner vorherigen Bitte und Ermahnung und trotz des gesetzlichen Verbotes die alte Dame dem Anblick des baren Geldes nicht widerstehen können. Das beste war nun, daß die beiden Gesandten sich schon beim Zurückreiten so betrunken hatten, daß sie in gänzlich sinnlosem Zustande im Camp anlangten und unterwegs sogar eine der mühevoll erbeuteten Flaschen verloren hatten. Nach der verlorenen Flasche wurden einige Kinder ausgesandt, die sie auch wieder fanden. Dann machte sich das ganze Camp, Männer, Weiber und Kinder an die schleunige Vertilgung des Giftes, das an Geschmack und Wirkung seinesgleichen suchte.

Dies Alles erzählte mir Dahlke in höchster Erregung und fühlte sich sozusagen persönlich beleidigt durch das schandbare Gebahren der Schwarzen. Er selbst hatte zu intervenieren gesucht, natürlich ohne Erfolg, und erwartete jetzt von mir, daß ich sofort einschritte. Selbstverständlich tat ich das nicht, nachdem ich erfahren hatte, daß das Getränk nunmehr schon bis auf den letzten Rest vertilgt sei. Ich nahm mir vor, am morgigen Tage ein Wörtchen mit den Schwarzen zu sprechen, wenn sie wieder nüchtern wären, und ihre gehobene Stimmung von heute einem tüchtigen Katzenjammer Platz gemacht hätte. Am nächsten Morgen kamen sie denn auch zu mir herangeschlichen, geknickt, elend, und da es ihnen ihre natürliche Körperfarbe nicht erlaubte, bleich auszusehen, doch mit einem gewissen fahlen Schwarz im Gesicht. Ich habe nie viel von Strafpredigten gehalten und hielt eine solche unter diesen Umständen für ganz verfehlt. Hatte ich mir doch im Grunde die Hauptschuld selbst beizumessen, weil ich ihnen zu viel Bargeld in die Hand gegeben hatte. Ich drückte ihnen also meine Mißbilligung mit ein paar kurzen, kräftigen Worten aus und sagte blos: »Von heute an gibt es überhaupt kein Bargeld mehr; alles wird nur aufgeschrieben und am Ende ausgezahlt.« Darauf ziemlich lange Gesichter, aber kein ernstlicher Widerspruch. Frau Corrie, der ich am nächsten Tage meinen Besuch abstattete, war natürlich zunächst ganz unschuldiges Lamm; ihr Leugnen nützte ihr jedoch nichts, und schließlich bat sie mich ganz zerknirscht, eine arme alte Wittwe nicht unglücklich zu machen, und versprach mir, daß so etwas nicht wieder vorkommen sollte.

In den nächsten Tagen nahm wieder alles seinen gewöhnlichen Verlauf, ich jagte Ornithorhynchus und suchte nach Ceratoduslaich, die Schwarzen zogen in die Scrubs, um Echidna zu fangen; aber ihr Eifer war sehr erkaltet, seit die Hoffnung auf bar Geld und eine tüchtige Kneiperei am Schluß jeder Woche nicht mehr winkte. Nie mehr erreichte ich in dieser Campagne die guten Resultate, die ich in der ersten Woche gehabt hatte.

Man wird sich vielleicht wundern, warum ich die Excesse der Schwarzen so sorgfältig verhinderte, selbst auf Kosten meiner eigenen Erfolge; denn diese wären sicher besser gewesen, wenn ich die alte Zahlungsmethode beibehalten hätte. Ich will offen gestehen, daß es nicht sowohl der Abscheu gegen Trunkenheit war, die mein Verhalten bestimmte, als vielmehr die Furcht, mich in ernste Schwierigkeiten zu verwickeln. Die Schwarzen am Burnett sind gegenwärtig friedlich, und werden sich nicht an einem Weißen vergreifen. Selbst wenn ihr Blut durch Spirituosen erhitzt gewesen wäre, hätte ich mich persönlich leicht vor ihnen schützen können. Gefährlich sind die australischen Schwarzen nur, wenn sie einem von einem Hinterhalt auflauern, nicht wenn sie einem offen entgegentreten, wie es der durch Alkoholgenuß erregte Mensch stets zu tun geneigt ist. Die Gefahr lag vielmehr darin, daß sie bei einer solchen trunkenen Orgie untereinander in Unfrieden geraten und sich töten könnten, was häufig genug vorkommt. Für gewöhnlich pflegen sie ihre Zwistigkeiten zu besonderer Zeit und am besonderen Ort bei einer Corrobori auszumachen, wie es bei ihnen allgeheiligte Sitte ist. Das Teufelsgetränk der Weißen ist aber im stande alte Sitten und wohlgepflegte Überlieferungen zu zerstören. Und so war es geraten, Vorkommnisse unmöglich zu machen, die unter Umständen meine Tätigkeit auf lange hin hätten lahm legen können.

Nach Ablauf der nächsten Woche meinten die Schwarzen, sie hätten die nahe gelegenen Scrubs nun ziemlich erschöpft, und es wäre das Beste, eine andre Gegend aufzusuchen. Sie schlugen einen dichten Scrub an einem Nebenfluß des Boyne, Jimmys-Creek, vor, von dem sie sich viel versprachen. Da es sehr schwierig war, mit unserer Dray dorthin zu gelangen, und der Ort nicht allzuweit von unserem gegenwärtigen Camp entfernt war, so zog ich es vor, vorläufig noch selbst hier zu bleiben und mir an jedem Abend von einem Schwarzen die gesamte Jagdausbeute zu Pferde zutragen zu lassen. Frank blieb bei mir und ich unternahm nun täglich weite Ritte längs der Ufer des Boyne bis zum Burnett hin, und selbst bis zum Auburn, um ja die Zeit nicht zu verpassen, wenn der Ceratodus laichen würde. Frank behauptete allerdings zuversichtlich, es sei noch zu früh, die Flüsse müßten niedrig und voll Wasserpflanzen sein; dann würden wir den Laich in Hülle und Fülle finden. Ich traute aber dem großsprecherischen Burschen schon lange nicht mehr, und hielt es für das Beste, selbst die Augen offen zu behalten. Mir war bekannt, daß Caldwell den Laich zwischen Wasserpflanzen gefunden hatte, und das Schlimme war nur, daß die Flüsse, deren Lauf ich viele Meilen weit verfolgte, absolut kahl von allen Wassergewächsen waren.

In den verflossenen Monaten hatte eine große Regenperiode am Burnett geherrscht, und die jetzt so niedrigen und langsam fließenden Flüsse hatten sich in gewaltige Ströme verwandelt. Die reißende Strömung rasiert dann geradezu das Flußbett, indem sie alle zarten Wasserpflanzen ausreißt und fortträgt. Die Fluten waren inzwischen abgelaufen und das Wasser gefallen, aber die Wasserpflanzen hatten noch nicht Zeit gefunden, sich wieder anzusiedeln oder, wo geringe Reste übrig geblieben waren, sich weiter auszudehnen. Das war dann eine harte und unerquickliche Arbeit für uns beide. Wenn wir nach stundenlangen Ritten eine Stelle fanden, wo in dem noch sehr trüben Wasser sich Spuren von Vegetation zu zeigen schienen, dann ging es herunter von den Pferden und, so sehr auch Frank Ach und Weh schreien mochte, in das Wasser hinein. Frank pflegte überhaupt prinzipiell das Vorhandensein jeder Vegetation zu leugnen, aber ich kam bald dahinter, daß es die Furcht vor dem kalten Wasser war, die seine sonst so untrüglichen Augen blind machte. Ich ließ mich also nicht irre machen, und wo mir der Grund auch nur im entferntesten pflanzenverdächtig schien, da wurde nachgesehen. In den meisten Fällen war allerdings nichts zu holen, hie und da aber fanden wir an geschützteren Stellen außer Fadenalgen die bekannte wasserblütige Vallisneria spiralis, die auch bei uns häufig ist, eine Lepilaenaart, die sehr unserer Zanichellia gleicht, und Hydrilla verticillata, die der Elodea canadensis zum Verwechseln ähnlich sieht. Frank rühmte diese Hydrilla ganz besonders und behauptete, daß

Ceratodus seine Eier mit Vorliebe in das Gewirr ihrer Stengel und Blätter ablege. Von den Eiern selbst aber konnten wir keine Spur entdecken, und ich begann mich nun selbst der Ansicht zuzuneigen, daß Frank recht habe, und die Zeit wirklich noch nicht gekommen sei. Inzwischen brachten mir die Schwarzen von Jimmys-Creek nur ziemlich geringe Ausbeute und ich dachte, es würde besser sein, wenn ich sie unter meinen Augen arbeiten ließe. Ich wählte also den von Herrn McCord empfohlenen Ort an der Auburn-Mündung als nächstes Camp.

Am 18. September brachen wir unser Lager ab, und in aller Frühe machte sich Dahlke, geleitet von Frank, nach dem ausersehenen Orte hin auf, den er, wenn alles gut ging, mit seiner schwer beladenen Dray in ungefähr 12 Stunden erreichen konnte. Ich selbst ritt zunächst nach der Station Cooranga, um mich von Herrn Turner und seiner Familie zu verabschieden. Um 12 Uhr brach ich von dort auf, um mein neues Camp noch vor Dunkelheit zu erreichen.

Ich will diesen meinen Ritt etwas ausführlicher schildern, weil er ein gutes Beispiel dafür ist, welche Schwierigkeiten dem ungeübten Neuling bei einsamem Reisen im australischen Busch entgegentreten können.

Um von der Station Cooranga an die Stelle meines neu errichteten Camp, die etwa 30 Kilometer in der Luftlinie von dort entfernt war, zu kommen, hätte ich entweder der Wagenspur, die von Cooranga nach Coonambula führt, folgen können, dieselbe da, wo sie den Auburn überschreitet, verlassend und dem Auburn bis an seine Mündung in den Burnett folgend; oder ich konnte auch dem Hoyne bis dahin folgen, wo er in den Burnett mündet, und dann den Burnett bis zur Auburn-Mündung aufwärts reiten. Ich wählte nun einen dritten, mir kürzer scheinenden Weg, versuchte nämlich in der geraden Linie von Cooranga nach der Auburn-Mündung vorzudringen. In Brisbane hatte ich mir vom Ministerium für das Land einige allerdings sehr rohe Karten des Burnett-Distrikts verschafft, und auf dieser die Himmelsrichtung meines Reiseziels feststellend, suchte ich in gerader Richtung von Ostnordost nach Westsüdwest vorzudringen.

Wie ich damals fand, und wie ich seitdem oft noch Gelegenheit hatte festzustellen, ist es gar nicht leicht, ohne Weg und ohne Blickziel über eine weitere Distanz hin geradeaus zu gehen und noch weniger geradeaus zu reiten. Fast jeder Mensch weicht bei solcher Gelegenheit ganz unmerklich und allmählich nach einer individuell verschiedenen Richtung ab, der eine nach rechts, der andre nach links. So kommt es in Australien gar nicht selten vor, daß unerfahrene Reisende des Morgens einen Ort verlassen und, wie sie denken, in schnurgerader Richtung auf einen andern zustreben, dessen Lage ihnen angegeben worden ist. Nach eintägigem Marsche sehen sie denn auch eine Ortschaft vor sich auftauchen; es ist aber nicht ihr Zielpunkt, sondern ihr am Morgen verlassener Ausgangspunkt, den sie einen großen Kreis beschreibend wieder erreicht haben. Noch mehr wie die Menschen neigen die Pferde dazu, von der geraden Richtung abzuweichen, wenn sie im weglosen Busch nur eben geradeaus gehen sollen und den Zielpunkt nicht selbst kennen. Mein Pferd Schamyl ging, wenn ich auf ihm zu dem ihm bekannten Camp zurück reiten wollte, stets in gerader Richtung auf dasselbe zu, indem er über sein Ziel in einer mir unerklärlichen Weise orientiert zu sein schien. Versuchte ich aber nur eben in beliebiger Richtung geradeaus zu reiten, so wichen alle Pferde, die ich geritten habe, das eine rechts, das andre links ab, so daß manche schon in Zeit einer halben Stunde die östliche Richtung in die nordöstliche verwandelten, wenn man sie nicht durch genaues Aufmerken daran verhinderte.

An jenem Tage richtete ich mich nach einem kleinen Taschenkompaß, den ich von Europa mitgebracht hatte und den ich später nicht weiter benutzte, weil die Orientierung durch den Stand der Sonne vollkommen genügt. Es war 12 Uhr, als ich von Cooranga abritt, und da die Sonne gegen 6 Uhr unterging, hatte ich volle 6 Stunden, Zeit genug, um eine Entfernung von 30 Kilometern bequem zurückzulegen. Ich beeilte mich also nicht, sondern verlor zunächst eine halbe Stunde dadurch, daß ich an einige Enten, die ich beim Überschreiten des Boyne in einer Entfernung stromabwärts im Wasser schwimmen sah, heranzuschleichen versuchte. Es war nahezu 1 Uhr, als ich den Boyne verließ und nun in gerader Richtung auf die Auburn-Mündung zuritt. Zunächst ging alles gut, es war ein schöner warmer Tag, noch nicht übermäßig heiß, der Himmel blau und wolkenlos. Das Gras, welches den Boden zwischen den hohen Eucalyptus-Bäumen bedeckte, so weit das Auge reichte, begann nunmehr üppiger zu treiben und das Land mit frischem Grün zu schmücken. Nach einstündigem Reiten stellte sich mir aber plötzlich ein Hindernis in den Weg, auf das ich ganz unvorbereitet war. Ich traf nämlich in gerader Richtung auf einen, wie es schien, endlos sich nach rechts und links ausdehnenden Scrub. Sollte ich versuchen, das Hindernis seitlich zu umgehen, oder es unternehmen, das Dickicht zu Pferde zu durchqueren? Der erstere Versuch hätte mich vielleicht meilenweit von meiner Richtung abgeführt. Ich beschloß also frisch das Letztere und ließ mich in meinem Vordringen nicht aufhalten. Obwohl dieser Scrub nicht allzu dicht war, ging es doch nur sehr mühsam und langsam vorwärts, die Bäume standen stellenweise so gedrängt, daß man unmöglich zwischen ihnen durchreiten konnte. Die Zweige schlugen mir immerfort ins Gesicht und beunruhigten mein armes Pferd aufs höchste. Noch größere Aufmerksamkeit erforderte der Boden, der überall mit Baumleichen bedeckt war, die den Beinen des Pferdes tausendfache Fallstricke legten. Es gibt Pferde, die sich bei solchen Gelegenheiten sehr mutig und entschlossen benehmen und dem Reiter die Aufgabe erleichtern, so daß man es ihnen am besten selbst überläßt, den passenden Weg zu finden. Mein alter Schamyl gehörte leider nicht zu der Sorte; er war ängstlich, leicht in Verwirrung gesetzt und wäre vor jedem Hindernis am liebsten gleich umgekehrt, ja er hatte sogar die liebenswürdige Gewohnheit, wenn ich ihn einmal zu einem kühnen Unternehmen anspornen wollte, plötzlich den Kopf umzudrehen und zu versuchen, mich ins Bein zu beißen, eine Untugend, von der ich ihn allmählich durch tüchtige Strafen kurierte.

Man kann sich meine Freude vorstellen, als ich nach $^3/_4$ Stunden bemerkte, daß der Scrub lichter wurde und ich mich gleich darauf wieder in offenem Busch befand. Ich galoppierte rasch vorwärts, immer mit dem Gedanken: wenn mir nur nicht noch ein zweiter Scrub in die Quere kommt. Um 4 Uhr traf das Gefürchtete wirklich ein, und wieder befand ich mich in derselben Situation wie vorhin. Ohne Zögern entschloß ich mich diesmal dazu, das Dickicht zu durchdringen; hatte mich doch mein erster Erfolg zuversichtlich gemacht. Hier ging es noch langsamer vorwärts als das erste Mal, der Pflanzenwuchs war dichter und an vielen Stellen mußte ich absteigen und das widerstrebende Pferd am Zügel durch das Brigalow-Gestrüpp ziehen.

An einer Stelle sah ich ein Paar große schwarze Vögel, in Größe und Erscheinung an Truthühner erinnernd, vor mir herlaufen und im grünen Buschwerk verschwinden. Ich wußte sofort, daß dies ein Paar der Hügel bauenden Großfußhühner sein müßten, die die sonderbare Gewohnheit haben, ihre Eier in mächtige, selbst zusammengescharrte Komposthaufen zu legen und sie durch die Wärme der faulenden vegetabilischen Substanzen ausbrüten zu lassen. Die Ansiedler am Burnett nennen diesen Vogel scrub-turkey, Scrub-Truthahn, in andern Gegenden wird er auch brush-turkey genannt; sein wissenschaftlicher Name ist Talegalla lathami. Es ist nicht leicht, diesen Vogel zu erlegen, wenn man keinen Hund bei sich hat, weil er vor dem Menschen einfach wegläuft und im Nu im Dickicht verschwunden ist. Hunde dagegen bringen ihn unschwer zum Aufbäumen, und wenn sie ihn dann verbellen und den Jäger an die Stelle heranrufen, ist er leicht zu schießen, weil er ein schlechter Flieger ist und sich nur schwer zum Abstreichen entschließt.

Ich verlor durch den Versuch, einen Talegalla zu erlegen, geraume Zeit, und es war schon 5 Uhr vorüber, als ich diesen zweiten Scrub verließ; um 6 Uhr mußte die Sonne untergehen und das pfadlose Reiten im Dunkeln in einer gänzlich unbekannten Gegend hat sein Ungemütliches. Durch die vielen kleinen Hindernisse und Verzögerungen hatte ich auch jede Schätzung darüber verloren, wie viele Kilometer ich schon erledigt hätte, und wie nahe ich meinem Ziel, der Auburn-Mündung, wäre. So viel wußte ich mit Sicherheit, daß ich nicht viel von meiner Richtung abgewichen sei. Um 6 Uhr wurde es rasch dunkel und vor mir dehnte sich noch immer der endlose Busch aus, keine Spur eines Tales, sei es das Tal des Auburn oder des Burnett, dem ich sehnsüchtig entgegen sah. Ich wußte, daß der Mond gegen 10 Uhr aufgehen würde und daß die nun folgenden Stunden zwischen Sonnenuntergang und Mondaufgang die unangenehmsten zum Reiten sein würden. Jedoch strebte ich auf meinem ermüdenden Pferde vorwärts, immer in der Hoffnung, plötzlich mein Ziel vor mir zu sehen.

Sobald die Sonne ganz untergegangen war, hatte ich mir einen Stern, auf den ich munter zuritt, als Leitstern erwählt. Die Nacht war kühl, wolkenlos und sternenklar, die Dunkelheit tief, aber doch infolge des Sternenlichts nicht absolut. Plötzlich sah ich mich am Rande eines, wie es schien, ganz undurchdringlichen Scrubs, und wußte sofort, daß für heute alles aus sei. Ich ritt einmal links, einmal rechts ein Stück am Rande entlang, ließ aber bald davon ab, da ich kein Lichterwerden bemerken konnte und ganz die Richtung zu verlieren fürchtete. Ich machte sogar den verzweifelten Versuch, trotz der Dunkelheit durchzureiten, gab denselben aber schon nach einigen 100 Schritten auf, glücklicherweise, denn bei der absoluten Dunkelheit im Walde, der Menge von totem Holz am Boden, der sumpfigen Beschaffenheit des Grundes hätten die Beine meines armen Pferdes wahrscheinlich in kürzester Zeit meinen Leichtsinn bezahlen müssen. Es blieb nichts anderes übrig, als gute Miene zum bösen Spiel zu machen, abzusatteln und hier an Ort und Stelle zu kampieren. An und für sich ist das ja nichts besonderes, und man pflegt sich in Australien nicht viel Gedanken darüber zu machen, wenn man einmal gezwungen ist, unter freiem Himmel ohne Zelt und

5*

Bedeckung die Nacht zuzubringen. Etwas ungemütlich war nur meine Wehrlosigkeit gegenüber der jetzt gerade herrschenden Nachtkälte, ferner der Mangel an Wasser und passender Weide für mein ermattetes Pferd.

All dies ließ sich aber nicht ändern. Ich sattelte ab und koppelte meinem Pferde die Vorderbeine zusammen. Die Engländer nennen das ein Pferd »hobblen«. Pferde, die in dieser Art und Weise gefesselt sind, können noch langsam vorwärts gehen und bequem weiden, sie vermögen sich aber nicht weit vom Camp zu entfernen, weil sie so nicht traben und nur in einer für sie sehr unbequemen Weise springen können, so daß ihr Einfangen keine Mühe macht. Gewöhnlich führt der Reisende für diesen Zweck ein paar lederne, durch eine Kette verbundene Fesseln mit sich. Auch wir bedienten uns solcher »Hobbles« in unserm Camp, ich hatte aber für diesen, wie ich glaubte, kurzen Ritt keine mitgenommen und mußte nun mein Pferd mit einem Lederriemen, der sich an meinem Sattel befand, fesseln. Meine nächste Sorge war es, ein tüchtiges Feuer anzuzünden, denn glücklicherweise hatte ich Wachszündhölzer bei mir. Dagegen hatte ich nichts Eßbares mitgenommen. Später führte ich immer etwas Mundvorrat und Tee mit mir; ebenso ein kleines zinnernes Trinkgefäß, ein »pannikin«, und einen kleinen zinnernen Kochtopf, ein »billy«. Auch ließ ich bei späteren weiten Ritten niemals die Decke zu Hause, so daß es mir dann nichts ausmachte, so wie ich ging und stand zu kampieren.

Nachdem ich ein tüchtiges Feuer angezündet und mir noch einen Vorrat Reserveholz zusammen geschleppt hatte, bereitete ich mir mein Lager neben dem Feuer. Der Sattel diente als Kopfkissen, die Pferdedecke als Zudeck. Flinte, Hut und Sporen legte ich neben mir ins Gras, mein Pferd stand unbeweglich etwa zehn Schritte vom Feuer und ruhte von den Anstrengungen des Tages aus, ohne sich um das spärliche dürre Gras, welches hier am Rande des Scrubs wuchs, zu kümmern. Ich streckte mich aus mit dem Gedanken, das Feuer nicht ausgehen zu lassen und auf mein Pferd zu achten. Bald gingen meine Gedanken hinüber, ermüdet schlief ich ein. Als ich nach einer Stunde aufwachte, war die Situation unverändert, mein Pferd stand noch immer an derselben Stelle und das Feuer brannte noch; tiefes Schweigen umgab mich. Da war es mir auf einmal, als hörte ich ganz in der Ferne aus der Richtung, der ich den ganzen Tag über zugestrebt hatte, leisen Glockenklang. Wir pflegten unsern Pferden, wenn wir sie in der Umgebung des Camp weiden ließen, Glocken umzuhängen, um sie leichter auffinden zu können. Sollten dies nun die Glocken meiner Pferde und mein neues Camp am Auburn nur wenige Kilometer entfernt sein? Ich lauschte und hörte lange Zeit nichts mehr, dann wieder einmal einige ferne Glockentöne, die aber doch so charakteristisch waren, daß man sie mit keinen andern Lauten im Busch verwechseln konnte. Ich versuchte noch einmal zu Fuß einen Vorstoß durch den Scrub in jener Richtung zu machen, und dachte, wenn ich den Weg einigermaßen praktikabel fand, zurückzukehren um zu Pferde den Versuch zu erneuern. Schon nach wenigen Schritten überzeugte ich mich aber von der Unmöglichkeit des Unternehmens, bei dieser Dunkelheit den Scrub zu durchkreuzen, auch wenn er nur wenige 100 Schritte breit sein sollte. Wieder suchte ich mein Lager auf und wieder schlummerte ich eine Weile. Bei erneutem Erwachen machte ich die Entdeckung, daß mein Pferd aus seiner Lethargie erwacht war und mit der vorgefundenen Weide nicht zufrieden, angefangen hatte, sich langsam zu entfernen. Das durfte ich nicht zulassen. Als Schamyl mich mit dem Zaum in der Hand herankommen sah, wurde er unruhig und begann fortzuspringen, indem er seine zusammen gefesselten Vorderbeine gleichzeitig erhob und sich mit den Hinterbeinen fortschnellte. Da er einen weiten Vorsprung hatte, dauerte es fast eine halbe Stunde, bis ich ihn endlich fing. Ich hatte mich bei diesem tollen Herumjagen im nächtlichen Dunkel anfangs ein paarmal nach meinem Feuer umgesehen, um die Richtung nicht zu verlieren und sicher zurückzufinden. Sobald ich mein Pferd wieder hatte, war dies meine nächste Sorge. Doch vergebens sah ich mich nach dem Feuerschein um. Ich war wohl während der Pferdejagd außer Sehweite desselben gekommen, aber ich glaubte bestimmt die Richtung zu wissen und ging mit festen kühnen Schritten vorwärts, das Pferd am Zügel führend. Ich ging und ging und sah kein Feuer. Der Scrub wurde dichter, und es war klar, daß ich die Richtung verfehlt hatte. Ich kehrte um und suchte mehr rechts, mehr links, kreuz und quer, überall nach dem Feuerschein spähend, — vergeblich. Der Mond war aufgegangen und erleuchtete mit seinem magischen Lichte diesen Zauberwald, dessen Durchdringung mir verwehrt schien, und der mir sogar das wenige raubte, was ich bei mir hatte.

Als ich einmal ermüdet still stand und rastete, sah ich vor mir ein kleines Tier von Kaninchengröße herumspringen und einen grunzenden Lockruf ausstoßen. Es war ein Männchen des sogenannten Bändikut, Perameles obesula, eines insektenfressenden Beuteltiers, das wohl auf nächtliche Liebesabenteuer ausging. Im Deutschen wird es vielfach mit dem Namen Beuteldachs bezeichnet; es hat aber mit einem Dachs keine Ähnlichkeit, viel mehr mit einer stark vergrößerten Spitzmaus. Mein Gewehr war mit Sattel, Hut, Sporen, Patronengürtel am Lagerplatz zurückgeblieben, so konnte ich nicht einmal das beim Mondlicht sich bequem zum Schuß bietende Wild erlegen. Weiter wanderte ich umher, mein Pferd am Zügel, immer in hoffnungsvoller Erwartung, immer wieder getäuscht. Ich kam an eine Stelle, an der ein mächtiger gestürzter Baum lag, der in seinem Innern zum größten Teil hohl sein mochte. Aus ihm drang mir Heulen und Knurren wie von einer Schar junger Hunde entgegen, und ich zweifelte nicht, daß ich an ein Nest einer Dingo-Hündin geraten sei. Ich bin einige Tage darauf wieder an die Stelle zurückgekehrt, um die Jungen auszunehmen, habe aber den Platz nicht wieder finden können.

Stundenlang bin ich so herumgewandert und fühlte endlich, daß die Füße mich kaum noch weiter tragen würden; mein Pferd ließ sich willenlos hinter mir herziehen. Es war eine herrliche mondhelle Nacht, lange nicht so kalt wie ihre Vorgängerinnen, was für mich eine große Annehmlichkeit war. Gegen 1 Uhr sah ich ein, daß alles weitere Herumsuchen bei Nacht keinen Sinn hätte; das Feuer mußte längst niedergebrannt sein, weil seit Stunden nicht nachgelegt worden war. Das Beste also war, ich legte mich bis Tagesanbruch zur Ruhe und setzte mein weiteres Suchen bei Tageslicht fort. So wählte ich mir denn eine passende Stelle am Rande des Scrubs, band mein Pferd an einen Baum, entzündete ein zweites Feuer — zum Glück hatte ich die Zündhölzchen in meiner Tasche behalten — und schlief wie ein Toter auf der nackten Erde unbedeckt an der Seite des Feuers; hier und da wachte ich auf und legte nach. Mein Pferd stand traurig und gesenkten Hauptes an seinem Baume. Geschieht dir schon recht, dachte ich und schlief weiter.

Endlich war die Nacht zu Ende, eine der längsten, die ich je durchlebt habe, obwohl sie nur 12 Stunden dauerte, und nun sah ich zum ersten Mal bei Tageslicht den Schauplatz meines nächtlichen Umherirrens. Ich befand mich am Rande eines sehr dichten Scrubs, der dadurch besonders unwegsam war, daß er an vielen Stellen mit Sümpfen und kleinen versumpften Weihern durchsetzt war. Mein Suchen nach dem ersten Lagerplatz und meinen Sachen war übrigens am Morgen ebenso vergeblich wie in der Nacht. Überall fand ich meine eigenen Spuren, aber sie rührten von meinen Wanderungen nach dem Verlust der Gegenstände her.

Nach zwei Stunden faßte ich den Entschluß, mich mit den Tatsachen abzufinden. Es war keine angenehme Aussicht für mich, in mein Lager zurückzukommen, barhäuptig, sattellos, ohne Gewehr und Patronen, — ein geschlagener Feldherr —, aber da ich überzeugt war, daß ich durch längeres Warten meine Aussichten nicht verbesserte, und mich und mein Pferd nur durch Hunger und Durst unnötig aufrieb, so schwang ich mich auf den bloßen Rücken des Gaules, und drang durch den Scrub in nordwestlicher Richtung vorwärts. Ich will diesen ungemütlichen Morgenritt auf ungesatteltem hungrigem Pferde, mit hungerndem Magen und schrecklichem Durste nicht weiter schildern. Nach einer Stunde kam ich aus dem Scrub heraus und bald darauf an einen Fluß, von dem ich aus seiner Richtung von Südsüdwest nach Nordnordost erkannte, daß es der Auburn sein müßte. Ich folgte seinem Lauf stromabwärts, belästigt von den Strahlen der immer höher steigenden Sonne, die mein unbedecktes Haupt versengten. Nach weiteren ³/₄ Stunden sah ich vor mir etwas Weißes schimmern. Als ich rasch darauf zusprengte, erwies es sich als ein Zelt meines neuen Camps, mit dessen Errichtung Dahlke und Frank sowie ein andrer Schwarzer eifrig beschäftigt waren. Dahlke eilte ganz entsetzt auf mich zu, als er mich in diesem Aufzuge anreiten sah, und fragte, was denn geschehen sei.

Ich war, wie man sich denken kann, nicht gerade mitteilsamer Laune und ließ ihn gleich etwas Tee bereiten und Fleisch und Brot herbeiholen, denn ich war fast 24 Stunden lang ohne Speise und Trank und beinahe die ganze Zeit über in körperlicher und geistiger Bewegung gewesen. Nachdem ich gegessen und etwas geruht hatte, erzählte ich Dahlke den ganzen Hergang genauer und war angenehm überrascht, als er mir sagte, mein Fall sei gar nichts so Unerhörtes. Es käme nicht selten vor, daß der einsame Buschreisende dadurch, daß sein Pferd sich von ihm entfernte, noch viel schlimmerem Geschick ausgesetzt wäre, als ich es in diesem Falle zu erdulden hatte. Später las ich selbst in einer Brisbaner Zeitung unter dem Titel »Lost in the bush« eine Begebenheit, die sich vor kurzem im Nordwesten von Queensland zugetragen hatte, und die mich sehr an mein eigenes Erlebnis erinnerte. Ein Surveyor hatte in einem unkultivierten Gebiet Aufnahmen machen wollen. Als er nach mehrwöchentlicher Abwesenheit nicht zurückkehrte, sandte man schwarze »Tracker« aus, die folgendes ermittelten. Der Betreffende hatte vier Tagereisen von seinem Ausgangspunkte im Scrub übernachtet. Nachts hatte sein Pferd sich von ihm entfernt, und, wie die Schwarzen an den Spuren ablasen, war er ihm den ganzen nächsten Tag über gefolgt, ohne es fangen zu können, da das Tier die Hobbles zerrissen hatte. Am zweiten Tage scheint er den Versuch aufgegeben zu haben, das Tier zu fangen, denn seine Spur folgte nicht mehr der Spur des Pferdes, er scheint aber über seine Richtung beim Herumwandern gänzlich ins Unklare gekommen zu sein. Zunächst hat er versucht, seinen alten Lagerplatz wieder zu finden; als ihm das nicht gelang, ist er planlos herumgeirrt, statt konsequent in einer Richtung vorwärts zu wandern. Mit jedem Tage wurden die Strecken, die er zurücklegte, kürzer, wie man aus den Camps, die er sich jeden Abend machte, erkennen konnte. Als man seine Leiche endlich auffand, konnte man sehen, daß der Tod schon vor längerer Zeit eingetreten war, augenscheinlich durch Erschöpfung und Nahrungsmangel. Dieser Fall ist ein ganz typischer für die Hauptgefahr, die im Bereisen des sonst nicht eben an Gefahren reichen australischen Busches liegt. Die Pionier-Ansiedler, die kühnen Goldsucher sind sich derselben wohl bewußt, und sie lieben es daher, weite Vorstöße in zu erschließendes unbesiedeltes Gebiet nicht ganz allein, sondern mit einem Kameraden, einem »mate« zu machen. Hat man mehrere Pferde, so ist überhaupt die Gefahr nicht groß, man bindet dann gern die Nacht über ein Pferd an einen Baum oder stellt es in eine improvisierte Hürde und läßt den Rest unbekümmert weiden. Hat man ein Pferd bei der Hand, so macht es keine Schwierigkeit, die übrigen einzufangen, auch wenn sie sich weit vom Camp entfernt haben, oder wenn sogar das eine oder das andre seine Fesseln gebrochen hat. Das Einfangen der frei weidenden Pferde ist überhaupt häufig eine zeitraubende und Ärger bereitende Sache, die mir besonders verhaßt war, weil sie mich oft einige der zum Reisen angenehmsten Morgenstunden kostete.

Übrigens lag für mich bei jenem Vorkommnis eine eigentliche Gefahr nicht vor, selbst wenn ich das Pferd verloren hätte, weil ich über die Gegend im allgemeinen orientiert war und mich schon durch die leicht zu erreichenden Wasserläufe zu meinem neuen Camp oder nach Coonambula oder Cooranga zurecht gefunden hätte. Viel schwieriger ist das natürlich in einer Gegend, die mehr Wüsten-Charakter hat, und in der keine Orientierung durch die Wasserläufe möglich ist. Hat man sich in einer Gegend verirrt, über die man durchaus nicht Bescheid weiß, so wird es sich immer empfehlen, den Wasserläufen stromabwärts zu folgen. Man hat dann die meiste Aussicht, auf menschliche Ansiedlungen zu stoßen.

Am Nachmittag machte ich mich mit Frank auf, um die verlorenen Sachen zu suchen. Frank vermaß sich hoch und teuer, es würde ihm nicht die geringste Schwierigkeit machen, die Stelle aufzufinden, er brauche ja nur meinen Spuren zu folgen, die er vom grasbedeckten Boden ablas, wie wir eine Hasen- oder Rehspur bei Neuschnee. Er ritt voraus und führte mich genau den Weg zurück, den ich morgens hergeritten war. Auf meiner alten Spur durchritten wir den Scrub und befanden uns bald an der Stelle, an der ich nach Verlust der Sachen zum zweitenmal ein Feuer angezündet hatte. Hier begann Frank seine eigentliche Arbeit, während ich absaß und erwartungsvoll seinen Erfolgen entgegen sah. Nach mehr als einer Stunde kam er mit sehr langem Gesicht zurück; sein ganzer schöner Plan, durch Verfolgen meiner Spur an den gesuchten Platz zu kommen, war ins Wasser gefallen, denn mein eigenes vielstündiges Suchen in der Nacht und am Morgen hatte ein wahres Labyrinth von sich kreuzenden Spuren erzeugt, und es war ein Ding der Unmöglichkeit, auf diese Weise zum Ziele zu kommen. Frank wollte nun noch einen Versuch machen und sich im Scrub umsehen, ohne sich um meine Spuren zu bekümmern, ob er nicht irgendwo etwas Verdächtiges bemerke. Ich setzte nicht viel Vertrauen in diese neue Methode und überlegte schon, was nun zu tun sei, ob es vielleicht das Beste sei, meine sämtlichen Schwarzen aufzubieten, um diese unersetzlichen Gegenstände wie Sattel und Flinte wieder aufzufinden. Da hörte ich Franks triumphierenden Ruf »Cuu-i« ! gar nicht weit von mir, ich sprang auf und eilte in der Richtung vorwärts und stand, als ich einige Brigalow-Büsche auseinander bog, an der vielgesuchten Stelle meines ersten Lagers. Mein weißer, weit leuchtender Tropenhelm, den ich übrigens später am Burnett mit einem breitkrämpigen Filzhut vertauschte, hatte durch die Büsche schimmernd Franks Falkenaugen auf sich gezogen. Alle Gegenstände lagen noch genau so da, wie ich sie nachts verlassen hatte. Das Feuer mußte bald, nachdem ich die Jagd auf das Pferd begonnen hatte, niedergebrannt sein und hatte mir deshalb nicht mehr als Leuchte dienen können, als ich seiner bedurfte.

Viertes Kapitel.

Das Camp am Auburn[1]).

Da die Stelle an der Auburn-Mündung uns für ein Camp sehr geeignet schien, begannen wir uns für einen längeren Aufenthalt einzurichten. Ich hatte zwei kleine Zelte von Gayndah mitgebracht, von denen ich das eine als Schlafzelt, das andre als Laboratoriumszelt benutzte. Unsere Mahlzeiten nahmen wir in einer kleinen, von uns gebauten Halle ein, die an den Seiten offen war. Zunächst bedeckten wir dieselbe mit Buschwerk, später mit Rinde, und sie gewährte einen angenehmeren, luftigeren Aufenthalt als die Zelte. Auch unsere Feuerstelle hatten wir sorgfältig mit Rinde bedeckt, so daß nicht jeder Regen das Feuer auslöschen konnte. Ich brachte mir einmal aus Coonambula ein paar Stücke alten Draht mit, und wir zogen diesen in entsprechender Höhe über den Feuerplatz und konnten nun unsre Kochgefäße an Drahthaltern über dem Feuer aufhängen, was sehr bequem ist. Wir hatten auch einen großen, eisernen Brattopf mit uns, und in ihm geschah alles Braten und Backen derart, daß der Topf ganz von glühenden Kohlen umgeben und mit heißer Asche bedeckt wurde.

Einen Tag um den andern wurde Brot gebacken, kein eigentliches mit Hefe zubereitetes Brot, sondern der »Damper« der Australier. Um denselben zuzubereiten, knetet man einen Teig aus Mehl und Wasser, dem man an Stelle der Hefe Sodapulver zusetzt, um das Aufgehen des Backwerks zu erzielen. Der Teig kommt direkt oder in der Hülle eines Backtopfes in die heiße Asche und liefert ein am ersten Tag recht schmackhaftes Gebäck. Nach einigen Tagen ist dasselbe aber kaum mehr zu genießen. Auch eine Art Kuchen wurde bei besonderen, festlichen Gelegenheiten zubereitet, der »browny« oder »Johnnycake« der Australier. Seine Herstellung be-

---

1 Der Ort des Camps ist auf der zweiten Karte mit dem Zeichen (2) bezeichnet.

ruht auf demselben Prinzip wie die des Dampers, nur werden dem Teige Zucker, Nierenfett und womöglich auch Rosinen oder Korinthen zugesetzt, am liebsten beides. Vorsorglich hatte uns Dahlke mit einigen Pfund Rosinen verproviantiert. Unsere Fleischnahrung bestand aus eingesalzenem Rindfleisch, das wir anfangs von Cooranga, später von Coonambula bezogen. Wir bezahlten gewöhnlich für das Pfund 25 Pfennig. Das Fleisch wurde eine Nacht über in Wasser gelegt, um das Salz auszuziehen, und lieferte dann richtig gekocht eine viel angenehmere Speise als Büchsen- oder Konservenfleisch. Einmal in der Woche gab es frisches Rindfleisch, und dieser Tag wurde immer als besonderer Festtag betrachtet. Das erlegte Wild brieten wir meistens in unserem Backtopf in der heißen Asche und Wildenten und Wildgänse, Talegalla-Hühner, Squatter- und Wongatauben lieferten eine angenehme Abwechslung unseres etwas einförmigen Küchenzettels.

Als Getränk kam eigentlich nur Tee in Betracht, der Trank, den man dort morgens, mittags und abends einnimmt, und der zusammen mit dem Damper unter die Embleme des Buschlebens aufgenommen zu werden verdient. Kein Mensch trinkt im Camp Kaffee, dem Trinker geht bald sein Alkohol-Vorrat auf die Neige, und so ist der Tee das ausschließliche Lagergetränk. Kommt allerdings einmal der teegesättigte Freund des Schnapses in das Bereich eines Wirtshauses, dann pflegt er sich gehörig schadlos zu halten und läßt den Whisky und Brandy des Wirts die lange Enthaltsamkeit entgelten. In deutschen akademischen Kreisen pflegt man diese Art des Alkoholgenusses als Quartaltrinken zu bezeichnen, und in meinem ganzen übrigen Leben zusammen genommen habe ich nicht so viele Quartalsäufer kennen gelernt, als während meiner zweijährigen Reise in Australien und den Nachbargebieten.

Dahlke machte mir den Vorschlag, wir wollten ein Rindenhaus errichten, in dem wir unsre Vorräte unterbringen könnten, und in dem er selbst schlafen wollte. Während er das Gerüst in einigen Tagen zusammenzimmerte, vertraute ich dem Schwarzen Jimmy und dessen Frau Ada die Beschaffung der Rinde an, die sie hauptsächlich dem iron-bark-tree, Eucalyptus crebra, und dem blue gum entnahmen. Dieses Baumaterial wird in folgender Weise gewonnen: die Rinde eines stattlichen Baumes von ein oder mehreren Metern Durchmessern wird in einem Ring dicht über dem Erdboden mit dem Tomahawk durchgeschlagen, dann ebenso etwa 8 Fuß hoch über dem Boden, soweit ein Mensch mit dem Tomahawk gerade reichen kann. Diese beiden Schlagringe werden durch einen vertikalen Längsspalt verbunden, und die ganze Rinde sodann in einem Stück vom Baumcylinder abgestreift. Darauf wird die abgestreifte Rindenplatte flach auf den Boden ausgebreitet und mit schweren Holz- oder Steinplatten beschwert, so daß sie sich nicht mehr einrollen kann. Auf diese Weise erhält man mehrere Meter breite und hohe Rindenplatten, die sich vorzüglich dazu eignen, die Holzgerüste auszukleiden und zu decken. Solche Rindenhäuser gewahren in der heißen Jahreszeit einen viel kühleren Aufenthalt als die Zelte. Freilich dauert die Herrlichkeit nicht lange; denn im Laufe der Zeit wirft und zieht sich die Rinde, das ursprünglich glatt und schmuck aussehende Gebäude bekommt hier und da architektonisch unmotivierte Vorsprünge und Einsenkungen, es entstehen Risse und Spalten, und wer mehrere Jahre an einem Orte verweilen will, der tut besser, sein Haus aus einem festeren Stoff herzustellen, als es die »eiserne Rinde« der Eucalypten ist, das einzige Baumaterial der australischen Eingeborenen in diesen Gegenden.

Die Schwarzen brachten mir während dieser Zeit fortdauernd weibliche Echidna und ziemliche Mengen von Beuteltieren; die meisten Ameisenigel hatten jetzt schon große Junge im Beutel. So gute Resultate wie am Anfang hatte ich aber nicht, denn der Eifer der Schwarzen war, seit sie nicht mehr bar ausgezahlt wurden, erheblich erlahmt, und es gährte fortwährend eine gewisse Unzufriedenheit unter ihnen. Für Ornithorhynchus erwies sich die Stelle, an der wir kampierten, überhaupt nicht so günstig, wie ich anfangs angenommen hatte. Es waren scheinbar alle Bedingungen vorhanden, um für die Tiere einen günstigen Standort zu schaffen: ein sehr tiefes, weit ausgedehntes »waterhole«, in welchem das Wasser kaum merklich strömte, und ansteigende, dicht mit tea-trees bewachsene Ufer. Dennoch mußte wohl irgend etwas fehlen oder zu viel sein, was wir mit unsern menschlichen Sinnen nicht wahrnehmen konnten, kurzum es gab fast gar keine Schnabeltiere an der Auburnmündung. Die Flüsse waren noch hoch, reißend und trüb, und es war uns bisher immer noch nicht gelungen, Stellen mit einer reichlichen Vegetation von Wasserpflanzen aufzufinden.

Der 20. September war ein Sonntag und ich machte mich schon in aller Frühe auf, um in Coonambula einen Besuch abzustatten. Als ich am nächsten Morgen in mein Camp zurückritt und zunächst ein Stück lang der Wagenspur folgte, die von Coonambula nach Gayndah führt, begegnete mir die Coach, die wöchentlich zweimal auf diesem Wege Gayndah mit Eidsvold verbindet. Der Coachman Bates rief mir, als ich ihn im Vorbeireiten grüßte, zu: »Jetzt ist noch ein andrer Professor in Gayndah.« »Was für ein Professor?« »Einer der auch den Burnett-Salm (Ceratodus) sucht.« Mehr war aus dem Manne nicht herauszubringen. Natürlich interessierte mich diese Nachricht auf das Höchste. Das wäre doch ein merkwürdiges Zusammentreffen gewesen, wenn gerade in demselben Jahre und zu derselben Zeit, in welcher ich diesen entlegenen Erdenwinkel aufgesucht hatte, ein andrer Naturforscher in ganz derselben Absicht hierher gekommen wäre. Die Sache schien mir so unwahrscheinlich, daß ich es für das Klügste hielt, mich nicht weiter um sie zu kümmern. Vielleicht war es jemand, der für die Museen in Brisbane oder Sydney sammelte, oder sonst irgend welche naturwissenschaftlichen Interessen an den Tag legte und deshalb sofort mit dem Titel Professor bezeichnet wurde, mit dem die Briten sehr freigebig sind. Professor nennt sich in Australien auch der Verkäufer von Geheimmitteln und der wandernde Zahnarzt. Ja ich traf sogar einmal einen Mann mit einer Laterna magica an, der im Umherziehen Vorstellungen gab und allgemein Professor tituliert wurde.

Als ich in mein Camp zurückgekehrt war, kam Frank atemlos und freudestrahlend angerannt. Er brachte in einem Glase einige Gallertschalen, wie wir sie beim Froschlaich als glashelle Hülle das Ei umgeben sehen, und behauptete, dies seien die Hüllen der Ceratodus-Eier, aus denen die Jungen schon ausgeschlüpft wären. Er hatte dieselben im Fluß, aber nicht zwischen Wasserpflanzen, sondern in einer kleinen Vertiefung des Grundes gefunden. Da ich 20 Mark als Belohnung für den ausgesetzt hatte, der mir zuerst Ceratoduslaich bringen würde, glaubte er des Preises schon sicher zu sein. Ich sagte ihm aber natürlich, ich wolle nicht die leeren Hüllen, sondern die ganzen Eier; auch müsse erst der Beweis geliefert werden, daß dies Cerotoduslaich und nicht etwa Froschlaich wäre. Die Sache schien mir immerhin so bemerkenswert, daß ich sofort noch einmal nach Coonambula ritt, um Herrn McCord die Eihüllen zu zeigen. Derselbe kannte die Ceratodus-Eier von der Zeit her, als Herr Caldwell vor 10 Jahren bei ihm gewohnt hatte, genau dieselben Ziele verfolgend, denen ich jetzt nachging. Übrigens stand Herr McCord auch sonst noch in einem besonders nahen Verhältnis zu diesem merkwürdigsten aller Fische. Ceratodus ist nämlich durch seinen Vetter, Herrn William Forster, für die Wissenschaft entdeckt und deshalb Ceratodus forsteri benannt worden. Forster war früher selbst Squatter am Burnett gewesen und hatte neben seinen Berufsgeschäften stets eifrig die Naturwissenschaften gepflegt. Als er später nach Sydney übersiedelte, machte er dem Curator des dortigen Museums

Gerhard Krefft Mitteilungen über den außerordentlichen Queensländer Fisch und suchte herauszubringen, ob derselbe bekannt und wissenschaftlich untersucht sei. Krefft wollte zunächst nicht an die Existenz eines solchen Fisches glauben und nahm einen Irrtum Forsters an. Um die Sache ins Klare zu stellen, veranlaßte Herr Forster seinen Vetter, von Coonambula aus Exemplare des Tieres im eingesalzenen Zustande nach Sydney zu senden, was dann auch nach einiger Verzögerung im Jahre 1869 geschah.

Meine Freunde waren etwas im Zweifel, ob dies die Hüllen der Ceratodus-Eier wären; sie sagten, dieselben sähen ihnen jedenfalls sehr ähnlich. Nur die alte Frau Wall behauptete mit Bestimmtheit, dies seien nicht die rechten Eier; die Hüllen der Ceratodus-Eier wären wasserhell, während das, was ich mitgebracht hatte, einen Stich ins Grünliche besaß. Ich verdoppelte jedoch von nun an meine Anstrengungen, die wirklichen, gefüllten Eier zu finden.

Der Fluß begann um diese Zeit merklich zu fallen und zu meiner großen Freude entdeckte ich im Boyne-Fluß, etwa ein Kilometer vor seiner Mündung in den Burnett, eine langgestreckte und breite Austiefung des Flusses, deren Boden mit einer dichten Vegetation von Wasserpflanzen bedeckt war und die recht vielversprechend aussah, obwohl die Vegetation noch nicht den Wasserspiegel erreicht hatte. Eier konnte ich aber an dieser Stelle nicht finden, ebenso wenig Frank, der dieselbe Stelle am gleichen Nachmittage unabhängig von mir entdeckte.

Dies war am Donnerstag den 24. September. Den ganzen Freitag Vormittag über suchten wir im Wasser nach den Eiern. Um die Mittagszeit kehrte ich in mein Camp zurück und wollte mich gegen 2 Uhr wieder an die Arbeit begeben, als ich plötzlich einen mir unbekannten Mann auf mich zuschreiten sah. Ein Besuch mitten im australischen Busch ist immerhin eine ungewöhnliche Sache, und ganz unerhört ist es, wenn derselbe nicht angeritten kommt, sondern plötzlich als Fußgänger vor einem auftaucht. Wie ein Squatter oder Stockman, oder wie ein gewöhnlicher australischer Reisender sah mein Besuch nicht aus. Seine Anrede klärte mich bald genug über seine Person auf.

Es war Professor Baldwin Spencer, ein junger englischer Naturforscher, der sich durch eine Reihe von ausgezeichneten Arbeiten einen Namen gemacht hatte und mir literarisch wohl bekannt war. Er war vor einigen Jahren als Professor nach Melbourne berufen worden und hatte, wie er mir sagte, seine Universitätsferien zu einem Ausflug nach Queensland benutzt, besonders um die Entwicklung des

Ceratodus zu studieren. Ich freute mich natürlich sehr, hier im weltfernen Busch einen Kollegen und noch dazu einen so hervorragenden kennen zu lernen; andrerseits muß ich gestehen, daß mir der Gedanke, Spencer verfolge genau dasselbe Ziel wie ich, und unsre Interessen ständen gegeneinander in einer gewissen Konkurrenz, nicht besonders angenehm war. Natürlich ging es Spencer nicht anders, als er erfuhr, daß auch mein Hauptziel das Studium der Entwicklung von Ceratodus sei. Er hatte sich schon längere Zeit in Gayndah aufgehalten und dort ebenso vergeblich nach den Eiern gesucht, wie ich hier weiter stromaufwärts. Durch den Coachman Bates hatte er dann gehört, ich hätte reichliche Mengen von Laich gefunden, und daraufhin hatte er sich entschlossen, mich aufzusuchen. Ein Einwohner von Gayndah namens Baily hatte es übernommen, ihn in seinem Buggy von Gayndah nach meinem Camp zu bringen. Außerdem brachte Spencer einen Jungen aus Gayndah mit sich, der ihm beim Sammeln und Fischen helfen sollte. Ihr Zelt hatten die Drei etwa 1 Kilometer von meinem Lager aufgeschlagen, und Spencer war, während die beiden andern mit Lagerarbeiten beschäftigt waren, gleich zu mir herübergekommen.

Ich sagte ihm, daß ich die Eier bisher ebenso wenig gefunden hätte, wie er selbst. Aus der Untersuchung einer Anzahl erwachsener Tiere, die ich in der letzten Zeit gefangen hatte, wollte es mir scheinen, als ob die Laichzeit überhaupt noch nicht da sei. Zufälligerweise wurden an diesem und am folgenden Tage je ein Ceratodus-Weibchen gefangen, und bei der Untersuchung, die Spencer und ich gemeinschaftlich anstellten, erwiesen sich beide Tiere als unreif. Ich führte Spencer an die Stelle am Boyne, wo ich die reiche Vegetation an Wasserpflanzen gefunden hatte. Wir sahen gemeinschaftlich nach, konnten aber wiederum keine Eier finden. Alles dies bestärkte uns in der Überzeugung, daß die Laichperiode des Fisches in diesem Jahre noch nicht herangekommen sei.

Ich machte mit Spencer weite Spaziergänge in die Umgebung meines Lagers und genoß seit langer Zeit zum erstenmal wieder das Vergnügen, mich über naturwissenschaftliche Fragen allgemeiner und spezieller Art mit einem Fachgenossen aussprechen zu können. Spencer interessierte sich besonders für die australischen Regenwürmer, über die er eine umfassende Monographie vorbereitete.

Nach Anbruch der Dunkelheit speisten wir gemeinschaftlich in meinem Camp und verbrachten noch einen großen Teil des warmen tropischen Abends plaudernd vor meinem Zelt. Auch den nächsten Tag verlebten wir zusammen in höchst angenehmer Weise. Spencer dachte zunächst daran, Baily mit dem Buggy nach Gayndah zurückzuschicken und meiner Einladung folgend als Gast eine Woche in meinem Camp zu bleiben. Da ihm aber für seine sonstigen Zwecke als Sammler die Gegend, in der ich mein Lager aufgeschlagen hatte, nicht besonders anziehend erschien, die Aussicht, in nächster Zeit Ceratoduslaich zu finden, höchst unsicher war, und er Lust hatte, die ihm noch bleibenden 4 Ferienwochen größtenteils in den tropischen Scrubs an der Küste zwischen Brisbane und Gympie zu verleben, so gab er diese Absicht wieder auf und beschloß, am nächsten Tag nach Gayndah zurückzukehren und dort zunächst den Versuch zu machen, Schwarze zu engagieren.

Nach unserem Mahle um 6 Uhr, als die Dunkelheit bereits hereingebrochen war, kamen die Schwarzen und brachten 4 weibliche und 2 männliche Ameisenigel. Zwei von den Echidnaweibchen hatten Junge im Beutel. Dieses reichliche Material machte auf Spencer großen Eindruck. Ich mußte ihm aber bekennen, daß er einem ungewöhnlich guten Jagdresultate beigewohnt hatte. An manchen Tagen erhielt ich gar nichts, an manchen nur 1 oder 2 Ameisenigel als Gesamtausbeute von der ganzen Gesellschaft. Ich hatte für besondere Gelegenheiten einige Flaschen Bier mit mir genommen, und diese vertilgten wir an diesem Abende. Wir versprachen uns zuweilen brieflich voneinander Nachricht zu geben und uns, wie das Schicksal es treffe, in Melbourne oder in Jena zu besuchen. Das Geschick hat für Jena entschieden; denn zwei Jahre später, im Dezember 1893, hatte ich die Freude, meinen ehemaligen australischen Campgenossen in der alten Musenstadt begrüßen zu können.

Ich will noch hinzufügen, daß Spencer am nächsten Morgen, Sonntag den 27. September, abreiste, sich alsdann etwa 2 Wochen in Gayndah aufhielt, wo es ihm zwar nicht gelang, Schwarze zu engagieren, er aber von den weißen Ansiedlern in seinen Bestrebungen sehr unterstützt wurde. Dagegen wurde er, wie er mir schrieb, bei seinen Untersuchungen des tropischen Scrubs bei Gympie in seinen Erwartungen ziemlich enttäuscht, weil sich die Fauna dieses Urwaldes als recht dürftig erwies.

Die Schwarzen hatten nur eine Woche lang an der Auburn-Mündung, ½ Kilometer von meinem Camp gelagert; dann hatten sie weiter westlich, an einer für den Echidnafang sehr günstigen Stelle ihr Lager aufgeschlagen, und ein Schwarzer brachte mir täglich abends die gesamte Jagdbeute. Schon am dritten Tage aber kam die ganze Gesellschaft wieder zurück, um in ganz andrer Richtung einen neuen Lagerplatz zu suchen. Ich war erstaunt und wenig angenehm überrascht, daß sie nach so kurzer Zeit eine gute Stelle verließen, ohne dieselbe erschöpft zu haben. Der eigentliche Grund war, wie ich allmählich herausbrachte, folgender: zwei von Jimmys Hunden hatten eine sogenannte Schwarzschlange, Pseudechis porphyriacus, eine der giftigsten Schlangen Australiens, die in dieser Gegend ungemein häufig ist, angegriffen und nach kurzem Kampfe getötet. Der eine der Hunde war aber dabei in die Schnauze gebissen worden und bald darauf qualvoll verendet. Dieses war nun für die Schwarzen vollauf Grund, nicht nur die Stelle, wo das Unglück geschehen war, sondern auch die ganze Gegend für längere Zeit zu vermeiden. Dem liegt ein blöder Aberglaube zu grunde: die Vorstellung, ein Ort, wo ihnen etwas Schlimmes widerfahren ist, wo sie einen Angehörigen, Freund, oder ein so wertvolles Besitzstück, wie einen Hund verloren haben, könne ihnen auch ferner Unglück bringen. Eigentliche religiöse Vorstellungen fehlen den Schwarzen ja vollkommen, und ihr religiöser Sinn ist in seiner Entwicklung auf der Stufe einer abergläubischen Furcht stehen geblieben.

Es hatten sich etwa ein Dutzend Familien allmählich in meinem Camp versammelt, aber nur zwei oder drei leisteten nennenswerte Arbeit. Schlimm war besonders die Schwierigkeit der Kontrolle. Denn natürlich konnte ich nicht den Einzelnen nachgehen und sehen, ob sie in der Tat den Echidnaspuren gefolgt waren, oder sich irgendwo süßem Nichtstun hingaben, oder auch den Nestern der stachellosen australischen Biene für ihren Privatgebrauch nachspürten.

Bei dem allgemeinen Mangel an Vegetation in den Flüssen in diesem Jahre lag der Gedanke nahe, daß ein Teil der Fische seinen Laich einfach auf den Grund an Steine oder an im Wasser liegende Baumstämme ablegen würde, wenn er keine passenden Wasserpflanzen fände. Um eine systematische Untersuchung des Grundes vornehmen zu können, wäre natürlich der Besitz eines Ruderbootes sehr angenehm gewesen, und so beschloß ich, mir ein solches herzustellen. Die Eucalypten und Akazien, die den Hauptbestand der australischen Waldbäume ausmachen, besitzen ein so schweres und hartes Holz, daß sie zum Bootbau untauglich sind. Es gibt aber im Busch zwei Bäume, die ein leichtes, weiches, gut spaltbares Holz besitzen und sich vorzüglich zum Bootbau eignen; es sind zwei Sterculia-Arten. Die eine, Sterculia rupestris, ein mächtiger Baum, der eine Höhe von 20 bis 30 Meter erreicht, ist der schon erwähnte »Flaschenbaum« oder »bottle-tree«. Diese bottle-trees findet man vereinzelt in den Scrubs an sumpfigen Stellen ausgestreut. Ihr Holz ist besonders in der Stammachse von fast schwammiger Beschaffenheit, und es ist deshalb ungemein leicht, sich aus ihnen ein Einbaumboot auszuhöhlen. Auch in unsrer Nähe wuchsen einige Flaschenbäume; sie waren aber sämtlich von so riesigen Dimensionen, daß es unmöglich gewesen wäre, aus ihnen ein kleines, handliches Boot herzustellen. Die zweite Sterculia-Art, die man zum Bootbau benützen kann, ist der sogenannte Kurrajong, Sterculia diversifolia, bedeutend kleiner als der bottle-tree und ohne die flaschenförmige Auftreibung des Stammes. Er wächst vereinzelt an den Flußufern, und einen Kilometer flußaufwärts von meinem Camp fanden wir am Auburn ein gut gewachsenes, allerdings etwas kleines Exemplar, zu dessen Bearbeitung wir uns nach einiger Überlegung entschlossen. Der Baum wurde gefällt, und ein etwas über 2 Meter langes und etwas über einen halben Meter im Durchmesser besitzendes Stück des Stammes zur Bearbeitung ausgewählt. Letztere bestand darin, daß wir den Stamm der Länge nach halbierten und nun aus der Achse des einen Halbcylinders den Holzkern mit Axt und Tomahawk vorsichtig bis nahe zur Rinde herausschälten und nur eine tüchtige Holzplatte vorn und hinten stehen ließen. Da das Ganze immer noch eine Menge Holz enthielt und dieses, so lange es frisch war, ein bedeutendes Gewicht besaß, so ging das Boot anfangs ziemlich tief, und ließ sich nur schwer handhaben. Als später das Holz an den über Wasser befindlichen Partien austrocknete und das Boot dadurch leichter wurde, wurde es auch handlicher. Ebenso ging es mit den Rudern, die wir uns ebenfalls aus Kurrajongholz schnitzten. Als ich im nächsten Jahre am Burnett wieder ein Boot zu hauen hatte, wählte ich einen größeren Kurrajong und machte das Boot erheblich langer und breiter. Auch war ich noch sorgsamer bedacht, alles überflüssige Holz bis nahe zur Rinde, besonders an den Seitenteilen, zu entfernen; das Resultat war denn auch ein viel besseres. Das photographische Portrait des zweiten Bootes sieht man hier nebenstehend. Doch hat uns auch das erste Boot unschätzbare Dienste geleistet, zwar nicht beim Auffinden der Ceratoduseier, wohl aber in der Zeit der großen Flut, die bald über uns hereinbrach.

Da mein Vorrat an Mehl, Tee und Zucker sehr zusammengeschmolzen war, und sich auch das Bedürfnis nach einigen andern Gegenständen für den Lagergebrauch herausgestellt hatte, so mußte ich Dahlke mit der Dray nach Gayndah senden, um uns wieder zu verproviantieren. Am Montag den 5. Oktober brach er auf und kehrte schon nach 5 Tagen von Gayndah zurück. Während dieser Zeit war ich ganz allein und hatte alles für mich selbst zu besorgen. Denn den Schwarzen erlaubte ich immer nur in angemessener Ent-

Zu Seite 92.

Auf der Suche nach Ceratoduslaich im selbstgefertigten Canoe.

fernung von meinem Camp zu lagern, und ihre Hilfe beim Kochen oder bei irgend einer andern Besorgung des häuslichen Lebens konnte ich unmöglich benutzen, weil ihre grenzenlose Unsauberkeit, oder besser gesagt, der gänzliche Mangel jedes Gefühls für Sauberkeit ein näheres Zusammenleben mit ihnen ausschloß. Das Einzige, zu dem ich sie benutzte, war, mir ab und zu tüchtige Portionen Wasser die steilen Ufer vom Fluß hinauf zu tragen. Das Kochen und Brotbacken besorgte ich selbst und hatte nach einigen mißglückten Versuchen bald ausgezeichnete Erfolge.

Gerade um diese Zeit besuchte mich Herr McCord gelegentlich eines Jagdausfluges, mit seinen drei ältesten Kindern. Sie brachten eine Wildente, eine Taube und ein Bändikut mit und machten sich daran, am Flußufer zu angeln, während ich zusammen mit Tephi, der zwölfjährigen ältesten Tochter, das Frühstück für die ganze Gesellschaft kochte. Alles ging gut, nur die Taube, die wir in der Pfanne brieten, fing plötzlich an in ihrer Butter hell zu brennen. Wir löschten rasch aus und kratzten die äußere verkohlte Kruste ab. Als wir aber den Braten auf die Tafel brachten, stellte sich die betrübende Tatsache heraus, daß er außen schon mehr als durchgebraten, innen aber noch ganz roh war. Besseren Erfolg hatten wir mit dem in der Asche gebackenen Bändikut, und das höchste Lob ernteten die Fische, von denen die Kinder nachher ganz begeistert ihrer Mutter erzählten, das Fleisch sei ganz von selbst von den Knochen und Gräten gegangen, so gut könne der Professor kochen. Auch der Browny, von dem ich noch einen tüchtigen Vorrat besaß, fand großen Beifall, und als mich meine Freunde verließen, hatte ich das Bewußtsein, ein neues, großes, wichtiges Gebiet menschlicher Kunstfertigkeit kühn in Angriff genommen und mich zum Meister desselben gemacht zu haben.

Die tiefe Einsamkeit, die mich in jenen Tagen und auch später noch oft genug umgab, wenn Dahlke für längere Zeit abwesend war, oder ich für mich selbst vieltägige Ausflüge unternahm, war mir nicht öde und langweilig, sondern im Gegenteil wohltuend und genußreich. Sie war mir in der Tat etwas ganz neues, denn sie ist auf unsrer Erde schwer zu finden. Auch in der Wüste, auf unbewohnten Inseln pflegt man nicht allein zu sein, sondern hat die Teilnehmer der Karawane, die Mannschaft seines Fahrzeugs um sich; in den tropischen Urwäldern lebt man, wenn man keine Begleiter mit sich hat, unter den Eingeborenen des Landes. Wirkliche Einsamkeit aber bieten die ungeheuren Buschwälder Australiens und zwar unter Bedingungen, die gestatten, daß auch der Einzelne dort ohne Schwierigkeit und Gefahr längere Zeit existieren kann. Eine solche Einsamkeit ist nicht mit der Einsamkeit zu vergleichen, die der der Landessprache unkundige Fremde zuweilen in großen Städten zu erdulden hat, noch weniger mit der schrecklichen Einsamkeit des unglücklichen Gefangenen in der Isolierzelle. Die Waldeinsamkeit war mir zunächst interessant, dann schuf sie mir hier und da trübe Stunden und das Gefühl des Verlassenseins, endlich empfand ich sie als einen neuen, gewaltigen Eindruck, ebenso groß und ebenso stark als das Anschauen und Erleben der buntesten Szenen in der fremdartigen Umgebung ferner Länder und Menschen. Man hat Zeit und Ruhe, über sich selbst nachzudenken, nicht wie man meint sich in den Augen seiner Mitmenschen abzuspiegeln, sondern in seinem Verhältnis zur großen, unbekümmert fortschaffenden, bildenden und vertilgenden Natur. Unter keinen andern Verhältnissen tritt man in ein so inniges, intimes Verhältnis zu dieser, als wenn man wochenlang frei und einsam in ihr lebt, ohne Haus, ohne irgend eine Spur von Kulturtätigkeit um sich zu erblicken, ohne menschliche Gesellschaft. Das Beobachten von Tieren und Pflanzen, das ästhetische Vergnügen, das wir beim Anschauen von Land und Wasser, Fels und Baumschlag haben, ist der einzige Genuß, aber wir empfinden diesen Genuß dann viel stärker und reiner.

Wenn man nach Australien kommt, erscheint einem die Eucalyptusvegetation zunächst mehr fremdartig als schön. Wir sind so sehr gewohnt, an Bäumen besonders das kräftige frische Grün und die reiche und dichte Belaubung zu bewundern. Durch die letztere hebt sich der Baum von Umgebung und Himmel erst schärfer ab, seine Form tritt kräftig hervor und er erhält als Individuum seine charakteristische Ausprägung, Die Schönheit der Eucalypten liegt in andrer Richtung. Fehlt dem Laube auch die Kraft und Frische der Färbung, so gibt das milde sanfte Grün bei niedrigstehender Sonne und im Kontrast gegen eine frischgrüne Grasfläche oder den hellschimmernden Sand des Flußbettes doch reizende Farbeneffekte. Der Wuchs der Bäume ist immer edel und stattlich, zuweilen geradezu gigantisch. Die Schmalheit der Blätter und ihr vertikales Herabhängen läßt die Belaubung aber viel dünner erscheinen als sie wirklich ist. Dadurch wird die Erscheinung des Individuums weniger ausgeprägt und markig. Sie gewinnt aber an Feinheit und Zartheit und erhält eine Durchsichtigkeit, die keiner andern Baumart, die ich kenne, eigen ist, sodaß das Auge, wenn einmal an die Fremdartigkeit gewöhnt, nicht satt wird, die feine Durcharbeitung der Zeichnung zu bewundern. In Europa kenne ich nur drei Baumformen, die etwas

Zu Seite 85.

Wasserleeres Flussbett des Burnett. Auf der Höhe der Uferbank mein Lager.

ähnliches, freilich in schwächerem Maße, bieten: unsre Birken und Weiden im Frühlingskleid und den Ölbaum. Diese sind aber nur winzige Zwerge gegen die riesigen, und doch fein gebauten Gestalten der australischen Eucalypten. Übrigens sieht man auch selten genug einen schön entwickelten, wohl gewachsenen Ölbaum. Nur ausnahmsweise findet man die Eucalypten zu schönen Gruppen vereinigt, und die endlos sich ausdehnende Parklandschaft mit ihren isoliert stehenden Bäumen hat in der Tat etwas monotones. Um so mehr erfreut sich aber dann das Auge am Anblick des Flußufers, an dessen hohen Bänken die schönen blue gums als himmelanstrebende Wachtposten stehen; weithin leuchtet die weiße Rinde des Stammes, und die sanftgrüne Krone läßt das tiefe reine Blau des Himmels in tausend kleinen Flecken und Punkten durchschimmern.

Ebenso eigenartig und reizvoll ist der Anblick des weißschimmernden breiten Flußbettes, an den Rändern umsäumt von dichtstehenden Casuarinen und tea-trees, an vielen Stellen erfüllt von umgestürzten Bäumen, die ihre Wurzeln in phantastischer Weise in die Luft recken.

Das Wasser der Flüsse selbst bildet am Burnett in der Trockenzeit nur an den Stellen ein wesentliches und belebendes Moment der Landschaft, wo sich weitausgedehnte Austiefungen, »Waterholes« befinden. Bei Ideraway hat der Burnett einige malerische Stromschnellen oder Fälle. Großartig wild und schön ist der Anblick des Flusses, wenn er zur Flutzeit sein kilometerbreites Bett erfüllt, und ansteigend und überquellend unter Schäumen dahinrast, mit entwurzelten Bäumen beladen, die Luft weithin mit Brausen erfüllend.

Alle diese Schönheiten sind aber wie gesagt nicht solche, wie sie einem gleich beim ersten Blick aufgehen und wie sie jeden sofort zu Entzücken oder Bewunderung hinreißen, gleich der strahlenden Pracht der süditalienischen Küste, der ernsten Majestät der Hochalpen, dem abwechslungsvollen Reichtum des tropischen Urwaldes. Es bedarf der intimeren Kenntnis, um zum Genuß durchzudringen. Wem das Eigenartige Freude macht, und wer sich nicht verdrießen läßt, das Schöne erst zu suchen, wird manche Perle entdecken. Wer überall dieselben Schönheiten sehen will, die ihm als solche schon in seiner Kindheit vorgestellt sind, und ohne die Eigenschaften des Farbenreichtums und der üppigen Vegetation keine Landschaft als schön gelten lassen will, der wird das Land am Burnett ein »country as utterly uninteresting and monotonous as can well be imagined« finden, wie ein Besucher desselben es tatsächlich getan hat.

Überhaupt hört man vielfach, halb im Scherz halb im Ernst, das arme Australien sehr ungerecht beurteilen. Es sei das Land des Extremen, nichts am rechten Platze: das Klima sei bald zu trocken, bald zu feucht, die Blumen dufteten nicht, die Vögel hätten keinen Gesang, selbst die Schwäne seien schwarz statt weiß. — Aber auch die schwarzen Schwäne sind schön. Das Klima von Süd- und Mittel-Queensland ist das angenehmste und gesundeste der Welt, wenn auch

Stromschnellen des Burnett bei Ideraway.

Dürre und Überschwemmung manchmal dem Herdenbesitzer und Landbauer Sorgen bereiten. Wenn die Melaleucabüsche die Flußufer mit ihren weißen, und die Akazien den Scrub mit ihren gelben Blüten schmücken, dann ist das Land oft weithin mit süßesten Düften erfüllt. Vogelgesang wie den Schlag unsrer Finken, den Gesang unsrer Nachtigallen und Laubsänger hört man allerdings nicht in Australien. Aber ein Vogelkonzert, wie man es an schönen Frühlingstagen bei Sonnenaufgang und Sonnenuntergang an den Ufern eines durch Wald und Wiese dahinströmenden Gebirgsflüßchens in Deutschland hören kann, wird man auch vergeblich an der Küste des tropischen Afrika, in den Wäldern von Ceylon und Java, am Strande des Ganges und der Yumna suchen. Ich wenigstens habe es dort nicht gehört. Und auch in den australischen Buschwäldern wird der Morgen von frohen Vogelstimmen begrüßt; man muß nur eben früh aufstehen, um sie zu hören. Denn die rasch zum Zenith eilende Sonne läßt dieselben früher verstummen, als die Sonne unsrer Breiten.

Wie oft erweckten mich morgens in meinem Zelte die eigentümlichen, lautschallenden Töne des »Leather head«, Tropidorhynchus buceroides, der Ptilotis und andrer Meliphagiden. Von wirklicher Schönheit ist aber der prächtige Frühgesang eines häherartigen Rabenvogels, Gymnorhina tibicen, der mit seinen kräftigen Flötentönen jeden Morgen den schweigenden Busch wiederhallen ließ. Das Gefieder dieses Vogels ist ein kräftiges Schwarz, und die weiße Zeichnung des Nackens und der Flügel- und Schwanzdeckfedern steht mit diesem in einem lebhaften und angenehmen Kontrast. Wie unsre Häher ist er ein dreister, lebhafter Gesell, der den Menschen nicht im geringsten scheut. Seine Nahrung besteht aus Insekten, besonders Grashüpfern und Heuschrecken aller Art; doch greift er auch kleinere Reptilien an und wird der jungen Vogelbrut gefährlich. Der Gesang der einzelnen Vögel ist nach Melodie und Klang kein gleichartiger; es gibt unter ihnen Stümper und es gibt wahre Künstler. Noch heute kann ich mir die Töne ins Gedächtnis zurückrufen, die

Australischer Flötenvogel. Gymnorhina tibicen.

ein besonders begabter Flötenvogel allmorgendlich nahe bei meinem Camp an der Auburnmündung weithin erschallen ließ:

Diese anziehende Melodie, in reinen klangreichen Lauten mit Inbrunst vorgetragen und mit Begeisterung wiederholt, entzückte mich stets von neuem und gewann dem frohen Sänger meine ganze Freundschaft.

Stundenlang nach Sonnenaufgang ließen sich in der Nähe der Flußläufe und stehenden Gewässer die dumpfen Lockrufe langgeschwänzter, fasanenähnlicher Vögel vernehmen, die von den Kolonisten Buschfasanen genannt werden. Meistens halten sich die Tiere auf der Erde im dichten Gras und Gesträuch auf. Aufgescheucht fliegen sie schwerfällig auf einen niedern Baumast und springen von Ast zu Ast in die Höhe, bis sie endlich den Gipfel des Baumes erreichen und abstreichen. Dieser Buschfasan ist aber kein wirklicher Fasan, sondern ein Kuckuck, dessen Ruf allerdings mit unserm Kuckucksruf nicht die geringste Ähnlichkeit hat. Die echten Fasanen fehlen ebenso wie die echten Finken (Fringillidae), die Spechte (Picidae) und die Geier (Vulturidae) der ganzen australischen Region vollständig. Nicht selten und zwar fast nur zur Nachtzeit hört man aber auch wirklichen Kuckucksruf im Busch.

Merkwürdigerweise wird er nicht von einem Kuckuck, sondern von einer Eule, der Kuckuckseule, Spiloglaux boubouk, hervorgebracht. Ein wunderbares Land in der Tat! Die Säugetiere legen Eier, die Kuckucke sehen wie Fasanen aus, und die Eulen rufen Kuckuck.

Nach Sonnenuntergang, zuweilen wenn es schon völlig dunkel geworden war, hörte ich vielfach einen klangvollen, oft sogar schrillen Lockruf. Dahlke behauptete, die Töne rührten von dem australischen Brachvogel (Curlew), Numenius australis, her. Den Vogel selbst habe ich niemals erlegt.

Der eigentümlichste Laut aber, den man vernehmen kann, ist das Höllengelächter, das am Fluß mit solcher Regelmäßigkeit bei Sonnenaufgang und Sonnenuntergang ertönt, wie das Schlagen einer Uhr. Nur spärlich sind bis jetzt die Ansiedlungen der Menschen im Busch verstreut, nur wenige derselben haben eine Kirche, nie habe ich dort eine Turmuhr gesehen oder gehört. Uhr des Kolonisten, »settlers clock«, wird jener Vogel genannt, dessen Lachchor den Tag einleitet und beschließt. Gewöhnlicher noch ist der Name »laughing Jackass«; die wissenschaftliche Benennung ist Paralcyon (Dacelo) gigas.

Der lachende Jackass gehört zur Familie der Eisvögel oder Königsfischer und ist eins der riesigsten Mitglieder derselben. Ungleich den gewöhnlichen Eisvögeln sucht er seine Beute am Lande und nicht durch Stoßtauchen im Wasser. Ebensowenig sah ich übrigens eine andre, am Burnett häufige Eisvogelart: Todirhamphus sanctus seine Beute durch Tauchen gewinnen, während die schön ultramarinblaue Alcyone azurea in ihren Lebensgewohnheiten ganz mit unserem allbekannten europäischen Eisvogel übereinstimmt. Der laughing Jackass ist ein großer Reptilienvertilger, tötet und verzehrt nicht nur Eidechsen und kleine und große ungiftige Schlangen, sondern greift auch mit Mut und Vorsicht die so zahlreichen und gefährlichen Giftschlangen Australiens, die »Schwarzschlange«, Pseudechis porphyriacus, die »Braunschlange«, Diemenia superciliosa und die »Todesotter«, Acanthophis antarctica an und überwältigt sie leicht durch Schläge seines gewaltigen Schnabels. Man verzeiht es ihm deshalb auch, daß er bei Gelegenheit ein unbeschütztes Küken erschnappt, und läßt ihn überall ungeschoren. Er ist ein schlauer beweglicher Vogel, ein

Laughing Jackass, Paralcyon gigas.

Humorist, der die Verrichtungen des Menschen von der hohen Warte eines Eucalyptusbaumes mit Interesse und Überlegenheit verfolgt und gelegentlich mit dem herzlichsten Lachen von der Welt begleitet. Das wirkt ansteckend, ein zweiter, drei, vier, ein Dutzend stimmen ein, und schließlich erfüllt große allgemeine Heiterkeit den stillen Busch, wie man sie sonst nur in einem Parlament oder im Theater beim Vortrage eines beliebten Komikers hören kann.

Herr McCord hatte mich unter anderm auch deshalb aufgesucht, um mir mitzuteilen, daß nunmehr das Mustern in Coonambula beginne, und hatte mich aufgefordert, herüber zu kommen und mir die Sache anzusehen, wenn immer ich Lust hätte. Von dieser freundlichen Einladung machte ich in diesem Monat häufig Gebrauch und hatte auch später noch oft auf verschiedenen Stationen am Burnett Gelegenheit, diese Arbeit des australischen Rinderzüchters kennen zu lernen und mich an derselben selbst zu beteiligen. Ich will dieselbe jetzt hier im Zusammenhang schildern.

Wie schon erwähnt, weiden die Rinderherden auf den verschiedenen Stationen gänzlich frei und unbeaufsichtigt. Bei der ungeheuren Menge des Viehs gibt es kein andres Mittel, um das Eigentumsrecht festzustellen, als die Anbringung eines Zeichens am Körper des Tieres selbst. Deshalb brennt man Rindern, Pferden und Schafen mit dem Glüheisen gewisse Buchstaben in die Haut ein. Die Kombination dieser Buchstaben muß den Behörden mitgeteilt werden, und da jede Station ihr besonderes Zeichen hat, ist leicht festzustellen, wem versprengte, verirrte oder gestohlene Stücke gehören. Diese Kombination von Buchstaben nennt man den »Brand«. So ist der Brand der Station Coonambula 1 CN auf der linken Seite. Außerdem wird noch das Geburtsjahr des Stückes vermerkt, indem man die letzte Ziffer der Jahreszahl: 1 = 1891, 2 = 1892 — mit aufbrennt. Auf Coonambula wird außerdem den Rindern je ein Dreieck aus dem linken Ohr herausgeschnitten, so daß man es den Tieren schon auf weite Entfernungen hin ansehen kann, ob sie zu Coonambula gehören oder zu einer andern Station, die eine andre Ohrmarke hat. Denn da der Brand natürlich nicht erneuert wird, ist er bei manchen Tieren nur schwer sichtbar, besonders zur Zeit, wenn ihr Fell recht langhaarig ist. Die Erkennung durch die Ohrmarke ist dann leichter, wenn auch weniger sicher. Soll in einem Jahre einmal der ganze Bestand an Stücken genau aufgenommen werden, so werden jedem einzelnen Tier, nachdem es notiert worden ist, die Schwanzhaare glatt abgeschnitten, so daß man jederzeit erkennen kann, ob das Stück schon gezählt worden ist oder nicht. Das nennt man »square-tail-muster«.

Die Technik des Musterns ist folgende: In der Umgebung der Station und auch an einigen andern Punkten, so zum Beispiel im Coonambula-Gebiet bei Mundubbera, sind umfangreiche, aus starkem Balkenwerk bestehende Gehege, sogenannte »Yards« hergestellt, die eine größere Anzahl von Rindern, 500—1000 Stück, aufnehmen können. Hierhin werden nun von Tag zu Tag Teile der Herden hineingetrieben und müssen in den Yards ohne Nahrung verweilen, bis sie fertig gemustert sind. Man sucht es deshalb so einzurichten, daß die Tiere höchstens ein bis drei Tage lang in den Yards zu verweilen brauchen.

Als ich zum erstenmal zum Mustern nach Coonambula kam, fiel es mir schon von weitem auf, daß eine gelbe Staubwolke über der Ebene lag, auf der die Station sich befindet, und daß ein dumpfes Getöse die Luft erfüllte. Der Staub wurde aufgewirbelt von vielen Hunderten von Hufen der Rinder, die in den engen Yards eingezwängt ängstlich den Boden aufwühlten und die Luft mit ihrem Gebrüll erfüllten; ein fremdartiger und aufregender Anblick. Zur Vornahme des eigentlichen Musterns wird nun eine gewisse Anzahl Rinder in eine engere Umzäunung getrieben. Aus der kleineren, in der engeren Umzäunung befindlichen Schar werden dann die sämtlichen Kälber, die noch keinen Brand besitzen, auch die einjährigen, die etwa im vorigen Jahre beim Mustern keinen Brand erhalten haben, von den übrigen getrennt und in eine noch engere Umzäunung getrieben. Hier wird ihnen der Brand aufgedrückt, die Ohrmarke ausgeschnitten und alle die männlichen Kälber, die man nicht zur Nachzucht verwenden will, kastriert. Die kleineren Kälber werden einfach von zwei Männern niedergeworfen und an den Beinen festgehalten, während ein dritter seinen Fuß auf die Schulter des am Boden liegenden Tieres stemmt und ihm kräftig den rotglühenden Brand aufdrückt. Ältere und kräftigere Tiere lassen sich nicht so ohne weiteres bewältigen. Man wirft ihnen einen Lasso über den Kopf und läßt sie an diesem durch ein außerhalb der Umzäunung befindliches Pferd an den Zaun heranziehen. Wenn sie dicht an diesem stehen, werden ihnen, ohne daß sie es bemerken, Schlingen von außen her um den rechten Vorder- und Hinterfuß gelegt und beide Schlingen gleichzeitig kräftig angezogen. Auch das kräftigste Rind stürzt dadurch wie vom Blitze getroffen zu Boden und ist dann, wenn die Taue, welche seine Beine fesseln, stramm angezogen werden, gänzlich widerstandslos.

Es ist manchmal keine kleine Arbeit, einen kräftigen jungen Bullen, dem es zwei Jahre hindurch geglückt ist, sich dem Mustern zu entziehen, einzufangen, nieder zu werfen, zu kastrieren und mit der Brandmarke zu versehen. Die Rinder, die halbwild im australischen Busch weiden, gestatten es freiwillig keinem Menschen, sich ihnen zu nähern oder sie gar zu berühren. Bei der Annäherung von Menschen trollen sie sich weg. Da nun ein Pferd flinker ist als ein Rind, kann man sie treiben, wohin man will, und die ganze Kunst des »Stockreitens« beruht eben darauf, einzelne Tiere oder eine ganze Herde

Brandmarken der Kälber in Coonambula.

in einer bestimmten Richtung und an eine gewisse Stelle zu treiben. Merkwürdiger Weise bedient man sich in Australien des Lassos niemals zum Einfangen der sich frei bewegenden Rinder, sondern gebraucht den »headrope« höchstens zum Niederwerfen kräftiger Pferde und Rinder in den Yards.

Noch schwieriger und zeitraubender als das Mustern der Rinder ist das der Pferde, die viel mutiger, lebhafter und vorsichtiger sind als die stumpfsinnigen Rinder, sich auch in den Yards schwerer fangen lassen und sich, einmal gefaßt, besser zu helfen wissen. Außerdem muß man beim Kastrieren der Hengstfüllen vorsichtiger sein, weil das Pferd die Verletzung schwerer verträgt als das Rind, und viel kostbarer ist als das letztere.

Die am Tage gemusterten Stücke werden noch an demselben Nachmittag und Abend nach ihren alten Weideplätzen zurückgebracht. Zunächst treibt man sie zum Fluß oder Creek, wo sie den ihnen so notwendigen Trunk finden, den sie oft 24 Stunden und länger entbehren mußten. Auch gibt man so den Kühen Zeit, ihre Kälber wiederzufinden, so lange die Herde noch beisammen ist. Dann geht es weiter den Weideplätzen zu, oft ein Weg von 30 oder 40 Kilometern. Eine Herde von 500 Stück kann ganz gut von drei oder vier Menschen getrieben werden, zwei treiben von hinten, die beiden andern reiten rechts und links an den Seiten und verhindern, daß einzelne Stücke seitlich ausbrechen, oder die ganze Herde nach einer Seite abschwenkt. Macht ein Rudel einmal eine plötzliche Wendung, so sucht man sie durch Geschrei und Hallorufen abzubringen, und nutzt das nichts, so kommt man ihnen zuvor und galoppiert von der Richtung her, in der sie ausbrechen wollen, direkt in sie hinein. Besonders obstinate Gesellen erhalten wohl auch einen Denkzettel mit der gewaltigen Rinderpeitsche »stockwhip«, deren Schnur eine Länge von 4 bis 5 Metern hat. Übrigens will der Gebrauch dieses Instruments gelernt sein, und der Unkundige kann sich damit selbst sehr empfindliche Züchtigungen erteilen, während der geübte Stockman mit unfehlbarer Sicherheit das Tier, das er strafen will, genau an der Stelle trifft, die er aussucht. Es ist ein lustiges Reiten hinter einer Rinderherde her, das Geschrei des Treibens, das lustige Galoppieren, die Aufmerksamkeit auf die Tiere rechts und links vor einem, endlich das Vergnügen der Pferde selbst an dieser Arbeit, wie sie genau darauf achten, daß kein Rind Dummheiten macht und seitlich ausbricht, und wie der Blitz hinter dem Ausreißer her sind, ohne daß ihr Reiter ihnen die mindeste Ermunterung zu erteilen braucht. Alles das hat einen unbeschreiblichen Reiz und erfüllt mit einer wilden übermütigen Freude.

Natürlich ist die Aufgabe, die Rinder ein oder zwei, höchstens drei Tagereisen von einem Punkt der Pachtung zum andern zu treiben, eine leichte und gar nicht zu vergleichen mit der Schwierigkeit, die die weiten Viehtransporte etwa vom Burnett nach Sydney oder gar noch weiter vom Norden nach Sydney bereiten. 1000 Stück Rinder von Coonambula nach Sydney zu treiben erfordert mindestens zwei Monate. Um die Tiere nicht zu übermüden und ihnen hinreichend

Zeit zum Weiden zu lassen, darf man nur kleine Tagereisen machen und darf das Tempo nicht zu sehr beschleunigen. Nachts wird nicht gewandert, sondern während ein Teil der Treiber schläft, bewacht der andre die Herde und verhindert, daß sie sich fortbegibt oder zerstreut. Bei nächtlichen Gewittern oder Stürmen ergreift jedoch zuweilen die Herden ein panischer Schrecken, zumal wenn sie sich in fremder Gegend befinden, sie rasen dahin, keine Menschengewalt vermag sie aufzuhalten. — Das sind dann schlechte Zeiten für den Führer des Transportes, und wenn es ihm auch gelingt, den größten Teil der versprengten Herde wiederzufinden, so kann er natürlich nicht nach einzelnen Stücken viele Tage lang suchen und muß froh sein, wenn ein solcher Unfall ohne zu große Verluste abläuft. Trotzdem die Arbeit der Treiber bei solchen Rinder- und Pferdetransporten eine recht anstrengende ist, ist sie bei den jungen und unternehmungslustigen Kolonisten sehr beliebt. Man führt ein freies ungebundenes Leben, sieht jeden Tag etwas neues und krönt seine Arbeit durch den Besuch der Großstadt, in der man dann gewöhnlich den Lohn seiner Arbeit rasch verjubelt und an Erfahrungen und Erinnerungen reicher die Rückkehr in den fernen Busch antritt.

Mitte Oktober bemerkte ich mit Freuden, daß ein interessantes Beuteltier, der allen Ansiedlern wohlbekannte Beutelbär, Phascolarctos cinereus, der Brunstzeit nahe war, und ich hoffen durfte, von ihm bald eine gute Entwicklungs-Serie anlegen zu können. Ich entnahm dies sowohl aus der anatomischen Untersuchung, als auch aus den brünstigen Rufen der männlichen Tiere, die man nachts oder auch morgens und abends weithin durch den schweigenden Busch schallen hörte.

Um mich fortdauernd in bequemer Weise mit Material von ausgewachsenen Ceratodus zu versehen, spannte ich eine lange starke Leine von einem Ufer des Auburn zum andern, an einer Stelle, die mir als fischreich bekannt war. An dieser Leine wurden in gewissen Abständen Schnüre mit starken Angelhaken befestigt, lang genug, um ziemlich tief ins Wasser hinein zu hängen. Meistens hatte ich ungefähr 20 solcher Schwebeangeln im Gang, die mit Schnecken, Würmern, Krebsen, Fleisch, am besten aber mit kleinen Fischen beködert wurden. Morgens, mittags und abends wurden die Angeln revidiert, Tiere, die sich etwa gefangen hatten, in Sicherheit gebracht, und die Angelhaken, wenn nötig, neu mit Köder versehen. Auch fischten wir ziemlich viel mit Wurfangeln. Eine an einer langen Schnur befestigte und mit einem tüchtigen Stein beschwerte Angel wird im kräftigen Schwung weit hinaus in den Fluß geworfen und bleibt dort auf dem Grunde liegen, bis entweder ein Fisch gefangen oder der Köder abgefressen ist. Auf diese Weise fingen wir zahlreiche Fische, nicht selten Ceratodus, viele Percoiden und drei Welsarten: den »Jewfish«, Arius australis, und zwei Arten »Catfish«, Copidoglanis tandanus und hyrtlii, die letzteren an Rücken- und Brustflosse mit starken, spitzigen Stacheln versehen, deren Stich bösartige Entzündungen hervorbringen kann. Die Stacheln an der Brustflosse sind sogenannte Sperrstacheln, das heißt sie können aufgerichtet und durch einen eigentümlichen Mechanismus festgestellt, gesperrt werden. Auf diese Weise bilden sie eine vorzügliche Verteidigungswaffe, und man tut gut, den gefangenen Fisch nur mit größter Vorsicht zu handhaben. Großen Schaden taten uns beim Angeln drei Schildkrötenarten, die in den Flüssen des Burnett-Gebiets sehr häufig sind, die beiden Emydura-Arten E. Krefftii und E. latisternum und die langhalsige Chelodina longicollis, die ihren langen Hals nicht gerade unter den Schild zurückziehen kann, sondern ihn im Bogen rechts oder links seitlich unter ihn einklappt. Exemplare von 400 mm Schilddurchmesser waren von letzterer Art am Brunett keine Seltenheit. Diese sämtlichen Schildkrötenarten waren groß darin, uns den Köder von den Angeln zu fressen. Dabei waren sie aber so schlau und geschickt, daß sie sich selten selbst fingen; nur ausnahmsweise kam es vor, daß sie ihre Frechheit mit dem Leben bezahlen mußten. Dahlke behauptete gehört zu haben, daß die Schildkröten Angeln, die mit Schildkrötenfleisch beködert sind, in Ruhe lassen. Wir verwendeten deshalb längere Zeit Schildkrötenfleisch als Köder, wurden aber nach wie vor von den rücksichtslosen, kannibalischen Reptilien bestohlen und fingen hin und wieder Schildkröten mit Schildkrötenfleisch. Unsere Tafel war damals mit Fischen reich besetzt; schade nur, daß sämtliche Fische des Burnett, mit einer einzigen Ausnahme, eine recht geringe Speise darbieten. Diese rühmliche Ausnahme wird gebildet durch eine Meeräschenart, Mugil cunnesius, von den Ansiedlern »Mullet« genannt. Die Schwarzen nennen ihn Ngaria. Der schöne und lebhafte Fisch, der eine Länge von 350 mm erreicht, ist deshalb sehr schwer mit der Angel zu fangen, weil er gewöhnlichen Köder nicht nimmt. In der heißen Jahreszeit aber, wenn der Wasserstand der Flüsse ein sehr niedriger ist, entwickelt sich allenthalben da in den Flüssen, wo die Strömung nicht zu reißend ist, eine reiche Vegetation von Fadenalgen. Die Mullets sind nun rein versessen auf diese Nahrung, weniger wohl um der Algen selbst willen, als wegen der ungemein reichlichen Anhäufung von kleinen Wassertieren, die sich zwischen den Algenfäden aufhalten. Alle die Stellen im Fluß, die wasserreich genug sind, um von den Mullets besucht zu werden, werden von ihnen bald rein geputzt und von Algen gesäubert. Um so üppiger gedeihen letztere in den flachen Stellen, die von den Fischen nicht besucht werden können. Ab und zu reißt aber die Strömung hier einen Algenballen ab und schwemmt ihn den Strom abwärts. Man kann beobachten, daß sich die Fische unterhalb solcher günstiger Stellen in Scharen ansammeln und auf die Brocken warten, die ihnen die Strömung zuführen wird. Stellt man sich nun an einer solchen Stelle auf, und zwar so, daß die Fische einen nicht sehen können — sie bemerken nämlich ganz gut, was über ihnen außerhalb des Wassers vorgeht, und fliehen vor allem den Schatten, den man ins Wasser wirft — und beködert man eine Angel mit einem tüchtigen Algenballen, den man langsam vom flachen ins tiefe Wasser treiben läßt, so kann man beinahe mit jedem Angelwurf einen Fisch fangen. An einer besonders günstigen Stelle fing ich einmal in der Zeit von einer halben Stunde 20 große Mullets und hörte nur auf, weil ich nicht wußte, was ich mit all den Fischen anfangen sollte. Hatten wir keine Algen zur Verfügung, so verschafften wir uns den vortrefflichen Tafelfisch dadurch, daß wir ihn im Wasser mit Schroten schossen. Es ist dies aber gar nicht so einfach, weil man, um einen sichern Schuß zu tun, ziemlich senkrecht von oben in das Wasser schießen muß, und der Fisch einen allzuleicht über sich wahrnimmt. Schießt man in sehr spitzem Winkel in das Wasser hinein, so werden die Schrote zu sehr abgelenkt.

Die Mullets sind übrigens ausgezeichnete Springer. In den Abendstunden schnellen sie sich oft meterhoch aus dem Wasser heraus, scheinbar mehr zum Vergnügen, als um Nachstellungen zu entgehen, oder über dem Wasser schwebende Insekten zu fangen. Es ist deshalb auch schwer, sie in Zugnetzen zu fangen, weil sie über dieselben einfach hinüberspringen. Beunruhigt bringen sie unter Wasser ein eigentümliches knurrendes Geräusch hervor, indem sie gleichzeitig pfeilschnell fortschießen.

Ab und zu wurde auch ein Ceratodus an der Angel gefangen die mit Fleisch oder Weichtieren beködert war, und schon dadurch der Beweis geführt, daß der australische Lungenfisch durchaus kein ausschließlicher Vegetarianer ist, wie man bisher allgemein angenommen hat. Öffnet man nämlich das Tier, so findet man in der Tat seinen ganzen Darmkanal mit grünen Pflanzenteilen, die teils vom Winde in das Wasser geweht, wie Blätter und Eucalyptusblüten, teils direkt im Wasser gewachsen sind, wie gewisse Gräser und echte Wasserpflanzen, prall gefüllt. Da ich nun aber fand, daß Ceratodus so gut an animalischen Köder geht, erschien es mir zweifelhaft, ob jene Pflanzenteile gefressen würden, um selbst verdaut zu werden, oder aber um der zahlreichen Wassertiere willen, Krebse, Würmer, Schnecken, Muscheln und Insektenlarven, die zwischen den Blättern und Zweigen ihr Wesen treiben. Eine Untersuchung des Darminhalts ergab, daß in der Tat jene derben Pflanzenteile überhaupt nicht verdaut werden, sondern den Darm in nahezu unverändertem Zustande verlassen. Sie sind sozusagen nur die Vehikel der eigentlichen Nahrung, die vorwiegend animalischer Natur ist. Ganz zarte grüne Pflanzenteile, wie besonders die grünen

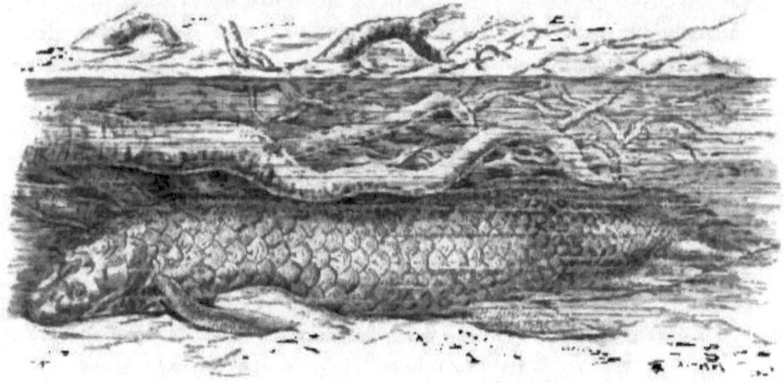

Der Lungenfisch, Ceratodus forsteri.

Fadenalgen, die auch der Mullet so sehr liebt, mögen wohl mit verdaut werden; die festen und widerstandsfähigen Gewebe der höheren Pflanzen sind aber der Verdauung des Ceratodus unzugänglich. Überhaupt fand ich, daß über den Ceratodus viele Irrtümer in der Wissenschaft verbreitet sind, was hauptsächlich auf Verwechslung mit einem andern Fisch zurückzuführen ist. Die Ansiedler nämlich nennen das Tier wegen seines roten Fleisches auch »Burnett-Salmon«, Burnett-Lachs. Nun lebt im nächsten Flußgebiet nördlich vom Burnett, im Fritzroy-Dawson ein Fisch, der mit dem Ceratodus nicht die geringste Ähnlichkeit und Verwandtschaft besitzt, aber von den Ansiedlern Dawson-Salmon genannt wird, weil er wie ein Salm die Fliege nimmt. William Forster, der verdienstvolle Entdecker des australischen Lungenfisches, beging den geringfügigen Irrtum, den Ceratodus als Burnett-

oder Dawson-Salmon zu bezeichnen, und aus dieser einen Verwechslung resultierten nun unzählige andere. Der Dawson-Lachs, dessen wissenschaftlicher Name Osteoglossum leichhardti lautet, wird von den Eingeborenen am Dawson Barramunda genannt. Dieser Name wurde nun auch fälschlicherweise auf Ceratodus übertragen, der nirgends Barramunda heißt; am Burnett wurde er von meinen Leuten Djelleh genannt. Ferner wurde der Fisch für einen Bewohner des Brackwassers ausgegeben, während er im Gegenteil nur im süßen Wasser in gemessener Entfernung vom Einflusse der Flut sich aufhält. Ebenso falsch ist die Angabe, daß er die Fliege nehme, und zu ganz irrigen Vorstellungen gelangte man über seine geographische Verbreitung. Man dehnte dieselbe nämlich bis in den äußersten Norden des australischen Kontinents aus, in Gebiete, die in der Tat von Osteoglossum, nicht aber von Ceratodus bewohnt werden. Die Verbreitung unseres merkwürdigen Fisches ist auf die beiden kleinen Flüsse Burnett und Mary beschränkt. Weder nördlich noch südlich von ihnen kommt er vor, während der Barramunda nicht südlicher geht, als der Dawson-Fluß. Die Wasserscheide zwischen Dawson und Burnett scheidet auch die Verbreitung von Ceratodus und Osteoglossum.

Ceratodus hat in früheren geologischen Perioden die ganze Erde bewohnt, Zahnreste sind von ihm in Europa, Amerika, Asien und Afrika gefunden worden und es ist durch fossile Funde bewiesen, daß er auch einst in Australien viel weitere Verbreitung besessen hat, als heute. Es ist deshalb höchst merkwürdig, daß er sich gerade in den beiden kleinen Flüssen Burnett und Mary erhalten hat, die sich von ihren Nachbarn in Norden und Süden in keiner erkennbaren Weise unterscheiden. Was kann das Aussterben des Fisches in jenen viel bedeutenderen Flüssen veranlaßt, was seine Erhaltung in den kleineren Flüssen Burnett und Mary bedingt haben?

Zunächst können wir an das Auftreten eines Feindes denken, der den Ceratodus in einer Anzahl von Flußgebieten ausgerottet hat. Krokodile finden sich noch im Fitzroy-Dawson, gehen aber nicht weiter südlich und fehlen gänzlich im mittleren Burnett und Mary, der Heimat unseres Tieres. Wir könnten uns also vorstellen, daß Ceratodus, ein ungewöhnlich träger und indolenter Fisch, in den Gewässern nördlich vom Burnett durch Krokodile ausgerottet ist. Dann bleibt aber immer noch sein Fehlen in den Flüssen südlich vom Mary unerklärt, in denen er nachweislich früher vorkam und die weder Krokodile noch einen andern Feind enthalten, der dem großen gepanzerten Dipnoer gefährlich werden konnte. Auch spricht gegen diese Erklärung das gleichzeitige Vorkommen von fossilen Krokodil- und Ceratodus-Resten in den Darling-Downs.

Meiner Ansicht nach ist die Erklärung in anderer Richtung zu suchen, nämlich in der großen Schwierigkeit, die sich der Verbreitung unsers Fisches von einem Flußgebiet in das andre entgegensetzt. Die klimatologischen und physikalischen Verhältnisse Australiens liegen augenblicklich so, daß eine einzige, mehrere Jahre anhaltende Dürre die gesamten im Wasser lebenden Bewohner eines Flußgebietes ausrotten kann und zuweilen auch ausrotten wird. Die wenigsten Flüsse haben in Seen Reservoire, die sie in trocknen Zeiten speisen könnten, ferner bildet das Fehlen der wassersammelnden Moose einen hervorstechenden Zug der Vegetation des australischen Busches. Kommt nun eine trockne Periode, und in der kurzen Geschichte Australiens sind Perioden bekannt, in welchen in manchen sonst regenreichen Gegenden während 3 und 4 Jahre kein Tropfen Regen fiel, so kann ein ganzes Flußgebiet völlig austrocknen, und die Wassertiere desselben werden bis auf solche zu Grunde gehen, die im ausgebildeten oder embryonalen Zustande ein Austrocknen vertragen. — Zu letzeren gehört aber Ceratodus nicht.

Hört die Dürre auf und füllt der Fluß sich mit Wasser, so wird er allmählich von benachbarten Gebieten, die weniger hart durch die Dürre gelitten haben, wieder bevölkert werden. Denn die Dürren sind zwar Erscheinungen, die weite Gebiete heimsuchen, ihre Intensität ist aber fast immer eine lokal wechselnde.

Fassen wir nun die Mittel ins Auge, durch die Fische von einem Flußgebiet in das andre gelangen, so können wir folgende Hauptmittel und Wege der Verbreitung feststellen. Erstens: Übergang von Bewohnern des einen Flußgebietes in das andre im Quellgebiet in Flutzeiten; dies gilt besonders für die Quellgebiete, die sich in Plateaus befinden, und für die seitlichen Zuflüsse nahe der Mündung. Zweitens bildet das Meer längs der Küste ein Straße für das Eindringen derjenigen Flußfische von einem Gebiet in das andre, die sich nicht vor dem Salzwasser scheuen. Drittens kommt für einige wenige Fische (Siluriden, Labyrinthfische) ein direktes Wandern über Land in Betracht. Endlich ist zweifelsohne der Transport der Fischeier durch Wasservögel und Wasserinsekten das Hauptmittel der Verbreitung von einem Flußsystem in das andre. Von so seltenen Vorkommnissen wie dem Transport der Fische durch Stürme und Wirbelwinde kann man füglich absehen.

Alle jene Wege nun, die wir als die wesentlichen für die Verbreitung der Fische von einem Flußgebiet in das andre kennen

7*

gelernt haben, sind dem Ceratodus verschlossen. Er vermeidet die Quellgebiete, hat also viel weniger Aussicht, von dort aus in andre Flußläufe zu gelangen, als andre Fische. Er ist sehr empfindlich gegen Salzwasser; so ist ihm also auch der Weg durch die Flußmündungen in das Meer abgeschnitten. Zum Wandern über Land ist er gänzlich unfähig. Seine Eier endlich sind ganz außerordentlich empfindlich und hinfällig, wie ich tausendfach Gelegenheit hatte mich zu überzeugen. Ein auch nur zeitweiliges Trockenwerden vertragen sie nicht. Wird das Wasser, in dem man die Eier züchtet, zu warm, hat man zu viele Eier in einem Gefäße und entfernt man nicht rasch jedes abgestorbene Ei, so ist ein rapides Absterben die Folge. Dieser Umstand erschwerte meine embryologischen Sammlungen sehr. Jedenfalls erscheint ein Transport der ohnehin sehr großen Ceratoduseier durch Wasservögel oder andre Wassertiere so gut wie ausgeschlossen.

Wird also Ceratodus durch irgend einen Grund — am nächsten liegt es, an eine langdauernde Dürre zu denken — in einem Flußgebiet ausgerottet, so ist es ihm unendlich viel schwerer, von Nachbargebieten wieder in dasselbe einzudringen, als andern Fischen. Hierin dürfte nach meiner Auffassung der Hauptgrund seiner beschränkten Verbreitung in Australien zu suchen sein.

Wahrscheinlich spielt auch eine Abnahme der Wasserreservoirs, die viele Flüsse Queenslands früher in den Seen und Sümpfen der Darling-Downs besessen haben, ein dadurch bedingtes leichteres Austrocknen überhaupt, vielleicht eine Zunahme der Trockenheit des australischen Klimas eine Rolle. Das Überleben des Fisches im Burnett und Mary mag in dem Vorhandensein einiger besonders ausgedehnten Austiefungen dieser beiden Flußläufe, ferner vielleicht im Zusammentreffen glücklicher Umstände seinen Grund haben, das ihr gänzliches Austrocknen seit undenklichen Zeiten verhindert haben mag. Würde heute eine sehr intensive Trockenperiode den Mary-River betreffen und diesen zum gänzlichen Austrocknen bringen, im Burnett aber noch einige Austiefungen gefüllt lassen, so würde der Fisch auf den Burnett beschränkt sein und wahrscheinlich ungemessene Zeit lang bleiben. Würde anderseits heute ein Naturforscher oder Privatmann sich die Mühe nehmen, lebende Exemplare von Ceratodus in den mittleren Lauf des Brisbane-Flusses einzusetzen, so würden dieselben dort zweifelsohne ausgezeichnet fortkommen und bald das ganze Flußsystem bevölkern.

Wie ich schon erwähnt habe, fing ich während meines Aufenthalts am Burnett zahlreiche Exemplare von Ceratodus mit der Grundangel, Setzangel und der Angelrute. Als ich zum zweiten Male in den Distrikt zurückkehrte, brachte ich ein paar große Zugnetze mit und machte verschiedene Fischzüge, ohne jedoch dabei besonders gute Resultate zu erzielen. Die beste Methode, den Fisch zu fangen, haben die Schwarzen, die sich dazu zweier kleiner selbstgefertigter Handnetze bedienen. Das eine wird in die rechte, das andre in die linke Hand genommen und mit ihren halbmondförmigen Rahmen um den Fisch aneinander geklappt. Der Fischer taucht dabei in die Tiefe der Wasserlöcher, da, wo er Ceratodus vermutet, und kundschaftet mit Augen, Händen und Füßen die Position des Fisches aus, der für gewöhnlich bewegungslos auf dem Grunde liegt. Alsdann kommt er meist wieder an die Oberfläche, um Luft zu schöpfen, und taucht zum zweiten Male, um den Fisch vorsichtig in die Netze einzuschließen und mit einem Ruck herauszuheben. Eine derartige Fangart ist natürlich nur bei ganz ungewöhnlich trägen, langsamen, indolenten Fischen möglich und ein solcher ist Ceratodus. Man kann ihn sogar bei einiger Vorsicht unter Wasser berühren, ohne daß er seine Stelle wechselt. Wird er einmal durch die Berührung beunruhigt, so schwimmt er mit einem plötzlichen Ruck eine kurze Strecke weit fort, bleibt dann wieder regungslos liegen und das Spiel wiederholt sich. Er gleicht in dieser Beziehung sehr einem Wassermolch. Bei seiner gewaltigen Kraft gelingt es ihm unter Wasser nicht selten, sich aus dem Netze zu befreien, auch bricht er leicht die Angel; einmal außer Wasser ist er aber ganz hilflos.

Aus dem Umstande, daß ich den Fisch bei Tag und bei Nacht, morgens und abends mit der Angel gefangen habe, schließe ich, daß er weder ein ausgesprochenes Tages- noch Nachttier ist und sich bei seiner Nahrungssuche wenig um die Tageszeiten kümmert. In der Art, wie er die Angel nimmt, ist er außerordentlich launisch; zuweilen wollte wochenlang kein einziger beißen, zuweilen fing man täglich mehrere, einmal bei Beginn einer Regenperiode innerhalb zwei Tage zehn Stück.

Ganz irrig ist die Angabe, daß er ans Land gehe oder auf die aus dem Flusse hervorragenden Baumstämme krieche, um sich zu sonnen. Das sind reine Phantasiegebilde, die nur durch Verwechslung mit andern Geschöpfen entstanden sein können, oder von Leuten herrühren, die den Fisch selbst nicht beobachtet haben. In Wirklichkeit ist Ceratodus außerhalb des Wassers hilfloser als die meisten andern Fische und zu jeder Ortsbewegung unfähig. Es gelingt ihm nicht einmal, sich durch Schläge des Schwanzes eine Strecke weit fortzuschnellen. Die paarigen Flossen des Ceratodus sind viel zu weich und nachgiebig, um den schweren Körper auf dem Lande fortbewegen zu können. Ob diese Flossen gelegentlich im Wasser auf dem Grunde zu Kriechbewegungen benutzt werden, ist noch zweifelhaft. Dagegen besitzen sie neben ihrer Funktion als Ruder- und Steuerorgane auch noch die Aufgabe, den Körper beim Ruhen auf dem Grunde in erhöhter Stellung zu tragen.

Diese Tatsache habe ich nicht während meines Lagerlebens in Australien feststellen können, weil die Beobachtung eines im tiefen Wasser lebenden Fisches in seinem Freileben über manche Fragen überhaupt nicht Auskunft geben kann, und weil die Untersuchung der gefangen gehaltenen Fische durch die primitiven Verhältnisse des Lagerlebens, die Unmöglichkeit sie in großen mit Glaswänden versehenen Behältern zu betrachten, in hohem Maße erschwert war. Bei anatomischer Untersuchung der Flossen fand ich aber die Tatsache, daß sowohl die Brust- als auch die Bauchflossen insofern einen bedeutenden Unterschied, ich möchte sagen Fortschritt gegen die Flossen der übrigen Fische, der Haifische und Rochen, Schmelzschupper und Knochenfische zeigten, als sie einen zweiarmigen, keinen einarmigen Hebel darstellten, oder anders ausgedrückt, daß die Lungenfische nicht nur ein Schulter- und Hüftgelenk besitzen wie die übrigen Fische, sondern auch ein Ellenbogen- und Kniegelenk, worin wiederum eine Annäherung an die höheren Wirbeltiere zu erkennen ist.

Wozu dienen aber diese neuen Gelenke, wenn nicht zur Ortsbewegung auf dem Lande? Zur Beantwortung dieser Frage gelang es mir nachträglich, einiges neues Material zu gewinnen.

Als ich im Oktober des Jahres 1898 hörte, daß im Zoologischen Garten zu London sich gegenwärtig zwei lebende Ceratodus befänden, die gut in der Gefangenschaft fortkämen, empfand ich den lebhaften Wunsch, daß diese vorzügliche Gelegenheit ausgenutzt würde, um in unter günstigen Verhältnissen fortgesetzter Beobachtung näheres über die Biologie des Fisches, besonders über die Funktion seiner paarigen Flossen, zu ermitteln. Auf Bitte von Professor G. B. Howes hin hatte Mr. Arthur Thomson, Headkeeper am Zoologischen Garten zu London, die besondere Güte, nach einem von mir aufgestellten Fragebogen diese Beobachtungen durchzuführen und mir ihre Resultate zur Publikation zur Verfügung zu stellen.

Die beiden Fische wurden in London zunächst in einem Glasaquarium von ungefähr 4 Fuß Länge und 3 Fuß Breite, 2½ Fuß Höhe gehalten, später kamen sie in ein andres, größeres, von 7 Fuß Länge und 5 Fuß Breite. Ein Wasserstrom geht nicht durch die

Behälter. Viel Raum zum Umherschwimmen ist, wie man sieht, für die 890 mm bez. 740 mm langen Tiere nicht vorhanden. Da dieselben gut gefüttert werden, brauchen sie sich auch nicht in der Suche nach Nahrung viel herumzubewegen. Sie werden mit Fischen, Froschschenkeln und rohem Fleisch ernährt, vegetabilische Nahrung erhalten sie nicht und befinden sich wohl dabei. Hierdurch erfahrt der von mir schon früher geführte Nachweis eine neue Bestätigung, daß die Fische sich von animalischer Kost ernähren und die Pflanzenteile, mit denen man den Darm frisch gefangener Tiere stets prall gefüllt findet, nur die Vehikel der eigentlichen Nahrung bilden, und vielleicht, mit Ausnahme ganz zarter grüner Algen, unverdaut den Körper wieder verlassen.

Der Boden des Aquariums ist mit Kies bedeckt, Wasserpflanzen befinden sich nicht auf demselben. Die Temperatur des Wassers wird auf 19—22° gehalten.

Ebenso wie ich die von mir im Freileben beobachteten Fische, bezeichnet Mr. Thomson auch seine Gefangenen als außerordentlich träge. Gewöhnlich liegen sie bewegungslos auf dem Grunde und bewegen sich über denselben nur ganz langsam. Von Zeit zu Zeit — bei den unter den geschilderten Verhältnissen gefangen gehaltenen Fischen in etwa einstündigen Intervallen — steigen sie zur Oberfläche auf, um Luft zu schlucken und sinken dann langsam wieder zu Boden. Nur wenn sie aufgestört werden, schnellen sie sich durch kräftige Schläge mit dem Schwanze fort und schwimmen rasch umher. Diese drei Arten der Bewegung sind auch von mir in ganz ähnlicher Weise bei den freilebenden Fischen beobachtet worden. Mr. Thomson hat nun genau darauf geachtet, wie sich die paarigen Flossen bei diesen drei Arten der Bewegung verhalten.

Bei der langsamen Bewegung über den Grund des Aquariums werden besonders die Brustflossen benutzt. Thomson vergleicht ihre Bewegung mit den Schwebebewegungen einer Fahne in einem sanften Winde. Die Bauchflossen werden dabei nur sehr wenig bewegt.

Wenn der Fisch zur Oberfläche aufsteigt, um Atem zu holen, so bewegt er überhaupt nur die Brustflossen, nicht die Bauchflossen. Nachdem er Luft geschöpft hat, sinkt er langsam, ohne jede Flossenbewegung, wieder auf den Grund. Dieses ganze Gebahren erinnert sehr an das eines frei lebenden oder gefangen gehaltenen Wassermolchs bei der gleichen Gelegenheit.

Bei einer Gelegenheit, früh am Morgen vor Sonnenaufgang, wurde beobachtet, daß das größere Exemplar, ohne jede wahrnehmbare Bewegung, nahe der Oberfläche »schwebte«, und sich erst sinken ließ, als der Beobachter ihn durch seine Annäherung an den Behälter störte. Ähnlich verhält sich ein von Mr. Thomson beobachteter Protopterus. Auch dieser erinnert an das Verhalten eines Molches.

Werden die Fische jäh, durch Berührung mit einem Stock, aufgestört, so schnellen sie sich durch kräftige Schläge mit dem Schwanz fort und schwimmen rasch, vermittels bloßer Schwanzbewegungen, umher, wobei sowohl die Brust- wie die Bauchflossen fest an den Körper angelegt werden. Der erste Teil dieser Beobachtung wurde ebenfalls von mir am frei lebenden Fische gemacht. Auch hier fällt wieder die Ähnlichkeit mit dem Verhalten der Urodelen unter gleichen Verhältnissen auf.

Ein eigentliches Kriechen über den Grund hat Thomson bei den unter den beschriebenen Verhältnissen gehaltenen Ceratodus niemals beobachten können. Doch beschreiben Gray und Parker bei dem afrikanischen Verwandten unseres Fisches Protopterus, und Kerr bei jungen Lepidosiren, einem amerikanischen Vetter des Ceratodus, etwas ähnliches.

Ceratodus forsteri, auf den aufgestemmten paarigen Flossen und dem Schwanze ruhend.

Dagegen konnte Thomson bei Ceratodus eine wichtige Beobachtung machen, die auf die Funktion der Flossen ein neues Licht wirft. Es handelt sich um das Verhalten der Tiere beim Ruhen auf dem Grunde. Thomson konnte drei Ruhestellungen der Fische unterscheiden: entweder die Tiere liegen so auf dem Grunde, daß ihre ganze Unterfläche den Boden berührt, oder aber sie liegen mit leicht aufgerichtetem Vorderkörper, indem sie sich auf die an der Basis vertikal nach abwärts gerichteten Brustflossen stützen, während die Bauchflossen nach hinten gerichtet sind; oder endlich beide Flossenpaare sind nach abwärts aufgestemmt und erheben, zusammen mit dem Schwanze, den Vorderkörper ein bis zwei Centimeter frei über den Boden, wie dies auf der beistehenden Abbildung dargestellt ist. Die der Zinkätzung zu Grunde liegende Zeichnung ist von Herrn A. Giltsch nach einer Skizze angefertigt worden, die Herr A. Thomson nach dem Leben entworfen hat.

Wenn Gray für Protopterus angibt: »The limbs are used to support the animal some height above the surface of the gravel, when it is at rest«, so darf man aus dieser beiläufigen Bemerkung wohl mit Sicherheit schließen, daß bei Protopterus ein ganz ähnliches Verhalten vorliegt wie bei Ceratodus, und daß wahrscheinlich auch bei ersterem alle drei Ruhestellungen vorkommen werden, die Thomson bei Ceratodus beobachtet hat. Thomson selbst konnte bei seinem verkümmerten Exemplar von Protopterus kein Ruhen auf den aufgestemmten Flossen beobachten, aber dieser Ausfall ist sicherlich auf die Kränklichkeit und Schwäche des betreffenden Tieres zurückzuführen.

Über den Zweck der Ruhestellung der Dipnoer mit aufgestemmten Flossen und infolgedessen leicht über den Boden erhobenem Vorderkörper lassen sich verschiedene Vermutungen äußern. Es ist klar, daß dadurch ein zu tiefes Einsinken des Körpers, besonders des Kopfes in den weichen Schlamm der Flüsse verhütet werden kann, so daß der Fisch auch beim Ruhen in der Lage ist, einen fetten Bissen, der im langsam fließenden Wasser in seiner Nähe vorbeischwimmt, vorbeikriecht oder vorbeigetrieben wird, wahrzunehmen und zu erschnappen.

Aber welches auch immer die biologische Bedeutung dieser eigentümlichen Ruhestellung sei, ungemein wichtig ist der durch ihre Beobachtung erbrachte Nachweis, daß die Extremitäten der Dipnoer zum Teil schon im Begriff stehen, sich neuen Funktionen anzupassen, Funktionen, die wir sonst in der Regel nur von den Extremitäten der höheren Wirbeltiere ausgeübt sehen. Es ist dies die Funktion, den Körper in der Ruhe tragen zu helfen, und zwar nach Belieben in einiger Höhe über die Unterlage erhoben.

Ein Irrtum, der sich von Beginn unserer Kenntnis über Ceratodus an durch die ganze Litteratur schleppt, ist die Vorstellung, daß sich der Fisch während der Trockenperiode in den Schlamm eingrabe. Ceratodus besitzt, wie schon erwähnt, einen Verwandten im tropischen Afrika, der mit seinem wissenschaftlichen Namen Protopterus annectens genannt wird. Von diesem Fische ist seit lange bekannt, daß er sich in der trocknen Jahreszeit in den Schlamm verkriecht und aus Schlamm und eigenem Schleim eine Art Kokon bildet. So vor gänzlichem Austrocknen geschützt, kann er ungefährdet die Trockenperiode überdauern, bis die Feuchtigkeit der Regenzeit seinen Kokon auflöst und ihn aus seinem Sommerschlafe erweckt. Als Krefft, der erste Beschreiber des Ceratodus, den Fisch untersuchte, erkannte er sofort seine nahe Verwandtschaft mit Protopterus und sprach die

Vermutung aus, der neuentdeckte australische Lungenfisch möge sich vielleicht ebenso in den Schlamm vergraben, um die Trockenzeit im Kokon zu verbringen, wie sein afrikanischer Verwandter. Was er als Vermutung aussprach, wurde dann später als positive Tatsache wiederholt.

Als ich an den Burnett kam, suchte ich natürlich näheres über Sommerschlaf, Eingraben in den Schlamm und Kokonbildung in Erfahrung zu bringen. Lag doch in der Tat bei dem häufigen Eintrocknen der australischen Flüsse der Gedanke an ein analoges Verhalten, wie der Protopterus es zeigt, sehr nahe. Das Resultat meiner Nachfrage war aber ein ganz negatives, und auf Grund meiner eignen Beobachtungen und Experimente muß ich das Vorkommen eines Sommerschlafs bei Ceratodus und Kokonbildung irgend einer Art auf das entschiedenste in Abrede stellen.

Man kann das Tier das ganze Jahr im Fluß mit Netz und Angel fangen. Die Zeit des niedrigsten Wasserstandes im Burnett fällt normalerweise in das Ende der Trockenzeit, gerade in diese Zeit fällt aber die Laichzeit der meisten Ceratodus, die natürlich nicht gleichzeitig sommerschlafen und sich fortpflanzen können. Da noch niemals Kokons von Ceratodus aufgefunden worden sind und es sicher ist, daß solche Gebilde den geschärften Sinnen der Schwarzen nicht völlig entgangen sein würden, so ist von ihnen ganz abzusehen.

Nun ist, wie schon früher erwähnt, Ceratodus ein Vertreter der beinahe ausgestorbenen Klasse der Lungenfische oder Dipnoër, das heißt von Fischen, die zwar noch Kiemen besitzen und durch diese atmen, wie die übrigen Fische, deren Schwimmblase aber schon ihrem Bau und ihrer Gefäßversorgung nach in eine Art Lunge umgewandelt ist. Wozu gebraucht nun Ceratodus diese Lunge, wenn er nicht ans Land geht und auch in der trocknen Jahreszeit nicht gezwungen ist, sich an ganz andre Lebensbedingungen, Aufenthalt und Atmen im Kokon wie Protopterus anzupassen? Daß auch Ceratodus seine Lunge wirklich als Atmungsorgan benutzt, konnte ich hundertfach beobachten. An den Stellen des Flusses, wo der Fisch sich aufhält, hört man ganz regelmäßig ab und zu ein dumpfes, stöhnendes Grunzen. Es rührt dies von unserm Fisch her, der von Zeit zu Zeit an die Oberfläche kommt, um die in seiner Schwimmblase befindliche Luft zu entleeren und neue aufzunehmen. Daß es in der Tat Ceratodus ist, der dieses eigentümliche Geräusch hervorbringt, davon konnte ich mich leicht überzeugen, als ich die Tiere lebend in großen Kübeln oder in selbstgegrabenen Lachen hielt. Ich sah, daß sie etwa alle 30—40 Minuten an die Oberfläche kamen und die

Schnauzenspitze aus dem Wasser erhoben, wobei jenes eigentümliche stöhnende Geräusch ausgestoßen wurde. Ich vermochte nicht zu zu entscheiden, ob das Geräusch durch das Ausstoßen der alten oder das Einziehen der neuen Luft verursacht wurde, und wie und wo es zu stande kommt.

Gleichzeitig mit dieser Lungenatmung bedient sich Ceratodus auch der gewöhnlichen Kiemenatmung der Fische und ist keineswegs im stande im Trocknen zu existieren. Legt man ihn an das Land, so daß er nicht zurück ins Wasser kann, so trocknen die Kiemen ein, und das Tier geht bald zu Grunde. Dennoch hat die Lungenatmung eine große Bedeutung für den Fisch und zwar in der Trockenperiode. Wenn in dieser nämlich der Fluß auf weite Strecken hin eintrocknet, und sich nur einige tiefe Wasserlöcher erhalten, deren Dimensionen dabei natürlich auch sehr reduziert werden, so findet in diesen letzten Zufluchtsstätten eine kolossale Anhäufung der wasserbewohnenden Bevölkerung statt. Massenhaft sterben dann die Fische infolge der Verschlechterung des Wassers durch faulende vegetabilische und animalische Substanzen ab.

Herr W. B. Maltby von Gayndah erzählte mir, daß er in einem sehr trocknen Jahre einmal ein großes, aber nicht sehr tiefes Wasserloch, das dem Austrocknen nahe war, ausgefischt habe. Das übrig gebliebene Wasser war erfüllt mit abgestorbenen Barschen, Mullets und andern Flußfischen. Die Fischleichen verpesteten das Wasser; einige Ceratodus aber, die sich in diesem Gewässer befanden, waren völlig frisch und lebenskräftig und zeigten keine Spur davon, daß sie sich in einem für wasseratmende Tiere höchst ungesunden Aufenthaltsort befanden.

Hier kommen wir auf den Ausgangspunkt der Lungenatmung des Ceratodus. Sie dient ihm nicht auf dem Lande, nicht während des Sommerschlafs im Schlamme oder in Kokons, sondern sie ist für ihn das einzige Hilfsmittel, die in trockenen Zeiten für Kiemenatmung oft sehr ungünstigen Verhältnisse seiner einheimischen Gewässer zu überstehen.

Die Fischerei brachte etwas Abwechslung in mein Leben, obwohl sie nicht weiter dazu beitrug, mich meinem eigentlichen Ziele, der Erlangung von entwicklungsgeschichtlichem Material, näher zu bringen. Ende Oktober machte ich eine kurze Reise nach Gayndah, indem ich allein dorthin ritt und Dahlke mit den Schwarzen im Camp ließ. Hauptzweck meines dortigen Aufenthalts war die Reparatur meiner photographischen Camera, die ich von Europa mitgebracht hatte, und die schon jetzt nach vier Monaten völlig unbrauchbar geworden war. Ich will den Namen ihres Erfinders nicht nennen, um demselben nicht zu schaden; denn unter europäischen Verhältnissen mag eine derartige Detective-Camera, oder wie sie sonst heißen mag, ganz brauchbar sein. Für eine Reise in die Tropen aber sind alle solche leichten Konstruktionen wertlos, und der Reisende sollte nur das allervorzüglichste Material mitnehmen, wenn er nutzlosen Zeit- und Kostenaufwand vermeiden und sich Enttäuschungen und Ärger ersparen will.

n Gayndah revidierte ich zusammen mit dem Grobschmied W. Harmer meine Camera und fand, daß meine schlechten Resultate lediglich der mangelhaften Ausführung des Apparats zuzuschreiben waren. Herr Harmer wurde allgemein als ein »handy man«, ein geschickter Mann, bezeichnet, ein großes Kompliment in Australien, wo ein jeder seine Hände unendlich mehr als bei uns zu gebrauchen versteht. An ihn wandten sich auch alle Ansiedler in besonders schwierigen Fällen. Er war nicht nur Grobschmied, sondern verstand es auch Instrumente aller Art anzufertigen und zu reparieren. Er flickte die Wagen und Postkutschen, wenn sie bei ihren kühnen Fahrten über Stock und Stein halb oder ganz zertrümmert im Busch liegen blieben, er reparierte Uhren, und er war auch der Photograph der Gegend. An das Krankenbett meiner Camera gerufen, schüttelte er bedenklich den Kopf und stellte bei der schwachen Konstitution der Patientin eine ungünstige Prognose auf gänzliche Wiederherstellung und dauerhafte Gesundheit. Für mich war das sehr fatal, denn woher sollte ich hier in absehbarer Zeit einen Ersatz hernehmen, und wie schade war es anderseits, die merkwürdigen Landschaftsbilder und die Szenen aus Menschen- und Tierleben, die sich vor meinen Augen abspielten, nicht im Bild festhalten zu können. Indes tat Harmer sein Bestes, und ich konnte nach einigen Tagen mit einem leidlich brauchbaren Apparat den Heimritt in mein Camp antreten.

Wenige Tage nach meiner Rückkehr ereignete sich dort ein ziemlich unangenehmer Vorfall. Ich habe schon früher beschrieben, daß man die Pferde mit zusammengekoppelten Vorderbeinen im Busch weiden läßt. Dieses Verfahren hatten auch wir lange Zeit angewendet. Die Pferde entfernten sich niemals weit von der Stelle unsres Lagers und kamen immer wieder dorthin zurück. Augenscheinlich behagte ihnen die Weide an dieser Stelle. Ja eines unsrer Pferde feierte sogar Mutterfreuden; Nelly, die alte Stute Dahlkes, schenkte einem hübschen und kräftigen Hengstfüllen das Leben. Wir tauften es Starlight, nach dem Helden eines australischen Buschräuber-Romans, der damals viel gelesen wurde. Da unsere Pferde sehr gut eingewöhnt waren, nahmen wir ihnen endlich die Hobbles ab, um sie freier und ungehinderter weiden zu lassen.

Im Oktober war mehrfach starker Gewitterregen gefallen, die Weide wurde grün und fett, und unsere Pferde standen bald gut im Futter, und wenn man auch nicht sagen kann, daß der Hafer sie zu stechen begann, da sie keinen bekamen, so wurden doch besonders die Lastpferde durch gute Nahrung und süßes Nichtstun zu allerlei Dummheiten angeregt. Unsre Reitpferde hatten nicht so gute Tage. Ich bemerkte nun eines Tags, daß zwei der Lastpferde zu verschiedenen Malen den Fluß überschritten und sich weidend langsam in nördlicher Richtung zu entfernen begannen. Ich trieb sie jedesmal wieder zurück, aber weder Dahlke, dem ich meine Beobachtung mitteilte, noch ich selber vermuteten, daß die Pferde sich mit weitergehenden Plänen trügen. Am nächsten Morgen sahen wir keins von unsern Pferden, was uns nicht weiter auffiel, weil sie in einem Umkreis von mehreren Kilometern von unserm Camp zu weiden pflegten. Am Nachmittag holte ich mir mein Pferd, um einen Ausritt zu machen, ich fand bald die ganze Gesellschaft wie gewöhnlich beisammen, vermißte aber die beiden Zugpferde, die gestern so beharrlich versucht hatten, den Fluß zu überschreiten. Ich durchstreifte die ganze Gegend in der Nähe des Lagers und konnte nirgends eine Spur von den beiden entdecken. Ich rief Dahlke, dem die Pferde gehörten und der ihretwegen ziemlich unruhig wurde; auch er suchte ohne Erfolg. Etwa drei Stunden vor Sonnenuntergang kam Frank zurück, der angeblich im Scrub Echidna gesucht und wie gewöhnlich nichts gefunden hatte. Wir sendeten ihn sofort nach den Pferden und sagten ihm, daß sie wahrscheinlich nachts über den Fluß gegangen und sich nordwärts entfernt hätten. Frank ritt ihnen nach und fand nach kurzem Suchen die Spuren der beiden Ausreißer; er folgte ihnen eine lange Strecke, wie er behauptete, etwa 10 Kilometer, bis zu einer Stelle, wo sich die beiden getrennt hatten, und nun jedes für sich weidend weiter gezogen waren. Das merkwürdige bei dieser Sache war nämlich, daß die beiden Flüchtlinge für gewöhnlich untereinander nicht besonders gute Kameraden waren, und sich nur zu diesem Geniestreich vereinigt hatten. Da es zu dunkel wurde, um den Pferden weiter zu folgen, so kehrte Frank an diesem Abend unverrichteter Sache zurück. Abends stand wieder ein Gewitter am Himmel und Dahlke beobachtete die Wolken mit ängstlichen Augen. Ein starker langandauernder Regen hätte die Spuren ganz verwischt und die Möglichkeit, den flüchtigen Tieren auf der Spur zu folgen, zu nichte gemacht. Nun war ja allerdings die Gefahr, die Tiere hier in dieser Gegend, wo wir uns befanden, zu verlieren, nicht sehr groß; es gab nämlich überhaupt nicht viele verwilderte Pferde im Gebiet von Coonambula und besonders nicht in diesen Teilen der Pachtung. Hätten wir uns in den Berggegenden östlich vom Boyne aufgehalten, wo ich später lange verweilte, so wäre die Sache ganz anders gewesen. Die Hauptgefahr nämlich, ein Pferd ganz zu verlieren, besteht darin, daß sich dasselbe einer Herde verwilderter Pferde anschließt und damit gewöhnlich seinem Besitzer endgültig verloren ist.

Das verwilderte Pferd, in Australien »Bromby« genannt, ist außerordentlich scheu und vorsichtig, es äugt und wittert sehr scharf und ist entflohen, wenn es die Annäherung von Menschen auch nur von ferne wahrnimmt. Setzt sich ein Bromby in Bewegung, so flieht die ganze Herde und ihnen folgen auch die zahmen Pferde, die zufällig in ihre Gesellschaft geraten sind. Auf diese Weise tun die Bromby viel Schaden, indem sie die zahmen Pferde, die sich zu ihnen schlagen, wild machen. Die Squatter verfolgen sie daher und vernichten sie, wo sie können. Gelingt es, die Bromby zu fangen, so kann man selbst ältere Tiere noch zähmen, indem ein fermer Reiter sich auf ihren Rücken setzt und sie zureitet, ganz ebenso wie irgend einen andern australischen »Buckjumper«. Bei ihrer großen Vorsicht und Flüchtigkeit ist es aber ein mühevolles und oft fruchtloses Beginnen, sie fangen zu wollen. Man sucht sie dazu in abgesteckte Reviere und schließlich in Umzäunungen zu treiben. Für gewöhnlich ziehen die Squatter es vor, sie einfach abzuschießen. Ganz ähnlich wie mit den verwilderten Pferden, verhält es sich mit den verwilderten Rindern. Auch ihnen ist schwer beizukommen, weil sie sich in die unwegsamsten Gebirgszüge und Scrubs zurückziehen, sobald sie nur entfernt die Annäherung des Menschen merken. Man nennt sie deshalb allgemein »Scrubber«. Auch sie tun Schaden dadurch, daß sie zahmes Vieh wild machen; wenn es in ihre Gesellschaft kommt; auch ihre Vernichtung wird deshalb von den Squattern erstrebt.

Am nächsten Tage brachte Frank das eine, am folgenden das andre entflohene Pferd zurück. Letzteres, ein junges, sehr kräftiges Zugpferd von verhältnismäßig hohem Werte, hatte sich fast 30 Kilometer vom Camp entfernt.

Fünftes Kapitel.

Der Abzug der Schwarzen.

Ich kann hier nicht alle meine Erlebnisse im Auburn-Camp schildern. Meine Sammlung nahm im allgemeinen einen guten Fortgang. Zahlreiche kleinere Beobachtungen werde ich späterhin berichten, wenn ich im Zusammenhang über die betreffenden Fragen zu sprechen habe. Am 4. November sagte ich zu Frank, er solle doch wieder einmal das große »Waterhole« nahe der Mündung des Boyne absuchen, wo wir zuerst große Mengen von Wasserpflanzen gefunden, das wir aber seitdem immer vergeblich nach Ceratoduslaich revidiert hatten. Es war nahe an Sonnenuntergang, als Frank atemlos zurückkehrte und mir in einem kleinen Gefäß drei von einer Gallerthülle umgebene Eier brachte, die er mit Bestimmtheit für Ceratoduseier erklärte. Das war ein großartiger Fund, wenn er sich als echt erwies. Frank behauptete das zwar mit großem Eifer, aber nach zahlreichen Erfahrungen, die ich mit ihm gemacht hatte, traute ich ihm nicht ganz. Am nächsten Morgen zog ich mit sämtlichen Schwarzen an die Stelle, wo Frank seine drei angeblichen Ceratoduseier gefunden hatte, und nun begann ein allgemeines Suchen. Die Lufttemperatur war jetzt im November eine hohe, und auch das Wasser war angenehm lau, so daß selbst die Schwarzen einen längeren Aufenthalt in demselben nicht mehr scheuten.

Die Methode des Suchens war die, daß man in das Wasser hineinging und vorsichtig eine möglichst große Menge von Wasserpflanzen, besonders Lepilaena und die der Elodea ähnliche Hydrilla verticillata zusammenraffte und damit an das Ufer oder an einen im Wasser liegenden Baumstamm heranwatete. Hier wurde die Last niedergelegt und sorgfältig Stengel für Stengel, Blatt für Blatt, durchgesehen, ob sich irgendwo zwischen dem Gewirr eines der Eier befände. Dieselben werden nämlich einzeln lose zwischen die

Wasserpflanzen abgelegt, nicht wie die Eier der Wassermolche an Blätter festgeklebt oder wie die Eier der Frösche und Kröten zu zusammenhängenden Klumpen oder Schnüren vereinigt. Man muß deshalb beim Herausheben der Pflanzen, beim Transport derselben an das Ufer und beim Durchsuchen sehr vorsichtig sein, sonst gleiten die einzelnen Eier zwischen den Blättern und Stengeln durch und sind verloren. Trotzdem wir 20 Menschen den ganzen Tag über eifrig suchten, wurden zusammen nur 23 Stück Eier gefunden, ein recht erbärmliches Resultat, wenn ich damit meine Erfahrungen im nächsten Jahre vergleiche. Zweifellos rührte aller Laich, den wir an diesem und am folgenden Tage an dieser Stelle fanden, von einem einzelnen Weibchen her, das hier täglich eine gewisse Menge Eier absetzte. Daß es sich wirklich um Ceratoduslaich handelte, konnte ich schon an diesem Tage feststellen, als ich nach meiner Rückkehr in das Lager einige der Eier, die größere Embryonen enthielten, genau untersuchte.

Der Durchmesser der Eier mitsamt ihren kugelrunden Gallerthüllen beträgt durchschnittlich $6^1/_2$ bis 7 mm; individuelle Verschiedenheiten in der Größe sind nicht selten. Sehr bedeutende Schwankungen zeigen auch die eigentlichen aus ihrer Hülle herauspräparierten Eier; ihr Durchmesser beträgt durchschnittlich 3 mm. In ihrem Aussehen erinnern die Eier außerordentlich an diejenigen unserer Amphibien, nur daß sie erheblich größer sind, als die der meisten europäischen Frösche, Kröten und Molche. Die Gallerthülle ist klar und durchscheinend und gewöhnlich nicht von grünen Algen überzogen, so daß man niemals schwimmenden Ceratoduslaich findet. Denn bekanntlich rührt das Schwimmen des Froschlaichs von der Sauerstoffausscheidung der ihn überziehenden Algen her. Die Farbe der in der Hülle eingeschlossenen Eier ist eine graugrünliche. Die eine Eihälfte ist durch stärkere Pigmentanhäufung dunkler gefärbt als die andere, ein Verhältnis, wie wir es ganz ähnlich beim Amphibienlaich beobachten. Auch das Ceratodusei kehrt den stärker pigmentierten Pol stets nach oben. Derselbe wird aus entwicklungsgeschichtlichen Gründen als der animale Pol bezeichnet.

Die gefundenen Eier repräsentierten verschiedene Entwicklungsstadien des Tieres, so daß hieraus schon hervorging, daß sie zu verschiedener Zeit abgelegt worden waren. Am nächsten Tag wurde wieder eifrigst von Jung und Alt nach den Eiern gesucht, und 31 Stück erbeutet, darunter befanden sich zwei, deren Embryonen dem Ausschlupfen ganz nahe waren. Es machte mir große Mühe,

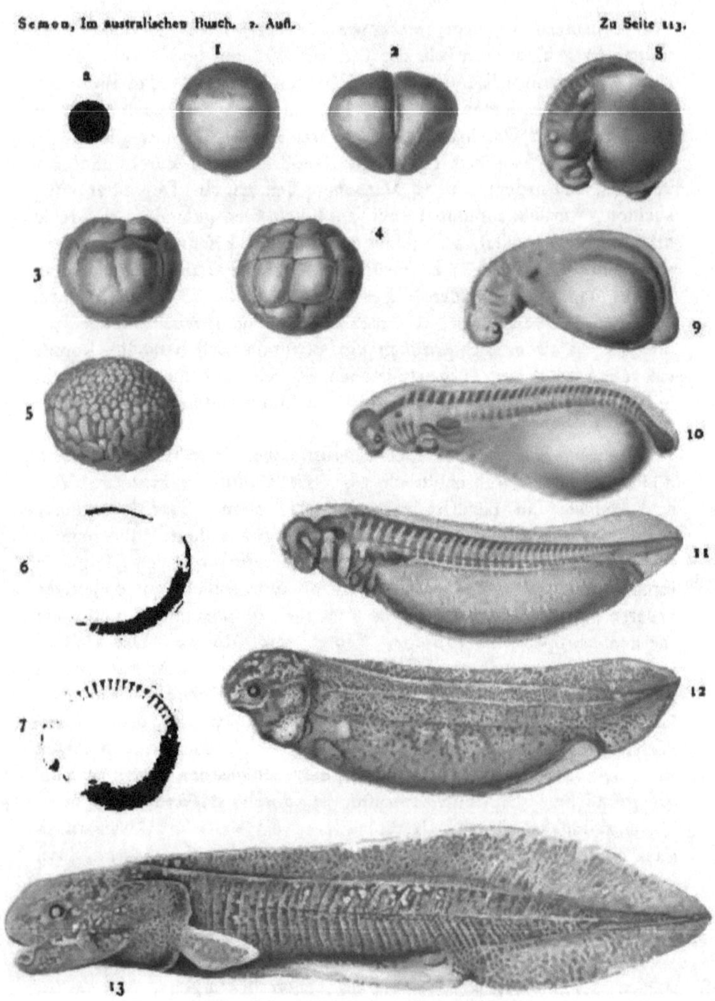

Entwickelung des Ceratodus forsteri.

a Ei in Gallerthülle in natürlicher Grösse; 1—13 Aufeinanderfolgende Entwickelungsstadien, vergrössert.

die Eier, besonders die jüngsten Stadien von ihrer Gallerthülle zu befreien, ohne den Inhalt zu verletzen. Von dem erbeuteten Material wurde anfangs immer ein großer Prozentsatz bei diesen Versuchen zerstört. Schließlich bediente ich mich einer zweckmäßigen Methode, die darin bestand, zunächst das Ei mit seiner Gallerthülle auf mehrere Stunden in eine konservierende Flüssigkeit zu legen. Nachdem das Innere hart und widerstandsfähig geworden war, die Hülle aber ihre Elastizität verloren hatte, gelang es dann, die letztere abzustreifen, ohne das Ei zu beschädigen.

Ich machte in diesen Tagen zahlreiche Skizzen von dem lebenden und konservierten Material und erkannte sofort die große Übereinstimmung, die dieser Fisch in seiner ganzen Entwicklung mit den Amphibien besitzt. Er zeigt in dieser Beziehung viel mehr Übereinstimmung mit letzteren als mit andern Fischen. Dadurch wird die schon aus der vergleichend-anatomischen Untersuchung des ausgewachsenen Tieres geschöpfte Anschauung bestätigt, daß wir in der Dipnoer-Klasse, deren typischster Repräsentant Ceratodus ist, eine Art Übergangsglied, ein »missing link« zwischen Amphibien und Fischen zu erblicken haben. Die genauere Ausarbeitung des Gegenstandes, die ich seit meiner Rückkehr unternommen und nach verschiedenen Richtungen hin bereits zum Abschluß gebracht habe, hat diese Anschauung nur weiter bestätigt. Von besonderem Interesse war es auch, die Entwicklung der Flosse unseres Tieres zu verfolgen, weil es durch die Untersuchungen von Gegenbaur wahrscheinlich gemacht worden ist, daß die fünfzehige Extremität der höheren Wirbeltiere, Amphibien, Reptilien und Säugetiere, von einer Fischflosse abzuleiten ist, deren reinsten am wenigsten veränderten Typus wir bei Ceratodus wiederfinden. Zum Unglück beginnt die Entwicklung der Flosse bei diesem Tiere erst verhältnismäßig spät, wenn der übrige Körper schon in seiner Ausbildung weit vorgeschritten ist. Erst 2 Wochen nach dem Ausschlüpfen aus der Eihülle zeigt sich die erste Spur der Brustflosse, erst 6 Wochen nach dem Ausschlüpfen diejenige der Bauchflosse. Da es mir nun niemals gelang, die jungen Fischchen selbst zu fangen, sondern immer nur die in der Eihülle eingeschlossenen Stadien, so durfte ich nicht alles gefundene Material sofort in dem Zustande, wie ich es fand, konservieren, sondern ich mußte einen Teil der Embryonen in kleinen Gefäßen weiter züchten. Augenblicklich, wo ich nur sehr spärliches Material besaß, gelang mir die Aufzucht nur bei ganz wenigen Exemplaren.

Ich machte in den nächsten Tagen die größten Anstrengungen, reichlicheres Material zu finden, denn unsre bisherige Quelle an der

Mündung des Boyne wollte durchaus nicht reichlicher fließen und lieferte trotz aller Bemühungen durchschnittlich nicht mehr als 20 Eier täglich. Noch immer war ich damals der Ansicht, daß die Laichzeit eben erst beginne. Ich verbot den Schwarzen aufs strengste, irgend einen ausgewachsenen Ceratodus zu dieser Zeit zu fangen, besonders an dem Platze, an dem wir die Eier fanden. Am Sonntag, den 8. November, konnten die Schwarzen aber der Versuchung nicht widerstehen, sondern fischten ohne mein Wissen an der betreffenden Stelle nach den Tieren, die sie schon seit längerer Zeit bei ihrem Suchen nach den Eiern beobachtet hatten, und fingen drei starke Männchen und ein großes Weibchen, das noch eine ziemliche Menge Laich enthielt. Von diesem Tage an begann meine Quelle allmählich ganz zu versiegen; junge eben abgelegte Eier wurden gar nicht mehr gefunden, nur noch ältere, schon vor längerer Zeit abgelegte, und schließlich gar keine mehr. Als ich die Schwarzen fort und fort zu eifrigem Suchen antrieb, sagte mir einmal eine der Frauen: »Was sollen wir denn noch länger nach den Eiern suchen; man hat ja die Mutter getötet.« Auf diese Weise erfuhr ich, was die Schwarzen gegen mein Verbot angestellt hatten, und all mein nachträglicher Zorn konnte nichts mehr nützen. Es ist mir unzweifelhaft, daß die schwarze Frau mit ihrer Behauptung Recht hatte. Alle die dort gefundenen Eier rührten von dem einen am 8. November getöteten Weibchen her und waren von demselben Tag für Tag in einer gewissen Anzahl über einen ziemlich weiten Umkreis hin abgelegt worden. Jimmy hatte die Fische einmal beobachtet, wie sie in größerer Anzahl zwischen den Wasserpflanzen gleichsam spielend umherstrichen, in einer Weise, wie man sie sonst bei diesen Fischen niemals beobachten kann. Höchstwahrscheinlich war damals das Weibchen gefolgt von mehreren Männchen mit der Eiablage beschäftigt gewesen.

Unsere Erfahrungen an den Amphibien haben uns gelehrt, daß Eier, die von einer im Wasser aufquellenden Gallerthülle umgeben sind, vor dem Quellen der Hülle befruchtet werden müssen, also ehe sie mit dem Wasser in Berührung kommen. Die Befruchtung muß deshalb im Eileiter selbst erfolgen, wie bei den Molchen und vielen andern geschwänzten Lurchen, oder im Momente des Austritts wie bei den Fröschen und Kröten Ich konnte nicht mit Sicherheit feststellen, wie der eigentliche Befruchtungsakt bei Ceratodus vor sich geht. Aus einer Reihe von Gründen aber, die ich an dieser Stelle nicht näher aufzählen will, scheint mir eine innere Befruchtung der Eier durch einen Kopulationsakt, oder durch stellvertretende

Vorgänge, wie wir sie bei den Schwanzlurchen beobachten, am wahrscheinlichsten.

Herr McCord hatte mir mitgeteilt, daß einer seiner Leute namens Sairie ihm gesagt hätte, daß flußabwärts von Mundubbera eine Stelle im Fluß sei, die voll wäre von Wasserpflanzen. Ich beschloß mir die Sache anzusehen und am 19. November früh mit Frank dorthin zu reiten, tagsüber im Flusse zu suchen und abends in das Lager zurückzukommen. Die Entfernung betrug von meinem Camp aus etwa 20 Kilometer; es war daher gut, ganz früh bei Sonnenaufgang aufzubrechen, um an Ort und Stelle gehörige Zeit zur Arbeit übrig zu haben. Frühzeitig machte ich mich deshalb fertig und nahm meinen Morgenimbiß, während Dahlke mein Pferd fing und sattelte. Nur Frank ließ sich nicht blicken. Wir riefen hinüber zu dem Lager der Schwarzen; keine Antwort von dort. Ich schickte Dahlke, der nach einer Weile zurückkam und mir sagte: »Herr Frank will noch nicht kommen, weil er sein Frühstück noch nicht beendigt hat.« Ich verlor nun etwas die Geduld, ging selbst hinüber und fuhr den Burschen heftig an. Er hörte mich schweigend an und antwortete blos: »Gut, dann will ich gehen«. »Diese Ankündigung ließ mich kalt; denn wenn er sich schon in mancher Beziehung nützlich erwiesen hatte und der Erste gewesen war, der mir die Ceratoduseier gezeigt hatte, so war er doch im großen und ganzen ein großer Taugenichts, für den mühsamen Tierfang nicht zu gebrauchen, mit dem Munde zu allem, mit der Tat zu nichts bereit, so daß es mir angenehmer war, ihn los zu sein als ihn länger bei mir zu haben. Ich antwortete also ganz ruhig: »Du kannst gehen«. Seine Antwort war: »Dann nehme ich aber auch mein ‚mob' (meinen Stamm) mit«. »Wenn sie mit dir gehen wollen, so mögen sie gehen. Jetzt aber vorwärts nach Mundubbera.« Während dieses Rittes wurde ich von recht trüben Gedanken geplagt; es war nur allzu wahrscheinlich, daß Frank seine Drohung wahr machen und mir meine sämtlichen Schwarzen entführen würde. Nicht daß er besonderen Einfluß bei ihnen hatte: sie durchschauten sein Maulheldentum so gut wie ich und ließen es an anzüglichen Bemerkungen in dieser Richtung nicht fehlen. Aber schon seit einem Monat war ihnen die Sache über. Die große Trunkenheitsaffäre gleich am Anfang hatte einen schlechten Einfluß gehabt, vor allem aber waren sie nun schon seit fast drei Monaten immer mit derselben Sache, dem Tierfangen für mich beschäftigt. Unstät und launenhaft, wie sie sind, hatten sie jetzt gerade genug von der ganzen Geschichte. Es geht den Squattern genau ebenso, wenn sie Schwarze zur Zeit des Musterns in ihre Dienste nehmen; zwei Monate halten sie wohl aus, dann aber wird ihnen die regelmäßige Tätigkeit zum Ekel, ihr Freiheits- und Wandertrieb erwacht, und sie geben viel angenehmere materielle Verhältnisse auf, um wieder ihr primitives Buschleben zu führen. Sie sind eben vollkommen unabhängig; alles was sie brauchen, liefert ihnen der Busch, ohne daß sie säen oder ernten. Mit ihren Speeren, Keulen und Bumerangs können sie fast jederzeit so viele Tiere erlegen, als sie für sich und die Ihrigen bedürfen. Ein Paar schräg aneinandergestellter Rindenstücke gewährt ihnen Schutz gegen Wind und Wetter; die Kleiderlumpen, die sie am Burnett als Bekleidung angenommen haben, reichen ihnen auf Jahre hin aus. Es fällt ihnen also nicht ein, ihre persönlichen Neigungen unter die Herrschaft der Weißen zu beugen, und häufig genug hört man die Weißen ihre »independence« tadeln. Mir hat dieselbe, wie ich gestehen muß, immer eher imponiert, obwohl sie, auf gänzliche Bedürfnislosigkeit begründet, mit zur Folge hat, daß alle wohlgemeinten Erziehungsversuche bei den Schwarzen Australiens ebenso gescheitert sind wie bei den nordamerikanischen Indianern, und die Rasse sich zwar nicht dem vordringenden Weißen beugt, aber durch die Berührung mit ihm erlischt.

Alles in allem schien es mir nur eines leisen Anstoßes zu bedürfen, um mir die ganze Bande abwendig zu machen, und ich vermutete mit Recht, daß, wenn Frank tüchtig auf sie einredete, kein Halten mehr sein würde. Meinerseits den Schwarzen zum Bleiben zuzureden, wäre auch ganz verfehlt gewesen. Wenn ich damit Erfolg gehabt hätte, so würden sie noch weniger gearbeitet haben, als bisher, und mir immerfort mit ihrem Abzuge gedroht haben. Noch weniger dachte ich daran, Frank gegenüber klein beizugeben, etwa indem ich ihn durch Dahlke bereden ließ. Das schien mir denn doch zu unwürdig und hätte auch für die Dauer keine guten Früchte getragen. Ich beschloß daher der Sache ihren Lauf zu lassen.

Die Stelle im Flusse bei Mundubbera enthielt natürlich auch keinen Ceratoduslaich, nicht einmal Wasserpflanzen. Ich weiß nicht, wie der sehr kurzsichtige Sairie zu dieser Angabe gekommen war.

Als ich abends zurückkam, teilte mir Dahlke gleich mit, daß alle Schwarzen mich verlassen wollten. Noch im Fortreiten am Morgen hatte Frank ihnen einige Worte zugerufen, die wie ein Zauberschlag gewirkt hatten. Abends war die ganze Gesellschaft höchst vergnügt und aufgeräumt, und lange noch hörten wir sie in ihrem Camp lachen und singen. Sollten sie doch am nächsten Morgen ausgezahlt werden und wieder einmal bares Geld in die Hände bekommen. Am nächsten Tage in der Frühe war dann große Auszahlung. Ich sah sogleich, daß keine Aussicht war, im gegenwärtigen Augenblicke auch nur einen der Schwarzen bei mir zurückzuhalten. Jimmy erhielt, wie versprochen, als derjenige, welcher während der ganzen Zeit die meisten und kostbarsten Tiere für mich erlegt hatte, eine Pfundnote als Belohnung. Frank erhielt sein Pfund für das Auffinden der Ceratoduseier, jeder außerdem, was er sonst verdient hatte. Dann zogen sie ab, und schon um die Mittagszeit war ihr Lager tot und verlassen. Nur eine Hündin blieb zurück, die vor einigen Tagen 6 Junge geworfen hatte. Die Schwarzen versuchten die Alte mit Gewalt wegzuführen, sie muß ihnen aber bald wieder entlaufen sein, denn abends sahen wir sie schon wieder bei ihren Jungen. So ungern ich die Schwarzen ziehen ließ, so angenehm war es, daß wir ihre Hunde einmal los waren. Jede schwarze Familie besaß einen ganzen Haufen fürchterlicher Köter, die allerdings bei der Jagd gute Dienste leisteten. Es waren zum kleineren Teil gezähmte wilde Dingos, das heißt Tiere, die den wilden Hunden als Säuglinge weggenommen und von den Schwarzen groß gezogen worden waren. Der größte Teil bestand aus Kreuzungen von Dingos mit Hunden, die von den Weißen eingeführt sind. Diese Kreuzungsprodukte sind nicht ganz so unbändig, wild und diebisch wie die gezähmten Dingos, aber doch immerhin noch ein höchst unangenehmes und lästiges Räubergesindel für den, der sie als Nachbarn hat. Immerfort umschlichen einige unser Lager und alles Eßbare, was sie erreichen konnten, fiel ihnen zum Opfer, weil die Verhältnisse es mit sich brachten, daß sehr häufig Dahlke und ich gleichzeitig vom Lager abwesend waren, und dann niemand da war, der die frechen Eindringlinge verscheucht hätte. Wenn wir konnten, gaben wir den Herumlungerern einen tüchtigen Denkzettel mit einem wohlgezielten Holzkloben, doch das half wenig. Am liebsten hätten wir die frechsten Räuber einfach weggeschossen, aber das durften wir nicht. Die Schwarzen würden mich sofort verlassen haben, wenn ich ihre Hunde geschossen hätte. So hingen wir denn alles Eßbare frei in Säcken an Baumästen auf und bereiteten überhaupt unsern Feinden so viel Widerstand wie möglich. Endlich fiel mir ein Hilfsmittel ein. Ich lud eine größere Anzahl Patronen mit Salz, und sobald sich ein Hund in der Umgebung unsers Camps auch nur von ferne blicken ließ, pürschten wir uns auf Schußweite an ihn heran und brannten ihm eine tüchtige Ladung Salz auf die Keulen. Das half. Wer einmal mit Salz beschossen war, ließ sich sobald nicht wieder blicken, und gesundheitsschädlich waren diese Pillen nicht.

Nun aber herrschte vollkommen Ruhe und nur die Mutterhündin

kam ab und zu winselnd zu unserm Lager, wo wir dem armen Tier, um das sich niemand kümmerte, die Abfälle unserer Mahlzeiten zukommen ließen.

Sorgenvoll erwog ich, was nunmehr zu tun sei. Andere Schwarze in meine Dienste zu nehmen, wäre unmöglich gewesen, weil sie alle zusammenhingen wie die Kletten und überhaupt nur noch in geringer Anzahl in diesen Gegenden zu finden waren. Das Beste schien mir, noch einige Weiße zu engagieren und eine letzte Anstrengung zu machen, mit ihrer Hilfe größere Mengen von Ceratoduslaich zu finden. Ich sandte sofort Dahlke nach Gayndah, um dort einige Leute für mich anzuwerben. Während seiner achttägigen Abwesenheit war ich ganz allein im Busch; auch von den Schwarzen war jede Spur verschwunden. Ich benutzte diese Zeit zu weiten Streiftouren an den Ufern der Flüsse und schlief selten in meinem Camp, meistens dort, wohin gerade mich der Zufall geführt hatte. Überall suchte ich nach den Eiern, und da das Wasser angenehm warm war, führte ich eine halb amphibische Lebensweise, die mir im allgemeinen ganz wohl bekam. Nur meine Füße wurden durch den langen Aufenthalt im Wasser weich und dann durch die scharfen Flußkiesel zerrissen, so daß ich in Zukunft meine Wasserarbeit immer in ein Paar alten Stiefeln verrichtete. Auch war es sehr unangenehm, wenn die hoch am Zenith stehende Sonne auf die nackte Haut des Rückens herunterbrannte und dieselbe geradezu versengte. Es war schwer, sich hiergegen zu schützen, denn zog ich eine dünne Jacke über, so wurde dieselbe bald durchnäßt, wenn ich einmal tiefer ins Wasser kam, und wehte nachher einmal ein leichter Wind, so empfand man eine höchst unangenehme Abkühlung. Ich gab es endlich auf, mich gegen den Sonnenbrand zu schützen und hatte nach einiger Zeit die Genugtuung, daß sich Rücken und Schulter mit einer dunkelbraunen, gegen den Sonnenbrand widerstandsfähigen Haut bedeckten.

Wenn ich im Wasser herumwatete und dort meine Hantierungen trieb, war ich stets Gegenstand neugieriger, wenn auch mißtrauischer Beobachtung der zahlreichen langbeinigen und langschnäbligen Mitglieder der großen Ordnung der Storchvögel, die am Fluß wie Schildwachen Posten standen und über das übrige Wassergevögel zu herrschen schienen.

Fast alle sind stattliche, prachtvoll gefärbte Vögel, vor allen andern der gewaltige australische Riesenstorch oder »Jabiru«, Mycteria australis, der am Burnett nur vereinzelt vorkommt. Kopf und Hals sind grün gefärbt und schimmern metallisch; der Scheitel ist violett, der Rücken und Schwanz und die großen Flügeldeckfedern grün mit prachtvollem Goldglanz, Bauch und Brust, die kleinen Flügeldeckfedern und die Unterseite der Flügel sind weiß. Der mächtige Schnabel ist schwarz, die sehr langen Beine schön rot. Es gibt wohl kein zweites Mitglied der Storchsippe, das sich an Farbenpracht, Größe und Eleganz mit dem Jabiru messen kann. Ich habe nur ein einziges lebendes Exemplar beobachten können, das mich aber nicht bis auf Schußweite heranließ. Der abstreichende Vogel mit seinen wagerecht nach hinten gestreckten Beinen, seinen unten rein weißen, auf der Oberseite goldgrünen, mit weißem Fleck versehenen Schwingen bot einen herrlichen Anblick. Später sah ich dann in Eidsvold ein ausgestopftes, vor kurzem erlegtes Exemplar. Einen afrikanischen Verwandten des Jabiru, den afrikanischen Sattelstorch, Mycteria senegalensis, sieht man ab und zu in den europäischen Tiergärten.

Weit häufiger am Flusse ist der australische Kranich, Grus australasianus, der »native companion« der Kolonisten, ebenfalls ein überaus stattlicher Vogel mit silbergrauem Gefieder; nur die Oberseite der Flügel ist dunkler gefärbt. Auch der schöne australische Löffelreiher, Platalea regia, ist nicht selten. Echte Reiher findet man überall an den Flüssen, stehenden Gewässern und Sümpfen, wo sie tagsüber einsam und ungesellig ihrem Fischergewerbe obliegen. Es sind nahe Verwandte unserer Fisch-, Edel- und Nacht-Reiher. Mit diesen Vögeln stand ich auf schlechtem Fuß, weil sie mir oft die Entenjagd verdarben. Hatte ich mich mit unsäglichen Mühen auf dem Bauche kriechend und alle Vorsicht anwendend an die Wildenten und Wildgänse bis beinahe auf Schußweite herangeschlichen und hatte günstige Deckung vor mir, so daß mich die auf dem Wasser liegenden Enten nicht sehen konnten, so erblickte mich ein auf einem Baum am Wasser sitzender Reiher, strich ab und nahm Enten und Gänse mit sich fort. Da war denn alle Mühe umsonst gewesen und abends gab es statt Entenbraten wieder Salzfleisch.

Man wird es begreifen, daß ich deshalb keineswegs freundschaftliche Gefühle für jene Spielverderber hegte und, wenn ich Raubvögel über mir ihre Kreise ziehen sah, immer wünschte, sie möchten unter dem Reihergesindel etwas aufräumen. Da ist der starke, kühne und raublustige Keilschwanzadler, Aquila (Uraetus) audax, unserem Goldadler ähnlich, aber noch schöner und eleganter. Wenn er zuweilen niedrig über den Fluß hinstrich, folgten ihm unter lautem Geschrei eine Menge kleiner Vögel, stießen auf ihn herab und schienen wie außer sich. Der majestätische Vogel schien die kleinen Schreier nicht zu beachten, obwohl sie ihm zweifellos die Jagd verdarben. Auch echte Falken (Falco melanogenys?) und Habichte, Astur approximans, habe ich oft beobachtet. Ein Pärchen der letzteren mußte in der Nähe der Station Coonambula seinen Horst haben und stattete nicht selten dem Hühnerhof seinen Besuch ab. Herr Peile und ich versuchten mehrmals die frechen Räuber zu erlegen; sie ließen uns aber niemals zu Schuß kommen. Der Schrecken der kleineren Vögel von der Wachtel und den Meliphagiden bis herunter zu den kleinen und zierlichen Amadinen ist Accipiter torquatus, der den europäischen Sperber in Australien vertritt. Bemerkenswerter als alle diese Raubvögel ist ein prachtvoller, schneeweißer Habicht, Leucospiza Novae Hollandiae, kein Albino, sondern wohl bloß eine weiße Varietät der grauen Leucospiza raii.

Am 27. November mittags kam Dahlke zurück und sagte mir, daß er zwei Leute für mich engagiert hätte, einen seiner Vettern namens Hermann Wein und einen Freund desselben, Fred Horn, beide Söhne deutscher Eltern, aber beide in Queensland geboren und vollkommen australisiert. Am Abend trafen dann auch die jungen Leute ein; gleichzeitig mit ihnen kam ein Bote von Coonambula, der mich fragte, ob es mir recht wäre, wenn Herr McCord mit seiner Familie und einigen Freunden mich am morgigen Tage in meinem Camp besuchen würde. Ich sagte sehr erfreut ja, und in der Tat war es ein besonderer Glücksumstand, daß dieser Besuch kam, als ich einige Leute bei mir hatte und nicht ganz allein in meinem Camp war. Den ganzen nächsten Morgen trafen wir unsere Vorbereitungen, schossen Enten, Squattertauben und Talegallen und fingen einige Mullets. In aller Eile wurde ein frischer Damper und ein Browny gebacken, und so konnte ich meinen Gästen ein vorzügliches Menu bieten, zumal Dahlke von seinem Besuch in Gayndah noch allerlei gute Sachen, wie Marmelade und einen Korb mit frischen Eiern mitgebracht hatte. Nur wegen Tischzeug und Besteck war ich in Sorge, aber McCords brachten vorsorglich in ihrem Buggy das notwendigste mit.

Da ich wußte, daß meine Freunde in ihrem Wagen von Coonambula bequem nur an das andre Ufer des Flusses gegenüber meinem Camp gelangen konnten, baute ich mit Dahlke noch rasch eine rohe Brücke über den fast wasserleeren Fluß, indem wir Bäume fällten und sie mit unseren Lastpferden an ihren Platz schleppten. Eine Photographie dieser Brücke, die wir »lady's bridge« tauften, gebe ich auf der nebenstehenden Seite wieder.

Um ½11 Uhr kam der Besuch an, teils im Buggy, teils zu Pferde, eine große Gesellschaft, bestehend aus fünf Erwachsenen und vier

Die von uns gefertigte Brücke über den Burnett.

Kindern. Herr McCord brachte zwei befreundete Squatters mit, die sich gerade zum Besuch in Coonambula befanden, Herrn Phil. Elliot von Ban-Ban und Herrn Humphery von Mount Debateable. Wir hatten in unserer mit Rinde gedeckten Laube ein sehr fröhliches Mahl. Meine Küche fand wieder die höchste Anerkennung, besonders von Seiten der Kinder. Nachher war große Fischerei unten am Fluß. Ich hatte vorher gesagt, wir könnten so viele Mullets fangen, als wir Lust hätten, da zu dieser Zeit diese schmackhaften Fische wunderbar bissen, wenn man an gewissen Stellen, die ich wohl kannte, die mit Fadenalgen beköderte Angel auswarf. Ich erlitt aber mit meinen Voraussagungen traurigen Schiffbruch; denn die klugen Fische, durch das Geräusch der zahlreichen Gesellschaft, das Geschrei und Auf- und Ablaufen der Kinder beunruhigt, räumten weislich das Feld vor uns, und die ganze Ausbeute betrug vier Mullets und einige andre geringere Fische. Früh am Nachmittag verließ mich mein Besuch wieder, weil ein Gewitter nach dem ungemein heißen Tage drohte. Nachts brach es los und beim Krachen des Donners und Heulen des Sturmes hörte ich ungeheure Mengen Wasser auf das Leinwanddach meines Zeltes niederströmen. Erst am Morgen ließ der Regen nach und das Wetter schien sich aufklären zu wollen. Nach dem Frühstück ritten wir alle vier zusammen an die Boyne-Mündung und gingen hier mit vereinten Kräften wieder an unsere gewohnte und leider so wenig ersprießliche Wasserarbeit. Kaum hatten wir uns entkleidet und waren in das Wasser hineingestiegen, so begann der Regen von neuem und steigerte sich bald zu einer derartigen Heftigkeit, daß ein ruhiges Arbeiten in diesem Unwetter unmöglich wurde. In strömendem Regen ritten wir in das Camp zurück; derselbe Regen am Nachmittag, derselbe in der Nacht, derselbe am nächsten Tage. So ging es während der folgenden Woche weiter, zuweilen ließ die Gewalt des Niederschlags nach und eine Wendung zum besseren schien bevorzustehen. Niemals aber kam es dazu, und auf vier trockne Stunden kamen immer 20, in denen der Regen niederrauschte, manchmal in feinen dünnen Fäden, manchmal wie ein richtiges Schauerbad.

In den ersten Tagen dieser Regenperiode konnten wir noch einigermaßen unsere Arbeit fortsetzen. Die Fischerei war sogar zuerst sehr ergiebig, so daß wir innerhalb zwei Tagen zehn Stück Ceratodus fingen, mehr als sonst in ebensovielen Wochen. Als aber der Regen andauerte, hörten die Fische wieder auf zu beißen.

Durch Untersuchung der inneren Organe hatte ich schon seit längerem festgestellt, daß die Fortpflanzungszeit des Beutelbären,

Phascolarctus cinereus, herannahte. Um diese Zeit schoß ich das erste trächtige Weibchen und konzentrierte nunmehr, wo jede Arbeit in den immer höher werdenden Flüssen unmöglich wurde, meine Tätigkeit auf die Gewinnung einer möglichst vollständigen Entwicklungsreihe dieses interessanten Beuteltieres.

Die Beutelbären am Burnett, von den Schwarzen »Gulla« genannt (in dem Eingeborenen-Dialekt im Süden des Erdteils heißt er Koala, und diesen Namen findet man in vielen naturgeschichtlichen Lehrbüchern als »einheimischen« angegeben), sind ausschließlich Baumtiere. Ihre Nahrung besteht aus den Blättern der Eucalypten; auf die Erde begeben sie sich nur, um von einem Baum zum andern zu gelangen, wozu sie häufig genug gezwungen sind, weil die Bäume im australischen Busch weit voneinander entfernt stehen. Während sich die andern Baumbeutler, Trichosurus, Pseudochirus und Petaurus, tagüber in hohlen Baumlöchern versteckt halten, in die sie sich flüchten, sobald sie sich verfolgt sehen, macht Phascolarctus von derartigen Verstecken keinen Gebrauch. Er ist wohl zu kräftig und wehrhaft, um den Angriff der Raubvögel oder der räuberischen Beutelmarder (Dasyurus) fürchten zu müssen, und wohl auch zu groß, um leicht ein passendes Versteck zu finden. Er verbirgt sich, wenn er nicht äst, einfach im Astwerk und ist, solange er sich unbeweglich hält, bei seiner unscheinbaren grauen Färbung auch gar nicht leicht zu sehen. Übrigens ist er keineswegs ausschließlich ein Nachttier; sehr häufig sah ich ihn bei Tage in den Eucalyptusbäumen herumklettern, wobei er die an den Flußufern stehenden blue gum zu bevorzugen scheint. Denn ich fand ihn fast nur in der Nähe der Flußufer oder auf den Bäumen an den Rändern stehender Gewässer.

Zur Brunstzeit schreien die Männchen mit weit schallenden schluchzenden Lauten, meistens abends und nachts, zuweilen aber auch am hellen Tage. Die Brunstzeit beginnt am Burnett Ende Oktober, für die frühesten Exemplare. Erst Mitte bis Ende November fand ich aber die Mehrzahl der Weibchen trächtig. Es scheint durchweg nur jedesmal ein Junges erzeugt zu werden, das nach kurzer Tragezeit in sehr unentwickeltem Zustande geboren wird und seine weitere Entwicklung nun im Beutel, fest angesaugt an die Zitze, durchmacht. Dieses Junge trägt die Mutter ein ganzes Jahr lang mit sich herum, bis sie im nächsten Jahre wieder trächtig wird. Wenn es einige Monate alt ist, wird ihm der Beutel zu dauerndem Aufenthalt zu klein, und es beginnt neben der Muttermilch auch andre Nahrung zu nehmen. Es wird dann von der Mutter auf dem Rücken herumgeschleppt, kehrt aber anfangs noch jedesmal, wenn Gefahr droht, in den Beutel zurück.

Während ich bisher die Beutelbären ganz verschont hatte, machte ich jetzt im ausgiebigsten Maße Jagd auf sie und erlegte beispielsweise einmal an einem Tage 23 Stück. Gewöhnlich saßen die Tiere so hoch in den Bäumen, daß es nicht möglich war, die Männchen, an denen mir nichts gelegen war, von den Weibchen zu unterscheiden. Ich erbeutete neben einer großen Anzahl von Beuteljungen aller Stadien nur eine verhältnismäßig kleine Menge von jüngeren Embryonen, weil die ersten Embryonalstadien viel rascher durchlaufen werden als die späteren, und deshalb die Wahrscheinlichkeit, gerade sie anzutreffen, eine geringere ist. Immerhin fand ich einige und die Untersuchung derselben, besonders in Bezug auf ihre Eihüllen, hat einige interessante Resultate geliefert.

Sechstes Kapitel.

Die Flut.

Inzwischen strömte der Regen jeglichen Tag und meistens auch die Nacht hindurch; die Flüsse begannen in einem Maße zu steigen das schon recht ungemütlich wurde. Während man in der trockenen Zeit den Fluß fast allerorts zu Fuß oder zu Pferd durchwaten konnte und nur in den größeren Wasserlöchern sich bedeutendere Tiefen von 2 bis 4 Meter vorfanden, war jetzt das Wasser um mehrere Meter gestiegen und blieb noch fortdauernd im Wachsen. Meine Leute, die mit den Verhältnissen vertraut waren, machten bedenkliche Gesichter und sagten, wenn der Regen nicht bald aufhöre, würden wir eine richtige Flut haben. Die Flüsse würden mit furchtbarer Gewalt herunterkommen, und jegliche Wasservegetation würde rein ausgefegt werden. Diese Vegetation brauchte ich aber zum Auffinden des Ceratoduslaiches. Noch hoffte ich, das Schicksal werde ein Einsehen haben, und in der Tat schien sich das Wetter aufklären zu wollen. Aber obwohl der Regen nachließ, nahm das Steigen der Flüsse zu. Bis zum 4. Dezember war immer nur ein stärkeres Ansteigen des Burnett bemerklich gewesen, während Auburn und Boyne nicht wesentlich gewachsen waren. Auf einmal wurde dies anders. Erst jetzt kamen die starken Regenmengen, die in dem Quellgebiet beider gefallen waren, zu uns herunter, und zunächst war mit einem Schlage das ganze breite Flußbett, das sonst zum größten Teil aus hellschimmerndem Sand bestand, in dem Dickichte von tea-trees und Casuarinen emporwuchsen, mit Wasser erfüllt. Die Entfernung von der Talsohle bis zur Höhe der Flußbank betrug an der Stelle unseres Camps ungefähr 20 Meter. Wo wir sonst das Wasser tief unter uns hatten und unsre Eimer keuchend heraufschleppen mußten, kam es uns nun in erschreckender Weise näher. Fast jeden Tag konnte ich ein Ansteigen um 1 bis 2 Meter konstatieren. Am wildesten strömte der Auburn einher, ganz bedeckt mit Treibholz und Bäumen, die er auf seiner wilden Fahrt entwurzelt und mitgerissen hatte. Diese Erscheinung, das massenhafte Treibholz, in den Flüssen in der Flutzeit ist für Australien sehr charakteristisch; sie erklärt sich durch die Ansiedlung gewisser Baumarten: Melaleuca, Callistemon, Casuarina im Grunde der gewöhnlich wasserleeren Flußbetten. Bei jeder starken Flut wird ein großer Teil von ihnen entwurzelt und fortgerissen; ein andrer Teil hält sich, bis auch er nach Jahren dem gleichen Schicksal zum Opfer fällt. Zur Zeit solcher Hochfluten erfüllt dann das Brausen des wild angeschwollenen Stromes, das schleifende Geräusch, das die aneinander reibenden und am Ufer dahinstreifenden Baumstämme hervorbringen, weithin die Luft. Durch die mächtigen Hobel wird das Flußbett poliert und erweitert, auch der Flußgrund stark verändert, Wasserlöcher zugeschwemmt, neue Löcher aufgerissen, Bänke flüchtigen Sandes aufgehäuft. Der Anblick dieser wilden mit mächtigen Baumstämmen bedeckten, brausenden und tosenden Flüsse ist imposant und wohlgeeignet, einen wild großartigen Eindruck hervorzubringen. Ich war allerdings zur Aufnahme solcher Eindrücke nicht besonders gestimmt, weil dieses Intermezzo mich nicht nur zwang, tatenlos still zu sitzen, sondern auch geeignet schien, meine Pläne ernstlich zu stören. Auch fing die Situation noch in andrer Beziehung an ungemütlich zu werden. Bisher hatten wir immer vermocht an gewissen Stellen den Fluß zu Pferde zu durchschwimmen und uns so Fleischproviant von Coonambula zu holen. Das wurde nun ganz unmöglich, weil kein Mensch und kein Pferd vermocht hätte, diese wilden Fluten zu durchkreuzen, ohne mitgerissen und von dem dahingewirbelten Treibholz erdrückt und zermalmt zu werden. Wir waren also zeitweilig von aller Welt abgeschnitten und mußten beginnen, mit unserm Salzfleisch, der einzigen Fleischnahrung, die wir hatten, sehr sparsam umzugehen.

Auf halber Höhe des Flußufers des Burnett befand sich an einer Stelle ein kleines stehendes Gewässer, das wohl von der letzten Hochflut her dort noch stehen geblieben war. Ich hatte bemerkt, daß dieser Teich in der Trockenheit allmählich einzutrocknen begann, und hatte deshalb eine Anzahl Ceratodus in ihn eingesetzt, um auf diese Weise experimentell festzustellen, wie die Tiere sich benehmen würden, wenn das Wasser, in dem sie sich befanden, allmählich austrocknete. Obwohl das Wasser hier bis auf einen Fuß gesunken war, machte keiner der Fische Anstalten, sich im Schlamm einzugraben und mit einem Kokon zu umgeben, wie es der afrikanische Lungenfisch Protopterus unter gleichen Umständen sicherlich getan haben würde. Leider verhinderte mich der Regen an der völligen Vollendung des Experiments, indem das Wasser in einer Nacht so hoch stieg, daß es mein kleines Fischreservoir erreichte und die Gefangenen entführte.

Große Mühe machte uns auch die Unterbringung unsres kleinen, selbst gefertigten Bootes. Die Ufer waren zu steil und zu zerrissen, um es über dieselben heraufzuziehen; wir mußten es also im Wasser lassen. Da nun der Fluß jede Nacht so bedeutend stieg, durften wir es nicht in gleicher Höhe mit dem Wasserstand des Abends festbinden, sondern mit einem langen Tau mehrere Meter höher. Ehe wir, durch Erfahrung klug gemacht, diese Vorsicht gebrauchten, waren wir nahe daran gewesen, unser jetzt besonders kostbares Werk zu verlieren.

Die Besserung im Wetter hatte übrigens auch keinen Bestand und vom 10. Dezember an hatten wir wieder so starken Regen wie nur je zuvor. Während in der ersten Zeit nach dem einleitenden Gewitter der Regen tagelang nach Art eines Landregens gefallen war, traten nun wieder Gewitter ein, teilweise von überwältigender Heftigkeit. Am 10. Dezember hatten wir im Laufe des Tages drei, in der Nacht zwei sehr starke Gewitter. Meine Stimmung war nun gänzlich auf dem Nullpunkt angelangt, was bei der lähmenden Untätigkeit und der quälenden Sorge über die Möglichkeit, jetzt noch mein mir gestecktes Ziel zu erreichen, wohl verständlich sein wird. Nachts schlief ich wenig, sondern lauschte auf die Musik des fort und fort auf das Zeltdach niederplätschernden Regens, der die Erreichung meiner Ziele immer schwieriger machte, auf den heulenden Wind und den krachenden Donner. In diese Symphonie verschiedenartiger, mir sämtlich höchst widerwärtiger Laute hinein tönte plötzlich ein heftigeres Krachen ganz in meiner Nähe, und ich merkte, wie auf einmal mein ganzes Zelt in sich zusammensank; zum Glück blieb ein kleiner Hohlraum in der Mitte noch frei und von den nassen Zeltwänden unbedeckt. Es war dies genau die Stelle, an der ich mein Lager aufgeschlagen. Einen Augenblick blieb ich regungslos liegen und suchte mir klar zu machen, was denn eigentlich geschehen sein könnte, dann wand ich mich mit unsäglicher Mühe zwischen den triefenden Zelttüchern hervor und sah, daß die mittlere Querstange des Zeltgestells, die sowohl das eigentliche Zeltdach als auch die »fly« trägt, mitten durchgebrochen war und dadurch den allgemeinen Zusammenbruch verursacht hatte.

Schon seit längerer Zeit hatte ich bemerkt, daß von der Decke meines Zeltes ein feiner Holzstaub niederrieselte. Ich hatte entdeckt, daß derselbe aus kleinen Öffnungen der Stangen herabfloß, die wir als Gestell des Zeltes zusammengezimmert hatten. Bei näherer Untersuchung fand sich im Grunde jedes dieser Löcher ein kleiner Holzkäfer, der eifrig bei der Arbeit war, das Holzwerk zu minieren. Als ich Dahlke hierauf aufmerksam machte, sagte er ärgerlich: »Da hat der faule Frank Stangen von der »Moreton-Bay Ash« zum Bauen des Zeltes zugetragen, obwohl ich ihm das ausdrücklich verboten habe.« Dahlke erklärte mir, daß, während das Holz der übrigen Eucalypten und Akazien von den Bohrkäfern nicht angegriffen würde, dies mit dem Holze der Moreton-Bay Ash, Eucalyptus tesselaris, geschehe, weshalb man es vermeide, sie zum Zeltbau oder zur Anfertigung von Geräten zu verwenden. Wie furchtbare Holzzerstörer jene Käfer sind, davon konnte ich mich später noch verschiedentlich überzeugen. Einige Spiritusfässer, die, aus europäischem Nadelholz gezimmert, europäischen Alkohol enthielten, wurden von den Tieren geradezu siebartig durchlöchert, so daß sie absolut unbrauchbar wurden, zum Rücktransport von Tieren nach Europa zu dienen. Das Holz dieser europäischen Bäume ist eben gegen diesen furchtbaren Feind nicht so geschützt als das der australischen Eucalypten und Akazien mit Ausnahme von Eucalyptus tesselaris und einigen wenigen andern. Begegnen wir doch häufig im Tier- und Pflanzenreich der Erscheinung, daß, je stärker die Angriffswaffen der Tiere werden, die gewisser anderer Tiere oder Pflanzen zur Nahrung bedürfen, mit um so stärkeren Verteidigungswaffen sich letztere wappnen. Die furchtbaren Stacheln und Dornen schützen die Kakteen vor der Vernichtung durch die großen Vierfüßer in ihrer wüstenartigen Heimat. Sehr komplizierte Schutzvorrichtungen treffen wir bei einer Anzahl von Pflanzen gegen die Angriffe der gefräßigen Schnecken, die sonst wohl bald manche Pflanzenarten ganz ausrotten würden. Zuweilen ist es ein Schutz durch giftige oder übelschmeckende chemische Substanzen, zuweilen ein direkter mechanischer Schutz durch spitze Kristalle von oxalsaurem Kalk oder Ablagerung von Kieselsäure im Innern der grünen Pflanzenteile. Welcher Art das Schutzmittel ist, wodurch die meisten australischen Bäume ihr Holz gegen die Gefräßigkeit der Bohrkäfer schützen, weiß ich nicht, Tatsache ist, daß die meisten Holzarten absolut nicht angegriffen werden.

Ich verbrachte die Nacht, so gut es ging, in einem andern Zelt und wir besserten dann den Schaden am nächsten Morgen aus. Wir begannen aber nun auch die Bäume in unserer Umgebung näher zu mustern. In einer solchen Sturm- und Regenzeit ist es nicht selten, daß alte Bäume während heftiger und andauernder Windstürme zusammenbrechen, und wenn sich zu ihren Füßen ein Camp und

Menschen befinden, dieselben in ihrem Sturz mit vernichten. Kampiert man also längere Zeit an einer Stelle, so ist es immer weise, sich die Baume in der Umgebung anzusehen, das Camp möglichst frei und nur in der Nachbarschaft gesunder Bäume anzulegen, und ist einmal ein unsicherer darunter, denselben lieber zu fällen oder kranker Äste zu berauben, denn bei den riesigen Dimensionen der Eucalypten genügt schon ein herabbrechender dürrer Ast, um gehörigen Schaden anzurichten.

Inzwischen fingen unsere Vorräte an immer mehr auf die Neige zu gehen. Fleisch mußten wir schon seit mehreren Tagen entbehren und auch der Tee fing an knapp zu werden. Es war vorläufig noch unmöglich, den Burnett oder den Auburn in dieser Gegend zu überschreiten, auch nicht schwimmend zu Pferd wegen des massenhaften Treibholzes. Dagegen bemerkte ich, daß der Boyne weit weniger angeschwollen war als die andern Flüsse. Wahrscheinlich hatte es in seinem Quellgebiet weniger geregnet. Es gab also eine Möglichkeit, den Boyne aufwärts zu reiten, ihn an einer geeigneten Stelle zu überschreiten und so Cooranga zu erreichen. Es wäre nun eigentlich selbstverständlich gewesen, daß einer meiner Leute diese Aufgabe übernommen hätte. Dahlke würde sich auch keinen Augenblick besonnen haben, aber da er sich vor einem Jahre durch einen Sturz des Pferdes eine schwere Verletzung des Beckens zugezogen hatte, gestattete ich es ihm unter keinen Umständen, den angeschwollenen und gefährlichen Strom zu Pferde zu durchschwimmen. Meine beiden andern Leute behaupteten überhaupt nicht schwimmen zu können, und so mochte ich ihnen nicht die Zumutung stellen, den reißenden Strom zu Pferde zu kreuzen. Ich mußte also selbst für die nächsten 14 Tage die ehrenvolle, aber nicht angenehme Aufgabe übernehmen, die ganze Gesellschaft mit Proviant zu versehen. Es gelang mir an jenem Tage ohne große Schwierigkeiten nach Cooranga zu kommen, wo mir Herr Turner die tröstliche Versicherung gab, dies sei nur der Anfang der Regenperiode, und wir würden noch zwanzigmal mehr Wasser haben. In Queensland regne es selten stark; finge es aber einmal an, dann könne man sein blaues Wunder erleben. Während er in dieser Weise meine gesunkenen Hoffnungen aufrichtete, bewölkte sich der Himmel von neuem, und ein Gewitter von unbeschreiblicher Heftigkeit, ein Wirbelsturm mit kolossalen elektrischen Entladungen und heftigstem Hagelschlage brach los. Zwei Stunden nachher war alles vorüber und ich konnte meinen Rückritt antreten. Da sah ich denn, was ein richtiges Queensländer Gewitter anrichten kann. Auf Meilen, die ich durchritt, waren überall die schwächeren oder hinfälligen Bäume geknickt, die Äste abgerissen und weithin zerstreut, das Ganze sah aus wie ein Trümmerfeld, und hier im Momente durchzureiten, wo der Sturm seine Macht entfaltet und unter den Söhnen des Waldes Musterung hält, hätte fast sichere Vernichtung gebracht.

Gleich nach diesem Besuch von Cooranga begann der Boyne zu steigen und erreichte bald eine solche Höhe, daß seine Überschreitung ebenso unmöglich wurde wie die des Auburn und Burnett. Inzwischen war in unserm Lager das Wasser schon bis auf 10 Fuß nahe gerückt und ich überlegte, ob wir nicht einen noch höher gelegenen Punkt aufsuchen müßten. Wir befanden uns jetzt an den Ufern eines Riesenstromes von $1\frac{1}{2}$ Kilometer Breite und 20 Meter Tiefe, der seine lehmig getrübten, mit Treibholz bedeckten Wasser mit kolossaler Gewalt und Schnelligkeit dahin wälzte. Dabei fort und fort das Rauschen, Knistern und Schaben des tosenden Stromes. Auf diesem Punkte aber hatte für diesmal die Flut ihren Höhepunkt erreicht. Regen und Gewitter hörten zwar nicht auf, wurden aber seltener und schwächer, die Ströme, die so rapid gestiegen waren, fingen ganz allmählich an zu fallen. Während anfangs die ganze Breite des Flusses mit Baumstämmen und Treibholz bedeckt war, begann dies nun seltener zu werden, und man konnte daran denken, ohne allzugroße Gefahr zu Pferde durch die noch stürmisch dahinbrausenden Wasser das andre Ufer zu erreichen. Ich tat dies zu verschiedenen Malen, und zwar pflegte ich den Auburn nahe seiner Mündung in den Burnett zu durchschwimmen, weil er an dieser Stelle etwas weniger reißend war als anderswo. Dahlke brachte in unserm kleinen Boot den Sattel und die Kleider an das andre Ufer, während ich unbekleidet zu Pferde stieg und mit den Sporen, die ich an die bloßen Füße schnallte, das Pferd hindurch trieb. Leider hatten wir unter all unseren Reitpferden kein einziges, welches ordentlich schwimmen konnte oder wollte. Mein Schamyl zeigte hiergegen die größte Abneigung, er bäumte sich, schlug aus, suchte zu beißen und tat überhaupt alles, um sich gegen die ihm ungebührlich dünkende Zumutung aufzulehnen. Nicht besser schienen die andern zum Reiten brauchbaren Pferde zu sein, und so mußte ich Schamyl unbarmherzig mit Sporen und Gerte ins Wasser zwingen. Sobald er den Grund unter den Füßen verlor, hörte sein Widerstand auf, er versuchte dann schwimmend das andre Ufer zu erreichen, hatte aber die merkwürdige Gewohnheit beim Schwimmen, solange ich auf seinem Rücken saß, die Nase unter Wasser zu halten, so daß er zweimal um ein Haar ertrunken wäre. Wenn ich sah, daß das Pferd sich allzu dumm benahm, glitt ich von seinem Rücken und schwamm neben ihm her, worauf er dann die Nase wieder aus dem Wasser nahm und sich mit Ach und Krach hinüberarbeitete. Es war unter den gegenwärtigen Verhältnissen sehr unangenehm, daß wir kein gut schwimmendes Pferd hatten, und ich bat Herrn McCord mir ein solches zu borgen. Später fanden wir übrigens heraus, daß eines von unseren eigenen Pferden ein vorzüglicher und furchtloser Schwimmer war, ein Pferd, von dem wir sonst nichts hielten und das wir überhaupt nicht daraufhin versucht hatten.

In der Zeit, in der das Überschreiten der Ströme sehr schwierig und für viele geradezu unmöglich war, wurden verschiedene Leute auf ihrer Reise ins Innere, die meisten auf dem Wege nach der Goldmine Eidsvold, aufgehalten, und da die Anwesenheit meines Camp allmählich im Lande bekannt geworden war, bekam ich mit der Zeit eine kleine Ansammlung von Menschen in demselben. Dieselben unter gegenwärtigen Verhältnissen fortzuweisen, wäre nach den Begriffen, die man in Australien von Gastlichkeit hat, im höchsten Grade engherzig gewesen. So hatte ich denn trotz der großen Schwierigkeiten, die mir unsre eigene Verpflegung unter gegenwärtigen Verhältnissen bot, auch noch für eine Anzahl Fremder Sorge zu tragen. Ich hielt übrigens darauf, daß die Leute nicht länger blieben und es sich bei mir wohl sein ließen, als die Verhältnisse es wirklich geboten, und daß sie ihre Reise fortsetzten, sobald der Auburn ohne Gefahr zu überschreiten war, was während der Flutperiode zu verschiedenen Malen durch temporäres Fallen des Flusses möglich war. Nur einen alten Vagabunden, einen »Tramp« von kolossaler Körpergröße und Körpergewicht, den wir weder auf unserm leichten Boot hinüberschaffen, noch auch dem Rücken eines unserer Pferde anvertrauen konnten, mußte ich volle drei Wochen in meinem Camp behalten und verpflegen. An ersprießliche Arbeit war natürlich während dieser ganzen Zeit nicht zu denken.

Wenn das Wetter es irgend erlaubte, streifte ich umher, um Phascolarctos zu schießen, auch erlegte ich eine Anzahl Vögel und balgte dieselben ab. Bisher hatte ich mich nicht damit abgegeben, weil das Schießen und Abbalgen von Vögeln ungemein zeitraubend und völlig dazu angetan ist, die Zeit und Kraft eines Naturforschers zu absorbieren.

An Schönheit und Farbenpracht kann die australische Vogelfauna mit den schönsten Vogelfaunen der Erde wetteifern, ja wenn man nicht allein die Region des australischen Festlandes, sondern die ganze australische Region, also auch die austromalayische Subregion,

Neu-Guinea und die Molukken, in Betracht zieht, gebührt ihr wohl der erste Preis. Wallace berichtet, daß, wenn er die von ihm gesammelten papuanischen Vögel nach ihrer Schönheit klassifizierte, genau die Hälfte das Prädikat »schön« verdienten. Dagegen konnte er von den auf Malakka ebenso wie von den am Amazonenstrom gesammelten Vögeln nur etwa ein Drittel als »schön« bezeichnen, obwohl doch auch die beiden letzteren Gebiete durch die Menge ihrer schönen Vögel besonders ausgezeichnet sind.

Nun ist allerdings das australische Festland in dieser Beziehung nicht ganz so bevorzugt als das benachbarte Neu-Guinea, so ähnlich sich auch die Faunen beider Länder sind, weil die Gruppe der Paradiesvögel, die an Pracht und Schönheit alles andere weit übertrifft, fast ausschließlich papuanisch ist und nur spärliche Ausläufer (die Gattung Ptiloris) auf das australische Festland hinübersendet. Doch bleibt dem Kontinente noch genug an herrlich gefärbten Formen und diese bilden in den lichten Buschwäldern Australiens einen viel stärker hervortretenden Bestandteil der Landschaft als im papuanischen Urwald. Wie oft habe ich in letzterem die schrillen Rufe der Paradiesvögel, die schreiende Unterhaltung der Papageien, das Kreischen der Kakadus gehört und die Vögel doch nur mit äußerster Anstrengung sehen können, da sie im Dunkel des undurchdringlichen Laubdachs der mächtigen Urwaldbäume trotz ihres Farbenglanzes fast unsichtbar sind. Erst allmählich gewöhnte sich mein Auge, sie dort zu erkennen. Ganz anders ist dies in dem eigentlichen Australien. Wenn sich eine Schaar der pinselzüngigen Keilschwanzloris (meine Leute nannten sie Blue-mountain Parrots), Trichoglossus chlorolepidotus, deren Gefieder und Schnabel in Grün, Gelb, Scharlach und Blaurot in wunderbarer Mischung strahlen, auf einen in Blüte befindlichen Eucalyptusbaum niedergelassen haben, und nun in liebenswürdiger Geschäftigkeit und unter betäubendem Lärm im durchsichtigen Geäst auf und ab fliegen, laufen, klettern, um den Blütenhonig mit ihren Pinselzungen aufzulecken, erst dann erhält man eine Vorstellung von der ganzen Schönheit der Tiere, von der man keine Ahnung hat, wenn man den Gefangenen im engen Bauer oder den ausgestopften Vogel im Museum sieht. Die Landschaft erscheint durch sie belebt und geschmückt zu gleicher Zeit. Mit einem Schuß tötete ich einmal drei und flügelte zwei. Die beiden letzteren hielt ich längere Zeit in einem kleinen Bauer, das ich mir aus einer Kiste zurecht gemacht hatte. Ihre Wunde heilte bald; sie blieben aber immer scheu und ängstlich und bereiteten uns nur dadurch Vergnügen, daß sie oft durch ihre Lockrufe die vorbeistreichenden Schwärme ihrer freien Genossen herbeiriefen und dieselben veranlaßten, sich auf den hohen Eucalypten bei meinem Camp niederzulassen und sich mit den Gefangenen zu unterhalten.

Ebenso bemerkenswert und ebenso schön ist eine im Burnettgebiet häufige Rosellaart, Platycercus palliceps, dessen Gefieder alle Mischungen von hellgelb, citronengelb zu orange und von hellblau zu ultramarin und dunkelblau bis zu braun und schwarz enthält. Noch bunter und noch glänzender ist sein Verwandter, Psephotus pulcherrimus, wohl einer der schönsten Papageien, die es überhaupt gibt, aber deshalb weniger hervortretend als Trichoglossus, weil er sich, wie die Rosella, mehr auf dem Boden als auf den Bäumen aufhält und auch wie jene in kleineren Gesellschaften, nicht in großen Schwärmen zusammenlebt.

Den Preis möchte ich aber nicht diesen vielfarbigen, bunten Formen, sondern einem Papagei erteilen, dessen Gefieder in der Hauptsache nur zwei Farben enthält: Kopf und Nacken, Brust, Bauch und überhaupt die ganze Unterseite sind leuchtend scharlachrot, Rücken und Schwingen dunkelgrün. Der lange Schwanz ist schwarz. Die Farben der Weibchen sind matter und unscheinbarer. Ihre Oberseite, also Kopf und Nacken, sind nicht scharlachrot, sondern ebenfalls grün.

Dadurch, daß das Gefieder des Männchens außer dem herrlich leuchtenden Scharlach keine einzige andre lebhafte Farbe enthält, kommt jenes Rot zu einer Wirkung, wie ich sie bei keinem andern Vogel kenne. Große Buntheit wirkt auf die Dauer überhaupt weniger stark auf unser Auge als wenige, aber stark miteinander kontrastierende Farben, die auf größere Flächen verteilt sind, wie hier das Grün und Scharlachrot. Nun lebt unser Tier, Aprosmictus scapulatus, das die Kolonisten mit Recht als den König der Papageien, »king parrot«, bezeichnen, im dichten, düsteren Scrub. Die Akazien und Casuarinen des Scrubs sind niedrig; sie stehen zwar eng beisammen, bilden aber kein undurchdringliches Blätterdach wie die Riesen des tropischen Urwaldes. Weithin sieht man daher das glänzende Rot von Kopf, Brust und Nacken des Königspapageies im düstern Grün leuchten, wenn er aufgescheucht mit langsamem Flügelschlage von einem niederen Baum abstreicht, um nicht fern davon auf einem andern, nicht höheren wieder aufzubäumen. Kein Edelstein kann herrlicher glänzen als dieser leuchtende Vogel in der Monotonie seiner heimischen Wälder. Erlegt man ihn und liegt er tot am Boden, so ist es, als ob ein großer Teil seines Glanzes verblichen sei.

Nicht selten fällt nahe bei meinem Camp ein Schwarm der

allbekannten schneeweißen Kakadus mit schwefelgelbem Schopfe, Cacatua galerita, ein. Da herrscht dann großes Leben und Geschrei, und die muntern klugen Vögel kümmern sich wenig darum, wenn wir uns den Bäumen, auf denen sich die Gesellschaft niedergelassen hat, nähern. Viel vorsichtiger verhalten sie sich in Coonambula, wo sie den Gartenfrüchten, besonders den Wassermelonen, ungebetene Besuche abstatten und wegen des Schadens, den sie tun, verscheucht und abgeschossen werden. Dennoch kommen sie immer wieder, passen gut auf und erheben sich mit ohrzerreißendem Kreischen, wenn man vorsichtig anzuschleichen versucht. Ist der Jager fort, so sind sie gleich wieder da. Mehrere Arten von schwarzen Kakadus (Calyptorhynchus) sind viel scheuer und entziehen sich mehr der Beobachtung. Sie leben weniger gesellig als ihre lichten Verwandten; oft sah ich sie einzeln oder zu zweit und dritt in weitem Fluge über die Buschwälder hinstreichen. Ihre Stimme ist nicht so kreischend wie die der weißen Kakadus, mehr heiser und knurrend.

Die echten Finken oder Fringilliden fehlen, wie schon erwähnt, der australischen Region vollständig. Sie werden ersetzt durch die weniger stimmbegabten, aber viel prächtiger gefärbten Prachtfinken (Schilffinken und Grasfinken), unter denen sich Geschöpfe von wunderbarer Anmut, Zierlichkeit und Farbenschönheit finden. Es machte mir mehr Vergnügen, diese muntern und zutraulichen Tierchen im hohen Grase des Busches und im Schilfe der Flußufer und stehenden Gewässer zu beobachten, als sie zu erlegen und meiner Sammlung einzuverleiben. Durfte ich doch von vornherein annehmen, daß gerade sie schon längst den Sammlern aufgefallen und für die Wissenschaft nicht neu seien. Ich bedaure diese Unterlassung einigermaßen, weil es mir infolgedessen jetzt nicht möglich ist, die Namen der Arten, über deren Lebensweise ich Beobachtungen gesammelt habe, mit Sicherheit festzustellen. Denn meine kurzen Notizen über ihren Habitus und ihre Färbung erweisen sich als unzulänglich für genauere Bestimmung.

Mitte Dezember trat endlich eine dauernde Besserung im Wetter ein, die Niederschläge wurden seltener und weniger heftig, die Flüsse begannen langsam, aber stetig zu fallen. Die Verhältnisse lagen jedoch derart, daß ich einsah, es würde noch mindestens zwei bis drei Wochen dauern, bis ich in dieser Gegend mit irgend welcher Aussicht auf Erfolg meine Arbeit wieder aufnehmen könnte. Dann aber wäre es voraussichtlich zu spät und die Laichzeit des Ceratodus vorüber gewesen. Vielleicht gelang es mir aber, eine Gegend ausfindig zu machen, in der nicht so viele Niederschläge gefallen waren, und deshalb die Aussichten günstiger lagen. Wir hatten die Flüsse genau in ihrem Ansteigen beobachtet und hatten bemerkt, daß der Burnett, obwohl er der erste war, der zu steigen begann, niemals die Höhe und die Gewalt der Strömung erreicht hatte wie Boyne und Auburn. Es war also wahrscheinlich, daß im Quellgebiet des Burnett viel weniger Niederschläge gefallen waren, als in dem der beiden andern Ströme. War dies richtig, so lohnte es sich wohl der Mühe, einen Versuch zu machen, meine weitere Tätigkeit in jenes Gebiet zu verlegen. Herr McCord, den ich um Rat fragte, billigte meinen Plan und schlug mir vor, ihn zunächst allein in das Quellgebiet zu begleiten, ehe ich mit Sack und Pack dorthin übersiedelte. Er besaß dort eine zweite große Station mit Namen Cania, die er durch eine Art Inspektor bewirtschaften ließ, die er aber alle vier bis sechs Wochen einmal zu besuchen pflegte, um die Oberaufsicht zu führen. Dorthin wollte er mich mitnehmen, um mir Gelegenheit zu geben, mich über die dortigen Verhältnisse zu unterrichten. Der ganze Ausflug würde etwa eine Woche in Anspruch nehmen. In der Zwischenzeit konnte Dahlke die bis jetzt zusammengebrachten und verpackten Sammlungen auf der Dray nach Gayndah führen, sobald die Stromverhältnisse es erlaubten.

Beim Zurückreiten von Coonambula nach meinem Camp begegnete mir ein böser Unfall. Ich hatte Herrn McCord erzählt, daß unsere Pferde sämtlich nicht schwimmen könnten, und er hatte mir eines seiner Pferde namens Edgar geliehen, das für einen vorzüglichen Schwimmer galt und sich als solcher auch bewährte. Nun ist beim Durchschwimmen eines angeschwollenen Stromes, welcher steile Ufer besitzt, das Erklimmen der Uferbank beim Herauskommen oft viel schwieriger, als das Durchschneiden der starken Strömung in der Mitte. Mir waren die Uferverhältnisse der Ströme in der Nähe meines Lagers wohl bekannt und ich bevorzugte daher bestimmte Stellen, an denen ich hinein- und herausritt. Freilich war alles dieses einem gewissen Wechsel unterworfen, weil sich zu dieser Zeit die Konfiguration der Ufer durch Wegwaschen und Anspülen häufig änderte.

Als ich nun auf der Rückkehr von Coonambula auf Edgars Rücken rüstig den Auburn durchschwamm, wie gewöhnlich in schräger Richtung einem bestimmten Punkte stromabwärts zusteuernd, den ich als günstige Landungsstelle schon kannte, rief mir Fred Horn, der stromaufwärts bei unsern Angeln beschäftigt war, etwas zu, was ich bei dem Brausen und Rauschen des Stromes verstand als: »You can come up here«, »Sie können hier herauskommen«, während er in

Wirklichkeit gerufen hatte: »You can't come up here«, »Sie können hier nicht herauskommen«. Dieser Zuruf war höchst überflüssig, weil ich gar nicht daran dachte, an der Stelle, an der er sich befand, zu landen, und dem richtigen Orte zuschwamm. Es gibt aber Leute, die das unabweisliche Bedürfnis in sich fühlen, wenn sie andre etwas tun sehen, ihren Senf dazu zu geben, auch wenn sie gar nicht selbst im stande sind, die Sache auszuführen. Durch sein überflüssiges Rufen irre geleitet, das im Brausen des rauschenden Flusses undeutlich zu mir drang, wandte ich mein Pferd der Stelle zu, wo sich Horn befand. Das gute Pferd gehorchte der Lenkung im Wasser so folgsam, wie auf dem Lande, und sicher und bequem hätte man auf seinem Rücken tausende von Metern durchschwimmen können. Am Ufer angekommen, fand es zunächst festen Boden für die Vorderfüße, versuchte das Ufer zu erklimmen, glitt aber zurück. Ich suchte eine andre Stelle, und so steil die Böschung auch war, gelang es doch dem Pferd sich empor zu arbeiten und mit den Vorderbeinen das Trockne zu gewinnen. Das Ufer war aber nicht nur ungemein steil, sondern auch so schlüpfrig, daß das Pferd plötzlich ausglitt, seinen Halt verlor und rücklings mit mir in das Wasser zurückfiel.

Meine Leute, die diesem Schauspiel vom Ufer aus zusahen, sagten mir nachher, daß es ein häßlicher Anblick gewesen sei. Das Pferd fiel mit dem Rücken nach unten, den Beinen nach oben ins Wasser, und da ich auf seinem Rücken saß, kam ich unter es zu liegen. Bekanntlich denkt man in solchen Momenten sehr rasch, und ich kann mich noch deutlich erinnern, wie ich dachte: Was wird nun geschehen, wenn das Pferd sich umdreht? Ich fühlte mich gleich darauf im Wasser herumgestoßen und empfand deutlich zweimal die Berührung der Hufe auf meiner Brust. Ich fühlte das aber nur als Berührung, nicht als Schmerz. Alles dies ging unter Wasser vor sich, das hier so tief war, daß weder ich noch das Pferd den Grund berührten. Gleich darauf war ich frei und konnte an die Oberfläche gelangen. Das Pferd hatte sich umgedreht und versuchte einige Schritte entfernt von mir das Ufer zu erklimmen, wobei es von neuem abglitt und in den Fluß zurückfiel, glücklicherweise ohne wieder auf mich zu fallen. Dann machte es noch weiter abwärts einen dritten Versuch, und es gelang ihm, sich in die Höhe zu arbeiten. Ich selbst fühlte weder Schmerz noch Betäubung, besaß überhaupt meine vollen Kräfte und konnte ohne Mühe ans Ufer schwimmen und herausklettern. Meine Leute eilten hinzu und halfen mir. Wir besichtigten meine Brust und sahen die Stellen, wo das Pferd mich getreten hatte, schwach gerötet. Ich konnte gleich feststellen, daß keine Rippe gebrochen war, was ich wohl lediglich dem glücklichen Zufall zu danken hatte, daß mich die Tritte getroffen hatten, als ich und das Pferd im Wasser schwebten, unser Gewicht also vermindert war. Doch verlief die Sache nicht ganz so harmlos, wie es in der ersten Stunde nach dem Unfall den Anschein hatte. An den beiden folgenden Tagen hatte ich so heftige Schmerzen am Brustkorbe, daß ich mich kaum bewegen konnte, und erst nach vier Wochen war jede Spur von Empfindlichkeit geschwunden.

Siebentes Kapitel.

Ein Ausflug in das Quellgebiet des Burnett.

In ziemlich erbarmungswürdigem Zustande trat ich am 15. Dezember meine Reise in das Quellgebiet des Burnett an, an diesem Tage zunächst nur bis Coonambula. Hermann Wein sollte am nächsten Tage nachkommen, um Herrn McCord und mir auf der Reise bei den Pferden zu helfen. Dahlke machte einen Rekognoszierungsritt, um sich ein Urteil darüber zu bilden, ob es ihm möglich sein würde, mit der Dray nach Gayndah zu kommen, oder ob die Wege noch zu schlecht wären. Einen der größeren Flüsse brauchte er nicht zu überschreiten, um dorthin zu gelangen, dies wäre auch bei dem jetzigen Wasserstand unmöglich gewesen. Fred Horn endlich sollte im Lager zurückbleiben und dort nach dem Rechten sehen.

Am 16. Dezember kam Wein nach Coonambula und sagte mir, daß Dahlke am Nachmittag seine Reise nach Gayndah antreten werde. Am folgenden Tage brachen Herr McCord und ich im Buggy nach Cania auf. Wir nahmen fünf Wagenpferde mit, die abwechselnd zu zwei oder zu drei vor das Buggy gespannt wurden, während Hermann zu Pferde die jedesmal unbeschäftigten hinter uns hertrieb. Wir fuhren früh morgens ab und gelangten in weniger als 2 Stunden nach dem Minenstädtchen Eidsvold, wo Herr McCord eine Sitzung des »Divisional Board« zu leiten hatte. Dieser Ausschuß berät und beschließt Gegenstände, die sich auf allgemeine, den Distrikt betreffende Fragen, besonders auf Anlage von Wegen, Erleichterungen des Verkehrs und ähnliches beziehen.

Ich benutzte die Zeit, um mir einmal ein kleines australisches Minenstädtchen, das eben in seiner ersten Entwicklung begriffen ist, genauer anzusehen. Ich habe dann noch mehrfach Gelegenheit gehabt, nach Eidsvold zu kommen, und schildere hier zusammenfassend meine zu verschiedenen Zeiten angestellten Beobachtungen.

Später sah ich in der Umgegend von Cooktown noch unendlich primitivere Minen, und kam dort nicht nur mit den Goldgräbern, sondern auch mit den Goldsuchern, den Prospectors in nähere Berührung. Jeder Prospector verwandelt sich, wenn er das Gold gefunden hat, in einen Goldgräber oder Miner, nicht jeder Miner ist aber auch Prospector gewesen.

Seit die ersten großen Gold- und später Silberfunde in Australien gemacht worden sind, gibt es dort Hunderte und vielleicht Tausende von Leuten, die die metallreichen Gegenden des Erdteils auf der Suche nach Edelmetallen durchstreifen. Diese Prospectors sind meist harte, mit dem Buschleben wohlvertraute Menschen, die zu ihrem Berufe großen persönlichen Mut, Ausdauer und Genügsamkeit mitbringen müssen. Zuweilen zieht der Prospector allein aus, am liebsten aber geht er mit einem Kameraden, einem »mate«. Denn das einsame, monatelange Reisen durch wilde unbewohnte Gegenden ist gefährlich und ungemütlich. Weniger ist dabei an die Gefahr durch die wilde Urbevölkerung zu denken, die allerdings auch nicht zu unterschätzen, und der schon mancher Prospector zum Opfer gefallen ist. Aber der einzelne Reisende kann krank werden, irgend ein kleiner Unfall kann ihn hilflos machen, und dann ist die Gegenwart eines Kameraden von unschätzbarem Wert. Freilich muß er mit diesem auch teilen, wenn ein glücklicher Fund ihm gelingt. Nehmen wir nun an, er sei an eine Aussicht versprechende Stelle geraten. Ist alluviales Gold in dem Sande eines ehemaligen Wasserlaufs oder sind am anstehenden Quarzstein reichlich Einsprengungen von Goldkörnern gefunden, was hat er dann zu tun? Das Nächste ist, sich sofort dorthin zu begeben, wo der nächste Vertreter der Behörde, der »Police Magistrate« residiert. Unter Umständen kann das 1000 Kilometer von der Fundstelle entfernt sein. Um sich sein Recht zu sichern, hat der glückliche Finder dem Beamten genau die Stelle zu beschreiben, an der er den Fund gemacht hat, und erhält nun das Anrecht auf die Ausbeutung des Metalls in einem gewissen ziemlich beschränkten Umkreise über dieser Stelle. Man nennt das: »prospectors claim«. Rechts und links davon können beliebige andre Leute, die sich als Goldgräber dadurch ausweisen, daß sie sich eine Legitimation dazu, ein »miners right«, bei der Behörde lösen, »claims« erwerben. Nach der Reihenfolge der Anmeldung werden dieselben verteilt, jedesmal vier Männer erhalten einen claim. Bedingung ist, daß sie denselben auch wirklich bearbeiten, oder durch einen Ersatzmann bearbeiten lassen. Wird der claim nicht bearbeitet, so zieht ihn die Behörde ein, und gibt ihn dem nächsten Bewerber.

Ist die Stelle, an der sich das Gold findet, ausgedehnt, und der Gehalt an Gold ein bedeutender, so werden claims oft meilenweit im Umkreis von der ersten Fundstelle erworben. In andern Fällen wird ein kleines Goldlager zuweilen nur von einer ganz geringen Zahl von Miners ausgearbeitet. Wie die Dinge heutzutage liegen, werden die claims an solchen Fundstellen, die sich als recht ergiebig erweisen, meistens von Aktiengesellschaften zu hohen Preisen ihren ursprünglichen Inhabern abgekauft und dann durch eine große Arbeiterschar ausgenutzt. Soweit ich im stande bin die Verhältnisse zu beurteilen, herrscht in dieser Beziehung durch ganz Australien eine leidenschaftliche und höchst ungesunde Spekulationswut. Überall, wohin man kommt, dreht sich die Unterhaltung um Minen, Gesellschaften zu ihrer Ausnutzung, Aktien usw. Nicht nur die ganze Bevölkerung der großen Städte ergibt sich diesem Glücksspiel, auch die Squatter und die Farmer spekulieren in Minen, zumal wenn in ihrer Nähe eine Gold- oder Silbermine gefunden ist. Jährlich wird eine große Menge von Edelmetall der Erde abgerungen und auf den Markt gebracht; dennoch scheint es, als ob fast jeder, der mit dem Minenwesen in Berührung kommt, dabei Geld verliert und nicht gewinnt, wenigstens ist das die allgemeine Klage, die man immer wieder hört. Leuten, die zugaben, daß sie auch etwas dabei verdient hätten, bin ich nicht begegnet. Es muß ja wohl auch solche geben. Wahrscheinlich sind es einerseits die allerschlausten und geriebensten Spekulanten, und andrerseits die Goldgräber, die zu vier oder acht ihre eigene Mine bearbeiten, nicht aber die Amateur-Spekulanten oder die Gesellschaften mit künstlich in die Höhe getriebenen Aktien, die durch bezahlte Arbeiter ihre Minen ausbeuten lassen.

Ein großer Unterschied in der Bearbeitung ist es, ob es sich um alluviales Gold handelt oder ob das Gold im anstehenden Quarzgestein vorkommt. Im ersteren Falle genügt das bloße Auswaschen des goldhaltigen Sandes. Solche Goldwäschereien habe ich nicht gesehen, wohl aber Zinkwäschereien bei Cooktown, und ich werde das Verfahren bei letzteren später schildern.

In Eidsvold kommt das Gold als Einsprengung im Quarz vor. Der Quarzfels muß also erst zermalmt werden, ehe man ihm die in ihm eingeschlossenen Goldkörner entreißen kann. Alluviales Gold, das die Bearbeitung lohnte, hat man nicht gefunden, obwohl man eifrig danach gesucht und gegraben hat.

Die Gegend, in der sich das Gold findet, liegt zwischen dem

Burnettfluß und dem Boundary Creek. Unregelmäßig unterbrochene granitische Höhenzüge und Rücken durchziehen das Land, die auf ihren Oberflächen verwitterte runde Granitblöcke tragen. Der Granit hat eine bräunliche Farbe mit leicht rötlichem Schimmer und ist mäßig fein gekörnt. Hier und da geht er in feinkörnigen, dunkleren Syenit über, und da, wo beide Gesteinsarten gemengt vorkommen, hat der Fels ein scheckiges Aussehen. Nach Osten schließen sich an das Urgebirge Sandsteinlager, die aus den Verwitterungsprodukten des Granits entstanden sind. Fossilien scheinen in ihnen nicht vorzukommen. Noch weiter östlich folgen dann Lager von feinkörnigem Sandstein, Quarzit und Schiefer, die wahrscheinlich dem Devon zuzurechnen sind, welches im Burnettdistrikt eine bedeutende Ausdehnung hat.

Die Goldlager finden sich im Granit. Es sind Quarzgänge, die das Urgestein in verschiedener Richtung durchziehen; die meisten streichen NW. und NNW. Das Gold wurde im Jahre 1887 vor nunmehr 16 Jahren von einem Stockman namens Achilles aufgefunden, und seitdem ist hier eine stattliche Ansiedlung entstanden, die ein Gerichtsgebäude, eine Kirche, ein Hospital, eine Schule, zwei Banken, zahlreiche Hotels und Wirtshäuser, Verkaufsläden und Warenhäuser besitzt.

Während Herr McCord seine Sitzung hatte, war der Police Magistrate, Herr A. R. MacDonald so freundlich, mich herumzuführen und mir die Herrlichkeiten der Stadt zu zeigen. Man muß von ihr sagen: interessant, aber keine Schönheit. Interessant auch nur deshalb, weil die Energie und der praktische Sinn zu bewundern ist, der hier in der Einöde fern von den Verkehrswegen in kürzester Zeit das hervorgezaubert hat, was wir Kultur nennen, und dem Gesetz, der Religion und Jugenderziehung, dem Geld- und Fremdenverkehr, sowie dem Kaufbedürfnis ganz wohnliche Heimstätten errichtet hat. Häßlich sind jene Holzhäuser freilich alle, formlos, nur dem Bedürfnis dienend, mit Wellblech gedeckt, das in der strahlenden Tropensonne die Augen unerträglich blendet. Die sich hier ein Haus bauen, denken eben nur daran, es sich für den Augenblick behaglich zu machen. Wer weiß, wie lange der Goldbau an dieser Stelle ergiebig sein wird. Vielleicht flattert schon in wenigen Jahren wieder alles auseinander, wenn der goldhaltige Fleck im Urgebirge ausgenutzt ist. Die Menge der Miner verläuft sich, nur einige Farmer, die begonnen haben, das Land am Flusse zu bestellen, halten noch aus. Die Gebäude zerfallen und verschwinden, die Maschinen zum Zerstampfen des Quarzes werden fortgeschafft, und nichts als der Kirchhof erinnert noch eine Zeitlang daran, daß hier ehemals ein Städtchen gestanden hat. Denn die Holzhäuser lassen bei ihrem Zerfall nicht einmal Ruinen zurück.

Nachmittags fuhr ich mit Herrn McCord in den Schacht der Mine »Mount Rose and Stockman's Junction« etwa 250 Fuß tief ein. Die goldhaltige Quarzschicht hat eine bedeutende Ausdehnung und ist überall mehrere Fuß dick. Das Gold findet sich in so kleinen Einsprengungen, daß es mit bloßem Auge nicht sichtbar ist; daneben kommt auch Schwefelkies vor. Der bergmännische Betrieb ist ein sehr einfacher. Man holt den Quarz aus dem Schoße der Erde, indem man das Gestein anbohrt, durch Dynamit sprengt und die Bruchstücke herausbefördert. Senkt sich das Lager in schrägem Fall in größere Tiefen, so folgt man ihm dahin nach. Oben werden die Gesteinsbrocken dann weiter durch Maschinen, sogenannte Batterien, zerkleinert, mächtige, durch Dampf gehobene und gesenkte Eisenzylinder, die in Reihen aufgestellt die Bruchstücke zu einem feinen Gries zertrümmern und zerstampfen. Um aus diesem den Goldstaub vom Quarze zu trennen, wird die Masse mit Wasser langsam einen langen Weg über eine leicht geneigte Ebene gespült. Das schwerere Gold sinkt unter und bleibt liegen, der leichtere Quarzsand wird vom Wasser mitgerissen und fortgeschwemmt. Um auch die kleinsten Goldstäubchen festzuhalten, sind von Stelle zu Stelle mit Quecksilber gefüllte Querrinnen angebracht. Das Quecksilber bildet mit dem darüber hinziehenden Golde ein Amalgam, das durch Erhitzen leicht wieder in Quecksilber und Gold zu zerlegen ist.

Eine »Tonne« (1000 Kilo) Gestein liefert, wie man mir berichtete, hier durchschnittlich eine »Unze« (31,1 Gramm) Gold. Im verflossenen Monat waren von der Mount Rose and Stockman's Junction Mine 800 Unzen Gold gewonnen worden, die, da die Unze einen Wert von etwa 80 Mark hat, 64000 Mark repräsentieren. Natürlich gehen davon die sehr bedeutenden Betriebskosten für Löhne, Maschinerie, Verzinsung des Anlagekapitals ab, doch ist der Betrieb, solange die Tonne eine Unze liefert, ganz lohnend. Schlimm aber ist es, wenn das Lager, je weiter man ihm folgt, um so ärmer wird oder ganz aufhört. Goldlager, die zwei oder gar drei Unzen Gold auf die Tonne liefern, wie die berühmte Mount Morgan Mine bei Rockhampton, werfen einen glänzenden Gewinn ab, und der Australier pflegt von ihnen nur mit scheuer Ehrfurcht zu sprechen.

Als wir nach dem Besuch der Mine in unser Absteigequartier, Garrie's Hotel, zurückkehrten, widerfuhr mir eine bisher ungekannte Ehre: ich wurde interviewed. Eidsvold ist nämlich schon so weit in der Kultur voraus, daß es eine eigne Zeitung besitzt, den »Reporter and Eidsvold Miner«. Man wird begreifen, daß es dem Herausgeber nicht schwer ist, den Stoff, der sich ihm hier bietet, zu bewältigen, ja daß er sogar manchmal etwas in Verlegenheit ist, wie er seine Spalten füllen soll. Da ist denn ein Interview eine gute Aushilfe, und der Professor, der extra den weiten Weg von Deutschland nach Australien gekommen ist, um Eidsvold zu sehen, wird selbstverständlich den Goldgräbern als ein schrecklich berühmter Mann und tief gelehrter Naturforscher vorgestellt.

Ich gab dem Manne alle Auskunft, die er wünschte, habe aber nicht gelesen, was er am folgenden Tage seinen staunenden Lesern als meine Ansichten über Eidsvold, Australien, Europa und die wirtschaftliche und politische Lage der ganzen Welt berichtet hat. Er wünschte auch, ich sollte selbst einen oder mehrere Artikel über den Zweck meiner Reise, meine bisherigen Erfolge, meine Eindrücke von Queensland und dem Distrikt für sein Blatt verfassen, doch gelang es mir, ihn zu besänftigen.

Um 4 Uhr nachmittags verließen wir Eidsvold und erreichten nach zweistündiger Fahrt Dalgangal, dessen Besitzer, Herr W. Kent, nicht anwesend war. Am nächsten Morgen setzten wir unsre Reise fort. Dieser Tag war ganz außerordentlich heiß, und die Leistung unsrer Pferde, die uns von morgens 6 bis nachmittags 4, mit wenig Rast, bergauf und bergab, über Stock und Stein, meistens im Trabe beförderten, war eine bewunderungswürdige, für unsre europäischen Begriffe geradezu unglaubliche, wenn man bedenkt, daß diese Pferde nur mit Gras gefüttert wurden. Während der Fahrt gab mir Herr McCord freundliche Unterweisung in der schweren Kunst des »four in hand« (vierspännig) Fahrens, und ich machte einige Fortschritte in derselben, obwohl ich überzeugt bin, daß ich allein den Wagen nie und nimmer heil nach Cania gesteuert hätte. Unser Gespann war allerdings nur ein Dreispänner, aber das kommt für die Fahrtechnik auf dasselbe hinaus. Mittags hatten wir unser einfaches Mal in Milgildi, einer Nebenstation, »outstation« von Dalgangal.

Wir kamen dann in das eigentliche Gebiet von Cania, das ziemlich gebirgig ist und von einem Quellfluß des Burnett, dem Three Moon Creek durchflossen wird. Der Boden ist hier reicher als am mittleren Burnett, die Niederschläge häufiger. Deshalb trägt das Land einen üppigeren Graswuchs, und wird daher von Herrn McCord als »fattening-station« benutzt. Das heißt, die Rinder, welche zum Verkauf bestimmt sind, werden hier in gewissen Paddocks fett gemacht und dann an die Küste gesandt.

In Cania gibt es eine Menge von kleineren und größeren Sümpfen, Teichen, schilfbewachsenen Seen und Lagunen. Alle diese stehenden Gewässer werden von einer Unzahl von Wasservögeln bevölkert, die hier, wo sie fast nie beunruhigt werden, wenig scheu sind und dem Jäger das Anschleichen leicht genug machen. Herr McCord kannte genau die Stellen, an denen es Wildenten und Gänse gab. Hier und da wurde Halt gemacht, der eine von uns blieb im Buggy und hielt die Pferde, während der andere sich vorsichtig an die betreffende Stelle heranschlich. Als Hauptstück hatte Herr McCord die große Lagune gepriesen, zu der wir etwa 1½ Stunde vor Erreichung unsers Endziels kommen würden. Hier wollten wir nach einem umfassenderen Schlachtplan handeln als bisher. In etwa 1 Kilometer Entfernung von der Lagune hielten wir an, stiegen aus, strängten die Pferde ab und banden sie an Bäume. Dann wurde Hermann Wein zu Pferde in weitem Bogen herumgeschickt, um uns das Wild zuzutreiben. Wir selbst postierten uns, der eine an das eine, der andre an das andre Ufer des langgestreckten Sees, sorgfältig hinter Bäumen verborgen, um den Blicken der scheuen Wasservögel zu entgehen. Nach einer Weile hörten wir in der Ferne lautes Rufen, es war unser Treiber Hermann, und gleich darauf erfüllte sich buchstäblich die Luft mit Wildenten und Wildgänsen, die zu Tausenden die Lagune bewohnten. Auch eine größere Anzahl von Wildschwänen war dabei, den schwarzen australischen Schwänen, die in Europa vielfach in zoologischen Gärten und Parks gehalten werden. Trotz der großen Menge des aufstehenden Wildes schossen wir nur wenig, weil Enten sowohl wie Gänse zu hoch über uns wegstrichen. Wir verknallten eine große Menge von Patronen und sahen gegen 6 oder 8 Vögel in das Wasser hinunterfallen. Sie waren aber wahrscheinlich sämtlich blos geflügelt oder sonst leicht verwundet; denn als wir später die gefallenen zu suchen begannen, konnten wir nicht einen einzigen finden. Die Wildente ist eben ein überaus schlauer Vogel; verwundet versteckt sie sich im dichtesten Schilf oder sie verbirgt den Körper im Wasser, indem sie sich mit den Füßen im Schlamm des Grundes festklammert und nur den Schnabel zum Atmen herausstreckt. Oder sie schwimmt auch ans Land und läuft einfach davon, während man sie im Schilf oder auf dem Wasser sucht.

Wir trösteten uns über die Erfolglosigkeit dieses Unternehmens, da wir eine hübsche Ausbeute schon in den vorigen Stunden gemacht hatten. Eine unangenehme Überraschung erwartete uns aber, als wir zu unsern Pferden zurückkehrten. Drei derselben, die wir an Bäume gebunden, hatten sich durch die anhaltende Schießerei erschreckt losgerissen und dabei das Geschirr, das wir ihnen nicht abgenommen hatten, beschädigt. Notdürftig mußten wir es zusammenflicken und hatten an dem nächsten Tage große Mühe, es für die langdauernde Rückfahrt wieder gehörig in stand zu setzen. Die beiden Pferde, die Hermann frei mitgetrieben, hatten es überhaupt vorgezogen, sich zu empfehlen, als die Kanonade begann. Weit und breit war von ihnen nichts zu entdecken, und erst 2 Tage darauf wurden sie von Canialeuten aufgefunden und wieder eingefangen. So kam es, daß wir erst lange nach Sonnenuntergang mit 5 erlegten Enten, aber mit Verlust von 2 Pferden in Cania einzogen, wo Herr Dixon, der als Vertreter von Herrn McCord die Station leitete, und seine Gemahlin uns freundlich bewillkommten.

Ich zog gleich an diesem und an den folgenden Tagen Erkundigungen ein, wie es um den Wasserstand der Flüsse und um die Möglichkeit, hier Ceratoduseier zu erlangen, stünde. Wie wir ganz richtig vermutet hatten, war hier im Norden im Oberlauf des Burnett und in seinem Quellgebiet weit weniger Regen gefallen, als in seinem Mittellauf und im Gebiet seiner Nebenflüsse Boyne und Auburn. Schon in Dalgangal, wo wir abends im Flusse badeten, fanden wir denselben kaum angeschwollen und hörten, daß eine nennenswerte Flut dort überhaupt nicht eingetreten war. Ebenso verhielt sich der Three Moon Creek. Diese angenehme Nachricht wurde aber gleich durch die weitere Ermittelung verbittert, daß mein Fisch gar nicht bis zur Höhe von Cania im Three Moon Creek hinaufstiege; ebensowenig würde er im obersten Lauf des eigentlichen Burnett gefunden. Unter diesen Umständen wäre es verfehlt gewesen, in Gegenden überzusiedeln, in denen der Ceratodus selten wird oder ganz fehlt.

In Cania fand zu dieser Zeit großes Mustern statt und die Yards waren vollgepfropft mit Rindern. Gleich in der ersten Nacht, die wir dort verweilten, passierte ein kleiner Unfall. Man hatte die Kälber, die von ihren Müttern getrennt und entwöhnt werden sollten, die »Weanels«, in eine besondere Yard gesperrt, um sie am nächsten Morgen zu brandmarken und sie dann in ein Gebiet zu treiben, wo sie ihre Mütter so bald nicht wieder finden und von ihnen keine Nahrung mehr empfangen würden. Diese Tiere hatten nun im jugendlichen Übermut, auch wohl geängstigt durch die Einsperrung und rabiat gemacht durch die Abwesenheit ihrer Mütter, die Umzäunung durchbrochen und waren fortgerast, weit genug, um sie nicht so leicht wieder zu finden, zumal sie sich in kleine Trupps zerstreut hatten. Durch Zufall stießen am folgenden Abende bei einem Spazierritte Frau Dixon, Herr McCord und ich auf den Haupttrupp der Ausreißer und konnten ihn zur Station zurücktreiben.

Herr McCord war hauptsächlich gekommen, um tausend fette Rinder auszusuchen, die zum Verkauf nach Sydney bestimmt waren. Ich lernte hier eine der interessantesten Seiten des »stockwork« kennen, nämlich das »camp drafting«, das Ausmustern gewisser Stücke aus einer größeren Rinderherde. Die Herde wird dazu auf einen passenden Platz getrieben, und eine Anzahl Reiter umkreist sie langsam, so lange die Arbeit dauert, damit sie sich nicht weit vom Platze entfernen oder zerstreuen kann. Wir trieben uns gewöhnlich Herden von 5 bis 800 Stück zusammen und Herr McCord bezeichnete eins nach dem andern die Exemplare, welche ihm zum Verkauf geeignet schienen und die von der übrigen Herde zu trennen waren. Letztere Procedur wird so vorgenommen, daß ein Reiter auf einem guten und wohl zugerittenen Pferde das betreffende Stück aus der Herde heraustreibt. Das ist keine leichte Sache, wenn die Herde groß ist, weil das verfolgte Tier stets versucht im Bogen auszuweichen und sich wieder zum Gros zu gesellen. Auch sollen keine Stücke, die nicht ausgewählt sind, aus dem großen Kreise herausgetrieben werden. Die Stockpferde leisten bei dieser Arbeit vorzügliche Dienste. Sie wissen genau, worauf es ankommt, und sind mit Feuereifer bei der Sache. Sie beobachten jede Bewegung des Rindes, schneiden ihm den Weg ab, wenn es einen Bogen machen will, kurz beweisen einen wahren Menschenverstand. Sie benehmen sich dabei so selbständig, machen oft so plötzliche Wendungen, wenn das Tier, hinter dem sie her sind, seine Richtung ändert, daß ein schlechter und unaufmerksamer Reiter bei dieser Gelegenheit leicht abgeworfen werden kann. Die herausgetriebenen Stücke werden dann ihrerseits von einer Anzahl von Reitern umkreist und verhindert, sich mit der Hauptherde wieder zu mischen. Anfangs, wenn es ihrer erst wenige sind, muß man scharf aufpassen, denn die Isolierung gefällt ihnen durchaus nicht. Wächst aber die Zahl der herausgetriebenen Stücke, so betrachten sie sich bald als eine selbständige kleine Herde und gehen unbekümmert ihrem Weidegeschäft wieder nach.

In den folgenden Tagen durchstreifte ich mit Herrn McCord und einigen Stockmen einen großen Teil des Gebiets von Cania; ich sah viel camp drafting und konnte nach Herzenslust Enten und Gänse schießen. Ziemlich anstrengend waren diese Ritte allerdings; wir waren zum Beispiel am 20. Dezember, einem sehr heißen Tage, von morgens 6 bis abends 6, ohne viel Unterbrechung, zu Pferde.

Den Tag zuvor hatten wir am Nachmittage zu Pferde einen höchst interessanten Ausflug nach der sogenannten »Gorge« gemacht. Der Weg dahin führt über weite, mit üppigem Graswuchs bedeckte Ebenen, die von anmutigen Bergzügen umsäumt sind. Überall stößt man auf Sümpfe, Weiher und Lagunen, dicht mit Binsen und Schilf bewachsen, von zahllosen Wasservögeln bewohnt. Die Gorge selbst ist eine Felsenenge, durch die der Three Moon Creek fließt. In beinahe senkrechtem Absturz senken sich die Felsenmauern zu beiden Seiten zum Fluß herab, das Gestein ist stark ausgewittert, von Höhlen durchsetzt, so daß es an einigen Stellen die Wälle und Bastionen einer Festung nachahmt und von den Ansiedlern »Castle Mountain« genannt wird. Die Höhe der Wände beträgt mindestens 100 Meter. Das Gestein ist der berühmte australische Wüstensandstein, der der oberen Kreide angehört. Zweifellos lag früher das ganze umliegende Gebiet eben so hoch als die Höhe der Wände der Gorge. Durch Denudation ist es allmählich abgetragen worden und nur die beiden Sandsteinmauern, die jetzt die Gorge umfassen und gegen das Goldfeld Cania hin weiter auseinanderweichen, sind stehen geblieben. Ein noch berühmteres Beispiel der Denudation bildet die bekannte Chambers-Säule im Mac Donnel-Gebirge in Inneraustralien, eine 150 Fuß hohe Säule in einer Sandsteinebene, umgeben von andern ragenden Sandsteinfelsen, die alten verfallenen Schlössern und Burgen gleichen.

Am rechten Ufer des Creek hinter der Gorge befindet sich ein dichter Scrub, der von einer Anzahl von Wasserläufen durchzogen wird. Dieser Scrub war mir im höchsten Grade interessant, weil er in seiner Vegetation mit den Scrubs, die man sonst im Innern des australischen Kontinents findet, nicht die geringste Ähnlichkeit hat. Er gleicht vielmehr durchaus einem tropischen Urwald, wie man ihn sonst in diesem Teile Queenslands nur in der Nähe von Küsten findet. Statt der für das australische Dickicht so charakteristischen Akazien, Eucalypten, tea-trees und Casuarinen stehen da die Charakterbäume des tropischen Urwaldes, vor allem Palmen und verschiedene Arten von Baumfarnen. Lianen schlingen sich von einem Baum zum andern; im Geäst wuchern Orchideen und mächtige epiphytische Farnkräuter wie die »crow nest fern«, Asplenium nidus, und die »stag horn fern«, Platycerium alcicorne, mit ihren wunderbar geformten Blättern, die die Form eines Elengeweihs nachzuahmen scheinen. Man sieht sich plötzlich in eine andre Welt versetzt. Legt man sich die Frage vor, wie dieser plötzliche Wechsel in der Vegetation zu erklären ist, da doch hier sonst überall in der Umgebung, auch dort, wo der Boden das Wasser zurückhält und eine sumpfige Beschaffenheit hat, eine ganz andre Vegetation herrscht, so ist die Erklärung unschwer zu finden. Die meisten jener Gewächse, die für den tropischen Urwald charakteristisch sind, verlangen nicht nur eine hinreichende Speisung durch Wasser von den Wurzeln aus, sondern sie bedürfen für ihre grünen oberirdischen Pflanzenteile einer wasserdampfreichen Luft und gedeihen nicht in einer für gewöhnlich trocknen, an Niederschlägen armen Atmosphäre. Hierzu gehören alle Baumfarne und die meisten, aber nicht alle Palmen. Die bekannte Dattelpalme zum Beispiel ist ein Kind der Wüste und würde auch in einem typischen australischen Scrub fortkommen können; sie liebt es, wie der Araber sagt, ihre Füße im Wasser zu baden, während ihr Haupt von der Sonne versengt wird. Die meisten andern Palmen aber bedürfen nicht nur der Boden-, sondern auch einer bedeutenden Luftfeuchtigkeit zu ihrem Gedeihen. Nun ist das Gebiet von Cania wohl schon wegen der größeren Höhe seiner Berge an Niederschlägen reicher als die meisten andern Gegenden, die weit von der Küste entfernt liegen. Ganz besondere Verhältnisse scheinen aber durch die steilen Abstürze der »Gorge« geschaffen zu sein, die wie eine Falle wirkt, in der sich die feuchten östlichen Winde fangen und ihre Feuchtigkeit, zu Regen und Nebel verdichtet, dem kleinen Urwald zukommen lassen. Aus dem Aufkommen eines solchen an diesem Orte sieht man übrigens, daß fort und fort Keime und Samen jener Pflanzen von der Küste her gegen das Innere geführt werden. Daß dort nur ausnahmsweise typische Tropengewächse gefunden werden, liegt lediglich an der zu großen Trockenheit der Luft, nicht an der Abwesenheit der Keime.

Auch die Tierwelt in jenem Scrub, die ich im übrigen nicht näher studiert habe, war nicht identisch mit der des gewöhnlichen Brigalow-Scrubs am Burnett. Als wir nämlich nach Hause gekommen waren, bemerkten mehrere von uns beim Auskleiden Blut an den Kleidern und wir fanden eine Anzahl von Blutegeln, die an uns während unseres Herumstreifens im Urwald heraufgekrochen waren. Niemals habe ich Landblutegel im gewöhnlichen australischen Scrub gefunden. Sie sind aber eine wahre Pest für die Urwälder der ostindischen Inseln und finden sich auch in denen der australischen Küstenregion, wo sie mir später während meines Aufenthalts in den tropischen Wäldern bei Cooktown das Leben sehr verbittert haben.

Am 22. Dezember früh verließen wir Cania, dessen Besuch mir in vieler Beziehung interessant gewesen war. Nur hatte ich zu meinem Bedauern erfahren müssen, daß für meine Zwecke hier kein günstiger Boden sei. Abends waren wir in Dalgangal, wo wir diesmal Herrn W. Kent und seinen Bruder anwesend trafen, am 23. mittags trafen wir in Eidsvold ein, und ich benutzte meinen Aufenthalt daselbst, um einige Weihnachtseinkäufe zu machen. Es ist wunderbar, welch mannigfaltige und hübsche Sachen man in solch einem abgelegenen Minenstädtchen bekommen kann, ein Beweis für den praktischen Sinn der Leute und ihre Fähigkeit, es sich überall, wo sie sich auch nur auf kurze Zeit niederlassen, heimisch und behaglich zu machen.

Abends waren wir wieder in Coonambula, und am nächsten Morgen in aller Frühe ritt ich in mein Camp zurück. Dort traf ich alles in bester Ordnung an. Dahlke war glücklich aus Gayndah zurückgekehrt; er hatte von dort seinen 16jährigen Neffen Albert Dahlke mitgebracht, einen kräftigen, sehr geschickten und intelligenten jungen Mann, der bei all seiner Jugend schon ein vorzüglicher Reiter war und auch mit Schrotgewehr und Büchse gut umzugehen wußte[1]). Ich nahm ihn gern in meine Dienste, umsomehr als ich Horn zu kündigen beabsichtigte, mit dem ich nicht gut auskam. Zu meiner Freude sah ich, daß die Flüsse bedeutend gefallen waren, so daß es möglich war, wieder an die Arbeit zu gehen. Nachmittags ritt ich nach Coonambula zurück, um dort Weihnachten zu verleben. Es war heute der 24. Dezember. Ich hatte die schönsten Kleider angezogen, die ich im Camp mitführte, und hatte die kleinen Geschenke, die ich für die Kinder in Eidsvold gekauft hatte, sorgfältig vor mir am Sattel befestigt, außerdem noch zwei Talegallus lathami, die meine Leute im Scrub geschossen hatten. Man konnte jetzt den Fluß zu Pferde überschreiten, ohne zu schwimmen, allerdings mußte man die Beine in die Höhe ziehen, um nicht naß zu werden. Mitten im Fluß, der von der Flut her noch voll Holz und umgestürzten Bäumen war, begann mein Pferd plötzlich heftig zu bocken. Es mußte wohl im Wasser von irgend etwas unsanft berührt worden sein, wahrscheinlich von einem Baumast oder einer Baumwurzel. In demselben Augenblick fühlte ich mich kopfüber ins Wasser geschleudert und zwar, wie ich wahrnahm, noch im Sattel sitzend, so daß ich zuerst glauben mußte, mein Pferd hätte einen Purzelbaum geschlagen, und schon erwartete, die Pferdebeine wieder auf meiner Brust zu fühlen. Glücklicherweise war dies nicht der Fall; das Tier hatte nur bei dem heftigen Bocken den etwas altersschwachen Sattelgurt,

1) Aus Albert Dahlke ist später ein Mann von hervorragender Tüchtigkeit geworden, der sich zum »Manager« großer Squatterstationen emporgeschwungen hat. Leider wurde mein alter Reisegefährte im Jahre 1902 von einer Bande Buschklepper in scheußlicher Weise ermordet, als er in seiner energischen und furchtlosen Weise versuchte ihrem Treiben, besonders ihren wiederholten Viehdiebstählen, Einhalt zu tun.

einen bloßen Riemen, gesprengt und mich mit samt dem Sattel über seinen Kopf ins Wasser geschleudert. Ich suchte zunächst den Sattel und die an ihm befestigten Gegenstände zu retten, dann hatte ich das Vergnügen, mich ganz umziehen zu müssen, und traf erst spät am Abend in Coonambula ein.

Froh verlebte ich den Weihnachtsabend im Freundeskreise. Am nächsten Tage war ein großes Christmasdinner mit Truthahn und Plumpudding, ohne die sich bekanntlich der Brite ein rechtes Weihnachtsfest nicht denken kann. Als ich am nächsten Tage zu meinen Leuten zurückkehrte, mußte ich auch für sie ein mächtiges Stück Plumpudding mitnehmen, was sie in helle Begeisterung versetzte. In der Tat, so fern von meiner eignen Heimat, hätte ich keinen zweiten Ort in der Welt finden können, an dem sich mir in der Weihnachtszeit ein Heim so freundlich geöffnet hätte wie hier.

Die folgende Zeit wurde mit beharrlich fortgesetzten Anstrengungen erfüllt, die Gewässer nach den Eiern des Ceratodus zu durchsuchen. Jimmy mit seiner Familie kam zu mir zurück und erbot sich, wieder in meine Dienste zu treten. Ich nahm das nicht an, bot ihm aber 100 Mark als Belohnung, wenn er mir eine Stelle im Fluß zeigen würde, die Ceratoduslaich enthielte. Die Tage wurden immer heißer, die Flüsse fielen tiefer und tiefer und füllten sich allenthalben mit einer reichen Vegetation von Wasserpflanzen. Aber alle unsere Anstrengungen waren vergeblich, so weit wir auch unser Nachsuchen ausdehnten, bald hier bald dort kampierten, den halben Tag lang im Wasser verweilten. Ich konnte mich jetzt kaum noch der traurigen Überzeugung verschließen, daß die Laichzeit des Fisches vorüber sei und ich den richtigen Augenblick verpaßt hätte. Freilich gab ich alle Hoffnung damals noch nicht auf.

Zu Sylvester war ich wieder in Coonambula und am ersten Neujahrstage begaben wir uns alle nach Eidsvold, wo an diesem Tage alljährlich ein großes Pferderennen stattfindet. Die Rennen sind die nationale Belustigung der Australier, sie spielen dort für jedermann eine noch weit wichtigere Rolle, als sie es im englischen Mutterland, dem »old country«, tun. Das ist kein Wunder in einem Lande, in dem die Pferdezucht einen so wichtigen Faktor bildet, das Pferdematerial so billig, das Halten der Pferde so leicht ist, wo man selbst in den großen Städten die Arbeiter sich zu Pferde zu ihren Beschäftigungen begeben sieht. Jedermann versteht hier etwas von Pferden, jedermann interessiert sich für sie und sucht die Berühmtheiten des Tages aus persönlicher Anschauung kennen zu lernen. Da ist natürlich ein Pferderennen für die Bewohner des mittleren Burnett ganz ebenso ein allgemeiner Festtag, wie ein großes Rennen für die Bevölkerung von Melbourne und Sydney.

Australien ist überhaupt das Land der Sports. Fast jeder Ort an der Küste hat seine Vereinigung von Cricket- und Footballspielern. Oft unternehmen dieselben weite Reisen, die Küste auf- und abwärts, um ihre Kräfte gegenseitig zu messen. Der Hauptsport für den Australier ist und bleibt aber das Pferderennen. Das Rennen in Eidsvold bot weiter nichts Bemerkenswertes, das Pferdematerial war natürlich hier kein sehr hervorragendes, abgesehen von einer Anzahl von Zuchthengsten der umwohnenden Squatters. Die Bahn war gut ausgewählt und sorgfältig geebnet; für die Bequemlichkeit der Zuschauer war wenig gesorgt, Sitze waren nicht errichtet. Wir beobachteten die Rennen von unserm Buggy aus und hatten sehr von der Hitze zu leiden, denn der 1. Januar bedeutet für die südliche Hemisphäre dasselbe wie der 1. Juli für die nördliche, und das will für einen Ort, der nahe dem Wendekreise liegt, also etwa unter demselben Breitengrade wie Calcutta, schon etwas sagen. Das Interessanteste war für mich die Sachkenntnis sämtlicher Zuschauer bis zum fünfjährigen Kind herunter und die Art, wie von ihnen Pferde und Reiter bis in die kleinsten Einzelheiten kritisiert wurden.

Die folgenden drei Wochen waren für mich sehr arbeitsreiche. Erschwert wurde unsre Tätigkeit jetzt durch die kolossale Hitze und auch durch den hohen Graswuchs im Busch, der jede Fortbewegung zu Fuß außerordentlich hinderte. Ich unternahm noch einen Ausflug zum Cadarga-Creek, einem Nebenfluß des Auburn, in dem es viele Ceratodus geben sollte. Dieser Creek kommt aus einer rauhen, unwegsamen Gebirgsgegend, in der das Vordringen zu Pferde mit großen Schwierigkeiten verknüpft ist. Immerfort hatten wir den Creek zu überschreiten, steile Felsenhöhen hinanzuklimmen und wieder herabzureiten. Hier und da hat man einen prächtigen Ausblick auf die wilde, tief zerrissene Gebirgslandschaft. Wir drangen so weit vor, als wir uns selbst die Pfade finden konnten; Wege gab es nicht und einen Schwarzen als Führer hatten wir leider nicht mitgenommen. Ich mußte mich aber nun endgültig überzeugen, daß die Fortpflanzungszeit des Ceratodus vorüber sei. Dasselbe war auch Jimmys Ansicht, der den ganzen Boyne aufwärts abgesucht hatte und Mitte Januar zu mir zurückkam, um mir in seiner unvollkommenen Ausdrucksweise zu sagen, alles weitere Suchen sei für jetzt vergeblich, er habe schon einmal, als er einen Haufen von Wasserpflanzen aus dem Wasser herauszog, zwischen den Zweigen einen kleinen »Djelleh«

Zu Seite 130.

Buschlandschaft in der Zeit des hohen Graswuchses.

von $1^1/_2$ Zoll Länge gesehen. Ich konnte meine Augen der traurigen Wahrheit nicht länger verschließen, daß ich mein Hauptziel, wenn nicht ganz verfehlt, doch jedenfalls nicht voll erreicht hatte. Zwar hatte ich Anfang November eine Anzahl von Entwicklungsstadien des Fisches erbeutet, aber es war nur eine kleine Menge, die keine ununterbrochene Entwicklungsreihe darstellte und durchaus nicht ausreichte, ein vollkommenes Bild von dem gesamten Werdeprozeß dieses merkwürdigen Geschöpfes zu geben. Das war niederdrückend für mich, denn ich hatte ja gerade auf diesen Punkt meine Haupttätigkeit konzentriert; es war aber eine Tatsache, an der sich nichts mehr ändern ließ, und die ich als gegeben hinnehmen mußte. Noch länger hier zu bleiben, hätte keinen Zweck gehabt, weil ich in den kommenden Monaten nur meine Zeit verloren hätte. Entwicklungsgeschichtliches Material von Beuteltieren oder eierlegenden Säugetieren hätte ich auch in den nächsten Monaten nicht gewinnen können, und bis zum nächsten Juni hier zu warten, wäre ganz zwecklos gewesen.

So faßte ich denn den schweren Entschluß, zu gehen und mich mit den Erfolgen zu bescheiden, die ich errungen hatte, so sehr dieselben auch hinter meinen Erwartungen zurückblieben. Die nächste Woche ging damit hin, den Rest meiner Sammlungen zu packen, in Blechkisten einzulöten, teilweise auch in einem großen mit Spiritus gefüllten Faß unterzubringen. In zwei Fuhren wurde das Gepäck nach Gayndah übergeführt, wo ich das Lagergerät zum Teil verkaufte, zum größeren Teil aber Dahlke als Geschenk und als Belohnung für seine treuen Dienste überließ.

Am 22. Januar brach ich das Lager gänzlich ab und sandte Dahlke mit den übrigen Leuten nach Gayndah, während ich mich selbst nach Coonambula begab, um noch einige Tage mit meinen Freunden zusammen zu sein. Meine Rückkehr an die Küste brauchte ich nicht allzusehr zu beeilen, weil meine Sammlungen, die auf schweren Karren dorthin geführt wurden, natürlich längere Zeit zur Reise brauchten als ich.

Am 26. Januar nahm ich endlich von meinen neu erworbenen lieben Freunden in Coonambula Abschied, der uns allen recht schwer wurde. Konnten wir doch kaum erwarten, uns jemals wieder zu sehen. Am 28. traf ich wieder in Maryborough an der Küste ein und besorgte dort die Weitersendung meiner Sammlungen, die am nächsten Tage eintrafen, nach Europa. Am 30. Januar begab ich mich mit der Bahn nach Brisbane, wo ich nach über fünfmonatlichem Aufenthalt im Busch körperlich wohlbehalten, aber mit meinen Erfolgen nicht allzusehr zufrieden, eintraf.

Achtes Kapitel.

Rückkehr an den Burnett.

Ich hatte mir vorgenommen, 1½ Jahr auf meine Reise zu verwenden, und hatte mir dementsprechend Urlaub geben lassen. Über ein Drittel meiner Zeit war schon verflossen, und mein weiterer Plan ging jetzt dahin, mich zunächst nach Thursday Island in der Torres-Straße zu begeben, um dort marine Zoologie zu treiben. Von dort wollte ich mich nach Java wenden und dann entweder die Molukken oder eine der andern großen Sunda-Inseln zu längerem Aufenthalt besuchen.

In Brisbane verweilte ich etwas über eine Woche und genoß dort die gastfreundliche Aufnahme des Gouverneurs von Queensland, Sir Henry Norman, der seitdem zum Vicekönig von Indien ernannt worden ist, aber die Berufung auf diesen Posten abgelehnt hat, des Under-Colonial Secretary, Herrn W. E. Parry-Okeden, eines Schwagers von Herrn McCord, des deutschen Konsuls Honorable Johann Christian Heußler, des deutschen Arztes Dr. Eugen Hirschfeld und vieler andrer. Am 9. Februar trat ich auf der »Peregrine« meine Reise nordwärts an. Das Wetter war schön und klar, das Meer ruhig und wie im Wandelgemälde zog die Nordostküste von Australien mit ihren Bergen, Riffen, Inseln, Urwäldern und Ansiedlungen an uns vorüber. Ich will indessen diese Fahrt, die ich später noch einmal hin und zurück machte, an dieser Stelle nicht schildern. Am 11. Februar trafen wir in Townsville ein und mußten hier unser gutes Schiff verlassen und an Bord der wenig erfreulichen »Victoria« übersiedeln. Am 18. Februar warfen wir vor Thursday Island Anker, und hier verweilte ich jagend, fischend und sammelnd sechs Wochen lang. Das Wetter war in dieser Zeit so schlecht und stürmisch, daß ich zuweilen tagelang untätig auf der Insel sitzen mußte. Da kamen denn schwarze Gedanken. Es lastete mir schwer auf der Seele, daß ich mein Ziel in Australien nur so unvollkommen erreicht hatte. Es war ja das freilich nicht meine Schuld, aber ich fühlte, daß es mich je länger um so mehr drücken würde, nach so großen Anstrengungen mit halben Erfolgen heimgekehrt zu sein. Auch war mir klar, daß ich beim zweiten Versuch vieles besser machen würde. War ich doch jetzt mit dem Buschleben vertraut, kannte am mittleren Burnett jeden Wasserlauf und jeden Scrub, hatte die Lebensgewohnheiten der Tiere genau studiert, hatte unter den Weißen Freunde und Helfer erworben, die für mich tun würden, was in ihren Kräften stand, und hatte auch gelernt, mit den Schwarzen umzugehen. Sollte ich alle diese mühevoll erworbenen Erfahrungen als ein totes Kapital mit mir forttragen in Länder, in denen sie mir keinen Nutzen bringen konnten, oder sollte ich noch einen Versuch wagen? Ich war ganz sicher, daß ich diesmal Erfolg haben würde, falls nicht wiederum Wetter, Regen und Flut gegen mich wären. Aber das war eben die Frage. Sollte ich meine ganzen Reisepläne ändern, meinen Aufenthalt in den Tropen aufgeben oder sehr beschränken, unter großen Kosten eine neue Expedition ausrüsten, wieder Monate lang am Burnett verweilen und vielleicht wieder durch eine Überschwemmung des Preises aller dieser Opfer verlustig gehen? Das zweite Mal unverrichteter Sache fortzugehen, wäre noch niederdrückender und schimpflicher gewesen, als das erste. Diese Gedanken verfolgten mich Tag und Nacht. Ich weiß aber noch wie heute die Stelle, wo mir beim Spazierengehen an einem regenschweren, stürmischen Sonntagnachmittag Ende Februar plötzlich klar war: Du mußt noch einen Versuch machen und alles daran setzen, koste es, was es wolle. Es würde feige sein, sich von der Gefahr eines zweiten Mißerfolgs abschrecken zu lassen, ein Unternehmen zu wagen, dessen Aussichten an und für sich eher gute als schlechte sind. Mein Entschluß war jetzt gefaßt, und Zweifel sind mir nicht mehr aufgestiegen. Sofort traf ich alle Maßregeln, die durch die Veränderung meiner Pläne notwendig geworden waren. Ich schrieb nach Hause und bat um Verlängerung meines Urlaubs um ein halbes Jahr. Ich teilte Dahlke mit, daß ich in etwa vier Monaten zurückkommen würde, und versicherte mich seiner weiteren Dienste. Er sollte inzwischen alle notwendigen Vorkehrungen treffen, so daß wir, wenn ich in Gayndah einträfe, sofort aufbrechen könnten. Ich wollte außer ihm noch zwei Weiße, ein Paar junge tüchtige Queensländer, mitnehmen, die er auswählen und engagieren sollte. Die Hauptsache aber war, sich der Hilfe der Schwarzen zu versichern. Wenn ich Anfang Juli an den Burnett zurückkehrte, konnte ich meine Sammlung von Echidnaentwicklung sehr gut ergänzen, vorausgesetzt, daß ich nur eine Schar brauchbarer

Schwarzer bei mir hatte. Wir waren allerdings im vorigen Jahre in einigem Unfrieden geschieden, aber bis ich im Juli zurückkam, war darüber Gras gewachsen, die Schwarzen hatten bis dahin gehörig im Busch herumvagabundiert; sie hatten Genüsse wie Tee, Zucker, Damper, vielleicht sogar Tabak lange entbehren müssen, und das würde sie wohl gefügiger machen. Auch vertraute ich auf den Einfluß, den Herr McCord über einen Teil der Schwarzen besaß. Natürlich setzte ich meine Freunde in Coonambula sofort von der Änderung meiner Pläne in Kenntnis und erhielt freundschaftliche Grüße und wertvolle Ratschläge von ihnen nach dem fernen Norden gesandt.

Inzwischen blieben mir noch volle vier Monate, bis es irgend welchen Sinn hatte, an den Burnett zurückzukehren. Ich beschloß den ersten davon noch in Thursday Island zu bleiben, dann auf zwei Monate nach Neu Guinea zu gehen und im vierten Monate, dem Juni, mich allmählich an den Burnett zurück zu begeben, indem ich auf der Rückreise irgendwo im tropischen Nordaustralien längere Station machte.

Programmmäßig führte ich alle diese Pläne aus und werde meine Erlebnisse und Beobachtungen in Thursday Island, Südost-Neu-Guinea und in Nordaustralien in der Gegend bei Cooktown unten zu schildern haben. Am 4. Juli war ich nach fast halbjähriger Abwesenheit wieder in Maryborough, am 7. Juli wieder in Gayndah. Freundlich begrüßten mich meine alten Bekannten und Freunde, freundlich lachte mir auch die Sonne, die die weiten Grasflächen und die Riesengestalten der Eucalypten des australischen Busches beschien. Allerdings mußte ich mich an die Landschaft erst wieder gewöhnen, ehe ich den alten Reiz ihrer herben und spröden Eigenart voll zu genießen vermochte. Ich hatte die schönen Küstenformen, die malerisch im strahlenden Tropenmeer gelegenen Inseln der Torresstraße gesehen, hatte die stolzen Bergriesen von Neu-Guinea bewundert, war in den papuanischen Urwäldern, den üppigsten, an Leben und Farben reichsten der Welt gewandert. Da kam mir denn die lichte Buschlandschaft anfangs etwas öde, verbrannt, farblos vor, und ich fragte mich, ob meine Freude an derselben im vorigen Jahre nicht zum Teil auf einer Art Selbsttäuschung beruht hätte. Es kam dazu, daß um diese Zeit, der trockensten und kühlsten des Jahres, die Grasdecke, die einen so wichtigen Bestandteil dieses Landschaftsbildes ausmacht, gelb, dürftig, vertrocknet aussah. Allmählich gewöhnte sich aber mein Auge, auch hier das Schöne wieder zu erkennen. Der Graswuchs wurde Ende August so reich und üppig wie je zuvor, die Akazienbüsche der Scrubs bedeckten sich mit gelben, die tea-trees in den Flußbetten mit roten oder süß duftenden weißen Blüten. Mit ihnen kehrte auch meine alte Vorliebe zurück.

Bekanntlich läßt sich über den Geschmack nicht streiten, und es gibt kein absolutes Maß für das Schöne. Als schön bezeichnen wir im allgemeinen das, was den meisten von uns gefällt. Immerhin ist es gut, sich in diesen Dingen nicht allzu willig dem Majoritätsbeschluß zu fügen. Viele glauben, weil eine Aussicht, ein Kunstwerk weltberühmt und im Reisehandbuch mit zwei Sternen ausgezeichnet ist, auch sie müßten es schön finden, selbst wenn sich bei der Betrachtung nichts in ihrer Brust regt. Die Einbildung wirkt hier sehr stark, und es ist für einen jeden schwer, sich ganz vor Selbsttäuschung zu bewahren. Nun ist allerdings die typische australische Landschaft keineswegs wegen ihrer Schönheit berühmt, ja im Gegenteil, sie wird meiner Ansicht nach unterschätzt. Aber vielleicht war ich in den entgegengesetzten Fehler verfallen und hatte mich in meiner Opposition gegen die landläufige Ansicht verrannt, so daß ich mir vorredete, Schönheiten zu sehen, wo in der Tat nur öde Grasflächen, dünnlaubige, stumpfgefärbte Bäume, wasserlose Flüsse vorhanden waren. Mancher Reisende, der von dem kühngestalteten Neuseeland, dem üppigen Ceylon oder Java kommend einen flüchtigen Blick auf die sonderbare australische Buschlandschaft wirft, wird wahrscheinlich so denken und höchst enttäuscht meine Auffassung für eitel Selbstbetrug oder für Fabelei eines Reiseschriftstellers erklären. Widerlegen kann ich das nicht, nicht einmal mich auf das Urteil der Allgemeinheit berufen. Ich möchte aber hervorheben, daß ich mich gewissenhaft selbst geprüft habe und dauernd behaupte, daß die Landschaft gewisse eigene Reize besitzt, nicht daß sie schlechtweg schön sei.

In Gayndah fand ich, daß Dahlke alles mit größter Sorgfalt und Umsicht vorbereitet hatte. Auf meine Anweisung waren die Einrichtungen so getroffen, daß wir zwei getrennte Camps errichten konnten: ein stationäres am Flusse als Basis aller Operationen und mit der speziellen Aufgabe, die Flüsse nach Ceratoduslaich zu untersuchen. Ferner ein zweites Camp, das die Schwarzen auf ihren Wanderungen begleiten sollte, um das Material von Echidnaentwicklung, in zweiter Linie auch von Beuteltierentwicklung zu ergänzen und zu vermehren. Dahlke stellte mir zwei junge Queensländer deutscher Abstammung vor, die Lust hatten in meine Dienste zu treten und die er als nüchtern, zuverlässig und arbeitsam empfahl: Andrew Wein, den Bruder von Hermann, der im vorigen Jahr bei mir gewesen und im Augenblick unabkömmlich war, und Edmund Haupt, einen tüchtigen erfahrenen Stockman und kräftigen gewandten Reiter. Ich engagierte beide und nahm auch noch Haupts vierzehnjährigen Bruder Balthasar mit, der bei den kleinen Lagerarbeiten helfen sollte und das Hauptcamp zu hüten hatte, wenn wir andern alle abwesend wären.

In Gayndah fand ich eine Anzahl der Schwarzen vor, die mich hier auf Veranlassung des Herrn McCord erwarteten. Auch Frank war dabei, gänzlich unbefangen und hocherfreut mich wiederzusehen. Ich erklärte ihm gleich, daß ich auf seine schätzbaren Dienste verzichte, und er rächte sich dafür an mir dadurch, daß er mir die übrigen Schwarzen abspenstig zu machen suchte. Es gelang ihm das aber nur bei der Minderzahl und glücklicherweise bei den weniger Brauchbaren und Tüchtigen. Eine weitere Anzahl von Eingeborenen, unter ihnen Jimmy, hoffte ich am Boyne zu treffen und dort für mich zu gewinnen. In anderthalb Tagen war in Gayndah alles aufs beste geordnet. Meine weißen Begleiter mit der Dray und zahlreichen Pferden brachen nach dem Boyne auf, um dort in der Nähe der Station Cooranga das Hauptlager aufzuschlagen. Da wir mehr Gepäck und reichlichere Lebensmittel mitnahmen als früher, benutzten wir eine größere und stärkere Dray und spannten sechs Pferde vor dieselbe. Die Schwarzen zogen für sich in das östlich von Cooranga gelegene Gebirgsland und versprachen sofort mit der Echidnajagd zu beginnen. Ich selbst begab mich zunächst nach Coonambula, um meine alten Freunde wiederzusehen und mit Herrn McCord meine Operationspläne gründlich zu besprechen. Die nächsten Tage blieb ich in Coonambula und wählte mir unter den dortigen Pferden ein vorzügliches Reitpferd aus, einen Schimmelwallach mit arabischem Blut namens »Blue Beard«, der für weite Ritte ganz anders taugte, als der alte Schamyl. Letzterer befand sich auch noch in meinem Besitz. Ich hatte ihn ehedem bei Dahlke zurückgelassen, es war aber bisher noch nicht gelungen, ihn zu verkaufen. Blue Beard war ein ausgezeichnetes Pferd, schön gebaut, voll Temperament, ausdauernd, von angenehmen Bewegungen. Er besaß aber den Fehler, daß er in allen Gangarten urplötzlich ohne jedes vorherige Anzeichen auf das heftigste scheute. Er sprang dann zurück oder zur rechten oder zur linken Seite, blieb plötzlich im Trabe oder Galopp wie angewurzelt stehen, machte meterhohe Sätze über einen beliebigen niedrigen Gegenstand, der am Boden lag und ihm auffiel, kurz man mußte immer scharf auf ihn aufpassen, und das ist bei langen Ritten recht anstrengend und ermüdend. Es war wohl irgend ein Fehler im Sehvermögen, der dieses merkwürdige Scheuen hervorrief. Ich

Unser Hauptcamp am Boyne. Juli 1892.

vertauschte dieses Pferd deshalb später mit einem anderen, einem dunkelbraunen, etwas schweren Wallach namens Lynx, der allen meinen Anforderungen genügte.

Am 14. Juli begab ich mich zu meinem neuen Camp am Boyne und fand, daß meine Leute dort schon vor zwei Tagen eingetroffen waren und das Lager in der Hauptsache hergerichtet hatten.

Den Platz für dieses Camp hatte ich mir schon ausersehen, als ich in Thursday Island weilend aus der Ferne Vorkehrungen für diesen zweiten Aufenthalt im Burnettdistrikt traf. Als ich im vorigen Jahre so eifrig nach dem Ceratoduslaich suchte und weit und breit die Topographie der Flußläufe studierte, um die Stellen zu finden, die die besten Standorte für den Fisch und seine Fortpflanzungsprodukte abgäben, war mir eine breite und außerordentlich lange Austiefung des Boyne aufgefallen, die sehr vielversprechend aussah. Sie war nicht weiter als 2½ Kilometer von der Station Cooranga, dagegen etwa 32 Kilometer von Coonambula entfernt. Sie bestand aus zwei Teilen, die durch eine schmale und seichte Stelle des Flußlaufs verbunden waren. An letzterer konnte man den Fluß leicht überschreiten. Das stromabwärts gelegene Stück war das bedeutendere, fast zwei Kilometer lang und an der breitesten Stelle über einen halben Kilometer breit, am rechten Flußufer selbst bei niederem Wasserstande mehrere Meter tief, am linken Flußufer flacher und ganz von Wasserpflanzen durchwachsen. Flußabwärts und noch mehr flußaufwärts folgten noch eine ganze Reihe von weiteren Austiefungen, die uns in der Folge alle gute Ausbeute geliefert haben. Die Umgebung war reich an wilden und dichten Scrubs, das Hochland, das sich östlich vom rechten Flußufer erhob, sollte besonders gesegnet mit Ameisenigeln sein.

Hier, auf der Höhe des linken Flußufers, hatte ich beschlossen, mein Lager aufzuschlagen, und dieses Lager war und blieb denn auch mein Hauptquartier während meines ganzen zweiten Aufenthalts am Burnett, vom 14. Juli bis zum 13. Oktober 1892, also ein volles Vierteljahr lang. Wir richteten uns hier ganz behaglich ein und hatten dabei großen Vorteil von den im vorigen Jahre gesammelten Erfahrungen. Wir hatten eine Anzahl guter, geräumiger Zelte, erbauten ein schönes, festes Rindenhaus, ferner eine, an den Seiten offene, oben mit Rinde gedeckte Halle, um im Freien zu arbeiten und unsre Mahlzeiten einzunehmen, endlich einen wohlhergerichteten, gedeckten Feuerplatz. Eine Anzahl aus Gayndah mitgenommener Bretter lieferte uns bequeme Tische und Bänke. Ich begann sogleich den Bau eines Bootes, und da es uns diesmal an geübten Händen und an guten

Werkzeugen nicht mangelte, konnten wir schon nach drei Tagen ein fast vier Meter langes, dreiviertel Meter breites, dabei leichtes und handliches Boot aus Kurrajongholz vom Stapel lassen (Abbildung Seite 82).

Da ich hoffte, in dieser Jahreszeit auch reichliches Material von Beuteltierentwicklung erlangen zu können, verfertigten wir eine Anzahl von Fallen und stellten dieselben in der Umgebung des Lagers auf. Wir verwendeten zwei Konstruktionen: Kastenfallen aus meterlangen Stammabschnitten hohler Bäume, die an einem Ende zugenagelt wurden. Am andern Ende befand sich eine Falltür, die, wenn das Tier im Innern den Köder berührte, herunterfiel und den Ausgang verschloß. Scharfgerösteter Damper erwies sich als der beste Köder. Eine zweite Art von Fallen war anders konstruiert. Ein starkes, mit Steinen beschwertes Brett wird durch einen kleinen Aufbau von drei Hölzchen, der in der Form der Ziffer 4 gleicht, in schräger Stellung über dem Boden stehend gehalten. Der Köder wird an die Hölzchen befestigt, die nur lose ineinander gestellt sind. Rührt ein Tier daran, um den Köder abzufressen, so gleiten die Hölzchen voneinander ab, das Brett fällt um und erschlägt den Nascher. Auf diese Weise habe ich besonders viele »'Possums« gefangen oder richtiger erlegt; seltener Bändikuts und Känguruhratten. Die meisten 'Possums hatten aber schon wieder kleine Beuteljunge, nur sehr wenige bargen noch intrauterine Entwicklungsstadien, auf die ich besondern Wert legte.

Ich muß hier eine sonderbare Vorstellung erwähnen, die ganz allgemein bei allen »Buschmännern« verbreitet ist, und an deren Richtigkeit fester geglaubt wird, als man ehedem an die Bewegung der Sonne um die Erde oder an die Urzeugung der Bakterien und Hefepilze geglaubt hat. Es steht für diese Leute fest, daß die Beuteltierkeime nicht in der Gebärmutter der Alten ihre Ausbildung erfahren wie die Keime andrer Säugetiere, sondern daß sie aus der Brustwarze herauswachsen und dort befruchtet würden, »that they are conceived on the teat«. Diese irrtümliche Anschauung erklärt sich daraus, daß die Intrauterinstadien der Beuteltierentwicklung so klein sind, daß sie einem Laien beim Öffnen der Tiere wohl stets entgehen werden. Das Junge wird in einem ganz unfertigen Zustande als ein halbdurchsichtiges, scheinbar formloses Klümpchen geboren, sofort in den Beutel befördert, und es saugt sich da sogleich so an die Zitze fest, daß es nur schwer abzulösen ist. Die Leute denken deshalb, es sei hier auch entstanden, und keine Überredungskunst kann diese Überzeugung erschüttern. Erst als ich meinen Leuten die jungen Stadien in der Gebärmutter selbst zeigte, ließen sie sich überzeugen, und damit war mein Ruf als großer Naturforscher bei ihnen begründet, da sie diesen Nachweis für eine epochemachende Entdeckung hielten, und sie Jedem mitteilten, mit dem sie zusammentrafen.

Jeder Naturforscher wird auf seinen Reisen Erkundigungen über die Lebensweise und das Vorkommen der Tiere des Landes von den Einheimischen, seien es Weiße oder Schwarze, einziehen und kann auf diese Weise wertvolles Material sammeln, wenn er die nötige Kritik übt. Leichtglaubigkeit ist da ebenso unrichtig als absolute Skepsis. Haufig sind die von weißen oder schwarzen Jägern und Fischern beobachteten Tatsachen von Wert, während die daraus gezogenen Schlüsse irrig sind. Auch den Beobachtungen glaube ich nur dann, wenn sie mir von dem, der sie selbst gemacht hat, berichtet werden, nicht von Hörensagen aus zweiter oder dritter Hand. Am meisten Glauben verdienen Beobachtungen, die unabhängig von Verschiedenen gemacht und berichtet werden, aber das beste bleibt doch immer, mit eigenen Augen zu sehen, denn manchmal werden einem ganz fabelhafte Dinge übereinstimmend von den verschiedensten Leuten erzählt und durch eigne Erlebnisse illustriert. Am Burnett spuken Fabeln von wunderbaren Tieren mehr als in andern Teilen Australiens, weil die weißen Ansiedler durch den mehrfachen Besuch von Naturforschern davon Kenntnis erhalten haben, daß bei ihnen ein besonders merkwürdiges Geschöpf, eben der Ceratodus Forsteri lebt, das erst seit kurzem entdeckt ist. Wo es ein solches Wunder gibt, denken sie, da müssen wohl noch mehr vorkommen. So erhielt ich denn mehrfach Berichte von Fabeltieren, die ich andächtig mit unterdrücktem Lächeln anhörte. Die Angaben der australischen Schwarzen fand ich immer korrekt, soweit es sich um unmittelbare Beobachtungen handelt. Ihr Hirn ist nicht fruchtbar genug, um neues zu erdichten; nur ein gewisser dumpfer Aberglaube erzeugt eine unklare Vorstellung von bösen Geistern. Dieselben gewinnen aber selten eine greifbare Gestalt, während das höher organisierte Hirn der Weißen körperliche und körperlose Fabelwesen bewußt oder unbewußt erdichtet.

Da ich zu entwicklungsgeschichtlichen Zwecken viele Beuteltiere, besonders 'Possums erlegen mußte, und es sich nicht lohnte, viele Bälge derselben Art zum Ausstopfen zu präparieren und nach Europa zu nehmen, unternahmen wir es, die Mehrzahl der Felle an Ort und Stelle zu gerben, um sie später als Pelzwerk zu benutzen. Rasch war eine kleine Gerberei hergerichtet In den Scrubs am Burnett wächst eine Akazienart, Acacia decurrens, »silver-leaved wattle« genannt, deren Rinde in Wasser ausgezogen eine gute Lohbrühe liefert. Einige größere Blechkästen, die ich mit mir führte, um bei der Abreise meine Sammlungen in dieselben zu verpacken und einzulöten, wurden mit der Brühe gefüllt und dort hinein kamen alle die Bälge die sonst einfach fortgeworfen worden wären. Im Laufe der Zeit wurden etwa hundert Opossums und 20 Ornithorhynchusfelle. Häute von Känguruhs, Wallabies, selbst von Riesenschlangen gegerbt, und ein schöner Possumpelz, Känguruhfußdecken, Ornithorhynchuspelzmützen und Jagdmuffs erinnern mich noch heute an meine Jagden im fernen Australien und an das Gerberhandwerk, dem ich damals mit Vergnügen oblag.

In dem großen Wasserloch, das zu Füßen meines Lagers lag, ließ ich grundsätzlich nicht angeln, um unter keinen Umständen den Bestand des Ceratodus zu verringern. Dagegen setzte ich einige von Maryborough mitgebrachte Drahtreusen und einige selbstgefertigte Bretterreusen mit sehr engem Eingangsloch aus, um recht junge Ceratodus und andre interessante Wassergeschöpfe zu erbeuten, die mir bis dahin noch entgangen sein mochten. Ich fing im großen und ganzen wenig darin, und das wenige war nicht interessant und neu. Die kleinen Ceratodus verirrten sich niemals in das Innere meiner Reusen.

Die Schwarzen waren inzwischen fleißig an die Arbeit gegangen. Zu denen, die sich mir in Gayndah angeschlossen hatten, gesellten sich jetzt noch Jimmy mit seiner Familie und einige jüngere, unverheiratete Schwarze, so daß ihr Camp jetzt wieder an zwanzig Köpfe zählte. Täglich erhielt ich mehrere weibliche Echidnas, die, wie ich aus der Untersuchung der Eierstöcke ersah, der Brunst ganz nahe waren. Am 23. Juli fand ich das erste befruchtete Ei im Uterus. Die bis dahin getöteten Tiere waren aber nicht nutzlos hingeopfert, denn ich präparierte ihre Organe: Gehirn, Sinnesorgane, Eingeweide sorgfältig. Dasselbe tat ich mit den erlegten Beuteltieren, sofern ich sie nicht im ganzen in Alkohol konservierte. Solche Sammlungen einzelner Organe sind für vergleichend-anatomische Untersuchungen von großer Bedeutung, weil die herausgeschnittenen Teile sich viel vollkommener konservieren lassen, als das ganze unzerstückelte Tier. Für feinere Untersuchungen der Gehirne ist diese Methode sogar die einzig brauchbare, weil das in der dichten Schädelkapsel eingeschlossene Gehirn weich wird, sich verändert und zerfällt, ehe noch die konservierenden Flüssigkeiten zu ihm dringen können. In dem heißen Klima von Queensland geschieht dies so rasch, daß ich überhaupt nur die

Hirne ganz frisch erlegter Tiere zur Konservierung verwendete. Gehirne von Tieren, die vor mehreren Stunden getötet waren, erwiesen sich meist als nicht mehr brauchbar. Ich habe im ganzen über hundert Monotremen- und Beuteltiergehirne herausgenommen und konserviert, eine schwierige und zeitraubende Arbeit, die aber reichlich Früchte getragen hat. Auch legte ich eine schöne Sammlung von Rohskeletten der verschiedenen am Burnett vorkommenden Beuteltiere sowie der Ameisenigel und Schnabeltiere an.

Die Schwarzen brachten mir auch um diese Zeit eine Anzahl von frisch gelegten Emueiern und sechs eben ausgeschlüpfte Emu-Küken. Die schön dunkelgrünen, chagrinierten Eier des Emu sind auch in Europa wohlbekannt. Man sieht sie in allen naturwissenschaftlichen Sammlungen und verarbeitet sie auch zu Tafelaufsätzen und Pokalen. Ganz ähnlich, nur viel lichter in der Farbe sind die Eier des nur im äußersten Norden des Erdteils sowie in Neu-Guinea lebenden Kasuars, die ich auf letzterer Insel gesammelt habe. Am Burnett haben wir uns einige Male aus einem frisch gelegten Emuei einen Eierkuchen oder Rührei gemacht, und das Gericht schmeckte unsern damals wenig verwöhnten Gaumen vortrefflich. Ein Ei liefert eine Portion, zu deren Bewältigung mehrere hungrige Magen gehören.

Der Emu, fälschlicherweise auch australischer Strauß genannt, Dromaeus novae-hollandiae, verbreitet sich von Tasmanien über die ganze östliche Hälfte von Australien; eine andere Art, Dromaeus inornatus, kommt in Westaustralien vor. Der Vogel ist am Burnett keineswegs selten und sehr wenig scheu, weil die Weißen ihn gar nicht, und auch die Schwarzen nur wenig verfolgen. Warum letzteres der Fall ist, weiß ich nicht. Es ist mir nachträglich eingefallen, daß vielleicht gewisse Satzungen den jüngeren und mittleren Altersklassen verbieten, Emufleisch zu genießen. Oft sah ich die Vögel zwischen weidendem Vieh herumspazieren und mir kaum irgend welche Beachtung schenken, wenn ich nicht ganz dicht heranritt. Einmal war ich mit zweien meiner Leute zu einem Scrub geritten, um einige Ceratodus abzuholen, die wir in ein kleines Gewässer desselben eingesetzt hatten. Gewehre hatten wir nicht mit, unsre Pferde hatten wir am Rande des Scrubs angebunden. Als wir nach getaner Arbeit sorglos plaudernd aus dem Scrub heraus zu unsern Pferden traten, sahen wir auf vierzig Schritt zwei Emus vor uns, die über unser Erscheinen mehr erstaunt als erschreckt schienen. Auf einen Wink von mir blieben meine Leute stehen und wir alle verhielten uns ruhig. Die Vögel schienen erst eine Weile zu überlegen, dann kamen sie langsam bis auf fünfzehn Schritt heran und musterten uns dummdreist und neugierig. Ein andermal ließ mich ein halbwüchsiger Emu bis auf achtzig Schritt herankommen und trabte dann erst mit langen Schritten fort. Ich verfolgte ihn auf meinem flüchtigen Pferde und hetzte ihn eine viertel Stunde lang über Stock und Stein. Als ich ihn fast eingeholt hatte, wurde das Terrain so koupiert, daß der Vogel wieder Vorteil über das Pferd gewann und entkam, zum Teil auch deshalb, weil mir nichts an der Beute lag und ich mein Pferd schonen wollte.

Von den sechs Küken, die mir von den Schwarzen gebracht worden waren, tötete ich vier sofort und konservierte sie sorgfältig. Zwei ließ ich leben und hielt sie fast drei Monate lang als Hausgeflügel in meinem Camp. Nachts über trieben wir sie immer in eine kleine Umzäunung; bei Tage konnten wir sie bald frei herumlaufen lassen, ohne daß es ihnen einfiel zu entweichen. Sie waren zahm wie Hühner und zum Spielen aufgelegt wie junge Hunde. An allem Auffallenden pickten sie herum, selbst an den Pfoten, Nasen und Ohren unsrer Hunde, von denen sie deshalb mit schelen Augen angesehen wurden. Hinter allem, was sich schnell bewegte, Mensch, Hund oder Pferd, liefen sie her, gleichsam als wollten sie immer mit dabei sein, wenn etwas los wäre. Das Einherlaufen hinter schnell sich bewegenden Geschöpfen ist für die zahmen Emus überhaupt charakteristisch, und diese Eigentümlichkeit wird nicht abgelegt, wenn die Tiere heranwachsen. Ein Squatter erzählte mir, daß ein zahmer Emu, den er auf seiner Station gehalten hatte, in einer Umzäunung ein etwas scheues Pferd fast zu Tode gehetzt hätte. Sobald das Pferd von ihm fortsprang, lief der dumme Vogel hinterher, je ängstlicher jenes forteilte, um so eifriger folgte ihm der langbeinige Läufer, bis sich endlich das arme Pferd gänzlich erschöpft und abgetrieben niederlegte. Dieser Emu machte sich überhaupt so lästig, daß man ihn endlich fortjagen wollte. Er ließ sich aber nicht vertreiben, kam immer wieder und mußte schließlich getötet werden.

Die jungen Emus unterscheiden sich in der Färbung sehr wesentlich von den alten; sie sind nicht einfarbig graubraun wie die letzteren, sondern hübsch gezeichnet, dunkelgrau mit zahlreichen Längsstreifen über Rücken und Seiten. Eine ganz ähnliche Streifung besitzen auch die jungen Kasuare. Diese Streifung der Jungen ist offenbar eine Schutzfärbung. Die Jungen werden häufig von den Adlern und Habichten geraubt, die überall in Australien häufig sind. Die Schwarzen berichteten mir, daß sie sich, sobald sie einen großen Raubvogel über sich kreisen sehen, platt auf die Erde drückten. Ein so großer

Körper, wie der eines jungen Emus, würde nun auf der Erde, besonders auf der Grassteppe viel auffallender erscheinen, wenn er gleichmäßig, wenn auch unscheinbar gefärbt wäre, als wenn seine Färbung durch Flecken oder Streifen unterbrochen ist. Ich habe mich mit eigenen Augen davon überzeugen können, wie schwer ein junger Emu im Grase zu entdecken ist, wenn er sich platt auf den Boden drückt. Im gleichförmigen Sande würde ihn seine Streifung auffälliger machen, hier läßt sie ihn verschwinden. Ähnliches beobachten wir auch bei andern Tieren. Der Löwe, der mit Vorliebe im offenen Terrain, auf kümmerlichen Strauchsteppen, in kahlen Berggegenden, im Sande der wasserarmen Flußläufe jagt, und dieselben den Dickichten und Urwäldern entschieden vorzieht, ist ziemlich gleichmäßig sandfarben. Der Tiger, ein Bewohner der hohen Schilfdickichte, der Bambusgebüsche, des »Djungels« ist schön gestreift. Bei diesen Raubtieren dient die mit der Umgebung übereinstimmende Färbung natürlich nicht zum Schutz, sondern sie gestattet ihrem Träger, sich unbemerkt seiner Beute zu nahen, und macht ihn unsichtbar, wenn er im Versteck auf ihr Herankommen lauert.

Wenn der junge Emu heranwächst, wird er zu groß und zu kräftig, um noch von irgend einem Raubvogel geschlagen zu werden. Dann verschwindet die schützende Streifung seines Kleides. Ungefährdet wandelt dann der majestätische Vogel durch die ungeheuren Buschwälder seiner Heimat, die kein Geschöpf beherbergen, das ihm Gefahr bringen könnte, mit Ausnahme natürlich des furchtbarsten von allen, des Menschen. Das Märchen, daß die afrikanischen Strauße, wenn verfolgt und eingeholt, den Kopf in den Sand stecken, weil sie glauben, wenn sie den Verfolger nicht sähen, auch von ihm nicht gesehen zu werden, ist wohl dadurch entstanden, daß sich manchmal die afrikanischen Strauße vor reitenden Jägern hinter Hügeln und Bodeneinsenkungen zu verstecken suchen, statt zu fliehen. Auch duckt sich zuweilen die brütende Henne und bleibt regungslos liegen, wohl eine Reminiscenz an die Jugendzeit, als es notwendig war, sich vor den Augen der verfolgenden Raubvögel regungslos auf den Boden zu drücken.

Meine beiden jungen Emus legten sich übrigens auch ohne im mindesten beunruhigt zu sein platt auf die Erde und streckten Beine sowie Hals und Kopf weit von sich. Oder sie ruhten in sonderbar knieender Stellung und ließen sich behaglich von der Sonne bescheinen. Die beiden drolligen Geschöpfe waren unzertrennlich von einander und lebten in größter Eintracht. Kam eins einmal außer Schweite des andern, so lockten sie sich sogleich mit lauter, piepender Stimme.

Recht lästig fielen uns in diesem Camp die zahlreichen Ameisen, die rings um uns ihre Wohnungen besaßen und uns fortwährend Besuche abstatteten, um zu sehen, ob es etwas fortzutragen oder zu benagen gab. Die Termiten dagegen waren hier am subtropischen Burnett nicht ganz so zahlreich und lästig als in den nördlicheren, tropischen Teilen von Queensland. Ein großer Ameisenhaufen befand sich nur fünfzig Schritt von meinem Camp, und die geschäftigen Insekten hatten zwischen meiner Wohnung und der ihrigen eine förmliche Straße ausgetreten, auf der es immer von leer ausziehenden und beladen zurückkehrenden Ameisen wimmelte. Da diese nahe Nachbarschaft manches störende hatte, so versuchte ich die Tiere zu vertreiben, ohne die armen Geschöpfe ganz zu vernichten, was ich leicht durch Ausbrennen des Haufens hätte tun können. Ich warf deshalb eine Handvoll von Naphthalinkrümeln auf den Haufen in der sicheren Voraussicht, dies würde einen allgemeinen Auszug veranlassen. Sogleich entstand eine ungeheure Aufregung. Die tapfern Tiere stürzten sich mit Wut auf die ebenso übelriechenden als ihnen gefährlichen Krumen, ergriffen sie mit ihren Kiefern, schleppten sie ein kleines Stück weit fort, ließen sie voll Widerwillen fallen, dann kam eine andere, setzte das begonnene Werk fort, wurde auch abgelöst, bis endlich nach weniger als zwei Stunden auch der kleinste Naphthalinbrocken aus dem Nest entfernt war, und alles wieder seinen gewöhnlichen Gang gehen konnte. Ich beschloß nun ein stärkeres Mittel anzuwenden, um die Tiere zu vertreiben, und warf einige Stückchen Cyankalium auf den Haufen. Dasselbe Bild wie vorher, nur gelang es jetzt nicht, den gefährlichen Stoff zu entfernen, dessen Ausdünstung schon Verderben brachte und dessen Berührung sicher tötete. Dennoch sah ich viele Ameisen den Versuch wagen, sich hinlegen und sterben. Da es dunkel wurde, konnte ich meine Beobachtungen nicht fortsetzen, erwartete aber am nächsten Morgen die Stelle verlassen, die Ameisen mit Sack und Pack abgezogen zu finden. Wie erstaunte ich aber, als ich am nächsten Morgen die ganze Oberfläche des Haufens wie ein Schlachtfeld mit toten Ameisen besät, die Cyankaliumstücke aber verschwunden fand. Mehr als die Hälfte des Volkes hatte in diesem Verzweiflungskampf den Tod gefunden; es war aber dem Todesmute der heroischen Geschöpfe geglückt, unter rücksichtsloser Aufopferung des eigenen Lebens das Gift, dessen Berührung ihnen ebenso unangenehm sein mußte als es ihnen gefährlich war, aus ihrer Vaterstadt zu entfernen, indem sie es Millimeter für Millimeter fortschafften und jeden Schritt mit einer Leiche bedeckten. Außerhalb des Haufens wurde es dann wohl mit Blättern und

Holzstücken bedeckt, vergraben und somit unschädlich gemacht. Im Laufe des Tages wurden dann noch die Leichen der gefallenen Helden von den Überlebenden fortgeschafft, alle Spuren beseitigt, und das stark zusammengeschmolzene Volk lebte fortan in ungestörtem Besitz seiner so unvergleichlich tapfer verteidigten Heimatsstätte. Denn der Heroismus der kleinen Insekten, der weit alles übertrifft, was irgend ein anderes Geschöpf mit Einschluß selbst des Menschen an patriotischer Aufopferung zu leisten im stande wäre, hatte mir so imponiert, daß ich besiegt meinen Feldzug aufgab und eher manche Übergriffe meiner Nachbarn duldete, als daß ich es übers Herz gebracht hätte, die Tapferen, deren Mut ich nicht beugen konnte, zu vernichten.

Ein anderer Mitbewohner meines Camps ist eine große, rotbraune Mordwespe (Pelopoeus?), die, fortwährend fleißig auf- und abfliegend, ihr aus Sandkrümeln zusammengemauertes Nest in jeden Winkel klebt, in die Ecken der Zelte, in leerstehende Kisten; eins fand ich sogar im Schafte eines Stiefels, der lange unbenutzt in einem Winkel gelegen hatte. Öffnet man die flach in die Winkel geklebten Nester, so findet man in ihnen eine Anzahl mittelgroßer Spinnen. Die Bedauernswerten sind nicht tot, sondern sie sind, durch den giftigen Wespenstich gelähmt, unfähig sich zu bewegen. In den Körper des unglücklichen Opfers legt die Wespe ihr Ei ab, und die junge sich entwickelnde Wespe lebt von den Säften und dem Fleische der gelähmten Spinne. Gegen uns machten diese Wespen niemals von ihrem Stachel Gebrauch, selbst wenn wir sie fortjagten oder zu fangen suchten. Auch Feldwespen, Polistes ferrugineus, und Hornissen waren im dichten tea-tree-Gebüsch der Flußbetten nicht selten, und hatte ich mit letzteren, deren Nest ich unwissentlich gestört haben muß, einmal ein böses Scharmützel, aus dem ich mich unrühmlich durch schleunige Flucht rettete. Gefährlich können diese Tiere dem Reiter werden, dessen Pferd sie durch ihre Stiche unter Umständen toll und rasend machen.

Giftiger als alle andern Gliederfüßler Australiens, als die unheimlichen Skorpione und die riesigen wehrhaften Skolopendren, ja selbst als viele Schlangen, ist eine kleine schwarze Spinne mit leuchtend rot gefärbtem Rücken, Lathrodectus scelio. Das sehr auffallende Tierchen scheint überall ziemlich häufig zu sein. Die Lebensweise dieser Spinne ist eine vorwiegend nächtliche, doch zeigt sie sich auch bei Tage und imponiert durch eine gewisse sorglose Frechheit. Sie gibt sich nicht die Mühe zu entfliehen oder sich zu verbergen, sondern vertraut auf ihr verderbenbringendes Gift und warnt lieber durch ihre auffallende Färbung, statt sich durch Unscheinbarkeit dem Blick zu entziehen. Der Biß ist furchtbar schmerzhaft und häufig von langdauernden Lähmungserscheinungen des betroffenen Gliedes, der Nachbarorgane, ja des ganzen Körpers gefolgt. Nicht selten sind Erwachsene durch ihn getötet worden. Sicherlich ist dies die giftigste Spinne der Welt und wohl überhaupt das gefährlichste Gliedertier, das lebt.

Nachdem ich am 19. Juli die erste trächtige Echidna gefunden hatte, schien mir die Zeit gekommen, die nächsten Wochen auf den Echidnafang den größten Nachdruck zu legen, um das im vorigen Jahr gesammelte Material besonders in Bezug auf die jüngern Entwicklungsstadien zu vervollständigen. Nach der übereinstimmenden Aussage war die Gebirgsgegend im Osten von Cooranga, das Quellgebiet des Tim Shey's Creek, eines Nebenflusses des Boyne, besonders reich an Ameisenigeln und an Beuteltieren aller Art. Der Creek freilich war viel zu klein und unbedeutend, um dem Ceratodus zum Aufenthalt zu dienen. Aber dessen Zeit war noch nicht gekommen, und zu seiner Beobachtung sollte Dahlke mit dem kleinen Balthasar Haupt im großen Camp am Boyne zurückbleiben, während ich mit Edmund Haupt und Andrew Wein den Schwarzen in die Berge folgte.

Wir hatten große Schwierigkeit, mit der Dray an unsern Bestimmungsort zu gelangen, denn ein wildes Granitgebirge, zerrissene Schluchten, mit Felsblöcken besäte Halden, Akaziendickichte machten schon für den Reiter das Fortkommen in hohem Grade schwierig, und ließen uns fast verzweifeln, mit der schwer beladenen Dray durchzudringen. Ohne die Ortskunde der Schwarzen, die uns die Linien vorzeichneten, auf denen wir uns eben noch durchwinden konnten, hätten wir unser Ziel nimmermehr erreicht. Langsam nur kamen wir vorwärts. Als wir aber die Höhe gewonnen hatten, fanden wir uns belohnt. Wir sahen uns in einem gut bewässerten, von anmutigen kleinen Tälern durchschnittenen Höhenland. Der Graswuchs war üppig, mächtige Eucalypten umsäumten die Ufer der Creeks und Gullies und krönten die gerundeten Kuppen der Granithügel, die sich in sanftem Abfall zu den Tälern senkten. Überall waren kleine Weiher und Seen eingestreut, bewohnt von zahlreichem Wassergeflügel, Wildenten und Wildgänsen, die hier fern von aller Störung und Verfolgung wenig scheu und vorsichtig waren. Wenigstens war das bei unsrer Ankunft der Fall: rasch lernten die klugen Vögel aber auch hier ihre gefährlichen Verfolger kennen und verstanden es bald sich durch vermehrte Wachsamkeit vor ihnen zu schützen. Hier und da gab es hier ausgedehnte, außerordentlich dichte Scrubs, reich an Ameisenigeln, Wongatauben, Großfußhühnern. In den dichten Grasflächen wimmelte es von Beuteldachsen, Beutelmardern und Känguruhratten, kurz es war ein wahres Paradies für den Sammler und Naturforscher. Auch war das Wetter um diese Zeit des Jahres so angenehm als es nur sein konnte: trocken, am Tage nicht zu heiß, nachts nicht allzu kühl. Als ich Anfang Juli an den Burnett zurückkehrte, hatten wir im Camp zunächst noch etwas von den kalten Nächten zu leiden, besonders ich, der ich aus dem tropischen Norden kam. Der Juli ist für die südliche Hemisphäre dasselbe wie der Januar für die nördliche: der kälteste Monat des Jahres. Am Burnett, der dem Äquator näher liegt als die kanarischen Inseln oder Suez und Kairo, macht sich die Winterkälte nur nachts geltend, während die Tage von zwei Stunden nach Sonnenaufgang bis zum Abend stets warm und schön sind. In der Nacht kann aber das Thermometer bis auf Null sinken und man friert auf seinem Lager ganz gehörig, wenn man sich nicht zu schützen versteht. Am schlimmsten ist die Kälte, die von unten her durch die dünne Sackleinwand dringt, welche man sich als Lager aufgespannt hat. Doch ist die Abhilfe hiergegen leicht. Man stopft einen leeren Sack mit dürrem Gras aus und benutzt diesen Strohsack als Matratze auf dem Feldbett. Bedeckt man sich dann noch mit einer wollenen Decke, so liegt man warm. Das Schlimme ist nur, daß bei der Schmalheit und Unvollkommenheit des Lagers die Decke leicht hier oder da abgleitet, wenn man sich im Schlafe bewegt. Dann erweckt uns die eisige Kälte, die den unbedeckten Teil des Körpers trifft. Ich versuchte es, in den kältesten Nächten in einem Sack zu schlafen, wie die Polarreisenden es zu tun pflegen. Ich fühlte mich aber darin unerträglich beengt und half mir lieber damit, daß ich die Decke an verschiedenen Stellen an das Lager anband und in die aus Matratze und Decke gebildete Hülse hineinkroch. Die Schwarzen waren in den kalten Frühstunden, die auf kalte Nächte folgten, immer im Zustand einer halben Erstarrung, ähnlich wie man sie bei eben aus dem Winterschlaf erwachten Eidechsen und Schlangen beobachtet. Erst die höher steigende Sonne erweckte ihre Lebensgeister zu voller Tätigkeit.

Mit den Schwarzen konnte ich diesmal recht zufrieden sein. Drei von ihnen, Jimmy, Mackenzie und Johnny, arbeiteten ganz vorzüglich und auch die anderen, John Bon, Tommy Dod und selbst der dicke faule »Old Tom« brachten oft schöne Ausbeute heim. Einzelne der Weiber arbeiteten besser als die Männer. Wir zogen viel herum und veränderten oft den Platz unseres Lagers. Gewöhnlich ließ ich die Schwarzen zwei Tage vor mir abziehen und folgte ihnen erst, wenn sie sich überzeugt hatten, daß das neue Revier sich eines längeren Verweilens verlohnte. Ich beobachtete, daß die Schwarzen, wenn sie zu einem alten Camp zurückkehrten, niemals wieder genau an derselben Stelle ihre kartenhausähnlichen Rindenzelte aufschlugen, sondern sich mit der alten oder neu geschlagenen Rinde in einiger Entfernung vom frühern ein neues Dach errichteten. Ein rechter Grund dafür war nicht zu erkennen und auf Befragen erhielt ich auch keine Antwort, die mich befriedigt hätte. Überhaupt waren meine Schwarzen — im Gegensatz zu denen anderer Gegenden Australiens — nicht sehr geneigt, mir ihre Stammesgebräuche mitzuteilen. Dagegen machte es ihnen große Freude, mir die Namen der Tiere, Pflanzen, Gegenstände in ihrer Sprache anzugeben, und es erregte immer große Sensation, wenn ich dann später den passenden Ausdruck am richtigen Platze brauchte. Ich vermute, das Nichtbenutzen des alten Camps hat in irgend einem Aberglauben seinen eigentlichen Grund.

Auch nahm ich eine gewisse Scheidung in Parteien wahr, die sich beim Kampieren bemerklich machte. Jimmy mit seiner Familie und Old Tom lagerten stets abseits von den andern und hielten sich auch sonst fern von ihnen. Dies war nicht daraus zu erklären, daß beide nicht derselben Horde angehörten wie die andern. Den wahren Grund erfuhr ich erst später. Vor einer Reihe von Jahren war Jimmys Bruder von zwei andern Schwarzen, die mit zu meinem Camp gehörten, Mackenzie und Johnny, ermordet worden, und ganz allgemein glaubte man, daß Jimmy für diese Tat bei passender Gelegenheit Rache nehmen würde. Jimmy war einst ein berühmter Krieger gewesen und trug an seinem Körper die Spuren furchtbarer Kämpfe. Eine tiefe, schnittförmige Narbe im Nacken drang fast bis zur Wirbelsäule. Einmal hatte er sich allein gegen drei Angreifer zu verteidigen gehabt und hatte sich mit seinen mächtigen schweren Holzkeulen, am Burnett »djabir«, in andern Gegenden »noella noella« genannt, die er meisterhaft zu handhaben und zu schleudern verstand, so erfolgreich zur Wehre gesetzt, daß die drei Helden endlich vor ihm ausrissen. Wie er mir lachend sagte, hätten sie ihn leicht töten können, denn ein Speerwurf hatte seinen Schild durchbohrt und seine linke Hand an den Schild genagelt. Da er den Speer nicht herausziehen konnte, hatte er ihn abgebrochen. Natürlich konnte er mit der angenagelten Hand den Schild nicht mehr so gewandt handhaben wie vorher und mußte den Speerwürfen seiner Gegner durch Seitensprünge ausweichen. Der glückliche Umstand, daß seine Feinde seine Verwundung nicht kannten, und seine Ausdauer, Gewandtheit und Mut retteten ihn damals. Er hatte auch sonst viel erlebt, war eine Zeitlang als schwarzer Polizeisoldat im fernen Norden auf der Spur flüchtiger Verbrecher und aufrührerischer Schwarzer durchs Land

Semon, Im australischen Busch. 2. Aufl.

Zu Seite 168

Ada und Jimmy.

geritten und wußte über alles das interessant und mit gesundem Urteil zu reden. Er liebte es sehr mit seiner Frau Ada zu mir zu kommen und irgendwo auf der Erde hockend Erinnerungen aus seinem Leben zum besten zu geben oder mir über die Gewohnheiten der Tiere, die beste Art sie zu jagen, zu berichten. Er war bei weitem der beste Jäger von allen meinen Leuten und erbeutete infolge seiner Schlauheit und Erfahrung meist doppelt so viel als der beste von den andern, obwohl das Alter seine Kraft geschwächt und seine Geschmeidigkeit vermindert hatte. Trotzdem hätte er es auch jetzt noch im Kampfe leicht mit jedem andern aufgenommen. Ich wurde etwas unruhig, als ich von der Mordgeschichte und der drohenden Blutrache hörte, denn ein Kampf der Schwarzen untereinander in meinem Camp hätte mich in ernste Verlegenheiten stürzen und höchst fatale Verwicklungen herbeiführen können. Alle Kenner der Schwarzen versicherten mir aber, daß Jimmy sicherlich bei einer der großen Stammeszusammenkünfte der Schwarzen, einer »Corrobori«, zur Tat schreiten würde, wenn sich dort eine Gelegenheit böte, schwerlich während des gewöhnlichen Camplebens, falls sich nicht die Gemüter einmal durch Schnaps erhitzten, den ich ja sorgfältig aus dem Camp fernhielt. Während ich die Schwarzen bei mir hatte, hat Jimmy denn auch nichts unternommen. Mackenzie ist ein Jahr später von einem andern Schwarzen mit einer Keule erschlagen worden. Jimmy und Johnny leben, so viel ich weiß, noch beide, schweifen im Busch umher, jagen Wallabies, Possums und Bändikuts und gehen den Spuren des uns wissenschaftlich, ihnen selbst kulinarisch interessanten Ameisenigels in den dichten Scrubs des fernen Australiens nach.

Um die Lebensweise der Echidna und die Fangmethode der Schwarzen kennen zu lernen, habe ich letztere wiederholt den ganzen Tag über begleitet, wenn sie auf Echidnajagd gingen. Meistens schloß ich mich Jimmy und Ada an, die meine besonderen Freunde waren. Die Schwarzen brachen stets erst einige Stunden nach Sonnenaufgang auf, wenn die Sonne schon hoch am Himmel stand und mit ihren Strahlen den Nachttau getrocknet, die Luft erwärmt hatte. Die Familien wanderten fast immer jede für sich, oft in verschiedenen Richtungen aus, die Familie Jimmy sechs Köpfe stark. Drei oder vier Hunde liefen mit, auch ein alter, von einer Squatterstation stammender Zinntopf, Tee, Zucker und Damper, aus meinen Vorräten stammend, wurden mitgenommen, denn an die Heimkehr wurde vor Sonnenuntergang nicht gedacht. Während die Weiber und Mädchen auf diesen Jagdausflügen und auf weitern Reisen alle Lasten zu schleppen hatten, gingen die Männer und Knaben unbelastet. Die ersteren ließen auch auf dem Marsche ihre Augen stets überallhin schweifen, achteten auf jede Fährte, lauschten auf jeden Laut. Auf grasbedeckter Fläche, unserm Auge nicht wahrnehmbar, erkennt das Falkenauge des Schwarzen die Spur einer Känguruhratte. Sein Blick folgt der Richtung der Fährte, da, zweihundert Schritte entfernt, sitzt das possierliche Beuteltier, ein dunkler Fleck im hohen Buschgras, sorglos äsend. Zur Bildsäule erstarrt steht der Jäger, auch Frauen und Kinder verharren unbeweglich, oder fallen, wenn es sich um größere Tiere wie Känguruhs und Wallabies handelt, die infolge ihrer Höhe weitere Strecken überschauen können, lautlos zur Erde nieder. Bietet sich Deckung durch Büsche oder Bodenerhebungen, so schleicht der Jäger unter dem Winde in aufrechter Haltung näher, jeden Muskel gespannt, jeden Sinn zu höchster Schärfe gesteigert. Nie wird unter seinem Fuße ein Zweig knacken, nie im Vorbeistreifen ein Busch rascheln, so gut ist jede Bewegung berechnet, so genau wird auf die nächste wie auf die fernste Umgebung geachtet. Ist keine Deckung da, so windet sich der Jäger wie eine Schlange auf dem Boden langsam dem Wilde zu, bis er auf Wurfweite heran ist, das hölzerne Geschoß fliegt und streckt die Beute mit ebenso tötlicher Sicherheit, wie die Kugel aus dem Laufe eines Kunstschützen.

Die Birsch gilt unter europäischen Jägern als die höchste, edelste, schwierigste Art des Waidwerks, und ist es in der Tat; sie ist aber auch die natürlichste. Scharfe Sinne, genaueste Kenntnis der Spuren und der Gewohnheiten des Wildes, absolute Beherrschung des eignen Körpers, Ruhe, Geduld und Geistesgegenwart gehören zu ihr. Es ist eine eigentümliche Ironie, daß das, was der hochkultivierte Europäer als die Krone des edlen Waidwerks ansieht, nach der nur der Erfahrenste und Tüchtigste die Hand ausstrecken darf, in weit höherer Vollendung von einer der niedersten Menschenrassen erreicht wird, die augenblicklich unsern Erdball bewohnt. Denn das ist ganz sicher, daß kein europäischer Sports- oder Berufsjäger, kein amerikanischer Trapper, kein australischer Buschmann sich auch nur entfernt mit einem Eingebornen Australiens, der nicht durch die Einflüsse der Weißen verdorben ist, einem Manne wie Jimmy als Jäger messen könnte. Unsre ganze Erziehung, unser ganzes Leben und Denken entfernt uns zu weit von der Natur, um ihre kleinsten Zeichen ebenso scharf aufzufassen, zu erkennen und zu beurteilen, wie der eingeborne Sohn des Busches es tut, dessen Hauptdenktätigkeit sich in diesem Gebiet konzentriert. Nicht jeder »Wilde« ist ein guter Jäger. Die Bodenkultur treibenden Papuas, die intelligenten Malayen, die afrikanischen Neger sind fast alle nur sehr mittelmäßige Jäger. Sie wachsen in Häusern und Dörfern auf, bestellen ihre Äcker und Pflanzungen, sind zuweilen gute Fischer, aber die Jagd auf Landtiere ist bei ihnen nur Nebensache. Um Wild zu erlangen, vereinigen sie sich zu Treibjagden, fangen sie das Wild in Netzen, Fallen und Gruben. Der Australier, der nie für den nächsten Tag denkt, keine andern Nahrungsquellen besitzt, als die ihm der Busch an Wild und spärlichen Früchten jeden Augenblick liefert, bildet in sich die Fähigkeit zur höchsten Vollkommenheit aus, das Wild jeden Augenblick ohne Hilfe andrer, ohne Fangapparate, deren Wirksamkeit dem Zufall unterworfen ist, in seine Gewalt zu bringen; die Treibjagd wendet er nur gelegentlich für größere Tiere, besonders Känguruhs an. Das macht ihn zum unabhängigsten Menschen der Welt, das hindert aber auch jeden Kulturfortschritt bei ihm und zwingt ihn ruhelos über weite Jagdgebiete zu schweifen und sogar durch künstliche Maßregeln und Vorkehrungen zu verhindern, daß er dieselben zu dicht mit seinen Nachkommen bevölkere. Denn nur durch Bodenkultur ist das Land dahin zu bringen, eine dichtere Bevölkerung zu ernähren.

Wenn man die Kinder, besonders die Knaben, beobachtet, so sieht man, wie auch schon in ihren Spielen, in ihren Übungen sich alles darauf richtet, die spätere Tüchtigkeit als Jäger früh auszubilden. Immerfort findet man sie beschäftigt, mit Holzstücken und kleinen Keulen nach allen möglichen Zielen zu werfen, Eidechsen durch ihren Wurf zu töten, junge Vögel und Beuteltiere zu beschleichen. Auf dem Marsche, während die Weiber und Mädchen die Lasten tragen, erlustigen sich die Knaben fortgesetzt mit allerlei Wurfspielen. Überhaupt wird ihnen alle Freiheit gelassen, und die Kinder beiden Geschlechts werden viel besser behandelt als die erwachsenen Frauen.

Kommt die Familie nach dem Aufbruch vom Camp nach einigen Stunden an ihren Bestimmungsort, so richtet sie sich häuslich ein, es wird Feuer gemacht, gegessen, geruht. Erst nach einigen Stunden beginnt nun die ernstere Arbeit, an der sich außer Ada, die ihrem Mann immer getreulich half, die meisten andern Frauen nicht beteiligen. Begleitet von seinen Hunden, durchstreift der Schwarze den Scrub und sucht nach den Fährten und Grabspuren des Ameisenigels. Hat er eine solche entdeckt, so folgt er ihr unverrückt kreuz und quer, durch Gestrüpp und Dickicht, über Sand, Gras und nackten Fels. Von einer Spur ist vielfach für unser Auge absolut nichts zu entdecken; selbst wenn man uns darauf hinweist, sozusagen mit der Nase darauf stößt, sehen wir nichts. Für das Auge des

Schwarzen, das von frühester Jugend bis ins hohe Alter unablässig geübt und trainiert wird, genügen eben die kleinsten Zeichen, ein umgewendetes Steinchen, dessen dunklere weil feuchtere Oberfläche nach oben sieht, oder einige niedergedrückte Grashalme, um eine Spur selbst zu Pferde in rascher Gangart zu verfolgen. Das Verfolgen der Echidnaspuren ist schon deshalb keine leichte Aufgabe, weil dieses Tier bei seinem nächtlichen Herumstreifen im Scrub, seinem Hin- und Herlaufen auf der Suche nach Ameisenhaufen, oft ein Kreuz und Quer sich schneidender Fährten erzeugt. Auch ist es natürlich im dichten Gestrüpp, im Dunkel der Scrubs besonders schwierig, die Spuren zu sehen und ihnen zu folgen. Oft hat man zwei oder drei Stunden lang zu wandern, sich durch Akazienbüsche durchzuwinden, über gefallene Stämme zu klettern, immer in gespannter Aufmerksamkeit, um den Faden nicht zu verlieren, bis man endlich den stacheligen Gesellen in einem Felsenversteck oder in einer selbstgegrabenen Höhle schlummernd findet. In drei Fällen unter vier ist es dann noch dazu ein Männchen, die viel häufiger sind als die Weibchen. An den männlichen Tieren aber lag mir wenig und ich bezahlte den Schwarzen nur eine Kleinigkeit für sie, nahm sie ihnen zeitweilig sogar gar nicht ab. Das ist dann recht ärgerlich für den Jäger, ein Trost ist nur der leckere Braten, den der »Cauara«, wie Echidna von den Schwarzen am Burnett genannt wird, abgibt. Manche Weiße sind derselben Ansicht. Ich für meine Person kann sie nicht teilen, weil das Echidnafleisch einen mir fatalen Geruch und Beigeschmack besitzt. Die Zubereitung seitens der Schwarzen ist eine ähnliche, wie sie die europäischen Zigeuner dem Igel zu Teil werden lassen. Die Tiere werden ausgenommen, aber nicht abgehäutet, dann mit Haut und Stacheln über dem Feuer oder in der heißen Asche geröstet. Die Speckschwarte, die vor der Brunst ungemein stark entwickelt ist, aber während derselben schwindet, gilt als besondere Delikatesse.

Beim Suchen der Ameisenigel erwiesen sich auch die Hunde der Schwarzen nützlich, wenigstens manche derselben, die ganz aus eignem Antriebe eine Echidnaspur aufnahmen und auf derselben fortarbeiteten, bis sie das Lager des Tieres fanden. Ich fand im allgemeinen, daß, wenn ein Schwarzer mit einem guten Hunde auszog, und beide ihrer Arbeit eifrig oblagen, die Chancen des Erfolges für Mensch und Hund etwa gleiche waren. Mein bester Jäger Jimmy erbeutete zusammen mit seinen Hunden gewöhnlich zwei oder drei, niemals mehr als vier an einem Tage. Selten kam er mit leeren Händen heim. Auch Johnny und Mackenzie brachten gewöhnlich einige Beute. Auf die andern war nicht sicher zu rechnen. Konnte ich doch nicht jedem einzelnen nachgehen und kontrolieren, ob er arbeitete, oder ob er im Scrub auf dem Rücken lag oder auch nach »sugar bags«, den Nestern der einheimischen stachellosen Bienen, suchte. Manche Arbeitsstunde der Schwarzen ist mir durch diese Bienennester verloren gegangen. Noch schlimmer war die gelegentliche Entdeckung eines Nestes der europäischen Honigbienen. Herr Cole, der Doktor in Gayndah, war eifriger Bienenzüchter, und von diesem Zentrum aus hatte seit einigen Jahren eine Ausbreitung verwildeter europäischer Bienen am mittleren Burnett begonnen. Die Bedingungen zu ihrem Freileben scheinen hier sehr günstige zu sein, während sie im tropischen Nordqueensland sich nicht frei ohne menschliche Fürsorge halten können. Wurde nun ein Baum entdeckt, den die eingewanderten Honigsammler als Wohnort erwählt und dessen Höhlung sie mit ihrem süßen Vorrat erfüllt hatten, oft in großer Höhe, 10 Meter und mehr über dem Boden, so vereinigte sich die ganze schwarze Gesellschaft, den gewaltigen Stamm zu fällen, was oft einen ganzen Tag kostete. Mir wurden natürlich derartige Unternehmungen erst gestanden, wenn der Baum lag, und der Tag vergeudet worden war.

Meine Schwarzen gingen stets nur bei Tage auf die Echidna-Jagd. Die Unwegsamkeit der Standorte würde eine nächtliche Jagd sehr erschweren, und man müßte sich dann im wesentlichen auf die Hunde verlassen. Doch sind solche nächtliche Jagden für die australischen Eingeborenen ganz ausgeschlossen, da diese Leute viel zu abergläubisch sind, um nachts herumzustreifen, zu jagen oder gar einen Scrub zu betreten.

Dagegen unternahmen die Papuas in Hula auf Neu-Guinea eine nächtliche Jagd, um für mich die papuanische Varietät, für die ich einen hohen Preis ausgesetzt hatte, zu erbeuten. Obwohl eine ganze Anzahl Eingeborener mit vielen Hunden auszog und einen großen Teil der Nacht hindurch jagte, wurde keine einzige Echidna erbeutet. Die Papuas sind eben als Jäger nicht mit den australischen Eingeborenen zu vergleichen. Nur in der Treibjagd auf Känguruhs besitzen sie bedeutende Geschicklichkeit und Erfahrung. Dasselbe gilt für ihre Hunde im Vergleich zu den Hunden der Australier.

Da meine Tätigkeit am Burnett wesentlich darauf gerichtet war, die Naturgeschichte nicht nur des Lungenfisches Ceratodus, sondern auch der eierlegenden Ursäugetiere: Schnabeltier und Ameisenigel nach allen Richtungen zu erforschen, will ich hier noch etwas ausführlicher bei letzterem verweilen, nachdem ich über die beiden andern merkwürdigen Geschöpfe schon oben ausführlicher berichtet habe.

Die eierlegenden Säugetiere oder Monotremen sind gegenwärtig in ihrer geographischen Verbreitung auf die australische Region beschränkt. Fossile Verwandte von ihnen, die Multituberkulaten (Allotherien), sind in der Trias von Europa und Südafrika, im Jura von Europa und Nordamerika, in der oberen Kreide von Nordamerika und im unteren Tertiär von Europa, Nordamerika und vielleicht auch in Südamerika nachgewiesen. Zusammen mit einer andern, ihnen jedenfalls verwandten Gruppe, den Pantotherien, sind jene Multituberkulaten die Repräsentanten der ältesten bekannten Säugetierformen.

Australischer Ameisenigel, Echidna aculeata var. typica.

Ihr Auftreten in der Trias bedeutet überhaupt das Auftreten der Säugetiere auf der Erde.

Fassen wir die Monotremen, Multituberkulaten und Pantotherien als Klasse der Ursäuger (Prototheria) zusammen, so können wir sagen: die Ursäuger, die in vielen Punkten ihres Baues noch mit den Reptilien übereinstimmen, haben ihre Blütezeit im Mittelalter der Erdgeschichte (mesozoische Periode) gehabt und sind im Beginn der geologischen Neuzeit (känozoische Periode) bis auf zwei Typen, Ornithorhynchus und Echidna, ausgestorben. Die letzteren haben sich als ein spärlicher Rest in dem abgelegenen Australien und einigen zugehörigen Inseln bis auf unsre Zeit erhalten. Der Ameisenigel findet sich in ganz Australien, Tasmanien und Neu-Guinea und wird vertreten durch zwei Gattungen, Echidna und Proechidna, deren jede nur je eine Art besitzt. Seine Verbreitung erstreckt sich demnach von dem gemäßigten Tasmanien, das eine mittlere Wintertemperatur von 8° C. hat und gelegentlich eine winterliche Schneedecke trägt, bis nahezu zum Äquator. Viel beschränkter ist die Verbreitung des Schnabeltiers, Ornithorhynchus anatinus, dessen einzige Gattung und Art nur das südöstliche Viertel des Kontinents sowie Tasmanien bewohnt, hingegen im Westen und in den nördlichen Teilen des Ostens nordwärts von 18° s. Br. v. Gr., sowie in Neu-Guinea fehlt.

Innerhalb ihres Verbreitungsbezirkes trifft man die scheuen Ameisenigel nun keineswegs überall an. Nur dichte unzugängliche Scrubs und Urwälder, wilde zerrissene Felsgegenden werden von ihnen bewohnt; höchst selten findet man vereinzelte Exemplare im offenen lichten Busch und selbst aus den dichten Scrubs ziehen sie sich zurück, wenn in ihrer Nähe menschliche Ansiedlungen emporwachsen. So erhielt ich in Gayndah innerhalb acht Tage nur ein einziges Exemplar, und meine Schwarzen weigerten sich, dort überhaupt in den nahegelegenen Scrubs nach ihnen zu suchen.

Doch auch da, wo die Tiere häufig sind, kann man jahrelang leben, ohne ein einziges zu Gesicht zu bekommen, und viele Kolonisten, die sonst jedes Tier und jede Pflanze im Busch kennen, haben nie oder doch nur ausnahmsweise einen Ameisenigel gesehen. Dies liegt nicht allein an der Lebensweise der Tiere, die eine vorwiegend, wenn auch nicht ausschließlich nächtliche ist. Die meisten Baumbeuteltiere, wie das allbekannte australische »Opossum« (Trichosurus), die Flugbeutler (Petaurus), sind auch nächtliche Tiere, und dennoch kennt sie jedermann; sie bilden charakteristische Erscheinungen der australischen Mondscheinlandschaft.

Bei Echidna kommt zu der nächtlichen Lebensweise noch die Unzugänglichkeit ihrer Standorte und das scheue, geräuschlose Wesen der Tiere selbst hinzu, die, sobald Gefahr zu drohen scheint, ihre Wanderung einstellen und wie durch Zauberkraft in wenigen Minuten geräuschlos im Boden verschwinden.

Auf seinen nächtlichen Streifzügen sucht der Ameisenigel nach Würmern und Kerbtieren aller Art, die er mit seiner spitzen, rüsselförmig verlängerten Schnauze aus ihren Verstecken in Erdlöchern, zwischen Steinen, unter morscher Rinde aufstöbert. Seine Hauptnahrung aber bilden Ameisen, die er wie andre Ameisenfresser erbeutet, indem er seine lange Zunge in den Ameisenhaufen steckt, bis dieselbe von den bissigen Insekten bedeckt ist, und sie dann schnell wieder einzieht. Seine äußere Körperhaut ist so fest und dick, daß sie ihn wie ein Panzer gegen die Bisse der Ameisen schützt, die in Australien durch ungemein streitbare und wohlbewehrte Völker vertreten sind. Dagegen bietet dieser Panzer gegen die zahlreichen Zecken des australischen Busches keinen Schutz, und selten traf ich ein Exemplar ohne diesen Parasiten an. Im Darm von Echidna findet man häufig einen eigentümlichen Bandwurm, Taenia echidnae.

Etwas näher möchte ich nur auf die geistigen Fähigkeiten des niedersten Saugetiers eingehen, über die bisher nur spärliche Beobachtungen vorliegen. Das Gehirn von Echidna ist für ein auf der Stufenleiter so niedrig stehendes Geschöpf auffallend groß: im Verhältnis zur Körpergröße voluminöser als das der Beuteltiere, außerdem ausgezeichnet durch reichliche Furchen und Windungen seiner Oberfläche.

Es ist ungemein schwierig, einzudringen in das Seelenleben und die Verstandestätigkeit von Geschöpfen, die in ihrer ganzen Organisation noch so bedeutend von der unsrigen abweichen. Es gibt wohl kein zweites Gebiet der Erkenntnis, auf dem es so schwer ist, den anthropozentrischen Standpunkt zu verlassen, als das der Tierpsychologie. Der Schluß, den wir aus dem Gebahren eines Tieres auf seine Intelligenz machen, ist meist ein ganz oberflächlicher, einfach weil wir so häufig die eigentlichen Triebfedern dieses Gebahrens nicht verstehen. Wird sich doch die Außenwelt in einem Geschöpfe ganz anders wiederspiegeln, bei welchem diese Projektion durch andre Pforten erfolgt, bei dem Geruchssinn, Gehör, Gefühlssinn viel vollkommener, der Gesichtssinn ganz anders ausgebildet ist als bei uns. Ein Tier, das sich schwer oder gar nicht an die veränderten Lebensbedingungen der Gefangenschaft gewöhnt, ist deshalb noch nicht notwendigerweise dumm; eines, das auf Reize, die uns stark beeinflussen, nur träge reagiert, noch nicht schlechthin stumpfsinnig.

Eine gefangene Echidna erscheint, wenn wir dennoch einen solchen ganz rohen Maßstab anlegen wollen, in der Tat ziemlich dumm und stumpfsinnig. Eine große Furchtsamkeit verhindert, daß die Tiere eigentlich zahm werden, obwohl sie sich allmählich an ihren Pfleger gewöhnen. Unstreitig ist ihre Intelligenz viel größer als die wohl aller Reptilien, obwohl sie weit unter der der Vögel und höhern Säugetiere und wohl auch unter der der meisten Beuteltiere steht. Auffallend ist ihr ungemein stark ausgeprägter Freiheitsdrang. Der Gefangenschaft suchen sie sich mit allen Mitteln zu entziehen und wenden zu diesem Zwecke eine gewaltige Energie auf. Tags über verhalten sie sich meist ruhig in ihrem Gefängnisse und scheinen ganz in ihr Schicksal ergeben. Bei Nacht aber erwacht in dem scheinbar so lethargischen Tiere eine staunenswerte Regsamkeit und Willenskraft. Aus Kisten klettern sie leicht hinaus, lose aufgelegte Kistendeckel werden herabgeworfen, leicht zusammengenagelte Kisten, deren Bretter nicht überall dicht gefügt sind, vermittels der kräftigen Extremitäten gesprengt. Da ich den Schwarzen nur für lebende Exemplare den vollen von mir festgesetzten Preis bezahlte, und die Leute von ihren weiten Streifereien nicht immer noch an demselben Tage zu meinem Lager zurückkehren konnten, mußten sie häufig die Tiere über Nacht gefangen halten, ohne natürlich zu diesem Zwecke passende Behälter mit sich führen zu können. Wurden die Tiere nun mit starken Schnüren an einem oder zwei Beinen gefesselt, so gelang es ihnen über Nacht fast regelmäßig, die Bande abzustreifen, so fest dieselben auch zugeschnürt sein mochten. Auf ihre eigene Haut nahmen die Tiere dabei nicht die geringste Rücksicht. Die Schwarzen waren über die ihnen hieraus erwachsenen Verluste sehr ungehalten und halfen sich damit, daß sie die Beine der Tiere durchbohrten und die Schnüre durch die Wunde zogen. Das war denn ein sicheres Mittel, aber so grausam, daß ich seine Anwendung untersagte, als ich davon erfuhr. Ich gab dann den Schwarzen kleine Säcke mit, in die sie die Tiere über Nacht einbinden konnten. Waren die Säcke dicht und wurden sie sorgfältig zugebunden, so erfüllten sie ihren Zweck; waren die Schwarzen aber mit dem Zubinden leichtsinnig, so gelang es dem willensstarken Ursäugetier über Nacht, die ersehnte Freiheit zu erkämpfen.

Bei einer derartigen Gelegenheit konnte eine interessante Beobachtung über den Ortssinn der Ameisenigel gemacht werden. Ein gefangener Ameisenigel wurde aus seinem Scrub 6 Kilometer weit bis zu meinem Lager in einem Sack getragen. Über Nacht gelang es ihm, sich zu befreien. Einer meiner Schwarzen ging seinen Spuren nach, die in gerader Richtung zu dem fast eine Meile entfernten Punkte führten, an dem das Tier gefangen worden war. In der Nähe der alten Fangstelle fand es sich denn ruhig schlummernd in einer selbstgegrabenen Höhle. Erwägt man, daß das Tier in einem Sack in mein Lager getragen worden war, und daß es in gerader Richtung zu seinem alten Aufenthalt zurückging, so liegt es am nächsten, an den Geruchssinn zu denken, von dem sich das Tier zurückleiten ließ. Besonders in der Brunstzeit verbreiten beide Geschlechter einen ausgesprochenen Geruch, der wohl zum gegenseitigen Auffinden der Geschlechter und zur sexuellen Erregung dienen mag. Er ist es auch, der dem Fleisch der in der Haut gerösteten Tiere den eigentümlichen Beigeschmack verleiht.

Von großem Interesse und Gegenstand vieler wissenschaftlicher Diskussionen ist seit langem der mächtige Sporn nebst zugehöriger

Sporndrüse gewesen, den das Männchen von Echidna sowohl wie von Ornithorhynchus an der Innenseite der Hinterfüße trägt. Auch viele Weibchen von Echidna, die ich untersucht habe, besaßen den Sporn in rudimentärer Ausbildung. Nicht einer unter den Hunderten von Ameisenigeln, die ich lebend in Händen gehabt habe, hat jemals versucht, sich des Sporns als Waffe zu bedienen. Die Waffe der Echidna ist das Einrollen und das Eingraben, ein Schutz, der stark genug ist, um das vorsichtige Tier vor den Nachstellungen fast aller Verfolger sicher zu stellen. Nun haben allerdings neuere Untersuchungen von Martin und Tidswell den experimentellen Nachweis geliefert, daß das Sekret der Sporndrüse bei Ornithorhynchus wenigstens in gewissen Jahreszeiten giftig ist. Das Gift, wie das Schlangengift ein Proteïnkörper, zeigt auch sonst noch bemerkenswerte Analogien zum Schlangengift; das Präparat, das sich Martin und Tidswell hergestellt hatten, wirkte aber fünftausendmal schwächer als dieses. Letztere Tatsache, zusammengenommen mit Bennetts und meinen Erfahrungen an lebenden Tieren, scheint mir die Auffassung des Spornapparats als Verteidigungswaffe gegen die Angriffe von Feinden klar zu widerlegen. Vielleicht haben Martin und Tidswell mit ihrer Vermutung recht, es handle sich um eine Angriffswaffe der Männchen gegeneinander bei ihren Kämpfen um den Besitz der Weibchen während der Brunst. Bisher hat man derartige Kämpfe allerdings noch nicht beobachtet. Hoffentlich ist einmal ein glücklicher Zufall so gefällig, den Schleier zu lüften, der uns bis jetzt noch die Hochzeitszeremonien der niedrigsten Säugetiere verhüllt.

Die Monotremen haben in jedem Jahre nur eine Brunst. Für Echidna gilt die Regel, daß jedesmal nur ein einziges Ei befruchtet wird und sich weiter entwickelt. Unter sechzig trächtigen Weibchen, die ich untersucht habe, fand ich nur ein einziges Exemplar mit zwei Jungen. Der rechte Eierstock und der rechte Eileiter trägt äußerlich bei den Monotremen zwar keine Zeichen von Rückbildung wie die entsprechenden Organe der Vögel; ja in der Brunstzeit zeigen beide Gebilde sogar deutliche Vergrößerung und Schwellung, und auch im rechten Eierstock werden Eier gebildet. Dieselben gelangen aber nie zu völliger Reife, und nur die Organe der linken Seite spielen bei der Fortpflanzung eine Rolle. Niemals, weder bei Ornithorhynchus noch bei Echidna, fand ich ein Ei im rechten Eileiter.

Nach erfolgter Befruchtung wird das Ei von einer Schale umgeben und vergrößert sich zunächst noch in dieser Hülle beträchtlich durch Aufnahme von ernährenden Substanzen aus den Geweben der Mutter. Hierdurch unterscheidet es sich von den Eiern der Reptilien und Vögel, die nach Bildung der Schale im mütterlichen Eileiter keine weitern Stoffe mehr aufnehmen und nicht wachsen.

Wenn das Echidnaei abgelegt wird, hat es eine Größe von etwa 15 mm Durchmesser erreicht und enthält schon einen, etwa 5 mm langen Embryo. Die Schale ist von lederartiger Beschaffenheit und ist frei von Kalksalzen. Das Ei erinnert deshalb durchaus an ein Schildkrötenei. Wie eine von Professor R. Neumeister an meinem Material angestellte chemische Untersuchung gezeigt hat, besteht die Schale wie die Eischale der Reptilien und wie die organische Grundlage der Schale des Vogeleies aus Hornsubstanz oder Keratin.

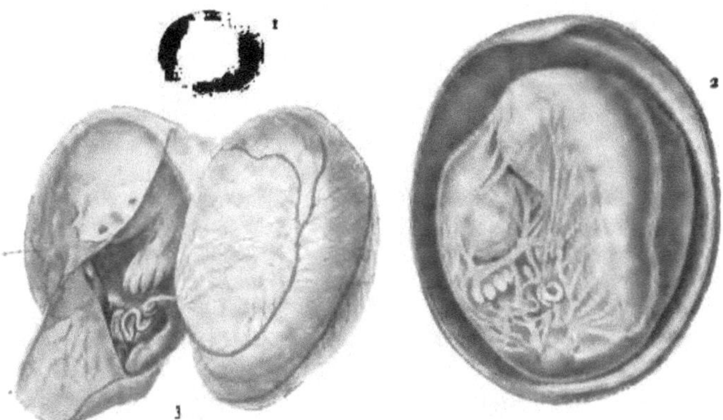

Echidna aculeata. 1. Ei in natürlicher Größe. 2. Ei geöffnet, vergrößert, um den darin befindlichen Embryo in seinen Hüllen zu zeigen. 3. Embryo herausgenommen, die äußere (seröse) Hülle geöffnet.

Nach der Ablage befördert die Mutter das Ei in ihren Beutel, der sich jedesmal zur Brunstzeit entwickelt, nachher wieder verstreicht, um bei neuer Brunst wieder hervorzutreten. Es ist interessant, daß sich, wie ich an meinem Material feststellen konnte, der Beutel bei beiden Geschlechtern schon beim Embryo anlegt, dann aber wieder verschwindet, um beim Eintreten der Brunst beim weiblichen Tiere von neuem aufzutreten. Das Verschwinden ist deshalb wohl mehr als ein Undeutlichwerden, ein Latentwerden aufzufassen, und lassen sich aus dieser Tatsache interessante, vergleichend-anatomische Schlüsse ziehen. Ein näheres Eingehen auf diese Dinge liegt aber außerhalb des Bereiches dieses Buches.

Ich vermute, daß die Mutter das abgelegte Ei mit ihrer langen

12*

Schnauze und nicht mit ihren plumpen Extremitäten in den Beutel hineinbefördert, indem sie es über den Boden weg hineinschiebt. Die Enge der Mundspalte macht es unmöglich, es zwischen die Lippen zu nehmen und so in den Beutel zu bringen, wie die Beuteltiere es mit ihren Embryonen zu tun pflegen. Mit eigenen Augen gesehen habe ich den Vorgang freilich nicht.

Im Beutel entwickelt sich der im Ei eingeschlossene Embryo auf Kosten des Dottermaterials weiter und erreicht endlich eine Länge von 15 mm, worauf er die Eihülle sprengt. Die Lidspalte ist zu dieser Zeit geschlossen. Wie bei den Reptilien und Vögeln hat sich

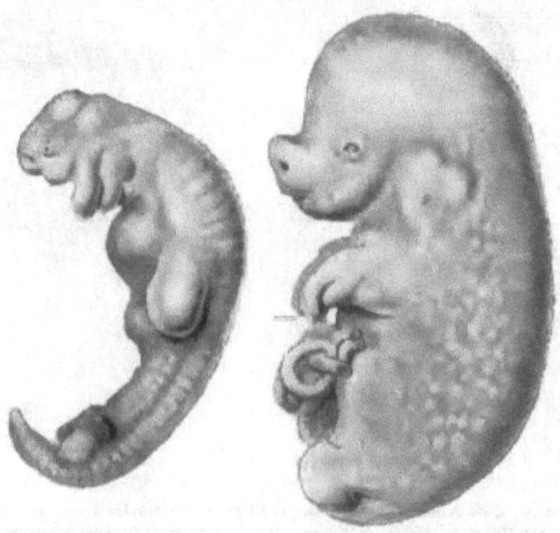

Zwei Embryonalstadien aus Beuteleiern von Echidna, ein ganz Junges und eins kurz vor dem Auskriechen. Der letztere Embryo trägt auf der Schnauzenspitze eine hornige Verdickung zum Aufbrechen der Schale. Aus dem Maule sieht man den »Eizahn« hervorragen. Vergrößert.

vorher auch beim Monotremenembryo eine hornige Verdickung auf der Spitze der Schnauze gebildet, die beim Aufbrechen der Schale Dienste zu leisten hat. Auch besitzt der Embryo einen sogenannten »Eizahn« zum Aufbrechen der Eischale, ebenfalls ein vorübergehend auftretendes Organ. Man sieht diesen Eizahn bei dem größeren der abgebildeten beiden Embryonen als ein kleines, nach abwärts gerichtetes Spitzchen aus dem Maule hervorragen. Nach Sprengung der Schale, die von der Mutter sogleich entfernt wird, liegt der Embryo frei im Beutel. Ansaugen kann er sich nicht, da eigentliche Zitzen bei den Monotremenmüttern noch nicht zur Ausbildung gelangt sind.

Die abgeschiedene Milch wird vom Jungen abgeleckt, nicht aufgesaugt. Den Darm des Jungen fand ich stets mit einer reichlichen Menge einer weißen, milchähnlichen Flüssigkeit prall gefüllt. Im Magen mancher befand sich statt der Flüssigkeit ein fester Pfropf, und unter dem Einfluß der Alkoholbehandlung gerann der flüssige Mageninhalt stets zu einem festen, käseähnlichen Coagulum. Die weißliche Farbe der Flüssigkeit wird durch die Gegenwart von zahlreichen Fettkügelchen verursacht.

Herr Professor R. Neumeister hatte die Güte, das Coagulum für mich chemisch zu untersuchen. Die Masse erwies sich als ein Eiweißkörper; es fand sich aber weder Milchzucker noch Phosphorsäure darin. Die Milch der Monotremen scheint sich also in ihrer chemischen Zusammensetzung etwas von der der höhern Säugetiere zu unterscheiden. Denn wenn auch die Möglichkeit nicht abzuweisen ist, daß der Milchzucker durch die Alkoholbehandlung künstlich entfernt worden ist, kann die Abwesenheit der Phosphorsäure nicht in gleicher Weise erklärt werden.

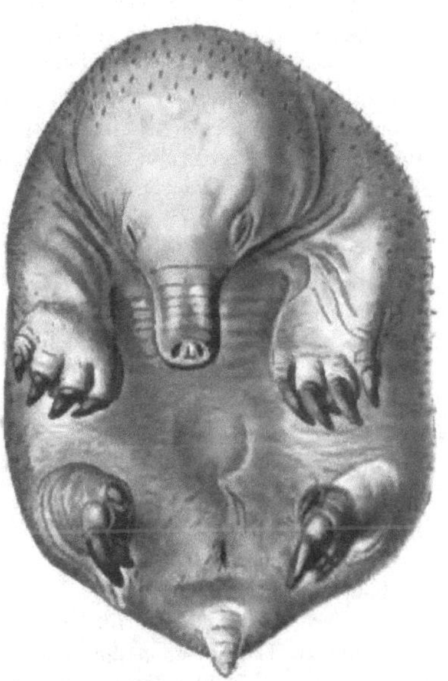
Ein älteres Beuteljunges von Echidna kurz vor der Entlassung aus dem Beutel. Nat. Größe.

Das Junge durchläuft seine weitere Entwicklung im Beutel, bis es etwa die Länge von 80—90 mm erreicht hat, zu welcher Zeit eben die Stacheln hervorzubrechen beginnen. Von Mitte Oktober an fanden meine Schwarzen verschiedene solche Exemplare außerhalb des mütterlichen Beutels in kleinen Erdhöhlen. Berücksichtigt man, daß die ersten reifen Weibchen Ende Juli gefunden, die ersten freien Jungen aber Mitte Oktober, so kann man das Alter der letzteren von der Befruchtung des Eies bis zum Freileben des Jungen mit annähernder Sicherheit auf 10 Wochen berechnen.

Die Schwarzen gaben mir übereinstimmend an, daß die Alte zunächst noch einige Zeit lang zum Jungen zurückkehrt, um es in den Beutel aufzunehmen und zu säugen. Wenn sie nachts ihren Streifereien nachgeht, entledigt sie sich der beträchtlichen, ihr unbequem werdenden Last, indem sie für das Junge eine kleine Höhle gräbt, zu der sie nach beendigter Streife wieder zurückkehrt. Daß sich das wirklich so verhält, kann man aus den frischen Spuren der Alten in der Nähe des Lagers des Jungen und auch daraus entnehmen, daß der Magen und Darm solcher Jungen Milch enthält.

Wir beobachten also bei diesem niederen Säugetier ebenso wie bei dem verwandten Schnabeltier eine ausgeprägte Brutpflege, die sich ähnlich wie bei den Beuteltieren über die Zeit hinaus ausdehnt, während welcher das Junge dauernd im Beutel getragen wird.

Meine Beobachtungen der Fortpflanzung und Entwicklung der Monotremen, von denen ich freilich an dieser Stelle nur einige kurze Auszüge geben konnte, haben die Anschauungen vollauf bestätigt, die man sich bisher, fast ausschließlich auf vergleichend-anatomische Tatsachen gestützt, von der Stellung dieser Geschöpfe im zoologischen System gemacht hat. Es sind Tiere, die primitiver gebaut sind, als die übrigen Säugetiere. Der Säugetiercharakter ist aber doch schon so deutlich ausgeprägt, daß über ihre Zuteilung zu dieser Klasse überhaupt kein Zweifel obwalten kann.

Daneben bestehen aber sowohl im Körperbau als auch in der Fortpflanzung und Entwicklung so viele und wichtige Übereinstimmungen mit Reptilien und Vögeln, daß die alte Ansicht, die Monotremen seien ein Bindeglied, ein »missing link« zwischen den letzteren Gruppen einerseits, den Säugetieren andererseits, wohl begründet erscheint, wenn auch zuzugeben ist, daß dieses Glied nicht genau in der Mitte der Reihe liegt, sondern entschieden nach der einen Seite, der Säugetierseite hinneigt.

Ja, diese Mittelstellung tritt auch noch in einer physiologischen Beziehung zu Tage. Schon durch die Untersuchungen des russischen Naturforschers Miklouho-Maclay war bekannt geworden, daß beide Monotremengattungen eine niederere Körpertemperatur besitzen, als alle übrigen Säugetiere. Eine größere Anzahl von Messungen, die ich an Ameisenigeln anstellte, ergaben ferner die überraschende Tatsache, daß ihre Temperatur in viel weiteren Grenzen schwankt, als die der höheren Säuger. Während bei letzteren unter normalen Verhältnissen die Temperatur nahezu konstant ist und höchstens um Bruchteile von Graden schwankt, scheinen bei den Monotremen Schwankungen von 7° C., 8° C. und mehr vorzukommen. Ein

Abhängigkeitsverhältnis dieser Schwankungen von wechselnden Temperaturgraden der äußeren Luft ließ sich dabei nicht erkennen.

Es scheint nach alledem, als ob die Monotremen weder zu den wechselwarmen Tieren (sogenannten Kaltblütern, deren Temperatur mit der der äußeren Luft schwankt), noch auch ganz streng genommen zu den dauerwarmen Tieren (sogenannten Warmblütern, die eine konstante Temperatur besitzen) zu rechnen sind, sondern daß sie auch in dieser physiologischen Beziehung ein Bindeglied zwischen wechselwarmen Reptilien und dauerwarmen Säugetieren darstellen.

Känguruhratte, Aepyprymnus rufescens. ca. 1/3 nat. Gr.

Nur selten begleitete ich die Schwarzen auf ihrer Suche nach Echidna. Gewöhnlich ritt ich allein für mich aus, um gewisse kleinere Beuteltiere zu erlegen, die hier recht häufig waren. Ich hatte mir für diese Jagd zwei gute Foxterriers aus Maryborough mitgebracht, und »Jack« und »Topsy« bewährten sich ausgezeichnet als Stöberhunde. Im hohen Grase des offenen Busches hat die Känguruhratte, »Barunga« der Schwarzen, Aepyprymnus rufescens, ihr halbkugeliges, wohlgefüttertes Nest, in das sie sich während der Tageshitze zum Schlafen zurückzieht, und in dem sie sich sorgfältig mit einem Grasdach zudeckt. Erst nach Anbruch der Dunkelheit erhebt sie sich und äst Gräser, besonders aber Knollen und Wurzeln, die sie mit den scharfen Krallen der Vorderpfoten ausgräbt. Sie gleicht einem Känguruh im kleinen und hüpft wie jenes in weiten, behenden Sprüngen dahin. Das Aufschlagen der Hinterläufe auf den Boden hallt wie ein kräftiger Schlag durch die stille Nacht wider, vernehmlich bei der kleinen Ratte, lauter beim Wallaby, weithinschallend beim schweren Känguruh. Wie oft habe ich diese Laute auf meinem Feldlager vernommen, am häufigsten die Sprünge der dreisten Känguruhratten, die ungescheut unmittelbar an meinem Zelte vorbeihüpften. Ein paar flinke Hunde können das Tier leicht einholen. Bei der Hetze sah ich oft, wie Weibchen, die ein größeres Junges im Beutel trugen, sich in höchst unmütterlicher Weise desselben entledigten und es den Hunden preisgaben, um rascher zu entkommen. Niemals fand ich mehr als ein Junges. Wenn scharf bedrängt, verkriecht sich die Känguruhratte in irgend ein Versteck, meistens in einen der vielen hohlen Baumstrünke, die überall im Busch zerstreut liegen. Da sie aber doch ein ziemlich großes Tier ist, gelingt es ihr nicht immer einen passenden Unterschlupf zu finden, auch können ihr kleinere Hunde dorthin nachkriechen und sie herausziehen.

Bändikut (Beuteldachs), Perameles obesula. ca. 1/2 nat. Gr.

Dagegen ist das Verkriechen in hohlen Baumstrünken die ständige Taktik des Beuteldachses, Perameles obesula, wenn er verfolgt wird. Die Kolonisten nennen diesen eigentümlichen, spitzschnauzigen Beutler, der in gewisser Weise zwischen pflanzen- und fleischfressenden Beuteltieren vermittelt, Bändikut; meine Schwarzen nannten ihn »Pinuru«. Auch er hat sein Lager im hohen Buschgrase und verbringt den Tag schlafend in demselben. Nachts kommt er hervor und durchwühlt die oberflächlichen Schichten des Bodens nach Kerbtieren, Würmern, Knollen und Wurzeln. Mein Camp erhielt nachts fast regelmäßig den Besuch eines oder mehrerer Bändikuts, die dort kleine Überbleibsel von Fleisch und Brot vom Boden auflasen, ohne sich sonst irgendwelche Übergriffe zu erlauben. Jeden Morgen sahen wir die frischen Spuren unserer harmlosen Gäste um unsern Kochplatz und unsere Speiselaube herum, besonders während meines ersten Aufenthaltes am Burnett, als ich keine Hunde in meinem Camp hatte. Die Tiere waren damals so vertraut, daß sie uns zuweilen abends ganz nahe kamen, wenn wir schweigend und unsere Pfeifen rauchend die Abendkühle genossen. In hellen Mondnächten hörte ich einigemale den grunzenden Brunstschrei des Männchens, das auf nächtliche Liebesabenteuer auszog.

Wird ein Bändikut aus seinem Lager von Hunden aufgestöbert, so läßt es sich nicht lange hetzen, sondern läuft nur soweit, bis es den nächsten hohlen Baumstrunk findet, in den es sich verkriecht. Es vermag seinen Körper in sehr enge Höhlungen zu zwingen, in die ihm kein Hund nachfolgen kann, und es scheint über die Anwesenheit und Natur solcher Verstecke in der Umgebung seines Lagers genau unterrichtet zu sein. Sobald es darin sitzt, blockieren Jack und Topsy den Ausgang, ich führe einen Stecken ein, um zu sehen, wie weit die Höhlung reicht, in deren Tiefe sich das Tier verkrochen hat, und schlage dann mit dem Tomahawk auf die Stelle ein, wo das Tier sitzt. Ist der Baumstamm dick, sein Holz hart und noch nicht morsch, so ist das eine schwere Arbeit, die manchmal eine halbe Stunde und länger dauert, und bewirkt, daß meine Hände sich allmählich ganz mit Schwielen bedecken. Am schlimmsten war es, wenn es sich um mächtige gestürzte Baumstämme handelte, die an einem Ende eine große Höhlung besaßen, welche, sich allmählich verengend, spitz nach innen auslief. Die hitzige Topsy drang dann so tief ein, als sie nur konnte, und verkeilte sich einige Male so, daß es ihr unmöglich war, wieder herauszukommen. Durch ihr klägliches Gewinsel wurde ich über die Stelle unterrichtet, wo sie fest saß. Es war aber vergebliche Mühe, einen solchen Riesenbaum mit dem Tomahawk öffnen zu wollen. Stundenweit mußte ich dann in meinen Camp zurückreiten, eine starke Axt holen und den unbesonnenen Wildfang im Schweiße meines Angesichts herausarbeiten.

Zuweilen beförderte mein Beil aus jenen Baumverstecken kein Bändikut, sondern einen Beutelmarder, »native cat« der Kolonisten, »Gumbem« der Schwarzen, heraus, eine Gattung, die am Burnett durch zwei Arten, Dasyurus hallucatus und D. geoffroyi, vertreten wird. Die Beutelmarder sind kleine, aber mutige und blutdürstige Raubtiere, die kleineren Säugetieren und Vögeln nachstellen, im Notfalle auch Insekten nicht verschmähen. Den Kolonisten sind sie sehr verhaßt, weil sie, wie unsere Marder, den Hühnerställen nächtliche

Besuche abstatten und sich, wenn man ihnen nicht wehrt, jede Nacht ihr Huhn holen. Harmloser sind die kleinen Beutelspitzmäuse,

Beutelmarder (native cat), Dasyurus hallucatus. ca. 1/3 nat. Gr.

Beutelspitzmaus, Antechinomys laniger. Nat. Gr.

die im Reisig, dürren Laube oder morschen Holze ihre Nester haben und sich vorwiegend von Insekten ernähren, so die häufige Sminthopsis crassicaudata und der seltene Antechinomys laniger, von dem ich nur ein einziges Exemplar erbeutete.

Ungleich größere und stärkere Beutelraubtiere leben in Tasmanien: der durch seine Wildheit ausgezeichnete »tasmanische Teufel«, Sarcophilus ursinus, und der räuberische Beutelwolf, Tylacinus cynocephalus, der die Schafherden der Ansiedler ebenso wenig verschont wie die flüchtigen Känguruhs, den stachelbewehrten Ameisenigel und das tauchgewandte Schnabeltier. Verwandte Arten beider Gattungen von Beutelraubtieren haben früher (im Pleistocän) auch auf dem australischen Festlande gelebt, beide sind aber dort ausgestorben, lange ehe der Weiße ins Land kam. Was kann wohl das Aussterben dieser wehrhaften Geschöpfe, denen es auf dem an Beutelwild reichen Kontinent doch niemals an Nahrung gemangelt haben kann, verursacht haben? Die Antwort lautet: Höchst wahrscheinlich das Auftreten eines besser gerüsteten, geistig überlegenen Konkurrenten, des australischen Hundes »Dingo«, der nach seiner wie immer verursachten Einführung in Australien dort bald verwilderte, sich über den ganzen Erdteil ausbreitete und diejenigen Beutelraubtiere, mit denen er beim Nahrungserwerb in Wettkampf trat, Tylacinus und Sarcophilus, zum Verschwinden brachte. Durch fossile Funde ist sichergestellt, daß zur Zeit des Eindringens des Dingos jene großen Beutelraubtiere auf dem australischen Festlande noch lebten. In Tasmanien ist der Dingo nie eingeführt worden. Hier haben sich deshalb auch die großen Beutelraubtiere bis auf unsre Zeit erhalten können.

Die Geschichte der übrigen Erdteile lehrt, daß die Beuteltiere, welche wir als die höher organisierten Abkömmlinge der Prototherien (Monotremen und Verwandten) zu betrachten haben, mit letzteren zusammen in der mesozoischen Periode, dem Mittelalter der Erdgeschichte, Trias, Jura, Kreide, die einzigen Repräsentanten der Säugetiere auf der Erde waren. Mit dem Anbruch des Tertiär hat diese Fauna im untern Eocän ihren Höhepunkt erreicht. Neben ihr treten aber jetzt in der alten Welt und in Amerika höhere, sogenannte placentale Säugetiere auf, Tiere, die in ihrem ganzen Bau eine vollkommenere Entwicklung zeigen, die ihre Jungen in voll ausgebildetem Zustande zur Welt bringen, weil für deren Ernährung innerhalb der Mutter durch ein besonderes Organ, den Mutterkuchen oder die Placenta gesorgt ist. Dieses Organ fehlt den eierlegenden Monotremen und erst in der Klasse der Beuteltiere finden sich, wie Jas. S. Hill entdeckt hat, die ersten Anfänge seiner Entstehung bei einigen wenigen Formen (Dasyurus), während die Mehrzahl keine Spur einer Placentarbildung besitzt und ganz unentwickelte Junge zur Welt bringt. Aus zahlreichen vergleichend-anatomischen und entwicklungsgeschichtlichen Gründen werden wir dahin geführt, die Placentalier für die Abkömmlinge beuteltierähnlicher Vorfahren zu halten. Nun sehen wir aber, wenn wir weiter die steinernen Blätter des Geschichtsbuches unsrer Erde entziffern, daß, je höher sich die placentalen Nachkommen entwickeln, je weiter sie sich ausbreiten, je zahlreicher sie werden, um so mehr ihre Vorfahren, die primitiv gebauten, unvollkommeneren Beuteltiere, zurücktreten, seltner werden, endlich im Miocän in der alten Welt ganz aussterben. Nur in Amerika hat sich eine einzige Beuteltierfamilie, die Familie der Beutelratten, vertreten durch Didelphys, das echte oder amerikanische Opossum, und Chironectes, den Schwimmbeutler, bis in unsre Zeit erhalten. Sonst haben sie überall im Kampfe ums Dasein ihren besser gerüsteten Enkeln, den Placentaliern, das Feld räumen müssen.

Anders in Australien. Dort fehlen mit Ausnahme der flugbegabten Fledermäuse, der schwimmbegabten Seesäugetiere, des verwilderten Dingohundes sowie einiger Mitglieder der kosmopolitischen wanderlustigen Familie der Mäuse alle sonstigen Placentalier wie Affen und Halbaffen, Maulwürfe und Spitzmäuse, Katzen und Marder, Eichhörnchen und Hasen, Hirsche und Schweine usw. Ihre Stelle im Haushalt der Natur wird eingenommen von Monotremen und Beuteltieren. Wir müssen daraus den Schluß ziehen, daß Australien seit der Zeit, zu welcher auf der übrigen Erde Placentalier aus beuteltierähnlichen Vorfahren hervorgegangen sind, außer Verbindung mit den übrigen Erdteilen gewesen ist und deshalb nicht von jenen aus durch Einwanderung mit höheren Säugetieren bevölkert werden konnte.

Ebensowenig haben sich selbständig in dem kleinen, einförmig gearteten Kontinent Placentalier aus Beuteltieren entwickelt. Ungestört konnten sich letztere dort entfalten, den Wald, das Flußufer, das Felsgebirge, die Grassteppe als unbestrittenen Wohnsitz behaupten, den Bedingungen ihres Standorts sich in mannigfachster Weise anpassen. Manche äsen das Gras des Busches, wie die Känguruhs und Wallabies, andre graben nach Wurzeln und Knollen, wie die Känguruhratten, wieder andre beziehen ihre Nahrung von den Eucalyptusbäumen, wie Phascolarctos, das australische Opossum, die Flugbeutler. Die Bändikuts, Ameisenbeutler (Myrmecobius) und spitzmausähnlichen Beutelbilche (Phascologale, Antechinomys) sind vorwiegend Insektenfresser, die Beutelmarder und Beutelwölfe vorwiegend Fleischfresser mit einem Gebiß, das an das der placentalen Raubtiere erinnert. Mannigfaltig wie die Ernährung ist der Aufenthalt, die Lebensweise, die Ortsbewegung jener Tiere. Wie Springmäuse hüpfen die Känguruhs über das offene Land, einige von ihnen, so die Felsenwallabies, vermögen aber auch im Gebirge ihre Sprünge mit der Sicherheit einer Gemse auszuführen, und das Baumkänguruh (Dendrolagus) übt seine Künste in den Kronen der hohen Urwaldbäume. Mit der Gewandtheit von Eichhörnchen klettern die australischen Opossums, die Kuskus und die Buschratten (Phascologale), wie ein Flughörnchen schwebt der Flugbeutler Petaurus von Baum zu Baum, bedächtig wie ein Faultier klettert Phascolarctos. Schleichend ist der Gang des Beutelmarders, trabend der des Beutelwolfs. Im Grase, in Felshöhlen, in hohlen Baumstämmen, am Boden oder auf den Bäumen hat die eine oder die andre Beuteltierart Versteck und Lager, nach Kaninchenart bauen die Wombats ihre langen, tiefen Gänge unter der Erde, ganz unterirdisch ist die Lebensweise des erst vor kurzem im tiefsten Innern des Erdteils entdeckten blinden Notoryctes typhlops, der in Lebensweise und Aussehen einem Maulwurfe gleicht. Aber alles das sind keine Maulwürfe, Eichhörnchen, Flughörnchen, Ratten, Springmäuse, Spitzmäuse, Marder und Wölfe. Es sind alles Beuteltiere, unter sich trotz aller äußeren Verschiedenheit unendlich näher verwandt, als mit irgend einem placentalen Säugetier, dem sie nach Aussehen, Bewegungsart und Lebensweise gleichen und dessen Namen sie tragen. Auch darf man sich nicht vorstellen, daß die placentalen Raubtiere aus Raubbeutlern, die echten Springmäuse aus Känguruhs, unsre Maulwürfe aus Beutelmaulwürfen entstanden seien. Der Übergang vom Beuteltier in das placentale Säugetier ist vielmehr nur einmal, wahrscheinlich von einer wenig spezialisierten Gruppe von Beuteltieren erfolgt, und aus einer Urgruppe von Placentatieren haben sich divergierend all die verschiedenen Zweige wie Insektenfresser, Nager, Huftiere, Raubtiere, Halbaffen, Affen und so weiter entwickelt. Die äußere Ähnlichkeit zwischen gewissen Gruppen der Beuteltiere und Placentalier ist eine Konvergenzerscheinung, bewirkt durch Anpassung an ähnliche Lebensbedingungen, ähnlich zu beurteilen, wie die Ähnlichkeit zwischen Asseln und Tausendfüßlern, Fischen und Walen, Vögeln und Fledermäusen. Äußere Ähnlichkeit beweist noch nicht Blutsverwandtschaft. Echidna, Stachelschwein und Igel besitzen untereinander keine nähere Verwandtschaft, so ähnlich sie sich sehen: wohl ist aber das eine Geschöpf mit dem Schnabeltier, das andere mit dem Meerschweinchen, das dritte mit dem Maulwurf verwandt.

Da ich in dieser Zeit oft den Ort meines Lagers verlegte und auf meinen Ritten den spürenden Hunden kreuz und quer durch Busch und Dickicht folgte, hatte ich manchmal Schwierigkeit, beim

Zurückreiten mein Lager wiederzufinden, und strengte mich anfangs immer sehr an, mir beim Umherstreifen den Weg, den ich genommen, einzuprägen. Später fand ich eine einfachere Methode. Wenn ich mein Pferd Schamyl ritt, brauchte ich nur die Zügel nachzulassen und dem Pferde das Übrige anheimzustellen. Es ging dann stets direkt nach dem Ort zurück, an dem sich eben das Lager befand und seine Kameraden weilten. Es folgte dabei nicht etwa den Umwegen, auf denen wir gekommen waren, sondern ging in gerader Richtung und machte höchstens Umwege um Terrainhindernisse herum. Es führte dieses Kunststück auch aus in Gegenden, in denen es nie zuvor gewesen war, und unmittelbar nachdem wir ein neues Lager bezogen hatten. Schon im vorigen Jahre hatte ich beobachtet, daß bei der Rückkehr von weiten, mehrtägigen Ritten durch von uns noch unbetretenes Gebiet dieses Pferd, wenn ich noch mehrere Kilometer vom Camp entfernt war, dem Orte desselben in gerader Richtung zuzustreben begann und ihn viel untrüglicher traf, als ich selber. Wenn ich aus meinen eigenen, oft wiederholten Erfahrungen in dieser Beziehung einen Schluß ziehe, so komme ich zu der Annahme, daß das Pferd den Ort auf sehr weite Entfernungen wittern muß. Wären es Auge und Gedächtnis, von denen es sich leiten ließe, so würde die Orientierung in einer unbekannten Gegend nicht gleich da sein, sondern das Tier würde sich zunächst nur auf Umwegen, dem Hinweg folgend zurückfinden, und allmählich würde die Orientierung, die Fähigkeit, direkt an den Lagerplatz zurückzukehren, wachsen. Daß das Pferd außerdem noch ein ausgezeichnetes Ortsgedächtnis besitzt, ist nicht in Abrede zu stellen; doch ist das eine von der beschriebenen verschiedene Fähigkeit.

Der Ortssinn ist überhaupt ein geistiges Vermögen, das sich aus verschiedenen Komponenten zusammensetzt und bei dem sehr verschiedenartige Sinnes- und Verstandestätigkeiten in Frage kommen. Von Sinnestätigkeiten steht dabei wohl der Gesichtssinn in erster Linie, denn das Zurückfinden an einen Ort vermittelst des Witterungsvermögens, wie es der Hund auf der eigenen oder der Spur des Herrn ausübt, darf man nicht eigentlich als Ortssinn bezeichnen. Aber auch von letzterer Fähigkeit können wir sehr verschiedene Stufen und Grade unterscheiden. Das Wiedererkennen eines bestimmten, einmal gemachten Weges ist eine viel niederere Stufe als die allgemeine Orientierung über Höhenzüge, Wasserläufe, Beschaffenheit der Vegetation, die es ermöglicht, von jedem beliebigen Punkte aus einen beliebigen andern Punkt zu erreichen. Um letztere Fähigkeit zu erlangen, ist eine Orientierung über weite Flächen des Bodens notwendig, und um diese zu gewinnen, bedarf es eines möglichst erhöhten Standpunktes. Ein kleiner Hund ist in dieser Beziehung viel schlechter daran als ein Pferd oder ein Mensch, und letztere wiederum können sich nicht mit dem Vogel, dem Adler oder der Brieftaube vergleichen, die von luftiger Höhe aus mit wunderbaren Augen begabt die großen Züge und die kleinen Details des Landes auf riesige Entfernungen erfassen und ihre Wahrnehmungen in ihrem Gedächtnis niederlegen können. So erklärt sich auch der ans Zauberhafte grenzende Ortssinn mancher Vögel auf ganz natürlichem Wege.

Nicht anders ist es mit dem Ortssinn der Wilden. Der alte Jimmy war hierfür ein Typus, wie er auf der Welt wohl kaum übertroffen werden konnte. In den dichtesten Scrubs, auch in solchen, die er nie zuvor betreten hatte, wußte er sich mit absolutester Sicherheit zurecht zu finden, ohne jemals zu zweifeln oder zu irren. Er war aber über die allgemeine Konfiguration des Landes, den Lauf der Gewässer, die Richtung der Höhenzüge genau orientiert und achtete instinktiv unablässig auf alles Große und Kleine, was sich in seiner Umgebung befand, auf jede Wendung, die er selbst machte, auf die Entfernungen, die er zurücklegte. Ich pflegte oft mit ihm zu scherzen und sagte ihm einmal: »Hier im Busch, Jimmy, weißt du dich überall zurechtzufinden. Komm aber einmal zu mir in meine Heimat; dort sind an manchen Stellen soviel Häuser als hier Bäume, viele Tausende und Tausende und sie sehen alle gleich aus. Die stehen dicht nebeneinander und haben nur schmale Wege zwischen sich, die kreuz und quer laufen. Da wollen wir einmal sehen, ob du dich auch zurechtfindest oder dich nicht gehörig verläufst.« Seine Antwort war sehr charakteristisch und belehrend. Er sagte: »Ich gehe in einer solchen Stadt nicht gleich weit weg. Ich gehe ein Stück und komme zurück, dann gehe ich in einer andern Richtung und komme zurück und wieder in einer andern. Allmählich weiß ich, wie alles läuft, und kann dann ganz weit gehen. Ich verlaufe mich nicht.« Man sieht, der exzeptionelle Ortssinn, mit dem dieser prächtige Wilde begabt war, beruhte auch auf nichts anderm als unsere eigene, im Vergleich damit so schwächlich entfaltete Fähigkeit, uns in unbekannter Gegend zu orientieren. Etwas geheimnisvolles, eigenartiges, ein besonderer Sinn steckt dahinter nicht. Jimmy war, wie aus seiner Antwort hervorgeht, sich wohl bewußt, daß er in gänzlich fremder Gegend, in einer großen Stadt zunächst auch hilflos sein würde. Er gab auch genau dieselben Mittel an, die wir anwenden, uns zu orientieren. Nur waren bei ihm eben diese Mittel, sein Beobachtungsvermögen und sein Ortsgedächtnis ungleich größer als bei jedem zivilisierten Menschen, bei dem diese geistigen Fähigkeiten nicht nur weniger geübt, sondern sogar zu Gunsten anderer bis zu einem gewissen Grade unterdrückt und verkümmert sind.

Auf einer Seereise lernte ich einmal einen Schiffsingenieur kennen, der sich seines Ortssinnes zu rühmen pflegte und behauptete, er wäre im stande, wenn man ihn in einer ihm unbekannten großen Stadt kreuz und quer herumführte, jederzeit in gerader Linie auf den Ausgangspunkt zurückzukehren. Er hat aber die Probe nie gemacht und natürlich war das alles eitel Prahlerei und Dunst. Der alte Jimmy war bescheidener und klüger.

Herrlich waren um diese Zeit die Nächte im Busch. Die volle Scheibe des Mondes stand fast senkrecht über unserm Scheitel und übergoß Höhen und Senkungen, die mit gerundeten Granitblöcken bedeckten Ufer der stillen Wasserläufe, die hohen lichten Gestalten der Eucalypten und die düstere, dicht gedrängte Baumgemeinde der Scrubs mit ihrem silbernen Lichte. Eine Mondnacht in den Tropen hat in der Tat etwas zauberhaftes. Der Gewalt dieses Eindruckes kann sich keiner entziehen, auch der nicht, der sich von der Tropenlandschaft sonst enttäuscht fühlt und einen mitteleuropäischen Laubwald den immergrünen Urwaldriesen und den Palmenhainen Indiens vorzieht. In Mitteleuropa steht gerade im Sommer, wenn die laue Nachtluft uns den längern Aufenthalt draußen gestattet, der Mond tief am Himmel, nahe am Horizont und verweilt nur wenige Stunden über demselben. In den Tropen steht er meist die ganze Nacht hindurch über uns im Zenith; doppelt hell strahlt dann sein Licht, und da wir die Lichtquelle bei gewöhnlicher Kopfhaltung nicht wahrnehmen, glauben wir in einem Zauberwald zu wandeln. Die ragenden Eucalypten stehen im weißen Glanze da, fast ohne Schatten zu werfen; jede Linie, jedes Blatt zeichnet sich ab, und doch fehlt die durchdringende Klarheit des Tages und eine geheimnisvolle Undurchdringlichkeit liegt über der lichtbeglänzten Landschaft. Wäre ich ein Dichter, so würde ich versuchen, den Eindruck dieser Landschaft auf das menschliche Gemüt zu schildern. Als Naturforscher habe ich aber den Drang zu analysieren und so frage ich: wie kommt dieser eigentümliche Effekt, dieses Geheimnisvolle, Magische der Mondlandschaft zu stande, die der Grund gewesen ist, daß Volkssage und Dichterphantasie gerade die Mittsommernacht mit den zarten Gestalten der Blumenelfen bevölkert hat? Die Antwort auf diese Frage ist nicht schwer. Der Effekt ist deshalb ein so eigentümlicher, weil das Mondlicht in klaren Nächten zwar hell genug ist, die Flächen, die es direkt trifft, sehr hell zu beleuchten, ein aufgeschlagenes Buch zum

Beispiel so hell, daß wir bequem die Schrift lesen können. Dagegen ist jenes Licht doch nicht stark genug, um indirekt, vom Himmel oder Erdboden reflektiert, als diffuses Licht eine merkliche Wirkung hervorzurufen. Das diffuse Licht bewirkt aber, daß wir bei Tage auch die nicht direkt von der Sonne beschienenen, im tiefsten Schatten befindlichen Flächen der Gegenstände genau erkennen können. Die Schwärze des Schattens am hellen lichten Tage ist nur eine scheinbare, durch den Kontrast hervorgerufene; eine Menge diffusen Lichtes durchdringt auch ihn. Daher die durchdringende Klarheit des Tages. Anders im Mondlicht. Hier ist das diffuse, reflektierte Licht so schwach, daß die nicht bestrahlten Flächen beinah lichtlos und ihre Details unsern Augen gänzlich unkenntlich sind. Das charakteristische der Mondbeleuchtung ist also weniger die vom Sonnenlichte verschiedene Farbe, obwohl auch diese uns eigentümlich berührt, als der Mangel des diffusen Lichtes, die fast absolute Lichtlosigkeit der Schatten. Wir sehen beispielsweise im Baumschlag die Flächen, die vom Mondlichte getroffen werden, sehr scharf und deutlich, die abgewandte Fläche ist dagegen in vollkommenes Dunkel gehüllt. Von Jugend auf an die Effekte des Tageslichts gewöhnt, erscheint uns das wundersam, zauberhaft, ganz besonders wenn wie in den Tropen die im Scheitel stehende Lichtquelle bei gewöhnlicher Kopfhaltung nicht wahrgenommen wird.

Aus diesen Gründen ist es auch sehr schwierig, im Mondlichte sichere Schüsse abzugeben, weil man das Korn des Visiers nur dann deutlich sieht, wenn man gegen den Mond zielt, so daß es direkt beschienen wird. Dieser Methode bedienten wir uns, um die zahlreichen Opossums zu schießen, die nachts im Gezweig der Eucalyptusbäume ihr Wesen trieben. Tags über schlafen diese Tiere in Baumhöhlungen und Astlöchern. Nach Sonnenuntergang erwachen sie und klettern mit der Sicherheit der Eichkätzchen, aber langsamer als diese, an den Stämmen auf und ab und springen in den Ästen umher. Ihre Nahrung besteht außer gelegentlich erbeuteten Kerbtieren, Eiern, jungen Vögeln vorwiegend aus grünen Pflanzenteilen der Eucalypten und diese verleihen dem Wildbret einen eigentümlichen, widrigen Geschmack, so daß man es nur im Notfall benutzt, um seinen Hunger zu stillen. In Coonambula machten sich die 'Possums zeitweise dadurch unliebsam bemerklich, daß sie die Weinstöcke im Garten besuchten und die ganz kleinen unreifen Weinbeeren mit Leidenschaft fraßen, während sie später die großen und reifen Beeren in Ruhe ließen. Wir töteten in einer Mondnacht im Garten zwölf Stück. Das Pelzwerk ist schön, dicht und dabei leicht, und ein warmer Winterpelz, den ich mir aus 80 erbeuteten Fellen habe machen lassen, erinnert mich noch heute an meine Mondscheinjagden bei Tim Shey's Creek. Die Jagd ist sehr einfach. Nähert man sich einem Baum, auf dem ein Opossum sein Wesen treibt, so sucht das Tier nicht zu entfliehen, sondern duckt sich mäuschenstill auf einen Ast. Nun heißt es die Augen anstrengen, um es zu entdecken, was für den Ungeübten oft nicht leicht ist. Man hat aber Zeit, kann den Baum umkreisen, nah herantreten und sich wieder

Australisches (unechtes) Opossum, **Trichosurus vulpecula** (das echte Opossum ist ein amerikanisches Beuteltier, Didelphys virginiana). ca. 1/3 nat. Gr.

entfernen, ohne daß das Tier sich von der Stelle rührt. Hat man es entdeckt, so stellt man sich so, daß sich das Ziel zwischen dem Schützen und der Scheibe des Mondes befindet, und hat dann einen ganz sicheren Schuß, weil Zielpunkt und Korn des Gewehrs gleichmäßig vom Monde beschienen sind. Am Burnett kommen zwei Arten von »'Possums«, »Gruna« der Schwarzen vor: der recht häufige Trichosurus vulpecula var. typicus und der seltenere Pseudochirus peregrinus, das ringelschwänzige 'Possum.

Nahe verwandt mit diesen unechten Opossums sind die Flugbeutler Petaurus, »Uäã« der Schwarzen, die am Burnett durch mehrere Arten vertreten sind. Auch sie waren bei Tim Shey's Creek ungemein häufig, besonders der stattliche Petaurus sciureus und der kleine, zierliche Petaurus breviceps var. typicus. Mit größter Gewandtheit klettern sie am Stamm der Eucalyptusbäume bis zum Wipfel in die Höhe. Dann breiten sie ihre Flughaut aus und gleiten in geräuschlosem Schweben sanft abwärts auf einen entfernten Baum, dessen Wipfel sie

Flugbeutler (Beuteleichhorn), Petaurus breviceps var. typicus. 1/2 nat. Gr.

sofort wieder erklimmen. So sah ich sie zuweilen Entfernungen von 40—50 m Durchmesser durchschweben, niemals verfehlen sie ihr Ziel und sie sind sogar im stande mitten im Fallfluge abzuschwenken und sich auf einen andern Baum hinabzulassen als auf den, welchen sie ursprünglich als Ziel ausersehen hatten. Es war weit schwieriger, diese Tiere beim Mondschein zu schießen als die 'Possums. Die meisten erhielt ich lebend durch die Schwarzen, die die frischen Kletterspuren an den von ihnen bewohnten Bäumen wahrnahmen und sie aus ihren Astlöchern heraus holten, wenn sie tagsüber der Ruhe pflegten. Die Gefangenen zeigten sich ungemein wild, bissig, unverträglich, wahre kleine Teufel. Die meisten Weibchen hatten um diese Zeit schon kleine Beuteljunge, meistens eins, zuweilen zwei. Bei Trichosurus dagegen fand ich stets nur ein Junges.

Nachts wurden wir jetzt sehr durch die Dingos belästigt, die sich bis in die nächste Nähe unseres Lagers wagten, wo die um diese Zeit läufische Hündin Topsy eine starke Anziehungskraft auf sie ausübte. Ihr Gefährte Jack war über die dreiste Annäherung auf das höchste empört und äußerte seine Entrüstung durch stundenlanges Bellen. Zwischen gezähmten Hunden und Dingos besteht eine Abneigung und Feindschaft wie zwischen Hund und Fuchs. Über den Familienzwist triumphiert aber die alles bezwingende Liebe, und der Sproß des feindlichen Hauses trotzt kühn der Gefahr bis in das Lager des Todfeindes hinein, gehüllt in den Mantel der Nacht. Immerhin waren jene stürmischen Werber aber noch vorsichtig genug, mich nie zu Schuß kommen zu lassen, wenn ich mit dem Gewehr heranschlich. Überhaupt gelang es mir selten, die vorsichtigen und schlauen Dingos zu erlegen, so häufig sie auch in jenen Gegenden waren. Die Squatters vergiften viele von ihnen, indem sie mit Strychnin vergiftete Fleischbrocken an ihren Wechseln ausstreuen. In der Nähe der Stationen findet man oft die verwesenden Kadaver und hat auf seine eigenen Hunde acht zu geben, damit sie nicht die Giftbrocken aufnehmen, die ihren wilden Verwandten, den gefährlichen Feinden der Schafherden und versprengten Kälber, bestimmt sind.

Den Dingo hat man meiner Ansicht nach für einen verwilderten Haushund, nicht für einen eigentlichen Wildhund anzusehen. Dafür spricht der ganze Habitus des Tieres, dafür auch schwerwiegende zoogeographische Gründe. Sein nächster Verwandter unter allen domestizierten und wilden Hunden ist der indische Pariahund und zwar die Varietät desselben, die von Kohlbrugge als Canis familiaris var. tenggerana von den Tenggerbergen auf Ostjava beschrieben worden ist. Abgesehen von geringfügigen Unterschieden in der Behaarung ist der erst kürzlich ausgestorbene Tenggerhund mit dem australischen Dingo fast identisch. Es ist nun in hohem Grade wahrscheinlich, daß ein Verwandter dieses Tenggerhundes von den Eingeborenen bei ihrer Einwanderung aus der indischen Region nach Australien als ein halbgezähmter Jagdgenosse mitgebracht worden ist und sich mit ihnen und daneben auch in verwildertem Zustande rasch über das ganze für Placentalier jungfräuliche Gebiet des Kontinents ausgebreitet hat. Neu-Guinea hat er wahrscheinlich erst viel später und zwar auch da wieder durch die Mitwirkung des Menschen über die Inseln der Torresstraße hin erreicht. Er wird dort viel seltener in verwildertem Zustande gefunden als in Australien.

Gegen die Annahme, der Dingo sei von der Urbevölkerung bei ihrer Einwanderung in Australien mitgebracht worden, hat man eingewendet, daß fossile Dingoreste mit den Skeletten von jetzt ausgestorbenen Riesenbeuteltieren (Thylacoleo, Diprotodon) und von jetzt vom Kontinente verdrängten Raubbeutlern (Sarcophilus) in einer Weise vergesellschaftet gefunden worden sind, daß an ihrer Zeitgenossenschaft kaum gezweifelt werden kann. Menschliche Skelettreste hat man nun in Gemeinschaft mit jenen Fossilien bisher noch nicht gefunden. Aber ist das etwa beweisend für die Abwesenheit des Menschen zu jenen Zeiten, die von der Mehrzahl der Paläontologen als pleistocäne, höchstens pliocäne angesehen werden? Wie selten werden in dem doch viel besser durchforschten Europa menschliche Skelettreste an Stellen gefunden, wo es von Resten ausgestorbener Tiere, die dem Urmenschen als Jagdbeute gedient haben und noch die Spuren seiner Steinmesser und Beile an sich tragen, wimmelt. Ich brauche den Kundigen nur an Taubach und Schussenried zu erinnern. Der Mensch, selbst der Urmensch der Steinzeit, nimmt im Gegensatz zum Tiere ein Interesse an den Leibern seiner verstorbenen Artgenossen und entzieht sie dadurch vielen äußeren Einflüssen, die in günstigen Fällen auch konservierend, nicht zerstörend wirken können.

Übrigens wird gerade in neuester Zeit aus Australien (Warnambool in Victoria) ein Fund gemeldet, der auf ein sehr frühes Auftreten des Menschen in Australien zu deuten scheint. Es handelt sich um Sandsteinplatten, die man für tertiär hält, mit charakteristischen Fußspuren des Menschen, vergesellschaftet mit denen des Dingo, des Emu und anderer Tiere. Wird durch ein genaueres Studium der Ablagerung ihr tertiärer Charakter sichergestellt, so wäre dadurch das sehr frühe Auftreten des Menschen in Australien bewiesen, es ergäbe sich, daß er bei seiner Ankunft daselbst die Riesenbeutler wie Thylacoleo, Diprotodon usw. noch lebend angetroffen hat, und die Vermutung fände eine Stütze, daß er — sowie wohl auch der Dingo — an ihrer Ausrottung aktiv teilgenommen hat, ganz ähnlich wie es wohl auch der europäische Urmensch den riesigen Placentartieren Europas gegenüber getan hat.

Aber abgesehen von diesem noch nicht eindeutigen Funde spricht das Fehlen so kosmopolitischer Placentalier wie der Schweine[1]) und

1) Im Jahre 1886 hat C. W. de Vis in den Proceedings of the Royal Soc. of Queensland (Vol. III 1886, S. 42—47. Plate I) einen fossilen Fund beschrieben, der unsre Auffassung von den zoogeographischen Beziehungen Australiens zu den übrigen

Hirsche in Australien dafür, daß dem Dingo bei seiner Einwanderung Hilfsmittel zu Gebote gestanden haben, die jenen fehlten, und es liegt äußerst nahe, sich als dies Hilfsmittel das Eingreifen des Menschen zu denken, der seinen halbwilden Jagdgenossen mit hinüber brachte. Freilich würde der Sinn dieser Annahme wieder gänzlich hinfällig, wenn man als Weg der menschlichen Einwanderung von Indomalayia nach Australien eine tertiäre oder pliocäne Landbrücke annehmen wollte, wie neuere Autoren es getan haben. Warum hätten andere höhere Placentalier wie Hirsche und Schweine jene Brücke dann nicht benutzt? Die große Tatsache der langen Isolierung Australiens von den andern Regionen steht fest und läßt sich durch unzählige zoogeographische Details erhärten. Ausnahmen von der allgemeinen Regel, wie das isolierte Auftreten des Dingos müssen eine Erklärung finden, ohne den Sinn der Regel durch eine Annahme wie die einer pliocänen Landbrücke wieder gänzlich aufzuheben. Wenn man dafür eintritt, daß der Mensch wahrscheinlich den Hund in Australien eingeführt hat, so tut man es doch nur, um eine isolierte und an sich unverständliche Ausnahme einer allgemeinen Regel zu erklären, und man tut es, weil man annimmt, daß Menschenwitz und Menschenlist schon in grauer Vorzeit Mittel und Wege zu finden wußte, die andern Geschöpfen verschlossen sind.

Erdteilen geradezu revolutionieren müßte, wenn die de Vis'sche Deutung sich als richtig erweisen würde. De Vis beschreibt einen Backzahn und mehrere Schneidezähne, die, an verschiedenen Lokalitäten der Darling Downs in Queensland gefunden, von ihm als zusammengehörig betrachtet und als fossile Reste eines »postpliocänen Artiodactylen«, den er Prochoerus celer nennt, gedeutet werden. Nach de Vis soll dieser vermeintliche Artiodactyle dem amerikanischen Genus Dicotyles (Peccari) viel näher stehen als dem eurasischen Wildschwein vom Genus Sus, das bekanntlich bis in die nächste Nähe Australiens, nach Neu-Guinea, gedrungen ist, sich aber weder lebend noch fossil auf dem australischen Kontinente findet. Es würde mich zu weit führen, hier darzulegen, vor was für ein Rätsel die Zoogeographen gestellt sein würden, wenn diese Deutung richtig wäre. Die Paläontologen haben fast durchgehend die de Vis'sche Publikation ignoriert. Weder in den Handbüchern der Paläontologie noch in Spezialarbeiten ist, soweit mir bekannt, auf sie Bezug genommen. Nur Jack und Etheridge erwähnen sie in ihrer Geology and Palaeontology of Queensland and New Guinea, Brisbane 1892, p. 682. Bei der Wichtigkeit des Gegenstandes erschien es mir nicht richtig, die Angelegenheit mit Stillschweigen zu übergehen. Ich hatte Gelegenheit, einige der ersten deutschen und englischen Autoritäten in Säugetierpaläontologie zu konsultieren, die übereinstimmend der Ansicht waren, daß absolut kein Grund vorliege, diese Zähne einem postpliocänen Artiodactylen zuzuschreiben. Einer der besten Kenner fossiler Säugetiere, Herr Dr. Schlosser, erklärte, aus dem, was von Schneidezähnen gefunden sei, ließen sich überhaupt keine Schlüsse ziehen. Die Zugehörigkeit dieser Zähne zu dem Backzahn ist ja überhaupt ganz problematisch Dessen sei er sicher, daß der Backzahn keinem Suiden angehört habe. Es sei in erster Linie an einen, in seiner Bezahnung stark spezialisierten fossilen Marsupialier, in zweiter auch an den Zahn eines Vertreters der Sirenia zu denken.

Etwas anders ist die Frage nach der Herkunft der andern nicht domestizierten Placentalier Australiens zu beurteilen. Von den flugbegabten Fledermäusen und den schwimmbegabten Robben und andern Seesäugetieren ist natürlich ganz abzusehen. Aber sind auch die Nagetiere, sämtlich Mitglieder der Familie der Mäuse (Muridae), deren Australien eine ziemliche Anzahl besitzt, nachträglich eingewandert oder sind sie »Relikte aus vortertiärer Zeit«, als Australien noch in Zusammenhang mit den asiatischen Landmassen stand? Letztere Annahme scheint mir mit der Tatsache unvereinbar, daß unter Nagern gerade die Familie der Muriden nicht etwa eine besonders alte, geschweige denn »vortertiäre«, sondern eine relativ sehr junge ist; denn die ältesten fossilen Reste, die überhaupt bekannt geworden sind, stammen aus dem Miocän. Bei der enormen Häufigkeit und weiten Verbreitung der Muriden können wir mit ziemlicher Sicherheit annehmen, daß diese Datierung nicht durch spätere Funde wesentlich modifiziert werden wird. Wollten wir nun aber, um dieser Tatsache gerecht zu werden, annehmen, daß Australien sich erst im Miocän von den eurasischen Landmassen abgelöst habe, so wäre das Fehlen der andern Placentalier mit Ausnahme der Muriden in Australien gänzlich unverständlich. Denn im Miocän besaß Asien bereits eine sehr reiche und mannigfaltige Placentalierfauna.

Der natürliche Ausweg aus diesen Schwierigkeiten ist die Annahme, daß die Familie der Muriden, deren Mitglieder sämtlich klein und meistens auch recht widerstandsfähig sind, die ferner größtenteils ein respektables Schwimmvermögen besitzen — einige australische Muriden wie Hydromys chrysogaster und Mus fuscipes sind als echte Wassertiere zu bezeichnen —, nach der Isolierung Australiens von der übrigen Welt dort eingewandert, zum Teil wohl auch eingeschleppt worden ist. Ein Vertreter (Mus maorinus) hat ja sogar Neuseeland erreicht. Ist das auch ein »vortertiäres Relikt«?

Es muß zugegeben werden, daß man früher bei zoogeographischen Betrachtungen es sich zuweilen etwas leicht gemacht hat, wenn man eine Art, deren Vorhandensein an einer bestimmten Lokalität auf dem Wege kontinuierlicher Besiedelung schwer erklärlich schien, kurzerhand durch Treibholz verschleppt, durch Menschen importiert, durch andere Zufälligkeiten verschlagen sein ließ. Die Reaktion gegen ein solches Verfahren, die unter der Führung der verdienstvollen Forschungsreisenden Paul und Fritz Sarasin eingesetzt hat, scheint mir aber weit über das Ziel hinauszuschießen, wenn sie von einer diskontinuierlichen Besiedelung fast ganz absieht und überall zur Erklärung der Verbreitung der Landtiere hypothetische Landbrücken schlägt[1]). Es würde mich zu weit führen, diese Streitfrage hier auf breiterer Grundlage zu diskutieren. Was aber die australischen (und neuseeländischen Muriden anlangt, von denen wir ausgegangen sind, so erscheint mir ihre nachträgliche Einwanderung teils durch aktives Schwimmvermögen, teils durch Verschleppung auf Treibholz und ähnliche Faktoren, teils durch unbeabsichtigten Import auf den Fahrzeugen des Menschen um vieles wahrscheinlicher als die »vortertiäre Reliktentheorie«, auch wenn wir außer stande sind, die spitzige Frage zu beantworten, warum denn nicht auch die baumbewohnenden Eichhörnchen durch Treibholz nach Australien verschleppt worden seien. Und vielleicht ist diese Doktorfrage gar nicht einmal so schwer zu lösen, wie es scheint. Sind die Muriden nicht eigentlich als die Weltenbummler unter den Nagern und den Säugetieren überhaupt zu bezeichnen? Gibt es etwas widerstandsfähigeres, genügsameres, zu aktiver und passiver Verbreitung befähigteres als die Wanderratte, und wenn die übrigen Vertreter der Familie Mus an Anpassungsfähigkeit und Zähigkeit auch nicht alle dieses Ideal erreichen, so sind sie doch Holz von gleichem Stamme, und ich nehme Anstand, den Eichhörnchen einen ernsten Vorwurf daraus zu machen, daß sie es als Weltreisende nicht ebensoweit gebracht haben wie die verwandte Mäusefamilie.

In der ersten Hälfte des August hatten wir eine Anzahl tüchtiger Gewitterregen und das Gras begann nun üppig zu sprießen. Uns war das lieb, weil unsere Pferde jetzt bessere Weide fanden; meinen Schwarzen war es aber gar nicht recht, weil es ihnen in dieser sehr schlangenreichen Gegend nun schwerer wurde, die giftigen Reptilien im hohen Grase rechtzeitig zu sehen und zu vermeiden. Johnny erzählte mir in großer Aufregung, er hätte beinah schon seinen Fuß auf eine »Wonge« niedergesetzt, als er sie glücklicherweise noch erkannte. Die Schwarzen, die barfuß mit unhörbaren Schritten einhergehen, sind viel mehr gefährdet als die bestiefelten, geräuschvoll auftretenden Weißen, und nur ihr Falkenauge bewahrt sie vor häufigem Gebissenwerden. Nachts sind sie ganz abgeneigt umherzugehen, teils aus Aberglauben, teils aus Furcht vor Schlangen.

1. Wenn man freilich dem Fehlen von Formen in einem bestimmten geographischen Bezirk nur in ganz sekundärer Weise bei seinen Schlüssen Rechnung trägt, wie die Sarasins und neuerdings auch Max Weber es tun, und nicht einmal den Versuch macht, diese Erscheinung, die bei der Annahme pliocäner Landbrücken ganz rätselhaft wird, näher zu erklären, so macht man es sich doch zu leicht, und die scheinbare Reform wird meiner Ansicht nach zum Rückschritt. Dem widerspricht nicht, daß im übrigen die Forscherarbeit der Sarasins und Max Webers im malayischen Archipel die höchste Anerkennung verdient.

Alle Schlangen haben ein feines Hörvermögen; sobald die Laute menschlicher Tritte an ihr Ohr dringen, machen sich auch die meisten Giftschlangen schleunigst aus dem Staube und suchen ein passendes Versteck auf. So kann es kommen, daß ein Weißer, der in einer schlangenreichen Gegend lebt, doch nur selten die Tiere zu Gesicht bekommt und ihre Häufigkeit und Gefährlichkeit unterschätzt. Die Schwarzen wissen besser Bescheid. Am gefährlichsten sind überhaupt nicht die beweglichsten und giftigsten Giftschlangen, sondern die trägen, torpiden, die sich bei der Annäherung des Menschen nicht fort machen, sondern liegen bleiben und wütend zubeißen, wenn man sie zufälligerweise berührt oder gar auf sie tritt. So wird in Australien die weniger giftige Todesotter, Acantophis antarcticus, ein plumpes,

Todesotter (»death-adder«), Acantophis antarcticus.

dickes Geschöpf mit stacheligem Schwanze, mehr gefürchtet, als die sehr giftige Schwarzschlange, Pseudechis porphyriacus, oder die Braunschlange, Diemenia superciliosa und D. olivacea, oder die tötlichen Hoplocephalusarten. Ihre Trägheit und geringe Scheu und Vorsicht ist es, die sie zur »Todesotter« macht. Queensland ist sehr reich an Schlangen, besonders an Giftschlangen, denn zwei Drittel der dort gefundenen Arten sind giftig. Alle gehören zu den Giftnattern oder proteroglyphen Giftschlangen, deren vorn im Oberkiefer befindliche Giftzähne nur eine Furche, keinen Kanal wie die Gifthaken der Vipern besitzen. Obwohl die Waffe der Proteroglyphen somit ein weniger vollkommen ausgebildetes Mordwerkzeug darstellt, als die der letzterwähnten Schlangenfamilie, messen sich einige Vertreter der Proteroglyphen, wie die ägyptische Brillenschlange oder Haje, die indische Cobra und die Riesenhutschlange, mit den furchtbarsten Vertretern der Vipern, mit Klapperschlange, Buschmeister, Lanzenschlange und Puffotter.

Keine der australischen Arten ist so giftig als die Cobra. Den-

Schwarzschlange, Pseudechis porphyriacus.

Braunschlange, Diemenia olivacea.

noch verlieren in Australien alljährlich eine große Anzahl Menschen, besonders Kinder durch Schlangenbisse ihr Leben oder erleiden dauernden Schaden an ihrer Gesundheit. Während der kühleren

Jahreszeit, die im südlichen und mittleren Queensland etwa zwei Monate, in den südlicheren Kolonien etwas länger dauert, hört und liest man wenig von Schlangenbissen. Die Tiere halten sich dann mehr versteckt und kommen höchstens mittags hervor, um sich an warmen Hängen zu sonnen. Schon im August werden aber die Schlangen wieder lebendig, und dann braucht man nur die Zeitungen von Sydney oder den Brisbane Courier vorzunehmen, um wöchentlich mehreremale von Unglücksfällen durch Schlangenbiß zu lesen.

Eine Statistik der Häufigkeit der Schlangenbisse, die einen tötlichen oder doch die Gesundheit ernstlich gefährdenden Ausgang gehabt haben, ist meines Wissens für Australien noch nicht aufgestellt worden. Nach meiner Berechnung berichten die Zeitungen von Brisbane jährlich über fünfzig bis hundert Fälle und zwar wesentlich über Fälle aus dem südlichen Queensland und natürlich auch nicht über alle, die in jenem Bereich überhaupt vorgekommen sind. Ähnliche Zahlen erhält man, wenn man die Zeitungen von Sydney, Melbourne und Adelaide durchmustert. Wenn man annimmt, daß jährlich auf dem Kontinente mindestens 500 Menschen von Giftschlangen gebissen werden, ohne daß allerdings die Mehrzahl der Fälle tötlichen Ausgang hat, greift man entschieden nicht zu hoch. Die Bevölkerung von Australien wird gegenwärtig etwa auf 3 Millionen Einwohner geschätzt; wenn nun aus den englischen Provinzen Indiens mit 120 Millionen Einwohnern jährlich 20000 Todesfälle durch Schlangen berichtet werden, so mag das vielleicht etwas übertrieben sein und sich dahinter mancher Schwindel, bewußte oder unbewußte Täuschung der Behörden durch die eingeborenen Unterbeamten verbergen. So arg ist die Übertreibung aber wohl kaum, wie neuerdings vielfach behauptet wird. In Indien wie in Australien würde jährlich von 6000 Menschen einer durch Schlangenbiß zu leiden haben, wobei der minder schlimme Ausgang in Australien hauptsächlich auf die mindere Giftigkeit der dortigen Schlangen verglichen mit den indischen Cobras, Bungarums, Riesenhutschlangen, Vipern und Grubenottern zurückzuführen ist.

Man muß deshalb nicht denken, daß man in jenen Ländern in beständiger Furcht vor den giftigen Reptilien lebt. In Wirklichkeit denkt man nicht an sie, wenn man ausgeht oder ausreitet, und pflegt nur eine gewisse Vorsicht zu üben, wenn man an Orten hantiert, wo große Mengen von dürrem Holz und Reisig sich angehäuft haben, weil das beliebte Verstecke der Schlangen sind. Als ich einmal meine Hand ohne weiteres in die Röhre eines höhlennistenden Vogels an dem Flußufer stecken wollte, um zu sehen, ob Junge darin wären, hielt Frank ängstlich meinen Arm zurück und untersuchte zuerst das

Innere mit einem Stecken. Solche Höhlungen bilden nämlich einen Lieblingsaufenthalt der Schlangen, und Kinder, die ja viel eifrigere Naturforscher zu sein pflegen, als die meisten Erwachsenen, werden gerade auf diese Weise häufig gebissen. Meine kleinen Freunde in Coonambula waren eifrige Jager und Fänger von allerlei Insekten und Kriechtieren und manches schöne Stück meiner Sammlung verdanke ich ihnen.

Der passionierteste war der kleine Percy, der Skorpione, giftige Tausendfüße und Spinnen geschickter zu fangen wußte, als ich selbst, und jede Schlange ohne weiteres angriff und tötete. Nach meiner Abreise von Australien ist er denn auch einmal von einer Giftschlange gebissen worden und war längere Zeit krank. Bleibenden Schaden hat er aber nicht erlitten. Seine Mutter sah natürlich den durch meine Anwesenheit hervorgerufenen Sammeltrieb der Kinder, der sich auf giftige wie ungiftige Geschöpfe erstreckte, nicht gern und hatte häufig Besorgnisse wegen der Schlangen, die sich in den Garten und die nächste Nähe des Wohnhauses, zuweilen in dasselbe selbst hineinwagten. Einmal wurde eine große, höchst bissige Schwarzschlange im Kamin von Herrn McCords Arbeitszimmer gefunden und getötet. Eine andere Pseudechis entkam und verkroch sich unter den Bohlen, die das Fundament des Hauses bildeten.

Den besten Schutz gegen das Überhandnehmen der Schlangen in der Nähe der Wohnungen gewähren die Katzen, die es verstehen, sie durch Pfotenhiebe zu töten, ohne gebissen zu werden. Es geschieht das mehr aus Spielerei, denn niemals frißt die Katze die getötete Schlange, wie sie ja auch gern Eidechsen fängt und tötet, nicht aber frißt. Es gibt auch Hunde, die Giftschlangen mutig und vorsichtig zugleich angreifen und töten. Über kurz oder lang werden sie aber immer einmal in die Nase oder Lippen gebissen und erliegen regelmäßig der Verwundung. Während meines Aufenthaltes am Burnett gingen auf diese Weise zwei brauchbare Hunde meiner Schwarzen zu Grunde. Meine Foxterrierhündin Topsy, unser aller Liebling, die ich eigentlich über Java und die Molukken mit nach Europa nehmen wollte, schließlich aber doch in Queensland zurückließ, wurde unmittelbar nach meiner Abreise durch den Biß einer großen Schlange getötet, die sie mit der ihr eigenen Bravour angegriffen und überwältigt hatte.

Als Gegenmittel wendet man in Australien jetzt vielfach Einspritzungen von Strychnin- oder von Ammoniaklösung, letztere direkt in die Vene, an. Über die Wirksamkeit dieser Mittel sind die Ansichten noch geteilt.

Jede Nacht, bevor ich mich zur Ruhe legte, untersuchte ich genau meine Decken, denn die Schlangen lieben es, sich in solchen weichen Verstecken zu verkriechen, und der Gedanke, vielleicht einen solchen Schlafgenossen zu haben, kann selbst einem sonst nicht furchtsamen Menschen die Nachtruhe stören. Ich nahm diese Gewohnheit an, nachdem mich Johnny einmal herbeigeholt und mir zwischen den

Teppichschlange, Python spilotes.

Falten seiner Decke eine höchst ungemütlich aussehende Diemenia olivacea gezeigt hatte, die ich meiner Sammlung einverleibte.

Die meisten Giftschlangen, die die Schwarzen mir brachten, waren für Sammlungszwecke unbrauchbar, weil die Eingeborenen die Tiere so sehr fürchten, daß sie sich nicht begnügen, sie einfach zu töten, sondern immer auch ihren Kopf bis zur Unkenntlichkeit zertrümmern. Dagegen haben sie nicht die geringste Scheu vor den mächtigen Riesenschlangen, der Teppichschlange, carpet-snake der Kolonisten, Python (Morelia) spilotes, die sie »Bui« nennen und deren weißes, aalähnliches Fleisch ihnen als großer Leckerbissen gilt. Wie alle Riesenschlangen sind auch die australischen Pythonen ungiftig. Ihre Nahrung besteht aus kleineren Beuteltieren, Wasserratten (Hydromys) und Vögeln. Ihre Lebensweise ist eine vorwiegend nächtliche, zuweilen sieht man sie aber auch bei Tage an steinigen Hängen sich sonnen und sie sind dann viel leichter zu beschleichen, als ihre giftigen Verwandten, denen sich die Schwarzen schleichend mit unhörbaren Schritten nahen, als wollten sie sich an Haarwild anpürschen. So führte mich einmal Johnny an einen Hang, wo sich, wie er an den vorhergehenden Tagen beobachtet hatte, eine Pseudechis porphyriacus zu sonnen pflegte. Trotzdem wir uns vorsichtig auf den Zehen heranschlichen, hatte die giftige Schwarzschlange unser Näherkommen bemerkt und sich in einem sichern Versteck verborgen. Statt dessen aber fanden wir eine zusammengeringelte Teppichschlange, die so träge und gleichgültig war, daß wir sie mit einem Stock berühren und stoßen mußten, ehe sie sich entschloß, ihre Windungen zu lösen und langsam fortzukriechen. Ich erlegte sie und später noch verschiedene andere und gerbte ihre abgezogene Haut mit den daraufsitzenden Schuppen zu festen, schön gemusterten Lederstreifen, aus denen ich mir nach meiner Rückkehr nach Europa eine Anzahl von Gürteln, Patronengürteln, Taschen und Täschchen habe machen lassen.

Groß ist auch die Menge riesiger Eidechsen, denen man allenthalben begegnet: die abenteuerlich gestalteten Kragenechsen, »Binángaram«, Chlamydosaurus kingi, Baumtiere, die sich, wenn man sie angreifen will, wütend mit ihrem scharfen Gebiß verteidigen und ihren mächtigen aufrichtbaren Kragen wohl mehr als Schreckmittel denn als Schild benutzen; die meterlangen »Iguane« oder »Guanas« der Kolonisten, »Jimben« der Schwarzen, Varanusarten, die aufgestört mit komischer Hast die Stämme der Eucalypten hinaufklimmen; die gutschwimmenden »Wasser-Guanas«, Physignathus lesueurii, die gern in den Zweigen der tea-trees und auf Baumstrünken am Flußufer sitzen und sich mit lautem Klatschen ins Wasser fallen lassen, wenn man sich ihnen nähert; endlich die trägen unbeweglichen »sleeping lizards«, Tiliqua scincoides.

Überall begegnet man fremden Tierformen: nicht nur die Arten sind andre als die, welche wir von Europa kennen, sondern meist auch die Gattungen und Familien. Was wir am schärfsten bei den Säugetieren ausgesprochen sahen, das gilt auch weniger ausgeprägt für Vögel, Reptilien, Amphibien und Fische, ja selbst für die wirbellosen Tiere Australiens. Die australische Fauna steht in einem höchst auffälligen Gegensatz zur Fauna der ganzen übrigen Erde. Wir können daraus den Schluß ziehen, daß Australien seit ungeheuren Zeiträumen mit keinem andern Erdteil in direktem Konnex gestanden hat. Kein andrer Erdteil hat seit Anfang der Tertiärzeit eine solche Isolierung durchgemacht: die Kontinente der alten Welt stehen bis auf den heutigen Tag in direktem Landzusammenhang, und Afrika hat früher sogar mit Europa unmittelbar zusammengehangen, denn das Mittelmeer ist erst vor relativ kurzer Zeit als ein scheidender Graben zwischen beiden eingesunken, wie sich schlagend aus dem Charakter der Fauna seines Nord- und Südufers beweisen läßt. Auch für Nordamerika läßt sich der Nachweis führen, daß es in späteren Perioden der Tertiärzeit mindestens einmal längere Zeit hindurch mit den nördlichen Teilen der alten Welt in näherer Verbindung gestanden hat. Dieser zeitweiligen Vereinigung ist von der Kreidezeit bis ins Miocän hinein eine schärfere Trennung vorausgegangen.

Ohne auf das systematische Sammeln von Arten das Hauptgewicht meiner Tatigkeit zu legen, brachte ich doch nebenbei eine ganz hübsche Sammlung von Landwirbeltieren, Fischen und Wirbellosen zusammen, unter denen sich manches neue befindet. Ich unterlasse aber eine ausführliche Aufzählung, da es hier nur darauf ankommt, ein allgemeines Bild der australischen Tierwelt zu geben, und die wissenschaftlichen Resultate meiner systematischen Sammlungen bereits an anderm Orte publiziert worden sind (Zool. Forschungsreisen Bd. V).

Zweimal mußte ich mein an einem günstigen Orte aufgeschlagenes Lager abbrechen und eine andre Gegend aufsuchen, weil die Schwarzen sich weigerten, bei der Häufigkeit von Giftschlangen hier nach Echidna zu suchen. Im übrigen arbeiteten die Leute diesmal ganz zufriedenstellend: meine Sammlung von Echidnaembryonen wuchs in erfreulicher Weise; Embryonen und besonders Beuteljunge der Beuteltiere wurden reichlich von mir selbst erbeutet.

Die Scrubs hier bei Tim Shey's Creek waren besonders dicht und von einer gewissen Schönheit, wenn man dieses Prädikat einer Waldlandschaft beilegen darf, deren vorwiegender Charakterzug das Düstere, Ernste, Herbe ist. Die lichteren Scrubs sind zu Zeiten in reizender Weise durch Blumen geschmückt, und wenn die gemeine »wattle«, Acacia aulocarpa, ihren gelben Blütenschmuck angelegt hat, bieten sie einen entzückenden und höchst eigenartigen Anblick. Blumen und bunt blühende Sträucher und Bäume finden sich aber fast nur an den Rändern der Dickichte und an Lichtungen. Innen fehlen alle lebhaften Farben, ein düsteres Grün herrscht ringsum. Der Boden zwischen den Stämmen ist fast vegetationslos, mit gestürzten Stämmen, abgestorbenen Zweigen und Pflanzenteilen bedeckt. Hier machen die

Scrubtruthühner, Catheturus (Talegallus) lathami, ihr Nest, indem sie ungeheure Mengen vegetabilischer Substanzen, Humus, Gras, Blätter, Baumzweige, Pilze mit ihren sehr kräftigen Füßen zu einem ungeheuren, meist flachen Haufen zusammenscharren. Der Durchmesser dieser Haufen kann an der Basis drei bis vier Meter und darüber, ihre Höhe anderthalb bis zwei Meter betragen, so daß die Menge des zusammengescharrten Materials mehrere Wagenladungen ausmachen würde. Es ist fraglich, ob nur ein Vogelpaar oder eine ganze Gesellschaft diese mächtigen Nestbauten herstellt. Aus dem Umstande, daß man zuweilen über dreißig Eier in einem Haufen vergraben findet, möchte ich das letztere für das wahrscheinlichere halten. In diese Haufen werden die Eier, jedes einzeln für sich, in einen halben bis einen Meter Tiefe eingegraben, und durch die Gährungswärme der faulenden vegetabilischen Substanzen ausgebrütet. Die Eltern überlassen dabei das Gelege nicht völlig sich selbst, sondern kommen täglich ein- oder mehrmals hin, um die Eier zu lüften. Sie kontrollieren, ob dieselben auch an Stellen liegen, deren Temperatur nicht zu hoch gestiegen oder zu tief gesunken ist, und sie helfen den ausgeschlüpften Jungen aus der Tiefe des Brutofens heraus. Ich konnte nun in den Scrubs bei Tim Shey's Creek die interessante Tatsache beobachten, daß die Hühner mit dem Bau der Haufen schon im August begannen, während das Legen der Eier in diesen Breiten erst um Weihnachten erfolgt. Gould, dem wir die ersten genaueren Angaben über das Brüten der hügelbauenden Großfußhühner verdanken, hat angegeben, daß der Nestbau mehrere Wochen vor dem Legen beginnt, und man hat aus dem Umstande, daß die Haufen so groß und die Zersetzung der Stoffe in den untern Partien, wenn die Legezeit beginnt, so weit fortgeschritten ist, den Schluß gezogen, daß derselbe Haufen mehrere Jahre nacheinander benutzt und nur durch Zutat neuer Stoffe wieder brauchbar gemacht wird. Soweit meine Beobachtungen reichen, scharren die Vögel aber, wenn nicht immer, doch in der Regel in jedem Jahre einen neuen Haufen zusammen. Sie beginnen damit aber nicht einige Wochen, sondern mehrere, vier bis fünf Monate vor dem Legen. Dieses Vorgehen ist durchaus zweckentsprechend; denn solche mächtige Bauten, deren Material zudem noch besonders sorgfältig gesammelt und ausgewählt werden muß, damit sich im Innern die richtige Temperatur entwickle, können nicht im Handumdrehen fertig gestellt werden. So leicht verständlich das ist, so bemerkenswert ist anderseits der Instinkt, der die Tiere treibt, für Eier Vorkehrungen zu treffen, die mehr als ein viertel Jahr später gelegt werden sollen.

Einem noch interessanteren Instinkte begegnen wir aber bei einem

Vogel, der in jenen Scrubs recht häufig ist, dem berühmten australischen Laubenvogel, Chlamydodera maculata. Den Paradiesvögeln nahe verwandt, ist er doch unscheinbar von Gefieder, die Färbung dunkelbraun mit hellbraunen Tupfen an der Oberseite, grau mit gelblicher Mischung an der Unterseite. Nur der Nacken ist durch eine Haube rosenroter Federn schön geschmückt, die lebhaft von dem nüchternen Braun des übrigen Gefieders abstechen. An Größe kommt Chlamydodera nicht ganz unserm Eichelhäher gleich. Dieser Vogel besitzt entschieden romantische und ästhetische Neigungen.

Australischer Laubenvogel, Chlamydodera maculata. ca. 1/2 nat. Gr.

Wie andre baut er sein Nest aus Reisig in den Zweigen der Eucalypten und Myrtaceen, füttert es mit Gras und Federn, brütet in demselben seine Eier aus und zieht seine Jungen heran. Aber es genügt ihm nicht, um sein Weibchen irgendwo in einer alltäglichen, gleichgültigen Umgebung zu werben. Ein herzberückender Gesang, ein glänzender Körperschmuck, den er vor der Erwählten ausbreiten könnte, um ihre Sinne gefangen zu nehmen, fehlt ihm. Auch ritterliche Turniere, bei denen dem tapfern Sieger die Gunst der Schönen winkt, sind nicht nach seinem Geschmack, der mehr den Künsten des Friedens zugewandt ist. Was die Natur ihm an ritterlichem Mut, an Farbenschmuck und Sangeskunst versagt hat, ersetzt er durch seine Talente als Baumeister und Dekorateur. Er baut an einsamen Stellen des Scrubs am Boden meterlange Laubengänge, deren Boden und Wände aus künstlich zusammengelegtem und verflochtenem Reisig bestehen. Die Seitenwände sind nach oben zu schräg geneigt, so daß sie hier und da in der Mitte first- oder kuppelartig zusammenstoßen. Die Reisigwand wird dann mit schönen langen Grashalmen sorgfältig austapeziert, der Boden mit Steinchen, am liebsten rundlichen Flußkieseln reihenweise sehr künstlich belegt. Am Eingang und Ausgang wird ein Haufen von besonderen Kostbarkeiten aufgehäuft, Muschelschalen, gebleichte Schädel und andre Knochen von kleinen Säugetieren, besonders Fledermäusen, wie man sie hie und da im Scrub findet, bunte Steine, auch farbige Läppchen, die irgendwo aus einer Niederlassung oder einem Camp gestohlen sind, Federn, grüne oder rote Beeren.

Das sind die Minneplätze der Laubenvögel, hier empfangt das Weibchen die Besuche seiner Bewerber, hier schaut es ihren Laufspielen und Tänzen zu und in diesem Prunkgemach erweicht sich ihr spröder Sinn.

Wenn das Nachtigallenmännchen sein süßes Lied erschallen läßt, der Fink seine Weise schmettert, der Pfauhahn, Birk- und Auerhahn, der Paradiesvogel die Pracht seines Gefieders entfaltet, so tut er dies, um seinem Weibchen zu gefallen, und jede Beobachtung und unbefangene Überlegung spricht dafür, daß das Weibchen an den schönen Klängen, der Farbenpracht und reizenden Zeichnung Freude hat und Wohlgefallen daran findet. Es ist ja richtig, daß nicht alle bunte und schöne Färbung im Tierreiche als Produkt der Auswahl des Schönsten beim Minnewerben entstanden ist, ein Prinzip, welches von Darwin als geschlechtliche Zuchtwahl bezeichnet worden ist. Bei niedrig organisierten Tieren, deren ganzes geistiges Leben viel zu unvollkommen entwickelt ist, als daß bei der Vereinigung der Geschlechter von einer eigentlichen Wahl die Rede sein könnte, dienen die lebhaften Farben und auffallenden Zeichnungen teils als Erkennungszeichen der sich gegenseitig aufsuchenden Artgenossen, teils als Schreckfarben, um die Ungenießbarkeit oder Giftigkeit der Art den Verfolgern schon von weitem her kund zu tun. Es muß zugegeben werden, daß Darwin hie und da zu weit gegangen ist, wenn er die große Mehrzahl der Fälle von auffallender Zeichnung und Färbung im Tierreich auf die Vorliebe des Weibchens für dieselbe und die von letzterem geübte Zuchtwahl zurückführen wollte. Wallace, der große Mitkämpfer Darwins, hat sich ein bedeutendes Verdienst dadurch erworben, daß er eine Menge von Fällen ausschied und anders erklarte, die wohl kaum auf geschlechtliche Zuchtwahl zurückzuführen waren. Nicht jede bunte Färbung und Zeichnung ist als Schmuck aufzufassen. Der Farbenunterschied in beiden Geschlechtern ist oft dadurch bedingt, daß das brütende Weibchen eines Schutzes durch einfache unauffällige Farbung bedurfte, der für das Männchen ohne Bedeutung war. Soweit stimme ich der Wallaceschen Kritik zu. Wenn er nun aber die Wirksamkeit der geschlechtlichen Zuchtwahl noch weiter einzuschränken sucht, sie auch bei Schmetterlingen und selbst bei Vögeln fast nirgends gelten lassen will, und sogar Bedenken trägt, sie auf den besonderen Schmuck, den das Männchen als Hochzeitskleid anlegt, auszudehnen, so scheint er mir doch weit über das Ziel hinauszuschießen. Der Hauptgrund für die Herausbildung der phantastischen Büsche, Anhangsfedern, verlängerten Schwanzfedern, für die prächtigen Farben des Hochzeitskleides, wird dann gesucht in der zu dieser Zeit gesteigerten Lebenstätigkeit und Kraftfülle, die den ganzen Körper durchdringt und Stoffwechsel und Wachstumsenergie aller Gewebe erhöht. Die Entfaltung des Gefieders, das Aufrichten und Spreizen der Beifedern und des Schwanzes, auch sie sollen mehr indirekt veranlaßt sein durch die zur Fortpflanzungszeit am höchsten gesteigerte nervöse Erregung, und sie sollen weniger durch ihre Schönheit als dadurch auf das Weibchen wirken, daß sie ein Ausdruck sind für die männliche Reife und Lebensfülle.

Dazu bedurfte es aber doch nicht eines so großartigen Apparats, wie es das Hochzeitsgewand eines Paradiesvogels oder eines afrikanischen Witwenvogels darstellt, ein Gewand, das dem Träger sehr tatsächliche Gefahren bringt, da es ihn nicht nur auffälliger, sondern auch unbehilflicher, schwerfälliger macht. Ich selbst habe im tropischen Afrika männliche Exemplare der Paradieswitwe, Vidua paradisea, im Hochzeitskleide beobachtet, die so durch ihre enorm verlängerten Schwanzfedern behindert waren, daß sie nur noch mit Mühe bei Wind fliegen konnten, und im Fluge kaum Herr ihrer eigenen Bewegungen waren. Bringt der Schmuck solche Übelstände mit sich, so muß er zweifellos andererseits seinen eigenen, vollwichtigen Wert haben, sonst würde er durch die natürliche Auslese ausgemerzt oder besser schon in seinem Aufkommen unterdrückt werden. Ein bloßes Beiprodukt der zur Fortpflanzungszeit gesteigerten Lebensenergie, als welches Wallace ihn auffaßt, kann er nicht sein, aus vielen Gründen nicht, vor allen andern deshalb nicht, weil er oft direkt schädlich ist, und diese seine Schädlichkeit unbedingt durch einen größern Nutzen aufgewogen und überkompensiert sein muß, den er dem Besitzer bringt. Das Gebahren beider Geschlechter in der Fortpflanzungszeit zeigt uns auf das deutlichste, daß dieser Nutzen in dem Eindruck liegt, den ein so geschmücktes Männchen auf das andere Geschlecht hervorbringt, in dem Vorteil, den es vor andern minder geschmückten und anziehenden Bewerbern voraus hat. Ist doch wiederholt beobachtet worden, daß männliche Tiere, die man ihres Hochzeitsschmuckes beraubt hatte, von den Weibchen zurückgewiesen wurden.

Wallace leugnet allerdings nicht ganz den reizenden Eindruck, den die Entfaltung des Prachtgefieders seitens des Männchens auf das Weibchen hervorbringt, aber dieser Eindruck soll nur der der männlichen Kraft und Reife sein, nicht auf ästhetischem Wohlgefallen beruhen. »Wir haben keinen Grund, bei dem Weibchen irgendwelche ästhetische Empfindungen vorauszusetzen, wie sie in uns selbst durch die Schönheit der Form, Farbe oder Zeichnung dieser Federn erregt werden.« Ich antworte darauf: wir haben sehr viel Grund, und ein schlagendes Beispiel für das Vorhandensein rein ästhetischer Empfindungen bei den Vögeln, bloßer Freude an gefälliger Form und bunter und lebhafter Farbe liefern eben die australischen Laubenvögel, die blos aus ästhetischem Gefallen kunstvolle Lauben bauen und den Schmuck für dieselben meilenweit mühevoll zusammentragen. Hier ist es doch die Form und Farbe, die rein an sich das Wohlgefallen hervorruft, nicht blos indem sie dem Weibchen als Ausdruck männlicher Reife und Kraft erscheint.

Übrigens waren die Laubenvögel am Burnett lange nicht so scheu, als sie gewöhnlich geschildert werden. Dem Garten von Coonambula statteten sie häufig Besuche ab, und ich habe dort allein drei Stück erlegt.

Weniger interessant durch merkwürdige Lebensgewohnheiten als durch die Vortrefflichkeit seines zarten, weißen Fleisches ist ein anderer Bewohner der dichten Scrubs, die schöne und stattliche Wonga-Taube, Leucosarcia picata, die wegen ihres eigentümlichen Lockrufs von den Schwarzen in New South Wales »Wonga Wonga«, von denen am Burnett »Wung« genannt wird. Sie hält sich viel auf dem Boden auf, bäumt aber sofort auf, wenn man sich ihr nähert, und ist dann ungemein schwer zu beschleichen, weil sie einen meistens wahrnimmt, ehe man sich auf Schußweite herangeschlichen hat. Meistens fliegt sie nicht weit, sondern läßt sich in einigen hundert Schritten Entfernung auf einem andern Baume nieder. Das Spiel beginnt von neuem, und der vorsichtige Vogel führt den leckermäuligen Jäger zuweilen stundenlang an der Nase herum.

Wir befanden uns jetzt in der Mitte des August und meine Sammlungen von Echidnaembryonen nahmen den schönsten Fortgang. Dahlke hatte indessen auf seinem Posten im Hauptcamp am Boyne ausgeharrt, dasselbe höchst zweckmäßig und vollkommen hergerichtet und getreulich nach Ceratoduslaich gesucht. Leider machten ihm immerfort Schmerzen zu schaffen, die von der Beckengegend über den ganzen Rumpf und auf die Beine ausstrahlten, und die er für rheumatische ansah. Die Arbeit am Wasser schien deshalb für seinen Gesundheitszustand ungeeignet, und ich hielt es für das beste, mit ihm die Plätze zu tauschen. Während ich mit Haupt in das Camp am Boyne zurückging und auf Ceratodus mein Augenmerk richtete, sollte Dahlke mit Wein im Gebirge bei den Schwarzen bleiben und die von ihnen erbeuteten Echidnaembryonen konservieren. Ich konnte ihm diese Aufgabe wohl überlassen, weil er es während unseres Zusammenseins gelernt hatte, die Tiere kunstgemäß zu öffnen, die Eier und Embryonen im Uterus zu finden, und es auch einigermaßen verstand, dieselben zu konservieren. Ich gab ihm für letzteres auch eine ausführliche geschriebene Anweisung. Gern nahm ich diesen Wechsel der Plätze allerdings nicht vor, denn für Ceratodus war die Zeit wohl noch nicht gekommen, und die Gewinnung von Entwicklungsstadien von Echidna stand eben in höchster Blüte.

Neuntes Kapitel.

Im Hauptcamp am Boyne.

Am 18. August kehrte ich mit Haupt in das Camp am Flusse[1]) zurück, während sich Dahlke in das obere Camp im Gebirge begab. Er war damals schon sehr leidend und hatte Mühe, sein Pferd zu besteigen und den langen Ritt auszuhalten. Nach drei Tagen hatte sich sein Zustand weiter so verschlimmert, daß er unter größten Schwierigkeiten von Andrew Wein und Johnny nach Gayndah zurückgebracht werden mußte. Sein Pferd mußte im Schritt geführt werden, während die beiden ihn rechts und links stützten. Die Reise nahm auf diese Weise längere Zeit in Anspruch. Der eigentliche Grund des Leidens war, wie ich gleich vermutet hatte, nicht Rheumatismus, sondern lag tiefer. Vor zwei Jahren hatte sich nämlich Dahlke bei einem Sturz mit dem Pferde einen Bruch oder richtiger eine Zersplitterung des Beckens zugezogen und hatte viele Monate an den Folgen dieses Unfalls laboriert. In Brisbane waren ihm schließlich im Hospital durch mehrere Operationen Knochensplitter extrahiert worden, worauf sein Zustand sich sehr wesentlich gebessert hatte. Doch war immer eine Fistel zurückgeblieben; auch war sein Gang seitdem ein hinkender. Ich fürchtete gleich, daß der vermeintliche Rheumatismus mit diesem alten Leiden zusammenhinge, und leider hat der weitere Verlauf diese Befürchtung bestätigt. In Gayndah stellte es sich bald heraus, daß sich neue Knochensplitter abgelöst hatten. Nach einigen Monaten schweren Leidens ging es zwar besser, bald traten aber neue Rückfälle ein und ein halbes Jahr später erlag der kräftige und kerngesunde Mann den Folgen der alten, fürchterlichen Verletzung. Ich fühle mich ihm zu tiefstem Danke verpflichtet. Hat er doch während unseres ganzen Zusammenarbeitens meine Interessen mit soviel Umsicht und Tatkraft gefördert, als wären sie seine

1 Der Ort des Camps ist auf der zweiten Karte mit 3 bezeichnet.

eigenen. Er identifizierte sich vollkommen mit ihnen und wenn er, was manchmal der Fall war, durch seine Krankheit behindert war und Schmerzen litt, so unterdrückte er durch die Macht des Willens die krankhaften Gefühle, und konnte von mir nur mit größter Mühe bewogen werden, sich zu schonen. Dazu kam seine vollkommene Nüchternheit, seine Ehrlichkeit und Uneigennützigkeit und sein deutscher Fleiß. Ich hatte das Glück gehabt, hier in fernster Ferne einen Gefährten zu finden, auf den ich mich verlassen konnte, wie auf mich selbst, und dessen Andenken ich in Ehren halten werde, solange ich lebe.

Nach Dahlkes Weggange übernahm Andrew Wein seine Aufgabe, mit den Schwarzen im Gebirge umherzustreifen und die von ihnen gebrachten Ameisenigel in Empfang zu nehmen, zu öffnen, und die Eier und Jungen zu konservieren. Wir im Hauptcamp lagen indessen eifrig der Wasserarbeit ob, befuhren in unserm Kurrajongboote das ganze ausgedehnte Gewässer, an dem wir lagerten, hoben mit einem langen Rechen die überall üppig hervorsprießenden Wassergewächse heraus, um sie vorsichtig, Stengel für Stengel, nach den Ceratodus-eiern zu durchsuchen. Das Wetter war vollkommen schön und sehr trocken. Zu den Wasservögeln, die als regelmäßige Bewohner die Gewässer belebten und am Ufer nisteten, den Enten, Gänsen, Reihern, den zahlreichen Wasserhühnern (Fulica australis, Porphyrio melanotus), kam jetzt ein massenhafter Zuzug von Gästen, die sich, wie meine Leute vermuteten, aus einem Distrikt im Innern, in dem augenblickliche Dürre herrschte, hierher gezogen hatten. Der australische Pelikan, Pelecanus conspicillatus, zeigte sich überall; einmal ließ sich eine Gesellschaft von zehn dieser sonderbaren Tiere auf unserm »Waterhole« nieder und blieb über eine Woche dort, nicht im mindesten scheu und so leicht zu erlegen, daß die Jagd auf die mächtigen Vögel mir bald als ein bloßes Morden erschien und ich sie ganz in Ruhe ließ, nachdem ich drei von ihnen geschossen hatte. Fast ebenso zahlreich zeigte sich der schwarze australische Schwan, Cygnus atratus. Diesem allerdings stellte ich eifriger nach, da ich gefunden hatte, daß seine Brust ein herrliches, schneeweißes Dunenpelzwerk liefert, wenn man die langen schwarzen Federn ausrupft. Man kann sich nichts reizenderes denken, als ein Damenmuff aus den schneeweißen Dunen des schwarzen Schwans. Zu derselben Zeit beobachteten wir auch das massenhafte Auftreten einer Ibisart, Carphibis spinicollis, die gleichmäßig die Flußufer, Sümpfe und Lagunen wie das offene Buschland okkupierte, sich auf den Umzäunungen und Hürden der Station Coonambula niederließ und zuweilen in dichten Schwärmen in mäßiger Höhe über unsern Häuptern wegstrich.

Gelegentlich unserer Wasserarbeit wurde manche seltene oder auch neue Form von Süßwasserschwämmen, Krebsen, Schnecken und Muscheln erbeutet. Mit der Aufzählung dieser Dinge will ich aber den Leser verschonen. An Amphibien war diese Gegend nicht besonders reich. Ich sammelte vier Arten von Fröschen, eine Krötenart, fünf Arten Laubfrösche. Schwanzlurche wie unsere Feuersalamander, Wassermolche, Olme, der japanische Riesenmolch, der mexikanische Axolotl waren aber nirgends zu finden. Sie fehlen in der ganzen australischen Region, im tropischen und südlichen Afrika, im gemäßigten Südamerika, kurz mit einigen gleich zu erwähnenden Ausnahmen auf der ganzen südlichen Hemisphäre. Diese Verbreitung ist sehr merkwürdig, wenn man bedenkt, daß die ausgestorbenen Stegocephalen, die von der Kohlenformation bis hinein in die obere Trias gelebt haben und als die ursprünglichsten Amphibien zu betrachten sind, in allen fünf Erdteilen und ebensowohl in den südlichen als den nördlichen Teilen der Erde gefunden worden sind. Ebenso finden sich die ungeschwänzten Amphibien oder Froschlurche auf der südlichen Hemisphäre in nicht geringerer Verbreitung als auf der nördlichen; ihre reichste Entfaltung zeigen sie in den Tropen der alten wie der neuen Welt.

Ich habe mir auf meinen Reisen in den afrikanischen und asiatischen Tropen und in der australischen Region öfters die Frage vorgelegt, was wohl die eigentliche Ursache dieser eigentümlichen Verteilung der Schwanzlurche auf der Erde sein mag, die wir bei keiner andern größern Abteilung des Tierreichs wieder finden. Ich glaube den Grund gefunden zu haben in der sehr großen Empfindlichkeit der Schwanzlurche gegen höhere Temperaturen. Alle lieben sie die feuchte Kühle. Steigt im Hochsommer die Temperatur ihrer Wohngewässer, so verlassen die Molche dieselben und verkriechen sich in Verstecke unter Steinen und im kühlen Erdreich. Stellt man ein Wassergefäß mit gefangenen Tritonen in die heiße Sonne und verhindert die Tiere am Herauskriechen, so genügt eine halbe Stunde, um die ganze Gesellschaft zu töten, während Frösche sich in denselben Behältern ausgezeichnet wohl befinden. Wo immer Schwanzlurche vorkommen, da bevorzugen sie kühle Waldverstecke, Gebirgswässer, die sich nicht allzusehr erhitzen. Kälte bis zum Einfrieren, Wassermangel bis zum Eintrocknen halten sie ausgezeichnet aus; Erwärmung können sie durchaus nicht vertragen.

Nun geben uns die geologischen Tatsachen mit Sicherheit Aufschluß darüber, daß die Schwanzlurche auf der nördlichen Hemisphäre entstanden sind. Denn fossile Reste von ihnen finden sich weder in

Südafrika, noch Südamerika, noch Australien. Sie sind dort also nicht etwa erst ausgestorben, sondern haben niemals in diesen Teilen existiert. Ihre ältesten Vertreter finden wir in der unteren Kreide von Belgien, dann folgen Formen im Eocän von Frankreich und Nordamerika. Gibt uns nun zwar die Erdgeschichte bisher über die erste Entstehung der geschwänzten Amphibien keine befriedigende Antwort — zwischen ihnen und den primitiven Stegocephalen besteht dem Baue nach eine bedeutende Kluft, und die letzteren sterben in der Trias aus, während die ersteren, soviel wir bis jetzt wissen, erst in der Kreide auftreten, sodaß in der Juraperiode scheinbar eine Unterbrechung im Vorhandensein der Amphibien stattfindet: soviel ist sicher, daß die Schwanzlurche auch fossil nur auf der nördlichen Erdhälfte gefunden werden, und daß sie hier auch entstanden sind. Über sie haben sie sich in ihrer ganzen Ausdehnung verbreitet. Im Gegensatz zu den später entstandenen Froschlurchen werden sie aber gegen den Wendekreis des Krebses zu immer spärlicher und verschwinden in den Tropen mit einigen Ausnahmen ganz. Der Tropengürtel hat für sie eine unübersteigbare Schranke gebildet. Um die ihnen zusagenden gemäßigten Klimate der südlichen Hemisphäre erreichen zu können, hätten sie diesen Gürtel durchbrechen müssen, und das war ihnen nicht möglich. Wo immer wir sie eingedrungen finden, geschah dies, indem die kühle Kammhöhe gewaltiger Bergzüge eine ihrem Kältebedürfnis genügende Straße gewährt hat. So ist das Vorkommen einer Molchart, Amblystoma persimile, in Siam, in den hohen Gebirgen von Laos, einem Ausläufer des Himalaya, einer andern, Tylotriton verrucosus, in der chinesischen Provinz Jünnan am Südostabhange des Himalaya, zu erklären. Von Nordamerika aus dringen die Schwanzlurche, auf dem kühlen Hochplateau fortschreitend, welches das Rückgrat von Mexiko bildet, bis in die Tropen hinein. Die Seen dieses Hochplateaus bilden den Aufenthalt des bekannten und biologisch hochinteressanten Axolotl (Amblystoma). Außer ihm kommt hier nur noch die Gattung Spelerpes vor, die über Mexiko hinaus bis nach Mittelamerika, ja nach Süden bis in die Bergländer von Columbia, Ecuador und Nordperu gedrungen ist[1]), indem ihr bei diesem Vordringen fast überall hohe Bergzüge und kühle Hochebenen zur Verfügung standen. Der Vorstoß dieser einen Gattung an dieser einen besonders günstigen Stelle über den Äquator hinaus ist deshalb kein Einwand gegen unsre

1) Spelerpes adspersus und parvipes in Columbia, Spelerpes altamazonicus in Nordperu. Eine Art, Spelerpes infuscatus, kommt auf den Antillen (Haiti) vor.

Erklärung, sondern bestätigt in seiner Isoliertheit und seiner topographischen Eigenart lediglich die Regel.

Die geologisch jüngeren ungeschwänzten Amphibien oder Froschlurche bevorzugen im Gegensatz zu den Schwanzlurchen die heißen Klimate und haben ihre Hauptverbreitung in den Tropen. Der Tropengürtel bildet keine Schranke für sie, sondern frei können sie sich über ihn hinaus nach Nord wie Süd über alle Teile aller zoogeographischen Regionen ausdehnen und erreichen mit einem Vertreter sogar das sonst faunistisch so isolierte Neu-Seeland. Wüsten und Ozeane bilden die wirksamste Barriere für ihre Verbreitung, doch werden ihre Eier wohl zuweilen durch Wasservögel über weite Entfernungen verschleppt. Die Kälte bildet für sie ebenso wenig ein Hindernis, als die Hitze, denn sie dringen mit einigen Vertretern bis in das Polargebiet hinein.

Die dritte Gruppe der jetzt lebenden Amphibien, die Blindwühlen oder Coecilien, ist hingegen auf warme Temperaturen angewiesen und überschreitet, eine rein tropische Ordnung, die Gleichenländer weder nach Norden noch nach Süden.

Es gibt keine zweite Tierklasse, deren Verbreitung so klar beweist, daß die Temperatur für die Verteilung der Gruppen über die Erdoberfläche einen ausschlaggebenden Faktor abgeben kann, aber keineswegs muß, als die Amphibien. Unbeschränkt können sich die gegen Temperaturschwankungen wenig empfindlichen Froschlurche überallhin ausbreiten, wo nicht Schranken andrer Art ihr Eindringen aufhalten. Die Kälte ist für die Blindwühlen eine Schranke, die sie in die Tropen fesselt, die Wärme für die Schwanzlurche, die bewirkt, daß sie auf der nördlichen Erdhälfte festgehalten werden. So reine, augenfällige Verhältnisse finden wir bei keiner andern Tierklasse. Die Temperatur spielt bei der Verbreitung der meisten andern Tiere überhaupt eine mehr indirekte, lange nicht so maßgebende Rolle, und nur im Pflanzenreich, dessen Vertreter viel mehr direkt von der Temperatur abhängen, als die Tiere, könnte man parallele Fälle aufzählen.

Der September war jetzt herangekommen und damit die mutmaßliche Laichzeit des Ceratodus. Die Flüsse waren wasserleer und die Wasserlöcher mit dichter Vegetation von Wasserpflanzen durchwachsen. Es war nun Zeit, all unsre Aufmerksamkeit meinem alten Freund Ceratodus zuzuwenden und alle Kräfte auf die Erbeutung seiner Eier und Jungen zu konzentrieren. Da außerdem die Echidna jetzt fast alle große, vollentwickelte Beuteljunge hatten, lohnte es sich überhaupt nicht mehr, ihnen viel Beachtung zu schenken. Ich zog deshalb am 12. September das Gebirgscamp ganz ein und vereinigte wieder alles im Hauptcamp am Fluß. Jimmy als derjenige, der sich am meisten beim Echidnafang ausgezeichnet hatte, erhielt mein altes Pferd Schamyl. Für denjenigen, schwarz oder weiß, der mir die ersten Ceratoduseier brächte, setzte ich einen Preis von 100 Mark aus.

In den nächsten Tagen suchten alle mit nie gekanntem Eifer im Boyne viele Meilen weit aufwärts und abwärts von meinem Lager nach der kostbaren Beute. Vier Tage lang vergeblich. Am Abend des 16. September kam Mackenzie freudestrahlend zu mir und brachte mir drei Eier, die er kurz zuvor gefunden hatte. Dieser Fund bedeutete für ihn ein kleines Vermögen. In den nächsten Tagen suchten alle Schwarzen zusammen an dieser Stelle und brachten mir nahezu 700 Stück, darunter allerdings auch viele abgestorbene. Die Eier sind sehr empfindlich und vertragen den Transport in kleinen, wenig Wasser enthaltenden Gefäßen in der glühenden Sonnenhitze schlecht. Gesunde Eier bezahlte ich gut, für abgestorbene gab ich nichts. So gewöhnte ich die Schwarzen, für das, was sie gefunden, auch Sorge zu tragen, nicht zu viel in ein Gefäß zusammenzustopfen, das Wasser öfters zu wechseln und ihre Beute so bald als möglich zu mir zu bringen oder durch die Weiber und Kinder zu schicken.

Die nächsten zwei Wochen war ich ganz davon in Anspruch genommen, die mir massenhaft gebrachten Eier in zweckmäßiger Weise zu konservieren. Soweit es irgend anging, befreite ich sie dazu vorher aus ihren Hüllen. Einen Teil erhielt ich am Leben und ließ ihn sich weiterentwickeln, anfangs in großen Glasgefäßen, deren Wasser öfters gewechselt wurde, später, als sich das als nicht sehr zweckmäßig erwies, in schwimmenden Brutkästen, die ich im Flusse verankerte. Natürlich fertigte ich mir diese Apparate selbst an und will zu Nutz und Frommen andrer Naturforscher, die sich vielleicht später einmal in ähnlicher Lage befinden werden, ihre einfache Konstruktion angeben. Aus einer gewöhnlichen Holzkiste werden zwei sich gegenüberliegende Seitenwände entfernt und durch möglichst feines Drahtgazenetz ersetzt. Auf den Grund der Kiste kommen einige Steine, um dieselbe so im Wasser schwebend zu erhalten, daß nur ihr oberster Rand herausragt. Die obere Öffnung wird am besten durch einen Deckel verschlossen, um das Eindringen von Raubgesindel jeder Art zu verhindern. Die Kiste wird so im Wasser verankert oder sonst befestigt, daß der Strom gerade die eine Netzwand trifft und das Innere fortdauernd durchströmt. Mit diesen Brutkisten erzielte ich ausgezeichnete Resultate, und es gelang mir diesmal, eine vollkommene Entwicklungsreihe des merkwürdigen Fisches von der ersten

Teilung des Eies an bis zur nahezu fertigen Ausbildung des kleinen Fischchens zu erbeuten, fast jedes Stadium in zahlreichen Exemplaren.

Wenige Tage nach der Auffindung der Eier kam Mackenzie zu mir und forderte seine Entlassung und Auszahlung. Ich sagte ihm, in wenigen Wochen sei alles vorüber, und wer bis ans Ende treu bei mir aushalte, würde reichlich beschenkt werden. Er aber ließ sich nicht halten, denn er brannte darauf, seine 100 Mark und was er sonst noch verdient hatte, bar ausgezahlt zu erhalten. Es blieb mir nichts andres übrig, als ihm zu willfahren, denn da er gehen wollte, konnte ich ihm die Barzahlung nicht verweigern. Am nächsten Tage waren wieder fast alle Schwarzen betrunken, denn Mackenzie hatte, um seinen Freunden eine solenne Abschiedskneipe zu geben hoch zu Roß bei der guten Frau Corry einen Besuch abgestattet. Natürlich hatte die sympathische alte Dame beim Anblick des blanken Geldes eine menschliche Schwäche gezeigt und eine ganze Anzahl Flaschen ihres edlen Stoffs zur allgemeinen Lustbarkeit beigesteuert. Die Sache war diesmal ernster als im vorigen Jahre, denn zwischen Mackenzie und Jimmy herrschte tödliche Feindschaft, und Mackenzie war wie ein wildes Tier, wenn er betrunken war. Kurz bevor er sich mir angeschlossen hatte, hatte er einen andern Schwarzen in der Trunkenheit lebensgefährlich mit dem Tomahawk verletzt und, wie ich schon erwähnt habe, wurde er selbst später bald nach meinem Fortgange bei einer ähnlichen Gelegenheit erschlagen. Glücklicherweise war der alte Jimmy vernünftig. Weder er noch einer der Seinen nahm von dem Gifte, das auch ihm angeboten wurde — für einen Schwarzen eine bewunderungswürdige Enthaltsamkeit —, sondern er kam, nachdem das Zechen am Abend begonnen hatte, am nächsten Morgen in mein Lager, das etwa 12 Kilometer von dem Lager der Schwarzen entfernt war. Er sagte, er wolle sich mit den Seinen abseits halten, sonst würde es sicher Mord und Totschlag geben. Durch ihn erfuhr ich zuerst von dem Vorgefallenen. Am Mittag kam Johnny mit einigen vorgestern gesammelten und ganz verdorbenen Ceratoduseiern, für die er volle

Mackenzie.

Bezahlung verlangte. Er war lächerlich betrunken und renommierte so stark, daß ich ihn in aller Freundschaft eigenhändig aus meinem Zelte hinauswarf. Zu meiner Beruhigung hörte ich, daß der Schnaps bis auf die Neige vertilgt und Mackenzie mit Weib und Kind, die ganze Familie sinnlos betrunken, nach Cooranga fortgetaumelt seien, wo er zum Mustern für einige Zeit Dienst genommen hatte.

Da auch zwei andere Schwarze, John Bon und Tommy Dod, mich verlassen wollten und ich sie deshalb sogleich bar auszahlen mußte, hielt ich es für besser, vorher eine kleine Privatunterhaltung mit Frau Corry zu haben. Meine Argumente erfüllten ihren Zweck und verstopften die Quelle zu weiteren Abschiedsfeierlichkeiten meiner Schwarzen.

Während Ceratodus in den Austiefungen des Flusses lebt und da, wo die Strömung am wenigsten merklich und die Vegetation des schlammigen Grundes am reichlichsten ist, seine Eier absetzt, laicht ein anderer Bewohner des Stromes in den flachen, sandigen und steinigen Partien, über welche die Strömung rasch hinwegeilt. Man bemerkt an solchen Stellen um diese Zeit auf dem Grunde des Flußbetts zahlreiche helle Ringe von ungefähr einem Meter Durchmesser. Sieht man näher zu, so nimmt man häufig im Innern der Ringe einen Fisch wahr, der geschäftig herumschwimmt und eifrig eine wichtige Arbeit zu verrichten scheint. Untersucht man solch einen Ring genauer, so findet man, daß in seiner ganzen Breite, die etwa 20 Centimeter beträgt, alle großen und kleinen Steine entfernt und sorgfältig in den inneren, von dem Ringe umschlossenen Kreis getragen sind. Im Bereich des Ringes ist deshalb der weißschimmernde Sand des Flußbettes von aller Steinbedeckung sauber entblößt; daher die weiße Farbe des Ringes. Der Ring selber bietet weiter nichts bemerkenswertes, wohl aber der innere Kreis. Ich vermutete gleich, daß sich hier die Eier des Fisches, eines Welses, Arius australis, den die Ansiedler »Jew Fish«, die Schwarzen »Bolla« nennen, finden würden. Zu oberst liegen mehrere Lagen großer Steine, zwischen denen ich nichts entdecken konnte. Dann kommen kleine Steine und grober Flußkies untermischt, und unter diesen der gewöhnliche Flußgrund. Eier konnte ich zunächst in keiner dieser Schichten finden, so scharf ich auch hinsah, aber die Beobachtung durch das rasch fließende Wasser hindurch ist gar nicht leicht, und dessen war ich sicher, daß die Eier hier stecken müßten. Als ich nun einen Teil der Kiesschicht heraushob, in einem Netzsieb, einem sogenannten Durchschlag, von Sand reinigte und in Muße untersuchte, fand ich in dieser Schicht die zahlreichen, freilich recht kleinen Eier. Dieselben haben einen Durchmesser von etwas über 3 Millimeter; sie sind von einer sehr dünnen Hülle umgeben, die ihnen dicht anliegt.

Das Verfahren des Fisches bei der Eiablage und dem Nestbau ist folgendes. Er trägt zunächst in einem Umkreise von etwa einem halben Meter eine Grundschicht zusammen, die aus Kies und kleinen Steinen besteht, und legt auf sie die Eier ab, die sofort vom Männchen befruchtet werden. Dann bedeckt er sie mit einer mehrfachen Lage größerer Steine, so daß sie vom Strome nicht fortgeschwemmt, von Kaviar liebenden Wasservögeln und kleinen Raubfischen nicht so leicht gefunden werden können. Das Material für diesen Bau liefert der Ring um das eigentliche Nest, dessen heller Sand, von großen, mittelgroßen und kleinen Steinen entblößt, weithin schimmert. Bewundernswert ist die Sauberkeit der Arbeit und die genaue Kreisform des Ringes. So viel ich sehen konnte, bewirkte der Fisch den Transport der größeren Steine durch Schieben mit dem Schwanz.

Das Ganze ist eine schlaue Einrichtung, denn die Eier liegen wohlgeschützt vor Feinden, gut ventilirt durch die Strömung und, wenn nicht gerade eine Flut kommt, auch vor dem Verschlämmen geschützt. Brutpflege und Nestbau sind bei Fischen nichts gewöhnliches, doch ist immerhin eine Anzahl von Fällen bekannt. So z. B. bei einer anderen Welsart, Chaetostomus pictus, der aus Grashalmen ein richtiges, kugelförmiges Nest baut, so auch bei unserem Stichling, der sein aus Wurzeln und Wasserpflanzen bestehendes Nest treu bewacht und heldenmütig verteidigt. Auch unser Australier scheint sich nicht mit dem sorgfältigen Bau des Nestes zu begnügen, sondern er scheint es ebenfalls zu bewachen, denn fast immer sah ich einen der Fische innerhalb des Ringes schwimmen und nur widerwillig bei meiner Annäherung sich entfernen. Ob das Weibchen oder, wie beim Stichling, das Männchen es war, das die Brut hütete, konnte ich nicht entscheiden. Ein wehrhafter Gesell ist dieser Wels schon, der in den Stacheln seiner Brustflossen tüchtige Waffen besitzt. Viel stärker aber ist ein andrer Wels gewappnet, der im Burnettgebiet häufig ist: der »Catfish« der Weißen, »Gidiri« der Schwarzen, Copidoglanis, der sich in zwei Arten findet: Copidoglanis hyrtlii und Copidoglanis tandanus. In jeder Brustflosse besitzt dieser Fisch einen mächtigen mit Widerhäkchen versehenen Stachel, den er aufrichten und durch eine Sperrvorrichtung feststellen kann, einen sogenannten Sperrstachel. Ein weiterer aufrichtbarer Stachel mit Widerhäkchen befindet sich in der Rückenflosse. Verwundungen durch diese Stacheln sind nicht nur sehr schmerzhaft, sondern auch recht gefährlich, da sie fast regelmäßig schwere Entzündungen und Schwellungen der verletzten Teile zur Folge haben. Es scheint sich um eine wirkliche Giftwirkung zu handeln, die wohl hervorgerufen wird durch den Schleim, der die Stacheln wie die ganze übrige Körperoberfläche des Tieres bedeckt. Bekanntlich gibt es auch gewisse Fische (Thalassophryne von der centralamerikanischen Küste), die hohle Stacheln besitzen, welche an der Basis mit einem mit giftiger Flüssigkeit gefüllten Sack in Verbindung stehen. Solch ein Apparat entspricht in seiner Anordnung genau dem Giftapparat der Schlangen.

Der größere Teil meiner Schwarzen verließ mich Ende September, um sich in Cooranga zum Mustern anwerben zu lassen. Die Coorangaleute taten ihr bestes, um mir meine sämtlichen Helfer abspenstig zu machen. Da ich nur noch wenige Wochen bleiben wollte, um eine gehörige Menge älterer Stadien von Ceratodusentwicklung zu züchten und zu konservieren, und Jimmy und Johnny mit ihren Familien bei mir blieben, machte mir das wenig Kummer. Von den Abziehenden schied ich in aller Freundschaft; jedoch erhielt keiner von denen, die mich vor der Zeit verließen, ein Extrageschenk.

Da ich sah, daß sich die eben ausgeschlüpften Ceratodus nur äußerst langsam entwickelten, so war es klar, daß ich noch etwa drei Monate hier bleiben mußte, um die jungen Fischchen in hinreichend weiter Entwicklung zu erhalten, besonders um die sehr interessante Ausbildung der paarigen Flossen, die erst spät auftreten, weit genug zu verfolgen. Ich hatte nun insgesamt über 8 Monate am Burnett verweilt und ein längeres Bleiben schien mir fast als verlorene Zeit. Da zeigten sich wiederum McCords als Helfer in der Not. Sie versprachen es, die weitere Züchtung und Konservierung meiner kostbaren Pfleglinge zu übernehmen und mir dieselben seinerzeit direkt nach Deutschland zu senden. Ich selbst konnte mich indessen neuen Ländern und neuen Aufgaben zuwenden.

Mit Freuden nahm ich dieses freundschaftliche Anerbieten an, freilich auch nicht ohne Gewissensbisse, denn ich wußte wohl, daß sich meine Freunde damit eine bedeutende Mühe und Arbeitslast aufluden. Ich traf nun meine Vorbereitungen zum Aufbruch und begann mit der Verpackung meiner reichen Sammlungen, die ich während der nächsten Wochen in mehrmaligen Fahrten der Dray nach Gayndah schaffte. Von dort wurden sie auf Ochsenwagen nach Maryborough gebracht, um weiter nach Deutschland verschifft zu werden. Auf die Verpackung verwendete ich die allergrößte Sorgfalt und war wochenlang mehr Klempner, der mit Lötkolben und Zinnlot arbeitet, als Naturforscher. Die feineren und kostbareren Präparate verpackte ich in mit Spiritus gefüllte Gläser; diese wurden in mächtige Eisenblechkisten eingelötet und jede Blechkiste dann noch in eine Holzkiste verpackt. Die größeren und gröberen Spirituspräparate kamen in Fässer, die trockenen Sammlungen direkt in Holzkisten. Schließlich waren meine Schätze in zehn riesigen Holzkisten und zwei Fässern geborgen. Während dieser Zeit schenkte ich natürlich fortgesetzt meinen heranwachsenden Brutfischen die gebührende Aufmerksamkeit; sie gediehen prächtig. Auch machte ich eine kleine Sammlung der Entwicklung des nestbauenden Welses, Arius australis. Anfang Oktober war der zwölfjährige Ned McCord eine Woche lang in meinem Camp mein Gast. Stolz begleitete mich der prächtige, frische Junge auf seinem lebhaften Pony, ein zweites Pony als Packpferd mit seinen Sachen bei sich führend, in mein entferntes Lager. War es doch das erste Mal, daß er wie ein Erwachsener im Busch kampieren durfte, als Schlafzimmer ein kleines Zelt, das ich ihm ganz allein anwies, als Bett eine Sackmatratze, als Kost Damper, Browny und Salzfleisch, alles rauher und unkomfortabler als zu Hause, alles aber gerade deshalb anziehender, sozusagen männlicher, kurz und gut alles reizend für ein zwölfjähriges Knabengemüt, wenigstens für eine kurze Woche.

Der 12. Oktober war der letzte Tag, den ich in meinem Camp am Boyne zubrachte. Ich lohnte die Schwarzen ab, die mir bis zuletzt treu geblieben waren, und beschenkte sie reichlich mit allerlei Lagergeräten, Zelten, Kleidern, Tomahawks und Geld. Sehr befriedigt und dankbar schieden sie von mir. Jimmy und Ada nahmen ganz wehmütig Abschied und forderten mich auf, doch bald wieder zu kommen. Um Mittag kam Andrew mit der Dray aus Gayndah, und wir luden den Rest des Gepäcks und der Sammlungen auf, um denselben mit dem, was vom Lager noch stand, am nächsten Tage nach Gayndah zu überführen. Am 13. Oktober war allgemeiner Aufbruch. Andrew Wein und Edmund und Balthasar Haupt gingen mit der Dray nach Gayndah, ich selbst ritt nach Coonambula, wo ich noch vier Tage zu verweilen beabsichtigte.

Es war ein schwerer Ritt. Nicht nur tat mir der Abschied weh von meinem alten Camp, in dem ich so schönes erlebt und erreicht hatte, von meinen weißen und schwarzen Gefährten, die mir so treu beigestanden hatten. Ich hatte heute noch eine besonders wichtige und schwierige Aufgabe zu vollbringen, die Überführung von etwa 200 jungen Brutfischen von meinem Lager nach Coonambula, eine Entfernung von über 30 Kilometer, ein rauher Weg, zwei Flußübergänge, große Hitze, obwohl ich schon kurz nach Sonnenaufgang aufbrach. Ich hatte die Fischchen in zwei großen, bis zum Rand mit Wasser gefüllten, wohlverschlossenen Glasgefäßen untergebracht, die ich, mit feuchten Tüchern umwickelt, um sie kühl zu erhalten, vor mir am Sattel befestigt hatte. Natürlich ritt ich den ganzen Weg über nur Schritt. Wenn aber mein Pferd anfing Dummheiten zu machen?! Vor einigen Tagen hatte es sich plötzlich hingelegt und am Boden hin- und hergerollt, so daß ich mich nur durch rasches Abspringen retten konnte. Das arme Tier mußte irgend eine giftige Pflanze gefressen haben und war von heftiger Kolik gepeinigt worden. Wenn jetzt wieder so etwas vorkam, waren alle meine Hoffnungen auf die Erlangung älterer Entwicklungsstadien des Ceratodus zerstört.

Langsam aber ohne Unfall ging jedoch jener sorgenvolle Ritt von statten; freilich gab mir jede hastige Bewegung des Pferdes, jede heftige Erschütterung beim steilen Auf- und Abwärtsreiten einen Stoß ins Herz.

Als ich endlich nach sechs langen, qualvollen Stunden in Coonambula anlangte und sofort meine Gefäße auspackte, um zu sehen, wie die kleinen Reisenden die ungewohnte Hitze und Erschütterung ausgehalten hätten, fand ich sie sämtlich bewegungslos am Boden liegen; ein trostloser Anblick. Ich brachte sie sofort in frisches, kühles Wasser und wartete gespannt, aber ohne viel Hoffnung auf Zeichen des wiederkehrenden Lebens. Das Unerwartete trat aber ein. Nach einer Viertelstunde begannen einige wieder Bewegungen zu machen und auf Reize zu reagieren, nach einer Stunde befanden sich fast alle in normalem Zustande, und nur eine kleine Anzahl war und blieb tot, ein Opfer der anstrengenden Landreise. Wahrscheinlich war die Bewegungslosigkeit der ganzen Gesellschaft dadurch verursacht worden, daß die Tierchen durch die ungewohnten, unablässigen Erschütterungen erschreckt, sich stundenlang abgezappelt hatten, bis sie endlich erschöpft regungslos liegen blieben. Ruhe und frisches, sauerstoffreiches Wasser ließ dann allmählich die alte Kraft und Lebendigkeit zurückkehren.

Ich machte meinen Freunden genaue Angaben, wie sie die Weiterzüchtung der kleinen Geschöpfe in großen Becken, deren Wasser täglich gewechselt werden mußte, vorzunehmen hätten. So lange der Dottersack den Leib des Tieres wanstförmig vorstülpte, brauchten die Tiere keine weitere Nahrung; nach Verschwinden des Dottersacks sollten frische Wassergewächse aller Art, besonders Fadenalgen in ihre Behälter gebracht werden. Im Gewirr dieser Pflanzen würden sie ihre Nahrung, Infusorien und andre winzige Lebewesen selbst finden. Von Zeit zu Zeit sollte eine Anzahl getötet und nach allen Regeln der Kunst histologisch konserviert werden. Zu diesem Behufe ließ ich genaue Anweisungen und die nötigen Konservierungsflüssigkeiten zurück.

Ich will hier gleich vorgreifend berichten, daß die übernommene Aufgabe glänzend gelöst wurde, und ich bald nach meiner Rückkehr nach Jena im Sommer 1893 eine Sammlung vortrefflich konservierter Ceratodusfischchen in allen Altersstufen von 14 Tagen bis 10 Wochen zugeschickt erhielt. Nur ein kleiner Teil der von mir lebend in Coonambula zurückgelassenen Brutfische war eingegangen und zwar durch zu gute Pflege. Mensch und Tier wurde in Coonambula gut ernährt und erhielt so reichliche und so kräftige Kost, als sein Herz begehrte. Nur die armen Fische sollten kein Brot und kein Fleisch erhalten, sondern Wasserpflanzen, von denen sie nichts sichtbares genossen? Deshalb wuchsen sie auch so langsam. Das Herz der Hausfrau empörte sich gegen diese Grausamkeit und Zurücksetzung und sie machte experimentelle Fütterungsversuche, indem sie eine kleinere Anzahl von den übrigen trennte und gehörig mit Fleischbrocken fütterte. Am ersten Tage schien ihnen das vortrefflich zu bekommen und man glaubte sie sichtlich wachsen zu sehen. Am nächsten Morgen waren sie tot und schon etwas angefault. Friede ihrer Asche. Die Mastfütterung wurde aufgegeben, und der Rest lieferte eine stattliche Sammlung, die zur Untersuchung völlig ausreichte.

Während der letzten vier Tage, die ich in Coonambula verlebte, war das Haus voll von Gasten, die sich zufällig hier zusammengefunden hatten. Zwei Tage vor meiner Abreise machten wir alle zusammen zu Pferde oder zu Wagen noch einen weiten Ausflug in die wildreichen Reviere, schossen Enten, Gänse und Wachteln, fingen Fische und hatten endlich großes Picknick an der Mündung des Auburn gegenüber der Stelle, wo ich ein Jahr zuvor so lange kampiert hatte und noch die Spuren meines Lagers zu sehen waren. Mein damaliges Rindenhaus war noch gut erhalten, nur etwas verbogen, hier ausgebuchtet, da geschrumpft, wie es die Laune der sich werfenden Rindenplatten mit sich brachte.

Um mir ein Zeichen ihres Vertrauens zu geben, ernannte mich die Gesellschaft zu ihrem Koch und gab mir Gelegenheit, zu zeigen, ob ich meine Zeit gut angewendet und als »Buschmann« etwas gelernt hatte. So ganz leicht ist es wirklich nicht, für eine Gesellschaft von einem Dutzend Menschen zu kochen, wenn man außer dem Rohmaterial nur noch zwei Zinngefäße (»billies«) und eine Büchse Streichhölzer zu seiner Verfügung hat. Ich will aber nicht den Geheimnisvollen spielen, sondern einige Winke geben, die vielleicht einmal einem Leser dieses Buches und spätern Reisenden von Nutzen sein können.

Was man nicht im heißen Wasser in den Zinngefäßen kocht, wie Tee, Kartoffeln, Salzfleisch, Eier, kann man in der heißen Asche backen oder am Spieße oder auf heißen Steinen braten. Die Gefäße, die man bei sich hat, sind ja meist zu klein, um Wild in ihnen zu kochen, auch ist das keine sehr schmackhafte Zubereitung. Das Braten am Spieß — als solcher kann jeder Holzstecken dienen, wenn man sein Anbrennen durch jeweiliges Begießen mit Wasser verhindert — ist zwar recht schön, aber zeitraubend und anstrengend, wenn man nach langen, heißen Ritten rastet. Manches Haarwild eignet sich sehr dazu, in der heißen Asche gebacken zu werden. Es wird dazu natürlich vorher ausgenommen, aber nicht abgestreift, sondern wird mit Haut und Haar in die Asche und verkohlenden Holzstücke versenkt und mit einer tüchtigen Schicht bedeckt. So zubereitete Bändikuts sind ausgezeichnet; auch ein Hase, Kaninchen, eine Gazelle oder ein Murmeltier würde gebacken vortrefflich schmecken. Trocken gebackene Kartoffeln sind besser als gekochte oder gebratene.

Federwild brät man am besten auf heißen Steinen. Die Stücke werden gehörig gerupft und ausgenommen, dann auf die Steine gelegt und öfters gewendet, nachdem man auch Brust und Bauchhöhle mit heißen Steinen gefüllt hat. Auf diese Weise kann man eine Wildente in 15—20 Minuten schön durchbraten und erhält einen ebenso mürben als saftigen Braten, wenn der Vogel nur etwas natürliches Fett besitzt. Auch Fische kann man so zubereiten. Man legt sie ausgenommen, aber noch mit ihren Schuppen auf die Steine und wendet sie einige Male. Es ist unnötig, sie mit heißen Steinen zu füllen. Die Schuppen gehen nachher von selbst herunter.

Während meines ganzen zweiten Aufenthaltes am Burnett hatte mich das Wetter ebenso freundlich begünstigt, als es mir das erste Mal entgegen gewesen war. Regen war so gut wie gar nicht gefallen, die Flüsse niedrig, voll von üppiger Wasservegetation gewesen; für meine Zwecke hätte es gar nicht besser sein können. Die Squatters fingen allerdings an, besorgt auszusehen und eine Periode der Dürre zu befürchten, die schlimmste Plage, von der diese Gegenden von Zeit zu Zeit heimgesucht werden. Ich tröstete sie und pflegte zu sagen, sie sollten nur warten, bis ich meine Ceratodusentwicklung fertig gesammelt hätte, dann könne es regnen, soviel ihr Herz nur begehrte. Und wirklich, durch einen sonderbaren Glückszufall trat diese Wendung, die ich scherzhaft vorausgesagt hatte, am Tage vor meiner Abreise ein. Abends entlud sich ein Gewitter von unbeschreiblicher Heftigkeit, das den Himmel stundenlang fast ununterbrochen in zuckendem Lichte flammen ließ, während nahes Krachen und fernes Rollen die Luft erfüllte, und der Regenstrom sich wie ein Sturzbad auf die durstige Erde ergoß. Im Nu waren die schon fast leeren Tanks der Station gefüllt. Als ich am nächsten Morgen aufbrach, dauerte der Regen an und die Flüsse begannen schon zu steigen. Doch erreichte ich sowohl wie mein Gepäck noch ohne Schwierigkeit die Küste. Auf meiner Fahrt von Gayndah nach Maryborough hatte ich in der Postkutsche die Gesellschaft zweier Frauen, von denen die eine bisher Schenkmädchen im Klubhotel in Gayndah gewesen war. Unterwegs hielt man diese, ein hübsches und gesittetes Mädchen, allgemein für meine Frau, was mich ehrte, und die ungemessene Heiterkeit der beiden Schönen und des Kutschers erregte. In Maryborough, wo ich zwei Tage blieb, regnete es mit geringen Unterbrechungen weiter. Stürmisch war die Überfahrt von Maryborough nach Brisbane auf dem kleinen schmutzigen, mit übelduftenden Austern geladenen Dampfer »Glanworth«. Derselbe führte uns in weitem Umweg nordwärts um Great Sandy Island (Fraser's Island) herum, weil er voll geladen zu tief ging, um die enge Straße zwischen der Insel und dem Festland zu passieren. Vom 25. bis 29. Oktober verweilte ich in Brisbane in fast ununterbrochenem Regen. Keine Besserung, als ich am 29. Oktober auf der »Wodonga« der British India Steam Ship Company meine Reise nach Java antrat. Wie ich später durch briefliche Mitteilungen erfuhr, begann damals wirklich eine Flut- und Überschwemmungsperiode für das nördliche Queensland, die besonders in Brisbane durch Austreten des Brisbaneflusses und Überflutung ganzer Stadtteile ungeheuren Schaden anrichtete und sicher wie im vorigen Jahre alle meine Aussichten zerstört haben würde, wenn sie sechs Wochen früher eingetreten wäre.

Das Klima Australiens kann man ganz im allgemeinen als sehr trocken und besonders gesund bezeichnen. Die Luft ist infolge ihrer Trockenheit ungemein keimfrei, fast möchte man sagen aseptisch. Wunden heilen, wie alle Ärzte versichern, besonders in dem trocknen Innern viel leichter und rascher als anderswo, ohne daß man sie durch Verbände abzuschließen braucht. Tuberkulose ist sehr selten, und es ist bemerkenswert, daß die große Mehrzahl der Fälle zur Heilung kommt. Auch heilen nicht zu weit gediehene Fälle, die aus andern Erdteilen kommen, hier meist aus. Malaria ist fast unbekannt und nur auf den äußersten Norden beschränkt. Gelbes Fieber und Cholera kommen nicht vor. Die Trockenheit ist in manchen Teilen des Innern so groß, daß sich hier wasser- und vegetationslose Wüsten finden. Große Strecken Landes sind mit undurchdringlichem Mallee-Scrub oder endlosen Steppen des messerscharfen Spinifexgras (Triodia irritans) bedeckt, die keinem höheren Geschöpf zum Aufenthalt und zur Nahrung dienen können und fürchterlicher sind als wirkliche Wüsten. Die Küstengegenden dagegen haben eine im Jahresmittel durchaus zureichende Regenmenge, um eine reiche Vegetation zu entfalten und unter Kultur einen hohen Bodenertrag zu liefern. Gewisse Teile der Ostküste, so die besonders von Deutschen kolonisierten Darling Downs bei Toowoomba in Südqueensland, halten an Fruchtbarkeit den Vergleich mit berühmten Acker-, Wein- und Weideländern andrer Erdteile aus. Selbst im Innern gibt es weite Strecken, die trotz ihrer Trockenheit eine reiche Vegetation anspruchsloser Salz- und Fettpflanzen hervorbringen, eine nahrhafte und gesunde Weide der zahllosen Schafherden.

Viel schlimmer als die Spärlichkeit der Regenmenge im Jahresmittel ist ihre ungleiche Verteilung in den verschiedenen Monaten, ja in mehrjährigen Perioden sehr wasserreicher und sehr wasserarmer Jahre. Diese Unregelmäßigkeit des Regenfalles ist eine charakteristische Besonderheit des australischen Kontinents. Am ausgeprägtesten ist sie an der Ostküste und im Innern, etwas weniger tritt sie an der Süd- und der Westküste hervor. In Sydney variiert die jährliche Regenmenge von 22 bis 82 Zoll. Lake George war im Jahre 1824 30 Kilometer lang und 12 Kilometer breit. Allmählich trocknete er ganz aus und bildete im Jahre 1837 eine grasbewachsene Niederung. Dann füllte er sich wieder und war im Jahre 1865 17 Fuß tief. Zwei Jahre später war er nur 2 Fuß tief. Im Jahre 1876 war er wieder 30 Meilen lang und ungefähr 20 Fuß tief.

In Intervallen von fünf bis zehn bis zwanzig Jahren wird bald dieser, bald jener Distrikt von Trockenperioden betroffen, die ein, zwei, ja drei Jahre andauern und das Land in eine vollkommene Wüste verwandeln können. Kein Tropfen Regen fällt dann, die Flüsse trocknen aus, das Gras verdorrt, das Vieh verdurstet, oder, wenn noch stehendes Wasser da ist, verhungert. Wohin man sich wendet, bedecken Tierleichen und Skelette das Land, ein trostloser Anblick für jeden, der ein Herz in der Brust hat, gänzlicher Ruin für den eben noch wohlhabenden, in kräftigem Aufschwung begriffenen Herdenbesitzer. Augenblicklich (1902 und 1903) haben wieder weite Gebiete des Erdteils durch eine Trockenperiode zu leiden.

Endlich kommt der ersehnte Regen, aber oft kommt auch er nicht als milder, rücksichtsvoller Freund, sondern als zerstörende Naturkraft. Die Flüsse steigen hoch in ihren tief eingeschnittenen Betten, treten über und überschwemmen meilenweit das umliegende Land, Menschen und Vieh vernichtend, Städte zerstörend, die Felder und Weiden mit Sand und Morast bedeckend. Es sind Fälle bekannt, daß die Flüsse 70, ja 93 Fuß (der Hawkesburyfluß am 22. März 1806) über ihren gewöhnlichen Stand gestiegen sind. Eine kleinere Auflage einer australischen Flut habe ich ja selbst im vorigen Jahre erlebt und habe sie oben geschildert. Viel schlimmer aber war die Flutperiode, die jetzt bei meiner Abreise von Queensland begann und zu den schlimmsten gehörte, die die Kolonie überhaupt erlebt hat. Am schwersten wurde der Brisbane- und Marydistrikt betroffen, nicht ganz so schlimm der Burnett, aber bis in den fernsten Norden machten wolkenbruchartige Regen ihren Einfluß geltend. Kurz hintereinander traten drei große Überschwemmungen auf, die dritte, im Februar nach meiner Abreise, die ausgedehnteste und verheerendste. Alle tiefer gelegenen Teile von Brisbane, Tiaro, Gympie, Maryborough und vieler anderer Orte wurden gänzlich zerstört, viele Millionen von Werken, die durch menschlichen Fleiß und menschliche Kunstfertigkeit geschaffen waren, vernichtet. Erdrutsche beraubten die Kolonisten sogar des Grundes, auf den sie gebaut, und versenkten die fruchtbaren Äcker und Pflanzungen, die auf der Höhe des Ufers lagen, in das Flußbett.

In Brisbane erlebte ich zuletzt noch eine große Freude. An der australischen Ostküste kommt der Dugong, ein merkwürdiges Seesäugetier ziemlich häufig vor, über dessen Naturgeschichte ich gelegentlich meines Aufenthalts in Thursday Island noch ausführlicher berichten werde. Sein Fang wird von einigen weißen Fischern in Wide Bay und Moreton Bay auf kleinen Schiffen in bescheidenem Maßstabe betrieben, hauptsächlich um das Fett zu gewinnen, dem man Heilkräfte zuschreibt. Doch haben auch Fleisch, Haut und Zähne einen Wert. Ich hatte mich nun seit meiner ersten Ankunft in Australien bemüht, die Fischer zu veranlassen, Embryonen dieser Tiere, auf die sie gelegentlich beim Öffnen der harpunierten Mutter stoßen sollten, gegen hohe Bezahlung für mich in Alkohol zu konservieren. Anfangs vergeblich. Später aber nahm sich Herr C. W. de Vis, Direktor des Museums in Brisbane, der Sache an, wendete seinen Einfluß bei den Fischern für mich auf und überreichte mir bei meiner Ankunft in Brisbane drei gut konservierte Dugongembryonen verschiedener Stadien, für die ich einen an sich hohen, im Verhältnis zum wissenschaftlichen Werte der Objekte aber geringen Preis an die Fischer zu zahlen hatte. Das war ein guter Abschiedsgruß, und leichten Herzens und dankbaren Gemüts konnte ich am 29. Oktober 1892 Mittags die Wodonga besteigen, die mich dem fernen Ostindien zuführen sollte.

Zehntes Kapitel.

Die Ureinwohner Australiens[1].

In den voraufgegangenen Erzählungen habe ich schon vielfach Gelegenheit gehabt, Sitten, Gewohnheiten und kleine Charakterzüge der australischen Schwarzen zu schildern. Ein fast dreivierteljähriges enges Zusammenleben mit diesen Naturkindern gab mir Gelegenheit zu reichlicher Beobachtung ihrer physischen, intellektuellen und moralischen Beschaffenheit. Wenn ich hier im Zusammenhang über sie spreche und ihnen ein besonderes Kapitel widme, so geschieht dies deshalb, weil sie erstens in der Tat zu den interessantesten Völkern der Erde gehören; zweitens aber weil man über sie noch die verkehrtesten und schiefsten Auffassungen verbreitet findet. Frühere Beobachter haben sie als den Ausbund der Scheußlichkeit beschrieben, mehr Menschenaffen als wirkliche Menschen, der Gesichtsausdruck tierisch, der Körper ein Zerrbild ohne Ebenmaß und Harmonie, der Verstand kaum höher als der der intelligenteren Tiere, die Gemütsart grausam, tückisch, allen besseren Regungen verschlossen. Im direkten Gegensatz dazu glauben andere Beobachter und zwar solche, die nicht den in seiner Heimat gewurzelten Menschen unter seinen natürlichen Lebensbedingungen, sondern in Europa ausgestellte Schauobjekte untersucht haben, »die Australier gegen die fast allgemein verbreitete Ansicht besonderer Inferiorität in Schutz nehmen zu müssen«. Sie werden als »geistig nicht unvorteilhaft beanlagt« bezeichnet, in ihren Fähigkeiten den Indianern und Samojeden gleichgestellt.

Die eine Auffassung ist so irrig und unbegründet wie die andere. Die Australier sind keine Zwischenglieder zwischen Affen und Menschen,

1) Ich habe dieses Kapitel in der zweiten Auflage keiner neuen Bearbeitung unterzogen, sondern es so gelassen, wie ich es vor acht Jahren niedergeschrieben habe. Es hat bloß den Zweck, dem Leser ein anschauliches, vorwiegend auf eigener Anschauung beruhendes Bild einer der niedersten Menschenrassen vorzuführen, erhebt aber nicht den Anspruch, den Gegenstand in erschöpfender Weise etwa nach Art einer Monographie zu behandeln.

sondern Menschen durch und durch. Dabei nehmen sie aber unter den tieferstehenden Menschenrassen, die gegenwärtig auf der Erde leben, zusammen mit einigen wenigen anderen eine besonders tiefe Stelle ein.

Bei der ersten Bekanntschaft haben fast alle fremden Rassen für uns etwas abstoßendes, seien es nun Neger oder Indianer, Malayen oder Papuas. Bald aber gewöhnt man sich an den Anblick, lernt durch das Fremdartige hindurchsehen und wundert sich über die absprechenden Urteile der Neuangekommenen, denen am menschlichen Antlitz und Körper alles Ungewohnte schlechthin häßlich erscheint. Von einer tierischen Häßlichkeit kann meiner Ansicht nach bei den Australiern nicht die Rede sein. Mir gefallen sogar die Gesichter, die etwas ungemein typisches durch den ganzen Erdteil hin haben, besser als die vieler anderer Menschenrassen, besonders mancher Mongolen, afrikanischer Buschmänner und Eskimos. Häßlich erscheint oft die große Magerkeit der Leiber, vor allem der langen, aber geraden unteren Extremitäten und die geringe Entwicklung der Waden. Übrigens findet man überhaupt kaum bei einer zweiten Rasse eine so gute Ausbildung der Wadenmuskulatur, wie sie der kaukasischen Rasse eigen ist. Die allgemeine Magerkeit der Australier, besonders der gänzlich wilden Stämme, rührt wohl zum großen Teil von ihrer Nahrung her, die sie vorwiegend dem Tierreiche entnehmen. Beuteltiere und Echidna, Vögel, Schlangen und Eidechsen, Schildkröten, Fische, Käferlarven, Vogel- und Reptilieneier, Krebse und Muscheln bilden die eigentliche Grundlage. Menschenfleisch wird von vielen wilden Stämmen in Queensland nicht verachtet, und ein fetter Chinese gilt bei manchen als besonderer Leckerbissen. Während den Männern die Erbeutung der Fleischnahrung obliegt, graben die Weiber in den Scrubs nach eßbaren Wurzeln, suchen Pilze und Palmnüsse, Früchte von Leguminosen, Grassamen, Honig, süßes Harz und Eucalyptusmanna. Nun ist die einheimische Vegetation Australiens außerordentlich arm an eßbaren Früchten und stärkemehlreichen Wurzeln. Was da wild wächst, ist wenig nahrhaft, und die Kultur von Pflanzen irgend welcher Art, Kokuspalmen, Bananen, Taro und Yams, ist den Australiern unbekannt. So ist ihre Magerkeit wohl zum Teil auf ihre vorwiegend animalische, an Stärke und Zucker arme Nahrung zurückzuführen. Wenn den Eingeborenen mehlige Nahrung reichlich zur Verfügung steht, zum Beispiel in manchen Gegenden, wo die Araucaria Bidwilli, der Bunya-Bunya-Baum seine Früchte trägt, oder da, wo sie mit den Weißen in Berührung kommen und von ihnen Mehl und Zucker in reichlicher Menge erhalten, sehen sie viel weniger dürftig aus und mancher wird ganz wohlgerundet und fett. Unter meinen Leuten zeichneten sich besonders Old Tom und Maggie, Johnny's Frau, durch stattliche Leibesfülle aus. Old Tom war eine Art Herkules, ungemein kräftig gebaut mit prachtvoll entwickelter Muskulatur, ein Modell für einen Bildhauer. Seine Körperfülle verdankte er übrigens nicht allein der guten Ernährung, sondern vielmehr seiner gleichfalls prachtvoll entwickelten Faulheit.

Doch waren das immerhin Ausnahmen. Im allgemeinen bleiben die Australier an Körperkraft hinter den Weißen zurück, ersetzen aber an Gewandtheit, was ihnen an gewichtiger Stärke fehlt. Die Körperlänge schwankt um ein mittleres Maß (1,65 Meter) herum; hünenhaften Gestalten begegnet man eben so selten, als zwerghaft kleinen.

Old Tom.

Die Hautfarbe war bei den Stämmen am Burnett durchgehend eine schwarzbraune. Diese Farbe fand ich auch am Maryfluß, bei den Schwarzen, die ich in Brisbane sah, bei den Stämmen im Cookdistrikt vorherrschend. In letzterer Gegend bemerkte ich auch hellere Schattierungen, und hier und da hat man sogar hellbraune Individuen und Familien angetroffen, die als gelegentliche Variationen aufzufassen sind, wie sie bei allen dunkelhäutigen Rassen auftreten, nicht als ein besonderer, geographisch und genetisch zusammenhängender Rassentypus.

Die Haarfarbe ist ein tiefes schwarz, der Haarwuchs bei beiden Geschlechtern ein üppiger; der Bart der Männer an Kinn, Backen und Lippen dicht und lang. Die männlichen Individuen besitzen auch eine ziemlich starke Behaarung des übrigen Körpers, besonders der Beine. Das Haupthaar ist weder als wollig, wie Neger- oder Papuahaar, noch auch als schlicht oder straff, wie das Haar der Malayen zu bezeichnen. Man wird es am besten wellig nennen, zuweilen langgewellte, häufig auch etwas krause Locken bildend. Old Tom, der einem mehr nördlichen Stamme angehörte, kann als

Vertreter des ersteren, Johnny und Mackenzie als solche des zweiten Typus gelten. Obgleich noch größere Schwankungen, sowohl zum Schlichten, als zum Krausen vorkommen, ist die wellig lockige Haarform über den ganzen Erdteil die vorherrschende.

Die Schädel sind sehr stark im Knochenbau und sämtlich ausgeprägte Langschädel. Die Dolichokephalie ist bei den Australiern ausgeprägter und allgemeiner, als bei irgend einer anderen Menschenrasse. Statt der rundlichen Wölbung beobachtet man gewöhnlich einen mehr dachförmigen Bau der Schädelkapsel. Der Rauminhalt des Schädels ist sehr gering. Die Augenbrauenwülste springen stark hervor; fast immer ist eine mittelstarke Schiefzähnigkeit (Prognathie) vorhanden.

Betrachten wir das Antlitz, so finden wir die Nase sehr eigentümlich gebaut. Die Flügel sind breit und platt gestellt, so daß die weiten Nasenlöcher quergerichtete Öffnungen bilden. Es ist wohl diese Eigentümlichkeit der australischen Gesichtsbildung, die einzelne Beobachter und Reisende verleitet hat, von einer Affenähnlichkeit der Australier zu reden, ein höchst unglücklicher und übertriebener Ausdruck für die an sich richtige Beobachtung, daß diese Stellung der Nasenlöcher etwas an die der anthropoiden Affen erinnert. Übrigens ist nicht etwa die ganze Nase plattgedrückt, sondern dieselbe verschmälert sich gegen den Rücken zu und erscheint in der Profilstellung frei prominierend, zuweilen gerade, zuweilen auch adlerartig gebogen, an der Wurzel sehr stark gegen die Stirn abgesetzt, tief gesattelt. Dieser Bau der Nase ist wohl die charakteristischste Eigentümlichkeit der australischen Physiognomie und findet sich in verschieden starker Ausprägung fast in jedem Gesicht. Die Backenknochen sind fast immer breit, der Oberkiefer vorspringend, der Mund groß, die Lippen voll, aber nicht aufgeworfen. Die Stirn ist mäßig niedrig, oft nach oben zu etwas verschmälert, gewöhnlich etwas zurücktretend. Die Augenbrauen treten stark hervor.

Johnny.

Mustert man viele Gesichter, so findet man dieses und jenes der erwähnten Merkmale bald schärfer ausgeprägt, bald auch fehlend. Der Totaleindruck, der physiognomische Ausdruck ist aber ein ungemein charakteristischer, so daß es wenig Rassen gibt, die sich fast in jedem ihrer Vertreter so leicht erkennen lassen, bei denen die Möglichkeit der Verwechselung mit einer anderen Rasse so gering ist, als bei den Australiern. Ich glaube, wenn ich aus einer großen Menge von Rassephotographien aller möglichen Völker der Erde die einzeln eingestreuten Australier heraussuchen sollte, würde ich nur sehr wenige Fehler machen, mag man die Vertreter nun aus Queens-

Drei Queensländer Knaben.

land, Victoria oder Westaustralien ausgewählt haben. Wenn ein bekannter Ethnograph von den Australiern behauptet: »Vergebens sucht man aber jene ganz fest greifbaren Merkmale, die uns eine scharf umschriebene Rasse bieten sollte«, so erwidere ich: Wo sind solche »ganz fest« greifbaren und zugleich durchgreifenden Merkmale bei anderen Rassen, und gibt es überhaupt sonst »scharf umschriebene« Rassen von solchem Umfang? Ja, ich möchte sogar das gerade Gegenteil behaupten. Typische Repräsentanten mit scharf definierbaren

Merkmalen lassen sich bei allen Rassen herausheben, bei Australiern ebensowohl als bei Negern, Malayen und Mongolen. Die Variationen des Grundtypus sind aber bei den anderen Rassen mindestens ebenso groß, vielleicht größer als bei den Australiern, die Begrenzung wegen des Vorhandenseins von Übergangs- und Mischrassen, die bei den Australiern fehlen, meist viel schwieriger. In ihrer körperlichen Beschaffenheit, ihrer geistigen Beanlagung und ihrem Kulturzustand ist diese Rasse, die den großen australischen Kontinent bewohnt, so geschlossen, daß weder an ihrer Einheitlichkeit noch an einer sehr lange dauernden Isolierung und deshalb Reinhaltung gezweifelt werden kann. Mag immerhin zuweilen die Hautfarbe mehr hell, das andere Mal mehr dunkel sein, mag das gewöhnlich wellige Haar zuweilen in der Richtung des Schlichten, zuweilen in der des Krausen variieren, mag Dachform des Schädels, Prognathie, Vorspringen der Augenbrauenwülste in einzelnen Fällen weniger stark ausgeprägt sein. Sind solche Schwankungen bei den Negervölkern nicht noch ungleich größere, falls man nicht die Definition der Negerrasse so eng fassen würde, daß man dahin käme, nur den kleinsten Teil Afrikas von eigentlichen Negern bewohnt anzusehen? Steht es nicht ebenso mit den Malayen, Polynesiern, Amerikanern, von solchen Sammeltypen, wie Mongolen und Kaukasiern, ganz zu schweigen? Kleinere Völkergemeinschaften wie die Eskimos oder die Andamanen mögen noch geschlossenere Einheiten darstellen, was wesentlich dadurch bedingt ist, daß ihre beschränkte Verbreitung das Auftreten von Variationen weniger begünstigte. Ich behaupte aber: es gibt einen von allen anderen Rassen scharf unterschiedenen australischen Typus, der sich nur auf dem australischen Kontinent findet und dort keinen zweiten neben sich hat.

Derselbe wird charakterisiert durch eine ganze Reihe von anthropologischen und ethnographischen Merkmalen. Nur äußerst gering ist die Einwirkung, die die Papuas von Neu-Guinea in einem kleinen Bereich der Nordküste über die Inseln der Torresstraße hin durch körperliche Vermischung und kulturelle Beeinflussung hervorgerufen haben. Daß malayische Seefahrer die Nordwestküste Australiens gelegentlich berührt und mit den Eingeborenen Beziehungen angeknüpft haben, ist sicher nachgewiesen. Spuren haben sie aber nur wenig und jedenfalls keine tieferen hinterlassen. Dagegen ist die Stellung der nunmehr ausgestorbenen Tasmanier zu der kontinentalen Rasse schwieriger zu beurteilen. Sie sind vielleicht aus einer Mischung der letzteren mit späteren, zufällig dorthin verschlagenen Einwanderern hervorgegangen.

Keineswegs behaupte ich die Reinheit der australischen Rasse in dem Sinne, daß sie eine Reinzucht von Urbeginn an darstellt. Wohl aber meine ich, daß durch lange Isolierung und auch dadurch, daß die einförmige Beschaffenheit des Landes und der Lebensweise dem Aufkommen neuer Varietäten nicht günstig war, sich in Australien ein so geschlossener und einheitlicher Typus herausgebildet oder erhalten hat, wie wir ihn sonst nur auf Inseln oder sonstwie abgeschlossenen Lokalitäten, nicht als die weit ausgestreute Bevölkerung eines ganzen Erdteils finden. Wir können wohl einige Varietäten unterscheiden, aber dieselben sind wenig deutlich ausgeprägt; auch ist es bisher nicht gelungen, sie geographisch einigermaßen scharf zu begrenzen.

Derselben Geschlossenheit wie in körperlicher Beziehung begegnen wir, wenn wir die geistigen Gaben und moralischen Eigenschaften, die Kulturstufe sozialer Verhältnisse und Lebensgewohnheiten der Australier untersuchen. Die Rasse erweist sich dabei nicht nur interessant durch das, was sie besitzt, sondern mindestens ebenso durch das, was ihr fehlt. Die negativen Merkmale verdienen ebenso eingehende Beachtung als die positiven.

Die Australier befinden sich in ihrer Kultur noch auf einer Stufe, die dem Steinzeitalter des europäischen Urmenschen entspricht. Die Nutzanwendung und Bearbeitung jeglichen Metalls ist gänzlich unbekannt, wenn auch natürlich diejenigen Stämme, die mit den Weißen in Berührung kommen, die ihnen von jenen überlassenen Stahlmesser und Tomahawks munter handhaben und den selbstgemachten Steinwaffen vorziehen. Alle selbstgefertigten Waffen und Geräte bestehen aus Stein, Muschelschale, Knochen, Holz, Pflanzenfaser, Tiersehne. Diese Tatsache an sich beweist noch keine sehr niedere Kulturstufe.

Die viel höher stehenden Papuas von Neu-Guinea befinden sich ebenfalls noch heute im Zeitalter der Steinzeit, ebenso die östlich davon lebenden Bewohner der Inseln des stillen Ozeans, sofern den letzteren nicht europäischer Einfluß den Fortschritt gebracht hat. Verstanden doch weder die hochzivilisierten Azteken noch die Peruaner zur Inkazeit die Bearbeitung des Eisens, obwohl die übrigen Metalle von ihnen ausgiebig verwendet wurden. Sie lebten eben in einer Bronzeperiode, die auch in Europa der Eisenzeit vorhergegangen ist.

Die charakteristische Eigentümlichkeit derjenigen Steinzeit, in der die Australier noch heute leben, ist aber die Unvollkommenheit und Roheit in der Behandlung des zu Gebote stehenden Materials. Die

Steinbeile[1]) (Figur 3 der beistehenden Abbildung) sind nur roh behauen, nicht glatt geschliffen und poliert wie die Steinwaffen der Papuas und Polynesier. Nur ganz vereinzelt findet man Stämme, die sich in dieser Beziehung zu einer größeren Höhe erhoben haben und den Stein sauber zu behauen und sorgfältig zu glätten verstehen, wie die Eingeborenen an der Hanover-Bai und in manchen Gegenden von Victoria. Der Kunst, den Stein zu durchbohren, begegnen wir nirgends. Dieselbe Dürftigkeit und unvollkommene Ausbildung in jedem Gerät, jeder Waffe, aus welchem Material sie auch bestehen mag. Man blicke nur auf die häßlichen Holzkeulen, die plumpen unsymmetrischen Schilde, das rohe Flechtwerk. Die Formen sind fast durchweg unkünstlerisch und phantasielos, Verzierung fehlt entweder ganz oder befindet sich noch in den ersten kindlichsten Anfängen. Parallele, meist geradlinige Striche, die zur Schraffierung von Dreiecken oder Vierecken dienen. Selten wagt man sich an den Kreis oder die krumme Linie und die Resultate sind meist

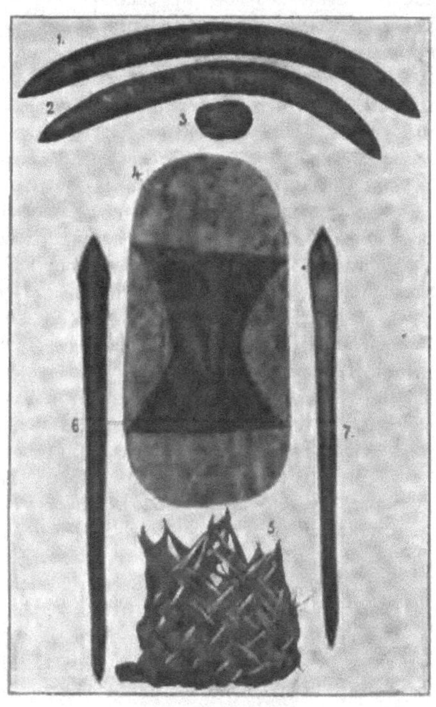

Australische Waffen und Geräte.

1 u. 2 Bumerangs. — 3 Steinbeil. — 4 Holzschild. — 5 Schilfkorbtasche. — 6 u. 7 Holzkeulen (1—4, 6 u. 7 vom Burnett, 3 von Cooktown).

1) Betreffs des Gesteinsmaterials der von mir vom Burnett mitgebrachten Beile vgl. Anhang II.

unerfreulich, wie das Ornament des abgebildeten Schildes zeigt. Hier und da höchst rohe und ungeschickte Kritzeleien, die Menschen und Tiergestalten nachahmen sollen. Die von Grey gefundenen, viel vollkommeneren Höhlenmalereien im Nordwesten rühren, wie man aus der Bekleidung der abgebildeten Figuren ersehen kann, ganz sicher von Fremden her, die dorthin verschlagen waren und seither verschwunden sind. Findet man einmal etwas besseres, so kann man fast sicher voraussagen, daß es aus dem äußersten Norden kommt, wo sich im Osten ein schwacher papuanischer, im Westen ein malayischer Einfluß bemerklich macht. Man kann den Erfahrungssatz aufstellen, der für die überwiegende Mehrzahl der australischen Stämme zutrifft, daß jedes Gerät, das aus der Hand eines Australiers hervorgeht, sich ebenso von dem unterscheidet, welches ihren auch noch in der Steinzeit lebenden Nachbarn, den Papuas, seine Entstehung verdankt, wie die bildnerischen Versuche auf der Schiefertafel eines Schulbuben von dem bewußten reifen Können eines Künstlers. Statt der zierlichen Muster, die man in Neu-Guinea als Schmuck besonders der Frauen und Mädchen in die Haut tättowiert, findet man in Australien eine Anzahl paralleler, tiefer und langer Narben auf Brust oder Rücken, die roheste und häßlichste Art der Tättowierung, die überhaupt bekannt ist. Als weiterer Schmuck wird bei ihren nächtlichen Tänzen auf den »Corroboris« eine Beschmierung oder eine streifige Bemalung mit Ocker, Kreide oder Kohle angewandt. Auch Vogelfedern, besonders die gelben Schöpfe des weißen Kakadus werden bei solchen Gelegenheiten ins Haar gesteckt. Halsbändern und Schurzen aus aneinandergereihten Federn, Zähnen oder Muscheln begegnet man in verschiedenen Gegenden. Manche Stämme sind aber jeden Schmuckes bar.

Speer, Keule und Schild (am Burnett »cumare«) sind die Hauptwaffen der Australier über den ganzen Kontinent hin und alle drei werden mit wunderbarer Geschicklichkeit gehandhabt. Die Speere, am Burnett »kanne« genannt, werden gewöhnlich mit einem Wurfbrett geschleudert und die Treffsicherkeit ist so groß, daß ein geübter Krieger auf 70 Schritt ein handtellergroßes Ziel jedesmal trifft. Die Holzkeule, am Burnett »djabir«, ist eine sehr beliebte Jagd- und Kriegswaffe und wird nicht nur zum Hieb, sondern auch zum Wurf benutzt. Eine für die Australier durchaus charakteristische Waffe ist der Bumerang, am Burnett »barran« genannt, ein aus Krummholz gefertigter, mehr oder weniger gebogener oder sogar winklig geknickter flacher Stab, über dessen wunderbare, kreisförmige, richtiger elliptische Flugbahn schon viel gesagt und geschrieben ist. Diese merkwürdige Jagd- und Kriegswaffe findet sich durch ganz Australien verbreitet. Sie ist eine ureigenste Erfindung der australischen Wilden, eine wunderbare Entdeckung, die allein von dieser tiefstehenden Rasse gemacht worden ist, während sie allen andern Völkern der Erde verschlossen blieb. Denn der »trombasch« einiger abessinischer Stämme, der nach der Aussage Sir Samuel Baker's dem Bumerang gleichen soll, kehrt nicht in kreisförmiger Flugbahn zu dem Werfer zurück. Ob der flache, gekrümmte Stab, den wir auf den altägyptischen Bildwerken als Jagdwaffe abgebildet finden, ein Bumerang oder bloß ein Trombasch war, läßt sich natürlich jetzt nicht mehr entscheiden. In Australien benutzt man übrigens im Kriege neben dem eigentlichen zum Werfer zurückkehrenden Bumerang, der besonders zu Jagdzwecken dient, auch eine ganz ähnlich aussehende Waffe, die diese Eigenschaft nicht besitzt. Sie unterscheidet sich äußerlich nur dadurch, daß die Fläche des Stabes völlig plan ist, während diejenige des echten Bumerang eine eigentümliche Krümmung zeigt, sozusagen windschief ist.

Eine wunderbare Eigenschaft wohnt nun allen diesen Waffen inne, mögen sie nun zum Werfer zurückkehren oder nicht: die sehr allmähliche Senkung der ballistischen Kurve und die dadurch bedingte große Rasanz und Länge der Flugbahn. Während der gewöhnliche Weg, um die Flugbahn rasant zu machen, eine Vermehrung der Anfangsgeschwindigkeit ist, sind es bei dem flachen, gekrümmten Stab zwei andre Prinzipien. Erstens wird hier die Anfangsgeschwindigkeit weniger rasch durch den Luftwiderstand vermindert und aufgebraucht, weil das flache Geschoß beim Durchschneiden der Luft weniger Widerstand findet als eins, das die Luft mit breiterer Kante trifft. Ein geübter Werfer kann ein flaches Geschoß mehr als noch einmal so weit fortschleudern, als einen gewöhnlichen, nicht flachen und gekrümmten Stab. Von der Richtigkeit dieser Anschauung kann man sich leicht überzeugen. Jeder, der im Steinwerfen geübt ist, weiß, daß man mit flachen Steinen, denen man eine drehende Bewegung gibt, weiter und höher werfen kann, als mit runden oder vielkantigen. Beruht doch die Wurfscheibe oder der Diskus der Griechen auf demselben Prinzip, und ist doch der plane Bumerang ebenso wie der Trombasch nichts anderes als ein mondsichelförmiges Segment eines Diskus.

Zweitens kommt aber noch bei Geschossen, die wie der Bumerang mit der Fläche parallel zur Erdoberfläche geworfen werden, nicht wie der Diskus senkrecht zu derselben, die Herabsetzung der Fallgeschwindigkeit in Frage, ebenfalls bedingt durch die flache Form des Geschosses, das auf der Luft sozusagen schwimmt. Da es sich nur langsam senkt, fliegt es, sich im Wirbel um seinen Mittelpunkt drehend, bei derselben Anfangsgeschwindigkeit sehr viel weiter als ein anders orientiertes Wurfgeschoß, das weniger vom Luftwiderstande getragen wird. Wirft man ein solches Stabgeschoß nicht genau horizontal, sondern gibt ihm einige Elevation, so hebt es sich allmählich zu bedeutender Höhe, zu den Wipfeln der Bäume, unter die Schwärme der abstreichenden Wasservögel, alles Tugenden, die der gewöhnliche Speer- oder Keulenwurf nicht besitzt.

Die Bedeutung des gekrümmten Flachstabes beruht deshalb in erster Linie auf der Möglichkeit, mit ihm sehr weit und sehr hoch zu werfen und so Pfeil und Bogen zu ersetzen, deren Gebrauch in Australien unbekannt ist.

Sehr wahrscheinlich ist es, daß der flache gebogene Stab ohne Flächenkrümmung, der nicht zum Werfer zurückkehrt, ein Vorstadium des eigentlichen Bumerangs ist, eine schon an sich sehr brauchbare Jagd- und Kriegswaffe wegen seiner sehr gestreckten ballistischen Kurve. Die Entdeckung dieser Form der Waffe ist nichts wunderbares bei Leuten, die wie die Australier den freihändigen Wurf so vielfach üben, und die gewohnt sind, mit Wurfkeulen oder bloßen Holzstäben, ja mit beliebig aufgerafftem Fallholz, das alle mögliche Form haben kann, kleineres Wild zu erlegen. Aus ihm entstand der echte Bumerang wohl aus Anlaß einer gelegentlichen Entdeckung, indem man beobachtete, daß ein derartiger Stab, der rein zufällig eine gewisse Flächenkrümmung dadurch erhielt, daß sein Holz sich etwas verzogen, »geworfen« hatte, zwei wunderbare Eigenschaften entfaltete. Er flog nicht geradeaus, sondern kehrte in einer Ellipse zum Werfer zurück, und er war im stande, sich sogar im Fluge allmählich zu erheben.

Beide Eigenschaften beruhen darauf, daß der Stab bei jeder Umdrehung infolge seiner Flächenkrümmung von seiner ursprünglichen Bahn durch den Luftwiderstand abgelenkt wird. Durch eine seitliche Ablenkung ist seine elliptische Bahn bedingt, durch eine vertikale die Möglichkeit, sich über die ursprüngliche Flugrichtung hinaus zu erheben, was kein andres Geschoß vermag. Die Ablenkung nach oben wirkt der Schwere, der natürlich auch der Bumerang unterworfen ist, entgegen, hält das Geschoß dadurch sehr lange in der Luft und gibt ihm Gelegenheit, eine so ungeheuer weite Bahn zurückzulegen. Gerade aus der Ablenkung nach oben, der steigenden ballistischen Kurve, der Möglichkeit des Fernwurfs auf mehrere hundert Schritt, erklärt sich die bedeutende Überlegenheit des in der Fläche gekrümmten Bumerangs, der eine elliptische Bahn durchläuft, vor demjenigen mit planer Fläche, der wie der Trombasch der Abessinier und manche Kriegsbumerangs der Australier nur geradeaus fliegt. Der eigentliche Vorzug des Bumerangs besteht überhaupt nicht in der Eigenschaft, daß er zum Werfer zurückkehrt, sondern darin, daß man mit ihm weiter und höher werfen kann, als mit irgend einer andern Handwaffe.

Nachdem man die Vorzüge des zurückkehrenden Bumerangs erkannt hatte, lernte man bald ihm willkürlich die richtige Flächenkrümmung zu verleihen, ihn windschief zu machen wie den Flügel einer Windmühle. Es geschieht das, indem man den aus den krummgewachsenen Stämmen gewisser Akazienarten geschnittenen Flachstab in Wasser legt und dann rasch am Feuer härtet, indem man die beiden Enden schraubenartig nach entgegengesetzten Richtungen dreht und so der Fläche eine Spiralkrümmung gibt. Daneben wird aber die plane, nicht zurückkehrende Waffe, die nicht so weit und hoch fliegt, dafür aber einen weit sicheren Wurf gewährleistet, für Kriegszwecke beibehalten. Denn mit dem in elliptischer Flugbahn sich bewegenden Bumerang vermag der Australier wohl aus einem abstreichenden Flug Enten oder aus einer Schar Kakadus auf gut Glück dies oder jenes Exemplar herauszuholen; die Treffsicherheit auf ein ganz bestimmtes Ziel, wie sie für eine Kriegswaffe erforderlich ist, ist aber nur eine geringe.

Zu erwähnen wäre endlich noch der lange, zugespitzte Grabstock der Frauen aus hartem Holze, der vornehmlich zum Ausgraben von eßbaren Wurzeln dient, gelegentlich aber auch als Waffe gegen Feinde und als grausames Züchtigungsmittel derjenigen jungen Weiber benutzt wird, die sich der Autorität der Alten im Stamme in Herzensfragen nicht fügen wollen. Eines ganz ähnlichen Grabstocks bedienen sich nach den Angaben von P. und F. Sarasin die Weddas von Ceylon.

Die Kenntnis, aus Ton Geräte zu formen, dieselben durch Brennen dicht zu machen und sich so Gefäße herzustellen, in denen sie ihre Nahrung mit Wasser kochen können, ist von keinem australischen Stamme entdeckt worden, während diese Kunst bei den Papuas an der nahen Südküste von Neu-Guinea in hoher Blüte steht. Auch der Mensch der jüngeren Steinzeit in Europa besaß sie. Die ältere Steinzeit oder paläolithische Periode ist es, die in den meisten Beziehungen dem Kulturzustand der heutigen Australier entspricht. Doch ist der heutige Australier insofern dem paläolithischen Urzeitmenschen überlegen, als er schon ein Haustier, den Dingohund, gezähmt und wahrscheinlich schon bei seiner Einwanderung nach Australien mit herübergebracht hat. Den Hund finden wir erst in der neolithischen Periode Europas vor. Er war auch das erste Haustier, das die Eingeborenen Amerikas gezähmt haben.

Aus Mangel an Kochgefäßen kann der Australier seine Speisen nicht kochen, er kann sie nur über dem Feuer, auf heißen Steinen, in der Asche rösten oder braten. Wo er mit dem Weißen in Berührung kommt, leuchten ihm sofort die Vorzüge der eigentlichen Kochkunst ein, und er entlehnt gern von jenem das zinnerne Kochgefäß, da er kein Material besitzt, um sich selbst eins herzustellen.

Ackerbau irgend welcher Art ist den australischen Eingeborenen unbekannt. Dieser Satz hat allgemeine Giltigkeit über den ganzen Erdteil hin. An einem kleinen Fleck an der Westküste glaubt man eine Art Pflanzung (einer Dioscorea-Art) beobachtet zu haben. Das ist aber ein einzig dastehender Befund. Im übrigen ist den Stämmen im Norden wie im Süden, im Osten wie im Westen die Kultur des Bodens, das Anpflanzen von Nutzpflanzen irgend welcher Art unbekannt. Alle sind nichts als nomadisierende Jäger, und wesentlich aus diesem Grunde erklärt sich ihr Verharren auf einer so niedrigen geistigen Stufe, erklärt sich auch ihr so gering entwickelter Kunstsinn und viele ihrer eigentümlichen Sitten und Gebräuche.

Das Nomadenleben, das sich bei den Australiern auch noch mit Besitzlosigkeit verknüpft, weil sie weder Viehherden noch Zug- oder Reittiere haben und deshalb kaum irgend welche Habe mit sich führen können, verleiht dem Geiste etwas unstetes, und gerade die Stetigkeit in jeglichem Tun und Treiben ist es ja, die die sicherste Grundlage des Erfolges abgibt.

Die Intelligenz der Australier ist weit geringer als die aller andern wilden Völker, mit denen ich bisher in Berührung gekommen bin. Der Ackerbauer, auch wenn er nur Kokuspalmen, Yams, Taro oder Bananen pflanzt, blickt voraus in die Zukunft, er tut Arbeit, die ihm erst viel später Nutzen eintragen wird, er denkt der Zeit, wenn der heute gepflanzte Baum groß sein und Früchte tragen wird, er kennt die Reifezeit der Früchte, beobachtet den Wechsel der Jahreszeiten oder Monsune, arbeitet in seinem Geiste viel mit dem Begriff der Zeit, lernt dadurch in viel höherem Grade nachdenken, überlegen, berechnen. Prometheus, der »Vorausdenkende«, war es, der nach der griechischen Sage die Menschen über den tierischen Urzustand heraushob, den Fortschritt der Kultur personifizierte. Das Prometheische, Vorausschauende fehlt aber solchen nomadischen Jägern, wie die Australier es sind, vollständig, und damit fehlt ihnen auch die wirksamste Triebkraft zu steigender geistiger Entwicklung und zur Kultur. Dieser Mangel hat die Australier auf dem niederen geistigen Niveau zurückgehalten, auf dem wir sie noch heute finden, und deshalb ist es auch der natürlichen Zuchtwahl unmöglich gewesen, etwas höheres zu erzeugen. Denn so vollendete Jäger, als nur immer denkbar sind, hatte diese geschaffen, und solange nicht eine neue Seite menschlicher Tätigkeit hinzukam, die neue geistige Kräfte erforderte, war ein Fortschritt durch weitere Auslese kaum möglich.

So finden wir denn auch Geist und Sinne der Australier in vorzüglicher Ausbildung nach allen den Richtungen hin, die mit der Jagd in Zusammenhang stehen: ungemein scharfe Beobachtungsgabe, Ortssinn, Gedächtnis, auch ein gewisses Vermögen aus kleinen Zeichen und Spuren auf den Aufenthalt, das Verhalten, den gegenwärtigen Zustand des Wildes Rückschlüsse zu machen. Alles dieses im Verein mit großer Handgeschicklichkeit im Waffengebrauch reicht aus, jegliches australisches Wild zu einer hilflosen Beute dieser Jägerstämme zu machen. Es ist deshalb auch ganz falsch, die Australier als eine halbverhungerte Kümmerrasse darzustellen, die sich nur mit Mühe unter harten Lebensbedingungen aufrecht erhält. Gerade das Gegenteil ist der Fall. In den meisten Gegenden, die von den Eingeborenen bewohnt werden, ist der Wildreichtum im Verhältnis zur Zahl der Eingeborenen ein so bedeutender, daß unter normalen Verhältnissen Jeder täglich mit leichter Mühe für sich und die Seinen so viel Pfund Fleisch erbeuten kann, als sein Magen begehrt. Natürlich handelt es sich dabei nicht nur um großes Wild, wie Känguruhs und Emus, sondern um die zahlreichen kleinen Beuteltiere, Känguruhratten, Bindikuts, Possums, von denen es fast überall wimmelt, und die von den luchsäugigen Schwarzen ganz einfach aus ihren Lagern und Baumverstecken herausgeholt werden. Es ist daher irrig, zu sagen, daß »die Nachstellung durch das rein nächtliche Leben unverhältnismäßig vieler Säugetiere erschwert wird«. Auch hier ist das Gegenteil der Fall.

Als Birschjäger finden wir den Australier in seiner höchsten Vollendung. Daneben versteht er es auch, sich des Wildes durch allerlei Liste zu bemächtigen, er ahmt die Lockrufe der Vögel nach, bedient sich lebender oder nachgeahmter Lockvögel, treibt die Wasservögel in selbstgeflochtene Netze, indem er sie durch den Schrei eines Raubvogels erschreckt, veranstaltet richtige Treibjagden auf Känguruhs, die er in schlauer Weise mit Buschfeuern kombiniert, um die mangelnde Zahl der Treiber zu ersetzen.

Zum Fischfang werden Handnetze verwendet. Träge Fische, wie

den Ceratodus, fängt man durch Tauchen. Um sich andrer Fischarten zu bemächtigen, sperrt man Buchten und Flußarme durch Wehre aus Buschwerk ab und fischt sie gemächlich aus. Besonders in den Küstengegenden dient beim Fischen der schwere, meist mehrspitzige Fischspeer, während das Fischen mit dem Angelhaken fast überall da, wo nicht fremde Einflüsse verändernd gewirkt haben, unbekannt ist. Doch findet man bei vereinzelten Stämmen Angelhaken aus Holz oder Vogelklauen, vielleicht eine eigene Erfindung, die an verschiedenen Stellen gemacht ist, aber keine weitere Verbreitung gefunden hat.

Wenn man mit den australischen Eingeborenen in näheren Verkehr tritt, nimmt man auf Schritt und Tritt dieselbe Unfähigkeit ihres Geistes wahr, zu berechnen und zu kombinieren. Meine Leute belogen mich wohl, indem sie mir sagten, sie hätten fleißig gearbeitet, wenn sie doch offenbar den ganzen Tag über gebummelt hatten. Zu einem etwas schlauer ausgeklügelten Betrug fehlte es ihnen aber durchaus an Berechnung. Wie leicht hätten sie mir das fast dem Beutel entwachsene Junge von Echidna und die Mutter einzeln bringen können, um so doppelte Bezahlung zu erlangen, da ich kein Mittel gehabt hätte, den Betrug zu erkennen, und für jedes weibliche Tier ohne Unterschied, ebenso wie für jedes selbständige Junge denselben Preis zahlte. Kein einziger meiner Schwarzen kam aber auf diesen einfachen Gedanken, und stets brachten sie mir die Mutter mit dem fast selbständigen Jungen im Beutel — nicht aus Ehrlichkeit, sondern aus Mangel an Schlauheit. Um nicht ungerecht zu sein, muß ich übrigens betonen, daß meine Leute im großen und ganzen redlich waren, und ich ihnen viel mehr trauen konnte, als auf früheren Reisen meinen afrikanischen und später meinen malayischen Dienern. Doch waren auch sie nicht gerade abgeneigt, mich zu übervorteilen, wenn das so ohne kompliziertere Denkoperationen ging. Es gab manche unter ihnen, die hin und wieder einmal auf Fragen lügenhafte Antworten gaben, wiewohl ich sie im allgemeinen als wahrheitsliebend bezeichnen muß. Kein einziger kam aber je auf den Gedanken, sich eine Lüge auszudenken oder eine Geschichte zu erfinden. Dazu mangelte es ihnen an Einbildungskraft.

Dem unentwickelten Intellekt entspricht eine unentwickelte, aber im ganzen nicht schlecht klingende Sprache. Groß ist scheinbar die Vielsprachigkeit, und fast jeder Stamm hat seinen eigenen Dialekt. Genauere Untersuchung hat aber eine nahe Verwandtschaft aller dieser Sprachen und Dialekte über den ganzen Erdteil hin erwiesen, und alle sind wohl sicher einer gemeinsamen Wurzel entsprossen. Im Nordosten mischen sich vielleicht papuanische Beimengungen ein.

Ein Grundzug ist die Mehrsilbigkeit der Wörter, der konsonantische Anlaut und der Auslaut auf einen Vokal oder flüssigen Konsonanten, Sämtliche von mir am Burnett notierten Wörter, die ich am Ende des Buchs im Anhang wiedergebe, zeigen diese Eigentümlichkeit. Wie man dort sieht, fehlen die Laute h, f, v, s, z gänzlich, und dies scheint allgemeine Regel für alle australischen Dialekte zu sein. Ein großer Vokalreichtum macht die Wörter klangvoll, nicht selten begegnet man Doppelvokalen und Diphthongen. In der Formenbildung herrschen die Suffixe vor.

Der Wortreichtum, soweit er sich auf konkretes bezieht, besonders die Teile des Menschen- und Tierkörpers, Namen für Tiere und Pflanzen und besonders für die Verwandtschaftsgrade, ist ziemlich groß. Doch fiel es mir auf, daß die Eingeborenen keineswegs für alles, was sie tatsächlich unterscheiden, auch besondere Worte haben. Alle Giftschlangen, von denen es dort viele Arten gibt, die leicht zu unterscheiden sind, nannten sie »wonge«, während sie für die eßbare Riesenschlange, Python spilotes, den Namen »bui« verwendeten. Die verschiedenen Arten von Wildgänsen und Wildenten wurden unterschiedslos als »monarum« bezeichnet, alle Schildkröten als »miaro«. Das ist immerhin merkwürdig, wenn man bedenkt, daß die einzelnen Arten ja faktisch auf das genauste unterschieden werden und nur der Trieb fehlt, auch durch das Wort gesondert zu bezeichnen, was Auge und Gedächtnis auseinanderhält. Auch bei uns benennt ja allerdings das Volk nicht jedes einzelne Tier und jede Pflanze, aber es findet stets Worte für das, was es nicht nur mit dem Auge, sondern auch mit dem Gedächtnis unterscheidet. Noch auffälliger ist der Mangel an Bezeichnungen für verschiedene Farben. Meine Leute unterschieden eigentlich nur weiß: bambar, schwarz: ngurue und bunt: beiar, letzteres unterschiedslos für rot, grün, blau und gelb gebraucht.

Ungemein arm sind alle australischen Idiome an Begriffsworten; da abstrakte Begriffe fehlen, gibt es auch keine Worte für sie. So haben sie nicht einmal Kollektivnamen für Tier und Pflanze. Einige Stämme haben nur Zahlworte bis drei. Am Burnett zählt man garro (eins), böö (zwei), koromde (drei), wogaro (vier) und durch Zusammensetzung böo koromde (fünf). Was mehr ist als fünf wird als »meian«, eine Menge, viel, bezeichnet. Ein weiteres Zählen, etwa mit Zuhilfenahme der Finger oder durch Multiplikation, findet nicht statt, wie ich mich sicher überzeugen konnte. Brachte mir ein Eingeborener von Tieren einer Sorte eine größere Menge als fünf, schlug er mir zehn oder zwanzig Rindenstücke, so war er unfähig, das irgendwie anders zu präzisieren als dadurch, daß er für jedes Stück eine Kerbe in einen Holzstab machte. Ohne seinen Stab fühlte er sich aber ganz unsicher und hilflos und besaß auch wenig Gedächtnis in dieser Richtung, so daß er nicht im stande war, die Zahl der Kerben aus dem Kopf auf einen andern Stab richtig zu notieren, wenn dieselbe sieben oder acht überstieg. Diejenigen Schwarzen, die etwas englisch verstanden, konnten die englischen Zahlworte etwa bis sechs richtig handhaben, darüber hinaus hörte aber jede Sicherheit auf, und es wurden meist ganz willkürliche Zahlen gewählt. Selbst Frank, sonst ein sehr geriebener Bursche, konnte mir wohl die Namen von acht Schwarzen nennen, die in meine Dienste treten wollten, das richtige englische Zahlwort aber fand er nicht und sprach immer von »Mengen«, wenn es sich um solche Zahlen handelte. Der Finger zum Zählen bediente sich keiner meiner Schwarzen. Allein Mackenzie verstand es, mit Hilfe der englischen Zahlworte richtig bis zehn zu zählen und auch Rechenoperationen primitivster Art — gestern drei Echidna gebracht, heute vier, macht zusammen sieben — vorzunehmen.

Mackenzie hatte lange auf Squatterstationen gelebt und besaß einen energischeren Geist als die anderen. Sobald es sich aber um höhere Zahlen oder so schwierige Multiplikationen wie: an drei Tagen drei Echidna gebracht, handelte, hörte auch seine Sicherheit auf. Gewissenlose Weiße nützen diese Hilflosigkeit der Schwarzen, die in ihren Diensten arbeiten, nicht selten aus und betrügen sie bei der Berechnung ihres Lohnes auf das schmählichste.

Manche Stämme in den westlichen Distrikten von Victoria benutzen die Finger zum Zählen, und obwohl sie nur Zahlworte bis drei und das Wort Hand für fünf haben, gelangen sie durch Kombination dieser Worte mit Zeichen (Erheben einzelner Finger oder der ganzen Hand) dazu, bis zu hundert zu zählen. Diese Stämme stehen im großen und ganzen höher als diejenigen, deren Bekanntschaft ich in Queensland gemacht habe. Aber auch die Queenslander Eingeborenen können durch Erziehung, die allerdings schon im frühen Kindesalter einzusetzen hat, dahin gebracht werden, ganz leidlich zu rechnen.

Mustert man die Berichte der Missionäre, die Gelegenheit gehabt haben, zahlreiche Kinder der australischen Eingeborenen zu unterrichten, so kommen fast alle übereinstimmend zu folgendem Schluß: Beim ersten Beginn des Lernens ist zwischen den Kindern der Schwarzen und denen der Weißen kaum ein Unterschied in der

Fähigkeit zu bemerken, die Elemente zu erfassen. Gedächtnis und sinnliches Vorstellungsvermögen sind so gut angelegt, daß sie in Lesen, Schreiben, Zeichnen, Topographie und Geographie anfangs die weißen Kinder sogar übertreffen. Auch die einfacheren Rechenoperationen machen ihnen keine besondere Schwierigkeit. Je weiter der Unterricht aber zu Gebieten fortschreitet, die ein mehr abstraktes Denken erfordern, zu Grammatik und den höheren Zweigen der Arithmetik, um so deutlicher zeigt sich bald ihre Inferiorität und zwar in einem Lebensalter, in welchem der Lerntrieb noch nicht nachgelassen hat, was später regelmäßig einzutreten pflegt.

Daß die Kinder geschickt im Erlernen des Schreibens, Lesens und Zeichnens sind, ist nicht wunderbar, denn auch die Alten sind Meister im Lesen aller der Zeichen, die das Wild auf flüchtiger Spur dem Boden, den Grasern und Bäumen aufgedrückt hat. Ebenso geschickt sind sie aber auch, sich gegenseitig durch absichtlich hervorgebrachte Zeichen zu verständigen, durch einen zugespitzten, in besonderer Richtung gestellten Stab, durch Einschnitte in die Baumrinde, durch Botenstäbe mit allerlei Kerben und Zeichen. Es gibt Stämme, die darin geradezu Bewunderungswürdiges leisten.

Übrigens ist natürlich der Erfolg der Mission unter so tief stehenden und so unstäten Menschen, wie die Australier es sind, faktisch gleich Null. Wie kann der Missionär eine Horde beeinflussen, die heute hier, morgen dort ist und die sich durch kein Mittel seßhaft machen läßt. Alle Versuche, das zu tun, sind als gescheitert zu betrachten, und wenn man im Süden hie und da eine kleine Zahl Überlebende der dem Aussterben nahen Stämme in kleinen Ansiedlungen vereinigt hat und sie, weil ihnen nichts anderes übrig bleibt, dort auch aushalten, bis der letzte gestorben ist, so ist das nicht als ein Erfolg zu bezeichnen, die Eingebornen seßhaft zu machen. Hie und da lassen sie sich von den Squatters dazu verwenden, beim »Mustern« zu helfen. Das Herumreiten hinter den Rinderherden, das Auffinden versprengter kleiner Herden macht ihnen wohl einige Wochen lang Spaß; aber nach wenigen Monaten erwacht die Sehnsucht nach dem freien, durch nichts beschränkten Nomadenleben und sie verlassen bald auch den besten Herrn und die lockendsten Genüsse der Weißen. Gerade dieser ungebundene Sinn machte es ja auch mir äußerst schwer, meine Schwarzen längere Zeit zusammenzuhalten. Wo sie noch in größerer Anzahl beisammen leben, wie in Mittel- und Nord-Queensland, da leben sie in ihrer alten Weise fort, und es ist sehr charakteristisch, daß hier, wo doch noch scheinbar ein Feld der Tätigkeit wäre, kein Missionär sich blicken läßt. Die Abwesenheit der Missionäre unter den Queensländer Schwarzen spricht eine deutliche Sprache: sie bedeutet Verzicht dieser unermüdlichen, sonst vor keiner Schwierigkeit zurückschreckenden Menschenfreunde, den Kulturzustand der australischen Wilden zu beeinflussen. Während man die größten Anstrengungen macht, die Papuas von Neu-Guinea zu höherer Kultur zu erzielen und allmählich zu Christen zu machen, überläßt man fast überall die Queensländer Schwarzen sich selbst, einmal weil sie unerziehbar erscheinen, dann aber auch weil sie baldigem Untergange verfallen sind.

Überall wo die Schwarzen mit den Weißen in Berührung treten, sterben sie rasch und sicher aus. Am Burnett, wo doch erst seit etwa zwanzig Jahren Weiße ansäßig und auch jetzt nur ganz dünn über die weiten Flächen ausgesät sind, soll sich die Zahl der Eingeborenen schon um mehr als die Hälfte vermindert haben. Hauptursache ist der Alkoholismus und noch mehr das Opiumrauchen, das einzige, was sie rasch und sicher von den Weißen und besonders den Chinesen erlernen und für das sie eine verhängnisvolle Vorliebe entwickeln. Auch unter meinen Schwarzen hatte ich eine Anzahl Opiumraucher, die, zu allem anderen unfähig, gänzlich verkommen waren und baldigem Untergange geweiht schienen. Schädlich wirkt aber auch die Annahme europäischer Kleidung oder, besser gesagt, europäischer Lumpen, zu der sie durch ihren Nachahmungstrieb verleitet werden, und die sich für sie, wie auch sonst oft für tiefstehende Naturvölker, unheilvoll erweist. Der Gebrauch der Kleidung will verstanden sein, und für Wilde, die sie so gut wie nie wechseln, sie gleichmäßig in Hitze und Kälte tragen, sie nach Durchnässung am Leibe trocknen lassen, erweist sie sich als ein höchst bedenkliches Geschenk der Kultur.

Kann man von Religion bei Menschen sprechen, die so gut wie keine Worte für abstrakte Begriffe in ihrer Sprache besitzen und keinerlei Kult eines höheren Wesens ausüben? Denn Idolatrie, Opfer und Gebet sind durch ganz Australien unbekannt.

Die Frage nach der Religion der Australier ist deshalb sehr schwierig zu beantworten, weil sie nach verschiedenen Richtungen hin kompliziert ist. Zunächst verhalten sich die zahlreichen Stämme, die einen so ungeheuren Flächenraum bewohnen, verschieden. Nach dem Zeugnis zahlreicher Beobachter, die lange unter den Stämmen von New South Wales und Queensland gelebt haben, ist es sicher ausgemacht, daß bei den meisten derselben keine Spur eines Glaubens an wirklich höhere, übermenschliche Wesen aufzufinden ist. Wohl aber herrscht allgemein der Glaube an Gespenster, die Geister der Verstorbenen, denen keine rechte Bestattung zu teil geworden oder die durch Zauberer behext sind. Diese Erfahrung habe ich auch bei den Schwarzen gemacht, unter denen ich gelebt habe. Die Gespensterfurcht prägt sich besonders darin aus, daß nachts niemand gern den Platz beim Feuer verläßt, und nächtliche Jagden ganz ausgeschlossen sind. An den Glauben an Gespenster, die Geister der Abgeschiedenen, die nicht in der rechten Weise bestattet sind, knüpft sich ein ziemlich ausgebildetes, aber lokal sehr verschiedenes Bestattungsceremoniell. In Central-Queensland werden die Leichen gewöhnlich zunächst im Ganzen in hohlen Bäumen getrocknet, die Knochen später in der Erde oder in Baumhöhlungen begraben. Manche Stämme errichten besondere Holzgerüste, um die Leichen sicher vor Dingos und anderen Tieren zu trocknen. Zuweilen werden auch die Leichen durch Räucherung mumifiziert und eine Weile lang auf den Wanderungen des Stammes mit herumgeschleppt, ehe man sie begräbt. Beim Begraben werden Körper oder Knochen gewöhnlich mit Baumrinde umhüllt. In manchen Gegenden Südwestaustraliens werden die Toten verbrannt. An vielen Orten findet sich die Sitte, dass gewisse Teile der Verstorbenen von den Verwandten verzehrt werden, eine höchst widerwärtige Erscheinung, die sicher durch abergläubische Vorstellungen gezeitigt worden ist. Ebenso wie an Geisterspuk wird überall auch an Zauberei und Hexerei geglaubt. Krankheit und Tod sind nichts natürliches, sondern erscheinen hervorgebracht durch Zauberer fremder Stämme. Die Zauberer des eigenen Stammes vermögen dem entgegenzuwirken und betreiben die Heilkunst mit allerlei Hokuspokus.

Während, wie gesagt, bei den weitaus meisten Stämmen von Queensland und New South Wales von keinerlei Gottesglauben, höchstens von Dämonismus und lächerlicher Angst vor menschlichen Zauberern gesprochen werden kann, haben einige südliche und westliche Stämme, und zwar solche, die auch in ihrem übrigen Geistesleben weiter entwickelt sind, eine etwas höhere Stufe der religiösen Entwicklung erstiegen. Sie glauben an einen oder mehrere gute und böse Geister, denen besondere Namen beigelegt und besondere Eigenschaften und Attribute zugeschrieben werden. Damit verknüpfen sich naive kosmogonische Vorstellungen. Der betreffende Geist ist der Gründer des Stammes und wird gleichzeitig zum Schöpfer der ganzen Welt. Wahrscheinlich war es wirklich ursprünglich ein berühmter Krieger und Patriot, dessen Name durch Tradition erhalten, und dessen Geist allmählich nicht mehr als bloßes Gespenst, sondern als etwas mächtigeres und besseres angesehen wurde, ein Weg des Dämonismus zum Gottesglauben, der wohl in der Entwicklung vieler Völker zurückgelegt worden ist. Doch zeigt, wie ich noch einmal betone, nur ein Teil der australischen Völkerschaften diese höhere Stufe der Entwicklung, und auch bei diesen sind die religiösen Vorstellungen und Mythen noch ganz nebelhaft und verworren, und durchgehends weihen auch diese Stämme ihren Gottheiten, die sozusagen erst im Entstehen begriffen sind, keinerlei Kult. Die religiösen Vorstellungen der Australier machen keineswegs den Eindruck des »Herabgesunkenseins«, des »Verkommenseins«, wie man ganz willkürlich behauptet hat, sondern vielmehr des Primitiven, in den ersten Anfängen Begriffenen, das nur hie und da die ersten Spuren eines Aufschwunges über krassesten Aberglauben und Blödsinn nimmt. Ebenso unberechtigt erscheint es mir, von Anklängen an melanesisch-polynesische Traditionen zu sprechen, wenn man unter Anklängen direkte Zusammenhänge versteht. Anklänge zeigen die Religionen und Mythologien aller Naturvölker über die ganze Erde hin. Der menschliche Geist ist in Vergangenheit und Gegenwart hundertfach dieselben Wege gewandelt, sich seine Götter zu schaffen; er erhebt die großen Toten des Volkes zu Göttern und Schöpfern und personifiziert die Naturgewalten, die licht- und wärmespendende Sonne, das befruchtende, aber auch zerstörende Gewitter und vieles andere. Aus der Ähnlichkeit derartiger Vorstellungen darf man aber nur dann auf einen Zusammenhang schließen, wenn sich wirklich greifbare Anhaltspunkte ergeben, und besonders wenn sich in den Namen und Bezeichnungen eine etymologisch erkennbare Verwandtschaft nachweisen läßt. Sonst wird das Aufsuchen solcher Beziehungen zu bloßer Spielerei. Die Mythen der Australier lassen nicht einmal unter sich einen bestimmten Zusammenhang erkennen, geschweige denn mit denen der polynesischen und melanesischen Völker. Wenn Ratzel zum Beispiel sagt: »Nurrundere schuf die Fische im Teich von Tulurung durch Hineinwerfen von Steinen und zog die Felseninseln Witungenggui mit dem Netze aus dem Wasser; der Donner ist seine zornige Stimme, die aus dem Regenbogen schallt. In dieser Verbindung der Erde mit dem Himmel liegt entschieden polynesischer Anklang«, so könnte man mit genau demselben, ja noch besserem Rechte auf Zusammenhänge mit der nordisch germanischen Sage schließen, auf Tor, den Gott des rollenden Donners, den Miterbauer der Brücke Bifrost oder des Regenbogens, den wir oft mit den Riesen beim Fischen finden, und der die Midgardschlange an der Angel aus dem Meere zieht. Der menschliche Geist hat eben oft dieselben Blasen geworfen. Zusammenhänge bedürfen zu ihrer Begründung mehr als solcher Analogien.

Eigentlichen Mythen bin ich bei den Schwarzen am Burnett nicht begegnet, will aber nicht behaupten, daß sie gänzlich fehlen. Dagegen ist kein Mangel an Zaubermärchen. Frank liebte es sehr, mir diese einfachsten Erzeugnisse menschlicher Phantasie zu erzählen. Ein Schwarzer war sehr schlecht, da kamen die anderen und warfen alle ihre Speere in ihn hinein. Da wurde er zum »Cauara« (Ameisenigel, Echidna), und die Speere wurden zu Stacheln. — Ein Jüngling pflegte ohne Aufhören zu reden und zu schwatzen. Da sagte jemand zu ihm: »Du sollst immerfort schwatzen«. Da wurde er zum Frosche. Auch der »Gulla« (Phascolarctos) ist ein verzauberter Schwarzer, und ein ganz anmutiges Märchen erzählt von der Freundschaft eines Kindes mit einer »Wonge« (Giftschlange). Als die Eltern die Schlange töten, stirbt das Kind. Es gibt ein ganz ähnliches deutsches Märchen, und die Verwandlungen von Menschen in Tiere kommen bei allen Völkern vor.

Das ist die eigentliche Poesie der Australier. Denn der Text ihrer Gesänge ist in der Regel weniger poetisch, und beschränkt sich meist nur auf kurze Sätze und Aussprüche, die endlos wiederholt werden. Zuweilen stammen sie nebst den zugehörigen Melodien von entfernten Stämmen und sprechen dann einen den Sängern selbst unverständlichen Dialekt. Die Melodien erscheinen uns monoton und kindisch; keine ist darunter, die sich mit der oben mitgeteilten Weise des australischen Flötenvogels messen könnte. Gesang und Tanz wird mit Händeklatschen, taktförmigem Klopfen mit Stäben oder Keulen auf den Boden oder gegen die Schilde begleitet. Für den tiefen Kulturzustand der Australier ist es charakteristisch, daß trotz ihrer entschiedenen Vorliebe für Gesang und Tanz und trotz ihrer Gewohnheit, dieselben mit taktmäßigen Beigeräuschen zu begleiten, sich die Trommel, das primitivste aller Musikinstrumente, nur bei einigen Stämmen Westaustraliens findet, und hier in rohster Ausbildung. Die Regel ist gänzliche Abwesenheit aller Musikinstrumente; sie gilt für den ganzen Osten. Bambusflöten, die man im äußersten Norden bei Port Essington beobachtet hat, sind natürlich fremden Ursprungs.

Die sozialen Zustände unseres Naturvolkes zeigen sich tiefgreifend durch sein Nomaden- und Jägerleben beeinflusst. Kein Ackerbau fesselt an einen bestimmten Fleck des Landes; hat die Jagd den Wildreichtum einer gewissen Gegend erschöpft, so muss man weiter ziehen. So lebt man in improvisierten Rindenzelten, an anderen Orten in Lauben aus Buschwerk oder auch in Erdhöhlen. Dorf und Stadt kann sich nicht bilden, demzufolge auch kein Staat. Eigentum besitzt jeder nur so viel, als er und die Seinen auf den weiten Wanderungen mit sich schleppen können, und so einfach sind Waffen und Gebrauchsgegenstände, daß ein jeder sich leicht selbst herstellen kann, was er bedarf. Alles das besitzt keinen Wert, der fremde Habgier reizen, Vorkehrungen zum Schutze durch Zusammenschluß zu größeren Verbänden nötig machen könnte. Nur ihr weites Jagdrevier hütet jede Horde sorgfältig und duldet keine Übergriffe der Nachbarn. Wir finden aber, dass man durchgehends die Grenzen respektiert, daß niemand sich ohne Erlaubnis in die Jagdgründe fremder Stämme wagt, und daß Reibungen wegen Grenzüberschreitungen sehr selten sind. Die eigenen Gebiete sind ja aber auch schon für sich so groß, und seit undenklichen Zeiten scheint man es gelernt zu haben, Übervölkerung infolge zu starker Fruchtbarkeit der Horde durch eine Reihe künstlicher Mittel zu verhindern.

Der Besitz ist es, der in erster Linie den einen Menschen vom anderen abhängig macht, er ist die Hauptquelle der Macht, das Hauptmittel der Unterdrückung. Die besitzlosen Horden Australiens sind gänzlich frei und autonom. Nichts kann sie reizen, fremde Horden zu unterwerfen, nichts haben sie selbst, was die Eroberungsgelüste anderer anlocken könnte. So hören wir denn auch nirgends von Kämpfen um die eigentliche Herrschaft. Weiberraub, gelegentliche Morde, in seltenen Fällen nur Grenzstreitigkeiten geben Anlaß zu meist ziemlich harmlosen Gefechten. Wenn wir überall finden, daß die Horden in gänzlicher Unabhängigkeit von den Nachbarhorden leben, so begegnet uns ebenso in der Horde selbst das Prinzip allgemeiner Gleichheit, das seine Wurzeln vor allem darin hat, daß ein Unterschied von arm und reich nicht existiert. Es herrscht kurz gesagt in den meisten Beziehungen in der Horde Kommunismus. Die individuelle Freiheit wird beschränkt durch gewisse strenge Satzungen und Gebräuche, die sich in langen Zeiträumen entwickelt haben. Aber diesen Satzungen ist jeder gleichmäßig unterworfen; gewähren sie auch den Alten eine Reihe von Privilegien, so hat doch jeder ein Anrecht auf ihren Genuß, wenn er ein gewisses Alter erreicht.

Die Alten üben bei den meisten Stämmen eine gewisse Autorität aus, aber diese beschränkt sich auf ganz bestimmte Fragen, die besonders die Einweihung der herangewachsenen Jünglinge und Jungfrauen betreffen. Sonst ist jedes erwachsene männliche Mitglied in seinem Tun und Lassen frei und niemals der gehorsame Diener eines anderen. Die meisten Horden erwählen sich eine Art Oberhaupt, einen hervorragenden Krieger, Jäger oder Zauberer, dessen Rat besonderes Gewicht hat, und der bei gemeinsamen Unternehmungen als Leiter auftritt. Im übrigen ist seine Macht eine sehr beschränkte; wenn man ihm gehorcht, geschieht dies freiwillig und nicht durch Zwang; er kann weder der Gemeinschaft Gesetze, noch dem Einzelnen Vorschriften machen. Nur ganz ausnahmsweise ist man unter den Stämmen Australiens einem wirklich einflussreichen und mächtigen Häuptlin begegnet, so dem berühmten Jalina Piramurana bei den Dieri in Südaustralien (Barcoo River), der es durch Tapferkeit, Klugheit und Beredsamkeit dahin gebracht hatte, daß im Umkreise von zwanzig deutschen Meilen sein Einfluß ein maßgebender war. Das ist ein Fall, der einzig in seiner Art dasteht. Aber auch in diesem und anderen Fällen, in denen ein Einzelner größeren Einfluß unter seinen Genossen erwarb, knüpft sich die Macht streng an seine Person, und vererbt sich nicht auf seine Nachkommen oder seine übrige Familie. Seine Kinder sind um nichts besser, als die andern Mitglieder der Horde.

In politischer Beziehung ist die Horde als eigentliche Einheit aufzufassen, ein kleiner lokaler Verband von gewöhnlich 40 bis 60 Personen, Bewohner eines gemeinsamen Jagd- und Wandergebiets, das sie als ihr Eigentum betrachten, und dessen Betreten keinem andern Schwarzen ohne Erlaubnis freisteht. Gleichzeitig steht jedoch die Horde in gewissen nahen Beziehungen zu den benachbarten Horden, die dieselbe oder eine ähnliche Sprache reden und dieselben Satzungen und Gebräuche anerkennen. Diese Beziehungen sind weniger politischer als verwandtschaftlicher Natur.

In den letzten Jahrzehnten hat man den Verwandtschaftsorganisationen der Australier große Aufmerksamkeit zugewendet, und durch die Beobachtungen und eingehenden Studien, besonders der Missionäre, eine ungeheure Menge von Tatsachen aufgehäuft, die einen hinreichenden Einblick in die Organisationen zahlreicher australischer Stämme gestatten. Der Gegenstand ist aber so verwickelt, daß eine klare Darlegung auch nur der Grundprinzipien mehrere Bogen umfassen würde, selbst wenn man alles nebensächliche Detail beiseite läßt. Ich will daher diesen Fragen, die deshalb von höchstem ethnographischem Interesse sind, weil sie sich mit dem Urzustande der menschlichen Familien- und Gesellschaftsorganisation beschäftigen, nur wenige Worte widmen.

Nehmen wir als Urzustand bei den Australiern einen solchen an, in welchem die Horde nicht nur politisch autonom war, sondern sich auch in Bezug auf Verheiratung seiner Mitglieder von den Nachbarhorden gänzlich unabhängig stellte, also nur unter sich heiratete, streng endogam war, so scheint ein solches primitives Verhältnis sich nirgends in Australien erhalten zu haben. Da die Horden aus national-ökonomischen Gründen klein sind und klein bleiben müssen, würde unter solchen Umständen eine sehr enge Inzucht, beständige Geschwister- und Vetternehen die notwendige Folge sein. An der Schädlichkeit einer lange fortgesetzten engen Inzucht und der Nützlichkeit gelegentlicher Kreuzung kann nach den experimentellen Untersuchungen Darwins an Pflanzen und nach den übereinstimmenden Erfahrungen der Tier- und Pflanzenzüchter nicht gezweifelt werden[1]. Die Australier selbst sind zu gute Beobachter, als daß ihnen der schlechte Einfluß dauernd fortgesetzter naher Verwandtenehen hätte verborgen bleiben können. Eine Überlieferung des Dieristammes in Südaustralien beweist das deutlich, die besagt, daß anfangs Väter, Mütter, Brüder, Schwestern und andere nahe Verwandte unterschiedslos untereinander heirateten, bis die schlimmen Wirkungen solcher Verbindungen deutlich hervortraten. Ein Verbot der Verheiratung von Personen verschiedener Altersschicht, der Eltern mit den Kindern, der Onkel und Tanten mit Neffen und Nichten, das wir bei allen australischen Stämmen durchgeführt finden, konnte keine radikale Besserung bringen. Es mußten auch Geschwisterehen, die von allen Züchtern als besonders schädlich angesehen werden, und Ehen zwischen Geschwisterkindern verboten werden, und da durch diese Beschränkungen in vielen Horden die Möglichkeit endogamer Verheiratung zeitweilig ganz aufhörte, war die Folge, daß die benachbarten Horden zu Heiratszwecken in Wechselbeziehung traten, die heiratsfähigen Mädchen austauschten. Da das Übel sich aber nicht beseitigen ließ, wenn zwei oder drei kleine Horden diese Wechselbeziehung eingingen, mußte der Kreis erweitert werden, und über weite Gebiete hin traten die Horden in Heiratsbeziehungen zu einander und bilden einen Stamm, den mehr ein verwandtschaftliches als politisches Band zusammenhält.

Den einfachsten Verhältnissen begegnen wir da, wo neben dem Verbot der Heirat von verschiedenen Altersschichten untereinander noch das zweite Verbot besteht, ein Weib zu nehmen, das näher als im fünften Grade mit dem Manne verwandt ist. Verwandten, deren Urgroßväter und Urgroßmütter leibliche Geschwister waren, ist damit die eheliche Verbindung unmöglich gemacht. So beschaffen sind die

1 Eine ausgezeichnete Diskussion dieser Frage findet man bei Darwin: »Das Variieren der Tiere und Pflanzen im Zustande der Domestikation« im 17. Kapitel.

Heiratssatzungen des Kurnaistammes in Gipsland (Ost-Victoria) und ihrer mehr östlich wohnenden Stammverwandten, der Gurnditschmara am Lake Condah. Bei den letzteren reicht das Verbot der Verwandtenehe nicht so weit, als bei den Kurnai. Durch diese einfachen und durchsichtigen Bestimmungen ist alles erreicht, was durch Heiratsvorschriften vernünftigerweise überhaupt erstrebt werden kann: der gänzliche Ausschluß naher Inzucht ohne jede sonstige unnütze Beschränkung.

Trotz dieser augenscheinlichen Vorzüge befolgen weitaus die meisten australischen Stämme, ja die meisten Völker der Erde, die der Gefahr häufiger enger Inzuchtheiraten ausgesetzt sind und derselben begegnen wollen, andere Systeme, die, obwohl in ihrer Wirksamkeit komplizierter und schwerer zu durchschauen, doch praktisch leichter zu handhaben sind.

Man bedenke nämlich, welche genaue Kenntnis der Stammbäume jedes einzelnen Hordenmitgliedes erforderlich ist, wie überhaupt alle genealogischen Details des ganzen Stammes auf Generationen zurück bekannt sein müssen, wenn ein Jüngling, der sich mit einem Mädchen aus einer entfernt wohnenden Horde verbinden soll, herausfinden will, ob nicht vielleicht einer seiner Urgroßeltern mit einem der Urgroßeltern seiner Erwählten verschwistert war. Bei Menschen, die keine Schriftsprache besitzen, dürfte eine solche Feststellung häufig unausführbar sein, und ich zweifle, ob es selbst den Kurnai trotz ihrer geographischen Abgeschiedenheit, trotz der durch viele Generationen fortgesetzten Übung, und trotz einer reich entwickelten Verwandtschaftsnomenklatur immer gelungen sein wird, ihre eigenen Satzungen durchzuführen.

Ein ungemein einfaches und leicht zu handhabendes Heiratssystem haben die Narinyeri in Südaustralien an der Murraymündung. Die Stammvereinigung umfaßt achtzehn Horden, die völlig autonom sind. Es ist nun streng verboten, in die Horde des Vaters (also in die eigene Horde) oder in die Horde der Mutter hineinzuheiraten. Durch diese einfache und leicht ausführbare Bestimmung werden alle Geschwisterehen unmöglich gemacht, Vetternehen werden aber nur zwischen Kindern von Brüdern, und von Bruder und Schwester, nicht aber zwischen Kindern von zwei Schwestern verhindert, falls letztere nicht zufällig in dieselbe Horde hineingeheiratet haben.

Bei den Narinyeri kommt zum Begriff des lokalen Verbandes oder der Horde noch etwas neues hinzu, das Erkennungszeichen oder Hordenmerkmal, ein Pflanzen- oder Tiername, der an Stelle der lokalen Bezeichnung der Horde tritt. In Australien sind diese Merkmale oder Totems durchweg nur Namen. Eine Verehrung, ein

Kultus wird dem Totemtier oder der Totempflanze nirgends erwiesen. Die Narinyeri jagen und essen ihre Totemtiere, nur wird darauf geachtet, daß die Überbleibsel nicht Zauberern in die Hände fallen. Andere Stämme vermeiden es, wo es angeht, ihre Totemtiere zu töten, verzehren sie nie und geben ihnen auf der Jagd möglichste Chance des Entkommens. Das ist aber auch die höchste Rücksicht, die sie ihnen angedeihen lassen. Bei den Narinyeri hatte ursprünglich jede Horde ein einziges, ihr eigentümliches Totem, was sich neuerdings durch Zusammenschmelzen der Horden und Vereinigung mehrerer verschiedener zu einer Sammelhorde geändert hat. Die Kinder gehören wie überall in Australien zur Horde des Vaters. Da aber auf dieser Entwicklungsstufe der Totemname nichts anderes ist als ein Name für die Horde, gehören die Kinder naturgemäß auch dem Totem des Vaters an. Es herrscht, wie übrigens auch bei den Kurnai, in jeder Beziehung Vaterrecht.

Ähnliche Einrichtungen finden wir bei den Turra, den westlichen Nachbarn der Narinyeri. Nur zeigen dieselben insofern höhere Ausbildung, als die Horden in zwei Hauptgruppen geteilt sind. Verheiratung innerhalb jeder Gruppe ist verboten: die Männer der einen Gruppe müssen stets ihre Frauen in der andern Gruppe suchen. Nicht nur die Horde, sondern die ganze Gruppe ist streng exogam.

Bei den Stämmen, zu denen wir uns jetzt wenden wollen, finden wir einen höchst bemerkenswerten Unterschied gegen die bisher beschriebenen Einrichtungen. Auch sie bestehen aus einer Anzahl politisch völlig autonomer Horden und auch bei ihnen gehören die Kinder zur Horde des Vaters. Das Totem aber vererbt sich von der Mutter auf die Kinder, es ist Geschlechtsname, nicht Hordenname, den die Mutter auf die Nachkommenschaft überträgt, ähnlich wie bei uns der Vater den Vatersnamen. Mit den Frauen, die durch Heirat aus verschiedenen Horden in einer Horde zusammengeführt werden, gelangen auch ihre Totems dorthin. In jeder Horde finden sich Mitglieder aller oder der meisten Totems des Stammes.

Man sagt, in solchen Stämmen herrsche Mutterrecht. Das ist nicht ganz richtig, denn vom Vater vererbt sich die Zugehörigkeit zur Horde, und damit auch der Hauptbesitztitel, den der Schwarze zu eigen hat; ein Anrecht auf ein gewisses Jagdgebiet. Von der Mutter vererbt sich nur Geschlechtsname oder Totem, und damit gewisse Rechte und Pflichten bei der Verheiratung, Blutrache und Totenfeier.

Die Heiratssatzungen suchen dann Verwandtenehen nicht mehr durch unmittelbare Verbote oder durch Ausschluß der väterlichen und mütterlichen Horde bei der Weiberwahl zu verhindern, sondern sie regeln in erster Linie die Verbindung der Gentes oder Totems. Es ist verpönt, aus der eigenen Gens sein Weib zu wählen. Dadurch werden Geschwisterehen ebenso sicher ausgeschlossen, als durch Verbot der Heirat in die Horde des Vaters oder der Mutter. Auch die Vetternehe wird beschränkt, doch nicht radikal beseitigt. Denn zwar die Heirat mit den Nachkommen der Schwester der Mutter wird unmöglich gemacht, nicht aber mit denen ihres Bruders, weil dessen Kinder ja ihr Totem von der, einer andern Gens angehörigen Gattin des Mutterbruders erhalten. Manche Stämme, so die Dieri, haben übrigens noch spezielle Gesetze, die solche Ehen verbieten. Ferner gelten eine Anzahl Gentes oder Totems für nahe mit einander verwandt und dürfen nicht unter einander heiraten. Meistens werden die gesamten Gentes eines Stammes in mehrere Gruppen, von den Ethnographen Phratrien genannt, zusammengefaßt. Mitglieder der einen Phratrie müssen sämtlich aus den Gentes der anderen Phratrien ihre Weiber holen.

Durch diese Gentilorganisation der Horden wird enge Inzucht in völlig ausreichender Weise verhindert. Das System ist aber viel leichter zu handhaben als das der Kurnai, da es fast von selbst ohne schwierige Studien des Stammbaums arbeitet. Vor dem System der Narinyeri und Turra, das einfach die Heirat in die Horde des Vaters und der Mutter verbietet, hat es den außerordentlichen Vorzug, daß es viel weniger Ehen zwischen Personen verhindert, die gar nicht mit einander verwandt sind. In der streng exogamen Narinyerihorde werden häufig die Mitglieder nur ganz entfernt oder gar nicht mit einander verwandt sein. Die Satzung verbietet aber auch die Verbindung zwischen diesen, ein unbeabsichtigtes und schädliches Resultat. Die Stämme mit Gentilorganisation sind dagegen nicht mehr so streng exogam, indem sie die Heirat gewisser Gentes innerhalb der Horde gestatten.

Den höchsten Grad der Komplikation erreicht die Verwandtschaftsorganisation bei den Stämmen in Mittel- und Nord-New-South-Wales und Süd- und Mittel-Queensland, also auch bei meinen Schwarzen am Burnett. Neben der Gentilorganisation, die genau der schon beschriebenen gleicht, läuft parallel noch ein zweites, scheinbar sehr verwickeltes System mit einer besonderen, schwerfälligen Nomenklatur. Dieser zweite Apparat hat keinen andern Zweck und keine andre Wirkung als diese. Bezeichnen wir von zwei Gentes, deren Mitglieder sich ungehindert mit einander vermischen dürfen, die vier aufeinanderfolgenden Generationen der Großeltern, Eltern, Kinder und Enkel mit den Buchstaben A, B, C, D, so darf sich wohl die

Generation A mit A verheiraten, B mit B, C mit C, D mit D, aber nicht A mit B, B mit C oder C mit D. Meine Söhne dürfen wohl die Töchter einer gewissen Frau heiraten, aber nicht die Schwestern, oder umgekehrt, wenn sie die Schwestern heiraten dürfen, ist ihnen die Verbindung mit den Töchtern verboten, selbst wenn die Altersverhältnisse gut zusammenpassen. Diese seltsame Bestimmung verfolgt wohl hauptsächlich den Zweck, durch weitere Erschwerung der Heiratsbedingungen die Männer zu zwingen, nicht nur bei den benachbarten, sondern auch bei den entfernteren Horden des Stammes nach Genossinnen zu suchen, und so eine weitgehende Mischung und Durcheinanderschüttlung der Mitglieder des Stammes bei der Verheiratung zu erzielen.

Hervorgegangen ist diese Heiratsklasseneinteilung wahrscheinlich aus der überall bestehenden Einteilung in Altersklassen. Jede Horde besteht aus drei Altersklassen: den Unerwachsenen, Erwachsenen und den Alten. Ein ausgebildetes Ceremoniell begleitet den Übertritt von der einen in die andre Altersschicht. Besonders die Einweihung der herangewachsenen Jünglinge, ihre Mannbarerklärung ist bei fast allen Stämmen eine Haupt- und Staatsaktion. Die Einzuweihenden werden allerlei Prüfungen, ja Martern unterworfen. Bei einigen Stämmen erfolgt zu dieser Zeit Circumcision, bei anderen Tätowierung durch mächtige Strichnarben, wieder andere brechen dem jungen Manne einen oder zwei Vorderzähne aus. Dazu allerlei Mummenschanz, Berieselung mit Blut und sonstiges Ceremoniell, das die Weiber und Kinder nicht mit ansehen dürfen, zum Schluß meist ein nächtliches Tanzfest, eine sogenannte Corrobori, auf dem die Männer, mit Federn geputzt, die Haut mit Farben beschmiert und bemalt, groteske Tänze aufführen, die von den Weibern mit einförmigen Gesängen, taktmäßigem Klopfen und Händeklatschen begleitet werden. Zuweilen nimmt auch eins der Weiber an dem Tanze teil, eine besondere Ehre für sie. Weniger Umstände werden bei den meisten Stämmen mit der Einweihung der Mädchen gemacht, doch ist auch sie fast immer mit einer gewissen Feierlichkeit verbunden.

Jüngling und Mädchen sind nun mannbar erklärt und dürfen heiraten. Das Weib wird nicht gefragt, sondern von ihrem Vater oder ihren Brüdern vergeben, meist gegen ein Mädchen aus anderer Horde oder anderer Gens ausgetauscht. Bei der Eheschließung werden die in dem Stamme geltenden Satzungen auf das peinlichste beobachtet. Jeder Verstoß dagegen wird als das größte Verbrechen betrachtet und schonungslos an Mann und Weib geahndet.

Bei den meisten Stämmen herrscht faktisch Monogamie vor, und zwar deshalb, weil es bei der geringen Bevölkerungszahl und den erschwerenden Heiratsbestimmungen schon schwer ist, eine einzige passende Genossin zu finden. Da es keine reichen Männer gibt, können diese nicht durch Kauf einen Harem an sich bringen. Wohl aber hat ein kinderreicher Vater, ein schwesternreicher Bruder Gelegenheit dazu, sich mehrere Genossinnen einzutauschen, da ein Verbot der Vielweiberei nirgends existiert. Eine häufige Erscheinung kann sie aber aus den angedeuteten Gründen nicht werden.

Das Weib ist die Sklavin, das Lasttier des Mannes, sie ist von allen Rechten ausgeschlossen und der schrankenlosen Willkür ihres Gebieters preisgegeben. Eifersüchtig wird sie von ihm bewacht, grausam geschlagen, oft verstümmelt, wenn sie ihm Anlaß zu Mißtrauen gibt oder seinen Jähzorn erregt. Natürlich sind auch unter den australischen Wilden die Temperamente und Charaktere verschieden. Johnny behandelte seine Frau zuweilen recht grausam; der alte Jimmy lebte mit seiner Ada in sehr harmonischer Ehe.

Trotz der Eifersucht, mit der der Australier die eheliche Treue seines Weibes bewacht, herrscht bei manchen Stämmen die Sitte, daß die Brüder eines Mannes in einer Art Mitehe mit der Schwägerin leben und dafür, wenn selbst verheiratet, dem Bruder dasselbe Vorrecht bei ihrem Weibe einräumen. Ja, bei dem schon mehrfach erwähnten Dieri-Stamm leben ganze Gruppen von Personen in einem Eheverhältnis, das man Piräuru-Ehe nennt. Jeder Ehemann überläßt unter Umständen seine eigentliche Frau oder Noa an seine Mitehemänner und hat ein gleiches Anrecht an deren Noas, die er ebenso wie ihre Männer als seine Piräuru bezeichnet.

Man hat die Behauptung aufgestellt, daß derartige Gruppenehen aus der sogenannten Blutsverwandtschaftsehe (Wechselheirat der Brüder und Schwestern) hervorgegangen seien, und versucht, aus der Gruppenehe, die auch auf Hawai gefunden und dort Punalua-Ehe genannt wird, das ganze Verwandtschaftssystem der Australier und zahlreicher anderer Völker abzuleiten. Als Hauptargument für die Auffassung führte man an, daß die Australier, viele Indianerstämme, Amazulukaffern, Dravidas und andere primitive Völker nicht nur ihre wirklichen Eltern und Geschwister mit Vater, Mutter, Bruder und Schwester anreden, sondern noch zahlreiche andere Personen ihrer entfernteren Verwandtschaft in einer manchmal höchst verblüffenden und in ihrer Gesetzmäßigkeit noch nicht hinreichend aufgeklärten Weise. Zuweilen werden diese Bezeichnungen für ganze Altersklassen einer Phratrie gebraucht. Ebenso steht es mit der Bezeichnung von Gatte, Eheweib, Kind und Enkel. Solche Gruppenbezeichnungen für nahe

Verwandschaftsgrade sollten sich aus Gruppenehen erklären. Sie tun es aber keineswegs, wie neuerdings von Heinrich Cunow in überzeugender Weise gegen Lewis H. Morgan nachgewiesen worden ist. Bei einer vergleichenden Betrachtung dieser Nomenklaturen bei denjenigen Urvölkern, die von Morgan zum Beweise seiner Behauptungen herangezogen worden sind, ergibt sich die Tatsache, daß sie sich unmöglich durch die Annahme erklären lassen, daß dort überall ursprünglich Gruppenehe geherrscht habe, und daß man infolgedessen über Vaterschaft und Geschwisterschaft im Unklaren sein mußte. Über die Mutterschaft war man doch nie im Zweifel, und dennoch wird der Muttername in solchen Nomenklaturen ebenso generell gebraucht, wie die andern. Ebensowenig läßt sich die Gens als eine Umbildung der Piräuru- (beziehentlich Punalua-) Gruppe auffassen, und ebensowenig sind die neben der Gentilorganisation existierenden Heiratsklassen der Bewohner von New-South-Wales und Queensland aus einer früher existierenden Gruppenehe hervorgegangen. Die Gruppenehe ist eine Einrichtung, die sich zudem auch nicht bei den am tiefsten stehenden australischen Stämmen findet, sondern bei dem relativ hoch entwickelten Dieri-Stamm. Auch sonst ist sie in ihrem Auftreten auf der Erde keineswegs an die am tiefsten stehenden Rassen geknüpft, sondern findet sich außer auf Hawai auch bei den auf verhältnismäßig hoher Entwicklungsstufe stehenden Tahitiern, den Nairen an der Malabarküste, den Todas in den Neilgherris und bei gewissen Singhalesen.

Ebensowenig kann man Morgan folgen, wenn er »die Blutsverwandtschaftsfamilie« als die Vorstufe der Gruppenehe und die ursprünglichste Form der Ehegemeinschaft des Menschengeschlechts ansieht Als eine durch längere Zeiträume ausschließlich oder doch mit Vorliebe geübte und gewohnheitsmäßig fixierte Einrichtung kann die Geschwisterheirat schon deshalb nicht existiert haben, weil sie wohl mit Sicherheit zur Degeneration und damit zur Vernichtung der Art führt. Dies ist für Pflanzen und Tiere durch Experiment und die Erfahrungen der Züchter, für den Menschen selbst aber dadurch bewiesen, daß alle Völker der Erde solche Verbindungen durch Gesetz oder Brauch verhindern. Das ist durchweg und überall die Regel, und seltene Ausnahme ist es, wenn die Geschwisterehe hie und da einmal toleriert wird (Weddas??), oder in Fürsten- und Häuptlingsfamilien — wohl meist aus politischen Gründen — eingeführt wurde. Die allgemeine Abneigung gegen solche Ehen stammt nicht aus einem angeborenen Widerwillen, auch nicht aus der Unlust von Personen, die mit einander aufgewachsen waren, sich ehelich zu vereinigen, sondern aus der von scharf beobachtenden Naturvölkern immer wieder gemachten Erfahrung, daß die Sprößlinge häufig wiederholter Incestheiraten den Nachkommen aus Kreuzungsehen in keiner Weise ebenbürtig sind. Gebrauch und Satzung der Völker ist nichts als ein Niederschlag dieser Erkenntnis.

Wie wir sahen, ist die Mannbarerklärung mit den begleitenden Zeremonien, die Gewinnung eines, seltener mehrerer Weiber das Hauptbegebnis im Leben des australischen Mannes, zugleich dasjenige, das am meisten durch Satzungen und Gebräuche vorgezeichnet und reglementiert ist. Ein weiteres wichtiges Begebnis für beide Geschlechter ist das Aufrücken aus der Klasse der jungen Erwachsenen in die Klasse der Alten. Es geschieht das gewöhnlich dann, wenn das älteste Kind des Paares mannbar geworden ist. Während den Kindern der Genuß einer sehr großen Anzahl von Speisen untersagt ist, erweitert sich der Kreis der erlaubten Speisen für die Erwachsenen, und für die Alten herrscht fast unbegrenzte Freiheit. Das ist eine schlaue Erfindung der Alten, sich den Löwenanteil bei der Verteilung der Jagdbeute zu sichern, ohne sich den gehässigen Vorwurf der Ungerechtigkeit zuzuziehen. Denn die Jüngeren glauben selbst, daß ihnen die verbotenen Speisen schädlich seien. Jene Speiseverbote sind übrigens wohl nicht das Erzeugnis eines überlegten Planes der Alten, sondern mehr das durch Aberglauben bewirkte Festhalten an ehemaligen patriarchalischen Gewohnheiten.

Ein unbedingtes Erfordernis für das friedliche Nebeneinanderleben der Horden eines Stammes ist die Stabilität der Bevölkerungsziffern. Ein Anwachsen der Horden würde es jeder einzelnen unmöglich machen, sich innerhalb der überkommenen Grenzen von den Erträgen der Jagd, des Fischfangs und den Produkten der wildwachsenden Pflanzen zu ernähren. Das Land ist bei derartiger Ausnutzung nur im stande, eine sehr dünne Bevölkerung zu erhalten, und wir können es geradezu als Anpassung bezeichnen, wenn wir sehen, daß die Australier durch eine Anzahl von künstlichen Mitteln das Anwachsen der Horden zu verhindern, die Bevölkerung stabil zu erhalten wissen. Bei einigen Stämmen geschieht das durch Töten oder Aussetzen einer gewissen Anzahl von Neugeborenen. Andere pflegen einen Teil der Jünglinge, wenn sie herangewachsen sind und vor dem Eintritt in die Klasse der Erwachsenen stehen, zu kastrieren oder durch Längsspaltung der Harnröhre (Hypospadie) der Zeugungsfähigkeit zu berauben. Der betreffende Jüngling wird auf Verabredung der Alten vom Camp weggelockt, niedergeworfen und verstümmelt. Die Operation wird mit einem scharfen Steinmesser vorgenommen. Den

Schluß der Wunde bei der Hypospadie verhindert man durch Auseinanderhalten der Wundränder mittelst Einlegen von Bast. Bei andern Stämmen ist es Sitte, daß jeder einzelne Mann nach der Geburt des zweiten oder dritten Kindes sich dieser Operation unterwirft.

In gewissen längeren Zeiträumen, einmal im Laufe von einem oder mehreren Jahren pflegen sich bei den meisten Stämmen die Horden zu einer allgemeinen Versammlung, einer großen Corrobori zu vereinigen. Eine solche fand während meiner Anwesenheit im Dezember 1891 bei Dykehead statt. Da ich gerade um diese Zeit Differenzen mit meinen Schwarzen gehabt hatte und von ihnen verlassen worden war, erfuhr ich nichts von der Sache und versäumte leider, diesem interessanten und lehrreichen Schauspiel beizuwohnen.

Auf solchen großen Corroboris werden Ehen geschlossen, Weiber getauscht, Feste durch nächtliche Tänze gefeiert; hie und da kommt es vor, daß dann zeitweilig Zügellosigkeit herrscht. Nicht immer geht es friedlich her. Es ist Gebrauch, bei dieser Gelegenheit Streitigkeiten zum Austrag zu bringen. Manchmal geschieht das auf gütlichem Wege, aber auch die Blutrache sucht und findet hier ihre Opfer. und nicht selten stehen sich die Horden desselben Stammes auf einer Corrobori im Kampfe gegenüber.

Das Bild, das ich mit flüchtigen Strichen von den Australiern in körperlicher und geistiger Beziehung zu entwerfen versucht habe, zeigt uns eine einheitliche, verhältnismäßig nur wenige Variationen bildende Rasse. Dieselbe gehört in jeder Beziehung zu den tieferstehenden der Erde.

Noch tiefer aber als die Australier stehen in körperlicher wie geistiger Hinsicht die Weddas von Ceylon, da wo sie von der Kultur noch nicht beeinflußt sind, und wohl auch einige mit den Weddas verwandte Stämme (Juangs, Kurumbas etc.) Südindiens, die in dem indischen Epos Ramayana summarisch als Affen bezeichnet werden. Das sind sie natürlich ebensowenig als die Australier. Sie leben aber doch in einem primitiveren Urzustand als die letzteren. Zwar besitzen sie Pfeil und Bogen, aber schwerlich ist das ihre eigene Erfindung. Sie scheinen es nicht einmal so weit gebracht zu haben, schneidende Steinwerkzeuge herzustellen, denn früher gebrauchten sie scharfkantige Muschelschalen zum Schneiden und als Pfeilspitzen. Heute liefert ihnen der tamilische Schmied diese Werkzeuge aus Eisen. Vielfach findet man sie ohne jede Spur von Schmuck und ohne jede, auch die roheste Tätowierung. Zeremonien beim Eingehen der Ehe fehlen oder sind einfachster Art. Eine Bestattung der Toten findet nicht statt oder beschränkt sich auf oberflächliche Bedeckung mit Laub oder Erde. Die Naturweddas glauben weder an gute noch böse Geister und nur ganz vereinzelt und unbestimmt begegnet man einer Vorstellung vom Fortleben der Seele nach dem Tode. In ihren Tänzen drückt sich eine gewisse Art von Pfeilverehrung aus, und Zaubersprüche werden gemurmelt, wenn sie gefährlichen Tieren im Walde begegnen. Zahlworte über eins hinaus fehlen ganz, und auch jede Fähigkeit mittelst der Finger zu zählen.

Diese Züge stellen die Weddas entschieden unter die Australier, während im übrigen zwischen den beiden tiefstehenden Rassen manche Parallelen existieren. Das Ehesystem der Weddas ist noch nicht hinreichend aufgeklärt, die Ehe streng monogam, die Behandlung der Frau besser als bei den Australiern. Eifersüchtig wird die eheliche Treue bewacht. Der Nahrungserwerb ist dem der Australier sehr ähnlich, die Familien scheinen mehr gesondert zu leben, sind aber zu Horden (Clans) und Stämmen (Groß-Clans, 9 an der Zahl) zusammengeschlossen. Die neun Stämme stehen unter sich in keinem Heiratsverhältnis. Eigentliche Häuptlinge gibt es nicht in den Kleinclans und Großclans, wohl aber Personen, die Fremden gegenüber als Sprecher auftreten und eine gewisse Autorität ausüben. Regelmäßige Stammesversammlungen wie die großen Corroboris der Australier finden nicht statt, doch scheinen bei außerordentlichen Gelegenheiten Zusammenkünfte und Beratungen abgehalten zu werden.

Die Jagdnomaden Zentralafrikas wie die Akkas und andere Zwergvölker in den Waldgebieten bieten ein weiteres Beispiel einer sehr tiefstehenden Menschenrasse. Über ihre intellektuelle Begabung und ihre sozialen Einrichtungen wissen wir bisher nur wenig. Sie scheinen aber in jeder Beziehung höher zu stehen als die Weddas, und eher höher wie tiefer, als die Australier. Dasselbe gilt in noch höherem Maße für die wahrscheinlich mit den zentralafrikanischen Zwergstämmen verwandten Jagdnomaden Südafrikas, die Buschmänner. Die Kulturstufe der Feuerländer dürfte sich alles in allem nicht über die der Australier erheben, ist aber auch sicherlich keine tiefere, wie aus neueren Forschungen über diese früher etwas unterschätzte Rasse hervorgeht. Die Naturvölker Südamerikas, über die von den Steinen berichtet, und die Eskimos stellen viel höhere Entwicklungsstufen dar.

Hie und da findet man die Ansicht vertreten, die Australier seien eine degenerierte Rasse. Ihre Vorfahren hätten eine viel höhere Kultur besessen, und diese sei, vielleicht durch die Einwanderung nach Australien, das durch sein trockenes Klima dem Feldbau besondere Schwierigkeiten in den Weg legte, zu Grunde gegangen. Diese Behauptung läßt sich durch keine positiven Gründe stützen, kein Anzeichen spricht für sie. Nichts im Leben, in der Sprache, in der Tradition der Australier, kein Denkmal ihrer Tätigkeit im Lande[1]) deutet auf das ehemalige Vorhandensein einer höheren, im Lauf der Zeiten untergegangenen Kultur. Das Klima Australiens eignet sich an den Küsten fast überall ganz vorzüglich zur Anpflanzung zahlreicher Kulturgewächse, wovon jeder, der jene Gegenden besucht, sich überzeugen kann. Es ist nicht der Schatten eines Grundes dafür vorhanden, daß die Enkel die Anpflanzung solcher Pflanzen wie der Yamswurzel aufgegeben oder unterlassen haben sollten, wenn ihre Vorväter davon eine Ahnung gehabt hätten. Und diese Pflanzen boten sich auch dem schiffbrüchigen Einwanderer dar, der keine Sämereien oder Schößlinge mitbrachte, denn eine Art von Yams kommt in Australien überall wild vor und wird eifrig von den Weibern der Eingeborenen gesammelt. Sonst verwerten die Australier ja noch viele einheimische Pflanzen, und doch ist, wie schon erwähnt, auf dem ganzen Erdteil nur einmal an einem einzigen kleinen Fleck an der Westküste eine Art Pflanzung (einer Dioscorea-Art) beobachtet worden.

Wir haben also unbedenklich anzunehmen, daß die Vorfahren der Australier bei ihrer Einwanderung in den Kontinent auf keiner höheren, vielleicht auf einer tieferen Kulturstufe standen als ihre heute lebenden Nachkommen. Es ist, wie oben auf Seite 196 ausgeführt worden ist, sehr wahrscheinlich, daß sie bei ihrer Einwanderung ihr einziges Haustier, den Dingohund, mitgebracht haben, weil ein selbständiges Durchbrechen der ozeanischen Isolationssphäre, die Australien schon seit so langer Zeit von den anderen zoogeographischen Regionen trennt, durch einen Placentalier nicht angenommen werden kann, dem weder ein besonderes Schwimm- noch ein Flugvermögen zu Gebote stand, der zu groß war, um durch Treibholz oder andere zufällige Transportmittel verschleppt zu werden, wie eine Maus, und nicht klug genug, um Flöße, oder Canoes zu bauen, wie der Mensch.

Von wo und auf welchem Wege die Einwanderung erfolgte, ist sehr schwierig festzustellen. Auf dem ganzen Erdenrund lebt keine Rasse, die nahe mit den Australiern verwandt wäre. Die nächsten

1) Gewisse Malereien in den Höhlen am Glenelg River in Nordwest-Australien, deren Verfertiger auf einer höheren Kulturstufe gestanden haben müssen als die heutigen Australier, sind offenbar das Werk schiffbrüchiger Europäer, wie aus der Gesichts- und Schädelbildung der Figuren und ihrer Bekleidung mit langen Gewändern, Hüten und Schuhen hervorgeht.

Nachbarn der Australier, die Papuas von Neu-Guinea, die Malayen der Sundainseln, die Maori von Neu-Seeland stehen in keinem näheren Verwandtschaftsverhältnis zu ihnen.

Dagegen finden wir viel weiter entfernt in den Urstämmen Indiens, den Dravida, Typen, die in ihren anthropologischen Merkmalen auffallend an die Australier erinnern. Auf die Ähnlichkeit der hill-tribes im Innern des Dekhan mit den Australiern hinweisend sagt Huxley: »Ein gewöhnlicher Kuli, wie man sie unter dem Schiffsvolk jedes frisch zurückgekehrten Ostindienfahrers sehen kann, würde bis auf die Haut entkleidet sehr gut die Musterung als Australier passieren; immerhin sind der Schädel und der Unterkiefer gewöhnlich weniger grob.« Huxley geht in der Betonung der Übereinstimmung wohl etwas zu weit. Jedenfalls tritt uns aber in einer ganzen Reihe von Merkmalen, dem Bau des Schädels, der Gesichtsbildung, dem wellig gelockten Haar eine deutliche Beziehung der Australier zu den Dravida entgegen, die dadurch noch besondere Bedeutung gewinnt, daß durch die sprachvergleichenden Untersuchungen von Norris, Bleek und Caldwell eine Anzahl von bedeutsamen Übereinstimmungen zwischen dravidischen und australischen Sprachen aufgedeckt worden sind. Da die Wohnorte beider Rassen so gänzlich von einander geschieden sind, und sich zahlreiche Völker dazwischen schieben, deren Sprachen mit den dravidischen und australischen nicht die mindeste Verwandtschaft besitzen, gewinnt diese Übereinstimmung noch besondere Bedeutung.

Es spricht vieles für die Auffassung, dass die Australier und Dravida einem gemeinsamen Hauptaste des Menschenstammes entsprossen sind. Einen Seitensproß dieses Hauptastes würden nach den umfassenden und eindringenden Untersuchungen von Paul und Fritz Sarasin die weddaischen Stämme Indiens und Ceylons darstellen, die man als vordravidische bezeichnen könnte. Als sie dem Hauptaste entsprossen, stand derselbe noch auf einer sehr tiefen Entwicklungsstufe, und sie scheinen seitdem kaum irgendwelche nennenswerten Fortschritte gemacht zu haben. Die Kaukasier sind höchst wahrscheinlich aus den Dravida hervorgegangen, und somit hätten wir Europäer in den tiefstehenden Wilden Australiens Verwandte zu begrüßen, sehr entfernte allerdings, aber doch immer näher mit uns verbunden als Neger, Malayen und Mongolen. Schon von verschiedenen Beobachtern ist hervorgehoben worden, daß die Züge der Australier bei all ihrer sogenannten Häßlichkeit und Grobheit doch oft an niedere Typen der kaukasischen Gesichtsbildung erinnern, und ein Blick auf die in diesem Buche angebrachten Photographien, die sämtlich durchaus reinblütige Australier abbilden, wird das bestätigen. Könnte nicht die Gruppe auf Seite 44 einen Trupp verlumpter Europäer vorstellen, besonders wenn wir die Gestalten und Züge von Frank und Harry ins Auge fassen?

Denjenigen, die es für eine Entwürdigung des menschlichen Geschlechts ansehen, wenn die Wissenschaft aus ihren Resultaten den Schluß zieht, daß der Mensch aus den tierischen Bewohnern der Erde hervorgegangen sei und mit der Familie der Affen in einer nahen Verwandtschaftsbeziehung stehe, wird der Gedanke ebenfalls unerfreulich sein, daß innerhalb der Menschengattung die Kaukasier, die es ja seit mehreren tausend Jahren so herrlich weit gebracht haben, die nomadischen Wilden Australiens und die von der indischen Sage als Affen bezeichneten Weddas zu ihren näheren Verwandten haben. Natürlich handelt es sich für die Wissenschaft einzig darum, ob diese Resultate richtig sind, nicht ob sie dem persönlichen Geschmack des Einzelnen entsprechen. Es ist aber auch an sich schwer einzusehen, wie etwas herabwürdigendes darin liegen soll, einem Geschlecht anzugehören, das aus tierischen Anfängen sich durch Etappen, die uns die Weddas, Australier und Dravida vor Augen führen, zu der immerhin nur recht bescheidenen Höhe moderner kaukasischer Zivilisation emporgearbeitet hat. Im Gegenteil liegt etwas erhebendes in der Überzeugung, daß die Entwicklung des menschlichen Geschlechts weder in körperlicher noch in geistiger Beziehung abgeschlossen ist, und unsere gegenwärtige, noch mit recht zahlreichen Mängeln behaftete Zivilisation dereinst für unsere fernen Nachkommen auch nur eine längst überwundene, mit lächelnder Überlegenheit betrachtete Entwicklungsphase sein wird, wie für uns jetzt die Geistesstufe und Kultur der Australier und Weddas.

Elftes Kapitel.

Die Nordostküste Australiens von Brisbane bis zum Kap York.

Zweimal bin ich die Nordostküste Australiens entlang von Brisbane bis zur Torresstraße gefahren, und einmal denselben Weg zurück[1]). Dabei hatte ich Gelegenheit, an verschiedenen Orten das Land zu betreten und hie und da auch längeren Aufenthalt zu nehmen. Ich ziehe es vor, in meiner Erzählung von der Zeitfolge meiner Besuche abzusehen und von dem, was ich sah und erlebte, in geographischer Anordnung von Süd nach Nord zu berichten.

Blicken wir auf die Karte Australiens, so sehen wir einen langgestreckten Gebirgszug die ganze Ostküste, vom äußersten Süden bis zur York-Halbinsel im äußersten Norden begleiten, ja sich über letztere hinaus, durch die Inseln der Torresstraße, bis nach Neu-Guinea fortsetzen. Dieser Gebirgszug, den man passend als australische Cordillere bezeichnet, hat seine größte Höhe im Süden, wo er im höchsten Gipfel der »australischen Alpen«, dem Mount Townsend etwas südlich vom Mount Kosciusco, 7000 Fuß erreicht. Je weiter nach Norden, um so flacher wird das Gebirge. Es erhebt sich aber noch einmal in Bellenden Ker, südlich von Cooktown in Nord-Queensland, zu 5000 Fuß. Im weitaus größten Teil seines Verlaufes steigt es unmittelbar oder in nächster Nähe der Küste empor. Am weitesten entfernt sich der Hauptkamm von letzterer gerade im Burnettdistrikt, also in der Gegend, die wir durch die vorhergehenden Schilderungen schon kennen gelernt haben. Im allgemeinen streicht das Gebirge genau von Süd nach Nord, nur im Norden geht die Richtung in eine nordnordwestliche über.

Granit und Porphyr sowie silurische und devonische Züge bilden das Gerüst des Gebildes. Die älteren Sedimente sind fast immer steil, zuweilen beinah senkrecht gefaltet. Seitdem zur Karbon- oder

1) Vgl. Karte I und III.

Permzeit die Ostküste aus dem Meere auftauchte, ist sie bis zur Kreidezeit hin nicht wieder vom Meere bedeckt gewesen. Die gänzliche Abwesenheit mariner Ablagerungen aus Trias- und Juraperiode beweist dies. An Stelle der Meeresablagerungen treten mehrere Folgen von pflanzenführenden Schichten, deren Floren zum Teil in auffallender Weise an gleichalterige europäische und indische Floren erinnern. Darauf folgen wieder Meeresablagerungen, die der Kreidezeit angehören. Von da an fehlen marine Ablagerungen gänzlich, wenigstens in New-South-Wales und in Queensland, während ein großer Teil von Süd- und Westaustralien, wie seine Fossilien zeigen, zur Tertiärzeit vom Meere bedeckt gewesen sein muss.

Während gegenwärtig in Australien und Tasmanien kein einziger thätiger Vulkan zu finden ist, und überhaupt alle Spuren gegenwärtig wirkender vulkanischer Kräfte fehlen. finden wir nicht nur überall jene älteren Eruptivgesteine, die durch ihre ständigen Begleiter, Gold, Zinn und andere Metalle, für das Land von so großer Bedeutung sind, sondern auch jüngere basaltische Eruptionen, die bis in die Miocänzeit hinreichen, in Victoria und im Norden sogar bis in erheblich spätere Perioden. Dort findet man nämlich in und unter den Aschen dieser Vulkane nicht nur die Reste der ausgestorbenen Riesenbeuteltiere, sondern auch des Dingohundes.

Nur der südliche Teil Queenslands ist im eigentlichen Sinne kolonisiert. Je weiter man nach Norden kommt, um so seltener werden die größeren Ansiedlungen und um so ausschließlicher sind sie auf die Küste beschränkt. Eine Küsteneisenbahn führt von Brisbane über Gympie und Maryborough bis Bundaberg an der Mündung des Burnett. Hier hört die Bahn auf, und alle nördlicheren Städte stehen nur durch die Dampfer der Australasian United Steam Navigation Company in direkter Verbindung mit dem Süden. Einige Orte, wie Rockhampton und Townsville, haben je eine Bahnlinie, die nach inland gelegenen Goldminen führt und tot endigt. Die Schaffung eines Schienenstranges, der den aufblühenden und an natürlichen Hilfsquellen aller Art sehr reichen Norden mit der Hauptstadt und dadurch auch mit den anderen Kolonien verbände, ist der Zukunft vorbehalten und wird sicherlich sehr viel zum Aufschwunge der Kolonie beitragen. Die wirtschaftliche Depression, unter der seit einer längeren Reihe von Jahren nicht nur Queensland, sondern ganz Australien leidet, hat die Ausführung dieses Planes, für den besonders der bekannte Queensländer Politiker, Sir Thomas McIlwraith eingetreten ist, bisher noch verhindert, und es muß zugegeben werden, daß ein derartiges großes Unternehmen zur Zeit kaum rentieren würde. In einer nicht zu fernen Zukunft aber wird es ausgeführt werden und wird dann auch selbständig lebensfähig sein.

Eine Dampferfahrt von Brisbane bis zur Nordspitze Australiens mit entsprechendem Aufenthalt an den Hauptplätzen der Küste dauert neun bis zehn Tage und gehört zu den interessantesten und angenehmsten längeren Seereisen, die man sich denken kann. Von Maryborough habe ich schon berichtet. In Bundaberg an der Burnettmündung habe ich mich einige Tage aufgehalten, und hatte Gelegenheit, die dortigen Zuckerplantagen zu besichtigen, die den Reichtum dieser Gegend ausmachen. Der Betrieb ist ein ähnlicher, wie ich ihn schon von den Zuckerplantagen Maryboroughs geschildert habe; der Aufschwung dieses Kulturzweiges ist ein bedeutender, seit es wieder erlaubt ist, schwarze Plantagenarbeiter von den Südseeinseln einzuführen. Hoffentlich tun die Kontrollmaßregeln, die das neue Gesetz für die Anwerbung, Haltung und Zurückführung der »Kanakas« vorschreibt, ihre Schuldigkeit, und ist kein Raum mehr für die empörende Rücksichtslosigkeit in der Behandlung jener »freien Arbeiter«, die ein schwarzes Blatt in der kurzen Geschichte Queenslands bildet.

Einen Breitengrad nördlich von Bundaberg kommt das kleine Gladstone, und folgt man weiter der Küste, so passiert man den Wendekreis des Steinbocks und gelangt um Kap Capricorn herum in die weite Keppel Bay, in die der Fitzroyfluß seine Wasser ergießt. Der Fitzroy, mit seinem an Größe fast ebenbürtigen Nebenfluß, dem Dawson, gehört zu den bedeutendsten Flüssen Queenslands, er hat einen Lauf von fast 6000 Kilometer Länge und bespült ein besonders fruchtbares, für Rinder- wie Schafzucht gleich geeignetes Land. Bis Rockhampton, 60 Meilen aufwärts von der Mündung, ist der Strom noch für Schiffe bis 1500 Tons schiffbar. Den großen Seedampfer muß man allerdings verlassen und sich im Tender den Strom hinaufführen lassen, dessen niedrige Ufer mit einem Buschwerk von zwerghaften Eucalypten und tea-trees bewachsen sind. In dem breiten Flußbett ist nur eine schmale Spur für größere Fahrzeuge befahrbar, die sorgfältig durch Bojen und Signale abgezeichnet ist. Wenn man sich der Stadt nähert, tauchen in der Ferne die Hügel und Berge der australischen Cordillere auf, die überall die Küste begleiten, auch wenn sie wie hier nicht direkt in dieselbe abfallen.

Rockhampton, am rechten Ufer des Fitzroy gelegen, ist die größte Stadt und der bedeutendste Hafen von Zentral-Queensland. Die Einwohnerzahl beträgt 12000. Die Stadt zeichnet sich durch zahlreiche stattliche Gebäude der Regierung, Munizipalität und größere Geschäftshäuser aus. Die Straßen sind breit und gut gehalten, im Hauptverkehrsviertel auch belebt. Das Ganze macht viel weniger den Eindruck des Provisorischen, Unfertigen, wie man ihn sonst gewöhnlich von den Städten der nördlicheren Teile Qeenslands empfängt. Das Criterionhotel, in dem ich wohnte, war vorzüglich gehalten und konnte sich dreist mit den besten Hotels Brisbanes messen. Ich traf hier einen der Pioniermissionäre Neu-Guineas, den Rev. W. G. Lawes und seine Gemahlin, der zwanzig Jahre seines Lebens der Missionsthätigkeit unter den Papuas gewidmet hatte und des Werkes noch nicht müde geworden war. Er befand sich augenblicklich auf einer Vortragsreise durch Australien, um durch die Berichte über das, was er und seine selbstlosen Gefährten bis jetzt erreicht, für seine Sache neues Interesse zu erwecken und neue Mittel flüssig zu machen. Einem seiner interessanten Vorträge in der School of Arts in Rockhampton wohnte ich bei und freute mich, die Bekanntschaft dieses edlen Menschenfreundes zu machen.

Von Rockhampton führt eine Eisenbahnlinie in fast direkt westlicher Richtung nahezu 800 Kilometer bis tief in das Herz von Queensland hinein. Sie endet vorläufig in Longreach, das man mit dem direkten Zug von Rockhampton in etwa 20stündiger Fahrt erreicht. 50 Kilometer SSW. von Rockhampton liegt die berühmte Goldmine Mount Morgan, vielleicht die reichste und vielversprechendste Mine Australiens und eine der reichsten der ganzen Welt. Sonderbarer Weise steht sie bis jetzt mit Rockhampton nur in Post-, nicht in Eisenbahnverbindung.

Das Gold findet sich hier in höchst eigenartigem Vorkommen, nämlich als Niederschlag in einem Eisen- und Kieselsinter, der augenscheinlich als eine Ablagerung einer heißen Quelle entstanden ist. Wahrscheinlich hat diese Quelle goldhaltige Eisenkiese durch ihren Chlorgehalt aufgelöst und das freigemachte Gold in einem Bezirk von 600 Fuß Länge und 300 Fuß Breite gesammelt. Die Tiefe der Ablagerung ist unbekannt. Der Queensländer Geologe Robert L. Jack hält die Ablagerung für tertiär und für jünger als den sogenannten Wüstensandstein.

Das Gold von Mount Morgan ist von unvergleichlicher Reinheit, nämlich 99,7 pro Cent. Eine Tonne (2000 Pfund) Gestein liefert von drei bis zwölf Unzen Gold, ein ganz außerordentlicher Reichtum, da man Gesteine, die nur eine Unze pro Tonne liefern, schon für der Bearbeitung wert hält. Das noch abbaubare Gold in Mount Morgan wird auf 400 Millionen Mark geschätzt.

Der erste Besitzer der Mine verkaufte sie für 12800 Mark. Später kam sie in Besitz einer Aktiengesellschaft, die eine Million Aktien im Werte von 20 Mark ausgab. Die Aktien stiegen rasch zu fabelhafter Höhe, fielen dann wieder sehr stark, wurden aber in der Zeit meiner Anwesenheit immer noch mit 120 Mark das Stück verkauft. Das heißt also, die Mine besaß jetzt den zehntausendfachen Wert dessen, was der erste Besitzer für sie erhalten hatte. So geht es aber mit vielen australischen Minen, falls es sich nicht um alluviales Gold handelt. Nicht ihre Entdecker und ersten Bearbeiter ziehen den wahren Nutzen aus ihnen, sondern die Spekulanten und Gründer von Aktiengesellschaften.

Am linken Ufer des Fitzroy, etwa fünf Kilometer von der Stadt flußaufwärts, liegen die ausgedehnten Werke der Central Queensland Meat Export Company. Derartige »Fleisch-Werke« sind vielleicht noch einmal bestimmt, eine wichtige Rolle, nicht nur für Australien, sondern für die ganze Welt zu spielen, indem sie dem Fleischexport einen Umfang und eine Bedeutung geben dürften, der für die pastoralen Verhältnisse der alten Welt von entscheidendem Einfluß sein könnte.

Australien produziert schon seit längerer Zeit viel mehr Schlachttiere, als es selbst zu konsumieren im stande ist. Im weiten Busch finden die Herden fast unbegrenzte Weideflächen und, wenn nicht gerade eine Trockenperiode herrscht, das ganze Jahr hindurch reichliche Nahrung. Man braucht keine Hirten, um sie zu hüten, keine Ställe, um sie vor Kälte zu schützen, keine Winterfütterung. Mit einem Dutzend Stockmen kann man die ganze Abwartung einer Herde von zwanzigtausend Stück Rindern versehen. Worin diese Abwartung besteht, das Mustern, das Auslesen, das Versenden der Tiere, habe ich schon bei früheren Gelegenheiten geschildert. Noch einfacher ist die Haltung der Schafe, die man gegenwärtig in ungeheure Paddocks mit Draht einzäunt und bis zur Wollschur beinah vollständig sich selbst überläßt.

Es ist kein Wunder, daß unter diesen Umständen der Viehbestand Australiens sich ganz kolossal vermehrt hat, und der Wert des Viehes dementsprechend gesunken ist. Queensland mit seiner halben Million Einwohner besitzt viele Millionen Rinder, und obwohl dort auch der ärmste Tagelöhner täglich so viel Fleisch essen kann, als er nur eben mag, bleibt doch noch ein sehr beträchtlicher Überschuß. Auch der Versandt an die anderen bevölkerteren Kolonien kann denselben nicht wesentlich vermindern, weil auch diese im Übermaß produzieren. So kommt es, daß jetzt in Queensland ein ausgewachsenes, kräftiges Rind durchschnittlich nur 30 Mark wert ist. Für ein schlachtbares Schaf wird zuweilen nur eine Mark bezahlt, aber von einer Überproduktion von Schafen kann man deshalb nicht sprechen, weil das Hauptprodukt der Schafzucht, die Wolle, sich leicht überall hin exportieren läßt.

Der Export lebender Rinder nach Europa ist nun gegenwärtig noch viel zu kostspielig und gewagt, um ernstlich bei der Verwertung des australischen Überschusses in Frage zu kommen. Der Export von in Büchsen konserviertem Fleisch wird meiner Meinung nach niemals eine sehr große Zukunft haben, weil die bei der Konservierung angewandte hohe Temperatur das Fleisch allzusehr verändert. Ich glaube ein besseres Urteil darüber zu haben, als diejenigen, die hie und da einmal zum Abendessen oder auf einer Alpentour Büchsenfleisch genießen, denn ich habe auf meinen Reisen monatelang davon gelebt und habe die Erfahrung gemacht, daß es mit der Zeit geradezu unausstehlich wird. Die Fleischfasern haben ihren natürlichen Zusammenhalt verloren, auch der specifische Geschmack ist gewöhnlich geschwunden, so daß sich Rindfleisch und Hammelfleisch kaum noch unterscheiden lassen. Nur Rinder- und Schafzunge scheint davon eine Ausnahme zu machen, da sie sowohl ihre Konsistenz als auch ihren Geschmack behält und durch die Behandlung sich nicht sehr stark verändert. Gemüse und besonders Früchte büßen durch Büchsenkonservierung nichts von ihrer Konsistenz und wenig von ihrem Geschmack ein, wie jede Hausfrau weiß, und jeder von uns täglich erfährt.

Eine viel größere Zukunft als das Konservieren des Fleisches durch Sterilisieren in hoher Temperatur und Einlöten in Zinnbüchsen hat die Konservierung durch die Kälte, das Gefrierenlassen. Auf diese Weise kann man das Fleisch monatelang frisch erhalten, ohne daß es sich im mindesten verändert. Eine gewisse Vorsicht ist nur insofern erforderlich, als, wie man mir gesagt hat, das Auftauen nicht allzu rasch erfolgen darf. So konserviertes Fleisch kommt schon jetzt massenhaft nach England. Es begegnet allerdings vorläufig noch einem gewissen Vorurteil. Auch kann sich überhaupt das Fleisch des frei im Busche lebenden australischen Rindes nicht mit dem des sorgfältigst gezüchteten und gefütterten englischen und deutschen Schlachtviehes messen. Das gefrorene australische Fleisch hat aber vielleicht noch einmal die Bestimmung, ein wichtiges Volksnahrungsmittel in Europa zu werden, wenn ihm nicht die Besorgnis, daß es der einheimischen Viehzucht zu starke Konkurrenz machen könnte, überall einen Riegel in Gestalt von hohem Schutzzoll vorschieben wird.

Mit dem Export von gefrorenem Fleisch ist Neuseeland vorangegangen. Queensland ist erst später gefolgt, zunächst die Fleisch-werke in Rockhampton und in Normanton am Golf von Carpentaria. Neuerdings hat man auch in Brisbane ein ähnliches Unternehmen gegründet.

Eine schöne Brücke, die auf 6 starken Pfeilern ruht, aber in Flutzeiten schon mehrfach in Gefahr war, fortgerissen zu werden, führt bei Rockhampton über den Fluß. Von da gelangt man in dreiviertel Stunden zu den Fleischwerken, die dem Wanderer nicht gerade angenehme Düfte entgegensenden. Auf meine Bitte zeigte man mir freundlichst die Einrichtung des ganzen Unternehmens und erklärte mir den Betrieb desselben.

Angesichts des Umstandes, daß der europäische Markt für diese neue Ware erst erobert werden muß, hält sich bisher der Betrieb in mäßigen Grenzen. Immerhin sind die Einrichtungen ausreichend, um täglich 300 Rinder und 2000 Schafe zu schlachten und fertig in Büchsen zu konservieren; die Gefrierwerke können täglich etwa 100 Rinder und 700 Schafe bewältigen.

Das Töten der Rinder erfolgt durch den Nackenstich. Dann wird das Tier sofort abgehäutet, das Fett wird abgeschnitten und in Fässer zerlassen, das Fleisch, falls Büchsenkonservierung erfolgen soll, abgebrüht, dann in den Büchsen mit Dampf gesiedet, endlich eingelötet. Die Büchsen werden an Ort und Stelle in einer besonderen Werkstätte fabriziert. Ebenso gehört eine eigene Faßbinderei zum Werke, denn ein Teil des Fleisches wird in Fässern eingesalzen, und ich für mein Teil ziehe das Salzfleisch in Fässern, das ein wichtiges Nahrungsmittel der Seefahrer bildet, dem Büchsenfleisch weit vor. Ein eigenes Dampfsägewerk zerschneidet die von Maryborough importierten Bretter zu Kisten zum Versand der Büchsen. Felle, Hörner und Knochen der geschlachteten Tiere werden verkauft.

Das Gefrierwerk besteht aus Kammern mit dicken Steinwänden, in welche die eiskalte Luft durch Maschinen hineingetrieben wird. Die Apparate, in welchen die Luft abgekühlt wird, wurden mir nicht gezeigt, auch über die Methode gab man mir keine nähere Auskunft. Einen eigentümlichen Eindruck machte der Eintritt in jene Kammern, deren Temperatur weit unter dem Nullpunkt liegt, und deren Wände und Decke mit einer Eiskruste bedeckt sind, auf mich, der ich gerade aus dem tropischen Norden und Neuguinea kam. Ein ebenso starker Nervenreiz, als der Eintritt in die Gefrierkammern, war nach einigem Verweilen das Heraustreten aus denselben in die heiße Queensländer Sonne.

In den Kammern bleiben die Stücke so lange, bis sie durch und durch gefroren sind. Dann werden sie an Bord von Dampfern verladen, die vor dem Gefrierwerk vor Anker gehen und die an Bord besondere Maschinen haben, um die Temperatur im Ladungsraum während der ganzen Reise nach Europa unter Null zu erhalten. Versagen diese Maschinen einmal unterwegs für mehrere Tage, was zuweilen vorgekommen ist, so ist natürlich die ganze Ladung unrettbar verloren.

Die Weiterreise nordwärts von Rockhampton bis zur Nordspitze Australiens geht nicht mehr durch offene See, sondern führt durch den kanalartigen Meeresabschnitt, der sich zwischen der Küste des Kontinents und dem großen Barrierriff hinzieht. Diese Seefahrt ist besonders angenehm und interessant. Im Riffkanal ist das Meer stets ruhig, und ohne Schwankung gleitet das Schiff dahin. Meist findet man sich in Sicht der felsigen Küste; an den engeren Stellen sieht man auch den schmalen Streifen des berühmten Riffs sich hinziehen und kommt ihm zuweilen so nahe, daß man viele Details seiner Bildung deutlich erkennen kann. Früher galt die Fahrt im Riffkanal als besonders gefährlich, da es nicht selten vorkam, daß unbekannte submarine Felsen und Riffe den Leib eines sorglos dahingleitenden Schiffes aufrissen. Jetzt ist das Fahrwasser gut bekannt, wenigstens einer Anzahl von Lotsen, die für die etwa achttägige Fahrt durch den Riffkanal die Führung der Schiffe übernehmen, während die Kapitäne gute Tage haben. Immerhin sind einige Stellen des Kanals so bedenklich, daß man sie in dunklen Nächten nicht gern passiert, sondern lieber bis zum Anbruch des Tages vor Anker geht.

Das große australische Barrierriff begleitet die Nordostküste Australiens auf fast 2000 Kilometer und hat seinesgleichen nicht auf der ganzen Erde. Es folgt genau der Küstenlinie und wiederholt ihre Kontur in etwas abgerundeter Form. Man rechnet seinen Beginn von den Swainriffen gegenüber Keppel Bay und bezeichnet den Riffkanal an dieser Stelle als Capricornkanal. Die Swainriffe, die noch nicht den eigentlichen Charakter von Barrierriffen zeigen, sind gegen 160 Kilometer von der Küste entfernt; bald aber verschmälert sich der Kanal und ist weiter nördlich an vielen Stellen nur 8 bis 25 Kilometer breit. Häufig finden sich Durchbrechungen des Riffs, Kommunikationen zwischen Riffkanal und offenem Ocean, einige ganz schmal, andere bis zu 15 Kilometer breit. Solche weite Kommunikationen finden sich stets den Mündungen von Flüssen gegenüber, deren süßes Wasser das Wachstum der Korallen beeinträchtigt. Die größte Durchbrechung liegt der Mündung des wasserreichen Burdekinflusses gegenüber. Am Südende ist das Riff in eine Anzahl von Einzelriffen aufgelöst, die schon erwähnten Swainriffe, die auf einer gemeinsamen, nach Osten abfallenden Bank liegen. Daran schließt sich nördlich das eigentliche Riff, das in seiner Breite zwischen 300 Metern und mehreren Seemeilen schwankt. Zwischen der Hauptbarriere und der Küste finden sich im Kanal allenthalben noch verstreute Riffe meist vereinzelt, an einigen Stellen aber so gedrängt, daß das Fahrwasser des Kanals außerordentlich eingeengt wird.

Im allgemeinen ist die Tiefe des Riffkanals eine nicht unbeträchtliche; im Norden beträgt sie durchschnittlich 20—40, im Süden 70 bis 90, an einzelnen Stellen sogar 110 Meter. Gegen das offene Meer fällt der Außenrand des Riffs mit steiler Böschung ab. Unmittelbar außerhalb der Brandung betragen die Tiefen schon 45 bis 145 Meter und noch weiter hinaus fällt der Seeboden zu einer Tiefe von 700 Meter und mehr ab. Nur im nördlichsten und südlichsten Teile ist die Böschung eine sanftere. Dem eigentlichen Barrierriff sind hie und da noch Korallenriffe und Inseln vorgelagert, die meist Atollform besitzen und steil aus großer Tiefe emporsteigen.

Zur Ebbezeit ragt das Riff als ein breiter dunkler Streifen mehrere Fuß hoch aus dem Meere empor. Auf dem flachen vegetationslosen Grunde sieht man Blöcke von schwarzem Korallenfels aufgetürmt, »Negerköpfe«, wie Flinders sie nannte. Man schätzt den Flächeninhalt der Riffe und Inseln, die über den Wasserspiegel emporragen, auf 4000 deutsche Quadratmeilen, und dieses ungeheure Areal ist mit Ausnahme einiger bewaldeter Inseln unfruchtbar und unbewohnbar. Dennoch muß es dem Menschen eine gewisse Ernte liefern, die einen nicht unbeträchtlichen Wert hat. Unter den Millionen von Seetieren, die die zur Flutzeit vom Meere bedeckten Teile der Riffe bevölkern, sind am großen Barrierriff gewisse Stachelhäuter, die Seegurken oder Holothurien, besonders zahlreich vertreten, von denen einige Arten eßbar sind und ein in China hochgeschätztes Genußmittel, den Trepang (bêche de mer), liefern. Das große Barrierriff ist einer der ergiebigsten Trepanggründe, die es gibt, und wird von einer Anzahl weißer Trepangfischer von Thursday Island, Cooktown und anderen nordaustralischen Ansiedlungen ausgebeutet. Auf die Trepangfischerei von Thursday Island komme ich unten noch zurück.

Wie ist nun aber jene merkwürdige Barriere entstanden? Wir können uns ja leicht überzeugen, daß sie durchweg ein Bauwerk der riffbildenden Korallentiere ist. Aber was kann jene Tiere veranlaßt haben, nicht direkt an der Küste, wie sie sonst zu tun pflegen, sondern draußen in einiger Entfernung von ihr, aber immer in ihrer Begleitung, ihre Bauten auszuführen? Auch sonst finden wir noch an vielen anderen Stellen der Erde in den tropischen Oceanen Barrierriffe. Kein anderes kann sich aber an Ausdehnung nur entfernt mit dem großen australischen Riff messen. Man könnte denken, dass vielleicht gewisse Korallenarten direkt an der Küste zu bauen pflegten, andere weiter draußen in einigem Abstand. Aber das ist nicht der Fall. Wir sehen dieselben Arten einmal Küsten-, das andere mal Wall- oder Barrierriffe bilden. Der Grund kann also nicht auf den Gewohnheiten der Tiere, er muß auf Umständen beruhen, die außerhalb der kleinen Baumeister liegen.

Eine Erklärung dieser merkwürdigen Erscheinung, die wenigstens für die Mehrzahl der Fälle zuzutreffen scheint, ist schon vor siebzig Jahren von Darwin gegeben worden, als er auf seiner Weltreise die Riffbildungen eines großen Teils der Erde zu untersuchen Gelegenheit hatte. Stellen wir uns eine von einem unmittelbar anschließenden Riff umsäumte Küstenstrecke vor und nehmen wir an, aus irgend einem physikalischen Grunde beginne sich die Küste zu senken oder, was dieselbe Wirkung haben wird, beginne das Niveau des Meeresspiegels sich zu heben. Geschieht die Senkung allmählich, was so gut wie immer der Fall ist, so werden die Korallen in gleichem Schritt mit dieser allmählich erfolgenden Senkung der Küste (beziehentlich Hebung des Meeresspiegels) in die Höhe bauen. Sie sind gezwungen, dies zu tun, weil die meisten Arten der riffbildenden Korallen im Seichtwasser leben und am besten in Tiefen bis zu 30 Metern gedeihen. 80 Meter Tiefe ist als die äußerste Grenze für das Wachstum der riffbauenden Korallen anzusehen. Denken wir uns nun eine in Senkung begriffene, ansteigende Küste, so wird bei fortdauernder Senkung des Landes (oder Steigen des Meeresspiegels) sich der Abstand zwischen dem Außenrande des mitwachsenden Riffs und der Strandlinie des eigentlichen Festlandes kontinuierlich vergrößern. Nun füllt sich aber nicht dieser ganze Abstand mit Korallenbauten aus, sondern der Bau schreitet nur am äußeren Rande fort, weil nur hier das offene Meer kräftig gegen den Steinwall brandet, und die Korallentiere zu ihrem Wachstum und Gedeihen ausgiebigen Wasserwechsel, wie ihn die Brandung hervorruft, unumgänglich bedürfen. Deshalb wird in einiger Entfernung vom Außenrande nach innen zu kein Wachstum von Korallen erfolgen, der sich senkende Boden wird nicht durch Riffbildung erhöht werden. Es entsteht zwischen der Küste und dem außen fortwachsenden Riff ein flacher Kanal, der Riffkanal. Handelt es sich bei diesem Prozeß um eine langgestreckte Küstenlinie, wie diejenige von Nordostaustralien, so entsteht ein langgestrecktes Barrierriff mit ebenso geformtem Riffkanal. Handelt es sich aber um eine Insel, so wird ein ringförmiges Riff entstehen.

Versinkt allmählich der zentrale Inselkern ganz im Meere, so wird aus dem ringförmigen Riffkanal eine kreisförmige, vom Riff umsäumte Lagune, und derartige ringförmige Riffbildungen mit zentraler Lagune nennt man Atolle. Sie finden sich in sehr großer Zahl in gewissen Bezirken der tropischen Meere, besonders des pacifischen und indischen Oceans, und sind durch ihre sonderbare Form von je den Seefahrern aufgefallen. Darwins Auffassung, die von dem berühmten amerikanischen Geologen Dana aufgenommen und durch neue Beobachtungen bekräftigt wurde, schien eine ebenso einfache wie befriedigende Erklärung der merkwürdigen Barrierriff- und Atollbildungen abzugeben. In neuerer Zeit hat sich aber von verschiedenen Seiten lebhafter Widerspruch gegen diese Erklärung erhoben, und groß ist die Zahl anderweitiger Erklärungsversuche. Alle diese neueren Hypothesen, sie mögen nun von Semper, Murray oder Guppy herrühren, suchen die Bildung der Barrierriffe und Atolle ohne Annahme einer Senkung des Bodens oder Hebung des Meeresspiegels zu erklären. Der Riffkanal des Barrierriffs, die Lagune des Atolls soll durch Erosion des Korallenfelsens und durch Fortwaschen der abgelösten Bruchstücke und Sedimente durch Meeresströme zu erklären sein. Auf die ganze komplizierte Frage kann ich hier nicht eingehen. Auch ist zuzugeben, daß manche Riffbildungen, die entfernt an Atolle und Barrierriffe erinnern, auf andere Weise als die von Darwin und Dana in den Vordergrund gestellte entstanden sein können. Nimmermehr aber werde ich glauben, daß der Riffkanal des großen Australriffes in seiner ganzen Breite und seiner Tiefe bis zu 100 Meter, seinem ruhigen Wasser durch Erosion und Ausspülung des innersten Teiles eines Küstenriffes entstanden sei, und daß dieser Prozeß sich in solcher Gleichmäßigkeit und Sauberkeit auf eine so ungeheure Strecke wie 2000 Kilometer vollzogen habe. Dagegen erklärt sich der Bau des Australriffes mit seiner steilen Böschung nach außen, seinem breiten und tiefen Riffkanal auf das ungezwungenste durch die Annahme einer allmählichen Senkung[1]) der Nordostküste Australiens, die augenblicklich noch fortdauert oder höchstens einem stationären Zustande Platz gemacht hat. Denn so viel steht fest, daß an den Küsten von Queensland irgend eine wesentliche Erhebung aus neuerer Zeit nicht nachzuweisen ist.

---

1) Richtiger ausgedrückt eine »positive Strandverschiebung«, da es sich ebenso gut um ein Steigen des Meeresniveaus als um eine Senkung des Landes gehandelt haben kann. Der technische Ausdruck »positive Strandverschiebung«, der beiden Möglichkeiten gerecht wird, ist aber nur dem Fachmann ohne weiteres verständlich, weshalb mir in diesem Reisebuche, das für weitere Kreise bestimmt ist, der Gebrauch des anschaulicheren, wenn auch anfechtbaren Ausdrucks »Senkung« gestattet sei.

Ich glaube aber, daß die Darwinsche Erklärung nicht nur für das große Australriff, sondern auch für viele andere Barrierriffe und Atolle, ja alle typischen Bildungen dieser Art zu Recht besteht, wenn auch zugegeben werden muß, daß unter Umständen ähnliche Bildungen durch die zufällige Konfiguration des Baugrundes, auf dem die Korallen arbeiten, zu stande kommen können, und daß die Erosion der abgestorbenen und nicht weiter wachsenden Teile des Riffes bei der Bildung mancher Lagunen eine bedeutende Rolle gespielt haben mag. Darwins Fehler war es vielleicht, zu einseitig ein einziges Erklärungsprinzip zu verwerten. Der ungleich größere Fehler seiner Kritiker und Gegner ist es, noch viel einseitiger dieses wertvolle Erklärungsprinzip zu verwerfen, weil es vielleicht für gewisse Fälle nicht paßt und unglücklicherweise von seinem großen Entdecker in der ersten Freude etwas zu weit verallgemeinert worden ist.

Zwischen Mackay am Pioneer-River und Bowen, zwei Städtchen von ganz tropischem Charakter, die es trotz ausgedehnter Zuckerrohrplantagen und zahlreicher Gold-, Silber-, Kupfer- und Zinnminen in ihrem Hinterland bis jetzt noch zu keinem rechten Gedeihen gebracht haben, bietet die Kanalfahrt große landschaftliche Reize. Der hier noch sehr breite Kanal ist durch eine große Anzahl dicht in ihn eingestreuter Inseln und Riffe beinahe verstopft, und in der Whitsunday-Passage gleitet der große Seedampfer langsam durch ein Gewirr prächtig bewaldeter, steil aus dem Meere aufsteigender Inseln und der schön geformten, gebirgigen Küste des Festlandes hindurch. Während das Schiff sich durch die enge Durchfahrt durchwindet, taucht eine mit tropischem Grün geschmückte Insel nach der andern aus dem Meere auf, in so greifbarer Nähe, daß man nicht nur die anmutigen Konturen der Höhen, sondern jeden Baum, jede Pflanze erkennen kann. Es ist wie eine Wasserfahrt durch einen Wundergarten, wo jede Wendung des Schiffes ein neues reizendes Landschaftsbild hervorzaubert. Ebenso schön ist weiter nördlich die Fahrt durch den engen Hinchinbrook-Kanal zwischen Townsville und Cairns.

Townsville, die zukünftige Kapitale und gegenwärtig jedenfalls die wichtigste Hafenstadt von Nord-Queensland, liegt an einer langgestreckten, flachen Bucht, gegenüber der granitischen »Magnetinsel«. Die Stadt hat nicht den Vorteil, an einem größeren Fluß zu liegen, denn der stattliche Burdekin ergießt sich in einiger Entfernung südlich ins Meer. Der Hafen läßt zu wünschen übrig. Unsere treue Begleiterin, die Kordillere, hat hier mit ihrem höchsten Zuge wieder die Küste erreicht, und die Stadt liegt unmittelbar am Fuße der schroff gegen das Meer abstürzenden Bergkette, deren kahle Wände rötlichbraun schimmern.

Das Gestein ist ein Granit, der seine eigentümliche Färbung dadurch erhält, daß der Feldspat durch Eisenoxyd rotbraun gefärbt ist. Der höchste Gipfel der Kette erreicht im Mount Elliot 4000 Fuß. Unmittelbar über der Stadt erhebt sich der steile Castle Hill zu 1000 Fuß Höhe.

Der Charakter aller dieser jungen Städte an der Queensländer Küste ist, abgesehen von ihrer Lage, ein ziemlich uniformer: etwas schönere öffentliche Gebäude und bessere Läden in den größeren, etwas mehr Tropencharakter in den mehr nördlich gelegenen, das ist der Hauptunterschied. Man hat eben in Australien ein besonderes Schema entwickelt, den Bauplan von Ansiedlungen zu regeln, man baut Post, Regierungsgebäude, Schule und Banken mehr oder weniger üppig, je nach der Größe der Stadt, aber meist nach demselben, einmal erprobten Plane. Man hat bis jetzt weder die Zeit noch den Sinn, auf das Originelle und Künstlerische erheblichen Wert zu legen. Dennoch ist Townsville mit seiner schönen Flinders Street eine angenehme, freundliche, nur etwas staubige Stadt. Sie ist nicht nur der Hafen für einen ungeheuren Weidebezirk, der sich fern nach Westen bis zum Diamentina River erstreckt, und dessen Hauptprodukte, Wolle und Fleisch, von hier aus verschifft werden, sondern hat in seiner Nähe auch Goldfelder, die zu den reichsten Australiens gehören. 130 Kilometer westlich von Townsville liegt Charters Towers, neben Mount Morgan und Gympie die bedeutendste Minenstadt Queenslands. Eisenbahn führt von Townsville nach Charters Towers und von da noch weiter westlich inland bis Hughenden. Überall findet sich hier im Granit und metamorphischen Gestein Edelmetall, vor allem Gold, und dieser reiche Bezirk erstreckt sich vom Burdekinfluß in fast ununterbrochener Folge nördlich bis tief in die Basis der Halbinsel York hinein.

Nördlich von Townsville gibt es an der Nordostküste keine bedeutenderen Städte mehr, nur noch junge aufstrebende Niederlassungen, von denen aus die Produkte eines hoffnungsvollen, aber noch wenig erschlossenen Landes verschifft werden. Außer den Metallen exportiert die Nordküste vorwiegend Zucker, und mehr und mehr bedecken sich von Maryborough an bis zur Yorkhalbinsel die Flußufer an den Unterläufen mit Zuckerplantagen. Fehlt es an andrer Ladung, so nehmen die Schiffe aus dem Norden Mengen von Bananen, Ananas, Mangos, Papajas mit, und Sydney, das aus dem Norden die tropischen Früchte und aus dem gemäßigten Tasmanien und Neuseeland Äpfel, Birnen, Pflaumen und Kirschen erhält, während in New-South-Wales und Süd-Queensland Trauben, Erdbeeren, Pfirsiche, Orangen, Melonen, Passionsfrüchte vortrefflich gedeihen, ist somit ein wahres Fruchtparadies, in dem die frischen Erzeugnisse der Tropen und der gemäßigten Zone zusammenströmen.

Die Fahrt geht hier immer in nächster Nähe der Küste, zwischen Townsville und Cairns durch den engen Hinchinbrook-Kanal. Das bergige bewaldete Küstenland ist fast noch unbesiedelt, und der wilde Eingeborene schweift hier frei und ungehindert und kommt nur selten und ausnahmsweise mit dem Weißen in Berührung, dessen bloße Anwesenheit ihm verderblich zu sein scheint. Dies ist das Land, das Kennedy im Jahre 1848 unter unsäglichen Mühen und Entbehrungen erforschte, bis er endlich mit der Mehrzahl seiner Leute nahe Kap York den Nachstellungen der Schwarzen zum Opfer fiel. Nur der schwarze Diener Kennedys, der treue und mutige »Jacky«, erreichte die Ansiedlung Port Albany und bewirkte an der Weymouth Bai die Rettung der beiden einzigen Weißen, die von zwölf Teilnehmern der Expedition noch am Leben waren und die sich kaum mehr der Schwarzen erwehren konnten.

Eine bedeutendere Ansiedlung an der Nordküste ist Cairns, das an einer weiten halbkreisförmigen Bucht liegt, von einer hohen bewaldeten Bergkette umsäumt. Hier erreicht die Kordillere in dem granitischen Bellenden Ker noch einmal die Höhe von 5438 Fuß. Eine Eisenbahn führt eine kurze Strecke in das Gebirge hinein und eröffnet Blicke in eine Bergszenerie von wunderbarem Reiz; mächtige Felswände, die ganz mit üppigster Tropenvegetation überzogen sind, und über die sich wasserreiche Gebirgsströme, der Barron River und Stoney Creek, in tosendem Fall herabstürzen. Weiter nördlich folgt dann Port Douglas und, nachdem man Kap Tribulation passiert hat, Cooktown.

Im Hinterlande von Cooktown hielt ich mich im Juni 1892 vier Wochen lang auf, um auch das eigentlich tropische Queensland kennen zu lernen und seine Tierwelt zu studieren.

Die Stadt hat ihren Namen nach dem berühmten Seefahrer und Entdecker James Cook, der hier auf seiner großartigen ersten Reise im Jahre 1770 mit seinem Schiff Endeavour auf ein Riff nördlich vom sogenannten Endeavour-Riff auflief und die Kanonen über Bord werfen mußte, um wieder flott zu werden. Er landete dann im Endeavourfluß, um das Leck auszubessern, das sein Schiff erhalten hatte. Fast zwei Monate lang verweilte er in dieser Gegend, bis es ihm endlich am 13. August 1770 gelang, durch das Barrierriff hindurchzukommen. Eine hübsche Granitsäule in der Hauptstraße der Stadt mit der Inschrift: »In memoriam Captain Cook who landed here June 17. 1770. Post cineres gloria venit« erinnert an die denkwürdige Begebenheit auf der erfolgreichsten Reise des großen Mannes, derjenigen Reise, die zuerst die Ostküste des australischen Kontinents erschloß und festlegte. Nach Cooks Kanonen hat man eifrig gedregt, hat sie aber nicht finden können.

Cooktown ist das Zentrum eines außerordentlich mineralreichen Distrikts, der besonders Gold und Zinn, außerdem noch Silber und Antimon liefert. Zucker, Reis, Tabak gedeiht hier gut, der treffliche Hafen ist der natürliche Ausgangspunkt für den Handel mit Britisch-Neu-Guinea. Dennoch will diese Niederlassung bis jetzt nicht recht gedeihen und befand sich zur Zeit meiner Anwesenheit im Zustande einer tiefen wirtschaftlichen Depression.

Ihre höchste Blüte hatte die Stadt, als im Jahre 1873 200 Kilometer westlich im Inland am Palmerfluß außerordentlich reiche alluviale Goldlager entdeckt wurden, die in 4½ Jahren Gold im Werte von fast 80 Millionen Mark lieferten. Allein im Jahre 1875 wurde Gold im Werte von 20 Millionen Mark gefunden. Nicht nur aus Australien, auch aus Europa und besonders aus China strömten Goldsucher am Palmer zusammen, und ihre Zahl soll zu jener Zeit 40000 überstiegen haben. Bald aber war der Vorrat erschöpft, die Ausbeute wurde von Jahr zu Jahr dürftiger und ist jetzt kaum noch der Rede wert, die Bevölkerung verlief sich so schnell, wie sie gekommen war, und eine Eisenbahn, die man von Cooktown nach Maytown am Palmer zu bauen angefangen hat, läuft vorläufig nur etwa 100 Kilometer inland bis nach Laura und dürfte ihrer Vollendung sobald nicht entgegensehen. Die Stadt Cooktown hat bis jetzt nur 2600 Einwohner, Maytown am Palmer gar nur 135 und mit der Umgegend 858; Palmerville, einst eine aufblühende Ansiedlung am Palmer, ist beinah verlassen und hatte im Jahre 1886 nur noch 25 Einwohner, meistens Chinesen.

Der große »rush« nach Gold, der im Jahre 1873 das Anschwellen der Bevölkerung im Cookdistrikt veranlaßte, hat gerade diesem Teile Australiens verhältnismäßig mehr Chinesen zugeführt, als den südlicheren Teilen Queenslands und den andern Kolonien. Man findet sie ja überall in den großen Städten und über das Land verstreut, aber doch immer nur vereinzelt. In Cooktown aber machen sie 10% der Bevölkerung aus und verschwinden nicht in der Masse wie weiter im Süden. Es gibt hier eine Anzahl wohlhabender Kaufleute, Pflanzer,

Spekulanten unter ihnen, und während meiner Anwesenheit wurde mit großem Pomp ihr neuerrichtetes Joßhaus eingeweiht, in dessen bunt und phantastisch ausgeschmücktem Innern diese ernsten Männer unter seltsamen Verbeugungen und Komplimenten drei ungemein häßlichen Götzen allerlei gekochte und ungekochte Nahrungsmittel anboten, während draußen auf dem Vorplatz unausgesetzt knatterndes, zischendes und stark riechendes Feuerwerk abgebrannt wurde. So ging es vom Morgen bis zum Abend, bis endlich die drei Götzen doch um ihre Mahlzeit kamen, da, soweit ich wahrnehmen konnte, ihre frommen Verehrer ihnen die Mühe abnahmen, das Liebesmahl zu essen und zu verdauen.

Den Australiern sind die Lebensgewohnheiten der Chinesen im höchsten Grade unsympathisch, und ihre Konkurrenz als geriebene Spekulanten und billige Arbeiter sehr unbequem. Dazu kommt, daß die Chinesen nicht im eigentlichen Sinne Kolonisten sind, sondern nach wie vor China als ihre Heimat betrachten, Australien aber nur als Land, in dem sie sich durch Arbeit und Betriebsamkeit bereichern wollen. Ihre Frauen bringen sie dorthin nicht mit, und was sie sich unter Entbehrungen zusammengescharrt haben, lassen sie nicht dort, sondern tragen es nach einiger Zeit in ihre alte Heimat zurück, um selbst sofort wieder durch jüngere Einwanderer ersetzt zu werden, die sich auch bloß vollsaugen wollen. Rechnet man hinzu, daß die Chinesen überall, wohin sie kommen, als die Verbreiter einer ekelhaften Unsittlichkeit und der gefährlichen Passion des Opiumrauchens auftreten, so kann man es den Australiern wirklich nicht übel nehmen, wenn sie sich gegen solche Gäste wehren. Man hat ein gutes Mittel darin gefunden, daß man durch Einwanderungszölle bis zur Höhe von 400 Mark pro Kopf das Eindringen der unbemittelten Chinesen, die natürlich das Gros bilden, unterbunden hat. Was noch dort ist, verschwindet mit der Zeit von selbst, da es früher oder später zum Mutterlande zurückkehrt. So wird Australien bald von dieser Invasion befreit sein und nur den Nachteil davon haben, daß damit die Hauptgemüsezüchter und Gartenbauer der größeren Städte verschwunden sein werden. Denn mit diesem bescheidenen Gewerbe gibt sich der Australier nicht gern ab, sondern überläßt es dem genügsamen Sohne des Reiches der Mitte.

Cooktown ist schön am Fuße eines granitischen Höhenzuges gelegen, des 1500 Fuß hohen, dicht bewaldeten Mount Cook. Nördlich über der Stadt erhebt sich der »Grassy Hill«, auf dessen Gipfel sich eine Signalstation befindet. Das ganze Küstengebiet ist hier ein wildes Bergland, ein vielfach gestörtes Sandsteingebiet, das von einer

Reihe granitischer Züge durchsetzt wird. Der Sandstein ist permokarbonisch und gehört wahrscheinlich der sogenannten Gympieformation an, die weiter südlich im Gebiet des Burnett, Mary und Fitzroy-Dawson sehr bedeutende Ausdehnung hat. An verschiedenen Stellen finden sich Kohlenlager, die des Abbaus wert erscheinen und vielleicht später einmal für Cooktown von größerer Bedeutung sein werden als das trügerische Gold. Eine Aktiengesellschaft zur Ausbeutung der Kohle hat sich natürlich schon gebildet.

Ich richtete mich häuslich in dem gut gehaltenen Great Northern Hotel ein und brachte in dem »Sample Room« meine beträchtliche Bagage unter, die außer meinem Privatgepäck aus Lager-, Fisch- und Jagdgerät, aus Glas- und Eisenblechgefäßen zur Aufnahme der Sammlungen, Chemikalien und großen Mengen Alkohol zum Konservieren der Tiere bestand. Der »Sample Room«, Muster-Raum, ist ein Gelaß, das alle Hotels hier im fernen Norden besitzen. Es dient den Handlungsreisenden dazu, ihre umfangreichen Vorräte an Warenmustern für die Besichtigung durch Ladenbesitzer und Privatleute auszustellen. Für die Vermittlung des Handels zwischen den Tausende von Kilometern südlich gelegenen Zentren und diesen weltfernen Küstenansiedlungen ist das Institut der Commis voyageurs natürlich sehr zweckmäßig und ein wahres Bedürfnis. Sehr willkommen waren mir die ihnen geweihten Musterräume in Cooktown und besonders in Thursday Island, wo ich aus dem Tempel des Merkur einen Tempel der Minerva, das heißt ein wissenschaftliches Laboratorium machte.

In Cooktown lebt ein deutscher Arzt, der im ganzen Norden bedeutendes Ansehen genießt, und dem vom deutschen Reich das Vizekonsulat in Queensland übertragen ist. Es ist Dr. A. H. F. B. Kortüm, der vor etwa 25 Jahren, kurz nachdem er seine Studien in Leipzig abgeschlossen hatte, nach Queensland ging und zunächst am Palmergoldfeld eine lukrative Praxis ausübte. Als dort Gold, Goldgräber und Patienten verschwanden, ließ er sich in Cooktown nieder und ist wohl allen Deutschen, die Nordaustralien besucht haben, als ein liebenswürdiger und hilfsbereiter Landsmann bekannt geworden.

Dr. Kortüm empfahl mir zum Begleiter für meine Jagdzüge einen Deutschen Namens Harry Asmus, der ebenfalls schon lange im Norden von Queensland ansässig war. Ein geborener Schleswig-Holsteiner, hatte er den Feldzug 1870/71 bei den 8ten Jägern mitgemacht und hatte bei Gravelotte, Bapaume, Amiens und St. Quentin mitgefochten. Im Jahre 1872 war er nach Australien ausgewandert, hatte geheiratet und lebte nun schon lange auf einer kleinen

Besitzung an der Bahnstrecke nach Laura nahe bei Cooktown, nach ihm Station Asmus benannt. Er hatte sich in allen möglichen Zweigen betätigt, als Goldsucher, Jäger, Farmer, Bienenzüchter, hatte bei allem Geschick und Regsamkeit gezeigt und es doch nicht recht vorwärts bringen können, weil ihm bis dahin immer noch etwas gefehlt hatte, ein guter Glücksschlag, dessen man dort unten zum wirklichen Emporkommen vielleicht noch mehr bedarf, als in unsern ausgefahrenen Geleisen. Er hatte soeben für ein Butterbrot seinen Anteil an einer kleinen Goldmine verkauft, die er zusammen mit drei Gefährten vor einigen Jahren entdeckt und bis jetzt selbst bearbeitet hatte. Seine drei Kameraden oder »mates«, die unter einander nahe verwandt waren, wollten ihn aber aus dem Unternehmen heraus haben, um es ganz in Familie weiterzuführen. Sie hatten sich deshalb bis jetzt geweigert, das nötige Kapital hineinzustecken, um die Sache in Schwung zu bringen, und taten dies erst, nachdem er herausgedrängt war. Asmus hielt das Unternehmen für recht aussichtsvoll, war aber doch froh, heraus zu sein, denn das erfolglose Arbeiten unter den bisherigen Verhältnissen und die Tücke seiner Genossen hatten ihm die Sache verleidet.

Mit dem Engagement von Asmus hatte ich ebenso großes Glück, wie mit demjenigen von Dahlke für meine Arbeit am Burnett. Einen nüchterneren, geschickteren, tätigeren Gefährten hätte ich mir nicht wünschen können, dazu ein Mann, der etwas von der Welt gesehen hatte, der ein selbständiges Urteil besaß und persönlich ein angenehmer Mensch war. Auch seinen jüngeren Bruder Julius engagierte ich, einen Burschen von etwa zwanzig Jahren. Wie ich später zu meinem Leidwesen bemerkte, war er einer von den nicht seltenen Australiern deutscher Abstammung, die sich ihrer deutschen Nationalität zu schämen scheinen, ihre Muttersprache verleugnen und nur noch Australier sein wollen. Ich habe diesen Leuten gegenüber kein Blatt vor den Mund genommen und ihnen gesagt, ich für meine Person hätte sonst noch nie einen Grund gefunden, mich meiner deutschen Nationalität zu schämen; wenn ich aber solchen Exemplaren, wie ihnen, begegnete, dann müßte ich allerdings zugeben, daß ein solcher Grund vorhanden wäre. Harry Asmus übernahm es, mir ein Pferd zu stellen. Außerdem mietete ich noch eine Dray mit Bespannung und nahm den Besitzer derselben, Frank Phillips, für den Transport des Gepäcks, die Lagerarbeiten und als Koch in meine Dienste.

Ich hatte die Absicht, während meines auf einen Monat berechneten Aufenthalts in der Umgebung von Cooktown der Säugetierfauna meine Hauptaufmerksamkeit zuzuwenden, besonders Material der Känguruhentwicklung zu sammeln und zu versuchen, ein oder das andere Exemplar der merkwürdigen und sehr seltenen Queensländer Baumkänguruhs zu erbeuten. Wie ich hörte, gab es Känguruhs in großen Mengen genau im Westen von Cooktown, in dem Bergland zwischen dem Endeavourfluß und dem Oaky Creek, einem Nebenfluß des Annanflusses. Dorthin brach ich zunächst auf, indem ich nur einen kleinen Teil meines Gepäcks mitnahm, und fand mich nach zwei Tagen behaglich im Camp und für meine Jagdunternehmungen fertig eingerichtet. Wir lagerten in einer Ebene am Fuße der Oaky Creek Range. Die Ebenen und die niederen Gebirgslagen tragen auch hier den gewöhnlichen Charakter des offenen Eukalyptusbusches, wie wir ihn schon am Burnett zur Genüge kennen gelernt haben. Ein Unterschied macht sich aber insofern bemerkbar, als hier nahe der Küste, wo die Feuchtigkeit der Luft eine viel größere ist als im Innern, überall da, wo sich ein Wasserlauf hinzieht, ein schmaler Streifen tropischer Gewächse, Palmen, Pandanus, Ficus ihn zu beiden Seiten begleitet. Galeriewälder, als Begleiter der Flüsse, findet man auch anderswo. Eigenartig ist hier aber der scharfe Vegetationswechsel, besonders sonderbar der Anblick an kleinen Wasserläufen, wo der Streifen tropischer Vegetation, der den Creek umsäumt, nur wenige Meter breit und scharf nach außen abgeschnitten ist. Hie und da, wo der Untergrund feucht oder sumpfig ist, finden sich im Busch dichte Scrubs mit vorwiegend tropischer Vegetation. Die regenfeuchten Gipfel der höheren Berge sind mit einem üppigen tropischen Pflanzenwuchs bedeckt.

In der Ebene und dem mäßig kupierten Terrain leben noch große Herden von Känguruhs, jenen allbekannten Beuteltieren, die uns geradezu als die Charaktertiere Australiens erscheinen. Jeder von uns hat schon vielfach Känguruhs in zoologischen Gärten und Menagerien gesehen, und wir bemerken dort wohl, daß es größere und kleinere Arten gibt. Eine Vorstellung von dem Reichtum der Arten und Gattungen machen wir uns aber nicht, und zwar deshalb nicht, weil wir über dem sonderbaren Bau der Extremitäten, des Schwanzes, der merkwürdigen Fortbewegung alles andere vergessen und auf kleinere Unterschiede nicht achten. Dennoch zeigen diese scheinbar so einförmig gebauten Geschöpfe eine erstaunliche Mannigfaltigkeit in ihrem Habitus, ihren Lebensgewohnheiten, ihrer Verbreitung. Wenn wir nur die eigentlichen Makropodinen berücksichtigen und die »Känguruhratten« ganz außer Acht lassen, so haben wir 7 Gattungen mit zusammen 43 Arten zu unterscheiden. Davon kommen 23 auf die Gattung Macropus, das eigentliche Känguruh.

Die australischen Kolonisten nennen alle größeren Arten »Cangaroo«, und geben nur der einen großen und schweren, fast schwarzen Form, die im Gebirge lebt (Macropus robustus), den besonderen Namen Wallaroo. Alle kleineren Arten werden in Australien durchgängig als »wallabies« bezeichnet, und nur durch besondere Zusätze, die auf ihre Färbung, Behaarung oder ihren Aufenthalt Bezug haben, von einander unterschieden. Gebirgsformen sind außer dem Wallaroo besonders die Arten der Gattung Petrogale, die von den Kolonisten »rock wallabies«, Felsen-Wallabies genannt werden und in der That ausgezeichnete Felsenkletterer sind. Wenn scharf mit Hunden gehetzt, klettern diese Tiere zuweilen auf schief stehende Bäume hinauf und

Rotes Riesenkänguruh, Macropus rufus.

werden dann von Unkundigen mit dem eigentlichen Baumkänguruh, Dendrolagus, verwechselt, von dem sie aber sehr verschieden sind. Andere Wallabyarten leben in Scrubs, die Mehrzahl der Makropodinen zieht aber den lichten, ebenen oder mäßig kupierten Buschwald vor, wo sie die beste Gelegenheit haben, ihre ungeheure Sprungfähigkeit zu betätigen und reichliche Grasweide finden.

Die Sprünge der größeren Arten sind bei gemütlichem Hüpfen mehrere Meter weit; wird das Tier aber verfolgt, so kann es die Weite jedes einzelnen Sprunges auf 10 Meter und darüber steigern. Es schnellt sich dabei ausschließlich mit den Hinterbeinen vom Boden ab, nicht etwa auch mit dem Schwanz, wie viele glauben. Man kann dies leicht feststellen, wenn man die Spuren der Tiere am Boden untersucht. Der Schwanz schwingt bei jedem Sprunge mit, berührt aber nicht den Boden. Er dient wohl vorwiegend als Steuer, beim Sitzen auch als Sockel.

Im Hinterlande von Cooktown gibt es noch große Mengen von Känguruhs. Im mehr bevölkerten Süden ist ihre Zahl, besonders die der größeren Arten stark gelichtet, nicht etwa weil die Ansiedlung von Menschen sie vertreibt, oder ihre natürlichen Existenzbedingungen verändert sind, sondern weil man sie systematisch ausrottet. Die Squatters sehen in ihnen Konkurrenten ihres Viehes auf der Weide, und in dürren Zeiten können sich größere Känguruhherden in einem Bezirk wohl auch unangenehm als Mitkonsumenten der spärlichen Weide bemerklich machen. Man setzte deshalb vielfach von Regierungswegen einen Preis auf den Skalp aus, 25 oder 50 Pfennig und mehr, und bewirkte dadurch eine Vernichtung der interessanten und harmlosen Tiere in großem Maßstabe. Auf großen Treibjagden wurden Hunderte zusammengeschossen; ihre Körper ließ man ungenützt vermodern. Erst neuerdings hat man in Erfahrung gebracht, daß die Känguruhhaut ein besonders feines und schönes Leder liefert und deshalb von großem Werte ist. Seitdem erwerben sich eine Anzahl Leute ihren Unterhalt mit der Känguruhjagd. Sie streifen in den Gegenden, die noch größere Känguruhherden beherbergen, herum, birschen sich an die Tiere heran und strecken die ausgewachsenen großen Männchen durch einen wohlgezielten Büchsenschuß. Für eine große, tadellose Känguruhhaut wird bis zu 18 Mark bezahlt. Ein beliebter Jagdsport ist in ganz Australien die Hetzjagd zu Pferde. In bergigem Terrain ist diese Jagdart aussichtslos, weil das Wild Terrainhindernisse, Senkungen und Schluchten überspringt, die Pferd und Hund umgehen oder durchklettern müssen. Auf ebenem Terrain aber holt ein gutes Pferd und ein guter Hund das Känguruh trotz seiner enormen Sprünge bald ein, denn vier Beine ermüden nicht so bald, wenn sie den Körper forttragen sollen, als zwei, und zuletzt bleibt dem armen Springtiere nichts anderes übrig, als sich mit dem Rücken gegen einen Baum zu stellen und sich durch Stoßen und Kratzen mit den Hinterbeinen, deren vierte Zehe eine lange spitze Kralle trägt, der Angreifer zu erwehren. Hunde, die sich einem zu verzweifelter Gegenwehr gerüsteten alten Känguruhmännchen unvorsichtig nahen, werden oft mit den Vorderfüßen ergriffen, umarmt und zu Tode gekratzt. Ein Mensch, der ein solches Tier mit einem tüchtigen Knüppel angreift, kann es aber leicht erlegen. Manche Känguruhs flüchten sich in der Verzweiflung ins

Wasser und ertränken, hoch aufgerichtet, jeden Hund, der auf sie zugeschwommen kommt. Zur Känguruhhatz benutzt man mit Vorliebe Kreuzungen von Windhunden und Doggen, sogenannte Känguruhhunde, die Schnelligkeit mit Mut und Kraft vereinen.

In den Ebenen bei Cooktown, zwischen Oaky Creek und Endeavour waren Känguruhs noch recht häufig, besonders das riesenhafte rote Känguruh, Macropus rufus, das in zahlreichen Herden dort lebt. Die größte dieser Herden, aus der wir mehrere Stücke herausschossen, zählte über hundert Stück.

Sehr kam mir auf diesen Jagden meine Büchsflinte zu statten. Ich birschte mich bis auf Schrotschußweite an die Herde heran, schoß ein Stück der sitzenden Tiere und hatte dann noch einen Kugelschuß auf die fliehende Herde. War es nicht möglich, so nahe heran zu kommen, so schoß ich gleich auf größere Entfernung aus dem Büchsenlauf mit Expreßpatrone. Das schlimme war nur, daß die Tiere durch die fortgesetzte Verfolgung bald scheu und vorsichtig wurden, und es nach einiger Zeit ungemein schwierig war, sich an eine öfter beschossene Herde heranzubirschen. An die große Herde von über hundert Stück kamen wir bald überhaupt nicht mehr heran, weil stets das eine oder das andere Tier unser Heranschleichen bemerkte und den ganzen Schwarm mit fortnahm.

Ähnlich unsern Hirschen und Rehen halten sich die Känguruhs bei Tage gern in geschützten, dichteren Stellen verborgen und treten erst abends mit Anbruch der Dunkelheit zum Äsen aus. Wie oft habe ich abends in meinem Camp das schwere taktmäßige Klopfen gehört, das durch das kräftige Aufschlagen der Hinterläufe auf den Boden hervorgerufen wird. Dieser Laut gehört zum australischen Busch wie das tolle Gelächter des laughing Jackass und die reizende Weise des Flötenvogels.

Jagt man die Känguruhs der Häute wegen, so wählt man die starken Männchen aus und schießt mit der Kugel. Da es mir aber nicht auf die unverletzten Felle der Tiere, sondern auf die Embryonen ankam, so schossen wir ausschließlich erwachsene Weibchen und wandten Schrot- wie Kugelschuß an. Die Weibchen dieser Art sind leicht kenntlich, denn sie sind gewöhnlich nicht rötlich wie die Männchen, sondern mehr blaugrau gefärbt. Für meine Sammlungen war die Zeit wenig günstig, denn jedes Weibchen, das wir schossen, hatte je ein meist schon ziemlich großes Beuteljunges. Wenn scharf verfolgt, begeht übrigens das Känguruh dieselbe unmütterliche Handlung wie die Känguruhratte. Sie streift das Junge aus den Beutel und opfert es, um selbst besser ihren Verfolgern zu entgehen. Man sieht, daß die auf die Brutpflege hinzielenden Instinkte bei diesen niederen Säugetieren noch lange nicht so hoch entwickelt sind, als bei den höheren Säugern und den Vögeln, bei denen umgekehrt die Mutter gewöhnlich ohne Zögern bereit ist, ihr eigenes Leben für ihre Nachkommen preiszugeben.

Der muskulöse Schwanz der Känguruhs liefert eine vortreffliche Suppe, auch ist das Wildbret der Keulen nicht zu verachten. Im übrigen machen sich die australischen Ansiedler nicht viel aus Känguruhfleisch und halten sich für persönlich vom Geschick beleidigt, wenn sie sich längere Zeit davon ernähren und ihr geliebtes Rindfleisch entbehren müssen. Die Vertilgung der von uns in der Nähe unseres Lagers erlegten und abgehäuteten Känguruhs übernahm eine große Menge von Falken, die sich wie die Geier über dem Aas sammelten. Denn wirkliche Geier fehlen in Australien und ihre Rolle als Vertilger des Aases wird besonders an der Küste von einigen Falken und Adlern eingenommen, während mehr im Innern, soweit meine Beobachtungen am Mittel- und Oberlauf des Burnett reichen, das gefallene Vieh und verendete Wild gewöhnlich unberührt verfault.

Da mir an älteren Stadien der Känguruhentwicklung nicht viel lag, beschloß ich Gegenden aufzusuchen, wo sich anderes für meine Zwecke vielleicht brauchbareres Wild fand. Vorher aber machte ich noch einen Ausflug nach einem nördlich vom Endeavourfluß am Fuße des Mount Fantastic gelegenen Scrub. In meinem bisherigen Lager hatte ich nämlich jeden Abend mit Anbruch der Dunkelheit riesige fruchtfressende Fledermäuse, sogenannte fliegende Hunde, zur Familie der Pteropiden gehörig, vorbeistreichen sehen und verschiedene durch Schrotschüsse im Fluge heruntergeholt. Immer kamen sie einzeln, aber oft zahlreich hintereinander aus einer bestimmten Gegend. Asmus sagte, dort müßte ein »flying fox camp« sein, eine Stelle, an der eine große Gesellschaft von Flughunden über Tag ihren Aufenthalt hätte, und von wo sie ihre nächtlichen Ausflüge unternähmen, um Nahrung zu suchen. Die Hauptnahrung der Flughunde besteht aus Früchten aller Art. Doch verschmähen sie auch Fleisch, Fisch, Insekten, Vogeleier nicht, wenn sie ihrer habhaft werden können. Asmus sagte mir, er kenne in der Nähe ein Flughundcamp, und da ich ein solches noch nie gesehen hatte und mir von dem Besuch entwicklungsgeschichtliche Ausbeute versprach, ritt ich mit ihm dorthin, während die beiden andern im Camp zurückblieben.

Wir hatten auf unserm Ritt den Endeavourfluß zu überschreiten und sahen dabei in ziemlicher Entfernung von uns zwei mäßig große

Krokodile am Ufer liegen. Es waren Leistenkrokodile, Crocodilus porosus (biporcatus), die in den Flußmündungen und an den Küsten von Nordaustralien, Neu-Guinea und den malayischen Inseln, des südwestlichen Chinas und an der Ostküste Indiens ungemein häufig sind, ja selbst auf den Salomonsinseln und Fidji vorkommen. Weit aufwärts in die Flüsse scheinen sie nicht aufzusteigen, sondern das Mündungsgebiet und die Küste zu bevorzugen. Diese Tiere erreichen eine Länge bis zu acht Metern und darüber und sind gefährliche Räuber, die größeres Wild, Kälber, Schafe, Menschen, die sich unvorsichtig dem Wasser nähern, fassen, in die Tiefe ziehen und verschlingen. Der Angriff erfolgt ausschließlich vom Wasser aus, in dem der Räuber an einer tieferen Stelle versteckt auf seine Beute lauert. Wenn eine größere Zahl von Menschen sich am Wasser aufhält und viel Geräusch macht, hat das Krokodil keinen Mut, sondern macht sich davon, und nie habe ich gehört, daß es sich aus einer solchen Schar sein Opfer herausgeholt hätte. Auf ein einzelnes Mädchen, das am Flusse Wasser schöpfen will, auf den still am Ufer oder im kleinen Kanoe angelnden Fischer stürzt es sich, und so plötzlich ist sein Angriff, so sicher sein Griff, daß es für die Ergriffenen selten Rettung gibt. Doch wagen sich nur größere Leistenkrokodile, und auch von diesen nur einzelne, besonders mutige an erwachsene Menschen. Es verhält sich ähnlich wie mit dem Tiger. Nur eine verhältnismäßig kleine Zahl sind Menschenfresser. Diejenigen aber, die sich einmal an Menschen gewagt haben, werden immer kühner, und ein einzelnes Tier kann dann eine bestimmte Stelle auf lange unsicher machen. Dr. Kortüm zeigte mir den mehr als meterlangen Kopf eines solchen gepanzerten Riesen, der lange Zeit im Endeavourfluß bei der Kortümschen Farm gehaust und viele Kälber und andre Haustiere, zuweilen auch einige friedliche Chinesen zum Verschwinden gebracht hatte. Er war dabei so schlau und vorsichtig, daß es nicht glückte, ihn durch einen Büchsenschuß zu erlegen. Endlich war es gelungen, ihn mit Strychnin zu vergiften. Er soll acht Meter lang gewesen sein, und in seinem Magen soll sich der Zopf eines Chinesen gefunden haben. Für die historische Treue letzterer Angabe vermag ich aber nicht einzustehen.

Das Lager der Flughunde befand sich in einem dichten, aber nur etwa einen Quadratkilometer Breite einnehmenden Scrub in der Nähe der Station eines Herrn Webb, eines ehemaligen Kameraden von Harry Asmus. Der Hausherr war nicht anwesend, freundlich wurden wir aber von seiner Frau aufgenommen. Vor dem Hause stand ein Käfig, in dem ein schöner, langschwänziger Papagei von grüner

Grundfarbe und prächtig rot gefärbten Flügeln saß, wohl eine Ptistes-art. Auf dem Bauer saß ein ähnlicher, aber viel mehr gleichförmig grün gefärbter Vogel, der bei meiner Annäherung abstrich. Frau Webb sagte mir, daß der Vogel im Bauer vor einigen Monaten von ihrem Mann in der Nähe des Hauses durch einen Schuß geflügelt und, weil sonst unverwundet, in das Bauer gesteckt worden sei. Seine treue Gattin käme aber regelmäßig am Morgen, um ihn zu besuchen und ihm einige Stunden Gesellschaft zu leisten. Nach einiger Zeit flöge sie dann wieder fort, sie sei auch schon zuweilen einige Tage weggeblieben, habe sich aber schließlich immer wieder bei ihrem alten Genossen eingefunden. Wenn das Bauer im Hause stände, wage sie sich nicht hinein, überhaupt sei sie scheu und vorsichtig gegenüber allen Mitgliedern der Familie geblieben. Ist dieser Zug treuer Anhänglichkeit bei einem Vogel nicht wirklich rührend?

Der Scrub, in dem die Flederhunde hausten, bestand aus hohen Waldbäumen, Ficus, Palmen, mächtigen Eukalypten. Der Boden war stellenweise sumpfig, und einmal versank ich mit dem rechten Bein bis zum Knie in den Schlamm. In den Baumkronen dieses Waldes hingen die Flederhunde zu Tausenden und Tausenden. Sie sind nicht durch den ganzen Wald verstreut, sondern bevorzugen gewisse Stellen und Bäume, an denen sie dicht gedrängt auf- und übereinander hängen und ihren Tagesschlaf halten. Dabei herrscht nicht etwa absolute Stille und Ruhe, sondern immer sind einige wach, lösen sich aus der Masse, fliegen an eine andre Stelle, schreien und kreischen, so daß man die Anwesenheit der Tiere weithin hört. Auch der Nase machen sie sich bemerklich, denn ihre scharfe, fuchsähnliche Ausdünstung wird einem vom Winde kilometerweit entgegengetragen. Am Boden unter ihren Schlafbäumen liegen Haufen von abgerissenen Blättern und Zweigen und starke Ansammlungen von Kot. Über dem Walde sieht man stets eine Anzahl mächtiger Keilschwanzadler, Aquila audax, schweben und sich unter denen, die sich unvorsichtig aus dem Schutz des Blätterdachs hervorwagen, ihre Beute auswählen.

Ich schoß in den dicksten Haufen und dachte, mein erster Schuß würde Dutzende herabbringen. Zu meinem Erstaunen fielen nur zwei, denn die Verwundeten klammerten sich nur um so fester an, und in dem dichten Knäuel wurden wahrscheinlich selbst manche der Getöteten festgehalten und vor dem Herabfallen bewahrt. Nur eine Anzahl von ihnen flog fort und hängte sich nach kurzem Fluge wieder an einer anderen Stelle im Astwerk auf. Nach unsern Schüssen herrschte jedesmal grenzenlose Verwirrung, heftiges Kreischen ertönte und im ängstlichen Fluge flatterten die gespenstischen Gestalten der harmlosen »Vampyre« zwischen den Baumkronen umher. Mit fünfzig Schüssen erlegten wir sechzig Stück, darunter nur zwanzig Weibchen, von denen eine Anzahl trächtig war. Ich war froh, als wir unsere Patronen verschossen hatten und die Metzelei zu Ende war, denn ein derartiges Morden hilfloser Geschöpfe ist auch dann unerfreulich, wenn es zu wissenschaftlichen Zwecken geschieht, und besonders wenn man viel mehr Tiere verwundet als wirklich erbeutet.

Frau Webb sagte uns, daß diese große Ansammlung von Flederhunden jährlich nur zu gewissen Zeiten stattfinde, und daß die Mehrzahl der Tiere nach etwa vier Monate langem Verweilen größtenteils wieder abzöge. Nur die Jungen sollten dann zurückbleiben. Danach würden jene Camps im eigentlichen Sinne Nistplätze sein, und würden die Tiere sich nach abgelaufener Brunst wieder trennen oder in kleinere Gesellschaften auseinanderziehen. Eine derartige Auffassung der Pteropidenlager finde ich sonst von keinem einzigen anderen Beobachter vertreten, und ich möchte die Frage als eine offene behandeln, da wir mit einer Angabe zu tun haben, die ich nicht durch eigene Beobachtung sicherstellen konnte.

Nach der Rückkehr in mein Camp rüstete ich alles zum Aufbruch und begab mich zunächst nach Cooktown zurück, um dort zusammen mit Asmus Erkundigungen einzuziehen, wo wir am ehesten in den umliegenden Bergwäldern Aussicht haben würden, Exemplare des Baumkänguruhs zu finden. Das Vorkommen dieser merkwürdigen Känguruhgattung ist im eigentlichen Australien, und zwar in Nordqueensland, erst vor elf Jahren durch den norwegischen Reisenden Carl Lumholtz festgestellt worden. Bis dahin hatte man gemeint, die Gattung Dendrolagus sei auf Neu-Guinea beschränkt, wo sie durch drei Arten vertreten wird. Lumholtz fand eine vierte, bisher unbekannte Art, die ihm zu Ehren Dendrolagus lumholtzi benannt worden ist, in den Scrubs am Herbertfluß und seitdem ist das Vorkommen dieser Art an verschiedenen Punkten der tropischen Gebirgswälder der Nordostküste konstatiert worden. Wahrscheinlich handelt es sich hier überall nur um die Art Dendrolagus lumholtzi, das Vorkommen noch anderer Arten ist aber nicht ausgeschlossen. Es ist sehr merkwürdig, daß ein Tier, dessen ganzer Bau als Sprungtier es so unzweideutig auf die offene Ebene weist, sich doch verhältnismäßig leicht an das Baumleben und Klettern hat anpassen können, ohne dabei seine Känguruhnatur wesentlich zu verändern. Allerdings bewegt es sich auf den Bäumen auch anders als andere Baumtiere. Auf niedere Bäume hüpft es mit einem Satz und steigt dann springend im Geäst weiter an. Auf höhere Bäume klimmt es mit Leichtigkeit, indem es sich mit den scharfbekrallten Vorderfüßen anklammert und die Hinterfüße fest anstemmt. In den Baumkronen bewegt es sich springend, und der Anblick des Tieres, wenn es seine hüpfenden Sprünge in in den Kronen der Urwaldbäume ausführt, soll ein höchst seltsamer und fremdartiger sein.

In Cooktown erfuhr ich, daß Exemplare in den zinnreichen Gebirgen im Süden von Cooktown am Mount Finnigan kürzlich gesehen sein sollten; auch am Normanbyfluß wollten Zinngräber einige gesehen

Baumkänguruh, Dendrolagus lumholtzi.

haben. Die Angabe über Mount Finnigan erschien mir als die zuverlässigere, auch ist diese Gegend schneller zu erreichen; ich beschloß also, mich dorthin zu wenden.

In dieser Zeit hatte ich eine leichte Erkrankung durchzumachen. Wir hatten in unserm Camp sehr von Moskitos zu leiden gehabt, und ich hatte mir im Schlafe die Füße ganz wund gerieben. Die Wunden am rechten Fuß, mit dem ich bei der Flederhundjagd tief in übelriechendes, mit zersetzten Stoffen erfülltes Sumpfwasser eingesunken war, begannen sich jetzt in unangenehmer Weise zu entzünden, der ganze Fuß schwoll an, und ich hatte beim Reiten wie beim Gehen heftige Schmerzen. Es war mir unmöglich, in jener Zeit den Fuß zu schonen, und so wurde ich trotz antiseptischer Behandlung wochenlang durch dieses kleine Leiden belästigt.

Die Dray brauchte drei Tage, um von Cooktown bis an den Fuß von Mount Finnigan zu gelangen. Ich sendete sie deshalb voraus und folgte mit Harry Asmus einen Tag später zu Pferde nach. Auf unserm Wege hatten wir zunächst die schöne Brücke über den Annanfluß zu passieren, der hier bei Cooktown im Bereich der Flut sehr breit ist. Die Brücke ist 1100 Fuß lang und ihr Bau hat 340000 Mark gekostet, ein Denkmal der schönen Zeit, als das Gold hier noch auf der Straße lag. Wir verfolgten den Weg, der von Cooktown in fast direkt südlicher Richtung zum Bloomfieldfluß führt. Unterwegs begegneten wir mehrere Male Trupps von Packpferden, die von einem oder zwei Reitern getrieben wurden und das bei Bloomfield und den anderen Distrikten ausgewaschene Zinn nach Cooktown brachten. Jedes Pferd trägt eine Last von 200—300 Pfund Zinn. Die Gegend ist zu rauh und bergig, um den Transport mit Wagen oder Karren zu gestatten.

Wir passierten mehrere granitische Bergketten, eine davon die »Black Trevethan Mountains«, von ganz wunderbarem, unheimlichem Aussehen. Es sind das Granitberge, deren sehr steile Abstürze so gut wie gar keine Vegetation tragen. Der Fels hat eine beinah schwarze Farbe, und die Verwitterung hat von den Wänden überall gewaltige Blöcke abgesprengt, die nun als ragende Trümmer die Flanken des Berges bedecken, das Ganze ein Bild finsterer, trotziger Unzugänglichkeit. Dann wieder führte unser Weg durch schöne tropische Scrubs, in denen Pandanus und mächtige Palmen: Livistonia australis, Corypha australis üppig gedeihen und Haine von unvergleichlicher Schönheit bilden. Corypha australis wird von den Kolonisten »cabbage-palm«, Kohlpalme genannt. Die jungen, unausgebreiteten Wedel dieser Palme, die man in heißem Wasser abbrüht und dann trocknet, liefern ein vorzügliches Material zum Flechten dauerhafter, guten Schutz gewährender Tropenhüte. Ein schön gewachsener Baum, der eine Höhe von 8—15, ja selbst 30 Metern erreicht, fällt durch sein frisch grünes, in der Farbe an unsere Waldbäume erinnerndes Laub auf. Meine Begleiter warnten mich eindringlich vor diesem Baum, der nichts anderes ist, als eine gewaltige baumartige Brennessel, der berühmte australische »stinging tree«, Laportea gigas. Das Nesselgift besonders der jüngeren Blätter ist ungleich intensiver als das unserer kleinen krautartigen Brennessel und eine ausgedehntere Verletzung durch die Brennhaare, die beide Seiten der Blätter dicht bedecken, kann heftige Lymphgefäßentzündungen hervorrufen und geradezu gefährlich werden. Berührt man vorsichtig ein Blatt mit der Fingerspitze, so empfindet man einen heftigen Schmerz, der durch den ganzen Arm bis zur Achselhöhle aufsteigt. Trifft das Gift die Schleimhäute, so wirkt es auch dort als ein heftiger Reiz; beispielsweise wird man durch einen starken Wind, der über einen Nesselbaum zu einem hinweht, zum Niesen gereizt werden. Die höheren Bäume sind weniger gefährlich, aber die niederen Büsche, die beim Durchreiten Pferd und Reiter mit ihren Giftblättern streifen, bilden eine ernste Gefahr. Pferde sind besonders empfindlich, sie geberden sich ganz rasend, beginnen sich zu rollen und werden tagelang gebrauchsunfähig.

Ein anderes Schrecknis jener Dickichte ist die kletternde Dornpalme, Calamus australis, von den Kolonisten »lawyer vine«, Advokatenwinde genannt. Dieses Gewächs, das zu den Rotangpalmen gehört, klettert von Baum zu Baum und spannt überall seine harten, elastischen Ausläufer und Ranken, die mit spitzen Haken und Dornen gespickt sind, durch das Dickicht aus. Wehe dem, der mit ihnen in Berührung kommt. Wie in dem Netz eines scharfen und zähen Advokaten fühlt er sich ergriffen, hat er sich hier befreit, so ist er da wieder gepackt und müht sich in aussichtslosem Kampfe ab, sich der Umarmung des »lawyer vine« zu entziehen. Da wo diese Palme häufig vorkommt, ist es thatsächlich unmöglich, durch den Wald zu dringen, wenn man sich nicht ganz systematisch mit dem Haumesser seinen Weg bahnt.

Sehr häufig waren in diesen Gegenden die prachtvoll gefärbten Bienenfresser, Merops ornatus, langschnäblige Vögel von der Größe einer Amsel, aber viel schlanker. Ihre grüne Grundfarbe wird durch schwarze, rotbraune, gelbe und blaue Farbentöne in reizender Weise belebt. Asmus beklagte sich sehr über diese Vögel, die ihm das Halten seiner Bienen erschwerten. Überhaupt haben die Bienen hier in den Tropen viel mehr Feinde, und ihre Vorräte viel mehr Freunde, als in Europa oder im gemäßigten Australien. Außer den zahllosen insektenfressenden Vögeln, unter denen die Bienenfresser die schlimmsten sind, bilden auch die massenhaften Spinnen und Wespen eine große Gefahr für die fleißigen Honigsammler, viele Eidechsen stellen ihnen nach, und die räuberischen und mutigen Ameisen statten ihren Vorräten Besuche ab. Der Bienenzüchter muß deshalb immer die Augen offen haben, Ansiedlungen der Ameisen, Wespennester und so weiter in der Nähe seiner Pfleglinge zerstören, Vögel abschießen, wenn er Erfolg haben will. Daß Schwärme unserer Honigbiene sich selbständig in diesen tropischen Gegenden halten und vermehren, wie sie es vielfach am Burnett gethan haben, hatte Asmus nie beobachtet.

Am zweiten Tage langten wir am Fuße des Mount Finnigan an, da wo unsere Dray in dem bergigen Terrain nicht weiter gekonnt, und meine Leute deshalb Halt gemacht und das Lager aufgeschlagen hatten. Wir befanden uns hier etwa 200 Meter über dem Meere. Die Gegend sah recht vielversprechend aus. In unserer nächsten Nähe befand sich ein schöner Urwald, der mir in der Folge manche Ausbeute besonders an Insekten geliefert hat. Unangenehm waren in diesem und den benachbarten Wäldern die zahlreichen Landblutegel, die man von beinah jedem Ausflug in größerer Anzahl an seinem Körper heimbrachte. Ich sammelte am Mount Finnigan viele Beuteldachse, Perameles macrura, und besonders viele Beutelmarder, Dasyurus hallucatus und Dasyurus geoffroyi, die hier bedeutend häufiger waren als am Burnett. Außerdem kommt noch eine erheblich größere Form vor, die die Leute als »tiger cat« bezeichneten, von der wir aber kein Stück erbeuteten. Vielleicht ist es Dasyurus maculatus, vielleicht auch eine neue, noch unbeschriebene Form.

Überall in unserer Umgebung entdeckten wir Spuren der Schwarzen, bekamen aber nicht ein einziges Mal einen zu Gesicht. Ich bedauerte das sehr, denn ich hätte gern wieder einige von ihnen als Jäger in meine Dienste genommen wie am Burnett. Die Schwarzen sind aber ohne Zweifel hier im Norden, wo die völlige Wildnis anfängt, und das Gesetz häufig nicht einmal den Willen hat, sie zu schützen, sehr eingeschüchtert, und wagten es nicht, sich vor Männern blicken zu lassen, die den ganzen Tag mit der Flinte herumstreiften. Wäre es doch nichts Unerhörtes gewesen, daß hier jemand einem Schwarzen, rein zum Spaß, eins aufgebrannt hätte. Im Süden geht so etwas jetzt nicht mehr ohne weiteres, und könnte für den Täter die unangenehmsten Folgen haben. Hier aber kräht noch kein Hahn danach. Überhaupt ist die Behandlung der Schwarzen seitens der Ansiedler das trübste Kapitel in der Kolonisation Australiens. Immer und überall dieselbe Geschichte. Die Weißen kommen und lassen sich in den Jagdgründen der Schwarzen nieder, die diesen doch seit undenklicher Zeit gehören. Sie errichten Paddocks, die die Schwarzen nicht betreten dürfen, sie züchten Rinder und Schafe, denen die Schwarzen nicht nahe kommen sollen. Dann geschieht es, daß diese einfältigen Wilden keinen Unterschied zu machen wissen zwischen einem Beutel- und einem Placentartier und statt eines Känguruhs ein Rind oder ein Kalb speeren. Auf diesen Frevel reagiert der Weiße gewöhnlich so, daß er anfängt, systematisch alle Schwarzen abzuschießen, die ihm vor den Lauf kommen; die Schwarzen nehmen das übel und werfen ihm, wenn er durch den Busch reitet, aus dem Hinterhalt einen Speer in den Rücken, oder überfallen sein Haus, töten sein Weib und seine Kinder, wenn er abwesend ist. Dann kommt die »native police«, eine Truppe von Schwarzen aus anderer Gegend, die unter dem Befehl eines weißen Offiziers steht. Sie kennt die Schliche ihrer Rassengenossen und findet am Morden besonderes Vergnügen. Diese rächt die Tat, indem sie in jener Gegend jeden Schwarzen tötet, den sie finden kann, zuweilen auch die Weiber und Kinder. Dies ist fast überall der typische Gang der Kolonisation gewesen, und wenn solche Dinge in den südöstlichen Kolonien und in Südostqueensland nicht mehr vorkommen, sind sie im Norden und Westen auch jetzt noch keineswegs unerhört, wie folgende Begebenheit beweist. Ich hatte gehört, daß nahe bei Cooktown einmal eine Anzahl Schwarze aus irgend einem Grunde von der Native Police niedergemetzelt worden war, und daß ihre Gebeine lange Zeit frei im Busche gebleicht hätten. Meine Humanitat ging nun nicht so weit, besondere Anstrengungen zu machen, ihnen ein Begräbnis zu schaffen, ich wünschte vielmehr die Reste dieser armen Opfer für die Wissenschaft zu gewinnen. Denn das Studium einer größeren Menge von australischen Schädeln wäre anthropologisch höchst interessant. Ich setzte mich deshalb mit verschiedenen Leuten in Verbindung, um die Stelle zu ermitteln; sie war aber in Vergessenheit geraten oder die Gebeine waren durch irgend welche Einflüsse zerstreut und verdeckt worden, kurz, wir vermochten nichts aufzufinden. Da sagte mir einer der Leute, an die ich mich gewandt hatte: »Schade, daß X. nicht mehr lebt, der hätte Ihnen so viel Schädel besorgt, wie Sie gewollt hätten.« Ich fragte erstaunt, wie ihm das möglich gewesen sein würde, und erhielt die kaltblütige Antwort: »er würde sie ganz einfach geschossen haben.« Dieser Mann war allgemein dafür bekannt gewesen, daß er im Busch die Schwarzen abzuschießen pflegte. Vor wenigen Jahren nun war er selbst in seiner Hütte im Busch, etwa 100 Kilometer von Cooktown, erschossen aufgefunden worden. Man hatte zunächst seinen weißen Kameraden in Verdacht, der zu jener Zeit in der Gegend nicht anwesend gewesen sein wollte. Es stellte sich aber heraus, daß er von einem kleinen schwarzen Knaben erschossen worden war, den er als eine Art Diener bei sich hatte. Eines Abends hatte er nämlich dem Kinde gesagt: »Morgen schieße ich dich tot.« Damit hatte er sich hingelegt. Dem Jungen schien das bedenklich, er kannte seinen Herrn und hatte, wie er später angab, gedacht: »Me shoot him first«, und richtig hatte er den gefährlichen Mann mit dessen eigenem Gewehr im Schlafe erschossen. Das Kind wurde natürlich vom Gericht wegen des Mordes nicht bestraft, denn alle, die den Ermordeten kannten, sagten, daß seine Äußerung am Abend ebensogut ernsthaft wie scherzhaft gemeint gewesen sein könnte, und der Junge ganz recht gehabt hätte, nicht die Lösung des Rätsels abzuwarten. Man mußte den Kleinen aber aus der Gegend entfernen, damit er nicht der Rache der Kameraden und Gesinnungsgenossen jenes Blutmenschen zum Opfer fiel. Denn daß ein Schwarzer ungestraft einen Weißen töten darf, auch wenn er sich in Notwehr befindet, ist nach der Anschauung dieser Leute etwas ungeheuerliches.

Wie man sieht, muß man sich also beim Anstellen anthropologischer Sammlungen in wilden Gegenden in acht nehmen. In Neu-Guinea hörte ich, daß der Gouverneur, Sir William McGregor, nahe daran gewesen war, einen italienischen Naturforscher auszuweisen, weil dieser erklärt hatte, er wolle mehrere Hundert Papuaskelette sammeln. Da er gute Preise an Tabak und Messern dafür zahlen wollte, lag der Gedanke für die einfachen Wilden doch sehr nahe, Streifzüge in entferntere Dörfer zu unternehmen und das fehlende Material frisch zu beschaffen. Kopfjägerei ist ja so wie so bei vielen Papuastämmen ein beliebter Sport, und hier hätte man noch etwas dabei verdienen können.

Ein Naturforscher sei daher recht vorsichtig mit dieser Art Sammlungen und sehe sich seine Lieferanten, schwarze wie weiße, genau an, ehe er mit ihnen wegen solcher Objekte in Verbindung tritt.

Da sich während unseres Aufenthaltes in dieser Gegend kein einziger Schwarzer vor uns blicken ließ, mußten wir uns ohne sie behelfen. Unsere Jagderfolge waren im großen und ganzen zufriedenstellende. Wir brachten nach einiger Zeit in Erfahrung, daß die Baumkänguruhs niemals hier am Fuße des Berges, sondern nur viel höher oben in dem dichten Urwald, der den Gipfel bedeckt, gesehen worden waren. Dorthin mit der Dray zu gelangen, war aber unmöglich. Es lebten dort oben vier Zinngräber in einer selbstgezimmerten Blockhütte, dieselben, durch die die Kunde von dem Vorhandensein der Baumkänguruhs in dieser Gegend nach Cooktown gedrungen war, und Asmus, der zu ihnen hinaufstieg, brachte die Mitteilung zurück, daß sie uns gern für einige Tage bei sich aufnehmen wollten.

Das Blockhaus der Zinngräber oder das »top camp« lag etwa

400 Meter über unserm eigenen Lager und 600 Meter über dem Meere, und wir brauchten vier Stunden angestrengten Kletterns, um dorthin zu gelangen, da wir unsere Decken, Gewehre, Munition mit hinaufschleppen mußten. Solche Kletterpartien unter einem tropischen Himmel durch dichtverwachsenen Urwald, über schlüpfrige Felsen, durch eiskalte Bergwässer, sind viel anstrengender und aufreibender als dreimal längere und steilere Bergtouren in der kühlen erfrischenden Luft unsrer Alpen.

Vom top camp aus hat man eine schöne Aussicht auf die umliegenden Bergketten, falls kein Nebel herrscht, der sehr häufig den Gipfel des Berges umlagert. Man befindet sich hier in der Mitte eines granitischen Bergzuges, der nach Norden im Mount Thomas und Mount Amos seine höchste Erhebung erreicht, sich aber noch über die Black Mountains hin bis zum Mount Cook bei Cooktown ausdehnt. Nach Süden erstreckt sich das Granitgebirge über die Gegend am Bloomfield bis zum Kap Tribulation und weiter. Dicht vor uns liegen Mount Finlayson und Mount Romeo. Der letztere trägt seinen schönen Namen nach einem Schwarzen, der von den Ansiedlern Romeo genannt wurde, und durch dessen Hilfe dort reiche Zinnlager entdeckt worden waren. Im Nordwesten dehnen sich weite Ebenen aus, und das Auge entdeckt in der Ferne Lagunen und Seen, die Kingsplain Lakes. Weit im Westen sieht man dann jenseits der Ebenen wieder Höhenzüge; es sind die Berge, von denen der Normanby- und Palmer-River entspringen.

Unsere vier Gastfreunde, einfache aber ordentliche und nüchterne Leute, hatten das Zinnlager in der Höhe des Mount Finnigan vor zwei Jahren entdeckt und hatten zunächst hier zwei feste Blockhütten errichtet. Zelte oder Rindenhütten würden vom Winde einfach weggeblasen werden, auch würden sie gegen die hier zuweilen recht empfindliche Kälte kaum genügenden Schutz gewähren. Das alluviale Zinnlager findet sich in einem ehemaligen Flußbett und hat eine Dicke von nicht ganz einem Meter. Hat man das nötige Wasser zur Stelle, so ist das Zinnwaschen ein sehr einfacher Prozeß. Die zinnhaltige Ablagerung wird in mächtige Holzkästen gebracht und mit einem starken Wasserstrom durchspült, während es gleichzeitig mit einer Eisengabel tüchtig aufgewühlt und durchgearbeitet wird. Das Wasser reißt dann den Schlamm und Sand mit fort, während das schwere Zinn niedersinkt und sich am Boden der Kästen absetzt. Auf diese Weise gewannen die vier Leute wöchentlich etwa eine halbe Tonne (1000 Pfund) Zinn im Werte von etwa 500 Mark, im Jahre also Zinn im Werte von etwa 26000 Mark. Sie glaubten ihre Mine noch mindestens zwei Jahre mit gleichem Erfolge ausbeuten zu können und würden dann im ganzen an 100000 Mark aus ihr gezogen haben. Auf jeden einzelnen würde nach Abzug aller Kosten ein Reingewinn von 20000 Mark oder 1000 Pfund für 4 Jahre harter aber erfolgreicher Arbeit kommen. Das klingt sehr ansehnlich, man muß aber bedenken, daß die Leute gewöhnlich erst lange als »Prospektors« herumziehen müssen, bis sie eine Stelle finden, die der Mühe der Bearbeitung überhaupt verlohnt. Während dieser Zeit hat der Prospektor keine Einnahmen, sondern oft genug beträchtliche Ausgaben. Er muß selten oder nie betretene Gebiete durchstreifen, oft unter harten Entbehrungen, immer auf seiner Hut vor den Angriffen feindlicher Eingeborener, und es dauert oft Jahre, ehe er den gewünschten Erfolg hat. Ist eine vielversprechende Stelle gefunden, so hat er seinen Fund der nächsten Behörde anzuzeigen und erhält dann seinen »claim« zugesprochen. Handelt es sich um alluviales Gold oder Zinn, so ist die Zuleitung von Wasser zum Auswaschen die Hauptsache, und bewundernswürdig sind die Wasserleitungen, die die einfachen, technisch doch ganz ungebildeten Zinngräber bei Cooktown mit ihren eignen Händen herstellen, um durch Meilen der wildesten und rauhesten Gegend das Wasser ihren kleinen Minen zuzuleiten. Zuweilen stellt sich dann nach einigen Monaten heraus, daß das Lager die Bearbeitung gar nicht lohnt oder sich rasch erschöpft, und selbst in gutem Falle, wie dem im top camp von Mount Finnigan, ist das jahrelange Arbeiten in so einsamer und wilder Gegend keine Lebensweise, die für jedermann taugen würde. Wem also das Leben in der alten Welt zu klein und dürftig erscheint, weil er durch unablässige mechanische Arbeit nur so viel verdient, als er notdürftig zum Leben braucht, der soll es sich doch erst zweimal überlegen, ehe er nach Australien geht und Prospektor wird. Ereignisreicher, aussichtsvoller ist ein solches Leben allerdings, es stellt aber auch weit höhere Anforderungen an den Mut, die Ausdauer und männliche Tüchtigkeit.

Der Gipfel des Berges ist von einem undurchdringlichen Urwald bedeckt und dieser bildet den Aufenthaltsort der Baumkänguruhs. Wir sahen bald, daß es unmöglich sein würde, ohne weiteres in diesen Wald einzudringen und in ihm zu jagen. Zum Glück war aber durch die Zinngräber ein Zugang geschaffen worden, als sie von einer Quelle nahe dem Gipfel des Berges eine Wasserleitung bis zu ihrem Zinnlager herstellten. Die Leitung führte steil an der Lehne des Berges empor, mitten durch dichtesten Urwald, durch den erst mühsam eine Bahn mit Haumessern und Axt geschlagen worden war.

Das Wasser floß durch die ausgehöhlten Stämme mächtiger Palmbäume, die längsweise halbiert waren, zuweilen unmittelbar über die Erde hingeführt, dann wieder auf drei Meter hohen freistehenden Gerüsten. Bald führte die Leitung durch unzugängliches Dickicht, bald über steile, schlüpfrige Felsen, am Rande von Abgründen, über Spalten und Schluchten. Eine Hauptschwierigkeit der Arbeit war dabei die Berechnung des Neigungswinkels gewesen, um dem Wasser stets das richtige Gefälle zu geben. Dieses ganze riesige Werk, das eine Länge von nahezu vier Kilometern besaß, und das Wasser aus 500 Meter Höhe über dem top camp herabholte, war von vier Männern, die keinerlei technische Vorbildung besaßen, in einer von allem Verkehr abgeschnittenen Berggegend in drei Monaten ausgeführt worden. Es war eine bewunderungswürdige Leistung und hat mir als Ausdruck der Tatkraft von einfachen, auf sich selbst gestellten Menschen mehr imponiert, als manches stolze Werk der Technik, das durch den komplizierten Mechanismus moderner Arbeitsteilung hervorgebracht worden ist, und dem alle Hilfsmittel der Wissenschaft und des Verkehrs frei zu Gebote stehen.

Von großer Schönheit und Üppigkeit war hier der Urwald, aber an den meisten Stellen ganz undurchdringlich. Die baumartigen Brennesseln scheinen so hoch nicht heraufzusteigen. Dafür gibt aber die Feuchtigkeit, die sich an den Berghängen niederschlägt und dieselben fast immer als Nebel umlagert, so unendlich vielen großen und kleinen Gewächsen die Möglichkeit zu üppigem Gedeihen, daß die Pflanzenmasse stellenweise wahre Mauern bildet. Alle Felswände sind mit Moosen und Lycopodien bedeckt, ja selbst kleine Orchideen bilden dichtgedrängte rasenartige Überzüge über die stets von Feuchtigkeit triefenden Felsen. Die Stämme der riesigen Palmen und Ficus sind ebenfalls von epiphytischen Farnen, Orchideen, Lycopodien bedeckt, zwischen den dichtgedrängten Stämmen wächst die Masse des kraut- und buschartigen Unterholzes, und alles dies ist durch Schlinggewächse aller Art fest zusammengewebt und hoffnungslos verfilzt.

Das Klettern entlang der Wasserleitung mit dem gespannten Gewehr in der Hand war recht beschwerlich und stellenweise nicht unbedenklich, da wir keine Bergstöcke hatten und auf den schlüpfrigen Felsen kaum Fuß fassen konnten. In einer Höhe von 1100 Metern (nach meiner Barometermessung) hörte die Wasserleitung auf und die Schwierigkeiten, weiter aufwärts zu kommen und den nahen Gipfel zu erreichen, wurden so groß, daß ich davon Abstand nahm. Lag mir doch weniger daran, die Spitze des Mount Finnigan zu besteigen, als vielmehr seine seltsamen Bewohner, die Baumkänguruhs, kennen zu lernen. Und daß diese gerade auf dem höchsten Gipfel sitzen würden, war doch nicht anzunehmen.

Die Zinngräber hatten uns gesagt, daß sie selbst, während ihres zweijährigen Aufenthalts, die Tiere hier oben nur zweimal gesehen hätten, einmal eins auf einem Baume, das andre Mal ein andres, das auf dem hohen Gerüst der Wasserleitung saß. Wir selbst fanden an verschiedenen Stellen Känguruhlosung, und da es undenkbar war, daß gewöhnliche Känguruhs in diesem Dickicht lebten, war es offenbar, daß dieselbe von Baumkänguruhs herrührte. Auch fanden wir Spuren der Tiere an den Baumstämmen. Sie selbst bekamen wir nicht zu Gesicht, möglich, daß wir unter ihnen weggingen, ohne sie zu sehen, denn das Blätterdach über uns war für das Auge völlig undurchdringlich. Dazu kommt, daß die Baumkänguruhs gewöhnlich bei Tage auf den Bäumen schlafen und nur in der Dunkelheit die Blätter abweiden und sich bewegen. Um das Tier also mit Erfolg zu jagen, bedarf es eines guten Hundes, der den Baum verweist, auf dem es ruht, oder der Hilfe eines schwarzen Jägers, wie meines alten Jimmy vom Burnett, dessen Spürsinn und Scharfäugigkeit das Wild auch ohne Hund entdeckt haben würde. Der kleine Foxterrier, den der jüngere Asmus bei sich hatte, und der uns beim Auffinden von Beuteldachsen und Beutelmardern gute Dienste leistete, war dieser schwierigen Aufgabe nicht gewachsen. Zudem waren wir seinetwegen auch sehr ängstlich, weil die Zinngräber uns gesagt hatten, daß in dieser Gegend sehr viele Todesottern vorkämen.

Ich mußte also einsehen, daß es keinen rechten Sinn hätte, ohne gute Hunde oder jagdkundige Schwarze das Suchen nach Baumkänguruhs fortzusetzen, und daß ich besser täte, meine Aufmerksamkeit und Zeit anderen Geschöpfen zu widmen. Ich sammelte hier oben noch eine Anzahl Nacktschnecken, Landblutegel und Landplanarien, vielleicht neue und sicherlich tiergeographisch interessante Arten. Das Glas, in dem ich diese Objekte bewahrte und heimsandte, ist aber unerklärlicher Weise abhanden gekommen, übrigens der einzige Teil der Sammlungen auf dieser Reise, der nicht glücklich nach Europa gelangt und der Untersuchung zugänglich geworden ist. Eine Anzahl seltener Orchideen, die ich oben sammelte und an das Treibhaus des botanischen Gartens in Jena sandte, vertrug den Transport nicht und ging ein. So war mein Verweilen auf dem Mount Finnigan in wissenschaftlicher Beziehung ziemlich ergebnislos. Dennoch denke ich mit Vergnügen an meinen Aufenthalt im Lager der Zinngräber und an meine anstrengenden Streifereien in jenem herrlichen Urwald zurück.

An den Fuß des Berges zurückgekehrt, beschloß ich, mich weiter nordwärts zu wenden und mein Camp nördlich von den Black Mountains, in dem Hügelland zwischen dem Annan und seinem Nebenfluß, dem Esk-River, aufzuschlagen, in der Nähe der Farm McCarey, wo es sehr viele Wallabies geben sollte. Auf dem Wege dorthin erlegte ich ein schönes Exemplar einer sehr seltenen Pythonschlange, Aspidites melanocephalus, die bisher überhaupt noch nicht in Queensland gefunden worden war und auf den Nordwesten Australiens beschränkt schien.

Bei unserem neuen Lager schossen wir zahlreiche Wallabies, fanden aber auch bei ihnen keine Embryonalstadien, sondern nur Beuteljunge. Von diesem Camp weiß ich sonst nichts besonderes zu berichten. Auffallend war die große Menge einer sehr streitbaren und zornigen Wespenart, die überall in den niedrigen Büschen, in der Nähe unseres Lagers ihre Nester aufgeschlagen hatte und jede unvorsichtige Annäherung durch wütende Angriffe strafte. Ungemein häufig war hier die australische Trappe, Choriotis australis, die unsere europäische Trappe, Otis tarda, an Höhe noch übertrifft. Wie ihr europäischer Vetter, hält sie sich ausschließlich auf weiten Ebenen auf und wird von den Ansiedlern »plain turkey«, Flachland-Truthahn genannt. Häufig sahen wir die majestätischen Vögel sich zu Dutzenden zwischen dem weidenden Vieh ergehen. Aber ähnlich unserer Trappe ist der australische Vertreter selbst hier, wo er doch nur wenig Verfolgung zu erleiden hat, so scheu und vorsichtig, daß es selten gelang, sich bis auf Flintenschußweite heranzuschleichen. Immerhin glückte es uns, eine Anzahl mit der Büchse zu erlegen, indem wir beim Anschleichen das weidende Vieh, dessen Nähe die Trappen nicht im mindesten stört, als Deckung benutzten. Die australische Trappe liefert einen vortrefflichen Braten, an dem sich drei hungrige Männer satt essen können.

Ich verweilte schließlich noch eine halbe Woche in Cooktown selbst und war viel mit dem dortigen Police-Magistrate, Herrn H. M. Chester, einem ehemaligen Offizier der indischen Arme, der Persien bereist und auch sonst viel von der Welt gesehen hatte, zusammen. Er gehörte zu den Pionieren in Nord-Queensland und war auch einer der ersten Erforscher von Britisch-Neu-Guinea. In Cooktown befand sich damals auch eine englische Dame, Frau E. Rowan, die sich für Botanik interessierte und die Blüten und Früchte der australischen Pflanzen durch eine prachtvolle Serie von Ölbildern zur Wiedergabe gebracht hatte. Ihre Gemälde waren vollendete Kunstwerke, welche wissenschaftliche Genauigkeit mit ästhetischer Schönheit vereinigten. Ich habe derartige gelungene Pflanzenbilder kaum je vorher gesehen. Um ihre Bilder zu beleben, hatte die Künstlerin hie und da ein schönes australisches Insekt, einen Käfer oder Schmetterling auf den Pflanzen sitzend oder sie umflatternd dargestellt, leider aber Insekt und Pflanze beliebig gewählt und nicht darauf Wert gelegt, ob sie Beziehungen zu einander hätten. Dieses Verfahren, gegen das sich vom künstlerischen Standpunkt nichts einwenden läßt, scheint mir jedoch für Tafeln, die vorwiegend wissenschaftlichen Zwecken dienen sollen, kein glückliches zu sein. Hoffentlich hat Frau Rowan für ihr prächtiges Werk einen Verleger gefunden. Sie beabsichtigte damals, sich für längere Zeit nach Neu-Guinea zu begeben und auf einer Missionsstation lebend ihre Arbeit auch auf die Flora von Neu-Guinea auszudehnen. Ich weiß nicht, ob dieser kühne Plan zur Ausführung gelangt ist, kühn schon allein deshalb, weil zu jener Zeit keine einzige weiße Frau in Britisch-Neu-Guinea lebte.

Steuert man von Cooktown aus nördlich, so fahrt man zunächst durch einen sehr engen Abschnitt des Riffkanals in nächster Nähe des ganz flach im Meer liegenden Barrierriffs. Hie und da ist eine Signalstange aufgepflanzt, um dem Seefahrer die Navigation zu erleichtern. In der Prinzess Charlotte-Bay erweitert sich der Kanal, weil das Riff der Einbiegung der Küste nur wenig folgt. Die Küste ist hier flach, Granit und Porphyr hören allmählich auf, und die ganze Nordspitze der Yorkhalbinsel besteht aus dem Wüstensandstein, der im Innern von Queensland und New-South-Wales bis tief nach Westaustralien hinein ungeheure Flächen, vielleicht ein Drittel des ganzen Erdteils, bedeckt. Früher hielt man diese Ablagerung für tertiär und schloß aus der scheinbaren Abwesenheit von Fossilien und aus lithologischen Gründen, daß sie eine äolische, das heißt eine durch Windwehen hervorgerufene Bildung sei. Die Entdeckung einer reichlichen marinen Fauna im Wüstensandsteine von Maryborough und Nord-Queensland (besonders in der Nähe von Cooktown) widerlegt diese Auffassung aber und weist die Entstehung des Wüstensandsteins in die obere Kreide. Von Kap Grenville aus läuft die Ostküste in nordwestlicher Richtung weiter, um mit der konvergierenden Westküste zusammentreffend die Nordspitze von Australien mit ihrem Kap York zu bilden. Das Barrierriff trennt sich hier von der Ostküste, läuft in direkt nördlicher Richtung weiter und endet in viele Riffe zerteilt bei Bramble Cay nahe der Küste von Neu-Guinea.

Unser Schiff folgt der Küste Australiens und fährt durch den schmalen Paß zwischen dem nördlichsten Ende des australischen Festlandes und der Albany-Insel, dem sogenannten Albanypaß. Diese natürliche Passage ist gerade gestreckt, so daß man sie beim Durchfahren in ihrer ganzen Länge von einer deutschen Meile, von einem Ende bis zum andern, übersehen kann, und so eng, daß man meint, die ansteigenden, bewaldeten Ufer rechts und links mit den Händen greifen zu können. Am Festlande, dicht bei Kap York, steht eine Squatter- und Perlfischerstation, Somerset, die einem der ältesten und berühmtesten Ansiedler Nord-Queenslands, Herrn Jardine, gehört. Die vorbeifahrenden Dampfer pflegen sein Haus durch einen Schuß zu salutieren. Früher befand sich hier eine ansehnliche Niederlassung und der Sitz der Regierung zur Überwachung der Perlmutterfischerei. Seitdem ist das nahe gelegene Thursday Island der Mittelpunkt des Betriebes geworden, und Somerset bis auf die Niederlassung von Herrn Jardine verödet. Kap York und die ihm beigelagerten Inseln bestehen aus Wüstensandstein in fast horizontaler Schichtung. Eine üppige Vegetation überzieht die Felsen, und der Paß mit seinen stillen Wassern und seiner großartigen, und dabei doch lieblichen Umsäumung bietet eins der schönsten Landschaftsbilder dieser schönen Küste. Einige kleinere Inseln, nördlich von der Albany-Insel, sind ganz übersät mit sonderbaren roten, ein bis zwei Meter hohen Kegeln, den Grabmälern der ersten Ansiedler, wie die Seeleute mit ernster Miene den arglosen Neuankömmlingen zu berichten lieben, in Wirklichkeit aber den kunstvollen Bauten der hier sehr zahlreichen Termiten.

Zwölftes Kapitel.

Thursday Island und die Torresstrafse.

Thursday Island.

Nordwest steuernd tritt man jetzt in die Torresstraße[1]) ein, den schmalen, flachen Meeresarm, der Australien von Neu-Guinea trennt, und der von Inseln, Sandbänken und Riffen verbarrikadiert ist, wie keine zweite Wasserstraße auf der Welt. Schon im Jahre 1606 durchfuhr der kühne spanische Seefahrer Louis Vaez de Torres die nach ihm benannte Straße, er sah die Berge der York-Halbinsel und bestätigte endgiltig die Inselnatur Neu-Guineas. Seine Entdeckung wurde jedoch über 150 Jahre lang von den Spaniern aus Eifersucht gegen

1) Vgl. Karte III, Torresstraße.

andre seefahrende Nationen geheim gehalten und ist erst im Jahre 1762 bekannt geworden, als die Engländer nach der Eroberung von Manila die dortigen Archive durchsahen. Acht Jahre später, im Jahre 1770 wurde dann die Durchfahrt durch James Cook wiederholt. Der sicherste Kurs, den die ganz großen Schiffe fast immer wählen, ist der, die nördliche Reihe der Inseln der Prince of Wales-Gruppe: Tuesday Island, Wednesday Island, Hammond Island und Goode Island nördlich zu umfahren und die Straße durch den Prince of Wales-Kanal zu verlassen. Bei diesem Kurs wird Thursday Island gar nicht berührt, da es südlich von der eben genannten Inselreihe, zwischen dieser und der noch südlicheren Reihe: Horn Island, Prince of Wales Island und Friday Island liegt. Wählt man diese Route, so wird bei Goode Island geankert. Kleinere und auch mittelgroße Schiffe steuern aber gewöhnlich einen andern Kurs mitten zwischen den Inseln der Prince of Wales-Gruppe hindurch und gehen vor Thursday Island vor Anker. Diese Insel liegt genau im Centrum der Gruppe und verdankt diesem Umstand, sowie ihrem sehr guten und geschützten Hafen ihre bevorzugte Stellung. Anfangs war ich von der Lage und Umgebung der Insel ganz entzückt. Ein hügliges, mit Eucalyptuswald und stellenweise mit tropischem Dickicht bedecktes Eiland, rings umgeben von anderen berggekrönten und bewaldeten Inseln, an deren Ufern hie und da die hellen Dächer und weißen Mauern der Perlfischer-Stationen aufleuchten, ein blaues Meer, in dem man bei niedrigem Wasser überall die hellen Streifen der unzähligen Korallenriffe schimmern sieht, im Hafen fast stets einige größere und viele kleine und kleinste Schiffe, draußen weiße Segel, die wie Möven über das Wasser schweben: ein Bild voller Farbe, Leben und Abwechslung. Leider wurde es mir aber mit der Zeit mehr und mehr verleidet. Hierbei spielten eine Anzahl persönlicher Gründe eine Rolle. Außerdem ist aber nicht zu leugnen, daß die niederen Bergformen dieser Inseln, deren eigentliche Gestalt durch die Vegetation abgerundet und verwischt wird, mit der Zeit einförmig und ermüdend wirken. Ich habe gefunden, daß ähnliches bei vielen tropischen Inseln der Fall ist, wenn sie nicht himmelanstrebende Berge besitzen, so zum Beispiel auch bei den Inseln der Straße von Malakka. So sehr wir anfangs auch die üppige Waldbedeckung bewundern, ebenso sehr vermissen wir mit der Zeit charakteristische Formen, wie sie die kahleren Inseln des jonischen und tyrrhenischen Meeres in so ausgezeichnetem Maße aufweisen, die nicht nur schön sind im strahlenden Glanze der Sonne, sondern auch wenn sich ihre kühnen Gestalten stimmungsvoll von einem düsteren, gewitterschweren Himmel abheben.

Capri, die herrlichste aller Inseln, erscheint dann vielleicht am allerschönsten; eine waldbedeckte Tropeninsel, deren Linien sanft und gerundet sind, verliert bei solcher Beleuchtung fast allen Reiz.

Thursday Island machte ich für die Zeit vom 13. Februar bis 4. April 1892 zum Ausgangspunkt meiner Fahrten in der Torresstraße und quartierte mich dort in dem schönen, aber geräuschvollen »Grand Hotel« ein, in dessen Muster-Raum ich mein Laboratorium aufschlug. Es war dies ein großes zementiertes Gelaß zur ebenen Erde, für meine Zwecke sehr brauchbar und nur dadurch unangenehm, daß ich während der Arbeit von Moskitos sehr belastigt wurde, die diesen tiefgelegenen, etwas feuchten Teil des Hauses als Vereinslokal beschlagnahmt hatten.

Den längeren Aufenthalt in einem Tropenhotel finde ich wenig erfreulich. Die Zimmer sind meist fensterlos und erhalten Licht und Luft durch die Türe, die sich in der Regel auf die Veranda öffnet. Letztere pflegt in allen Stockwerken rings um das Haus herumzuführen. Die Veranda dient zur allgemeinen Benutzung. Niemand kann verhindern, daß direkt vor der Tür seines Zimmers sich Leute auf den bequemen Tropenstühlen niederlassen, ihr Schläfchen halten, stundenlang bis in die Nacht hinein plaudern. So ist jedes Zurückziehen, Absondern, sozusagen jedes Privatleben unmöglich; wie auf einem Schiff lebt man fortwährend in Gesellschaft, und ist selbst in seinem Zimmer nicht ungestört für sich. In Holländisch-Indien sind die Hotels nach demselben Plane gebaut, die Veranda ist aber oft durch Schirme in Bezirke abgeteilt, die zu den einzelnen Zimmern gehören und privat benutzt werden. Das ist ein großer Vorzug.

Im Grand Hotel von Thursday Island war ein stetes Gehen und Kommen. Fast alle Dampfer, die von Europa nach Queensland oder umgekehrt gehen, pflegen vor der Insel zu ankern und Kohlen zu nehmen. Diejenigen, die auf der »inneren Route«, das heißt durch den Riffkanal des großen Barrierriffs nach Brisbane gehen, nehmen hier einen Lotsen an Bord, und stets wartet eine Anzahl dieser gemütlichen Seebären, welche Schiffe von Brisbane hierher geleitet haben, auf von Europa kommende Dampfer. Wöchentlich läuft ferner ein Schiff von Cooktown über Thursday Island nach Normanton am Golf von Carpentaria und zurück, und auch die großen Dampfer, die die Verbindung von China mit dem nördlichen Australien (Port Darwin) und Sydney, Melbourne und Adelaide vermitteln, pflegen Thursday Island anzulaufen. So liegt die Insel mitten im Centrum eines lebhaften internationalen Verkehrs. Sie ist aber ferner noch der Mittelpunkt eines wichtigen lokalen Gewerbes, der

Perlmutter- und Trepangfischerei, und dadurch ein unvergleichlicher Versammlungsort von Abenteurern aller Rassen. Im offiziellen Bericht lese ich: Bevölkerung im Mai 1890 Europäer 270, Südseeinsulaner, Chinesen, Afrikaner, Asiaten und andere Rassen 256: total 526. Aber auch unter den »Europäern«, zu denen natürlich auch die weißen Australier gerechnet werden, sind alle Nationalitäten vertreten; außer den Briten, die die Mehrzahl bilden, besonders viele Skandinavier und Dänen, ferner viele Deutsche, Franzosen, Spanier, Portugiesen und Amerikaner.

Im Hotel sah man neben einem Stamm von einigen Herren, die auf der Insel ansässig waren, aber es vorzogen, im Hotel zu wohnen oder dort wenigstens zu speisen, fast täglich neue Gäste: Lotsen, Schiffskapitäne, Passagiere der vorüberkommenden Dampfer, Perlmutterfischer von den benachbarten Inseln, am Schenktisch sogar Chinesen und Südseeinsulaner. Der Hausknecht war ein Farbiger von Mauritius, der ein furchtbares Französisch an jedem verübte, der ihm einmal in dieser Sprache geantwortet hatte. Auf der Veranda kreischten einige Papageien und Kakadus, die als Respektspersonen betrachtet wurden und ihre kräftigen Schnäbel an allem versuchten, was in ihren Bereich kam. Vom Morgen bis spät in die Nacht hinein herrschte Leben, Lärm und Getümmel, und nie ist mir noch ein so bunt bewegtes, lustiges, aber auch so unruhiges Hotel vorgekommen. Allem dem stand mit Humor und fröhlichem Gleichmut die irische Wirtin und Besitzerin Frau McNulty vor, tätig, aufgeräumt und gutmütig, die Freundin und Beraterin aller ihrer Gäste.

Von den Insassen des Hotels war mir der interessanteste Rev. J. Chalmers, der mit seiner Gattin im März dort mehrere Wochen verweilte. Er ist einer der Pionier-Missionäre von Britisch-Neu-Guinea und hatte neben dem italienischen Naturforscher D'Albertis und dem jetzigen Gouverneur Herrn William Macgregor wohl die größten Verdienste um die Erforschung dieses unzugänglichen Landes, dessen Erschließung weit größere Schwierigkeiten bereitet als irgend ein Teil Afrikas. In Chalmers paaren sich Mut und Energie mit Geduld und Menschenliebe. Nie hat er von den Waffen Gebrauch gemacht, und dennoch hat er mehr erreicht als mancher Reisende, der ein ganzes Arsenal mit sich führt und gleich mit dem Schießen bei der Hand ist. Auch literarisch hat sich Chalmers hervorgetan und seine Erlebnisse als Pionier-Missionär in zwei anziehenden Büchern geschildert. Es war für mich ein besonderer Genuß, mir von ihm abends auf der Veranda des Hotels in Thursday Island von seinen Fahrten an jenen Küsten und seinen Beobachtungen der Eingeborenen erzählen zu lassen und seinen wertvollen Rat für meinen eigenen Besuch dieser wunderbaren Insel einzuholen.

Unter den Farbigen, die selbstverständlich in anderen Gasthäusern wohnen, überwiegen die Chinesen, Südseeinsulaner, sowie die Bewohner der Philippinen, die hier Manilamänner genannt werden. Natürlich fluktuiert diese Bevölkerung ganz außerordentlich und läßt sich kaum schätzen. Der Census von 526 Einwohnern bezieht sich nur auf diejenigen, die auf der Insel einigermaßen ständigen Wohnsitz haben. Mehr als die doppelte Anzahl lebt außerdem noch auf den Booten und Schiffen, die in den angrenzenden Meeren Perlmutter und Trepang fischen und auf der Insel ihre Vorräte abladen und Lebensmittel einnehmen. Die Zahl dieser Boote belief sich während meiner Anwesenheit etwa auf 250; meistens waren es kleinere Fahrzeuge von 10 bis 30 Tonnen, Kutter und zweimastige Lugger, seltener größere Schuner.

Das Fischen der Perlen geschieht hier in sehr einfacher, handwerksmäßiger Weise. Jeder Lugger oder Kutter ist mit vier bis sechs Leuten bemannt; unter ihnen befindet sich ein Taucher, das heißt ein Mann, der sich im Taucherapparat auf den Meeresgrund herabläßt und die Perlmuscheln sammelt. Während er unten arbeitend verweilt, wird ihm von oben fortgesetzt frische Luft zugepumpt. Der Taucher, gewöhnlich ein Weißer, ist gleichzeitig Kapitän des Bootes. Die übrige Mannschaft besteht in der Regel aus Farbigen. Diese Art des Tauchens ist natürlich keine Kunst, und kann in geringeren Tiefen bis zu fünf Meter sogleich von jedem ausgeübt werden. Das Tauchen in größeren Tiefen bis zu 15, ja 30 Meter erfordert dagegen längere Übung, weil Druck in solcher Tiefe dem Ungeübten fast die Besinnung raubt und ihn zu jeder Arbeit unfähig macht. Erst allmählich gewöhnt sich der Körper an die veränderten Bedingungen, die Gewöhnung verliert sich aber wieder, so daß ein Taucher, der jahrelang nicht unten gewesen ist, nicht ohne weiteres wieder in großer Tiefe arbeiten kann. Übrigens wirkt der Taucherberuf, wenn er durch viele Jahre fortgesetzt wird, schädlich auf jeden Organismus, die Brust leidet, und viele Taucher gehen an Tuberkulose zu Grunde.

In der Torresstraße sind die Gezeitenströme ungemein stark und während sie dauern, ist das Arbeiten auf dem Meeresgrunde unmöglich. Der Taucher muß die Übergangszeit zwischen Ebbe und Flut, »slack water«, wie die Engländer es nennen, abwarten, um ungestört unter Wasser sammeln zu können. Sehr ermüdend für ihn ist es, wenn er, der in seinem schweren Apparat buchstäblich Bleigewichte an den Füßen trägt, seine Beute auf schlammigem Grunde auflesen muß. Denn die Muscheln finden sich ebenso auf Schlamm und auf Sand wie auf nacktem Fels- und Korallenboden.

Unmittelbare Gefahr bei ihrer Arbeit droht den Tauchern nur dann, wenn der Schlauch der Pumpe auf dem felsigen, korallenreichen Grunde unklar wird, und eine Knickung in ihm die Luftzufuhr abklemmt. Zunächst sucht sie dann der Taucher gewöhnlich selbst wieder klar zu machen. Gelingt ihm das nicht und kann er den Luftmangel nicht mehr aushalten, so gibt er den Leuten oben an der Pumpe durch Zerren an der Leine ein Zeichen, ihn herauf zu ziehen. Wird das Signal nicht gleich beachtet, weil die Leute oben unaufmerksam sind und ihre Arbeit an der Pumpe mechanisch verrichten, so kann der Mann unten leicht ersticken. Von Haifischen droht dagegen den Tauchern, die im Taucheranzug arbeiten, niemals Gefahr. Der Apparat arbeitet mit zu viel Geräusch, und das Ganze erscheint dem feigen Räuber viel zu bedenklich, als daß er wagen sollte, hier einen Angriff zu unternehmen. In der Torresstraße wimmelt es von mächtigen Haifischen, vielfach werden sie geangelt und ihre Lebern zur Fettgewinnung verwandt. Von einem Angriff ihrerseits auf Taucher hat man aber noch niemals etwas gehört, und niemals zeigten meine Leute irgendwelche Scheu, auch ohne Apparat ins Meer zu springen und die unklar gewordene Dredge frei zu machen. Überhaupt hat man gewöhnlich von der Gefährlichkeit der Haifische ganz übertriebene Vorstellungen. Es mag sich wohl einer von ihnen zum Menschenfresser ausbilden und dann eine Örtlichkeit unsicher machen, aber jedenfalls ist ein solcher Fall eine Ausnahme und zwar eine seltnere als beim Krokodil oder Tiger.

An den Küsten von Nordaustralien, der Torresstraße und von Neu-Guinea kommen sowohl große Haifische als auch die mächtigen Leistenkrokodile zusammen vor. Während der Weiße wie der Schwarze vor den letzteren einen gewissen Respekt hat, kümmert sich kein Mensch um die Haifische. Die Perlmutterfischer von Thursday Island behaupten, daß an gewissen Stellen die Krokodile die auf den Boden des Meeres ruhenden Grundhaie wegfangen und verschlingen. Ob das sich wirklich so verhält, konnte ich nicht feststellen, für unmöglich halte ich es aber nicht.

Die Besitzer der Taucherboote haben, falls sie nicht selbst als Taucher mitgehen und die Boote führen, jetzt immer einen Vertrauensmann an Bord, der die Muscheln öffnet und die Perlen herausnimmt. In Thursday Island wird die Fischerei wesentlich der Perlmutter wegen betrieben, die die dortigen dickschaligen

Muscheln in vorzüglicher Qualität und Quantität liefern. Die Perlmutterschicht ist sehr dick und von herrlichem Glanze. Außerdem kommt noch eine schwärzlichgrüne dünnere Abart vor, deren Perlmutter besonders geschätzt ist. Dagegen sind die dortigen Muscheln verhältnismäßig arm an Perlen, und selten erreichen die letzteren eine ansehnliche Größe. Gerade umgekehrt verhalten sich die Perlmuttermuscheln von Ceylon; ihr Permutterwert ist gering, ihr Perleninhalt aber reich. Doch findet sich auch in Thursday Island manch schöne Perle und die Mannschaft der Boote ist sehr geneigt, diese kleinen Beigaben verschwinden zu lassen, wenn Niemand da ist, der ihnen auf die Finger sieht. Ja manche beanspruchen sogar einen Anteil an den gefundenen Perlen als ihr Recht.

Gegenwärtig ist die nähere Umgebung von Thursday Island schon ziemlich nach Perlmuttermuscheln abgegrast, und man muß sich weiter weg begeben und in größeren Tiefen, 15 bis 25 Meter tief fischen, um gute Ernte zu halten. Die Ausbeutung ist zu intensiv und rücksichtslos, und die junge Muschelbrut hat nicht Zeit nachzuwachsen. Man dehnt die Fahrten deshalb jetzt bis zum Golf von Carpentaria und bis zur Küste von Neu-Guinea aus, um jungfräuliches Gebiet zu finden. Große Lust hätten die Perlfischer von Thursday Island, auch die Südküsten der kleinen Sundainseln und Javas in Arbeit zu nehmen. Die holländische Regierung erlaubt es aber nicht, dort mit dem Taucherapparat zu fischen, weil sie nicht will, daß ein wichtiger Erwerbszweig ihrer malayischen Untertanen durch diesen Betrieb zerstört werde. Zeigt sich ein Lugger von Thursday Island in jener Gegend, so wird er bald von den dort kreuzenden holländischen Kriegsschiffen fortgejagt. Als ich im Hotel einmal gesprächsweise geäußert hatte, daß ich von Australien nach Niederländisch-Indien gehen wollte und auch Empfehlungen an die dortigen Behörden mit hätte, kamen in den nächsten Tagen verschiedene Leute zu mir, und baten mich, ich möchte ihnen von der holländischen Regierung die Erlaubnis erwirken, in den dortigen Gewässern zu fischen. Ich mußte diesen ehrenvollen diplomatischen Auftrag leider ablehnen. Ein Lugger fischt selten so viel als eine Tonne, 2000 Pfund Schalen im Monat. Auf eine Tonne kommen 700—800 Perlmuscheln; ihr Wert beträgt 2400—3000 Mark. Im ganzen wurde zur damaligen Zeit von Thursday Island jährlich Perlmutter im Werte von nahezu zwei Millionen Mark exportiert.

Ich hatte schon in Europa von dem großartigen Fischereibetrieb in der Torresstraße gehört und deshalb geglaubt, daß Thursday Island für marine zoologische Studien und Sammlungen ein besonders günstiges Hauptquartier abgeben würde. Jeder Naturforscher weiß, wie viele schöne und seltne Objekte man auf den Fischmärkten der Mittelmeerküsten, in Genua, Neapel, Messina und Triest erhalten kann, ohne selbst ein Boot zu besteigen, und wie vieles man von den Fischern gebracht erhält, wenn sie erst die Wünsche des Sammlers kennen. Das ist überall so, wo wirkliche Fischerei getrieben wird. Das Auflesen von Perlmuscheln auf dem Meeresgrund im Taucherapparat trägt aber diesen Namen mit Unrecht. Die Perlsucher sind keine Fischer, sondern höchstens Seeleute, die wohl ein Boot durch Riffe und Koralleninseln steuern können, denen aber jede intime Kenntnis dessen mangelt, was sich in den Fluten tummelt und den Meeresboden bevölkert. Ich war oft erstaunt, wie gering in dieser Beziehung die Erfahrung und das Beobachtungsvermögen von Tauchern war, die seit Jahren fast täglich einige Stunden auf dem Meeresboden verbracht hatten. Es fehlt ihnen eben jedes andere Interesse, als möglichst rasch möglichst viele Perlmuscheln aufzuraffen. Auch ist ihr Verdienst so gut, daß die verhältnismäßig geringen Preise, die ich versprechen konnte, absolut keinen Reiz auf diese weißen oder farbigen Herren ausübten. So habe ich während der ganzen Zeit meines Verweilens in der Torresstraße nicht ein einziges Objekt von einem Perlmutterfischer erhalten. Eine Anzahl Fische kaufte ich einem Chinesen ab, der unser Hotel mit Fischen versorgte und vielleicht der einzige wirkliche Fischer auf der Insel war.

Ich hatte mich zunächst nach einem passenden Boote umzusehen, das, seetüchtig und dabei doch leicht, mit wenigen Leuten zu handhaben war. Ein gedecktes Boot mußte es schon sein, um darin größere Fahrten zu unternehmen; je kleiner und leichter es aber war, um so besser, um so näher konnte ich dann damit an den Riffen kreuzen und mit um so weniger Mannschaft kam ich aus. Ich hatte schon von Europa Empfehlungen an die Firma Burns, Philp & Co. mitgebracht, das bedeutendste Handlungshaus in Nord-Queensland, das in allen größeren Hafenorten Niederlassungen besitzt, und allein von allen anderen seine Handelsbeziehungen bis nach Britisch-Neu-Guinea ausdehnt.

Der Leiter der Zweigfirma auf Thursday Island, Herr A. H. Mountain, war stets in liebenswürdigster Weise bereit, mir beizustehen, das Engagement von Leuten für mich zu übernehmen und mir alle nötigen Informationen zu besorgen. Durch ihn erhielt ich für den billigen Preis von 20 Mark wöchentlich den kleinen Segelkutter »Mary Owen« von drei Tonnen Gehalt, der sich für meine Fahrten innerhalb der Torresstraße als recht brauchbar erwies. Ferner half er mir beim Engagement eines Tauchers als Führer des Boots und zweier weißer Matrosen. Der Taucher Wilson, ein Däne von Geburt, war vor 16 Jahren, als er noch Schiffsjunge war, an der nordaustralischen Küste gescheitert und hatte sich dort bis jetzt als Matrose, Trepang- und Perlfischer aufgehalten. Allmählich hatte er sich emporgearbeitet und bis vor zwei Jahren die Trepangfischerei im eigenen Lugger selbständig betrieben.

Unter Trepang oder bêche de mer versteht man eßbare Arten der Holothurien oder Seegurken, eine Klasse der Stachelhäuter oder Echinodermen. China konsumiert jährlich ungeheure Mengen dieses Genußmittels, angeblich weil es von den ausschweifenden Chinesen als ein Aphrodisiacum betrachtet wird. Thatsächlich ist es aber auch eine gar nicht zu verachtende Delikatesse. Wenigstens habe ich in Thursday Island zu verschiedenen Malen Trepangsuppen gegessen, die echten Schildkrötensuppen meinem Geschmack nach völlig ebenbürtig waren. Es gibt eine große Anzahl eßbarer Holothurienarten, besonders geschätzt sind die Genera Mülleria, Stichopus und Bohadschia, geringere Preise erzielen andre Arten. Zahlreiche Arten eignen sich überhaupt nicht zur Trepangbereitung. Die Zubereitung besteht in einem gehörigen Auskochen der Tiere, dem ein mehrmaliges abwechselndes Trocknen und Dämpfen mit Süßwasser folgt. Schließlich werden sie noch anhaltend geräuchert. Zum Genuß wird nur der kalkfreie Teil der Haut des Tieres benutzt, die kalkführende Schicht und die Eingeweide aber entfernt.

Schon seit undenklichen Zeiten fischen die Eingeborenen aller Rassen im indischen Archipel, besonders auf den Philippinen, bei Celebes, Goram, Aru, neuerdings auch Java, dieses Genußmittel für den chinesischen Markt. Seit einiger Zeit haben sich auch die Weißen dieses Handels bemächtigt, und es wird sowohl von Amerikanern in Westindien und den Bermudas als von den Australiern an der Nordostküste und in der Torresstraße eifrig Trepang gesammelt. In Australien hat man auch den Versuch gemacht, diese Delikatesse für den europäischen Markt zuzubereiten. Ein Unternehmer beschäftigte sich damit, Büchsenkonserven herzustellen, deren Inhalt in Wasser gekocht und mit einigen Zutaten versehen eine ausgezeichnete Trepangsuppe lieferte. Ich habe sie auf meinen Fahrten oft mit Vergnügen genossen. Der Versuch scheint jedoch bis jetzt keinen Erfolg gehabt zu haben, denn als ich vor einigen Jahren versuchte, diese Konserve in Europa aufzutreiben und deswegen sogar nach London schrieb, war sie nirgends zu erhalten. Nicht allein die Bauern, wie das Sprichwort sagt, auch die meisten andern Menschen essen nur, was sie schon kennen, und es scheint schwer zu sein, das Vorurteil gegen eine ungewöhnliche, wenn auch vortreffliche Speise zu überwinden.

Der Betrieb dieser Fischerei ist ein recht einfacher. Der Besitzer eines Bootes, ein Weißer oder Chinese, Malaye oder Manilamann, bemannt sein Boot gewöhnlich mit Eingeborenen der australischen Küste, da er diese viel billiger haben kann als Südseeinsulaner oder Manilamänner. Er sammelt mit seinen Leuten an den Riffen so lange Trepang und bereitet ihn an Ort und Stelle zu, bis sein Schiff voll geladen oder sein Vorrat an Lebensmitteln erschöpft ist. Dann kehrt er nach seinem Ausgangspunkt Thursday Island oder nach Cooktown zurück. Die Seegurken werden bei Ebbe einfach von den Riffen im flachen Wasser abgelesen; aus etwas tieferem Wasser sammelt man sie durch Anspießen an Fischspeere oder auch durch Tauchen; seltener wird in größerer Tiefe nach den Tieren gedredgt. Das große australische Barrierriff ist ein besonders reicher Sammelgrund für Trepang. Das Arbeiten mit australischen Eingeborenen ist zwar billig, es hat aber seine großen Gefahren, da die Schwarzen von der Nordküste in der Tat recht unzuverlässig zu sein scheinen, und häufig ihren weißen Führer ermorden. Oft geschieht das wohl aus Raubsucht, oft aber auch, weil sie nicht richtig behandelt werden oder wenigstens sich schlecht behandelt glauben.

Recht schlimm war es meinem Steuermann Wilson ergangen; er war im buchstäblichen Sinne des Worts mit blauem Auge davongekommen. Nach seiner Erzählung war der Vorgang folgender. Vor zwei Jahren fischte er mit einer größeren Anzahl Schwarzer am großen Barrierriff Trepang; einige der Eingeborenen, die von der australischen Nordostküste stammten, hatten schon seit neun Jahren wiederholt mit ihm gearbeitet. Er befand sich eben auf der Rückfahrt nach Thursday Island, um über einige Manilamänner Klage zu führen, die vor einem Monat vier schwarze Weiber, Frauen seiner eigenen Leute, in ihr Schiff gelockt hatten und mit ihnen abgesegelt waren. Wilson war deshalb bei den Behörden vorstellig geworden, indem er durch ein zurückkehrendes Fischerboot eine schriftliche Beschwerde nach Thursday Island sandte; bisher war aber daraufhin noch nichts erfolgt, und er wollte, wie er behauptete, nun persönlich für seine Leute eintreten.

Das Boot befand sich in voller Fahrt und Wilson hatte soeben einen Befehl wegen der Segel gegeben und war dabei, seine Pfeife anzuzünden, als er plötzlich einen heftigen Schlag in den Nacken erhielt, der ihm fast die Besinnung raubte. Er glaubte, er sei von einer herabfallenden Segelstange getroffen worden, und drehte sich um, da sah er mehrere der Schwarzen auf sich eindringen. Einem Tomahawkwurf wich er noch rechtzeitig aus, erhielt aber gleich darauf mit einem dreispitzigen Fischspeer eine fürchterliche Wunde unterhalb des rechten Auges, die die Wangenhaut in Stücke riß und das Auge bloßlegte. Er riß den Speer heraus, konnte aber keinen Widerstand mehr leisten und wurde von den Schwarzen gepackt und zum Schiffsrande gezerrt, um über Bord geworfen zu werden. Er legte sich jetzt aufs Flehen, hielt den Leuten vor, daß er immer gut für sie gesorgt habe, und versprach ihnen, alles daran zu setzen, ihnen ihre Frauen wiederzubeschaffen. Er behauptet nun, daß man darauf nicht gehört hätte, aber daß, als man versuchte, ihn trotz seines Sträubens emporzuheben und ins Meer zu werfen, seine Kleider zerrissen seien, und er in den Schiffsraum herabgestürzt sei, wo seine geladene Winchester Repetierbuchse hing. Das scheint mir doch etwas unwahrscheinlich. Ich glaube viel eher, daß die einfältigen Schwarzen ihn auf seine Bitten und Versprechungen hin losgelassen haben, und er so an sein Gewehr kam. Er feuerte sofort mehrere Schüsse in den dichten Haufen, worauf die ganze Gesellschaft ohne weitere Komplimente über Bord sprang. Jetzt waren die Rollen vertauscht, die Schwarzen flehten darum, wieder an Bord genommen zu werden; denn die nächste Küste war 45 Kilometer entfernt und in der Nähe befanden sich weder Sandbänke noch Riffe. Wilson fischte aber nur die einzige schwarze Frau heraus, die sich noch mit an Bord befunden hatte, und setzte unbekümmert um die Bitten der übrigen seinen Kurs weiter fort. Er brauchte volle sieben Tage, um nach Somerset und in ärztliche Behandlung zu kommen, und wurde, schwerverwundet und unverbunden wie er war, auf der Fahrt bald so schwach, daß er hilflos im Schiff lag, und die schwarze Frau das Schiff steuern und die Segel setzen mußte.

Wie weit seine Erzählung im einzelnen auf Wahrheit beruht, läßt sich nicht feststellen. Thatsache ist, daß sein Schiff ohne andere Mannschaft und gesteuert von einer schwarzen Frau in Somerset ankam, er selbst mit heraushängendem Auge, mehr tot als lebendig. Übrigens wurde sein Bericht durch seine schwarze Retterin bestätigt. Die Wunde brauchte natürlich lange Zeit zu ihrer Heilung, weil die Haut durch den dreispitzigen, mit Wiederhaken versehenen Fischspeer in weitem Umkreis unter dem Auge zerstört worden war. Dr. Salter von Thursday Island machte deshalb eine plastische Operation und deckte den Defekt durch einen Hautlappen, den er dem

Arme des Patienten entnahm. Natürlich war und blieb der Mann furchtbar entstellt und trug auch sonst dauernde Einbuße an Kraft und Widerstandsfähigkeit davon. Er kann jedoch von Glück sagen, daß er nicht nur das Leben, sondern sogar das Auge behielt. Das Arbeiten mit australischer Mannschaft aber hat er aufgegeben und war froh, daß er in meinem Dienste von der anstrengenden Arbeit des Tauchens nach Perlmuscheln ausruhen konnte.

Außer Wilson engagierte ich noch zwei weiße Matrosen, Charles Smith, einen Australier, und John Paterson, einen Schotten, und konnte nun meine Arbeiten und Fahrten beginnen. Wenn es möglich war, richtete ich es immer so ein, daß ich am Abend wieder nach Thursday Island zurückkam, um die Seetiere, die sich in der Tropenwärme nur schwer in kleineren Gefäßen lebend erhalten lassen und rasch zerfallen, sofort zu konservieren. Nicht selten jedoch, wenn ich weitere Ausflüge machte, mußte ich auch mehrere Tage unterwegs bleiben. Ich schlief dann an Bord meiner Nußschale oder am Strande auf irgend einer Insel und nahm eine größere Anzahl Gefäße und Gläser mit Konservierungsflüssigkeit und Alkohol mit, um zarte Objekte auf der Stelle einzulegen.

Ich mußte bald erkennen, daß Thursday Island keineswegs ein sehr günstiger Standort für marine Fischerei ist. Die Gezeitenströme sind überhaupt in diesen Meeresabschnitten sehr stark. Im Inselgewirr der engen Torresstraße aber ebbt und flutet das zwischen tausend Riffen und Sandbänken eingepreßte Meer wie ein Gebirgsstrom zwischen den Inselkanälen auf und ab und setzt die Segelschifffahrt in völlige Abhängigkeit von den Gezeiten. Um Vivian Point, das Südkap von Thursday Island, lief der Gezeitenstrom unter gewöhnlichen Verhältnissen mit einer Geschwindigkeit von sieben Knoten. Zur Zeit der Springflut aber erreicht die Strömung unter Umständen eine Geschwindigkeit von zehn Knoten und mehr, so daß große Oceandampfer schwer gegen sie ankommen konnten. Natürlich kann man gegen solche Strömungen im kleinen Segelboot nichts ausrichten; man muß vor Anker gehen und die Umkehr der Gezeitenströme abwarten. Das ist langweilig und zeitraubend, oft auch unsicher, weil in diesem Labyrinth von Land und Wasser eine große Unregelmäßigkeit in der Richtung der Gezeitenströme herrscht.

Eine große Reihe von Tierformen zieht sich vor diesen starken Strömungen in ruhigere Meeresteile zurück, und nur die Bewohner der Korallenriffe, hier wie überall Liebhaber eines bewegten Wassers, entfalten ein üppiges, vielgestaltiges Leben.

Bei unserer Fischerei wendeten wir zwei Methoden an: einmal

das Dredgen in Tiefen bis zu 15 Metern, ferner das Sammeln auf den während der Ebbe trocken gelegten Riffen. Letztere Methode brachte mir viele interessante und zum Teil neue Formen; ergiebiger als die Küstenriffe, welche die Inseln umsäumen, erwiesen sich dabei die kleinen selbständigen Riffe zwischen den Inseln. Beim Sammeln auf den Riffen hat man eine gewisse Vorsicht zu beobachten. Im flachen Wasser liegen mit geöffneten Schalen die riesigen Tridacnamuscheln, dieselben, die man zuweilen in Europa als Weihkessel in Kirchen oder als Schmuck in Hallen und Gärten aufgestellt sieht. Wehe demjenigen, der etwa beim Herumwaten unvorsichtig in sie hineintritt. Manchem Trepangsucher, dem das passiert ist, sind schon die Weichteile des Fußes bis auf den Knochen von der Muschel, die mit Riesenkraft ihre Schalen zu schließen vermag, durchschnitten worden. Keine menschliche Kraft vermag die Muschel wieder zu öffnen, und ein so gefangener Mensch kann nur dadurch befreit werden, daß seine Kameraden mit einem Messer die Schließmuskeln der Schale durchschneiden.

Auch gibt es auf den Riffen in den Höhlungen des Korallenfelsen eine Anzahl Fische (Percis, Sillago, Batrachus), deren Rücken- und Kiemendeckelstachel höchst schmerzhafte, ja gefährliche Wunden machen können. Unterhaltend ist es zu sehen, wie beim Zurückgehen des Wassers sich immer eine Anzahl kleinerer Haifische an den Riffen einfindet, um zwar nicht im trüben aber im flachen Wasser nach solchen Tieren zu jagen, die von der Ebbe überrascht hier in der Enge ihren schlauen Feinden nicht wohl entgehen können. Manchmal werden übrigens die kleinen Räuber selbst aufs Trockene gesetzt und zweimal habe ich auf diese Weise kleine Haifische, die nicht mehr das offene Wasser zu erreichen vermochten, durch Steinwürfe im Flachwasser erlegt.

Viel Vergnügen bereitete mir auf unseren Segelfahrten ein andrer Fisch, der Schiffhalter, Echeneis. Die Schiffhalter besitzen am Kopf und Vorderrücken eine flache längliche Saugscheibe, mit der sie sich an Schiffe und größere Fische, besonders Haifische fest anheften und sich so herumtragen lassen. Aus Büchern waren mir diese Fische, die übrigens auch im Mittelmeer vorkommen, wohlbekannt, einen lebenden hatte ich noch nie gesehen.

Wir hatten einmal in den Mangroven von Wednesday Island während der Ebbe Tiere gesammelt und einige riesige braune Krabben gefangen, die man in jenen Gegenden häufig in den Mangrovesümpfen unter Steinen und Wurzeln versteckt findet, und die sich an Wohlgeschmack durchaus mit Hummer und Languste messen können. Ihren

Namen kann ich nicht mitteilen, denn ich muß zu meiner Schande gestehen, daß ich keinen meiner Sammlung zu nachträglicher Bestimmung einverleibt hatte, sondern es vorzog, mit ihrem zarten, würzigen Fleisch unsere Konserven- und Schiffszwiebackskost zu unterbrechen. Ich suchte immer nach kleinen Exemplaren zum Konservieren, fand aber stets nur große zum Kochen. Also wir kochten unsere Krabben auf der Weiterfahrt an Bord und hielten ein schwelgerisches Krebsessen. Als ich nun die leeren Schalenteile einen nach dem andern über Bord warf, bemerkte ich eine Anzahl Fische von etwa ein Viertel Meter Länge, die jedesmal blitzschnell unter dem Boote hervorschossen, sobald etwas ins Wasser fiel, die Brocken wegschnappten und wieder verschwanden. In ihren Bewegungen glichen sie ein wenig kleinen Haifischen. Der nächste Brocken, den ich ins Wasser warf, barg einen Angelhaken und an ihm hing unmittelbar darauf ein Fisch, den ich sogleich als Echeneis erkannte. Ich wollte noch mehr fangen und warf meine Angel wieder und wieder aus. Sie blieb unberührt, ebenso wie die weiteren Brocken, die wir darauf ohne Angel ins Wasser warfen. Wo waren die Genossen unseres Gefangenen geblieben, die sich vorher so gierig zur Teilnahme an unserem Mahl gedrängt hatten? Offenbar widerstanden sie, gewitzigt durch das Schicksal ihres Kameraden, allen Lockungen und blieben diesen ganzen Tag über hartnäckig mit ihren Saugscheiben an den Kiel unseres Bootes angeheftet. Dies läßt auf einen so bemerkenswerten Grad von Beobachtungsvermögen und Gedächtnis[1]) schließen, wie es mir sonst noch bei keinem andern Fisch vorgekommen ist. Weiß doch jeder Angler, daß die Fische sich immer wieder um den Köder drängen, mag man auch noch so viele andre vor ihren Augen fangen und zappelnd aus dem Wasser ziehen, ja mag man sogar sie selbst schon einmal oder öfter an der Angel gehabt haben. Übrigens fing ich später auf gleiche Weise noch einige Male eine Echeneis, jedesmal aber nur eine.

Es kommen in der Torresstraße zwei Arten des Fisches vor: Echeneis naucrates und Echeneis remora. Man hat bis jetzt darüber nicht ins Klare kommen können, zu welchem Zweck sich die Schiffhalter an Schiffe, Schildkröten und große Fische anheften. Meine kleine Beobachtung klärt, wie ich glaube, diesen Zweifel auf. Die

1 Neuerdings (1899) hat der bekannte Hirnanatom und Physiolog L. Edinger eine Sammelforschung über die Frage angestellt, ob die Fische ein Gedächtnis besitzen. Wie zu erwarten stand, ist die Antwort bejahend ausgefallen. Ähnliche Beobachtungsresultate wie die von mir bei Echeneis gewonnenen wurden Edinger vom Blei, Abramis brama, und Aland (Idus melanotus) berichtet.

Fische nähren sich von den Brocken, die von der Tafel der Schiffe für sie abfällt, und erschnappen wohl auch im Vorbeifahren auf eigne Rechnung eine kleinere Beute, denn sie sind durchaus keine so schlechten Schwimmer, wie behauptet wird. Das bewies die Gewandtheit, mit der sie die Brocken auffingen und sich sogleich wieder an mein rasch segelndes Boot ansetzten. Das Anheften an größere Wassertiere, wie Haifische und Schildkröten, geschieht vielleicht auch deshalb, um in dem Kot dieser Tiere nach Nahrungsresten zu suchen.

Auf dem, mit grobem Sande bedeckten Grunde zwischen Prince of Wales und Friday Island fing ich in der Dredge eine Anzahl Epigonichthys (Amphioxus) cultellus, eine Species des berühmten Lanzettfisches Amphioxus, die einige interessante Besonderheiten zeigt. Amphioxus ist bekanntlich das primitivste Wirbeltier oder richtiger Chorda-Tier, denn bis zur Ausbildung einer eigentlichen Wirbelsäule ist es bei ihm noch gar nicht gekommen. Er wird mit Recht von den meisten Forschern als der einzige lebende Vertreter jener Stammgruppe der Wirbeltiere betrachtet, die die viel höher organisierten Fische mit den nächstverwandten niederen Tieren, den Manteltieren oder Tunikaten verknüpft.

Das Dredgen in der Torresstraße war ebenso schwierig wie unergiebig. In dem Korallengrund saß die Dredge alle Augenblicke fest und konnte nur mit großer Mühe wieder klar gemacht werden; der Sandboden andrerseits war auf große Strecken aller lebenden Tiere bar und enthielt nur zertrümmerte Muschelschalen und leere Schneckengehäuse. Dies waren Stellen, wo die starken Strömungen den Sand auf- und abrollten und die Ansiedlung der Tiere auf dem Grunde verhinderten. Nur hier und da fand ich Bezirke, die mit Grundbewohnern reichlich bevölkert waren. Die reiche Fauna des Flachwassers an den Riffen werde ich ausführlicher schildern, wenn ich an die Beschreibung meines Aufenthalts auf der Insel Ambon komme. Thursday Island war in dieser Beziehung besonders durch die zahlreichen und schönen Weichkorallen ausgezeichnet, die neben den riffbildenden Steinkorallen überall ein üppiges Wachstum zeigten.

So lästig es war, oft stundenlang auf die Umkehr der Gezeitenströme warten zu müssen und untätig zwischen den Inseln vor Anker zu liegen, bis das Landen an einer günstigen Stelle oder die Überwindung einer schwierigen Durchfahrt möglich war, gab es mir doch zuweilen Gelegenheit zu interessanten Beobachtungen. Ungemein häufig sind in der Torresstraße die plumpen, 3—5 Meter langen Dugongs oder Seekühe, Halicore dugong. Sie gehören, zusammen mit dem Lamantin (Manatus), der die afrikanischen und amerikanischen Küsten des tropischen Atlantic bewohnt, zu der Ordnung der Sirenen. Gerade sirenenhaft sehen sie nicht aus, wenigstens nicht so, wie wohl die meisten von uns sich diese berückenden Seemädchen der griechischen Schiffersage vorstellen. Der Körper ist plump und ungeschlacht, der Hals kurz und dick, Kopf und Gesicht roh geformt, von stumpfsinnigem Ausdruck. Die vorderen Extremitäten sind zu Flossen umgebildet, während die hinteren rückgebildet sind. Der Körper läuft in einen Fischschwanz aus. Wie die Walfische und Robben gehören diese Geschöpfe zu den echten Säugetieren und haben mit Fischen nur die Lebensweise und das durch Anpassung an das Wasserleben hervorgebrachte Äußere gemein. Doch muß man zugeben, daß sie in ihrem Aussehen fischähnlicher als die Robben und säugetierähnlicher als die Wale sind, so daß, da der Kopf entfernt an einen vergrößerten Rinderkopf erinnert, und die Brüste der säugenden Weibchen sehr stark vorspringen, die Bezeichnung Seekuh ganz treffend ist. Den Anforderungen, die wir an eine Sirene zu stellen berechtigt sind, genügen sie dagegen nicht. Man ist augenblicklich geneigt, diese Tiere als am nächsten mit den Huftieren verwandt anzusehen. Jedenfalls besteht eine Verwandtschaft zwischen ihnen und den Walen nicht, ebensowenig zwischen ihnen und den mit den Raubtieren verwandten Robben. Außer dem atlantischen Manatus und der indopazifischen Halicore dugong gab es in historischer Zeit noch einen dritten Vertreter der Ordnung der Sirenen, das 8—10 Meter lange Borkentier des Beringsmeeres, nach seinem Entdecker Rytina stelleri genannt. Als Steller, dessen Schiff im Jahre 1741 auf der Beringsinsel gestrandet war, dort überwintern mußte, war das Borkentier im Beeringsmeer noch ungemein häufig. Schon dreißig Jahre später scheint es durch Walfänger nahezu ausgerottet gewesen zu sein; jetzt gehört es längst der Vergangenheit an.

Größere Herden von Dugongs habe ich in der Torresstraße nicht gesehen, wohl aber nicht selten einzelne Paare und kleine Trupps, die sich nicht besonders scheu zeigten, obwohl sie von den eingeborenen Bewohnern der dortigen Inseln eifrig gejagt werden. Am häufigsten sind sie im nördlichen Teil der Torresstraße zwischen Banks- und Mulgrave-Island und der Küste von Neu-Guinea, am häufigsten am Ormansriff. Ihre Nahrung finden die plumpen Tiere in den submarinen Seegras- und Tangwiesen, die in geschützten Buchten der Inseln und im ruhigen Wasser zwischen den Riffdämmen üppig gedeihen und die eigentliche Weide der Seekühe darstellen. Zur Weide kommen die Dugongs immer nachts und kehren regelmäßig zu derselben Stelle zurück, bis die ganze Wiese abgeweidet ist. Als echte Säugetiere atmen sie natürlich atmosphärische Luft durch Lungen und sind nicht im stande längere Zeit unter Wasser zu verweilen, ohne ab und zu an die Oberfläche zu kommen, um Luft zu schöpfen. Ich beobachtete einmal ein starkes Männchen in ziemlicher Nähe, das sich durchaus nicht durch unser Boot und unsere Anwesenheit auf demselben stören ließ. Das Tier erschien in Zwischenräumen von drei und fünf Minuten an der Oberfläche, erhob sich mit einem großen Teil seines Körpers über Wasser, atmete mit eigentümlich dumpfem Schnauben und glitt langsam wieder in die Tiefe zurück. Wilson erzählte mir, er habe mehrfach gesehen, daß die Weibchen ihre ungeschlachten Kälber auf dem Rücken herumtrügen. Die Eingeborenen der Torresstraße sind sehr geschickt, sich in ihren Booten unbemerkt an einen Dugong, der so halb verschlafen auf- und abtaucht, herantreiben zu lassen und ihn, wenn er zum Atmen an der Oberfläche erscheint, zu harpunieren. Die eigentümlich geformte Harpune, ein kurzer Bolzen aus Hartholz, Knochen, neuerdings auch aus Eisen, der an ein langes Tau befestigt ist, wird mittelst eines speerartigen Schafts in das Tier hineingestoßen. Der Schaft bleibt in der Hand des Fischers zurück, während das Tier mit dem Bolzen, der in seiner Haut steckt, und dem ablaufenden Tau in die Tiefe fährt. Bei erneutem Auftauchen werden die Glieder, besonders der Schwanz des wehrlosen Geschöpfs, mit weiteren Tauen umschlungen, das ermattete Tier endlich unter Wasser festgehalten, indem eine Anzahl Eingeborener, sobald es auftauchen will, um Luft zu schöpfen, durch gleichzeitiges Tauchen ihrerseits und Abwärtsziehen der Taue dagegenhalten. Auf diese Weise wird die arme Sirene am Atmen verhindert und in ihrem eignen Element ertränkt. Eine andre Methode der Eingeborenen ist es, eine Seegraswiese, die die Tiere allnächtlich besuchen, ausfindig zu machen und ihnen hier in einer schönen Mondnacht auf einer Art Jagdkanzel, einem leichten Bambusgerüst, aufzulauern und sie in der schon beschriebenen Weise zu harpunieren.

Am leichtesten ist es, sich den Dugongs während der Paarungszeit zu nähern, weil die Liebe sie blind und taub macht. Dies ist die Zeit, in der sich weiße Dugongfischer mit ihrem Fang beschäftigen, und diesem Umstande verdanke ich meine drei Dugongembryonen. Die Weißen jagen den Dugong vorwiegend wegen seines Fetts, dem heilkräftige Wirkungen zugeschrieben werden. Es soll ein vortreffliches Heilmittel gegen Tuberkulose sein. Zum Unglück für die Menschheit und zum Glück für die Dugongs ist das wohl nur Aberglaube.

Das Fleisch habe ich selbst nicht gegessen; einige Weiße rühmen es und vergleichen es mit dem Kalbfleisch, andere erklären es für unangenehm süßlich. Den Eingeborenen der Torresstraße gilt es als Leckerbissen.

Ähnlich wie der Dugong wird auch die riesige, in der Torresstraße und an der Küste von Neu-Guinea recht häufige Suppenschildkröte, Chelone mydas, von den Eingeborenen harpuniert und mit Tauen umwickelt, indem ein Mann dem verwundeten Tiere nachtaucht. Besonders leicht ist es, sich auch diesen Tieren in der Paarungszeit, die vom Oktober bis in den Februar hin dauert, zu nähern. Gute Taucher springen dann dem schwerfälligen Reptil einfach auf den Rücken, suchen es, ehe es noch tauchen kann, umzudrehen und mit einem Tau zu umschlingen. Auch eine dritte, höchst merkwürdige Fangmethode wird in der Torresstraße häufig angewendet.

Bei ruhigem Wetter und stiller See vermag das scharfe Auge der Eingeborenen die Schildkröten in der Tiefe auf dem Meeresgrunde, in der Nähe der Küsten und Riffe, zu entdecken. Ein Schiffhalter, Echeneis, an dessen Schwanzflosse man eine lange Leine befestigt hat, wird nun über der Schildkröte ins Wasser gesetzt und unweigerlich taucht der Fisch in die Tiefe und setzt sich an den Panzer des unten ruhenden Kolosses an. Auf diese Weise ist eine Leitung zwischen dem Boot und der Schildkröte hergestellt. Ein Eingeborener folgt tauchend der Leitung und seilt das Tier unten an. Der Sauger selbst sitzt doch nicht fest genug an dem Panzer, um an ihm die schwere Last heraufzuziehen.

Endlich fängt man die Tiere noch auf dem festen Lande, wenn sie kommen, um ihre Eier abzulegen und in dem Sande des Strandes zu vergraben. Dies ist die Hauptfangmethode für die kleinere, beweglichere Karettschildkröte, Chelone imbricata, die das echte Schildpatt liefert, während ihr Fleisch kaum genießbar ist. Sie ernährt sich von animalischer Kost und ist ein Raubtier, während ihre wohlschmeckende Gattungsgenossin Vegetarianer ist. In der Torresstraße ist sie viel seltener als letztere. Doch kann man auch sie an schönen stillen Tagen nicht selten im Meere beobachten, wie sie mit großem Geräusch an die Oberfläche des Meeres kommt, laut Atem holt und wieder verschwindet.

Im Osten der Prince of Wales-Gruppe befinden sich eine Anzahl kleinerer Inseln, auf denen, wie ich hörte, beide Schildkrötenarten mit Vorliebe ihre Eier ablegen. Für Chelone mydas war es schon etwas spät im Jahre (Mitte März). Von Chelone imbricata durfte ich aber hoffen, noch einiges entwicklungsgeschichtliche Material zu sammeln.

Obwohl wir schon bei Sonnenaufgang von Thursday Island absegelten, brauchten wir doch volle 17 Stunden, um nach dem kleinen Strait Island zu gelangen, da wir fast keinen Wind und viele Stunden lang die Flut gegen uns hatten. Aus diesem Grunde mußten wir längere Zeit vor Wednesday Island vor Anker gehen und ich begab mich inzwischen mit Wilson in unserem kleinen Ruderboote, einem sogenannten Dingy, an Land. Dichte Mangrovewälder umsäumen den Strand, und wenn bei Ebbe die heiße Sonne auf den Tümpeln zwischen den Mangrovewurzeln steht, herrscht ein pestilenzialischer Gestank. Es ist keine Kleinigkeit, über die schlüpfrigen Wurzeln und Steine zu klettern und sich durch das dichte Geflecht der Stämme und Äste durchzuwinden. Obwohl wir an verschiedenen Stellen um uns die Rufe der schönen »Torresstraßen-Taube« hörten, kamen wir unter diesen schwierigen Verhältnissen auf keins der scheuen Tiere zu Schuß. Hinter den Mangroven erhebt sich dann gewöhnlicher australischer Eucalyptuswald, und hier fanden wir, nur etwa zweihundert Schritt von der Flutgrenze entfernt und von niedrigen Büschen umgeben, den Nesthügel eines Großfußhuhns, Megapodius tumulus, das in Nordaustralien und Neu-Guinea den Scrub-Turkey oder Catheturus (Talegallus) lathami vertritt. Die Lebensweise des letzteren habe ich schon geschildert, als ich meinen Aufenthalt am Burnett beschrieb. Der Nesthaufen des Megapodius, den ich auf Wednesday Island sah, hatte eine Höhe von drei bis vier und einen Umfang von über dreißig Metern. Er bestand nicht aus Laub, wie der des Catheturus lathami, sondern schien durchweg nur aus Sand zusammengesetzt zu sein. Da diese Beobachtung auch mehrfach von anderen Besuchern jener Gegenden gemacht worden ist, ergibt sich der Schluß, daß hier, so viel näher dem Äquator, die Wärmestrahlen der Sonne genügen, um im Nesthaufen die zum Ausbrüten der Jungen nötige Wärme zu erzeugen, während der Bewohner von New-South-Wales und Süd-Queensland, also kälterer Gegenden, für seine Brutöfen noch die Wärme zu Hilfe nimmt, die bei der fauligen Zersetzung organischer Substanzen entsteht.

Wir bemerkten an jenem Haufen Grabspuren, die von einer großen Eidechse herzurühren schienen, die wohl gelernt haben mochte, daß diese Hügel schmackhafte Eier zu bergen pflegen. Wir selbst konnten beim Nachgraben in dem Hügel keine Eier finden.

Nachmittags konnten wir unsere Fahrt fortsetzen und passierten Tuesday Islands, zwei kleine Inseln, denen eine winzige dritte Insel vorgelagert ist. Von kuppelförmiger Gestalt und vom Scheitel bis zum Fuß mit hohen Bäumen bewachsen, gewährt dieses kleine Eiland, das wie durch besondere Laune eines Künstlers geformt erscheint, einen reizenden Anblick. Gegen 11 Uhr abends langten wir bei hellem Mondschein vor Strait Island an und ankerten hier für die Nacht. Am nächsten Morgen früh begab ich mich mit Wilson auf die kleine bewaldete Insel, an deren Strande wir bald die Spuren entdeckten, welche die schweren Schildkröten bei ihren Besuchen im Sande zurückgelassen hatten. Es sind zwei parallele, tiefe Furchen, die Spur der flossenförmigen Extremitäten, mit denen die Tiere mühsam ihren schweren Körper im Sande fortgepaddelt haben, und dazwischen einen breiten geebneten Streifen, die Spur des über die Erde hingeschobenen Brustpanzers. Die Spur pflegt vom Meer weg in ziemlich gerader Richtung den Strand hinaufzuführen bis etwa dreißig bis vierzig Meter jenseits der Marke der höchsten Fluten. Die Schildkröten kommen mit der Flut zur Eiablage, weil dann der für sie beschwerliche Landweg kürzer ist. Meine Leute behaupteten sogar, daß die Tiere ausschließlich zur Zeit des Neu- und Vollmondes, also mit den Springfluten ans Land kämen, und wer die vielen wunderbaren und komplizierten körperlichen und geistigen Anpassungen im Tierreich kennt, wird auch diese nicht von vorn herein für unmöglich halten. Zu ihrer sicheren Bestätigung würde eine längere Beobachtungszeit nötig sein.

Würden die Tiere vom Meere zum Lande aufsteigen, ihre Eier ablegen und direkt wieder zum Meere zurückkehren, so könnte man ohne weiteres den Endpunkt ihrer Landwanderung als die Stelle bezeichnen, wo sie ihre Eier abgelegt haben. Ihr Verfahren ist aber ein zweckmäßigeres. Die Spur dreht am Endpunkte nicht einfach um, sondern führt meist eine Strecke weit, zehn bis zwanzig Schritt, in querer Richtung und biegt erst dann wieder um zum Meere zurück. An dieser queren Strecke des Weges liegen irgendwo die Eier; man kann aber nicht ohne weiteres sehen, an welchem Punkte. Es gibt indessen ein leichtes Mittel, dies festzustellen. Mit einem spitzen Stabe stößt man von Strecke zu Strecke, etwa ein und einhalb Fuß tief in den Boden und betrachtet nach dem Herausziehen genau die Spitze des Stabes: kehrt sie feucht wieder, so finden sich hier die Eier, deren Inhalt das eindringende Holz befeuchtet hat. Wir fanden auf diese Weise fünf Gelege, ein leeres und vier volle, sämtlich im Schutz und Schirme kleiner Büsche, die hier am Strande wuchsen. Die Eier lagen in einer Tiefe von ein bis anderthalb Fuß, da, wo die Bodenfeuchtigkeit eben beginnt, von locker angedrücktem Sande bedeckt. Sie erwiesen sich sämtlich als Eier von Chelone imbricata; die Brützeit für Chelone mydas war schon vorüber. Die Zahl der Eier in jedem Gelege schwankte von 100 bis 200. Zwei Nester waren ganz frisch und enthielten sehr junge Keime, die beiden anderen enthielten Eier mit Embryonen, die etwa Hühnerembryonen vom vierten bis fünften Brütungstag entsprechen würden. Von einem Teil der eben erst gelegten Eier machten wir uns gleich ein Frühstück, und Wilson und die beiden Matrosen, die inzwischen auch ans Land gekommen waren, verschlangen große Mengen, während ich mich mit drei der wallnußgroßen, runden Eier begnügte. Der Geschmack ist eigenartig und recht gut, aber etwas voll oder »rich«, wie die Engländer das treffend ausdrücken, so daß mir der Genuß bald widerstand. Kein noch so langes Kochen bringt Dotter und die umhüllende Eiweißschicht zum Gerinnen. Ich füllte einige Kisten mit den ausgegrabenen Eiern, die ich sorgfältig in Sand verpackte, und nahm sie mit nach Thursday Island. Nur die älteren Stadien vertrugen aber den Transport und entwickelten sich weiter. Die jungen Stadien vor Bildung der Embryonalhülle, die als Amnion oder Schafhaut bezeichnet wird, gingen sämtlich zu Grunde. Der Keim ist vor Bildung des Amnions weniger geschützt und wird durch alle Erschütterungen, die das Ei treffen, zerstört und getötet. Die Schale ist anfangs pergamentartig weich. Wenn die Eier älter werden, wird sie durch Eintrocknen steifer und härter.

Gegen 10 Uhr verließen wir Strait Island und besuchten die benachbarten Double Islands, zwei dicht beisammen gelegene, von einem einheitlichen Riff umsäumte Inseln. Wir trafen hier einen einsamen Schwarzen, der von einem »Manilamann« auf den Inseln stationiert worden war, um für ihn Exemplare der Karettschildkröten zu erbeuten, die etwa die Inseln zum Eierlegen besuchen sollten. Der arme Bursche saß schon seit über einem Monat dort, hatte noch nichts gefangen und hatte fast keine Vorräte mehr. Er zeigte mir ein Nest von Chelone mydas, aus dem die Jungen vor einem Tage ausgekrochen waren, und schenkte mir drei lebende Tierchen, die er zu seiner Unterhaltung in ein kleines Gefäß gesperrt hatte. Von dem Nest bis zum Meer sah man überall die Spuren der kleinen Schildkröten, die sofort nach dem Ausschlüpfen dem feuchten Element zugestrebt hatten. Ein solcher Zug soll sehr drollig aussehen. Oft wird er gleich beim Verlassen des Landes von einer Schar kleiner Haifische empfangen, die tüchtig unter den anfangs noch weichschaligen Tierchen aufräumen. Dieselben sind zu dieser Zeit noch nicht größer als unsere Sumpfschildkröten.

Ich bot dem Schwarzen an, ihn mit nach Thursday zu nehmen; er wollte aber auf seinem einsamen und schlecht dotierten Posten ausharren, und so ließ ich ihm nur einige von meinen Vorräten zurück. Die Rückfahrt nach Thursday Island ging anfangs rasch, weil ein starker Nordwestwind unsern Kutter wie einen Vogel über die Wellen hinstreichen ließ und wir die Flut mit uns hatten. Als sie sich aber umkehrte, mußten wir zwischen Horn Island und Thursday Island vor Anker gehen und in Regen und Wind die übliche Wartezeit durchmachen.

Vom November bis zum April, zuweilen bis in den Mai hinein, herrscht in diesen Gegenden der feuchte, regenbringende Nordwestmonsun, dessen Gebiet den Teil des Malayischen Archipels, der südlich vom Äquator gelegen ist, sowie Nordaustralien bis zum 20. Gr. s. Br. umfaßt und sich nach Osten bis zu den Salomonsinseln und neuen Hebriden ausdehnt. Der Nordwestmonsun weht in der Torresstraße nicht als ein stetiger gleichmäßiger Wind, sondern bald bläst er tagelang als heftiger Sturm mit fort und fort sich folgenden Regenböen, dann wieder kommen windstille Perioden, während derer sich der gleichmäßig graue Himmel aufklärt und die Sonne unerträglich heiß durch die feuchtigkeitsgesättigte Luft sticht. Ab und zu unterbricht eine von Nordwesten her heranziehende Bö die Ruhe, die Zahl der Unterbrechungen wird größer, ihre Folge rascher, und wieder braust der Sturm heran und übt die Herrschaft über Luft und Wasser. Während dieser ganzen Zeit ist die Atmosphäre gewitterschwül und so feucht, daß alles Lederzeug sich von einem Tag zum andern mit einer dicken Schicht von Schimmel überzieht und Zucker und Salz zerfließen. Bei der geringsten Anstrengung ist man wie in Schweiß gebadet. An manchen Tagen ist es wirklich, um aus der Haut zu fahren.

Oft war der Sturm so heftig, daß ich zwei oder drei Tage lang mich mit meinem kleinen Boot überhaupt nicht zum Fischen herauswagen konnte. Das war dann jedesmal eine schlimme Zeit in der kleinen, nicht gerade sehr anziehenden Ansiedlung und in dem geräuschvollen Grand Hotel. Wenn das Wetter es irgend erlaubte, durchstreifte ich die Insel, deren ganze Nordosthälfte nur wenig durch Menschenhände berührt und verändert ist. Am Strande findet sich da, wo keine Korallenbedeckung vorliegt, Wüstensandstein. Die Höhen, die sich bis über hundert Meter erheben, bestehen aus hartem Schiefer, der zu einem roten Sande verwittert. Der Hügel, ziemlich unmittelbar über der Ansiedlung, der sich am höchsten erhebt, wird gegenwärtig stark befestigt und zu einer Art Fort umgewandelt. Thursday Island beherrscht zwar keineswegs die Durchfahrt der Torresstraße, sondern liegt abseits vom Hauptkurs, der nördlich an Wednesday- und Hammond Island vorbeiführt. Es würde aber im Falle, daß eine feindliche Seemacht die australischen Küsten bedrohen sollte, als Kohlenstation und als Stützpunkt des britisch-australischen Nordgeschwaders eine große Bedeutung haben. Bekanntlich ist vor nicht langer Zeit von den australischen Kolonien im Verein mit dem Mutterlande eine Flotte zum Schutze der australischen Küsten geschaffen worden, die unter dem Befehl eines britischen Admirals steht. Gerade als ich in Australien war, langte sie dort an und wurde überall mit Enthusiasmus aufgenommen. Denn ihr Vorhandensein sichert die australischen Küstenstädte vor unangenehmen Handstreichen, die im Falle eines Krieges zwischen England und einer anderen Seemacht zwar nicht wahrscheinlich, aber doch möglich wären.

Es wurde mir gestattet, die nahezu fertigen Befestigungen von Thursday Island zu besichtigen. Als ich auf der Insel war, ereignete sich ein komischer Zwischenfall. Queensland ist in der glücklichen Lage, kein stehendes Heer halten zu müssen, sondern besitzt bloß eine aus Freiwilligen bestehende »Defence Force«, deren Organisation und Ausbildung einer Anzahl von englischen Berufsoffizieren untersteht. Nur für die Küstenbefestigungen wird eine kleine stehende Truppe von Artilleristen unterhalten, weil die Bedienung der großen Festungsgeschütze eine gründliche Ausbildung und Schulung erfordert. Von dieser Truppe kamen nun zwei Offiziere mit zwanzig Mann von Townsville nach Thursday Island, um die Aufstellung eines mächtigen Geschützes, das von England mit der Taroba erwartet wurde, vorzunehmen. Alle Vorbereitungen zum Ausladen, Hinaufschaffen und Aufstellen der Riesenkanone waren getroffen, das Schiff kam an und begann auszuladen, erst die übrige für Thursday Island bestimmte Ladung, dann mächtige, schwere Teile, die zum Geschütz gehörten. Zuletzt sollte die Hauptsache, das Rohr, kommen, dessen Auftauchen Alle mit Spannung entgegensahen. Es kam aber nicht, weil es in dem Teil des Raumes, in welchem man es vermutete, nicht zu finden war. Nun begann man überall zu suchen, weil man dachte, es wäre vielleicht irrtümlicherweise an einer anderen Stelle verladen worden; man kehrte das unterste zu oberst und war nahe daran, in der Speisekammer und unter den Betten der Passagiere nachzusehen. Ein großes Festungsgeschütz ist doch schließlich keine Stecknadel, die in einer Schublade verkramt werden kann. Man kam also nach und nach zu der Erkenntnis, daß man vergessen hatte, das Rohr in England mit zu verladen, und allmählich dämmerte das denn auch den Matrosen und dem Schiffsoffizier, die das Einladen besorgt hatten.

Auf eine telegraphische Anfrage in England erfolgte die Antwort, daß das vergessene Geschützrohr mit dem nächsten Schiff, das einen Monat später abgegangen war, unterwegs sei, und da es zu lange gedauert hätte, seine Ankunft in Thursday Island zu erwarten, mußte das kleine Heer wieder abziehen und vier Wochen später wiederkommen.

Thursday Island ist durch Kabel mit Paterson am Kap York und dieses über Land mit Cooktown und somit weiterhin mit Brisbane und Sydney, Melbourne und Adelaide verbunden. Von Adelaide führt der berühmte »Overland Telegraph«, ein bewunderungswürdiges Werk australischer Energie und Opferwilligkeit, quer durch das dürre, wüstenhafte Innere des Erdteils hindurch nach Port Darwin und von da durch Kabel über Java und Indien nach England. Ein Telegramm von Thursday Island nach Europa hat also — wenigstens war das so zur Zeit meiner dortigen Anwesenheit — die ganze Länge des Erdteils von Nord nach Süd und dann wieder von Süd nach Nord zu durchmessen, ehe es Australien verlassen kann. Könnte man direkt von Cooktown nach Port Darwin depeschieren, so würde der größte Teil des Umweges erspart werden. Vielleicht ist mittlerweile diese wichtige Verbindung schon hergestellt worden. Während meiner Reise habe ich ein einziges Mal ein Telegramm nach Europa gesandt, und zwar am 18. Juni 1892 von Cooktown nach Berlin. Es bestand aus sechs Worten und kostete 60 Mark. Das ermutigte nicht zu einer Wiederholung.

Die Vegetation Thursday Islands trägt überwiegend australischen Charakter, da der lichte Eukalyptuswald vorherrscht. Der Gipfel des einen Hügels ist aber von einem dichteren Wald von mehr tropischem Charakter bedeckt, und hier hielt ich ziemlich reichliche Ernte an Käfern, Schmetterlingen, Spinnen und anderen Landtieren. Besonders auffallend war der Reichtum an Feld- und Baumwanzen, teilweise prachtvoll gefärbten und schön gezeichneten Arten, die manche Büsche förmlich bedeckten. Überhaupt bilden die auf Pflanzen lebenden Wanzen in den Tropen ein viel mehr ins Auge fallendes Element der Fauna als bei uns und gereichen der Landschaft direkt zum Schmuck, wenn die von ihnen besetzten Büsche wie mit roten Blüten übersät erscheinen.

Landsäugetiere habe ich auf keiner der Inseln gefunden und muß annehmen, daß sie ganz oder nahezu ganz fehlen. Daß sich Känguruhs und andere größere Beuteltiere auf diesen winzigen Inseln nicht halten können, ist ja leicht einzusehen. Schwerer ist es zu verstehen, warum auch die kleinen Flugbeutler und Zwergformen, wie die Beutelmäuse fehlen. Ihnen würden doch Inseln wie Prince of Wales-, Horn-, Banks-, Mulgrave-Island günstige Standorte und reichliche Nahrung gewähren. Ihre gänzliche Abwesenheit scheint mir aber noch keineswegs ganz sicher ausgemacht.

Hätte ich auf einer der Inseln mehrere Wochen oder Monate im Camp gelebt, so würde mein negativer Befund einen sicheren Anhalt gewähren. Doch muß ich hervorheben, daß auch verschiedene Ansiedler, die schon lange in der Torresstraße gelebt hatten, auf mein Befragen das Vorkommen von Landsäugetieren leugneten.

Es unterliegt keinem Zweifel, daß die Inseln der Torresstraße Reste einer ehemaligen Landverbindung zwischen Australien und Neu-Guinea sind. Der ganze Meeresboden der Straße, die an ihrer schmalsten Stelle bloß zwanzig deutsche Meilen breit ist, liegt nur wenig unter dem Niveau des Meeresspiegels, nirgends tiefer als $16\frac{1}{2}$ Meter, und auch die Meeresteile westlich davon sind ungemein flach. Die Landbrücke, die ehedem die mächtige Insel mit dem Festlande verbunden hat, ist sicherlich vormals viel breiter gewesen als der schmale Streifen der Torresstraße. Infolge einer Senkung des Landes oder eines Steigens des Meeresniveaus liegt das Tiefland jener Brücke jetzt ganz niedrig unter dem Meere, und nur die Hügel und Berge ragen als ein Heer kleinerer und größerer Inseln aus ihm empor.

Der ehemalige Landzusammenhang zwischen beiden Gebieten wird einwandsfrei durch eine Vergleichung ihrer Faunen bewiesen. Die Fauna Neu-Guineas ist durchaus australisch, sowohl durch das, was sie besitzt, als auch durch das, was ihr mangelt. Bei der großen Nähe beider Länder könnte man denken, Neu-Guinea sei von Australien aus besiedelt worden, ohne je in wirklichem Landzusammenhang mit ihm gestanden zu haben. Vögel und viele Insekten können herüber geflogen sein, indem sie die Inseln der Torresstraße als Etappen benutzten, andere Tierformen, auch kleinere Säugetiere, können passiv durch Treibholz verschleppt sein, oder die unbedeutenden Schranken der Meeresteile durch Schwimmen überwunden haben. Unstatthaft aber wäre es, von solchen Beuteltieren, wie den Wallabies, den Baumkänguruhs, den Bändikuts, von Echidna, den Kasuaren und noch von vielen anderen Tieren, eine solche Art der Verbreitung anzunehmen, und allein durch die Gegenwart dieser Formen auf der Papuainsel wird ein ehemaliger Landzusammenhang mit Australien bewiesen. Nur ziemlich schwach ist dagegen die Beimengung von indomalayischen Typen in der Fauna von Neu-Guinea, und jedenfalls ist sie derart, daß ein Landzusammenhang der Insel mit Gebieten des indomalayischen Faunengebiets in neozoischer Zeit unwahrscheinlich ist. Neu-Guinea besitzt ein placentales Säugetier, das Australien fehlt, das Schwein, das, von den Molukken eingewandert oder wahrscheinlich direkt durch Menschen importiert, auf der Insel in zwei eigenen Arten in wildem und gezähmtem Zustand gefunden wird.

Trotz der fundamentalen Übereinstimmung im Charakter der papuanischen und festländisch-australischen Fauna ist es doch bemerkenswert, daß im speziellen fast durchgehend deutlich ausgesprochene Unterschiede bei allen den Formen hervortreten, denen durch den trennenden Meeresarm eine Schranke gesetzt ist. In Neu-Guinea kommen zwar nur zwei Beuteltiergattungen vor, die auf dem Festlande ganz fehlen und dort auch fossil nicht gefunden sind, nämlich die Gattungen Dorcopsis und Distoechurus. Ferner ist die Monotremengattung Proechidna auf Neu-Guinea beschränkt. Die Arten derjenigen Gattungen aber, die beiden Ländern gemeinsam sind, wie Macropus, Dendrolagus, Dromicia, Pseudochirus, Perameles, Dasyurus und Phascologale, sind fast durchweg spezifisch verschieden und nur wenige Arten, wie Phalanger maculatus, Dactylopsila trivirgata, Petaurus breviceps, werden auf beiden Seiten der Torresstraße gefunden. Petaurus breviceps kommt in Australien und Neu-Guinea zudem auch nur in zwei lokal verschiedenen Varietäten vor, ebenso Echidna aculeata.

Diese Tatsachen führen schon an sich zu dem Schlusse hin, daß die Trennung zwischen den beiden Gebieten nicht neueren Datums ist, sondern schon einen verhältnismäßig langen Zeitraum hindurch gedauert hat, lange genug, um den Arten Zeit zu lassen, im Norden und im Süden der Torresstraße ein verschiedenes Gepräge anzunehmen. Eine Untersuchung der anderen Elemente, die die Faunen beider Länder zusammensetzen, bestätigt das vollkommen, vor allem die charakteristische und genau studierte Vogelwelt, ferner aber auch die Reptilien, Amphibien, Insekten und Landschnecken. Dabei ist es gar nicht notwendig, gleich von Anfang an eine gänzliche Lösung anzunehmen. Die Torresstraße und ihre Umgebung mag noch lange als Landbrücke fortbestanden haben, als viele Arten im Norden und Süden sich schon deutlich von einander gesondert hatten. Denn durch einen so schmalen Verbindungsweg wird der Isolierung nur geringer Abbruch getan sein. Das aber können wir behaupten, daß ein breiterer Zusammenhang zwischen Australien und Neu-Guinea seit recht langer Zeit nicht bestanden hat, und daß dieser Umstand, verbunden mit dem verschiedenen Klima, der verschiedenen Bodenbeschaffenheit und der in ihrer quantitativen Zusammensetzung sehr verschiedenen Vegetation beider Länder zu zwei spezifisch recht verschiedenen Faunen geführt hat.

Die Beziehungen der Faunen zweier Landmassen, die ehedem zusammengehangen haben, später aber durch zwischendringende Meeresarme getrennt worden sind, zeigen sich immer wesentlich beeinflußt von der Dauer jener Trennung. Großbritannien, das mit dem Kontinente bis etwa zum Ende der Eiszeit zusammengehangen hat, ist in seiner Fauna und Flora beinah völlig identisch mit dem benachbarten festländischen Deutschland und Frankreich, obwohl entschieden ärmer als diese. Eigene Gattungen kommen überhaupt nicht vor. Auch die Arten der vorkommenden Säugetiere und Blütenpflanzen sind identisch mit festländischen Arten, höchstens mögen einige Varietäten oder Subvarietäten von Phanerogamen eigentümlich sein. Dagegen besitzen die britischen Inseln drei eigene Vogelarten (von einigen Forschern blos als Varietäten angesehen), einige eigene Süßwasserfische und eine ziemliche Anzahl eigentümlicher Laub- und Lebermoose. Dabei ist bemerkenswert, daß sich auch zwischen England und Schottland einerseits, Irland andererseits ein leichter, aber doch deutlicher Unterschied bemerklich macht. Ob auch eine Anzahl besonderer Insekten, Land- und Süßwasserschnecken auf den britischen Inseln vorkommt, ist noch nicht ganz sicher ausgemacht, aber wahrscheinlich. Jedenfalls sieht man, wie schon die kurze Trennung einer Insel vom Festlande dazu führt, ihrer Fauna und Flora ein eigentümliches Gepräge zu verleihen. Viel deutlicher aber wird dieses, wenn wir uns zu Inseln wenden, deren Trennung von den Kontinenten schon längere Zeit gedauert hat.

Die Inseln, die dem australischen Kontinent im Süden, Norden und Osten anlagern, geben dafür ein ausgezeichnetes Beispiel: Tasmania, das sich vom Festland wahrscheinlich im Anfange der Pleistocänperiode abgelöst hat, Neu-Guinea, das sicher viel länger isoliert gewesen ist, endlich Neuseeland, das jedenfalls seit dem Auftreten der Säugetiere in Australien mit keinem von Monotremen oder Beuteltieren bevölkerten Teile des Festlandes mehr zusammengehangen hat.

Tasmanien, das am spätesten getrennte, zeigt in seiner Fauna noch sehr große Übereinstimmung mit Süd-Australien und Viktoria. Echidna aculeata findet sich in der Varietät setosa. Von Känguruhs kommen keine eigentümlichen Arten vor, aber vier besondere Varietäten. Von Dromicia findet sich eine distinkte Art, Dromicia lepida, von Pseudochirus ebenfalls eine, Pseudochirus cooki. Das gewöhnliche Opossum, Trichosurus vulpecula, kommt in der Varietät fuliginosus vor, deren Pelz wegen seiner längeren und dichteren Haare besonders geschätzt ist. In dem kühleren Klima Tasmaniens bedarf das Tier eben eines wärmeren Kleides. Tasmanien besitzt ferner ein besonderes Wombat, Phascolomys ursinus, eine besondere Buschratte, Phascologale minima, und zwei Gattungen von Raubbeutlern, die in Australien ganz fehlen: Tylacinus, den Beutelwolf, und Sarcophilus, den tasmanischen Teufel. Diese beiden Gattungen sind aber keineswegs in Tasmanien seit seiner Trennung vom Festlande erst entstanden, sondern sie lebten ehemals auch auf letzterem, sind aber dort ausgestorben und nur noch fossil zu finden. Wahrscheinlich erlagen sie der Konkurrenz des einzigen placentalen Raubtieres, das Australien besitzt, des Dingohundes, über dessen Einführung in Australien ich schon ausführlich (S. 196) gesprochen habe. In Tasmanien ist der Dingo niemals eingeführt worden, und diesem Umstande verdanken wohl die einheimischen großen Beutelraubtiere Tylacinus und Sarcophilus ihre Erhaltung.

Auch die Vogelfauna Tasmaniens unterscheidet sich außer ihrer größeren Armut, zum Beispiel Abwesenheit der Emus, der Megapodiden und der Laubenvögel, wenig von der des Festlandes. Keine eigene Gattung kommt vor und von den Spezies sind nur etwa 10 Prozent eigentümlich, 90 Prozent aber identisch mit festländischen Arten. Nicht größer sind die Differenzen, wenn wir die Amphibien- und Süßwasserfischfauna berücksichtigen, und was die Reptilien anlangt, so kommt weder eine besondere Art noch eine besondere Gattung in Tasmanien vor, dessen Klima für eine reichere Entfaltung dieser wärmeliebenden Wirbeltierklasse zu kühl ist.

Wir sehen also, daß Tasmanien im Vergleich mit Australien eine viel eigenartigere Fauna hat als Großbritannien, verglichen mit Europa, aber eine viel weniger eigenartige als Neu-Guinea, dessen Gattungen zum Teil und dessen Arten in ihrer überwiegenden Mehrzahl von denen des australischen Festlandes unterschieden sind.

Werfen wir schließlich noch einen Blick auf die beiden großen Inseln im Südosten von Australien, auf Neu-Seeland, so begegnen wir auch hier einer Fauna und Flora von entschieden australischem Charakter. Eine große Reihe von Tatsachen, die von Alfred Russel Wallace in seinem bewunderungswürdigen »Island Life« zusammengestellt, ein höchst interessantes Bild von der Geschichte dieser merkwürdigsten aller Inseln geben, beweist aber auf das schlagendste die sehr frühe Lostrennung Neu-Seelands von dem, was damals nicht eigentlich australisches Festland, sondern selbst eine Insel war, welche östlich von dem eigentlichen Austral-Kontinente lag. Letzterer bestand aus dem jetzigen Westaustralien, das sich damals viel weiter westlich und südlich ausdehnte als jetzt. Die Insel im Osten setzte sich aus Tasmanien, der ganzen australischen Ostküste und Teilen von Neu-Guinea zusammen. Ein breiter Meeresarm trennte sie von dem westlichen Kontinente. Durch eine von Nordwest nach Südost laufende Landbrücke war Neu-Seeland mit dieser Australinsel und zwar mit ihrem nordöstlichen Teile, dem nördlichen und mittleren Queensland und Neu-Guinea verbunden. Die Norfolk- und Lord Howe-Inseln sind die letzten Reste dieser Landbrücke, deren Verlauf noch jetzt durch eine submarine, unter der Tausendfadenlinie liegende Bank angedeutet wird. Diese Beispiele zeigen, wie nicht nur Geologie und Ozeanographie, sondern als ein gleichberechtigter Faktor das vergleichende Studium der Tier- und Pflanzenverbreitung uns die Mittel geben, manches Kapitel der Geschichte unseres Planeten zu enträtseln.

Eines Tages brachten Eingeborene von Horn Island ein weibliches Leistenkrokodil von 3½ Meter Länge, das nur leicht verwundet aber so fest mit Stricken geknebelt war, daß ich es in aller Gemächlichkeit befühlen und untersuchen konnte. Die Eingeborenen hatten das Tier schon seit längerer Zeit beobachtet, wie es seine in einer Sandmulde verscharrten Eier treu bewachte, und hatten es so auf dem Lande überraschen und bewältigen können. Sie brachten mir auch einen Teil der hartschaligen Eier, die etwa Gänseeigröße besaßen und schon ziemlich weit ausgebildete Embryonen enthielten. Die Eier nahm ich ihnen ab, konservierte einen Teil der Embryonen gleich und ließ einige andere sich noch weiter entwickeln. Die gefangene Mutter, die sich vollkommen in ihr Schicksal ergeben zu haben schien, wurde von einem Schiffskapitän gekauft, der sie mit nach Sydney nahm, um sie dort weiter zu verkaufen.

Mit den Eingeborenen der Inseln der Torresstraße kam ich im ganzen wenig in Berührung. Nicht selten begegnete ich ihnen in ihren langen Einbaum-Kanoes, die mit zwei Auslegern versehen sind und im Centrum eine breite Plattform tragen, beim Dugong- und Schildkrötenfischen. Einmal lernte ich auf Hammond Island, mit seinem einheimischen Namen Keriri genannt, einen Trupp von Eingeborenen kennen. Äußerlich unterscheiden sie sich sehr deutlich von den Bewohnern des australischen Kontinents, und ich war auf meine ganz flüchtigen Beobachtungen hin geneigt, sie für eine Kreuzung zwischen Papuas und Australiern anzusehen. Auch in ihren Sitten und Gebräuchen, über die wir durch Jukes und Macgillivray und ganz besonders durch die eindringenden und umfassenden Untersuchungen von Alfred C. Haddon genau unterrichtet sind, schien mir eine eigentümliche Mischung von papuanischen mit australischen Zügen vorzuliegen.

Haddon, der genaueste Kenner dieser interessanten Insulaner, der lange Zeit unter ihnen gelebt hat, ist jedoch der Ansicht, sowohl in anthropologischer als in ethnographischer Hinsicht überwiege das papuanische Element so entschieden, daß wir alles zusammengenommen die Bevölkerung als eine papuanische zu bezeichnen haben. Ihr Haar ist, wie er mir mitteilt, entschieden nicht australisch; ihre geistigen Eigenschaften seien ausgesprochen papuanisch, das trete besonders deutlich hervor, wenn man sie direkt neben den Bewohnern von Kap York beobachte. Auch ethnographisch überwiegt nach Haddon das papuanische Element: das beweist ihr Kunstsinn, beweist der Gebrauch von Tanzmasken bei ihren Festen, die Benutzung von Pfeil und Bogen. Das australische Wurfbrett, dessen sich der westliche Stamm der Insulaner bedient, ist nach ihrem eigenen Zeugnis erst von Kap York her importiert worden. Bei dem östlichen Stamm ist es überhaupt nicht in Aufnahme gekommen. Kurz und gut, das Resultat der Haddon'schen Studien ergibt, daß wir im Grunde Papuas mit einiger australischer Beimischung vor uns haben.

Mein Besuch auf Hammond Island galt nicht eigentlich den Eingeborenen, sondern einem Goldlager, dessen Entdeckung vor einigen Jahren einen »rush«, das heißt ein Zusammenströmen von Goldgräbern auf der Insel verursachte. Inzwischen hat man die Bearbeitung der Mine als nicht einträglich genug wieder aufgegeben. Im süßen Wasser einiger kleiner Tümpel, nahe bei der Mine, entdeckte ich eine noch unbeschriebene Gattung einer Süßwasserschnecke, die von Professor E. von Martens unter dem Namen Pseudopotamis semoni abgebildet und beschrieben worden ist. Gleichzeitig beschrieb Martens eine verwandte Art, die von Dr. O. Finsch schon früher auf Prince of Wales Island gefunden worden war, als Pseudopotamis finschi. Auch hier machen wir wieder die interessante Beobachtung, daß auf zwei Inseln, die kaum eine halbe deutsche Meile von einander entfernt sind und die sicherlich früher zusammengehangen haben, die räumliche Trennung bald eine Divergenz der Arten hervorruft, ein Phänomen, das sich überall am schönsten an den Süßwasser- und Landschnecken beobachten läßt.

Auch dem Festlande stattete ich in meinem kleinen Kutter einen mehrtägigen Besuch ab und will diesen Ausflug etwas ausführlicher erzählen, da ich auf demselben eine Nacht ohnegleichen verlebt habe.

Frühmorgens von Thursday Island aufbrechend, kamen wir nur sehr langsam vorwärts, weil der Nordwest, der gestern und vorgestern gestürmt hatte, einer gänzlichen Windstille gewichen war, die nur ab und zu durch Regenböen unterbrochen wurde. Jede Bö trieb uns ein Stückchen fort, dann flappten die Segel wieder um den Mast und wir mußten mehrmals vor Anker gehen, um nicht durch die Strömung zurückgetrieben zu werden. So kämpften wir uns langsam vorwärts, östlich um Horn Island herum, dann mit südlichem Kurs an Entrance Island vorbei bis Possession Island, das der Küste des Festlandes ganz nahe liegt. Hier gingen wir für die Nacht vor Anker. Ströme von Regen fielen in der Nacht vom Himmel, und da unser Kutter zu winzig war, um unten im gedeckten Raum zu schlafen, bekamen wir auf Deck in jeder Stunde der Nacht einen gehörigen Guß, gegen den wir uns mit Öltuch und Segel so gut es ging schützten. Dann ließ der Regen nach, wir schliefen ein, um eine halbe Stunde darauf durch ein neues Schauerbad erweckt zu werden. Doch das war nur das Vorspiel.

Am nächsten Morgen segelten wir entlang der hügeligen bewaldeten Westküste des Festlandes vorbei am Paterson, wo die Telegraphenleitung Queenslands ihr nördliches Ende erreicht, und der Anschluß mit dem Kabel von Thursday Island hergestellt wird. Während ich auf Thursday Island war, gab es einmal eine längere Unterbrechung in der telegraphischen Verbindung. In Paterson lebten bloß drei Menschen: der Telegraphenmeister mit seiner Frau und ein Gehülfe. Eines Tages nun wurde der Meister von blinder Eifersucht erfaßt, nahm sein Gewehr und gab seine Geneigtheit zu erkennen, sein verantwortliches Amt ohne Gehülfen weiterzuführen. Der Gehülfe schlug sich darauf, um weiteren Unannehmlichkeiten auszuweichen, in den Busch, sein Vorgesetzter folgte ihm mit Mordgedanken im Herzen, und erst der kleine Regierungsdampfer Albatroß, der eintraf, um nachzusehen, ob nicht etwa die drei Menschen von den Schwarzen ermordet seien, stellte den Frieden wieder her, indem er den gänzlich verschüchterten Gehülfen aus seinem Buschversteck nach Thursday Island zurückbrachte, während das Ehepaar sich versöhnte und in Eintracht auf seinem einsamen Posten am nördlichsten Punkte Australiens ausharrte. In unserer Zeit der Friedenskongresse ist es interessant zu sehen, wie schwer auch nur drei Menschen in Frieden bei einander leben können.

Weiter südwestlich steuernd kamen wir gegen Mittag an die Mündung des Jardine Rivers und gingen mit der Flut über die Barre. Das Land ist hier flach und ziemlich dicht bewaldet, die Flußufer mit Mangroven bewachsen, das Flußbett voller Sandbänke und Untiefen. Mit der Flut und günstigem Winde hofften wir in unserm kleinen, nicht tiefgehenden Boot eine tüchtige Strecke flußaufwärts vorzudringen. Bald aber saßen wir fest, wurden wieder flott, arbeiteten uns um die Untiefe herum, liefen wieder auf, kamen los, wandten uns mühsam noch einige hundert Meter weiter, bis wir auf einmal mit großer Gewalt in den weichen Schlamm hineinfuhren und nun hoffnungslos fest saßen. Es war unmöglich, das Schiff über das Hindernis herüberzuschieben, aber es wollte uns ebensowenig gelingen, uns rückwärts in tieferes Wasser zurückzustoßen. Ich sagte zu Wilson, das beste wäre wohl, wir sprängen alle vier in den Fluß, erleichterten dadurch das Schiff um unser Gewicht und schöben es mit unsern Schultern ab. Dagegen erhob sich nur das eine Bedenken, daß es hier an der Flußmündung von Leistenkrokodilen wimmelte. Aber es galt keine Zeit zu verlieren. Schon hatte die Flut ihren Höhepunkt erreicht und in einer halben Stunde war keine Aussicht mehr loszukommen; ja, wenn wir heute nicht freikamen, hätten wir vielleicht wochenlang hier sitzen können, weil die Flut in dieser Mondphase mit jedem Tage abnahm. So sprangen wir denn unbekümmert um die gepanzerten Freibeuter in den Strom und blieben, wie zu erwarten, von den gefräßigen aber feigen Räubern, denen vor den vier geräuschvoll im Wasser arbeitenden Menschen selbst bange wurde, unbelästigt. Es gelang unsern vereinten Anstrengungen, das Boot wieder flott zu machen; aber den Versuch, uns weiter flußaufwärts zu arbeiten, gaben wir auf und ließen uns wieder so weit abwärts treiben, bis wir in tieferes Wasser kamen. Hier gingen wir am linken Ufer des Flusses vor Anker, nahmen unsere Decken und Vorräte und ruderten im Dingy ans Land, um einen oder mehrere Tage auf der nördlichsten Spitze Queenslands und ganz Australiens Beobachtungen und Material zu sammeln.

Beim Herumstreifen fanden wir Reste einer Behausung, die von einem Missionär herrührten, der hier einige Zeit gelebt hatte. Seine Tätigkeit war wenig ersprießlich gewesen, denn seine zukünftige Gemeinde zog gewöhnlich nomadisierend im Busch umher und ließ ihn verlassen in der Einsamkeit sitzen. Ihr gelegentlicher Besuch galt auch blos dem Tabak des guten Mannes, der endlich einsehen mußte, daß es leichter sei, den Steinen in der Wüste und den Tieren des Waldes zu predigen, als diesen unstäten, herumschweifenden Horden. So hatte er denn sein Bündel geschnürt und sich ein weniger steiniges Feld zum Beackern gesucht. Neben den fast unkenntlichen Resten des ehemaligen Missionshauses standen einige verlassene, sorglos gebaute Rindenhütten. Sie rührten von der »black police« her, die hier vor einiger Zeit kampiert hatte, wohl um eine Strafexekution bei den Schwarzen vorzunehmen. Hier beschlossen wir die Nacht zuzubringen und waren dadurch der Mühe überhoben, das kleine Zelt, das ich mitgenommen hatte, aufzuschlagen.

Den Rest des Tages streifte ich in der Umgebung unseres Lagers umher. Dichter Wald befand sich überall in der Nähe der zahlreichen Sümpfe und stehenden Gewässer, die das tiefgelegene Schwemmland durchsetzen. Hier wimmelte es von Wasservögeln, kleinen Kranichen, Enten, Gänsen, aber schon jetzt am Tage fiel mir die große Menge der Moskitos auf. Entfernt man sich weiter vom Fluß und von der Küste, so kommt man auf festeren, trockneren Boden, die üppige Vegetation hört auf und der lichte Eukalyptuswald tritt an ihre Stelle und repräsentirt australische Eigenart auch hier an der tropischen Nordspitze des Erdteils. Ich fand ganz frische Kasuarspuren, bekam den Vogel selbst aber nicht zu Gesicht. Offenbar ist er viel scheuer und vorsichtiger als sein südlicher Verwandter, der Emu.

Meine Sammelerfolge waren überhaupt unbedeutende, und müde und hungrig kehrte ich um 6 Uhr nachmittags zu unserm Camp zurück, um bei Konservenfleisch und Tee die Mühen und Anstrengungen des verflossenen Tages und der voraufgegangenen Nacht zu vergessen. Schon beim Essen fingen die Moskitos an, uns sehr zu belästigen, ich tröstete aber meine Genossen und sagte ihnen, ich wüßte schon Mittel, die kleinen Blutsauger nachts in Respekt zu halten. Man läßt am Eingange des Zeltes oder der Hütte ein Feuer brennen und sorgt für gehörigen Rauch. Am besten erzeugt man letzteren dadurch, daß man trockenen Kuhdünger am Feuer verkohlt. In Ermanglung von Kuhdünger kann man frische grüne Büsche ans Feuer legen und hat nur darauf zu achten, daß die ganze Nacht hindurch Feuer und Rauch ihre Nahrung behalten. So kramte ich meine Buscherfahrungen vor meinen Gesellen aus, die als Seeleute von diesen Dingen wenig verstanden und mit Begeisterung an die Arbeit gingen, Holz und Buschwerk zum Schutz gegen die Moskitos zusammenzutragen.

Wir wählten die eine Hütte als Schlafgemach, machten an beiden Eingängen ein tüchtiges Feuer an und erzeugten durch grüne Büsche einen infernalischen Rauch. Sobald die Atmosphäre wieder so weit geklärt war, daß man sie atmen konnte, ohne vor Husten zu ersticken, legte ich mich nahe dem qualmenden Feuer zur Ruhe. Kaum hatte ich einige Minuten gelegen, so fühlte ich unzählige brennende Stiche an meinem ganzen Körper. Ich rückte dem Feuer näher: kein Unterschied. Ich bedeckte den Körper, Gesicht und Hände mit meiner Decke: die Plagegeister stachen und saugten hindurch, als ob zwei Lagen Wollenstoff, unter denen ich vor Hitze beinahe schmolz, ein dünner Gazeschleier gewesen wären. Der eine der Matrosen deckte sich mit dem Zelttuch zu, es half ihm ebenso wenig wie mir meine Decke. Der andere kroch unter das schwere Segel des Kutters. Das half, denn das Segeltuch war so dick, daß der Saugrüssel der Moskitos nicht lang genug war, durch ihn und die Kleidung hindurch die Haut zu erreichen. Es war aber in der Tropennacht ein Ding der Unmöglichkeit, längere Zeit unter diesem Segelzudeck zu verweilen, und ebensowenig konnte man ins Feuer hineinkriechen, dessen Rauch und Wärme in einem halben Meter Entfernung ohne jeden Einfluß auf die zu Millionen andringenden Tiere war. Nun versuchen wir uns durch die Flucht zu retten. Am Gestade des Meeres dieselben Schwärme, und obwohl wir mehrere Kilometer an der Küste hinwandern, überall dasselbe. Ebensowenig ist Rettung an Bord unseres Kutters; das beste wäre es natürlich, wir führen in See hinaus und ankerten in respektvoller Entfernung von der Küste. Aber das war unmöglich, denn es war tiefe Ebbe und unser Boot lag beinah trocken: auch regte sich kein Hauch von Wind, und eine unglaublich bedrückende feuchte Schwüle lastete wie Blei auf unsern Gliedern. Bei unsern Fluchtversuchen fanden wir aber eine Art Hilfsmittel. So lange wir uns bewegten, stachen die Tiere nicht. Blieben wir stehen oder setzten wir uns, um zu ruhen, so bohrten sich sofort tausende von dichten Stechborsten und gierigen Rüsseln in unsere Haut. Die einzige Rettung also war, langsam aber unablässig auf und ab zu gehen. Von halb sieben Uhr abends bis sechs Uhr morgens, eine lange tropische Nacht hindurch, gingen wir rastlos auf und ab. Wir hatten uns an den beiden vorhergehenden Tagen tüchtig angestrengt und die vorige Nacht wenig geschlafen. Jetzt wollten die Füße zuweilen fast den Dienst versagen, aber wenn man sich auch nur auf wenige Minuten niederließ, wurde man sogleich wieder durch Hunderte von giftigen Stichen aufgestachelt. Unausgesetzt waren wir von dichten Wolken der kleinen Tiere umgeben, deren Körper, wenn wir auf- und abgingen, unsere Gesichter berührten und ein Gefühl hervorriefen, ähnlich einem warmen, fein tröpfelnden Regen. Einer meiner Leute, Charles Smith, ein rauhgebeizter Seemann, hatte abends gesagt, ihm würden ein paar lumpige Moskitos nichts ausmachen, er lege sich eben hin und schlafe; jetzt sprang er herum, wie wir drei andern auch. Um vier Uhr ging der Mond auf, etwas vor sechs meldete ein heller Schimmer im Osten die Sonne, und nie in meinem Leben habe ich das freundliche Tagesgestirn mit solcher Freude begrüßt, als nach jener Nacht. Die Moskitos fuhren übrigens noch eine halbe Stunde nach Sonnenaufgang fort zu stechen und verschwanden erst dann in den Sumpfwäldern, als es voller, strahlender Tag geworden war.

Den Namen »Moskito« hat wohl schon jeder meiner Leser gehört, aber viele wissen nicht recht, welchen Begriff sie damit verbinden sollen. Moskito ist ein portugiesisches Wort und bedeutet einfach Stechmücke, und dieses Wort ist als Collectivname für alle möglichen Arten von Mücken (besonders Culiciden, Tipuliden, Simuliiden) in viele andere Sprachen übergegangen. Wir könnten von unsern deutschen Gelsen (Culex) und Schnacken (Tipula) mit demselben Recht als von Moskitos reden, als wir es tun, wenn wir im Süden Europas oder in den Tropen von denselben oder verwandten Arten zerstochen werden. In den Tropen und beispielsweise auch in Australien (Sydney) gibt es einige Arten, deren Stich besonders schmerzhaft und juckenerregend ist. Aber weniger darin liegt der Grund, daß fast jeder Tropenreisende von den Moskitos zu erzählen hat, als in ihrer viel größeren Zahl und Häufigkeit in warmen Ländern. Es ist klar, daß Schwärme, wie die, deren Angriff wir am Jardine River zu bestehen gehabt haben, eine Gegend geradezu unbewohnbar machen können. Ob die Plage schon so schlimm war, als der Missionär dort wohnte, glaube ich kaum: er würde sonst noch weniger lange ausgehalten haben. Auch in den Tropen ist in derselben Gegend diese Plage nicht zu allen Zeiten gleich schlimm. Schon manchmal ist es vorgekommen, daß man daran dachte, eine Niederlassung wegen der Moskitos zu räumen, als sich plötzlich und ohne erkennbaren Grund die Zustände besserten. Der Stand des Grundwassers, die Ausdehnung der stehenden Gewässer wird dafür wohl von besonderer Bedeutung sein.

Wenn auch in den wärmeren Breiten besonders häufig, kommen ungeheure Mückenschwärme doch ebenfalls im Norden vor, in Lappland und an den Küsten des nördlichen Sibiriens. In den unteren Donaugegenden treten im Frühjahr und Sommer wolkenähnliche Züge einer Kriebelmücke (Simulia) auf, deren ungemein giftige Stiche, wenn sie zu tausenden den Körper treffen, den Tod von Rindern, Pferden und selbst Menschen herbeiführen können. Da diese Art bei dem serbischen Dorfe Kolumbacz am häufigsten auftritt, wird sie Simulia columbacschensis genannt. Bei allen Mückenarten sind es bekanntlich nur die Weibchen, die stechen und Blut saugen.

Aber nicht nur durch Störung unserer Nachtruhe oder durch Angriffe auf unsere Rinderherden erweisen sich die Moskitos als Feinde des Menschengeschlechts. Auf grund der Forschungen Bancrofts und P. Mansons wissen wir, daß der gefürchtete Blutparasit Filaria bancrofti (sanguinis hominis), ein Fadenwurm, durch die Stiche von Stech- und Gabelmücken auf den Menschen übertragen wird, und einem Schüler Mansons, Roland Ross, verdanken wir seit wenigen Jahren[1]) den noch wichtigeren Nachweis, daß der Erreger der Malaria, ein »Plasmodium malariae« genannter Mikroorganismus, der zu den Sporozoen, nicht zu den Bakterien gehört, durch den Stich von Gabelmücken, Arten der Gattung Anopheles, auf den Menschen übertragen wird. Die Mücke infiziert sich durch Blutsaugen an einem an Malaria leidenden Menschen und überträgt dann ihrerseits die Infektion durch das plasmodienhaltige Sekret ihrer Speicheldrüsen auf gesunde Menschen. Diese Erkenntnis, an deren Ausarbeitung bis in alle Einzelheiten zahlreiche andere Forscher mitgewirkt haben, ich nenne von Italienern besonders Bastianelli, Bignami, Casagrandi, Celli, Dionisi und Grassi, von Deutschen R. Koch und Schandinn, von Franzosen Laveran, ist nicht nur theoretisch, sondern auch praktisch von allergrößter Bedeutung. Wir kennen jetzt den Feind, der uns in den Malariagegenden bedroht. Es ist nicht, wie man bis jetzt fast allgemein glaubte, die Ausdünstung der Sümpfe, die »fiebergeschwängerte Nachtluft«, sondern es ist der Stich der infizierten Moskitos. Da Anopheles fast ausschließlich in den Dämmerungs- und Nachtstunden sticht, findet die Infektion fast nie während der Arbeit des Tages statt, sondern in der Ruhezeit des Menschen. Der Schlafende kann sich aber leicht durch Metallnetze vor den Fenstern seiner Behausung und besonders durch Moskitovorhänge, die sein Lager abschließen, schützen. Hat man in der Dunkelheit noch im Freien zu tun, so muß man in Malariagegenden die Gefahr durch Anwendung von Handschuhen und das Tragen eines dichten Schleiers vor dem Gesicht abwehren. Je mehr sich durch solche Vorsichtsmaßregeln die Zahl der malariakranken Menschen in einer Gegend vermindert, um so weniger infizierte Moskitos wird es dort geben, um so seltner werden also auch Neuinfektionen von Menschen erfolgen. So ist es nicht nur denkbar, sondern sogar wahrscheinlich, daß durch eine fortgesetzte Prophylaxe die Malaria in einer Gegend ganz zum Verschwinden gebracht und eine der schlimmsten Gefahren der Tropen, die viele Gegenden nahezu unbewohnbar macht, durch die Geistesarbeit der Forscher beseitigt werden wird.

---

1) Die Publikationen von Ross datieren aus den Jahren 1897 und 1898.

Man wird es verständlich finden, daß ich, nach den Erfahrungen dieser Nacht, kein Verlangen hatte, eine zweite am Ufer des Jardine River zuzubringen, und schleunigst am nächsten Tage das ungastliche Gestade verließ. Nachdem wir noch auf der Rückfahrt erfolgreich in der Nähe der Küste gedredgt und auf den Riffen, die das Festland umsäumen, Seetiere gesammelt hatten, kehrten wir, diesmal zwischen Horn- und Prince of Wales Island durchfahrend, am Abend des 26. März nach Thursday Island zurück.

Dies war die letzte Fahrt, die ich in dem kleinen Kutter Mary Owen und mit Wilson und den beiden weißen Matrosen machte. Ich hatte mich damals gerade entschlossen, im Juli 1892 noch einmal nach Australien an den Burnett zurückzukehren. Die dazwischenliegende Zeit wollte ich größtenteils zu einem Besuch Neu-Guineas und zu einer Fahrt längs der Südostküste der Insel benutzen. Für ein solches Unternehmen war aber mein Kutter zu klein und zu wenig seetüchtig. Wilson seinerseits besaß nicht die nötigen nautischen Kenntnisse, um ein Schiff in jenen gefährlichen Gewässern, die er noch nie besucht hatte, zu steuern.

Einen andern Kapitän zu engagieren, machte keine Schwierigkeit, denn auf Thursday Island befand sich ein Pilotenkapitän, der lange Zeit hindurch das Segelfahrzeug der English Church Missionäre in den Gewässern an der Südküste von Neu-Guinea gesteuert hatte. Er wurde mir als langsam und etwas lahm in seinem Handeln, aber als ganz erfahren, zuverlässig und sehr vorsichtig geschildert. Er fand sich sofort bereit, den Posten anzunehmen, und hat sich auch treulich Mühe gegeben und sein Bestes getan. Seine Langsamkeit, Energielosigkeit und übergroße Vorsicht haben mir aber in der Folge manche böse Stunde bereitet.

Große Schwierigkeit machte es, ein passendes Fahrzeug zu finden. Da wir schwarze Mannschaft engagieren wollten, empfahl es sich, einen zweimastigen Lugger und keinen einmastigen Kutter zu wählen, dessen mächtiges Segel schwerer zu reffen und zu handhaben ist, als die beiden kleineren Luggersegel. Wir fanden bald heraus, daß ein Lugger, der vorzüglich unseren Zwecken entsprach, in Thursday Island zu mieten war. Es war der ganz neue Lugger »Hekla«, der einem Norweger, namens Niels Andersen, gehörte, einem Perlfischer, der seine Station auf Prince of Wales Island hatte. Anfangs forderte Andersen für sein vierzehn Tonnen messendes Schiff 300 Mark monatlich und Versicherung des Schiffes. Ich ging hierauf sofort ein, denn für die dortigen Verhältnisse war der Preis keineswegs zu hoch. Es erhoben sich aber Schwierigkeiten, das Schiff zu versichern.

. Die Segelschiffahrt an den korallenumsäumten, von starken Strömungen umspülten Küsten Neu-Guineas, die kartographisch bisher nur sehr unvollkommen aufgenommen sind, ist so gefährlich, daß keine Gesellschaft sich auf die Versicherung einlassen wollte. Nun erklärte sich Andersen bereit, das Schiff unversichert gehen zu lassen, verlangte aber 600 Mark monatlich. Nach längerem Überlegen und Hin- und Herverhandeln ging ich auch darauf ein. Inzwischen hatte nun Andersen in Erfahrung gebracht, daß sein Fahrzeug das einzige sei, das ich zur Zeit in Thursday Island erhalten könnte, und erklärte, 600 Mark sei nicht genug. Herr Mountain, der mir bei diesen Verhandlungen getreulich half, gab sich die größte Mühe, ihn zum Worthalten zu veranlassen. Andersen lachte über so philiströse Anschauungen und suchte meine Notlage auszunutzen; vielleicht würde er den Lugger für 800 oder 1000 Mark hergeben. Da entschloß ich mich kurz und erklärte: Für 600 Mark miete ich das Schiff, für keinen Pfennig mehr. Erhalte ich es nicht für diesen Preis, so gebe ich einfach meinen Plan, nach Neu-Guinea zu gehen, auf und widme meine ganze Zeit bis zum Juli dem nördlichen Queensland. Da Andersen mich fest entschlossen sah, gab er nach und überließ mir die Hekla für 600 Mark.

Während ich mit dem Einkauf von Vorräten und Tauschartikeln und Verladen meines Gepäcks und meiner Sammelgerätschaften beschäftigt war, kam der Government Resident von Thursday Island, früher Premierminister von Queensland und Gouverneur von Neu-Guinea, Honorable John Douglas, zu mir, um mich zu fragen, ob ich wohl seinen Neffen, Herrn R. Sholto Johnston Douglas, einen Sohn des Marquis of Queensberry, nach Neu-Guinea mitnehmen wollte. Der junge Schotte weilte auf dem Heimweg nach Europa von einer Reise nach Neuseeland und Australien gerade zum Besuch bei seinem Onkel auf Thursday Island und wollte gern die günstige Gelegenheit wahrnehmen, das Wunderland Neu-Guinea kennen zu lernen. Da er bereit war, sich völlig meiner Leitung unterzuordnen, und die wissenschaftlichen Ziele der Reise in jeder Beziehung als die ausschlaggebenden anzuerkennen, ging ich auf den Vorschlag ein. Es hat ja immer etwas bedenkliches, bei einer solchen Expedition einem Fremden den Anschluß zu gestatten, und am besten reist der Naturforscher allein mit Leuten, die einfach in seinen Diensten stehen. Wenn zwei alte Freunde zusammenreisen, die sich ganz verstehen und dieselben Ziele verfolgen, oder zwei nahe Verwandte, die sich von Jugend an kennen, so ist das natürlich etwas anderes, und Arbeitsteilung und gegenseitige Anregung erweisen sich dem Unternehmen nur nützlich. Sich mit einem Fremden zu vereinigen, ist aber ein gewagtes Lotteriespiel, bei dem man häufiger verliert als gewinnt. In diesem Falle hatte ich Glück und zog aus der Reisegemeinschaft mit Herrn Douglas nur Annehmlichkeit und Gewinn.

Als Bemannung unseres Luggers musterten wir drei sogenannte Manilaleute, farbige Eingeborene der Philippinen, die sich als tüchtige Seeleute und ruhige nüchterne Arbeiter erwiesen und uns in keinerlei Schwierigkeiten mit den Eingeborenen von Neu-Guinea verwickelt haben. Dabei waren die Leute aber etwas verschlossen und finster, wenigstens zwei von ihnen; der dritte, den wir zu unserm Leibkoch ernannten, war freundlicher und heiterer.

Am 4. April waren wir endlich so weit, die Anker lichten zu können. Wir liefen zunächst noch Horn Island an, um uns dort mit Brennholz zu versehen. Um acht Uhr Abends waren wir auch damit fertig und steuerten mit guter Brise der Küste von Neu-Guinea zu.

Dreizehntes Kapitel.

Neu-Guinea. Von Jule Island bis zum Südkap.

Als wir Anfang April unsere Fahrt nach Neu-Guinea antraten, durften wir eine Fortdauer des Nordwestmonsuns bis Ende des Monats erwarten, und dieser Wind würde unsern kleinen Lugger wie einen Pfeil die Südostküste von Neu-Guinea hinab bis zum Ostkap fortgetrieben haben. Ende April oder Anfang Mai setzt dann gewöhnlich der Südostpassat ein, ein Wind, wie wir ihn für unsere Rückfahrt nicht besser bestellen konnten. Leider wehten aber in diesem Jahre die Winde wenig fahrplanmäßig: der Südostpassat kam früher, als wir ihn gebrauchen konnten, und als wir ihn dann nötig hatten, verschwand er plötzlich wieder ebenso launenhaft, wie er gekommen war, und überließ seinem Antagonisten das Feld.

Gleich nach unserer Abfahrt von Thursday Island wehte eine frische Südostbrise und war uns bis zur Küste von Neu-Guinea nicht unerwünscht, da wir bis Bramble Cay hauptsächlich einen nordnordöstlichen Kurs zu steuern hatten.

Bis Bramble Cay hat man sich durch eine große Menge von kleinen riffumsäumten Inseln durchzuwinden: Double Island, The Three Sisters, Cocoa Nut-, Arden-, Rennel-, Marsden-, Campbell-, Stephens Island, Hügelkuppen der versunkenen Nordostspitze Australiens, die östlich vom eigentlichen Korallenmeer noch durch das große Barrierriff getrennt werden. Stephens- und Darnley Island sind als die Nordostspitzen des versunkenen Landzipfels aufzufassen, und östlich von ihnen befindet sich auch das Nordende des Barrierriffs bei Anchor Cay. Zwischen diesem und dem nördlich davon gelegenen Bramble Cay kann man von Osten her in den Riffkanal und weiterhin in die Torresstraße eintreten, die Durchfahrt wird als »Bligh Entrance« bezeichnet. Etwas südlich davon befindet sich eine zweite Einfahrt: Flinder's Entrance.

Die meisten dieser Inseln ragen nur wenig über den Wasserspiegel empor; weißschimmernder Sand umsäumt ihre Ränder, ein Kern von Vegetation füllt das Innere aus, vereinzelte Kokospalmen wiegen ihre zierlichen Kronen im Hauche des kräftigen Seewindes. Auf den größeren Inseln bemerkt man einige Hütten, Ansiedlungen der Eingeborenen, die dem Oststamm der Torresstraße-Insulaner angehören.

In diesem gefährlichen Fahrwasser konnten wir nur bei Tageslicht segeln und mußten nachts vor Anker gehen. Wenn wir segelten, pflegten wir immer eine starke Angel an einer bleistiftdicken Schnur nachzuschleppen, um Fische für unsere sonst nur mit Konserven bestellte Tafel zu fangen. Eines besonderen Köders bedarf es bei diesem Angeln nicht, nur eines weißen Lappens, der am Haken befestigt wird. Auf diese Weise fingen wir einige Male Bonitos und andere Makrelen, einmal einen anderthalb Meter langen Haifisch, der unserer Küche zwar kein schmackhaftes Fleisch, aber meiner Sammlung einige interessante Embryonen lieferte. Ein anderes Mal biß ein größerer Hai an die munter hinter unserem Schiffe herschwimmende Angel. Er hing einen kurzen Augenblick fest und zerriß dann die starke Leine, als ob sie ein Zwirnsfaden gewesen wäre.

Am Morgen des 7. April passierten wir Bramble Cay, eine schmale Sandinsel, die nur drei Meter über den Wasserspiegel herausragt. Sie ist von spärlicher Vegetation bedeckt und trägt zur Orientierung der Schiffer eine rohe Bake, einen hohen Pfahl, an dessen Spitze aus Balken ein mächtiger Rhombus angezimmert ist. Unter Cay versteht man allgemein eine Sandinsel, die etwas Vegetation trägt.

Von hier aus richteten wir unsern Kurs nach Ostnordost und steuerten direkt auf Kap Possession zu. Große Mengen von Treibholz kamen uns jetzt entgegen, mächtige entwurzelte Stämme, die oft noch zwischen ihren, hoch über das Meeresniveau emporragenden Wurzeln eine Menge Erdreich, Gras und Pflanzen aller Art mit sich trugen. Überschwemmungen und Fluten entwurzeln diese Bäume im Inland, die Flüsse tragen sie bis an die See, und Meeresströme führen sie weiter zu fernen Gestaden, wo unter günstigen Umständen die Samen der mittransportierten Pflanzen aufgehen und bewirken, daß die einheimische Flora mit Eindringlingen vermischt wird. Größere Früchte, die von widerstandsfähigen Schalen umgeben sind, können auch direkt im Meere treibend ferne Gestade erreichen und denselben neue Ansiedler zuführen

Wer jemals durch solche Mengen von Treibholz gesegelt ist, wie sie mir in der Nähe der Neu-Guinea-Küste begegneten, wird die

Wichtigkeit dieses Faktors bei der Ausbreitung der Vegetation von Land zu Land, von Insel zu Insel begreifen. Dies ist eines der Hauptmittel, durch das ozeanische Inseln, die niemals mit irgend einem Kontinente in Verbindung gestanden haben, ihre pflanzlichen und zum Teil auch ihre tierischen Bewohner erhalten haben und noch erhalten. Der Lufttransport von Pflanzensamen, die mit Flugapparaten versehen sind, von manchen tierischen Eiern, die im trocknen Zustande mit dem Staube vom Winde verweht, oder an den Füßen der Wandervögel verschleppt werden, ist ein Faktor, der für ganz abseits im Ozean liegende Inseln erst in zweiter Linie in Frage kommt. Auch kleine und mittelgroße Tiere, die sich an den Baumwurzeln und Zweigen anklammern, in den mitgerissenen Erdmassen verkriechen, können durch Treibholz verschleppt werden. Auf diese Weise erklärt sich wohl das Vorkommen des Baumbeuteltieres Cuscus (Phalanger) auf allen nicht allzu kleinen Inseln des malayischen Archipels bis nach Celebes einschließlich, und die fast ebenso weite Verbreitung des Flugbeutlers Petaurus, eines anderen Baumbeuteltieres, das allerdings Celebes nicht erreicht hat. So erklärt sich ferner wohl zum Teil das Eindringen verschiedener Nagerformen in die australische Region, der ja sonst Placentatiere gänzlich fremd sind (vgl. Seite 199). Diese Art des Transportes wird natürlich von verschiedenen Organismen und ihren Keimen sehr verschieden vertragen. Hartschalige Pflanzensamen werden durch monatelanges Herumtreiben im Ozean und sogar durch gelegentliche Benetzung mit Seewasser nicht abgetötet werden. Tiere und tierische Keime sind fast durchweg weniger widerstandsfähig, und besonders die Wirbeltiere und ihre Keime sind zu empfindlich, um sehr weite Seereisen auf Treibholz zurückzulegen. Eine Ausnahme von dieser Regel scheinen nur die Reptilien zu machen, von denen — ganz abgesehen natürlich von den schwimmbegabten Schildkröten und Krokodilen — Vertreter auf sämtlichen ozeanischen Inseln Polynesiens gefunden werden, denen Säugetiere (auch Nager) gänzlich fehlen. Amphibien erreichen noch die Neu-Hebriden und Fidji-Inseln, die in frühen Epochen mit Neu-Guinea über die Salomon-Inseln und den Bismarckarchipel hin in Landzusammenhang gestanden haben, dringen aber nicht weiter östlich in die Südsee vor. Die Fische, die das süße Wasser jener Inseln bewohnen, sind sämtlich marine Einwanderer[1]).

1) Diesen Exkurs über die Bedeutung des Treibholzes für die diskontinuierliche Verbreitung von Landpflanzen und Landtieren lasse ich auch in der zweiten Auflage

Während der letzten beiden Tage unserer Überfahrt blies der Wind unregelmäßig bald aus Südost, bald aus Nordwest, dazwischen kamen Perioden gänzlicher Windstille. Um uns die Zeit zu vertreiben, stellten Douglas und ich Schießübungen auf das langsam an uns vorüberziehende Treibholz an und erprobten eine Anzahl Snidergewehre, die uns der Government-Resident als Waffen gegen etwaige Angriffe der Eingeborenen mitgegeben hatte. In den Nächten hatten wir regelmäßig heftige Gewitter mit wolkenbruchartigem Regen und waren gezwungen, statt auf Deck zu schlafen, uns in die winzige, höhlenartige Kajüte zurückzuziehen, die wir beide gemeinsam mit unserm Kapitän inne hatten.

Wenn es stark stürmte und regnete, mußten wir unten alle Luken schließen, und die Luft wurde drinnen entsetzlich. Dazu kamen schmerzhafte Insektenstiche an Hals, Händen und Füßen, die wir in den ersten Tagen, an denen wir in der Nähe bewaldeter Inseln ankerten, den Moskitos zuschrieben. Bald aber entdeckten wir, daß unsere Kabine eine Kolonie von Wanzen barg, denen sehr schwer beizukommen war, da sie sich tief in den Ritzen und Spalten des Holzwerks zu verstecken wußten. Wanzen werden an Bord eines Schiffes, das längere Zeit auf See gewesen ist, nur ganz ausnahmsweise gefunden. Der Wasserreichtum der Atmosphäre, der allmählich alles Holzwerk, jeden Schlupfwinkel durchfeuchtet, sagt diesen Geschöpfen, die die Trockenheit lieben, nicht zu. Das eigentliche Hausinsekt des Schiffes ist die Schabe, Periplaneta orientalis, und die Matrosen behaupten, daß die Wanzen, die zuweilen auf neuen Schiffen vorkommen, verschwinden, sobald Schaben es sich dort heimisch machen. Ob dies wahr ist und ob die Schaben wirklich den Wanzen nachstellen, erscheint mir doch zweifelhaft, da alle Erfahrungen dafür sprechen, daß erstgenannte Insekten sich ganz vorwiegend von vege-

ruhig stehen, obwohl neuerdings abweichende Ansichten laut geworden sind. Natürlich ist dies nur ein Faktor unter vielen. Bei vielen Pflanzen, Protozoen, niedrig organisierten Tieren, auf die im ausgewachsenen oder im Eizustand das Eintrocknen nicht schädlich wirkt, spielt der Transport durch Winde oder flugbegabte Tiere (z. B. Wandervögel eine viel größere Rolle. Für höher organisierte Landtiere kommt das aktive Schwimmvermögen hinzu, das manche über beträchtliche Wasserschranken hinweghilft. Wenn neuerdings Max Weber in seiner Abhandlung über den indoaustralischen Archipel und die Geschichte seiner Tierwelt Jena 1902 ziemlich ironisch über die »Floßtheorie« in ihrer extremen Äußerung spricht, so ist demgegenüber zu antworten, daß die extreme Äußerung aller derartiger Hypothesen vom Übel ist, der Landbrückentheorien nicht minder als der Floßtheorie. Ich bitte hierüber meine Ausführungen auf Seite 199. 200 zu vergleichen.

tabilischen Stoffen ernähren. Übrigens verschwanden auch von unserem Lugger die Wanzen nach einigen Wochen, ohne daß sich Schaben angesiedelt hätten.

Am Morgen des neunten April erblickten wir gerade vor uns eine hohe Bergkette, deren Kamm durch eine isoliert emporragende, kühn geformte Spitze gekrönt wird. Es ist Mount Jule, dessen Gipfel eine Höhe von über 3000 Meter erreicht, und der als weithin sichtbares Wahrzeichen den von Westen kommenden Besucher Neu-Guineas begrüßt. Mit günstigem Winde näherten wir uns rasch dem Lande und wurden mehrere Stunden lang von einer Schar oder »Schule« von Delphinen begleitet, die wohl an hundert Mitglieder zählte. Zeitweilig schwammen sie in Reih und Glied in Sektionen zu dreien oder vieren rechts und links neben oder auch vor dem Schiffe, wobei es schien, als suchten sie mit Eifer und Pflichttreue genau Schritt und Richtung zu halten. Dann wieder umspielten sie uns mutwillig, schnellten sich meterhoch aus dem Wasser heraus, die wildesten unter ihnen schlugen richtige Purzelbäume und benahmen sich ganz und gar wie übermütige, ausgelassene Buben. Dann schienen sie plötzlich den Spaß satt zu haben, blieben zurück, folgten uns noch einmal und trennten sich endlich auf Nimmerwiedersehen von uns.

Sobald es uns die Annäherung an die Küste erlaubte, sahen wir, daß der fernen Hauptkette vorn eine Anzahl von niedrigeren Berg- und Hügelketten vorgelagert sind, und daß vor den Hügeln noch ein breiter, ganz flacher Küstenstreifen liegt. Je weiter man nach Osten geht, um so mehr verschmälert sich dieser Flachlandstreifen, und an der Ostküste der Insel fallen die steilen Berge unmittelbar ins Meer ab.

Es dunkelte, als wir in den schmalen Sund zwischen der Insel Roro (Jule Island) und dem Festlande, dem Hall Sound, vor Anker gingen. Ein Gewitter von furchtbarer Heftigkeit brach los und verhinderte uns, noch an diesem Abend Insel oder Festland zu betreten.

Am nächsten Morgen ging die Sonne an einem wolkenlosen Himmel auf, die Luft war rein und klar, und über dem waldbedeckten Flachlande und den ferner gelegenen Hügelketten hoben sich in bläulichem Dufte der trotzige Mount Jule und im fernen Osten die gewaltige Kette des Mount Owen Stanley, die mit ihren Hochgipfeln von 4000 Meter Höhe hinter unsern höchsten Alpengipfeln wenig zurücksteht. Schnee deckt allerdings keine dieser Spitzen, die ja nur 8—9 Grade (120—135 Meilen) südlich vom Äquator liegen. Noch höher scheint sich in Deutsch-Neu-Guinea die Bismarckkette zu erheben, deren höchste Spitze, der Otto-Berg, auf 5000 Meter geschätzt wird und vielleicht in der Einsattlung zwischen seinen beiden Spitzen Schnee trägt. Das Kettengebirge des Mount Jule und Owen Stanley besteht in der Hauptsache aus stark metamorphosierten Schiefern, die am Mount Viktoria in Gneiß übergehen; am Fuße der Berge findet sich auch Tonschiefer und Sandstein. Außer Granit kommen jüngere Eruptivgesteine, wie Basalt und Andesit, vor, besonders reichlich am Mount Jule, dessen zahnförmiger Gipfel aus Andesit zu bestehen scheint.

Während wir noch unser morgendliches Schwimmbad im Meere nahmen, kamen ein paar Kanoes mit Eingeborenen zu unserm Boote herangerudert, und ich machte hier zum ersten Male die Bekanntschaft der Papuas, einer Menschenrasse, die ebenso interessant und eigenartig ist, wie ihre Heimat, welche von der Natur reicher bedacht wurde als irgend eine andere Tropeninsel, ja vielleicht als irgend ein andres Land. Es scheint fast, als ob dieser Charakter der Gegend sich im Charakter seiner Bewohner wiederspiegele, so lebhaft, fröhlich, so bunt geschmückt und schön verziert stellen sie sich überall dar, wo man ihnen begegnet, und unterscheiden sich ebenso von den primitiven, fast jeglichen Kunstsinns entbehrenden Wilden Australiens als von ihren sudwestlichen Nachbarn, den ernsten, zurückhaltenden Malayen.

Lachend und gestikulierend umdrängten uns die kräftigen, wohlgebauten Gestalten derjenigen, denen wir gestatteten, an Bord der Hekla zu kommen. Der verhältnismäßig helle Farbenton der Haut fiel mir hier auf, der die Bewohner dieses Küstenstrichs von Neu-Guinea von den dunkleren Nachbarstämmen sowohl im Osten wie im Westen unterscheidet. Der Oberkörper ist allgemein kräftig gebaut, die Schultern breit, die Brust- und Armmuskulatur stark; die Beine, besonders der Männer, sind lang und dünn, und gut entwickelte Waden habe ich nie gesehen. Die Gesichtsbildung ist so eigentümlich, daß ein geübtes Auge den Papua ohne weiteres von jedem Australier, Malayen und typischen Polynesier unterscheiden wird. Größer ist schon die Ähnlichkeit mit gewissen Negertypen. So teilt mir Finsch mit, daß ein Papuajunge, den er von Neu-Pommern nach Deutschland mitgebracht hatte, in der Anthropologischen Gesellschaft in Berlin von guten Afrikakennern einfach für einen Afrikaner gehalten wurde; derselbe wurde von den Somalis, die als Heizer an Bord des Dampfers arbeiteten, als einer der ihrigen angesprochen. Einen ganz ähnlichen Eindruck hat D'Albertis empfangen, der jahrelang unter den Papuas gelebt hat. Auf der Rückkehr von seiner berühmten

ten Reise strandete sein Schiff an der Somaliküste am Ras Hafun und er berichtet nun über die dortigen Eingeborenen der ostafrikanischen Küste: »Wir trafen verschiedene Eingeborene, die uns sagten, daß sie Somali wären. — Wer wird mir glauben, daß ich in diesen Leuten meine Bekanntschaft mit den Eingeborenen Neu-Guineas, besonders mit denen der Torresstraße zu erneuern schien? Das ist der Eindruck, den sie auf mich machten. Ich beobachtete zwar auch den echten Negertypus, der in vielen Beziehungen von dem papuanischen abweicht. Aber wenn man einige von den Eingeborenen nach Neu-Guinea versetzen würde, würde man sie für echte Söhne dieser Insel halten, diejenigen mit der fliehenden Stirn, der Adlernase und ziemlich dicken Lippen, die gewelltes, aber nicht wolliges Haar besitzen. Sie gehören zu dem Typus, den ich den arabischen genannt habe, als ich von den Papuas von Moatta und Tawan sprach, der zwar nicht gerade vorherrscht, aber den ich oft in Neu-Guinea gefunden habe. Und diesen Typus entdecke ich jetzt an der Küste von Ras Hafun! Die ich heute sah, erinnern mich an die Bewohner von Prince of Wales Island. Unterschiede in der Farbe sind vorhanden, aber der Typus ist derselbe. Diese Entdeckung ist für mich von solchem Interesse, daß ich den Zufall nicht bedauern kann, der unser Stranden am Ras Hafun verursachte.«

Mit dem Neger hat der Papua das krause, wie man zu sagen pflegt, wollige Haar gemeinsam, aber sein Haar unterscheidet sich bei genauerer Betrachtung doch sehr wesentlich vom Negerhaar. Statt der unregelmäßigen Spiraldrehung des letzteren, wobei die Haare oft in ungleichen Abteilungen hin und her gebogen und gedreht sind, ist das Papuahaar zwar stark, aber sehr regelmäßig gewellt. Die Windungen liegen alle in derselben Ebene, so daß diese Haarform, nicht aber das Negerhaar, recht eigentlich mit der echten Schafwolle zu vergleichen wäre. Ebenso ausgesprochen entfernt sich aber das Wollhaar des Papua von dem viel weniger gewundenen, meist nur leicht welligen Haar des Polynesiers und Australiers. Als seltne Ausnahme ist auch schlichtes Haar bei Papuas beobachtet worden. Die Kopfform ist ausgeprägt dolichocephal, ein charakteristischer Unterschied von den mesocephalen Polynesiern und den fast brachycephalen Negritos. Die Schädel sind verhältnismäßig recht klein, die Kiefer vorspringend, die Backenknochen sehr breit, so daß das Gesicht selten ein längliches Oval bildet, sondern, da die Stirn meist schmal nach oben zuläuft und die Kinnpartie nicht breit ist, eine charakteristische, in der Mitte breite, nach oben und unten zugespitzte Gesichtsform resultiert, wie sie uns auf vielen Gesichtern meiner Photographien entgegentritt. Der Mund ist breit und voll, die Lippen sind aber nicht geradezu aufgeworfen. Die Nasen sind meist niedrig, an der Wurzel zuweilen etwas breit, doch sah ich niemals so breite Nasenwurzeln und so quergestellte Nasenlöcher wie bei den Australiern. Auf Jule Island fielen mir einige Individuen auf, die etwas gebogene Nasen hatten und dadurch entfernt an semitischen Typus erinnerten. Es wurde mir von Missionären, die die Nordküste von Neu-Guinea besucht hatten, erzählt, daß dort jene eigentümlich gebogene Nasenform häufig zu beobachten sei, und diese Beobachtung wird auch von Finsch durchaus bestätigt.

Die Körper sind ziemlich behaart, doch habe ich niemals in diesen Gegenden einen bärtigen Papua gesehen, weil die Barthaare sorgfältigst ausgerupft werden. Vielfach werden auch die Augenbrauenhaare durch Ausrupfen beseitigt. Überwältigend ist dafür die üppige Entfaltung und pompöse Frisur des Haupthaars, das wie ein aufstrebender und nach den Seiten überfallender Busch das Haupt krönt und eine prächtige, gesträubte Mähne bildet. Auf seinen Aufputz und seine Verzierung wird große Mühe verwendet. Federschmuck, Beuteltierschwänze werden hineingesteckt, Kämme, die mehr zum Kratzen als zum Reinigen bestimmt sind, dienen dazu, die parasitischen Bewohner dieses Waldes in Zucht und Ordnung zu halten. Die Mädchen tragen immer kürzeres Haar, und nach der Verheiratung wird das Haupthaar der Frauen bei vielen Stämmen kurz geschoren oder rasiert. Auch die Männer lassen den Schmuck ihres Hauptes fallen, wenn sie einmal von heftigerer Erkrankung ergriffen werden. An der Ostspitze der Insel halten sie es überhaupt kürzer, und dort erblickt man weit seltener jene prächtigen Mähnen, auf die mancher europäische Klaviervirtuose neidisch sein würde.

Jule Island, mit seinem einheimischen Namen Roro, wurde zuerst im Jahre 1875 etwas näher bekannt, als der italienische Naturforscher und Reisende L. M. D'Albertis dort längere Zeit unter den Eingeborenen lebte und seinen Aufenthalt daselbst in einem spannenden Werke »Neu-Guinea« schilderte. Über die Art, wie D'Albertis die Eingeborenen behandelte, sind später mancherlei Klagen laut geworden[1]. Wohl veranlaßt durch seine Schilderung, wählten katho-

[1] Professor Haddon sagte z. B. in der Diskussion über den Neu-Guinea-Vortrag Sir William Macgregors vor der R. Geographical Society: »Man liest D'Albertis hätte das Gebiet des Fly-River »erschlossen«. Wenn er von »Sammeln« spricht, so ist das so zu verstehen, daß er die Leute aus ihren Dörfern herausschreckte, dann in ihre Hütten ging und dieselben plünderte. Das Ergebnis war, daß da, wo er vorher »wissenschaftlich gesammelt hat, die Missionare und der Gouverneur ausnahmslos von den Eingeborenen angegriffen worden sind«.

lische Missionäre der Gesellschaft vom heiligen Herzen Jesu das reiche und gut bevölkerte Hinterland, das von dem stattlichen St. Josephs-Fluß bewässert wird, zum Felde ihrer Tätigkeit und machten die kleine Insel selbst zu ihrem Hauptquartier. Man kann diese Wahl als eine glückliche bezeichnen, da der Hall Sound zwischen Insel und Festland einen vortrefflichen geschützten Ankerplatz bildet.

Die katholische Mission in Neu-Guinea bestand 1892 aus dem Erzbischof Navarre, dem Bischof Verjus, der zur Zeit abwesend war und seitdem in Europa gestorben ist, zwölf Vätern und Brüdern und sieben Schwestern. Die »Väter« sind ordinierte Geistliche, die »Brüder« Laienbrüder, die sämtlich ein Handwerk verstehen. Die Sprache, in der die Ordensmitglieder miteinander verkehren, ist die französische; überhaupt liegt die ganze Leitung in französischen und italienischen Händen. Die »Brüder« sind größtenteils Holländer und Westdeutsche. Die Mission besitzt auf Jule Island ziemlich ausgedehnte und zweckmäßig eingerichtete Baulichkeiten und eine schöne Kirche.

Als Douglas und ich an das Land kamen, wurden wir auf das Freundlichste vom Erzbischof und von den übrigen Geistlichen aufgenommen und gastfrei bewirtet. Es war Palmsonntag, und die meisten Mitglieder der Mission waren dazu von ihren Sitzen auf dem Festland nach der Insel herübergekommen, um dem Feste der Palmweihe beizuwohnen. Einen sonderbaren Kontrast bildete es, die Missionäre in ihrem Ornat, die Schwestern in hellblau und weißen Gewändern in feierlicher Prozession auf dieser grünen Tropeninsel in die Kirche wandeln zu sehen, umringt und angestaunt von den dunkelgefärbten, mähnengeschmückten Wilden.

Während der kirchlichen Ceremonie machte ich einen Ausflug nach dem waldbedeckten Hügel, der sich über der Missionsstation erhebt, und sammelte in dem nicht allzudichten Buschwerk zahlreiche Insekten und einige schöne Eidechsen. Um die Kronen der hohen Bäume schwebten riesige, prachtvoll gefärbte Schmetterlinge, zu hoch und zu schnellen Fluges, um sie mit meinem Netze zu fangen. Auf dem Rückwege geriet ich an eine weite Fläche, die mit mehrere Meter hohem Gras bewachsen war, anfangs nicht sehr dicht, so daß man sich noch ganz gut zwischen den Halmen durchdrängen konnte, bald aber ganz unwegsam und undurchdringlich. In einem solchen Graswalde kommt man sich wie versunken und verloren vor. Eine erdrückende Schwüle herrscht, weil kein Luftzug in diese kompakte Pflanzenmasse einzudringen vermag, es ist weder möglich, sich durchzuzwängen, noch auch die Halme niederzutreten; denn dazu sind sie zu stark und zu gut gesteift. Große Bodenflächen werden in

Neu-Guinea, auf Timor, Java und besonders Sumatra von solchen Graswäldern bedeckt, die aus dem 3—4 Meter hohen Saccharum spontaneum und Anthistiria mutica, aus Imperata arundinacea, dem berüchtigten Alang-Alang-Gras und verschiedenen Scirpus- und Cyperusarten bestehen. Nirgends allerdings erreichen dieselben in den Tropen solche Ausdehnung und machen das Land so unzugänglich und unbewohnbar, wie es das berüchtigte Stachelschweingras oder Spinifex, Triodia irritans in Australien tut, das im Norden und Nordwesten von Lake Eyre durch zehn Breitengrade hindurch Hunderte und aber Hunderte von Kilometern bedeckt.

Nachdem ich mich mit Mühe, zerschrammt und beinah gesotten, aus dem Graslabyrinth herausgearbeitet hatte, kehrte ich zur Missionsstation zurück und nahm mit den Missionären im Freien auf einer schattigen Veranda das Mahl ein. Nach dem Essen ging ich mit Herrn Douglas und einem der Brüder namens Joseph nach den beiden kleinen Dörfern, die eine gute halbe Stunde nordwestlich von der Missionsstation an der westlichen, also dem Festlande abgewandten Küste der Insel liegen. Das erste heißt Siria, und das andere dicht daneben gelegene Ireirina, beide zusammen Roro. Beide Dörfer liegen dicht am Strande, aber doch ganz auf dem festen Lande, umgeben von Kokosnuß- und Bananenpflanzungen. Die Häuser stehen auf den zähen und tragfähigen, aber krumm und unschön gewachsenen Mangrovestämmen, und der aus parallel gelegten Stämmen gefügte Fußboden des Wohnraums ist mindestens ein, zuweilen 2—3 und mehr Meter über den Erdboden erhöht. Dies ist eine sehr weise hygienische Maßregel, »denn, so schrieb ich in der ersten Auflage, das Wohnen und Schlafen unmittelbar über der Erde ist in einem feuchten Tropenlande stets bedenklich, weil gerade die Bodenschicht der Luft die gefährlichen Malariakeime enthält. Auch gegen die in dieser Gegend sehr lästigen Moskitos gewährt diese Bauart einen Schutz, weil man in den Zeiten, in welchen die Blutsauger allzu lästig sind, ein qualmendes Feuer auf der Erde unter der Hütte anzünden kann, das die Schlafenden beräuchert und die Tiere vertreibt«. Auf Grund der neuesten Malariaforschungen sehe ich, daß beide Schädlichkeiten sich decken, und dass der Schutz gegen die Moskitos gleichzeitig einen solchen gegen die von ihnen übertragenen Malariakeime bedeutet (vgl. S. 343). Weniger zu billigen ist vom hygienischen Standpunkte die Sitte, die Toten direkt unter dem Hause zu begraben. Die Seitenwände der Häuser, wofern sie nicht fehlen und die Häuser nicht an den Seiten einfach offen und nur durch das vorspringende Dach geschützt sind, bestehen meist aus Gras- und

Lakatoi am Strande von Siria (Jule Island).

Schilfmatten oder auch blos aus Lagen nebeneinandergefügter Palm- oder Rohrblätter. Ähnlich ist die Bedachung der Häuser beschaffen, für die in vielen Gegenden die Blätter der Nipapalme bevorzugt werden.

Die Eingeborenen von Roro schenkten uns nicht viel Beachtung, da ihnen hier infolge der Anwesenheit der Missionäre ein weißer Mann weit weniger als das merkwürdige und wunderbare Geschöpf erscheint, das er anderswo darstellt. Übrigens hatten sie auch weit interessantere Gäste, ein großes Handelskanoe oder »Lakatoi«, das vor kurzem bei ihnen eingelaufen war.

Es ist interessant zu verfolgen, wie Völker, die auf einer immerhin doch noch recht bescheidenen Kulturstufe stehen, wie die Papuas, doch schon ein rationelles und wohl überlegtes System des Tauschhandels ausgebildet haben. In den Sumpfniederungen der Westhälfte des Golfs von Papua gedeiht wild die Sagopalme in großer Menge und liefert den Bewohnern eine unerschöpfliche Nahrungsquelle, die der Ostspitze der Insel, deren Berge steil ins Meer abfallen, fehlt. Dafür finden sich dort im Osten an verschiedenen Orten Tonarten, die sich gut zur Anfertigung von Töpferwaren eignen. Die Eingeborenen dieser Gegenden oder vielmehr ihre Frauen betreiben die Anfertigung von Kochgefäßen, Töpfen, Schüsseln und Schalen aus Ton als eine besondere Kunst. Die Männer befassen sich nicht mit dieser Arbeit. Der ausgegrabene Ton wird zunächst getrocknet, dann zerstampft, mit feinem Sand gemischt und mit Wasser zu einem Teige geknetet. Aus letzterem werden die Gefäße geformt und zuletzt in einem tüchtigen Feuer gebrannt.

Teste Island und die Südostspitze Neu-Guineas, Aroma, Hanuabada (Port Moresby), Manumanu, Delena (gegenüber von Jule Island) sind die Orte, an denen hauptsächlich Töpferwaren verfertigt und verhandelt werden. Besonders der Stamm der Motus, der in freundlichem Zusammenleben mit den Koitapuanern bei Port Moresby und Umgebung sitzt, zeichnet sich durch die Töpferkunst seiner Frauen und den Unternehmungsgeist der Männer aus, die die Ware mit dem Südostpassat hunderte von englischen Meilen westlich in die Sagodistrikte verschiffen und, wenn der Wind sich dreht und der Südostpassat in den Nordwestmonsun übergeht, reichbeladen in die Heimat zurückkehren.

Diese weiten, nicht ungefährlichen Reisen führen sie auf besonderen Fahrzeugen, sogenannten Lakatois aus, von denen ich eins bei Roro sah und nach einer von mir aufgenommenen Photographie nebenstehend wiedergebe. Eine andere Lakatoi unter vollem Segel sieht man auf Seite 385.

Die Eingeborenen dieses Teils der Neu-Guinea-Küste sind zwar gute Fischer, Schiffer und Schiffbauer, aber ihre Schiffsbaukunst hat sich noch nicht über das Stadium des Einbaumkanoes erhoben, und wollen sie Fahrzeuge herstellen, die mehr Rauminhalt haben als das Einbaumschiff, das naturgemäß immer schmal ist und sich nicht zum Warentransport eignet, so erreichen sie ihren Zweck durch Kombination, nicht durch Schöpfung eines neuen Typs. Wie meine Photographie zeigt, werden eine Anzahl recht großer und langer Einbaumkanoes, drei oder mehr, neben einander gelegt und fest mit einander verkoppelt. Darauf wird in der Mitte des Ganzen quer über die Kanoerümpfe herüber eine Plattform errichtet, die Seitenwände aus Matten der Nipapalme erhält. Zum Dichtmachen bedient man sich auch getrockneter Bananenblätter. Vorn und hinten befinden sich gedeckte Verschläge, die Schutz gegen Regen und Sturzseen gewähren. Außen läuft um das Ganze ein Gerüst herum, das man auch auf meiner Photographie sieht, und welches das eigentliche Außendeck darstellt. Die Lakatois besitzen meist zwei Maste aus Mangrovestämmen im Zentrum dicht bei einander. Aus der Lakatoi auf meiner Photographie sind die Maste herausgenommen. Man bemerkt sie aber auf der Abbildung Seite 385 und sieht dort auch die wundersam gestalteten Mattensegel, von denen je eins zu jedem Mast gehört, und deren kühne und anmutige Formen dem Schönheitssinn der Papuas die größte Ehre machen. Denn ein besonderer nautischer Vorteil verbindet sich nicht mit diesen eigentümlich ausgeschweiften Spitzen. Das Tauwerk besteht aus gedrehtem und geflochtenem Bast, das Ankertau aus Rotang. Übrigens wird dieses unübertreffliche Material in Neu-Guinea zum Binden entschieden weniger benutzt als im malayischen Archipel, wo es geradezu universale Anwendung findet. Regelmäßig sah ich es im St. Joseph Distrikt als Bogensehne verwendet. Ebenso hat die Bambuspflanze für die Papuas nicht ganz die Bedeutung, wie beispielsweise für die Dajaks auf Borneo. Von Letzteren in hervorragender Weise als Baumaterial für Brücken, Häuser, Tierkäfige, Wasserleitungen, ferner als Kochgeschirr und zu unzähligen anderen Zwecken benutzt, findet es in Neu-Guinea beschränktere Verwendung: hauptsächlich als Tabakspfeife mit aufgebranntem Muster, wie man sie auf meinen Photographien Seite 435 Figur 8—11 dargestellt findet. Ferner zur Herstellung von Pfeilschäften, während die Bogen häufiger aus jungen Palmstämmen als aus Bambus hergestellt werden. Endlich aber dient ein Stück halbierten Bambusrohrs als Kriegsmesser, um dem erlegten Feinde das Haupt vom Rumpfe zu trennen (Seite 436, Figur 37). Die Bruchstelle des reich mit Kieselsäure durchsetzten Holzes ist rasiermesserscharf und ersetzt dem Papua die Stahlklinge, deren Vorzüge er erst jetzt durch die Europäer zu kennen anfängt. Denn auch die Papuas sind wie die Australier trotz ihrer sonst viel höheren Kultur Kinder der Steinzeit und verstehen weder die Bearbeitung des Eisens noch sonst irgend eines Metalls.

Die weniger ausgiebige Benutzung der Rotangpalme und des Bambusrohrs in Südostneuguinea ist wohl auf die verhältnismäßig größere Seltenheit beider Pflanzen hier im Vergleich mit den Sundainseln und Molukken zurückzuführen. Das Gleiche gilt für die Sagopalme, deren Blätter und Blattmittelrippen auf den Molukken, beispielsweise auf Ambon, das wichtigste Baumaterial ausmachen. Am Golf von Papua in den Sagodistrikten verwendet man übrigens auch ihre Blätter zu Bauzwecken.

In ihre so beschaffenen Lakatois verladen und verstauen die Motus sorgfältig die Töpferwaren, die geübte Frauenhände geformt haben. zwischen Flechtwerk und Blättern. Dazu kommen Armringe, die aus der besonders im Osten der Insel häufigen Schnecke Conus millepunctatus geschnitten sind, neuerdings auch allerlei von den Weißen eingehandelte Tauschwaren.

Mit dem Ende des Südostpassat geht es im September oder Oktober westwärts und mit dem Nordwestmonsun nach drei oder vier Monaten zurück. Die Fahrten erstrecken sich westlich bis tief in den Busen von Papua hinein bis Motumotu, Kerema, Vailala und Mipua bei Bald Head. Hier wird die Ware gegen Sago verkauft, und einen ganzen Monat lang geht es hoch her mit Gastereien und Nichtstun. Dann aber beginnt die eigentliche Arbeit. Jene westlichen Distrikte haben an ihren Flußläufen prächtiges Bauholz für Kanoes, und die betriebsamen Motus machen sich nun daran, so viele Bäume zu fällen und zu Kanoes auszuhöhlen, als sie Sago heimwärts zu transportieren haben. Jede Lakatoi hat dann eine Menge solcher neugebauter, mit Sago beladener Kanoes längsseit heimzuschleppen, und zuweilen ist ein halbes Jahr verstrichen, ehe die Seefahrer von ihrem kühnen Unternehmen wieder in die Heimat zurückkehren.

Neuerdings machen es übrigens die westlichen Stämme ihren östlichen Besuchern nach. Sie kommen am Ende der Nordwestzeit mit Sago nach Osten, handeln dafür Messer, Tabak und Töpferwaren ein und kehren mit dem jungen Südost zurück. So weite Fahrten wie die unternehmenden Motus wagen sie aber nicht.

Wir versuchten einige von den Bogen und Pfeilen einzuhandeln, die massenhaft auf der Plattform der Lakatoi herumlagen, fanden aber kein Entgegenkommen, überhaupt ziemlich mürrische Aufnahme, und es kostete mich Mühe, die Leute zu bewegen, sich ein wenig zu gruppieren und einen Augenblick still zu bleiben, damit ich sie photographisch aufnehmen konnte. Einige Stücke Tabak hatten besseren Erfolg als gute Worte und Vorstellungen. Die Leute, die, wie es hieß, von Motumotu kamen, zeichneten sich vor den Bewohnern von Jule Island durch größere und schlankere Körperformen sowie durch dunklere Hautfarbe aus.

Nach unserer Rückkehr zur Missionsstation stellte uns der Erzbischof den Schwestern vor, die unter Leitung einer Oberin die Männer in ihrem mühe- und gefahrvollen Missionswerke unterstützen. Meist sind es Französinnen; auch eine Deutsch-Elsässerin war darunter. Bei den Schwestern sah ich ein hübsches hellbraunes Mädchen, die Tochter eines Weißen namens George Hunter, der von seiner eigenen eingeborenen Frau, der Mutter dieses kleinen Kindes, ermordet worden war. Hunter war Regierungsbeamter in den Rigo-Dörfern gewesen, die östlich von Port Moresby etwas inland von Kapakapa liegen. Die Frau, mit der er schon lange zusammenlebte, war seiner überdrüssig geworden und wünschte sich mit einem Eingeborenen zu verheiraten, der ihr Geliebter war. Hunter wurde von diesem und noch drei anderen Schwarzen auf Anstiften des Weibes ermordet, als er einmal krank im Bette lag und sein Gewehr, das die Schwarzen viel mehr fürchteten als ihn selbst, nicht erreichen konnte. Die Frau brachte selbst die Leiche im Kanoe nach Port Moresby und wußte ihre Rolle so gut zu spielen, daß dort niemand eine Ahnung von dem wirklichen Sachverhalt hatte, und Hunter, den man für ein Opfer des Klimas hielt, ohne weiteres begraben wurde. Erst nach Monaten drang das Gerücht, daß er eines gewaltsamen Todes gestorben sei, zu den Ohren der Weißen. Die Schuldigen gestanden ihre Tat ein; die Männer, die den Mord vollführt hatten, wurden hingerichtet, das Weib, die Urheberin, aber nicht die Vollbringerin des Verbrechens, wurde zu lebenslänglicher Zwangsarbeit verurteilt. Der kleinen Waise nahmen sich die gütigen Schwestern an, und natürlich ahnte das anmutige Kind, das klug und unbefangen aus seinen Augen schaute, nichts von dem furchtbaren Geschick seiner Eltern.

Die Nacht verbrachten wir an Bord meines Luggers.

Am nächsten Morgen kam Bruder Joseph in dem Walboot der Missionäre, um Herrn Douglas und mich zu einer längeren Tour auf das Festland den St. Josephs-Fluß hinauf abzuholen. Unter Walboot, auch von deutschen Seeleuten gewöhnlich englisch »whaleboat« ausgesprochen, versteht man ein langes offenes Kielboot, dessen Achter-

Semon, Im australischen Busch. 2. Aufl.

Zu Seite 361.

Marea in Pinupaka.

steven gleich dem Vordersteven gebaut ist. Seinen Namen hat es von seiner Verwendung beim Walfischfang. Doch gebraucht man es auch mit Vorliebe an den tropischen Küsten, weil es sich ebenso gut durch Segel als durch Ruder bewegen läßt.

Vier Eingeborene ruderten das Boot, wußten aber nur schlecht mit den langen europäischen Rudern umzugehen. Fast alle wilden Völker ziehen ihre frei mit beiden Händen geführten Paddeln dem als Hebel wirkenden Ruder vor und pflegen, auch wo sie viel mit den Weißen in Berührung kommen, mit Zähigkeit an ihrer primitiveren und mechanisch weniger wirksamen Art des Ruderns festzuhalten. Dies kommt daher, daß ein schmales Einbaumboot sich in der Tat viel bequemer mit der Paddel als dem Hebelruder regieren läßt. Ich selbst habe dies oft erproben können, als ich im selbstgefertigten Einbaumkanoe den Burnett und seine Nebenflüsse befuhr. Übrigens ist ein flaches Einbaumboot zum Befahren tropischer Flüsse auch viel zweckmäßiger als ein tiefgehendes europäisches Kielboot.

Wir fuhren zunächst an der nordöstlichen, dichtbewaldeten Küste der Insel entlang, die hier aus geschichtetem, stark dislociertem Gestein besteht. Ein mächtiges Krokodil, das sich am Ufer gesonnt hatte, stürzte sich ins Meer und war sogleich unseren Blicken entschwunden. Diese Bestien sind im Hall Sound und an der Mündung des St. Joseph-Flusses sehr häufig und ungemein frech und räuberisch. Als wir die Nordspitze der Insel erreicht hatten, hielten wir auf das Festland zu und landeten bei dem kleinen Papuadörfchen Pinupaka, das nur etwas über hundert Einwohner zählt. Ein katholischer Missionar, Bruder Johann, ein Baier aus Eichstädt, lebte seit einiger Zeit hier, schien den Eingeborenen aber noch ziemlich fremd gegenüber zu stehen. Er klagte, daß er viel vom Fieber zu leiden habe.

Die Häuser des kleinen Dorfes sind mit großer Sorgfalt gebaut und ihr Stil abwechslungsreich und phantasievoll. Neben niedrigen rechtwinkligen Familien-Wohnhäusern, die allseitig bis auf den Eingang durch Matten geschlossen sind und als Vorbau eine breite Plattform besitzen, gibt es noch einige viel größere Häuser, die auf sechs bis acht Meter hohen Pfahlen stehen und verschiedene Formen besitzen, am häufigsten die auf der nebenstehenden Photographie wiedergegebene. Sie werden »Marea« genannt und dienen den unverheirateten Männern zur Schlaf- und Wohnstätte, sind überhaupt die Klub- und Versammlungshäuser der Männer, die Gasthäuser der fremden Besucher. Den Weibern ist ihr Betreten streng untersagt. Hier hängen und liegen die Waffen und Trophäen, die Pfosten tragen schönes Schnitzwerk, hie und da sah ich auch Schnitzereien, die

Vögel, Eidechsen und menschliche Gestalten darzustellen schienen. Die Marea in dieser Gegend entspricht durchaus dem »Elamo« der Stämme westlich am Golf von Papua, besitzt aber wohl nicht ganz die Heiligkeit jenes, das man beinahe als ein dem Semese oder Hovaki geweihtes Tempelhaus bezeichnen kann. Von diesen werde ich später näheres zu berichten haben. Vor den Mareas befinden sich Plattformen, auf denen die Eingeborenen bei festlichen Gelegenheiten ihre Schweine und Hunde schlachten und ihre Mahlzeiten einnehmen. Kommt man nun weiter östlich an der Küste zu anderen Stämmen, so sieht man die eigentlichen Tempelhäuser verschwinden, die Plattformen aber bleiben als heilige Stätten bestehen, meist getragen von drei bis vier hohen, ganz mit Schnitzereien bedeckten Pfosten, verziert mit Menschenschädeln und andern Trophäen. Sie werden von den meisten Stämmen von Port Moresby bis zum Südkap »dubu« genannt, von einigen auch »lubu« oder »rubu«.

Die unverheirateten Männer am St. Josephs-Fluß unterliegen einer strengen Zucht. Sobald der Jüngling dem Kindesalter entwachsen ist, wird er mit feierlichen Zeremonien eingeweiht und in die Marea aufgenommen, die nun sein Heim wird. Den Leib umkleidet er von jetzt an mit dem engen Gürtel oder »ihavuri«, welcher der Gestalt das für unser Auge fast komische Aussehen gibt, als sei die Taille nach moderner Frauensitte zu eng geschnürt. Die Jünglinge stehen unter der Leitung eines der älteren Männer, der eine gewisse Autorität über sie ausübt und auf dessen Trommelzeichen sie sich zu versammeln haben.

Wie die Missionäre mir versicherten, herrscht unter den Eingeborenen am St. Josephs-Fluß im Verkehr mit dem weiblichen Geschlecht eine Sittenstrenge, wie sie bei den weiter östlich lebenden Küstenstämmen nicht zu finden ist. Die Männer und erwachsenen Jünglinge verhüllen ihre Scham in einer Art Beutel, der aus dichtem Netzgeflecht besteht. Weiter östlich zum Beispiel in Hula und Aroma herrscht die sonderbare Sitte, daß die erwachsenen Männer ihre Scham durch ein zwischen den Beinen durchgeführtes und vorn und hinten am Gürtel befestigtes Band hochbinden, ohne sie aber zu verhüllen. Es gilt für unanständig, sich ohne dieses Band vor Frauen sehen zu lassen. Noch weiter östlich, zum Beispiel in Milne Bay, tritt wieder Verhüllung durch breite Bastbänder, die vorn und hinten am Gürtel befestigt werden, ein. Die unerwachsenen Knaben gehen überall ganz nackt. Die Frauen und Mädchen bis herunter zum Alter von acht bis sechs Jahren tragen Röcke aus Gras oder Kokosnußfasern, die nicht ganz bis zum Knie hinabreichen.

Nach mehrstündigem Aufenthalt in Pinupaka bestiegen wir wieder unser Walboot. Wir fuhren zunächst ein Stück in südöstlicher Richtung am Festlande hin um die Landzunge herum, auf der Pinupaka liegt. Da wir wenig Wind hatten, mußten wir wieder rudern, und hierüber, und weil wir die Strömung gegen uns hatten, zeigte sich unsere neue Mannschaft von Pinupaku so erbittert, daß sie fast jeden Ruderschlag mit Äußerungen der Unzufriedenheit und lautem Schelten begleitete und sich recht unehrerbietig gegen den guten Bruder Joseph benahm. Ein ungemütlich aussehender, mähnengeschmückter Bursche tat sich besonders hervor und schimpfte so laut und so anhaltend, daß der Missionär endlich die Geduld verlor und drohte, ihm das kleine Geschenk an Tabak, das die Leute erwarteten, ganz vorzuenthalten. Das schien ihn nachdenklich zu stimmen, und glücklicherweise kam bald darauf etwas Wind auf und füllte unsere Segel. Wir kamen nun an eine Stelle, an der das dicht mit Mangrove bewachsene Ufer einen Einschnitt erkennen ließ, der einer Flußmündung glich. In der Tat dringt hier ein Wasserarm, der Poino-Creek, ziemlich tief landeinwärts, und vor der Mündung des Creeks liegt im Meere eine richtige, bei starker Brandung schwer zu passierende Barre. Der Creek enthält für gewöhnlich auch zur Ebbezeit Salzwasser. Aus dem Vorhandensein der Barre läßt sich aber schließen, daß wenigstens zeitweilig hier Flußwasser in größerer Menge ins Meer strömt und den Sand vor der Mündung aufhäuft. Meiner Ansicht nach ist der Poino-Creek nichts anderes als das Überbleibsel eines westlichen Mündungsarms des St. Josephs-Flusses, das wohl gelegentlich auch jetzt noch mit dem Strome in Überschwemmungszeiten in Verbindung tritt.

Die Dunkelheit brach an, als wir den schmalen, gewundenen Creek hinaufruderten, zu unsern Seiten die dicht bewachsenen Ufer, deren Mangroven und Palmen im Dunkel des Abends tausendmal phantastischer und geheimnisvoller aussahen, als im Lichte des Tages. Schweigen lagert über den schweren Vegetationsmassen und über dem Wasser des Creeks, dessen Ränder von überhängenden Baumkronen und Schlingpflanzen in ein undurchdringliches Dunkel gehüllt sind. Ab und zu ertönt der Schrei eines Nachtvogels, sonst tiefe Stille ringsum. Auch das Geschwätz der Eingeborenen ist verstummt, und die Leute arbeiten schweigend und rastlos und verständigen sich nur zuweilen durch ein paar Worte über die Lenkung des Bootes oder ein Hindernis im Fahrwasser.

Unter allen Tropenbildern ist für mich das enge, dichtverwachsene Flußtal das am meisten charakteristische und schönste, einmal weil es den besten Einblick in die Urwaldvegetation gestattet, und zweitens, weil mir zu einem vollkommenen Landschaftsbild — Hochalpenlandschaft ausgenommen — Wasser einmal zu gehören scheint.

Der Fahrt auf einem solchen Tropenfluß, der gleichsam in Vegetation zu ersticken scheint, gewährt dem Nordländer einen ganz neuen, eigenartigen und unvergleichlichen Genuß. Der Eindruck vermehrt sich noch, wenn der Abend seinen geheimnisvollen Schleier über Wald und Wasser breitet oder wenn der Mond alles mit seinem hellen, aber nicht durchdringenden Licht übergießt. Von all meinen Reiseeindrücken sind solche Nachtstücke im australischen Busch, in den Wäldern Neu-Guineas, an den Küsten der Molukken die nachhaltigsten.

Wie anders spiegeln sich übrigens dieselben sinnlichen Eindrücke in zwei verschiedenen Gemütern und wie verschieden kann das Gesamtbild und die Gesamtempfindung sein, die sich aus ihnen kombinieren. D'Albertis hat einmal eine Nacht auf einem ähnlichen Creek, dem Bioto, nur wenige Meilen östlich vom Poino-Creek, zugebracht, und schildert seine Eindrücke folgendermaßen: »Man kann wohl eine Nacht im leichten Kanoe auf einem kleinen Flusse zubringen, aber Schlaf ist unmöglich; solch eine Nacht ist fürchterlich und man kann nur mit Schrecken daran zurückdenken. Die Schreie fremdartiger Tiere, die Gefahr von Krokodilen, vielleicht auch von Eingeborenen, das phantastische Aussehen, das alles annimmt, das Flattern von Myriaden von Flederhunden, die wie Geister vorüberschweben, selbst das Murmeln des Stroms vereinigen sich, den Ort zu einem kleinen Inferno zu machen. Hätte Dante jemals eine Nacht wie die meinige auf dem Bioto verbracht, so würde er sicherlich all meine Prüfungen zu den Qualen seiner Hölle hinzugefügt haben.«

So etwas schreibt D'Albertis, der wirklichen Gefahren gegenüber auf seiner Reise oft genug einen wahren Löwenmut betätigt hat. Freilich ist er in jener Nacht auch von Moskitos zerstochen worden, und er hätte Recht gehabt, zu sagen, daß Dante die Stiche einer Legion dieser Tiere, wie ich sie am Jardinefluß zu erdulden gehabt habe, zu den Qualen seiner Hölle hätte hinzufügen können. Alles andere aber, was er als Schrecknis schildert, kann einen Naturfreund und Naturforscher doch nur wissenschaftlich interessieren und ästhetisch entzücken.

Es war 8 Uhr abends, also zwei Stunden nach Sonnenuntergang, als wir am Landungsplatz des Dorfes Mou ankamen. Wir hatten von hier noch einen kleinen Weg nach dem nicht weit entfernten Missionshause, das von Vater Louis Hubert aus Bourges und zwei olländischen »Brüdern« bewohnt wurde. Diese Brüder, gelernte Zimmerleute, waren zur Zeit unserer Anwesenheit in Mou gerade beschäftigt, eine Kirche zu bauen, wobei sie ihre europäischen Gepflogenheiten dem dortigen Material anzupassen hatten. Sie sagten uns, daß sie dabei manches von den Eingeborenen gelernt hätten: die letzteren jedoch wollten nichts von europäischen Baukünsten und Handgriffen wissen und hätten kaum irgend etwas von ihnen angenommen.

Wir nahmen noch ein spätes Mal auf der Veranda des Missionshauses ein, standen dabei aber wahre Marter durch die zahlreichen Moskitos aus, deren Stich hier von besonderer Giftigkeit zu sein schien. Noch schlimmer war es in der Nacht. Man hatte uns zwar Betten mit Moskitonetzen angewiesen, aber dieselben waren vorher bei Tage nicht dicht gehalten gewesen, und so hatte jeder Schläfer eine ganze Kolonie durstiger Blutsauger als Gesellschaft für die Nacht bei sich. Besser gar kein Moskitonetz als eins, das den Menschen wie in einen Käfig mit seinen Verfolgern zusammensperrt. Ein Moskitonetz muß nicht nur dicht sein, sondern auch tagsüber stets verschlossen gehaltee werden. Sonst setzen sich die Tiere, durch den Menschenduft angezogen, bei Tage in die Falten und erwarten ruhig das Erscheinen ihres Opfers zur Nachtzeit. Früher war die Moskitoplage auf Roro so stark, daß man schon ernstlich an eine Verlegung der Hauptmissionsstation dachte. Einer der Missionäre erzählte uns in sehr lebendiger und humoristischer Weise, wie man bei allen Beschäftigungen, selbst beim Messelesen und anderen kirchlichen Handlungen immerfort durch Schläge und Abwehrbewegungen sich gegen die Angreifer zu verteidigen gehabt hätte. Aus unbekannten Gründen hat sich aber dort das Übel sehr gebessert. In Mou schien es mir noch immer stark genug, um einem das Leben zu vergällen; verbitterte es doch gerade die Stunden der Abendkühle, die schönsten in den Tropen nach einem anstrengenden, arbeitsreichen Tage.

Am nächsten Morgen ging ich mit Vater Hubert in das Dorf Mou und war wiederum überrascht über die Schönheit und die Verschiedenartigkeit im Baustil der Häuser, besonders der Mareas, auf deren stattliche Ausführung und reiche Ausschmückung mit Waffen und Trophäen die Eingeborenen hier ihren ganzen Kunstsinn zu konzentrieren scheinen. Schön und kunstvoll ist aber alles, was aus ihren Händen hervorgeht, jeder Gebrauchsgegenstand, dessen sie sich bedienen.

Ich sah prachtvolle Steinbeile, schön bemalte Schilder, geschnitzte Holzmesser, verzierte Speere und Pfeile, zierliche Löffel aus Kokosschale, Kürbisgefäße mit eingebrannten Mustern, eine Farben- und Formenfreudigkeit, wie sie meiner Ansicht nach keine zweite Rasse auf der Erde besitzt. Alles dies wird mit den primitivsten Muschel- und Steinwerkzeugen hergestellt, und doch ist es in der Ausführung meist so vollendet, daß ein europäischer Kunsthandwerker diesen Produkten eines rohen Naturvolks seine Hochachtung, ja Bewunderung zollen müßte. Übrigens sah ich auch ein komplizierteres Werkzeug, einen richtigen Drillbohrer, dessen Spitze aus einem zugeschärften Stein bestand. Die hölzerne Bohrspindel konnte durch einen Bügel mittelst Bastfäden in rotierende Bewegung versetzt werden. Augenscheinlich war dieses Instrument eine eigene Erfindung der Eingeborenen, denn sie waren sehr stolz darauf und ließen sich nicht bewegen, es mir gegen einen hohen Preis an Tabak oder bunten Perlen, nicht einmal gegen ein Messer zu verkaufen. Im übrigen war es mir nicht schwer, eine große Anzahl der prächtigen Waffen, Beile, Schmuck- und Gebrauchsgegenstände zu erwerben, weil augenblicklich der Tabak in dieser Gegend rar war, und die Eingeborenen gegen ein Endchen des schwarzen, festgepreßten Stücktabaks fürchterlicher Qualität die schönsten Erzeugnisse ihrer Kunst hergaben.

Tabak ist neben dem Betel das Hauptgenußmittel der Eingeborenen von Neu-Guinea und wurde von ihnen schon lange vor dem Eindringen der Weißen kultiviert. Als Pfeife, hier ireire, weiter östlich baubau genannt, verwendet man in ganz Südost-Neu-Guinea ein Glied eines etwa faustdicken Bambusstammes von einer Scheidewand zur andern (vgl. die Abbildung Seite 435, Figg. 8, 9, 10, 11). Die eine Scheidewand ist undurchbohrt, aber in ihrer Nähe ist in der Außenwand des Stammzylinders eine Öffnung angebracht, und in diese wird eine kleine Blattdüte gesteckt, die den Tabak enthält. Die entgegengesetzte Scheidewand ist durchbohrt, und an diese Öffnung wird der Mund flach angesetzt, und der Dampf eingesogen. Hin und wieder nimmt man auch die Düte mit Tabak aus ihrer Öffnung und saugt von letzterer aus den Dampf, der die ganze Höhlung des Bambusstücks erfüllt. So macht die Pfeife die Runde, indem jeder der Reihe nach einen Zug tut; auch Kinder nehmen nicht selten an dem Genusse teil.

Dicht neben Mou liegen die Dörfer Miori und Erine, die wir ebenfalls besuchten, und die sich wie das Nachbardorf durch die schöne Architektur der Häuser und ihre gefällige Anordnung in einer Art Straße auszeichneten. Die Eingeborenen waren aber überall recht schlechter Laune und erwiderten die freundlichen Begrüßungen des Missionärs nur zögernd und mit saurer Miene. Einigemal kam es zu

Zu Seite 366.

Dorfstrasse in Mou.

längeren, etwas ungemütlichen Auseinandersetzungen, deren Inhalt Vater Hubert mir nachher mitteilte.

Wie ich schon erwähnte, haben die Eingeborenen in dieser Gegend die wenig anmutende und hygienisch bedenkliche Sitte, ihre Toten direkt unter den Häusern zu begraben. Außerdem existieren noch eine Anzahl besonders widerwärtiger und gesundheitsschädlicher Trauersitten. Nahe Verwandte schlafen wochen- und monatelang dicht neben der Leiche des Verstorbenen, die zunächst in einem besonderen Totenhause niedergelegt wird, und beschmieren sich mit der Flüssigkeit des verwesenden Körpers, ehe sie es über sich gewinnen, sich von ihm zu trennen. Witwen stricken in dieser Zeit ein Netzgewand für ihren ganzen Körper. Sie legen es an, wenn der Tote endlich richtig begraben wird, und tragen es, bis es in Stücken von ihrem Leibe fällt, der vorher mit Kohle geschwärzt worden ist und während der Trauerzeit nicht gewaschen wird. So widerlich solche übertriebene Trauer um die Toten auch erscheinen mag, hat sie ihre Begründung doch in dem tiefen, wahren Schmerz um den Verlust und ist keineswegs eine rein äußerliche Sitte.

Der Gouverneur von Britisch-Neu-Guinea, der für die Eingeborenen sorgte wie ein Vater für seine Kinder, bemühte sich nun gerade zur Zeit meiner Anwesenheit, diese Trauersitten zu unterdrücken, auf die er hauptsächlich die rasche Ausbreitung einiger damals grassierender Ansteckungskrankheiten zurückführte. Er erließ also in den Dörfern, auf die er Einfluß und Kontrole auszuüben vermochte, den Befehl, die Verstorbenen unmittelbar nach Eintritt des Todes zu begraben und zwar nicht unter den Häusern, sondern außerhalb der Dörfer.

Diese Anordnung, die die Eingeborenen zwang, mit altgeheiligten Traditionen zu brechen, stieß im ganzen St. Josephs-Distrikt auf den lebhaftesten Widerstand. Zunächst wurde sie einfach nicht beachtet, jetzt aber, da der Gouverneur drohte, jedes Dorf strenge zu bestrafen, in dem die Toten noch nach der alten Sitte betrauert und bestattet würden, herrschte überall eine weitgehende Erbitterung. Die armen Missionäre hatten am meisten davon zu leiden, da man ihnen ganz ungerechtfertigterweise die Schuld mit beimaß und sich an sie besser halten konnte als an den fern weilenden Gouverneur.

Am Nachmittag dieses Tages kam eine ganze Schar geschmückter und bewaffneter Männer vor das Missionshaus gezogen. Ein finster aussehender Krieger, der mehrere Pfund Muschelschmuck in Gestalt von Hals- und Armbändern, Ohrringen und Stirnbrosche an sich trug, machte den Sprecher. Prächtig stach die schneeweiße Farbe dieses

Zierrats von der braunen, sammetglänzenden Haut des Mannes ab. Durch die Durchbohrung seiner Nasenscheidewand hatte er einen fußlangen, feingespitzten Stab hindurchgesteckt, der aus dem marmorähnlichen Kalk einer Tridacnamuschel herausgeschliffen und fein poliert war. Sein perückenähnlicher natürlicher Haarschmuck war noch durch eine Art Diadem aus den Federn der Paradisea raggiana überhöht, sein Leib in einen engen, strohgeflochtenen Gürtel eingezwängt, und nie wieder habe ich einen so phantastisch und wild geschmückten Mann gesehen. So stand er im Kreise seiner Genossen da und hielt den guten Vater Hubert in stundenlangen Unterhandlungen fest, die zu nichts führen konnten, da der Missionär doch nicht die Macht besaß, die Anordnung des Gouverneurs aufzuheben.

Wieweit es übrigens dem letzteren gelungen ist, seinem Willen Geltung zu schaffen und eine Veränderung der alten Bestattungssitten herbeizuführen, weiß ich nicht. Natürlich ist es blos ein verhältnismäßig kleiner Teil der Papuadörfer im britischen Besitz, auf die sich bis jetzt der Einfluß der Regierung so weit ausdehnt, um so einschneidende Maßregeln durchführen zu können.

Weniger verstimmt und mißmutig als die Männer war die lärmende Kinderschar von Mou und den beiden Nachbardörfern, die wie Kletten an mir hingen, wenn ich ausging, um in den Pflanzungen und Büschen Tiere zu sammeln und Schmetterlinge zu fangen. Schwatzend, lachend und singend zog die muntere Gesellschaft hinter mir her und half mir manches schöne Stück erbeuten. Unter allen außereuropäischen Rassen, mit denen ich bisher in Berührung gekommen bin, Negern, Malayen, Mongolen, Tamilen, Australiern, Polynesiern und Papuas, erscheinen mir die letzteren in vielen Beziehungen als die interessantesten. Sie sind wahre Künstlernaturen, leichtlebig, fröhlich, erregbar, dem Augenblicke hingegeben und von ihm beherrscht, die echten Kinder ihrer farbenprächtigen Heimat, deren tierische Bewohner, Paradiesvögel, Papageien und Eisvögel, Käfer und Schmetterlinge, Wanzen und Spinnen bunter und reicher geschmückt erscheinen als die irgend eines andern Landes.

Die ganze Lebensstimmung des Papuas ist eine heitere und leichte, und wenn die alten Herren zuweilen auch ernst und sauer dreinblicken, die fröhliche Jugend bildet in jedem Papuadorf das dominierende Element. Die Papuas sind sehr häusliche Menschen und besitzen einen großen Familiensinn. Das Verhaltnis zwischen den Ehegatten — die meisten Männer besitzen nur eine Frau — ist fast immer ein herzliches; die Frauen werden durchgehends gut behandelt und hängen mit großer Liebe an ihren Männern. Ihnen liegen die häuslichen Arbeiten, die Bestellung der Pflanzungen und, wo passende Tonerde vorkommt, die Anfertigung der Töpferwaren ob, während die Männer der Jagd, dem Fischfange, dem Kriege und dem Seehandel nachgehen und ihre Mußestunden dem Haus- und Kanoebau, der Schnitzkunst und dem Stein- und Muschelschleifen widmen.

Den Kindern wird die größte Freiheit gelassen, und ohne jeden Zwang, ohne Drill und Einschüchterung wächst das Völkchen auf. Eine liebenswürdige und sympathische, ein wenig vorlaute Gesellschaft, die vor niemand großen Respekt hat, aber ihr Wesen so harmlos und unbefangen fröhlich treibt, daß man ihr gut sein muß.

Vater Hubert sagte mir, daß das Ziel der Missionäre vor allem darauf gerichtet sei, den religiösen Sinn der Kinder zu wecken. Man erzählt ihnen die biblische Geschichte, unterrichtet sie im Lesen und Schreiben und lehrt sie, fromme Lieder nach einfachen Melodien singen. Leidenschaftlich dem Gesange ergeben, werden die Kinder vor allem von der Gesangstunde angezogen, und sie ist es, die sie an die Schule fesselt, deren Besuch natürlich ein ganz freiwilliger ist. Aller Unterricht erfolgt in der Sprache der Eingeborenen, hier im Maivadialekt, in dem die Missionäre einige bildgeschmückte Erbauungs- und Liederbücher auf Handpressen selbst gedruckt haben. Von großem Einfluß auf diese Jugenderziehung ist die Anwesenheit von Missionsschwestern in einigen Dörfern. Sie verstehen es noch besser als die Männer, auf die kindlichen Gemüter einzuwirken. Welche bewundrungswürdige Entsagung und Hingebung gehört aber für eine europäische Frau dazu, ihr Leben in einem Papuadorf zu verbringen und unverdrossen an der harten Aufgabe zu arbeiten, diese wilden freigewachsenen Pflänzchen ein wenig zu sänftigen und zu kultivieren! Vater Humbert sagte mir, daß er und seine Mitarbeiter fast ganz darauf verzichteten, Erwachsene zu taufen. Die Taufe würde nur denen gegeben, die einen Schimmer von Verständnis der christlichen Glaubenslehre erworben hätten. Ich unterhielt mich gerne mit diesem Manne, der die Verhältnisse, die ihn umgaben, unbefangen und klar beurteilte. Nur als ich ihn fragte, ob die katholischen Missionäre ihr Arbeitsfeld mit den protestantischen gütlich geteilt hätten, dergestalt daß die Katholiken den St. Josephs-Distrikt, die Protestanten das Gebiet westlich und östlich davon als ihre Sphäre betrachteten, lachte er über solche Auffassung und sagte, davon könne nicht die Rede sein. Sie arbeiteten hier, weil sie vorläufig hierher gesetzt seien; was die protestantischen Missionäre täten, gehe sie nichts an. Denn jene vermöchten nicht die Seelen aus der ewigen Verdammnis zu retten, und deshalb sei es Pflicht der katholischen Mission, überall hinzugehen und die wahre Lehre zu verbreiten.

Am Abend kam ein Bruder aus Babiko am St. Josephs-Fluß in Mou an und sagte, er hielte es für unmöglich, daß wir augenblicklich den Fluß, sei es im Boot, sei es zu Fuß am Ufer entlang gehend, aufwärts vordrängen. Am Mount Jule seien in den letzten Wochen so starke Regen gefallen, daß der Strom und seine Nebenflüsse unbefahrbar seien, und daß auch eine Landreise mit Trägern und Gepäck unmöglich wäre. Er selbst hätte neunmal auf seiner kurzen Reise kleine Flüsse durchwaten müssen, wobei ihm das Wasser bis an die Schultern ging und er zweimal schwimmen mußte. Am nächsten Morgen ging ich mit Vater Hubert auf schmalen Pfaden der Eingeborenen, die durch das hohe Gras führten, bis in die Nähe des Flusses. Wir fanden aber in der Tat das Land durch die Überflutung und reißende Gewalt der Wasserläufe so unwegsam, daß ich es für das beste hielt meinen Plan ganz aufzugeben, den St. Josephs-Fluß weiter aufwärts zu dringen. Unmöglich wäre die Reise allerdings nicht gewesen, aber zeitraubend und schwierig, und da ich doch nichts besonderes gerade in dieser Gegend suchte, schien es mir richtiger, meine Streifzüge ins Land hinein an Örtlichkeiten zu unternehmen, in denen keine Ausnahmezustände herrschten. Hatte ich doch noch die Flutzeit am Burnett und Auburn in lebhafter Erinnerung.

Auf dem Rückweg nach dem Dorfe trafen wir eine Schar junger Männer, die eben von einer erfolgreichen Känguruhjagd zurückkehrten. Sie hatten zwei starke Männchen der Känguruh- oder, richtiger ausgedrückt, Wallaby-Art Macropus agilis erlegt, die nicht nur in Neu-Guinea, sondern auch in den nördlichen Teilen von Australien vorkommt. Sonst besitzt Neu-Guinea nur noch eine Macropusart, M. browni, die auf Neu-Guinea und Neu-Pommern beschränkt ist. Eine dieser sehr nahe verwandte Art, Macropus brunii, kommt auf den Aru- und Kei-Inseln vor. Außer diesen beiden großen Wallabies bestand die Jagdbeute aber noch aus einer größeren Anzahl, ich glaube fünf oder sechs kleineren wallabyähnlichen Beuteltieren, Dorcopsis luctuosa. Die Gattung Dorcopsis ist auf Neu-Guinea beschränkt und zeichnet sich vor den echten Macropodiden durch relativ kürzere Hinter- und relativ längere Vorderbeine aus.

Die Papuas können sich als Jäger in keiner Weise mit den Australiern messen. Weder kennen sie die Zeichen des Wildes so gut, noch verstehen sie sich wie jene auf die Birsch, noch auch sind sie in der Handhabung ihrer Waffen annähernd so geschickt. Ihre

Waffen in dieser Gegend sind Wurfspeer, Bogen und Pfeil und die Keule. Östlich von Port Moresby verschwinden Pfeil und Bogen ganz und Speer und Keule sind die einzigen Angriffs- und Jagdwaffen. Die Hunde der Papuas gleichen sehr den Dingohunden der Australier, ihre Abrichtung zur Jagd ist aber eine viel schlechtere und sie werden augenscheinlich mehr als Schlachttiere denn als Jagdhelfer gehalten. Hundefleisch ist nämlich für den Eingeborenen eine Hauptdelikatesse und darf neben dem Schweinebraten bei keinem großen Feste fehlen. Da die Hunde vorwiegend mit vegetabilischen Stoffen ernährt werden, ist ihr Fleisch wohl auch ganz schmackhaft. Hundezähne sind beliebte Schmuckstücke; besonders gern verwendet man sie, perlförmig aneinander gereiht, als Halsbänder und als Besatz auf Flechtwerk.

Die Jagdmethode auf Känguruhs und Dorcopsis ist überall die gleiche. Man umstellt die Wechsel mit Netzen und treibt dann die scheuen und flinken Tiere ins Garn, in das sie meist blind hineinrennen und sich hoffnungslos verstricken. Dann werden sie mit Keulen erschlagen oder gespeert. Känguruhfleisch wird aber dem Schweine- und Hundefleisch nicht gleich geachtet.

Am nächsten Morgen früh brachen wir im Walboot von Mou auf und trafen schon um 10 Uhr wieder in Pinupaka ein, nachdem beim Passieren der Barre des Poino-Creeks unser Boot einen Augenblick in Gefahr gewesen war zu kentern, und einige tüchtige Sturzwellen hineingeschlagen waren. Gegen Mittag waren wir in Koro und lichteten nach herzlichem Abschied von den gütigen und gastfreien Missionären die Anker. Bis Sonnenuntergang flogen wir mit günstigem Winde in rascher Fahrt dahin, am Kap Suckling vorüber. Dann aber schlief der Wind ein, und da eine starke Strömung uns faßte und zurücktrieb, mußten wir in der Redscar Bai gegenüber von Manumanu vor Anker gehen. Nachts brach wieder ein fürchterliches Gewitter los, und der Regen zwang uns in unsere wanzenbevölkerte Kabinenhöhle, ja drang uns dorthin durch einige Ritzen des Decks nach. Überhaupt war dies im ersten Monate unseres Aufenthalts in Neu-Guinea der gewöhnliche Lauf der Dinge: ein schöner Morgen mit reinem Himmel und klarer Luft, welche die Umrisse der fernen Bergriesen scharf und deutlich hervortreten ließ. Gegen zehn oder elf begann dann Gewölk aufzusteigen und die Gebirge hüllten sich zunächst in Dunst, bald lag eine schwere Wolkenbank dort, wo man am Morgen die Berge gesehen hatte. Nachts hatten wir fast immer heftige, oft viele Stunden anhaltende Gewitter, die Regenströme vom Himmel sendeten, von denen man sich in Europa schwer eine Vorstellung zu machen vermag. Sehr unregelmäßig waren in dieser Zeit des Übergangs von Nordwestmonsuns in Südostpassat die Winde. Auf die Seebrise, die an tropischen Küsten von 10 Uhr vormittags bis gegen Sonnenuntergang zu wehen pflegt, und auf die während der Nacht aufkommende Landbrise konnte man sich gar nicht verlassen. Zuweilen kamen diese periodischen Lokalwinde, zuweilen wurden sie aber durch den Kampf der Passate ganz verwischt, und heftige Südost- und Nordweststürme wechselten mit absoluten Windstillen. Die regelmäßigste Erscheinung war noch das Einschlafen des Windes um Sonnenuntergang.

Am nächsten Morgen um 8 Uhr passierten wir Redscar-Head und ankerten um 1 Uhr in dem vortrefflich geschützten Hafen von Port Moresby, dessen Fahrwasser allerdings wegen der zahlreichen kleinen Riffe und Korallenbänke nicht ganz ungefährlich ist. Port Moresby ist bei weitem die stattlichste Niederlassung von Weißen in Britisch-Neu-Guinea, und beim Einlaufen gewähren die hellschimmernden, hie und da an den Hügeln verstreuten Häuschen einen recht hübschen Anblick. Doch lebte nur eine ganz kleine Zahl von Weißen dort, ich glaube gewöhnlich kaum mehr als zwanzig, und Port Moresby war damals wohl als Centralstation der Regierung und als Hauptquartier der London Missionary Society, kaum aber als selbständige Ansiedlung zu bezeichnen. Das Werk der Missionsgesellschaft begann im Jahre 1871 unter den Reverends A. W. Murray und S. McFarlane und wurde später durch die Missionäre W. G. Lawes und J. Chalmers fortgeführt, die in ihrer bewunderungswürdigen Tätigkeit als wahre Menschenfreunde und unermüdliche Forscher neuerdings durch eine Anzahl jüngerer Kräfte unterstützt wurden.

Im November des Jahres 1884 wurde durch Commodore Captain J. E. Erskine das englische Protektorat über Südost-Neu-Guinea erklärt, nachdem kurz vorher Deutschland seine Flagge in Nordost-Neu-Guinea gehißt und dieses Gebiet und den Bismarckarchipel unter sein Protektorat genommen hatte. Schon im März 1883 hatte Herr H. M. Chester, Police Magistrate von Thursday Island, das englische Protektorat über ganz Ost-Neu-Guinea vom 141° ö. L. an ostwärts proklamiert. Diese Besitzergreifung, zu der er nicht autorisiert war, war aber von der englischen Regierung nicht anerkannt worden. Wie man sieht, wäre um ein Haar der wertvolle Kolonialbesitz des jetzigen Deutsch-Neu-Guinea uns Deutschen entgangen.

Zunächst waren Generalmajor Sir Peter Scratchley, dann Hon. John Douglas (später Gouverneur Resident von Thursday Island) Spezialbevollmächtigte für Neu-Guinea mit Sitz in Port Moresby. Ihnen folgte im September 1888 als Administrator Doctor (jetzt Sir) William Macgregor und er proklamierte gleich nach seiner Ankunft die förmliche Besitzergreifung an Stelle des Protektorats, wodurch Britisch-Neu-Guinea zur britischen Kronkolonie wurde. Regierung und Verwaltung ressortiert aber nicht direkt von England aus, sondern geht durch das Medium der Regierung von Queensland.

Ich will nicht verschweigen, daß die Besitzergreifung des nordöstlichen Viertels von Neu-Guinea durch Deutschland, die wir in erster Linie der Tatkraft und Umsicht O. Finschs verdanken, seiner Zeit hochgradige Aufregung und Entrüstung in Queensland hervorgerufen hat. Man hatte diesen ganzen, dem Norden der Kolonie vorgelagerten Inselteil in Gedanken schon so durchaus als eigenen Besitz betrachtet, daß der Gedanke unfaßbar schien, eine fremde Macht könne nun plötzlich die Hälfte des Bissens wegnehmen, und nun hatte Dr. Finsch den ganzen nördlichen Teil Neu-Guineas »für eine Flasche Rum und eine Handvoll Tabak gekauft«, wie ein Parlamentsmitglied von Victoria in lächerlicher Übertreibung behauptete. Kenner der dortigen Verhältnisse behaupten, daß, wenn Qeensland zu jener Zeit eine kleine Flotte und etwas wie ein Heer besessen hätte, es frischweg auf eigene Faust an Deutschland den Krieg erklärt haben würde. Zur Zeit meiner Anwesenheit in Australien hatte sich die Stimmung längst beruhigt, man lachte über die eigene Hitze und betrachtete die Deutschen als zwar ungebetene, aber gute Nachbarn.

Ich sagte schon früher, daß in Neu-Guinea alles interessant wäre, Land, Pflanzen, Tiere und Eingeborene. Nicht minder war es aber auch der damalige[1]) Administrator des Landes und seine Methode, die Kolonisation des unberührten Landes zu leiten.

Sir William Macgregor, im Jahre 1846 in Schottland geboren, widmete sich zunächst dem ärztlichen Beruf und studierte an schottischen Hochschulen, später in Berlin und in Paris. Als Arzt verweilte er eine Zeit lang auf den Seychellen und dann lange auf Fidji. Schon hier traten seine administratorischen Talente auf das glänzendste hervor. Für seine Verdienste bei der Dämpfung des Aufstandes von Viti Levu wurde ihm ein Jahresgehalt von 4000 Mark ausgesetzt. Später wurde er Stellvertreter des Gouverneurs von Fidji und im Jahre 1888 Administrator, das heißt Regierungsoberhaupt von Britisch-Neu-Guinea.

1) Sir William Macgregor ist später als Gouverneur nach Westafrika (Lagos) versetzt worden.

Ich habe Sir William Macgregor leider niemals kennen gelernt, denn während meines Besuchs auf Neu-Guinea war er abwesend und befand sich in Australien. Wenn man aber einen Menschen aus seinen Taten erkennen soll, so kann ich nur sagen, daß diese Taten und die Auffassung, die der Administrator von seiner Stellung und Aufgabe hatte, meine höchste Bewunderung erregt haben. An dem Platz, an den er gestellt war, lagen ihm drei Hauptaufgaben ob: die Obhut der Eingeborenen, die doch die ursprünglichen Besitzer des Landes sind; die wissenschaftliche und im Anschluß daran wirtschaftliche Erschließung dieses Landes; endlich die Beaufsichtigung der Kolonisation durch die europäischen und australischen Ansiedler. Würde die Kolonie einem Lande gehören, das wie Deutschland an kolonialem Besitz arm ist, und dessen unternehmungslustige Elemente wenig Raum haben, sich auszubreiten und zu betätigen, so würde naturgemäß und vernünftigerweise die wirtschaftliche Erschließung, die Förderung und Erleichterung der weißen Ansiedler die Hauptaufgabe des Gouverneurs sein. Wenn man aber bedenkt, einen wie großen Kolonialbesitz Großbritannien sein eigen nennt, wie ungeheure Länderstrecken auch noch in Australien selbst der Besiedlung und Ausbeutung harren, so wird man es verstehen, daß Sir William Macgregor seine Aufgabe anders faßt, und daß er neben der wissenschaftlichen Erforschung des Landes die Sorge für dessen interessante und sympathische Bewohner sich mehr am Herzen liegen ließ, als die möglichst rasche Besiedlung und Ausbeutung des Gebiets durch die Weißen.

Als geographischer Pionier hat er ganz hervorragendes geleistet. Im Jahre 1889 vollführte er die Besteigung der Hauptgipfel des Mount Owen Stanley, unter anderen auch seiner höchsten Erhebung, des Mount Victoria. Diese Leistung war neben der des italienischen Naturforschers D'Albertis, der in den Jahren von 1875—1877 auf dem Fly-Fluß in drei Expeditionen bis tief ins Innere hinein drang, die größte, welche in der geographischen Erforschung des unzugänglichen Innern Neu-Guineas überhaupt gemacht worden ist. In demselben Jahre noch, in dem er die Berge bestiegen, befuhr Macgregor ebenfalls den Fly-Fluß und gelangte weiter als D'Albertis, bis in deutsches Gebiet hinein. Auf allen diesen und vielen anderen, in den folgenden Jahren unternommenen Reisen[1]) wurden ausgiebige zoologische, botanische und geographische Sammlungen gemacht, und die

1) Vergl. Sir William Macgregor. British New Guinea. London, John Murray, 1899.

Sitten und Sprachen der Eingeborenen sorgfältig beobachtet. Niemals aber hat der ehemalige Arzt die wissenschaftlichen Interessen ungebührlich in den Vordergrund gestellt. So erzählte ich schon an anderer Stelle, daß er einem Naturforscher mit Ausweisung drohte, als er hörte, derselbe wolle Hunderte von Papua-Skeletten sammeln, ein Plan, der leicht die naiven Eingeborenen dazu hätte anreizen können, das gewünschte Material durch richtige Jagdzüge zusammenzubringen. Bei seinen Forschungsreisen suchte der Gouverneur stets, wo es nur immer anging Waffengewalt zu vermeiden. Morde von Weißen und Eingeborenen wurden natürlich, soweit es in der Macht der Regierung lag, geahndet. Aber man ließ lieber einen Mord ungesühnt, wenn es unmöglich war, den wirklichen Schuldigen zu finden, als daß man summarisch ganze Dörfer und Stämme für die Vergehen einzelner verantwortlich gemacht hätte. Dabei möglichste Vermeidung von Eingriffen in die Sitten und Gebräuche der Eingeborenen und tatkräftige Unterstützung der Missionäre, deren Tätigkeit man durchweg in ganz Britisch-Neu-Guinea als eine segensreiche bezeichnen kann.

Dagegen hielt der Administrator die Händler, Pflanzer und Goldsucher in strenger Zucht und war stets bereit, ihren Übergriffen gegenüber das Interesse der Eingeborenen auf das Nachdrücklichste zu wahren. Kein Landkauf hatte Gültigkeit ohne die Genehmigung des Gouverneurs, der sich vorher erst zu überzeugen pflegte, ob die Eingeborenen auch wußten, um was es sich handelte, und nicht ahnungslos kostbaren Besitz für ein Linsengericht oder richtiger für einige Stücke Tabak und einige Äxte weggaben. Es war wohl erlaubt, Schwarze als Arbeiter anzuwerben, aber nicht die angeworbenen Arbeiter aus ihrer Heimat in ferne Distrikte zu überführen, wo sie natürlich viel mehr der Willkür und strengen Zuchtrute ihrer Herrn preisgegeben gewesen wären. Ganz und gar war es verboten, die Eingeborenen von Neu-Guinea weg etwa nach Australien zu überführen, um sie in den dortigen Zuckerplantagen arbeiten zu lassen, eine sehr weise Bestimmung, die die Eingeborenen von Neu-Guinea günstiger stellte, als die Südsee-Insulaner. Letztere sind aber auch schon viel länger mit den Weißen bekannt und verstehen deshalb schon eher, sich selbst in Acht zu nehmen und vor Ausbeutung und Knechtung zu schützen. Es war streng verboten, den Eingeborenen Feuerwaffen zu verkaufen, und auch Chinesen, Manilaleute, kurz alle fremden Farbigen, die nach Neu-Guinea kommen, bedurften besonderer Regierungserlaubnis, wenn sie ein Gewehr führen wollten. Diese Erlaubnis wurde nur auf kurze Zeit gegeben und konnte jeden

Augenblick zurückgenommen werden. Ebenso streng war der Verkauf von Spirituosen an die Eingeborenen untersagt. So war es bisher gelungen, dieses Gift noch ganz von den Naturkindern fern zu halten, und der Schnaps, der als Objekt des Tauschhandels in Afrika eine solche Rolle spielt, war als solches zur Zeit meiner Anwesenheit an den Küsten von Britisch-Neu-Guinea völlig unbekannt.

Diese Beschränkungen und Erschwerungen brachten es mit sich, daß der Handel der Weißen in Britisch-Neu-Guinea damals gleich Null war. Ein kleine Zahl weißer Händler, die man an den Fingern herzählen konnte, trieb sich in eigenen kleinen Segelbooten an den Küsten herum und tauschte gegen Tabak, Glasperlen, Messer und Äxte einige Produkte des Landes: Copra, Trepang und Schildpatt ein. Fast nirgends war von Europäern bisher der ernste Versuch gemacht worden, Plantagen und Kulturen in größerem Maßstabe anzulegen. Viele Queensländer waren mit diesem Stand der Dinge im höchsten Grade unzufrieden; sie verlangten die freie Eröffnung des Landes und wollten mit den Eingeborenen Neu-Guineas umgehen, wie sie gewohnt waren, es mit der Urbevölkerung Australiens zu tun. Mir erscheint es aber nur gerechtfertigt, daß Macgregor im Einverständnis mit der Queensländer Regierung es sich zur Aufgabe gemacht hatte, die Papuas gegen jenes Raubsystem von vornherein zu schützen. Ich glaube sogar, daß bei einiger Geduld dieses Vorgehen auch wirtschaftlich seine Zinsen tragen wird. Denn die menschenfreundlich behandelten und vorsichtig an die Kultur gewöhnten Eingeborenen werden später eine bessere und wirtschaftlich produktivere Bevölkerung abgeben, als ein Volk, das durch Kniffe der Landkäufer um seinen Grund und Boden geprellt, durch Alkohol depraviert, durch blinde Bestrafungen in seinem Mut und Selbstbewußtsein geknickt ist. Und wie oft ist solches der Weg der Kolonisation gewesen, den die Kulturvölker Europas für den richtigen, ja sogar für den moralisch gerechtfertigten gehalten haben!

Den abwesenden Gouverneur vertrat in Port Moresby der Zolloffizier Honorable T. H. Hatton Richards, der mir, wie alle australischen Beamten, denen ich auf meiner Reise begegnet bin, liebenswürdig und zuvorkommend entgegenkam. Die Ansiedlung der Weißen bestand aus einer kleinen Anzahl von Häusern und Schuppen, die am Strande und an den kleinen Hügeln, die ihn umsäumen, einzeln verstreut liegen. Diese Hügel sind ziemlich steil und nur von einer spärlichen Vegetation bewachsen, so daß sie einen etwas kahlen, unfruchtbaren Eindruck machen. In der Tat gehört gerade dieser Küstenstrich zu den von der Natur am wenigsten begünstigten der reichen und fruchtbaren Südostküste. An der vorspringenden Landzunge beginnend, die am Osteingange des Hafens liegt, erstreckt sich die Niederlassung weithin an der Küste nördlich, natürlich nicht als zusammenhängender Flecken, sondern mehr wie ein Villenort, der eben am Ufer eines Gebirgssees entsteht. Es gab zur Zeit nur ein Verkaufsmagazin, das der weitverzweigten und mächtigen Queensländer Firma Burns, Philp & Co. gehörte und durch einen Herrn namens Gors geleitet wurde. Hier vervollständigte ich meine Ausrüstung durch den Kauf einiger Tauschartikel, die mir für meine weitere Reise östlich von großem Nutzen gewesen sind. Das Gouvernementsgebäude liegt in dominierender Lage auf einem Hügel, ungefähr 150 Fuß über dem Meere. Leider war es in Abwesenheit des Gouverneurs verschlossen, so daß wir darauf verzichten mußten, die prachtvolle Sammlung von schön gearbeiteten papuanischen Steinkeulen zu sehen, deren Zusammenbringung eine spezielle Liebhaberei des Administrators gewesen sein soll.

Die Eingeborenen dieses Teils von Neu-Guinea verfertigen besonders kunstvolle Steinkeulen, von denen ich eine und zwar durchaus nicht eine hervorragend schöne auf Seite 435 Fig. 4 abgebildet habe. Nur der Kopf der Keule besteht aus einem Stein, dessen Achse exakt und glatt von einer zylindrischen Öffnung durchbohrt wird. In diese wird der Handgriff aus starkem und schwerem Holze hineingesteckt. Es ist erstaunlich, daß die Papuas es fertig bringen, ohne Eisen den harten Stein so glatt zu durchbohren und seine Oberfläche so prächtig auszumodellieren.

In der Nähe des Gouvernementsgebäudes sahen wir eine größere Anzahl von Kettengefangenen Wegearbeiten verrichten. Es waren Papuas, die größtenteils wegen Mordes zu 3 bis 10 Jahren Zwangsarbeit verurteilt waren und hier ihre Tat büßten, zu der sie sich wohl oft durch alte Traditionen nicht nur berechtigt, sondern sogar verpflichtet glauben. Das Strafsystem Sir William Macgregors hat sich übrigens außerordentlich gut bewährt. Die Zeit der Strafgefangenschaft ist für viele der Betroffenen zu einer wahren Bildungszeit geworden. Übrigens war die Macht der Regierung, die wilden Sitten der Eingeborenen im Zügel zu halten und zu kontrollieren, bisher nur auf einige Küstendistrikte und hie und da auf ganz kleine Striche des Inlands beschränkt. Die Mehrzahl der Eingeborenen tat noch genau das, was ihre Väter taten.

Herr Hatton Richards lud uns zum Mittagessen bei sich ein und stellte uns den italienischen Naturforscher Herrn Loria vor, der schon seit längerer Zeit in Neu-Guinea weilte und soeben eine längere

Expedition ins Inland rüstete. Die italienischen Naturforscher und Sammler scheinen Neu-Guinea als besondere Domäne ihrer Forschertätigkeit erwählt zu haben. Hier haben d'Albertis und Dr. Beccari reiche Lorbeeren gepflückt, und Herr Loria wandelte nun schon seit längerer Zeit in ihren Pfaden. Die ganze Küste bis zum Ostkap hin war ihm genau bekannt und er riet mir Hula, Aroma, Suau und Milne-Bay zu besuchen, da diese Orte interessant und zum Sammeln vortrefflich geeignet wären. Diesen guten Ratschlägen bin ich gefolgt und bin wohl dabei gefahren.

Port Moresby.
Oben die Missionsstation, unten die Pfahldörfer der Eingeborenen.

Nach dem Essen kam der Missionär, Herr Dauncy, der von Herrn Hatton Richards durch ein Flaggensignal über die Bai herüber eingeladen worden war. Früher hatte Herr Lawes in Gemeinschaft mit seiner Gattin viele Jahre der Mission in Port Moresby vorgestanden und hier eine segensreiche Tätigkeit entfaltet; augenblicklich weilte er auf einer Vortragsreise in Australien, und ich habe schon oben von meinem Zusammentreffen mit ihm in Rockhampton berichtet. Herr Dauncy, sein Vertreter, lud uns ein, ihn in seinem Walboot nach der Missionsstation zu begleiten und dort die Nacht zuzubringen. Die Baulichkeiten der Mission liegen noch weiter nordwestlich in ziemlicher Entfernung von der Ansiedlung der Weißen auf einem Hügelrücken gerade über den Dörfern der Eingeborenen. Es sind über ein halbes Dutzend Gebäude, Kirche, Wohnhäuser für den weißen Missionär, für die farbigen Lehrer (Teacher) und für die Missionszöglinge. Die London Mission Society betreibt ihr Werk in sehr eigenartiger Weise. Sie bildet außer ihren weißen Missionären eine große Anzahl von Südseeinsulanern aus, die in besonderen Missionsschulen auf der Südsee in Tahiti, Rarotonga und Samoa erzogen und auf ihren Beruf vorbereitet werden. Diese farbigen Missionäre arbeiten unter Aufsicht der Weißen, und da ihre ganze Lebensführung naturgemäß eine einfachere ist als die eines weißen Mannes, ist ihre Erhaltung eine billigere, und man kann deshalb eine viel größere Anzahl solcher Missionäre aussenden, als wenn man sich allein auf weiße Verkündiger des Evangeliums beschränken würde. Sie besitzen allerdings nicht dieselbe Autorität bei den Eingeborenen wie die Weißen, aber dies wird dadurch aufgewogen, daß sie sich doch in mancher Beziehung besser in das Seelenleben der Naturvölker hineindenken, die religiösen Stoffe dem naiven Auffassungsvermögen der Wilden leichter faßlich machen können. In Glaubenseifer, in Hingabe an ihren Beruf stehen sie keinem Weißen nach und leisten hier, wo sie fortdauernd der Aufsicht unterstehen, Ausgezeichnetes.

Ich hatte von meinen Reisen in Westafrika her ein starkes Vorurteil gegen farbige Missionäre mitgebracht, fand dasselbe aber hier völlig ungerechtfertigt. Der Unterschied liegt wohl wesentlich in der fortdauernden und scharfen Kontrolle, die in Neu-Guinea über die farbigen Missionäre von ihren weißen Vorgesetzten ausgeübt wird. Seit längerer Zeit hat man begonnen, Eingeborene von Neu-Guinea von klein auf in der Missionsschule von Port Moresby zu erziehen und sie allmählich zu Lehrern ihres eignen Volkes heranzubilden. Die Erfolge sind im ganzen nicht schlechte, wenn auch nach dem Zeugnis der Leiter die Papuas an Verstand und Beharrlichkeit den Polynesiern weit nachstehen, und die Intelligentesten von ihnen kaum das leisten, was der Durchschnitt der Missionäre von Samoa und Tahiti zu leisten pflegt. Die begabtesten von allen sollen die Samoaner sein. Der farbige Lehrer oder Teacher von Port Moresby, Ruatoka mit Namen, zeichnet sich durch besondere Tüchtigkeit und Intelligenz aus und hat der Mission im Laufe seiner langen Tätigkeit hervorragende Dienste geleistet.

Unterhalb der Mission am Strande liegen die Dörfer der Eingeborenen, Tanobada und das größere Hanuabada[1]), gegenüber auf einer

1) Von manchen Geographen und Reisenden Anuapata geschrieben.

kleinen Insel Elevara. Hier sah ich zum ersten Mal die berühmten Pfahldörfer der Papuas, die uns leibhaftig vorzaubern, wie die prähistorischen schweizer Pfahlbauten ausgesehen haben müssen, und uns eine Vorstellung von der Zeit geben, als unsere eigenen Vorfahren die Bearbeitung der Metalle noch nicht kannten und aus Stein, Horn, Knochen und Holz ihre primitiven Werkzeuge herstellten. Übrigens sei daran erinnert, daß nur die ältesten schweizer Pfahlbauten der Steinzeit angehören. In den jüngeren finden wir schon Kupfer und Bronze in Gebrauch, und hie und da begegnet man sogar Anzeichen des Beginns der Eisenzeit.

So weit haben es unsere papuanischen Freunde noch nicht gebracht; sie sind durch und durch Kinder der Steinzeit. Die meisten Häuser stehen auf starken, oft krumm gewachsenen Mangrovestämmen, die zur Flutzeit von Wasser umspült sind, während bei tiefer Ebbe der Grund, auf dem sie stehen, ganz oder größtenteils trocken liegt. Natürlich können diese Dörfer nur an Stellen errichtet werden, die vor der Brandung wohl geschützt sind. Man findet sie deshalb regelmäßig in Buchten oder unter dem Schutze des der Küste vorgelagerten Riffes oder einer Sandbank. Die Zweckmäßigkeit der Pfahlbauten leuchtet ein. Die einzelnen Stämme der Papuas leben in beständiger Fehde miteinander. Die Leute an der Küste fürchten besonders die Angriffe der Gebirgsbewohner im Innern, denen sie ungerechtfertigter Weise eine fabelhafte Wildheit zuschreiben. Erfolgt nun ein solcher Angriff, so können die Bewohner der Pfahldörfer, ehe noch die Angreifer den Übergang vom Strand zu den Pfahlbauten bewerkstelligt haben, ihre Kanoes besteigen, die nahe bei den Häusern zur Hand liegen, und sich auf die See hinaus flüchten. Mir ist der Nutzen dieser Einrichtung nur in sofern nicht ganz klar, als der gewünschte Schutz während der Ebbezeit illusorisch wird, und wir dem papuanischen Gegner wohl die Intelligenz zutrauen dürfen, daß er seine Angriffe auf die Ebbezeit verlegen würde. Übrigens waren die Bewohner der Dörfer bei Port Moresby gefürchtete Krieger, und vielleicht bauten sie mehr aus alter Gewohnheit, denn aus Furcht vor Überfällen ihre Hauser auf Pfähle ins Meer, ohne dabei den ursprünglichen Sinn dieser Maßregel im Auge zu haben. Andere Dörfer, die ich später sah, sind weiter ins Meer hinaus gebaut, so daß die meisten ihrer Häuser auch zur Ebbezeit nicht trocken gelegt werden. Seit durch die britische Herrschaft die Sicherheit der Küstendistrikte zugenommen hat, siedeln sich die ehemaligen Pfahlbautenbewohner mehr und mehr auf dem festen Lande an.

In anderer Weise schützen sich zahlreiche der mehr im Inland gelegenen Dörfer vor plötzlichen Überfällen, so am Laroki nahe bei Port Moresby, so in zahlreichen Orten an der Milne Bay. In jedem dieser Dörfer gibt es außer den gewöhnlichen, auf niederen Pfählen stehenden Häusern noch einige, die nestartig ins Gezweig hoher Bäume geklebt sind, 20 oder 30 Meter über der Erde. Erfolgt ein Angriff, so flüchtet sich die Bevölkerung in diese Baumfestungen. Oben liegen Steine und Wurfspeere bereit und leicht kann man sich von dort gegen jeden Angriff, vor allen Dingen gegen ein Umhauen der mächtigen Bäume, verteidigen.

Die Bevölkerung von Port Moresby besteht aus etwa 1000 Köpfen, die zwei gänzlich verschiedenen Stämmen angehören, den Koitapuanern und Motus. Die ersteren sind die eigentlichen Inhaber des Landes, sie sind eine Landbevölkerung, die sich von dem Ertrage ihrer Pflanzungen und der Jagd auf Wallabies nährt. Sie gelten als große Zauberer und Regenmacher und werden als solche von anderen Stämmen in lächerlicher Weise gefürchtet. Die Motus sind Fischer und Seefahrer; sie haben sich hier erst später mit Erlaubnis der Koitapuaner niedergelassen und tauschen die Ergebnisse ihrer Fischzüge und die Töpferwaren ihrer Frauen gegen die Früchte und Jagdbeute der Koitapuaner. Sie sind es auch, die jene kühnen Handelsfahrten bis in den Golf von Papua unternehmen, von denen ich oben berichtet habe. Obwohl an Zahl die Koitapuaner übertreffend, fühlen sie sich nicht als Eroberer, sondern als Gäste. Merkwürdig ist, daß, obwohl dieses friedliche Zusammenleben schon lange existiert, beide Stämme noch ihren eigentümlichen von einander stark abweichenden Dialekt bewahrt haben. Kämpfe zwischen den beiden Stämmen scheinen nicht vorzukommen, im übrigen aber soll die Bevölkerung der drei Dörfer eine ziemlich ungemütliche sein, da sie immerfort unter einander zankt und auch den Missionären das Leben schwer macht. Durch besondere Widerhaarigkeit sollen sich die Bewohner der Insel Elevara auszeichnen.

Herr Dauncy zeigte uns alles Sehenswerte und führte uns durch die Dörfer und zu den Baulichkeiten der Mission. Abends sangen die Missionsschüler eine Anzahl von Hymnen, die von den weißen Missionären in die Motu-Sprache übertragen worden sind, nach den Melodien englischer Choräle und Volkslieder. Reizend klang ein solcher Gesang nach der Weise des schönen »home, sweet home«. Die Pflege des Gesangs von seiten der Missionäre hat mir immer besonders gefallen. Selbst dort, wo nur ein einzelner farbiger Lehrer sitzt, und wo seine sonstigen Erfolge recht dürftig sind, pflegen die

Kinder, die er im Hause beschäftigt, und auch sonst noch viele muntere Knaben und Mädchen sich abends am Boden seines Wohnraumes zu lagern und mit Herzensfreude und musikalischem Gefühl die einfachen Weisen jener Hymnen zu singen, deren Worte sich doch wohl allmählich ihrer Seele einprägen und dieselbe mildernd beeinflussen werden. Von der Veranda des Missionshauses hatten wir einen reizenden Blick auf die Dörfer vor uns, den landumschlossenen Hafen und die fernen Bungalows der Weißen uns gegenüber. Lange noch saßen wir plaudernd und unsere Pfeifen rauchend in der Abendkühle im stillen Genusse der schönen Tropennacht und lernten manche interessante Beobachtung und merkwürdige Begebenheit aus dem Munde unseres freundlichen Wirtes.

Am nächsten Morgen wohnten wir einem kurzen Gottesdienste in der schönen Kirche der Mission bei, die von Herrn Lawes mit Hilfe er Eingeborenen eigenhändig erbaut worden war. Es ist ein stattliches Gebäude von über 20 Meter Länge und 8 Meter Breite, das auf Mangrovepfählen ruht; der Boden besteht aus Teilen alter Kanoes, die so sorgfältig an einander gepaßt sind, daß sie ein völlig ebenes Parkett bilden. Das Gerüst des Hauses und die Decke wird aus Baumstämmen, die an Ort und Stelle gefällt und zugerichtet sind, gebildet, Seitenwand und Dach sind sauber und zierlich mit Pandanusblättern gedeckt. Fenster sind nicht vorhanden, die offnen Türen lassen Licht und Luft ein. Der Gottesdienst konnte auf mich kaum einen Eindruck machen, da er in der Motu-Sprache abgehalten wurde. Diese Sprache ist wohl einmal bestimmt, eine Art lingua franca für Britisch-Neu-Guinea zu werden. Sie ist eine seltsame Mischung von papuanisch und ostpolynesisch. Der Wortschatz ist dem Polynesischen entlehnt, während die Grammatik papuanisch ist. Die weiten Seefahrten der Motu haben es mit sich gebracht, daß sie schon jetzt an vielen Küstenorten verstanden wird, und zweifellos liegt es in der Hand der Missionäre und Regierung, ihr allmählich noch eine weitere Verbreitung zu geben. Übrigens war die Gemeinde, die dem Frühgottesdienste beiwohnte, nur recht klein. Außer den Missionszöglingen etwa ein halbes Dutzend der Dorfbewohner. Einer der letzteren, ein grämlich und finster aussehender alter Mann, trat vor und sprach eine Art Gebet oder Bekenntnis. Wie wir hörten, war er ein berühmter Kriegsführer der Motus, ein gefährlicher Geselle, verwegen und räuberisch, der früher durchaus nicht zu den Freunden der Mission gehört hatte. Seit einigen Jahren aber schien aus dem Saulus ein Paulus geworden zu sein, denn er gehörte jetzt zu den eifrigsten Kirchengängern und schien sich zu einer Leuchte der Frömmigkeit zu entwickeln. Ein wohlklingender, herzhaft gesungener Choral beendete den kurzen Gottesdienst.

Gegen 10 Uhr lichteten wir die Anker, kamen aber nicht recht vorwärts, da Windstille herrschte, und nur ab und zu rasch aufkommende und vorüberziehende Böen uns ostwärts trieben. Wir passierten Tupuselëi, ein großes und schönes Pfahldorf, und mußten nachmittag vor Kapa-Kapa vor Anker gehen, weil mit Sonnenuntergang der Wind vollkommen aufhörte. Am nächsten Morgen passierten wir Round Head, brauchten aber noch den ganzen Tag, um bis Hula zu kommen, denn wir hatten einen starken Südost gegen uns, gegen den wir nur mühsam durch Lavieren vorwärts kamen.

Hula liegt auf einer vorspringenden Landspitze der Beagle-Bay. Westlich von dieser Landspitze bildet die Küste eine zweite Bai, die Hood-Bay, in deren Tiefe das Dorf Kalo liegt. Nicht fern von demselben mündet der bedeutende Kemp-Welsh-Fluß, der ein fruchtbares, wohl bevölkertes Gebirgsland durchströmt. Das Dorf Kalo besitzt an der Küste von Neu-Guinea eine traurige Berühmtheit dadurch, daß dort elf Jahre vor meiner Ankunft vier polynesische Missionäre mit Weib und Kindern, im ganzen zwölf Personen, ermordet worden sind. Sie wurden in ihrem Walboot von Eingeborenen umringt, von denen sie meinten, daß sie sich zu ihrer Begrüßung eingefunden hätten, und mitleidlos gespeert. Ein Speerwurf durchbohrte ein Kind zugleich mit seiner Mutter, die es auf dem Schoß hielt. Die Leichen wurden den Krokodilen zur Beute ins Wasser geworfen. Was eigentlich die Eingeborenen zu dieser verräterischen und scheinbar ganz unmotivierten Handlung getrieben hat, ist nicht recht aufgeklärt worden. Der Hauptanstifter war der Häuptling Quaibo von Kalo, und dieser wurde mit noch drei anderen Kriegern bald darauf im Kampfe getötet, als er sich dem Angriff einer Strafexpedition des Kriegsschiffs Wolverene gegen sein Heimatsdorf tapfer widersetzte. Mit dem Tode des Hauptschuldigen ließ man es genug sein und verzichtete darauf, das Dorf niederzubrennen oder den Mord durch ein großes Blutbad Unschuldiger zu sühnen.

Man kann wohl bei den Papuas von Häuptlingen sprechen, denn in vielen Dörfern finden sich Männer von hervorragendem Ansehen, die eine Führerrolle spielen und einen bedeutenden Einfluß ausüben. Die Macht, die sie besitzen, besteht aber doch mehr darin, daß man sich ihrer erprobten Tüchtigkeit und Erfahrung freiwillig unterordnet, als daß sie einen verbrieften und sozusagen rechtlichen Anspruch an dieselbe hätten. In vielen Dörfern gibt es überhaupt kein anerkanntes Oberhaupt, sondern nur eine Anzahl hervorragender führender

Männer. Kriegerische Tüchtigkeit, Klugheit und Erfahrung, vermeintliche Zauberkunst sind es, die dem Manne einen derartigen Einfluß über seine Dorfgenossen einbringen, erblich aber sind Macht und Einfluß nicht. In mancher Beziehung erinnern diese Zustände an die von mir früher geschilderten australischen. Ein sehr wichtiger Unterschied ist jedoch der, daß die Basis des Zusammenlebens bei den Papuas viel weniger kommunistisch ist als bei den Australiern. Der Grundbesitz, die Pflanzungen, die Häuser sind Privateigentum, von dem Schmuck und den Waffen gar nicht zu reden. Muschelgeld ist allerdings an diesem Teile der Küste wenig in Zirkulation. Die Eingeborenen besitzen wohl Kapital in ihrem Grund und Boden, ihren Plantagen und Gerätschaften, sie sind aber nicht eifrig darauf bedacht, es zu vermehren. Man unterscheidet darum nicht reiche und arme Männer, ein jeder hat genug, um zu leben, und keiner befindet sich in wirtschaftlicher Abhängigkeit von dem andern. So ist in diesen Gegenden Neu-Guineas das soziale Zusammenleben zwar kein kommunistisches, aber ein in hohem Grade demokratisches. Nur ganz selten findet man Häuptlinge von wirklicher Macht und weitreichendem Einfluß.

Dieser Mangel an anerkannten, einflußreichen Häuptlingen in den Dörfern bringt für die englische Regierung manche Unannehmlichkeiten mit sich. Denn es ist gewöhnlich schwer, eine einzelne Persönlichkeit zu finden, an die man sich halten könnte und die bereit und im stande wäre, eine wirkliche Verantwortlichkeit zu übernehmen. Die Regierung hat deshalb versucht Häuptlinge zu machen, wie weiland Graf Warwick Könige zu machen pflegte. Sie hat in solchen Dörfern, in denen es keine Häuptlinge gab, würdig scheinenden Männern Stäbe mit Insignien verliehen, an die sich die Häuptlingswürde knüpfen soll. Mit den Stäben ist aber der gewünschte Einfluß nicht gekommen, und der Stabträger in Hula, der sich mir öfter Tabak heischend genaht ist, besaß weniger Macht und Ansehen als viele andere Männer.

Hula ist ein typisches Pfahldorf und es gewährt einen überraschenden, höchst eigenartigen Anblick, wenn man von See kommend die zahlreichen Hütten des bevölkerten Ortes mehrere Kilometer weit im Wasser verstreut sieht. Nach oberflächlicher Schätzung dürfte dieses Dorf etwa tausend Einwohner haben.

In Hula befindet sich ein polynesischer Missionär, Itama von Rarotonga, und dieser kam gleich zu uns an Bord und lud Herrn Douglas und mich ein, für den halbwöchentlichen Aufenthalt, den wir in Hula machen wollten, in seinem Hause Wohnung zu nehmen. Das

Papuanisches Pfahldorf. Im Hintergrunde eine Lakatoi unter Segel.

einstöckige Gebäude, das nach europäischem Plane, aber wie alle diese Missionshäuser ganz aus einheimischem Materiale gebaut ist, befand sich am Strande, mehrere Kilometer von unserem Ankerplatz entfernt. Das winzige Boot oder Dingy, das wir an Bord unseres Lugger mit uns führten, war viel zu klein, um uns mit Gepäck und Vorräten, sowie den Utensilien zum Sammeln aufzunehmen. So bestiegen wir ein großes, von vier Eingeborenen gerudertes Kanoe, und wurden mehr sicher als trocken durch die Uferbrandung unserm Bestimmungsort zugeführt. Die Kanoes hier sind gut gearbeitete Einbaumboote mit langem Ausleger an der einen Seite. Der Ausleger ist mit einer Bambusplattform bedeckt, auf der man bequemer sitzen kann als in dem schmalen Kanoe selber. Allerdings wird für uns Weiße dieses Sitzen mit flach vorwärts gestreckten Beinen auf die Dauer recht ermüdend. Die Kanoes kentern zwar selten in der Brandung, aber oft spülen die Wellen über die Plattform und schlagen in die schmale Höhlung des Bootes, in die man sein Gepäck legen muß. Ich machte mir wenig daraus, selbst tüchtig naß zu werden; aber für meine photographische Kamera und die Trockenplatten war ich ängstlich besorgt, und konnte doch trotz aller Bemühungen nicht verhindern, daß sie manchen Spritzer mit abbekamen, und viele meiner Aufnahmen der wunderbaren Szenerie und der interessanten Eingeborenen von Neu-Guinea deshalb mißlungen sind.

Im Hause Itamas fanden wir einen englischen Händler, John Swords, der auf eigene Hand hier an der Küste gegen die üblichen Tauschgegenstände Äxte, Messer, Glasperlen und Tabak von den Eingeborenen Copra, Copal-Harz, Trepang und Schildpatt einhandelte. Er besaß nicht einmal ein eigenes Segelboot, wie sonst die meisten dieser Händler, von denen damals nur ungefähr 6 bis 8 an den Küsten von Britisch-Neu-Guinea ihren primitiven Tauschhandel betrieben. Das Dasein dieser Händler ist höchst entbehrungsvoll und vielfach von Gefahren umgeben. Der Vorrat von Waren, den sie mit sich führen, reizt die Habgier der Eingeborenen, und mehr als einer von ihnen ist derselben schon zum Opfer gefallen. Swords, ein bescheidener und wie mir schien ganz ordentlicher Mann, war überdies fieberkrank und sah leider in dem Brandy und Whisky die Hauptmedizin gegen dieses schwer zu bekämpfende Leiden. Natürlich ist ein dem Trunke ergebener Weißer kein besonders würdiger Repräsentant seiner Rasse bei den Wilden und wenig geeignet, ihren Respekt vor den Fremden zu erhöhen. Dieses Übel pflegt überall weit verbreitet zu sein unter den Pionieransiedlern und Pionierhändlern britischer Nationalität. Der Deutsche besitzt in seiner Vorliebe für das weniger berauschende Bier eine Art Präventivmittel gegen den schweren Alkoholismus. Leider wirkt nur das Bier in den Tropen durch seine Einwirkung auf Magen und Leber bei reichlichem Genuß fast noch gesundheitsschädlicher als die starken Spirituosen.

Von den Eingeborenen sahen wir anfangs vorwiegend Weiber und Kinder, weil die meisten Männer auf einem großen Fischzuge abwesend waren. Durch stattliche, große und kräftige, wohlgebildete Körperformen unterschieden sich die Eingeborenen dieses Küstenstrichs bis nach Aroma hin von ihren östlichen und westlichen Nachbarn. Unter den Mädchen fielen mir mehrere auf, die besonders wohlgebaut und selbst für unsere Begriffe beinah hübsch waren. Viele der Kinder hatten Haare, die man als dunkelblond hätte bezeichnen können, und die hie und da einen Übergang vom Krausen in das wellig Gelockte darstellten. Finsch hat hier sogar ganz schlichtes Haar bei den Eingeborenen beobachtet. Es scheint, daß die Haare im höhern Lebensalter nachdunkeln, aber tiefschwarz scheinen sie fast niemals zu werden. Die Körperfarbe ist braun, nicht so hell wie die der Eingeborenen von Roro, aber auch nicht so dunkel wie die der Motu-Motus. Manche Eingeborene, besonders Frauen, waren an Stirn, Nase, Brust, Rücken, Armen, selten an den Beinen tättowiert. Die Tättowierung besteht aus größeren Strichen und Punkten, die hübsche und abwechslungsreiche Muster bilden. Als Ohrschmuck werden hier häufig zierlich geschnittene Schildpattplatten verwendet, die in ganzen Bündeln an den enorm ausgeweiteten Ohrlöchern aufgehängt werden. Häufig stecken aber auch die Mädchen eine Blume ins Ohr oder in das Armband, das ihren Arm ziert. Als Halsschmuck dient oft ein mächtiges, sichelförmig geschnittenes Stück Perlmuttermuschel, wie man es an verschiedenen Mädchen der Abbildung auf der folgenden Seite bemerkt.

Die Kinder und Mädchen waren hier sehr zutraulich, immerfort brachten sie mir Eidechsen, Schmetterlinge und andere Insekten, und fast den ganzen Tag über war eine Kindergesellschaft vor der Veranda unsers Hauses versammelt und begleitete uns auf allen Ausgängen und Streifzügen.

Die Knaben gehen bis sie erwachsen sind völlig nackt. Mit Eintritt der Mannbarkeit wird die Scham nicht verhüllt, sondern einfach hoch gebunden. Die Mädchen tragen vom 5. oder 6. Jahre an den Gras- oder Kokosfaser-Rock; der übrige Körper bleibt hier wie überall in Neu-Guinea zeitlebens unbedeckt. Photographiert zu werden war ein Hauptspaß für alle, und es kostete immer Mühe, ein einzelnes Objekt zu isolieren, um nicht statt eines gleich 30 oder 40

Mädchen und Knaben von Hula.

Menschen auf der Platte zu verewigen. Ein solches Sammelbild zeigt die beigegebene Photographie, doch ist sie trotz der Fülle schwarzer Leiber nur ein kleiner Ausschnitt der Kindermenge, die mich umgab, als ich sie aufnahm. Ein besonders hübsches junges Mädchen wollte ich gern allein aufnehmen, und nachdem ich sie mit Mühe isoliert und auf einen günstigen Stand gestellt hatte, richtete ich den Apparat und nahm die Einstellung vor. Eine große Menschenmenge stand hinter und neben mir, jubelnde Kinder, neugierige Weiber, schmunzelnde Männer. Mein Modell freute sich zwar der ihr gewordenen Auszeichnung; als sie aber die allgemeine Aufmerksamkeit so fortgesetzt auf sich gerichtet sah, wurde die naive Wilde, der doch niemals von einer gestrengen Pensionsmutter Zurückhaltung und Prüderie gepredigt worden war, plötzlich von Scham ergriffen, sie bedeckte ihre Augen mit beiden Händen und war nicht mehr zu bewegen, sich ungezwungen und frei hinzustellen. Ich bemerkte während dieses Vorgangs deutlich, daß sich die Gesichtsfarbe des Mädchens verändert hatte, das Braun war dunkler, kräftiger geworden als vorher, was wohl dadurch zu erklären ist, daß ihr das Blut, wie man zu sagen pflegt, zu Kopfe gestiegen war. Wäre ihre Körperfarbe nicht braun gewesen, so hätte man sagen können, sie sei errötet. Jedenfalls war es derselbe physiologische Vorgang, der unserem Erröten zu Grunde liegt, und es ist interessant zu sehen, daß bei den farbigen Wilden die Gemütsbewegung der Scham sich in gleicher Weise ausdrückt als bei uns weißen Kulturmenschen: durch Blutfülle der Gesichtshaut (Erröten) und durch Bedecken der Augen und des Gesichts mit den Händen.

Übrigens waren die erwachsenen Mädchen von Hula im allgemeinen durchaus nicht besonders zurückhaltend und schienen sich zu wundern, daß wir keine Lust bezeigten, unsere Anwesenheit auf Neu-Guinea durch Eintritt in den Stand der Ehe zu feiern. Aus dem, was Swords, der lange in dieser Gegend gelebt hat, mir erzählte, muß ich entnehmen, daß die Sitten ziemlich lockere sind, und schon die Abwesenheit der Mareas oder gemeinsamen Schlafhäuser für die jungen Männer beweist, daß die Zucht lange nicht so streng ist, wie in den westlichen Küstengegenden.

Unter den kleinen Mädchen im Alter von 6 bis 8 Jahren waren zwei wirklich allerliebste Geschöpfe, aus denen ein schwarzer Raphael ein paar papuanische Engelsgestalten hätte machen können. Douglas hatte sie besonders in sein Herz geschlossen und hatte mehrmals versucht, sie zu photographieren. Das war aber nicht so leicht, denn sich allein und ohne Freundinnen vor den Apparat zu stellen, dazu waren die Kleinen denn doch zu schüchtern. Itama redete jedoch gut zu, die älteren Mädchen sprachen mit, und die Kinder wollten sich eben hinstellen und der Prozedur unterwerfen, als die Mütter, die sich während der langen Vorverhandlung eingefunden hatten, Einspruch erhoben. Heute nicht, aber morgen hieß es. Wir waren etwas erstaunt, da wir den Grund nicht einsahen, warteten aber geduldig bis morgen. Am nächsten Tage erhielten wir den Schlüssel des Rätsels. Die beiden Kinder wurden uns am Morgen feierlich zugeführt, fast bedeckt mit Zierrat; Federn und Kämme in den Haaren, Schildpattplatten im Ohr, Perlmutterschmuck und Ketten aus Delphinzahnen um den Hals, Ringe aus Muscheln, Zahnen, Geflecht um Arme und Beine, kurz zwei kleine papuanische Museen. Es schien, daß in der Zwischenzeit der ganze Familienschmuck zusammengesucht worden war, um auf den beiden kleinen Körpern aufgespeichert zu werden. Man sieht, die Menschen sind überall gleich, und papuanische Mütter unterscheiden sich im Punkte der Eitelkeit auf ihre Kinder nicht um ein Haar von deutschen Bauer- u. Bürgerfrauen, zumal wenn es ans Photographieren geht!

Für mein zoologisches Sammeln war Hula nicht besonders günstig. Wald war nicht in der Nähe, und die Insekten, Reptilien und Amphibien, die in den Pflanzungen vorkamen, hatte ich bald selbst gesammelt oder durch die Eingeborenen erhalten. Hula besitzt schöne Kokoshaine und ausgedehnte Pflanzungen von Taro, Yams und Bananen. Letztere fand ich hier wenig wohlschmeckend und nur zum Kochen geeignet. Weiter im Osten werden edlere Arten kultiviert, und bei Milne-Bay gibt es Bananen von herrlichem Wohlgeschmack und Aroma.

In diesen Pflanzungen, deren Besorgung den Frauen obliegt, tummelten sich zahlreiche große und schön gefärbte Schmetterlinge herum, darunter eine Art von unvergleichlicher Schönheit. Wenn sie im Sonnenglanze leicht um die Bäume schwebt, kann sie nur mit einem Edelstein verglichen werden, den Zauberkräfte in die Lüfte erhoben haben. Die männlichen Exemplare dieses Schmetterlings, Ornithoptera Pegasus, messen mit ausgespannten Flügeln 15 bis 17 cm, sie sind also viel größer als die größten europäischen Schmetterlinge. Ihre Grundfarbe ist ein herrliches Smaragdgrün, mit ein paar sammetschwarzen mächtigen Binden auf den Vorderflügeln. Eine schmale grüne Rippe teilt diese Binden der Länge nach. Die Hinterflügel besitzen blos geringe schwarze Zeichnung. Die Unterseite zeigt ein seichteres Grün, das stellenweise in gelb und orange übergeht, von schwarzen Streifen umrandet und durch schwarze Augenflecke angenehm unterbrochen wird. Der Körper ist schwarz mit einem grünen Streifen auf dem Rücken, der Hinterleib lebhaft gelb. Bildet nun schon ein solcher Schmetterling durch Größe und Farbenpracht die Zierde einer jeden Sammlung, so gewährt er im freien schwebenden Fluge, wenn jede Bewegung seinen stolzen, aber ruhigen Schimmer in allen mit dem Lichte wechselnden Abtönungen zeigt, einen unvergleichlichen Anblick. Dieser sonst auch in seiner papuanischen Heimat nicht häufige Schmetterling flog zu jener Zeit in den Pflanzungen von Hula und Aroma zu Hunderten herum und belebte sie in reizender Weise. Die Weibchen sind noch größer als die Männchen, aber in ungalanter Weise haben die letzteren alle Farben- und Formenschönheit für sich in Anspruch genommen. Die Oberseite der Weibchen ist unscheinbar braun mit weißer Zeichnung. Es war mir nicht schwer, zahlreiche Exemplare dieser Art zu fangen, da sie obwohl in ziemlicher Höhe, doch nur langsam und bedächtig fliegen. Wahrscheinlich sind sie durch einen üblen Geschmack vor den Nachstellungen der insektenfressenden Vögel geschützt und dürfen deshalb unbesorgt die ganze Pracht ihrer Flügel im Sonnenlichte strahlen lassen. Diese Art reicht bis in die Molukken, wo sie durch eine andre Varietät, Ornithoptera Priamus, vertreten wird. Priamus wird noch größer als Pegasus, unterscheidet sich aber vor allem dadurch, daß die schwarzen Binden seiner Vorderflügel nicht durch eine grüne Rippe geteilt werden. Ich fing die Priamus-Varietät in zahlreichen Exemplaren auf der Insel Ambon, wo sie besondere Größe erreicht. Ein anderer prachtvoller Schmetterling, den ich in den Pflanzungen von Hula fing, war die papuanische Varietät der Ornithoptera Helena.

Am dritten Tage unsrer Anwesenheit in Hula sahen wir die ganze Bevölkerung plötzlich an den Strand strömen. Eine Anzahl Kanoes nahte; es waren die Männer des Dorfes, die zurückkehrten und den guten Ausgang und Erfolg ihres Unternehmens schon von weitem durch lärmenden, trommelbegleiteten Gesang kundgaben. Ihre Fahrt hatte dem Fang der grünen Suppenschildkröte, Chelone mydas, gegolten, und sie brachten nicht weniger als 26 Exemplare dieses wohlschmeckendsten aller Reptilien heim und bereiteten abends einen Schmaus, um den sie mancher europäische Feinschmecker beneidet hätte. Die Männer von Hula sind als gute Dugong-Fischer bekannt und verstehen es auch, den eigentlichen Fischfang mit mächtigen wohlgearbeiteten Netzen in großem Maßstabe zu betreiben. Auffallenderweise wird hier und in der Torresstraße trotz des reichen Dugongfanges und trotz der Schmuckliebhaberei der Eingeborenen der erste Halswirbel (Atlas) der Dugongs nicht zu einem Armband verarbeitet wie auf den Pelau-Inseln, wo dieses Stück, der »Klilt«, seit undenklichen Zeiten als vornehmstes Schmuckstück gilt[1]).

Unter den zurückgekehrten Eingeborenen befand sich einer namens Gima, der längere Zeit in Diensten von Europäern gestanden hatte und deshalb eine ziemliche Kenntnis der englischen Sprache besaß, zur Zeit meiner Anwesenheit eine seltene Ausnahme an der Küste von Britisch-Neu-Guinea. Die weißen Missionäre wünschen, daß ihre polynesischen Mitarbeiter die Sprache der Eingeborenen erlernen, um sich möglichst rasch und möglichst vollständig in die Gedankenkreise und Auffassungen derselben einleben zu können und ihre wirklichen Freunde und Berater zu werden. Sie sprechen deshalb auch mit den farbigen Missionären nicht englisch, sondern papuanisch, gewöhnlich Motu-Sprache, die sie selbst vollkommen beherrschen.

Dadurch halten sie das verstümmelte und groteske Englisch von den Eingeborenen fern, das man in anderen britischen Kolonien im Munde der Eingeborenen im Schwange findet. Ebensowenig ist das Bestreben der Missionäre darauf gerichtet, die ursprüngliche Tracht der Eingeborenen wesentlich zu verändern und sie mit Kleidern zu behängen, die bei den Lebensbedingungen, unter denen sie sich befinden, unschön und direkt gesundheitsschädlich sind. Man ist jetzt allgemein darüber einig, daß die unvorsichtige Einführung europäischer Kleider bei niedrig stehenden Eingeborenen ein gefährliches Experiment bedeutet. Der Eingeborene ist zunächst gewöhnlich froh, wenn er sich ein einziges Kleidungsstück verschaffen und dadurch die neuste Mode mitmachen kann. Stolz auf diese Erwerbung behält er es Tage und Nächte lang auf dem Leib, schläft darin, wenn es durchfeuchtet ist, läuft damit in die See und wieder heraus, kennt nicht die wohltätige Einrichtung von Seife und großer Wäsche. Die Missionäre der London Mission Society beschränken sich deshalb darauf, die Knaben, die ihnen ihre Hausarbeit verrichten helfen, mit einem Lendentuch zu versehen; die Weiber tragen ja schon ohnehin den Grasrock. Nur ihre eigentlichen Zöglinge, die zu Missionären ausgebildet werden und schon eine höhere Bildung erlangt haben, werden wirklich bekleidet.

Der Umstand, daß der Eingeborene Gima etwas englisch sprach, war mir aber doch ganz angenehm, weil ich ihm auseinandersetzen konnte, daß ich einige Exemplare des papuanischen Ameisenigels zu erlangen wünschte. Zwei Echidna-Arten sind bisher von Neu-Guinea

---

1) Vergl. den Aufsatz von O. Finsch über das Klilt-Armband der Pelauer in Globus, Bd. 77 Nr. 10, 1900.

bekannt: Proechidna bruijnii vom Nordwesten der Insel und Echidna aculeata var. lawesi, die bisher blos bei Port Moresby gefunden worden ist. Ich hatte nun in Erfahrung gebracht, daß eine Echidna-Art auch in Hula vorkomme. Wahrscheinlich ist es dieselbe Varietät wie in Port Moresby, aber sicher war es nicht.

Mein Verfahren, um den Eingeborenen, deren Sprache ich doch nicht kannte, meine Wünsche wegen der Tiere, die ich von ihnen gesammelt haben wollte, kund zu geben, war folgendes: Ich führe stets auf meinen Reisen eine Anzahl von zoologischen Bildertafeln mit mir, die gute Wiedergaben aller Haupttypen des Tierreichs enthalten. Diese lege ich den Eingeborenen vor, und gewöhnlich erkennen sie die Typen leicht und sind freudig erstaunt, alte Bekannte hier im Bild wiederzufinden. Sie beratschlagen miteinander über zweifelhafte Formen, denn natürlich enthalten meine Tafeln nicht genau dieselben Arten, die an Ort und Stelle vorkommen. Auf diese Weise erfahre ich die einheimischen Namen und kann dann den Eingeborenen leicht klarmachen, worauf es mir ankommt.

Gima bestätigte mir das Vorkommen einer Echidna-Art bei Hula, er sagte mir aber, daß das Tier von den Eingeborenen nicht regelmäßig gejagt würde, wie etwa der australische Vertreter von meinen schwarzen Freunden am Burnett, sondern daß man es nur gelegentlich nachts beim Herumstreifen antreffe, oder daß es hin und wieder von den Hunden gestellt würde. Er hegte großen Zweifel, ob es möglich sein würde, ein solches Tier jetzt in kurzer Frist zu fangen, verstand sich aber dazu, mit einer großen Anzahl seiner Genossen und vielen Hunden nachts auszuziehen, um den Versuch zu machen. Als Preis für jedes mir gebrachte Stück wurden Beile und Messer im Werte von 12 Mark ausgesetzt. Nachdem die Eingeborenen zwei Nächte hindurch vergeblich gejagt hatten, und ich sah, daß bei ihrer Methode der Fang einer Echidna Sache des bloßen Zufalls wäre, hielt ich es für besser, nicht länger zu warten.

Am 20. April in der Morgenfrühe gingen wir unter Segel und steuerten erst westlich, um klar von dem Riff zu werden, das der Küste vorgelagert ist. Die Südostküste Neu-Guineas wird wie die Nordostküste Australiens von einem Barrierriff begleitet, das allerdings keine so regelmäßige und kontinuierliche Bildung ist wie das große australische Riff. Es zeigt viel häufigere Unterbrechungen und liegt an vielen Stellen ganz unter Wasser. Von Port Moresby an begleitet es die Küste in mäßigem Abstand nach Südosten und folgt ihren Vorsprüngen und Ausbuchtungen in abgerundeten Formen. Dabei erstreckt es sich weit über das Südende von Neu-Guinea hinaus nach

Südosten als Begleiter des Louisiaden-Archipels und endet erst gegenüber der südöstlichen Insel des Archipels, die »Sudest« genannt wird. Es ist offenbar, daß Sudest ehemals die Südostspitze Neu-Guineas gewesen ist, und die Louisiaden nichts anderes sind als die Berge des versunkenen Südostzipfels der Papuainsel.

Der Riffkanal zwischen der Küste und dem Riff selbst ist ungemein schwer zu befahren, weil er in viel höherem Grade von verstreuten Korallen und Sandbänken erfüllt ist, als der Kanal des großen australischen Barrierriffs. Unser Kapitän war viel zu ängstlich, um jemals die »innere Route« zu wagen, und steuerte stets außen in respektvoller Entfernung von allem, was wie ein Riff aussah.

Wir waren noch nicht 15 Minuten gefahren, als plötzlich der Kiel unseres Bootes knirschend auf Sandboden auffuhr, und wir fest saßen. Wir waren auf eine Sandbank geraten, die der Einfahrt in den Riffkanal vorgelagert ist, und konnten noch von Glück sagen, daß es nicht harter Korallenfels war, auf den wir in voller Fahrt stießen. Solch ein Mißgeschick kann vorkommen, zumal in Gewässern, welche wie diese noch ganz ungenügend aufgenommen sind. Allerdings hätten wir uns durch Loten vorsehen können. Aber das Schlimmste war, daß nach dem Auffahren unser Kapitän sich der Situation durchaus nicht gewachsen zeigte. Die Ebbe hatte eben begonnen, und jeder Augenblick des Zögerns setzte uns mehr auf das Trockene. Alle Befehle, die er gab, kamen viel zu langsam, es dauerte eine Weile, bis die Segel eingezogen waren, dann versuchte er das Boot mit den langen Rudern abstoßen zu lassen. Erst dann kam er auf die Idee es dadurch zu erleichtern, daß er die Anker auswarf und die schwere Ankerkette in den Dingy hinabließ. Ich hatte den Händler Swords an Bord, der mich gebeten hatte, ihn mit nach Aroma zu nehmen. Auf seinen Rat hin wurde folgendes probiert. Der eine Anker wurde vom Dingy aus etwa 100 Meter rückwärts im tiefen Wasser ausgeworfen und alsdann versucht, das Boot mittelst der Ankerwinde, an der wir alle arbeiteten, von der Sandbank ab und an den Anker heran zu winden. Schade, daß dieser Rat nicht eine halbe Stunde früher kam; jetzt war es zu spät, wir lagen schon zu weit trocken und konnten trotz aller Anstrengung das Boot nicht mehr frei bekommen. Allmählich sank das Wasser mehr und mehr, die Hekla legte sich ganz auf eine Seite und bot bald für die, welche nicht geübte Gebirgskletterer waren, einen höchst schwierigen Aufenthalt dar. Dennoch blieben wir im Schiff, da wir vom Lande ziemlich weit entfernt waren und hofften, mit der nächsten Flut frei zu kommen. Um 5 Uhr nachmittag war wieder Hochwasser, aber die Nachmittagsflut war zu schwach, um uns flott zu machen. Das Boot, das seine natürliche Stellung für einige Zeit wieder eingenommen hatte, legte sich von neuem auf die Seite, und erst die starke Nachtflut brachte uns Befreiung.

Doch unser Mißgeschick war damit noch nicht zu Ende. Ein starker Südost blies uns entgegen, und mühsam lavierend kamen wir am nächsten Nachmittag nicht weiter als Kerepunu, einem Dorf auf dem Vorgebirge, welches die Hood-Bay östlich begrenzt. Von hier ist es nicht mehr weit bis Aroma, aber da der Wind einzuschlafen begann, und das Fahrwasser gefährlich ist, mußten wir die Hoffnung aufgeben, noch an diesem Abend unsern Bestimmungsort zu erreichen. Ich schlug vor bei Kerepunu zu ankern, der Kapitän aber sagte, das Meer sei hier zu tief zum ankern, wir müßten dazu näher an die Küste heranfahren, und dieses möchte er abends in dem schwierigen und ungenügend bekannten Fahrwasser nicht tun. Er wolle lieber die Nacht hindurch längs der Küste auf und ab kreuzen. Damals überließ ich ihm noch die Entscheidung in solchen Dingen, ich gab also meine Zustimmung und legte mich, weil ein Gewitter drohte, in der Kabine zum Schlafen hin. Als ich am nächsten Morgen wieder an Deck kam und mich nach dem nahen Land umsah, sah ich zu meinem Staunen zunächst nichts als Wasser ringsum. Dann bemerkte ich endlich in blauer Ferne, mindestens 50 Kilometer von uns entfernt, die Umrisse der Küste, auf die wir mit leichtem Winde zusteuerten. War das Zauberei, oder was war mit uns geschehen? Der Kapitän hatte sich eben zum Schlafen niedergelegt; so fragte ich den Manilamann Phyllis am Steuer, was denn in der Nacht passiert sei. Grinsend antwortete er mir, der Kapitän hätte sich vor den Riffen der Küste gefürchtet und habe statt auf und ab zu kreuzen einen einzigen Schlag in See hinaus gemacht; erst kurz bevor ich an Deck gekommen wäre, hätte er den Kurs wieder auf das Land zu gerichtet. Jetzt verlor ich doch die Geduld, rüttelte den schlafenden Seehelden an der Schulter und fragte ihn, ob er glaube, daß ich nach Neu-Guinea gekommen wäre, um mich von ihm an der Küste spazieren fahren zu lassen. Zu seiner Entschuldigung gab er an, er hätte den Schlag seewärts deshalb so verlängert, weil er immer noch die Brandung an den Riffen gehört hätte. Aber diese hört man in ruhigen Nächten, wenn der Wind vom Land steht, in ungeheurer Entfernung in die See hinaus. Die Sache ließ sich nun nicht mehr ändern, jedoch erklärte ich dem Kapitän, daß ich mir erlauben würde, von jetzt an bei seinen nautischen Manövern auch ein Wörtchen mitzureden, und daß ich verlangte, über die Natur und Gründe aller seiner Maßnahmen auf dem Laufenden erhalten zu werden.

Immer habe ich es vermieden, da zu befehlen, wo ich nichts verstehe, aber hier war ein gelegentliches Machtwort, wie die Folgezeit ergab, eine absolute Notwendigkeit. Gerade in bedenklichen Lagen gefährdet ein übervorsichtiger Mensch seine Sache mehr als ein tollkühner, und bei der Segelschiffahrt in so schwierigem Fahrwasser, wie man es an den Küsten des Korallenmeeres findet, bedarf es neben der Vorsicht auch eines guten Teils Kühnheit, sonst verpaßt man den rechten Augenblick und kommt doppelt in Bedrängnis. Auch wußte sich unser Kapitän in keiner Weise bei der Mannschaft in Respekt zu setzen, und während dieselbe Douglas und mir ohne Widerrede gehorchte, leistete sie seinen Anweisungen häufig passiven Widerstand, ließ ihn ruhig reden und kommandieren und tat was sie wollte. Ich hatte das den Leuten mehrmals zu verweisen, aber es war doch unerfreulich, daß ein weißer Kapitän sich nicht selber bei den Südsee-Insulanern unbedingten Gehorsam verschaffen konnte.

Natürlich war unser Mißgeschick an jenem Tage noch nicht zu Ende. Bald nach Sonnenaufgang hörte der Wind auf und wir hatten bis 11 Uhr vollkommene Windstille, dann kam eine leichte Seebrise und erst um 4 Uhr nachmittags konnten wir vor Aroma vor Anker gehen.

Aroma ist nicht eigentlich der Name eines Dorfes, sondern eines Distrikts, zu dem 14 Dörfer gehören, die sich durch Größe und Macht auszeichnen. Wir ankerten vor dem Dorf Parimata und nahmen unsere Wohnung bei dem Missionär Feinaore aus Tahiti. Schöner noch und größer als Parimata ist Maopa, wo der intelligente Tahiti-Missionär Tabuta seinen Wohnsitz hat. Maopa ist das stattlichste Dorf, das ich in Neu-Guinea gesehen habe, es ist eigentlich ein Haufen von Dörfern und könnte der Zahl seiner Häuser und Einwohner nach fast als eine Stadt bezeichnet werden. Die Bevölkerung ist kriegerisch, selbstbewußt, und ich sah hier die prächtigsten Exemplare des Papua-Typus, die mir überhaupt vorgekommen sind. Als ich einmal auf der Veranda von Tabutas Haus saß, kamen ein halbes Dutzend Männer zu uns, von denen keiner weniger als 170 cm maß und deren Körper ebenso ebenmäßig als stark gebaut war. Nur die geringe Entwicklung der Wadenmuskulatur stört, für unsere Begriffe wenigstens, die Harmonie der kräftigen Männerschönheit. Alle aber überragt der berühmte Häuptling Koapena, den ich in seinem Hause in Maopa besuchte. Er ist etwa 181 cm hoch, von mächtigem Gliederbau, prachtvoll entwickelter Muskulatur, ein wahrer Herkules.

Dabei jeder Zoll ein König, das scharf geschnittene Antlitz mit würdigen und intelligenten Zügen und einer Hakennase, die ein wenig an die Ramses des Großen erinnert.

Koapena kam uns freundlich entgegen und begrüßte mich mit kordialem Handschütteln, obwohl er mich nicht der Ehre würdigte, mit ihm Nase zu reiben. Diese schöne aber nicht sehr appetitliche

Männer von Aroma.

Sitte ist besonders in den westlicheren Distrikten, am Golf von Papua, die übliche Begrüßungsform. Der Europäer verzichtet gern auf diesen Ausdruck der Freundschaft. Denn wenn es dem Weißen schon nicht angenehm ist, sein Gesicht mit dem eines andern weißen Mannes in Berührung zu bringen, so wird der Genuß noch zweifelhafter, wenn der Begrüßende ein Papua ist, der Betel kaut, und dem Seife und Handtuch unbekannte Begriffe sind. Und doch kann der Europäer es in manchen Gegenden Neu-Guineas nicht vermeiden, mit Dutzenden der Eingeborenen Nase zu reiben.

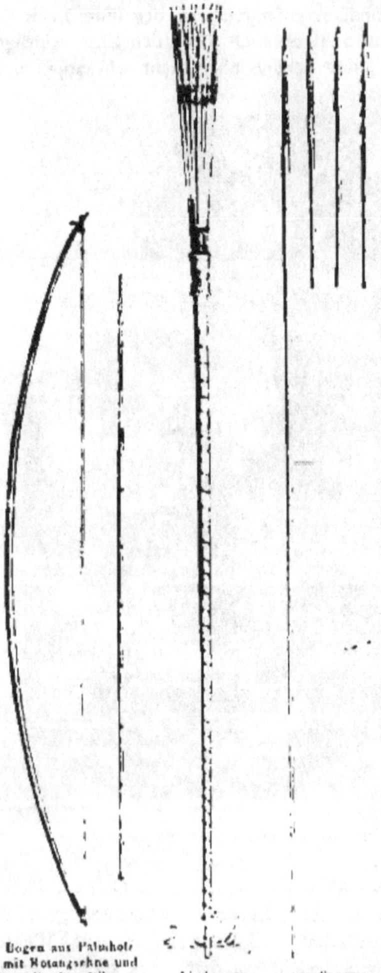

Im Dorfe Maopa fiel mir besonders der Schmuck vieler der Hauspfosten durch Schnitzwerk und bunte Bemalung auf. Die Männer trugen hier für gewöhnlich weniger Schmuck als in andern Gegenden; viele waren bis auf ein schmales Band um die Lenden und zwischen den Beinen hindurch völlig nackt. Schön geschnitzte Speere aus eisenhartem Holze, das, auch in der Farbe, sehr an Ebenholz erinnert, sowie Keulen sind die Hauptwaffen. Vielfach tragen die Männer, auch wenn sie nur im Dorfe herumschlendern, die zwei bis drei Meter langen Speere mit sich herum, wohl mehr als Schmuck und Stütze, gleichsam als Spazierstock, denn als Waffe. Hier sah ich auch viele mächtige Fischspeere mit einer großen Anzahl von gezackten Holzspitzen, wie der auf der nebenstehenden Abbildung wiedergegebene.

Bogen aus Palmholz mit Rotangsehne und Bambuspfeil (St. Josephs-Fluß).

Fischspeer (Aroma).

Speere (Aroma).

Strand mit Kokospalmen bei Aroma.

Vor der Abfahrt machte ich noch eine Aufnahme des Strandes bei Parimata, wobei sich eine Kinderschar aus eigenen Stücken als Staffage einfand, die Douglas malerisch gruppierte und deren Stillhalten er väterlich überwachte. Ich gebe diese Photographie hier wieder, nicht weil sie etwas charakteristisches enthält, sondern weil sie das Bild einer tropischen Küstenlandschaft schlechthin zur Anschauung bringt. Solche Landschaften: Strand mit Kokospalmen und farbigen Menschen, sieht man in Westindien wie in Afrika, auf Ceylon wie auf Celebes, und der Globe-Trotter oder der Seemann, der jene Küsten nur flüchtig berührt, und sich nicht die Mühe gibt oder nicht die Zeit hat, etwas mehr in die Tiefe zu dringen, kommt leicht zu der Vorstellung, daß die Tropen der ganzen Welt sich ungemein ähnlich sähen. Dieser weitverbreitete Irrtum wird noch weiterhin dadurch genährt, daß manche Reisende in so allgemeinen Wendungen von Palmen, Lianen und Orchideen, Papageien und Riesenschlangen, den Wilden und ihrem Tun und Treiben sprechen, daß ihre Schilderungen für die tropischen Küsten aller Oceane in gleicher Weise passen.

Die Entfernung von Aroma bis zum Südkap, unserem nächsten Bestimmungsort, ist eine beträchtliche und mißt etwa 300 Kilometer, die wir mühsam gegen einen frischen Südostwind zu kreuzen hatten. Die Bewohner der Küstenstriche, an denen wir vorbeifuhren, besonders die von Cloudy-Bay und Orangery-Bay, waren als wild und verräterisch gefürchtet. Nur an ganz wenigen Orten lebten Missionäre unter ihnen, und der Einfluß der Regierung auf diese Distrikte war ein kaum nennenswerter.

Erst am vierten Tage kamen wir am Südkap an, das in Wirklichkeit gar nicht das Südkap von Neu-Guinea, sondern eine der Südspitze vorgelagerte Insel ist, die mit ihrem einheimischen Namen Suau heißt.

Auf dieser ganzen Fahrt hatten wir wieder unsere Not mit dem Kapitän, der die Segel, sobald ein einigermaßen kräftiger Wind blies, gar nicht kurz genug reffen konnte und das Focksegel bei wirklich starkem Winde immer ganz einzog, wodurch er bewirkte, daß wir beim Lavieren gar keine Fahrt machten. Vor dem Focksegel hatte er überhaupt großen Respekt. Kamen wir an einen Ort, bei dem wir vor Anker gehen wollten, so holte er es regelmäßig zu früh herunter und die Folge war gewöhnlich, daß wir gegen die Strömung nicht weiter vorwärts kamen und in drei statt in einem Kilometer Entfernung vom Lande ankern mußten, wodurch aller Verkehr zwischen Lugger und Festland erschwert war. Das sind Kleinigkeiten, aber wenn sie sich unaufhörlich wiederholen, sind sie doch geeignet, einem die Laune zu verderben, zumal wenn der Vollbringer solcher Geniestreiche noch eine gehörige Portion Selbstbewußtsein und Einbildung zur Schau trägt. Auch war es immerhin mißlich für uns, in die Segelmanöver eines alten Seemanns, wie unser Kapitän es war, einzugreifen, besonders da er hoch und heilig versicherte, das Schiff dürfe bei diesem Winde nicht mehr Segel tragen. Und doch waren, wie spätere Erfahrungen uns gelehrt haben, diese Behauptungen falsch, und man konnte mit der braven Hekla auch bei starkem Winde mit einfach gerefftem Fock- und Großsegel und ungerefftem Klüver kreuzen.

Vierzehntes Kapitel.

Neu-Guinea. Vom Südkap bis zum Ostkap.

Die Missionsstation am Südkap befindet sich auf der kleinen Insel Suau, und zur Zeit unserer Anwesenheit lebte in derselben nur ein Missionär aus Samoa namens Vaitupu mit seiner Frau und einem Kinde. Der Mann war etwas schüchtern, aber liebenswürdig und gefällig, seine Frau ein hübsches junges Weib mit prachtvollen Augen, das kleine achtjährige Mädchen das leibhaftige Ebenbild der Mutter. Bis vor kurzem war auf Suau ein weißer Missionär, Herr Walker, stationiert gewesen. Derselbe befand sich aber augenblicklich in Sydney, um sich einige nautische Kenntnisse anzueignen, deren ein Mann in verantwortungsvoller Stellung an diesen Küsten notwendig bedarf. Ich habe später seine Bekanntschaft in Cooktown gemacht.

Vaitupu und seine Frau sorgten für uns in rührender Weise. Die Häuser der polynesischen Missionäre sind zwar besser als die Hütten der Eingeborenen, aber für unsere Begriffe immerhin primitiv. Fast stets findet man aber ein Paar erträgliche Lagerstätten mit Moskitovorhängen, und das ist eine große Annehmlichkeit. Die Nahrung der Missionäre unterscheidet sich nicht wesentlich von der der Papuas. Sie bereiten sich ihre Speisen aus den Taro, Yams, Bananen und Kokosnüssen, die sie von den Eingeborenen eintauschen, haben aber kein Mehl um Brot zu backen, ja verstehen nicht einmal diese Kunst, und erhalten keinen Reis und keine Konserven. Von Hause aus einfach gewöhnt, bedürfen sie nicht dieser Nahrungsmittel, die dorthin erst importiert werden müßten, sondern begnügen sich mit dem, was sich vorfindet. Darin liegt, wie schon erwähnt, zum großen Teil der Grund, weshalb sich mit ihnen viel billiger arbeiten läßt, als ausschließlich mit weißen Missionären. Fleischnahrung genießen sie wie die Papuas im Ganzen wenig. Die Eingeborenen besitzen ja keine anderen Haustiere als Schwein und Hund, und beide werden nur bei festlichen Gelegenheiten geschlachtet. Die animalische Nahrung der Eingeborenen besteht deshalb außer aus diesen beiden Festbraten und dem Wildbret von Neu-Guinea, Wallaby und in manchen Gegenden Menschenfleisch, vorwiegend aus Fisch und Schildkröte. In den Missionshäusern werden außerdem fast überall Hühner gezüchtet, und unsere Besuche kosteten immer einigen Exemplaren des nützlichen Federviehs das Leben. Vaitupu und seine Frau aber schlachteten uns zu Ehren eins der Schweine, die sie besaßen, eine ebenso edle als von uns dankbar aufgenommene Tat.

Suau ist ein kleines, berggekröntes und dicht bewaldetes Inselchen Das kleine Dorf der Eingeborenen liegt fern von der Missionsstation, ganz in Wald und Pflanzungen versteckt am Ufer in reizender Lage. Der Wasserarm, der die Insel vom Festlande trennt, ist nur büchsenschußbreit. Anmutig heben sich die Formen der Berge aus dem Meer, in das sie steil abfallen. Eine dichte Urwald-Vegetation bedeckt das Ganze und die Vereinigung von Berg, Wald und Meer ist wundervoll.

Die Eingeborenen sind hier viel kleiner und schlechter gebaut als in Hula und Aroma; in ihrer Farbe sind sie nicht merklich von jenen verschieden. Wie alle Papuas sind auch sie große Freunde von Zierrat, und außer ihrem hervorragend reichen Nasenschmuck ist mir besonders ihre Vorliebe für Kopfschmuck, prächtige Diademe von Paradiesvogelfedern oder bunten Papageifedern, aufgefallen.

Als die Missionare Chalmers und Mc Farlane vor 14 Jahren hier zuerst landeten, waren die Eingeborenen noch ganz wild und schreckliche Kannibalen, und die beiden friedlichen Weißen mit ihren polynesischen Helfern befanden sich mehr als einmal in unmittelbarer Lebensgefahr. Die Anwesenheit der Mission hat auf die Bewohner inzwischen mildernd und veredelnd gewirkt und hat auf einen weiteren Umkreis die Sitten der Eingeborenen vorteilhaft verändert.

Auf unserer bisherigen Fahrt hatten wir allmählich einige Worte von der Sprache der Eingeborenen gelernt, besonders von der Motu-Sprache und auch von den Dialekten von Hula und Aroma. Hier fanden wir auf einmal wieder einen ganz andern Dialekt. Übrigens sei erwähnt, daß, wenn man noch weiter westlich geht, nach Jule Island (Maiva-Distrikt) und Motumotu, auch dort wieder neue Dialekte auftauchen, ebenso wenn man östlich nach Milne Bay vorschreitet. Diese Vielsprachigkeit, die zum Teil wohl darin begründet ist, daß gewisse Distrikte in Jahrhunderte langer Feindseligkeit mit andern leben und sich gänzlich von ihnen abschließen, erschwert das Reisen, Forschen und Sammeln in Neu-Guinea beträchtlich.

Ich wollte gern einen längern Ausflug ins Land hinein unternehmen, um Tiere zu sammeln und vor allem um Paradiesvögel zu schießen. Ich war aber einigermaßen in Verlegenheit, wie ich das anfangen sollte, denn es schien ein Ding der Unmöglichkeit, den Eingeborenen meine Absichten klar zu machen. Zum Glück erfuhr ich von dem Missionär, der seinerseits bei allem guten Willen nicht die Fähigkeit besaß, mir viel zu helfen, da er nur samoanisch und kein Wort englisch sprach und keine hervorragende Intelligenz besaß, daß gegenüber auf dem Festland ein Chinese namens Assi wohne, der etwas englisch verstünde. Assi betrieb auf eigene Hand ein wenig Kleinhandel; er hatte sich in seinen Sitten und Lebensgewohnheiten gänzlich papuanisiert, und sein Englisch, wenn es überhaupt je so zu nennen gewesen, war zu einem Wortschatz von 4 bis 5 englischen oder polynesischen Worten zusammengeschrumpft. So viel habe ich feststellen können, daß er »Kaikai« für ein englisches Wort hielt, das Essen bedeute, und daß er unter »Pigeon« nicht Taube, sondern Vogel im allgemeinen, besonders Paradiesvogel verstand. Da er aber im übrigen ein intelligenter Bursche war, gelang es mir, mich mit ihm in der Hauptsache zu verständigen. Er machte mir klar, daß ich den Gara-Fluß aufwärts gehen müßte, um an die richtigen Standorte der Paradiesvögel und andrer seltener Vögel zu gelangen. Er erbot sich, selbst mit mir zu gehen, und stellte mir sein Kanoe zur Verfüguug, warb für mich 7 Eingeborene als Ruderer an und bewährte sich in jeder Beziehung vortrefflich. Leider nur mißverstand ich ihn in einem Punkte; ich dachte, es handle sich um eine Kanoefahrt von wenigen Stunden. Ich nahm daher weder Kleider zum Wechseln, noch Decken und Nahrungsmittel mit. Meine ganze Ausrüstung bestand aus einem Gewehr nebst gehörigem Vorrat an Patronen, Schmetterlingsnetz, Gefäßen zum Konservieren und Aufbewahren der Sammlungen, endlich einigen Stücken Tabak, um von den Eingeborenen Nahrungsmittel einzutauschen. Wie ich aber später in Erfahrung brachte, hatte Assi einen mindestens achttägigen Ausflug geplant; er hatte mich aber sonderbarerweise mit keinem Worte darauf aufmerksam gemacht, daß meine Ausrüstung für ein solches Unternehmen doch allzu dürftig wäre. Als er am Morgen kam, um mich von der Mission abzuholen, eilte der Missionär Vaitupu herbei und bat mich, ihn doch mitzunehmen; es interessiere ihn zu sehen, wie wir die Vögel schössen. Natürlich hatte ich nichts dagegen. So kam er denn auch noch zu uns ins Kanoe und erhielt von seiner vorsorglichen Gattin ein großes Bündel Gepäck zugereicht, ein viel größeres als ich selber bei mir hatte.

Zunächst ruderten wir mehrere Stunden an der Küste entlang östlich, bis wir an die Mündung des Gara-Flusses kamen. Hier befindet sich eine größere Niederlassung der Eingeborenen inmitten ausgedehnter Pflanzungen, und wir machten Halt, um uns Mundvorrat für unsere weitere Reise einzukaufen.

Ich war ziemlich enttäuscht, als ich sah, daß meine Kanoe-Leute nur Taro und Yams, Knollenfrüchte, deren Geschmack mir wenig zusagt, nicht aber Kokosnüsse und Bananen mitbrachten. Die Banane ist eine der herrlichsten Tropenfrüchte, die es gibt, und wohl auch solchen von uns bekannt, die niemals Europa verlassen haben, da sie nicht selten von Westindienfahrern frisch zu uns gebracht wird. Nicht nur roh ist sie eine höchst angenehme Frucht, die edlen Arten voll Wohlgeschmack und von einem Aroma, das ich am ehesten mit Bonbongeschmack vergleichen möchte: sie läßt sich auch in der verschiedenartigsten Weise zubereiten, als Gemüse kochen oder wie ein Apfelschnitt in Fett braten. Die junge Kokosnuß ist ganz mit einem wässerigen, milchig getrübten Saft von süßem Geschmack gefüllt, der nach langen Märschen in der Brütehitze der Sonne die herrlichste Erquickung abgibt, die man sich denken kann. Für den Tropenreisenden in wilden Gegenden ist es geraten, seinen Durst so viel wie möglich mit Kokosmilch zu löschen, weil dieser Pflanzensaft die Gewähr bietet, frei von Krankheitserregern zu sein, was sich von dem Wasser, das man ungekocht trinkt, nicht behaupten läßt. Je älter die Kokosnuß wird, um so mehr wächst der innere Belag der Schale an Dicke auf Kosten des Saftes. Dieser Belag ist von weißer Farbe, zunächst dünn und nachgiebig wie Gelee, allmählich wird die Masse immer konsistenter und fester. Es ist eine Substanz, die große Mengen von Fett enthält und in getrocknetem Zustande als Kopra in den Handel kommt. Das aus dem Kopra gewonnene Pflanzenfett findet technisch vielfache Verwendung, besonders in der Seifenfabrikation. Im frischen Zustande ist dieses »Fleisch« der alten Kokosnuß ein für meinen Geschmack höchst angenehmes Nahrungsmittel, nahrhaft und von leichtem Nußgeschmack.

Wir begannen nun den Fluß hinaufzurudern, und das Landschaftsbild, das sich vor uns auftat, gehört zu den eindrucksvollsten und schönsten, die ich je gesehen habe. Der Fluß wird einige Stunden oberhalb seiner Mündung ziemlich schmal, bietet aber zunächst noch eine ganz hübsche Wasserfläche, die von einer Vegetation umrahmt wird, wie sie üppiger überhaupt nicht vorgestellt werden kann. Prächtige Nipa-Palmen wachsen bis in den Fluß hinein, hoch recken sich zu beiden Ufern die Häupter der Riesenbäume des Urwaldes, und jeder derselben ist nicht ein einzelnes Individuum wie unsere Waldbäume, sondern eine kleine Welt für sich, so reich ist er mit kletternden und schlingenden Pflanzen behängt, so dicht sein Astwerk und Stamm mit hängenden Lycopodien und epiphytischen Farnen und Orchideen bedeckt. Aber nicht die Üppigkeit der Vegetation allein ist es, die dieses Landschaftsbild so reizend macht. So sieht der Urwald überall in den Tropen aus, wo der Boden fruchtbar und die Niederschläge häufig und das ganze Jahr hindurch anhaltend sind. Ja ein solcher Wald hat sogar, wenn man sich an die enorme Fülle der aufeinandergespeicherten und durcheinandergewirrten Pflanzenmassen gewöhnt hat, auf die Dauer etwas eintöniges, düsteres, weil die farbigen Blüten im Verhältnis zu der überwältigenden Menge der grünen Blätter zurücktreten und die Mannigfaltigkeit der Farben weit zurücksteht hinter dem, was uns unsere Obstgärten und Hänge zur Zeit der Obstblüte oder unsere Wiesen und Bachufer im Mai und Frühsommer bieten. Eine große Menge der Urwaldpflanzen besitzt ja auch bunte und schön geformte Blüten, vor allem die epiphytischen Orchideen, der Stolz unserer Gewächshäuser. Aber einmal verteilt sich die Blütezeit aller dieser Pflanzen über das ganze Jahr und ist nicht wie bei uns auf wenige Monate zusammengedrängt. Zweitens sind im Urwald, wo ein steter Kampf um jeden Lichtstrahl stattfindet, die Organe, welche das Licht zu verwerten haben, also die Blätter und grünen Pflanzenteile, häufig in ganz excessiver Weise entwickelt. Jede Pflanze, auch die kleinste, reckt ihre Blätter gierig dem Lichte entgegen, welches seinen Weg durch das Blätterdach sozusagen mühsam erkämpfen muß, und ein düsteres Grün ist überall die Grundfarbe.

Wallace hat zuerst auf diese Eigentümlichkeiten des Urwalds aufmerksam gemacht. Aber noch immer stellen sich die meisten Europäer den Urwald vor wie das orchideengeschmückte Warmhaus eines blumenliebenden Fürsten oder englischen Lords. Und noch in einer zweiten Beziehung malt sich die Phantasie der Daheimsitzenden das Tropenbild nach den Schilderungen von überenthusiastischen Reisenden und nach dem, was er selbst in zoologischen Museen und Gärten gesehen hat, ganz unrichtig aus. Ebenso wie man sich den Wald überall mit den riesigen bunten Blüten der Orchideen und Rafflesien geschmückt denkt, ebenso zaubert die Einbildungskraft Papageien, Kakadus, Nashornvögel in alle Baumzweige, Affenherden, die sich in den Gipfeln tummeln, Elefanten und Rhinocerosse, die in ihrem Schatten spazieren gehen, ein Heer von bunten Schmetterlingen und metallisch schimmernden Käfern, die die Blüten umschwärmen. Die

26*

ganze Pracht wird nur dadurch getrübt, daß überall Löwen, Tiger, Panther und Giftschlangen auf den achtlosen Fremden lauern, während die Wilden ihre Kochtöpfe ausscheuern, um »Missionär« darin zu braten. Nun kommen allerdings alle jene Pflanzen und Geschöpfe in den Tropen vor und sind keineswegs eine bloße Erfindung sensationslustiger Forschungsreisender, aber sie finden sich gewöhnlich nicht so hübsch beisammen und sind nicht so ohne weiteres zu sehen, wie der Unkundige es denkt. Ein Mann kann zehn Jahre lang im tropischen Afrika leben, ohne je einen Löwen gesehen zu haben, oder auf Java oder Sumatra oder in Vorderindien, ohne einem Tiger begegnet zu sein, wenn er nicht gerade besonders gefährliche Distrikte bereist oder als leidenschaftlicher Jäger den großen Katzen nachstellt. Und selbst dann können Monate vergehen, ehe er eine zu Gesicht bekommt. Ebenso geht es mit den Schlangen, die für gewöhnlich dem Menschen sorgfältig aus dem Wege gehen, und die man nur ganz gelegentlich sieht. Es gibt große Urwälder, in denen man tagsüber Vögel nicht nur selten sieht, sondern auch kaum hört, und die viel verlassener und schweigsamer daliegen als unsre deutschen Wälder im Frühling und Sommer. Nachts ist das allerdings etwas andres, und dann ist der Urwald fast immer von dem Geräusch verschiedenartiger Tierstimmen erfüllt.

Jene Kanoefahrt den Garafluß hinauf war aber deshalb besonders eigenartig und reizvoll, weil hier der Urwald in bezug auf sein Tierleben ein wenig das Bild darbot, wie es der Unkundige sich als typisch vorzustellen pflegt. Hier schwärmte wirklich der Wald von Vögeln und war fast den ganzen Tag über von den mannigfaltigsten Lauten ihrer Stimmen erfüllt. Am Ufer des Flusses standen hie und da verstreut mächtige, schön gewachsene Bäume, die mit großen, rot gefärbten Blüten bedeckt waren. Diese Blüten scheinen eine unwiderstehliche Anziehung auf die pinselzüngigen Papageien zu üben, denn ganze Scharen der prächtigen Lorius hypoenochrous und verschiedene Trichoglossusarten lassen sich auf ihnen nieder, balgen sich unter lautem Geschrei um den süßen Nektar der Blütenkelche, turnen an den Zweigen und bieten einen Anblick, wie man ihn öfter in einer reichbesetzten Voliere als in der freien Natur sieht. In den höchsten Wipfeln hört man fort und fort die Stimmen der weißen und schwarzen Kakadus, dann wieder sieht man ein Exemplar des stattlichen, prächtig grün, scharlach und blau gefärbten Electus pectoralis. Hin und wieder schießt ein Eisvogel pfeilschnellen Fluges über die Wasserfläche. Außer den echten kurzschwänzigen Eisvögeln oder Königsfischern, die sich von Fischen und andern Wasservögeln nähren, kommt aber hier noch eine Gattung vor, die an Schönheit des Gefieders und Zierlichkeit der Form alle andern übertrifft und der König der Königsfischer genannt zu werden verdient. Es ist die Gattung Tanysiptera, ausgezeichnet durch ein in allen Abstufungen des leuchtendsten Blau schimmerndes Gefieder, von dem das Weiß der Unterseite und des Schwanzes kräftig und geschmackvoll absticht, durch ihren korallenroten Schnabel und durch den langen Schwanz, dessen zwei Mittelfedern, zu ungeheuerer Länge ausgezogen, sich am Ende spatelförmig verbreitern. Tanysiptera nährt sich nicht von Wassertieren, die er durch Stoßtauchen erbeutet, sondern von Insekten, Landschnecken und kleinen Eidechsen, auf die er falkenähnlich von seinem Sitze auf einem kahlen Baumast herabstößt. Im Südosten von Neu-Guinea ist besonders die Art Tanysiptera galeata recht häufig. Andere Arten kommen in Nordaustralien (Kap York), Nord- und West-Neu-Guinea, Aru und den Molukken vor. Auf dieses Gebiet ist aber die Verbreitung des Vogels beschränkt.

Beständig hört man das geräuschvolle Girren und emsige Geflatter der Fruchttauben Carpophaga und Ptilopus in den Ästen der fruchttragenden Waldbäume. Viele dieser Tauben halten an Pracht und Buntheit des Gefieders dreist den Vergleich mit den schönsten Papageien aus. Überhaupt übertrifft die australische Region an Zahl ihrer Taubenarten und auffälliger Färbung dieser sonst meist unscheinbar gefärbten Vögel. alle übrigen Regionen der Erde. Die reiche Entwicklung und Farbenpracht der australischen Tauben wird, zweifellos mit Recht, auf das gänzliche Fehlen von Affen, Lemuren, Katzen, Zibetkatzen und Wieseln in der australischen Region zurückgeführt, welche auf Eier und junge Vögel jagen, und die einer Vogelfamilie, die so wehrlos ist und so rohe Nester baut wie die Tauben, besonders gefährlich sein müssen.

In Neu-Guinea und seinen Nachbargebieten finden sich aber neben den buntesten auch die größten und sonderbarsten aller Tauben, die Kron- oder Goura-Tauben, die die Größe einer Gans erreichen und deren Haupt von einer fächerartigen, aufrichtbaren Haube gekrönt ist. Am schönsten ist dieser Fächer bei der gewaltigen Megapelia (Goura) victoriae entwickelt, bei der die zierlich gefransten, am Ende spatelförmig verbreiterten Haubenfedern den reizendsten Kopfschmuck darstellen, der ein Vogelhaupt ziert. Die Krontauben sind stellenweise recht häufig in Neu-Guinea. Sie halten sich tagsüber vorwiegend am Boden auf, wo sie sich von herabgefallenen Früchten ernähren. Aufgescheucht bäumen sie auf den nächsten Baumast auf und sind deshalb leicht zu erlegen.

So fuhren wir den ganzen Tag über den Fluß aufwärts. Nachmittags bewölkte sich der Himmel, und wir wurden durch einen zweistündigen Gewitterregen, dem wir im offenen Kanoe schutzlos ausgesetzt waren, bis auf die Knochen durchnäßt. Als der Regen endlich aufhörte, wollten die Eingeborenen, von deren nacktem Körper das Wasser einfach abtropfte, die Fahrt fortsetzen, ich fürchtete aber, daß ich mir ein Fieber zuziehen würde, wenn ich mich in den nassen Kleidern weiter rudern ließe. So wählten wir eine verlassene Hütte am Ufer als Nachtquartier, und da ich keine Kleider zum wechseln hatte, suchte ich durch einen tüchtigen Marsch und gehöriges Herumklettern im Wald den üblen Einwirkungen einer Erkältung vorzubeugen. Der Wald, der sich am rechten Flußufer ausdehnte, war ein prächtiger Hochwald und zeigte manches Eigenartige, das ihn vor anderen Urwäldern, die ich an den Bergen von Neu-Guinea und anderen Tropenländern gesehen habe, auszeichnet. Mit dem Begriff des Urwaldes verbinden wir gewöhnlich die Vorstellung des Undurchdringlichen, so dicht Verwachsenen, daß man sich überall erst seinen Weg mit Beil und Messer bahnen muß. Das dichte Unterholz und Gestrüpp, die mannigfaltigen Schlinggewächse, Kletterpalmen und andere Lianen sind es, die dem Vorwärtskommen tausend Schranken entgegensetzen. Ein Urwald, der sich eine Berglehne hinaufzieht, zeigt in der Mehrzahl der Fälle diese Erscheinung; denn da seine Baumkronen, so voll sie auch sein mögen, als ein Ganzes nicht in ein und demselben Niveau liegen, sondern mit der Neigung des Berges ansteigen, schließen sie nicht absolut dicht aneinander, sondern gestatten es noch zahlreichen Lichtstrahlen, durch sie hindurchzudringen, den Boden zu erreichen und dadurch den niederen Gewächsen die Möglichkeit des Gedeihens zu geben. Die Mehrzahl der eigentlichen Urwälder nun befindet sich an Berglehnen, weil hier die günstigsten Bedingungen gegeben sind, die Feuchtigkeit der Luft zum Niederschlag zu bringen. In seltneren Fällen entwickelt sich eine mächtige Waldvegetation auch auf ebenerem Terrain, besonders da, wo der Boden eine sumpfige Beschaffenheit zeigt. Hier wird nun das Blätterdach oft so dicht, daß so gut wie kein Licht mehr bis zum Boden durchdringen kann und ein Unterholzdickicht nicht aufkommt. Solche Sumpfwälder sind dann natürlich viel leichter zugänglich, und von dieser Beschaffenheit war glücklicherweise ein großer Teil des Waldes am Gara-Fluß. Der Wald trug hier in mancher Beziehung denselben Charakter, der uns von unsern Hochwäldern her bekannt ist. Nur die Stämme waren mächtiger, das Dunkel viel tiefer, der Boden feucht, stellenweise sumpfig, mit Moosen überzogen. Zwischen den Stämmen wuchs fast kein Unterholz, nur eine Menge von Farnen und Lycopodien. Überall war der Boden mit moderndem Holze bedeckt, und es war stellenweise sehr schwierig, auf dem moorigen Grunde zwischen den moosbedeckten Wurzeln und dem schlüpfrigen Holze herumzuklettern. Leider hatte ich keine benagelten Stiefeln an und kam mir mit meinem vorsichtig tastenden Gang wahrhaft hilflos vor gegenüber meinem eingeborenen Begleiter, der mit seinen bloßen Füßen sicher und leicht einherschritt, als ginge er auf einem gut gehaltenen Promenadenwege. Unser Schuhwerk hat ja gewisse Vorzüge. Es bewahrt in unseren Breiten die Füße vor Kälte, gewährt in den Tropen Schutz gegen Dornen, Bambus und scharfe Gräser, gegen Insektenstiche und Schlangenbiß, aber es bewirkt unter Verhältnissen, wie ich sie eben geschildert habe, eine fast komische Schwerfälligkeit und Plumpheit des Ganges, und veranlaßt, daß man sich den unbeschuhten Wilden gegenüber recht wie ein degeneriertes Kulturprodukt vorkommt und ihre Hilfe bei einer so elementaren Verrichtung wie dem Gehen und Klettern mit einem gewissen Gefühl der Beschämung entgegennimmt.

Überall über uns hörten wir die Stimmen der Paradiesvögel, besonders der Paradisea raggiana, die in dieser Gegend sehr häufig ist. Auch der entzückende kleine Königsparadiesvogel, Cicinnurus regius, ist nicht selten, und ebenso der prachtvolle Epimachus (Seleucides) nigricans, der zur Gruppe der langschnäbeligen Paradiesvögel oder Epimachiden gehört. Auch zahlreiche Kakadus trieben über uns in den Kronen der Waldbäume ihr Wesen. Das Dunkel war aber zu tief und der Tag bereits zu weit vorgeschritten, um einen sicheren Schuß zu ermöglichen, und ich mußte für diesmal mit leeren Händen zu unserm Nachtquartier zurückkehren. Es war schon ganz dunkel, als wir anlangten. Assi und die Kanoeleute hatten es sich behaglich gemacht und sich auf dem erhöhten Boden der Hütte ausgestreckt, während einer der Eingeborenen in einer Ecke ein kleines Feuer entfacht hatte und in einem Thongefäß eine Anzahl Yams kochte. Leider war dies unsere einzige Nahrung, und obwohl ich seit dem Morgen nichts zu mir genommen hatte, war es mir unmöglich, mich daran wirklich zu sättigen. Diese Knollenfrüchte haben für mich einen beinahe widerlichen Geschmack, wenn ich sie in größerer Menge essen muß, und wenn auch Hunger der beste Koch ist, so vermag doch selbst er nur schwer einen ganz bestimmten Widerwillen zu überwinden. Die Nacht verbrachte ich auf dem Boden der Hütte, ohne Decken, eng zusammengepfercht mit Assi, Vaitupu und den sieben

Eingeborenen. Dennoch schlief ich gut und wachte am nächsten Morgen gekräftigt, aber sehr hungrig auf.

Zunächst ruderten wir nun noch einige Stunden weiter, dann kamen wir an den Beginn des eigentlichen Jagdterrains, zu dem mich Assi führen wollte. Der Fluß macht hier eine Anzahl S-förmiger Windungen und der Wald zwischen diesen Windungen ist von großer Schönheit und Üppigkeit, nicht besonders schwer zugänglich, die Heimstätte zahlloser Vögel, schöner Schmetterlinge und anderer Insekten. Wir verließen nun das Kanoe, und Assi und ich gingen, jeder von einem Eingeborenen begleitet, mit unsern Gewehren den Vögeln nach, immer durch die Waldabschnitte, die zwischen den Flußwindungen lagen, dann über den Fluß hinüber in den nächsten Waldesteil hinein. Es war eine wunderbare Gegend, und nie wieder habe ich eine solche Vereinigung von üppiger Vegetation und reichem Tierleben gesehen. Besonders in den Morgen- und Abendstunden hallen hier die Wälder wieder von dem eigentümlichen Ruf der Paradisea raggiana, der wie höck, höck, höck, höck, höck klingt, den sanfteren, mehr flötenden Lauten des Königsparadiesvogels und den knarrenden Tönen der mächtigen schwarzen Kakadus.

Ich hatte oft Mühe, die Paradiesvögel zu sehen, denn fast immer befanden sie sich in ziemlicher Höhe im dichten, lichtarmen Blätterdach, wo ihre lebhaften bunten und metallischen Farben wenig zur Geltung kommen. Das Auge der Eingeborenen, das viel geübter ist, in diesem Dunkel scharf zu unterscheiden, entdeckte sie oft sofort, während es mir anfangs erst nach längerem Hinsehen gelang, sie wahrzunehmen. Erleichtert wird das Auffinden durch die geräuschvolle Mitteilsamkeit der Paradiesvögel, die unablässig zu rufen und zu locken pflegen, durch ihr geschäftiges Auf- und Abfliegen, ihre nervöse Beweglichkeit, die sie fast keinen Augenblick zur Ruhe kommen läßt. Man braucht nicht Naturforscher zu sein, um ein wahres Entzücken zu empfinden, diese herrlichen Vögel in ihrem Freileben zu beobachten. An Schönheit übertreffen sie wohl alle übrigen Geschöpfe der Erde. Denn wenn ihnen auch manche Kolibris an Buntheit und metallischem Glanz des Gefieders gleich kommen mögen, so haben die Paradiesvögel vor jenen nicht nur die bedeutende Größe voraus, sondern jenen wundervollen phantastischen Schmuck der Haubenfederbüschel, Mantelkragen, der eigentümlich verlängerten und zerschlissenen Feder der Leistengegend, der stolzen Schwanzanhänge. Die Mannigfaltigkeit in der Anordnung, dem Bau und der Färbung dieser Anhänge ist eine erstaunliche, und jede Art ist ein neues Wunder. Das herrlichste ist, daß ein edler Geschmack über all dieser Fülle von Glanz, Farben und phantastischen Formen zu thronen scheint. Dazu kommt das froh bewegliche und sympathische Wesen der Vögel selbst, die sich ihrer Schönheit gleichsam freuen und stolz auf dieselbe ihr Gefieder ausbreiten und entfalten, keine langweiligen selbstgefälligen Schauobjekte, wie die Pfauen es sind, sondern lebensvolle und lebensfrohe Bewohner ihrer prächtigen Heimatswälder.

Die Paradiesvögel sind durchaus Kinder Neu-Guineas. Sie sind auf die Hauptinsel und die ihr unmittelbar anliegenden Trabanten, die noch vor verhältnismäßig kurzer Zeit mit ersterer zusammenhingen, beschränkt. Nur eine einzige Gattung, die berühmten »riflebirds« Ptiloris, kommt auch in Nordaustralien vor; bloß eine Art, Semioptera wallacei, ist auf den Molukken und zwar auf Batjan gefunden worden. Das sind aber auch die einzigen Ausläufer, und im übrigen ist die Familie streng papuanisch.

Ich muß es mir hier versagen, näher auf die Verbreitung, Lebensweise und Formbeschreibung der Paradiesvögel einzugehen, denn andere Naturforscher wie Wallace, Rosenberg, d'Albertis haben ihrer Jagd und ihrer Beobachtung unvergleichlich mehr Zeit und Mühe gewidmet, und besonders der erstere hat in seinem Reisewerk so anziehende und farbenprächtige Schilderungen der paradiesischen Geschöpfe geliefert, daß meine eigene Beschreibung nur ein schwacher Abklatsch sein würde. Ich schoß an diesem Tage zwei Paradisea raggiana, ein Weibchen und ein junges Männchen mit noch nicht völlig entwickeltem Gefieder; außerdem tat ich, wie ich nur gestehen will, eine Anzahl Fehlschüsse, weil es wirklich schwer war, auf die rastlos im Dunkel der Baumkronen sich bewegenden Geschöpfe einen Schuß anzubringen. Wie die Kolibris nähren sich die Paradiesvögel von dem Nektar der Baumblüten, vorwiegend aber auch von Früchten und von Insekten, denen sie, geschickt von Zweig zu Zweig fliegend und behende durch das Blätterwerk schlüpfend, nachjagen. Bemerken sie den Jäger, so pflegen sie nicht abzustreichen, sondern sich lieber im dichtesten Gezweig der Baumkronen zu verbergen. Trotz ihrer Buntheit und ihrer auffallenden Formen gelingt ihnen dies meist vollkommen. Es wird vielleicht den meisten meiner Leser bekannt sein, daß die Paradiesvögel, obwohl sie eine eigene Familie bilden, sehr nahe mit den Rabenvögeln verwandt sind. Daß sich aus den letzteren, die sich doch zumeist mehr durch Klugheit als durch Schönheit auszeichnen, die schönste aller Vogelfamilien entwickelt hat, ist wohl in erster Linie den besonderen Verhältnissen ihrer Heimat zuzuschreiben. In dieser sind bei der gänzlichen Abwesenheit von Affen,

Halbaffen, Katzen, Mardern und Eichkatzen, den gefährlichsten Räubern der Waldvögel und ihrer Nester und Nestlinge, besonders günstige Verhältnisse für die Züchtung der Vögel auf Form und Farbenschönheit gegeben. Die Tagraubvögel können den Bewohnern der dichten Wälder nicht viel anhaben, und deshalb vermochte die geschlechtliche Zuchtwahl, die in diesem Falle in ihrer Wirksamkeit durch das Bedürfnis der Tiere nach Schutz und Verbergen wenig gehemmt wurde, so auffallende Geschöpfe zu schaffen.

Die Eingeborenen von Neu-Guinea stellen überall den Paradiesvögeln nach, weil sie es lieben, sich aus ihren Federn Diademe zum Haarputz, Körperschmuck, Verzierungen ihrer Geräte zu verfertigen. In Nordwest-Neu-Guinea, wo die Eingeborenen schon seit langer Zeit in Berührung mit den Weißen getreten sind, treiben sie die Jagd sogar zu Handelszwecken und liefern auch seit alters jährlich viele Bälge nach Tidore als Tribut an ihren Oberherrn, den Sultan von Tidore. Auch begeben sich Tidoresen und Ternataner nach Neu-Guinea zur Jagd auf Paradiesvögel. Von Ternate werden die Bälge dann weiter nach Europa verschickt und begegnen uns in unsern Museen und auf den Hüten unsrer Damen wieder. In ganz Süd-Neu-Guinea dagegen betreiben die Eingeborenen die Jagd nur für ihre eigenen Bedürfnisse.

Nachdem wir den ganzen Tag über herumgestrichen waren, und ich eine ziemliche Menge schöner Schmetterlinge und interessanter Käfer gefangen hatte, kamen wir gegen 4 Uhr wieder an den Fluß und hörten durch einen unsrer Leute, daß unser Kanoe, das inzwischen langsam die Windungen des Flusses heraufgerudert war, nicht ferne sei. Mehr als ein dutzendmal hatten wir an diesem Tage den Fluß zu überschreiten gehabt. Da das Wasser stellenweise über einen Meter tief war, hatte ich es vorgezogen, mich durch meinen schwarzen Begleiter durchtragen zu lassen, weil ich die häufige Durchnässung und das Trocknen der Kleider am Körper für gefährlich hielt. Es hatten sich uns am Nachmittag eine Anzahl Eingeborener aus dieser Gegend angeschlossen und ich hatte einen Augenblick gezögert, mich dem Rücken dieser wilden Gesellen anzuvertrauen. Denn natürlich ist man, so lange man getragen wird, ganz hilflos, und die Versuchung liegt für die Eingeborenen nahe, sich durch einen Speerstoß oder Keulenschlag in den Besitz all der schönen Sachen zu setzen, die der Fremde bei sich trägt. Weniger reizt der Körper des Mannes selbst die kannibalischen Gelüste der Wilden. Nur äußerst selten sind Weiße, die von Kannibalen ermordet worden sind, gefressen worden. Die Körper werden zerstückelt, die Köpfe als Trophäen benutzt; es scheint aber, daß wir Weißen nicht gut schmecken, was vielleicht auf unsre Vorliebe für Fleischnahrung zurückzuführen ist. Eine Anekdote ist es wohl bloß, wenn behauptet wird, daß Chinesenfleisch bei den Papuas, die noch dem Kannibalismus huldigen, ein sehr gesuchter Artikel sein soll; die schwarzen Gourmets sollen behaupten, Chinesen schmeckten sehr süß und saftig, »ganz wie Schwein«.

Endlich kamen wir zu unserm Kanoe, und ich hoffte, nun endlich einmal etwas Ordentliches zu essen zu bekommen, denn ich verging fast vor Hunger. Wieder aber gab es nur Taro und Yams und zum Glück noch eine einzige fleischige Kokosnuß. Das war mir aber doch zu arg. Ich hätte zwar die nächste Stunde noch gut zur Jagd benutzen können, setzte mich aber lieber hin und balgte meine beiden Paradiesvögel sofort ab; dann wanderten die Körper in unsern Kochtopf und nie hat mir vorher oder nachher eine Speise so geschmeckt, als die beiden Paradiesvogelbraten, die ich hier, ausgestreckt unter den Bäumen des Flusses und umgeben von den dunklen, mähnenhaarigen Papuas, verzehrte, die merkwürdigste Mahlzeit, die ich je gehalten habe. Als vorsichtiger Forscher will ich mich übrigens der Behauptung enthalten, das Paradiesvogelfleisch sei an und für sich eine gute Speise, ich sage nur, es schmeckte mir damals ausbündig gut. Leider war es nur allzu wenig für meinen Wolfshunger. Da aber bemerkte ich zum Glück, daß sich ein großer blaugrauer Reiher nicht fern von uns am Flußufer niedergelassen hatte. Vorsichtig auf allen Vieren an ihn herankriechend und Büsche und Steine als Deckung benutzend, gelang es mir, auf Schußweite heranzukommen und unserm Topfe einen Braten zu liefern, an dem man sich nach Herzenslust satt essen konnte. Auch dieser Reiher schmeckte mir ausgezeichnet, obwohl bekanntlich das Fleisch der Reiher und andrer Wasservögel, die sich ausschließlich von Fischen ernähren, in Europa für geradezu ungenießbar gilt. Das ist unrichtig. Der widerwärtige Fischgeschmack, der dem Wildbret der Reiher, Tauchenten und Möven innewohnt, rührt lediglich von dem Fett her, welches sich im Unterhautbindegewebe befindet. Kocht oder brät man die Tiere nicht in der Haut, sondern balgt sie sorgfältig ab und entfernt alles Fett zwischen Haut und Fleisch, so sind auch jene Vögel sehr wohl genießbar; sie stellen eine erträgliche, wenn auch nicht gerade feinschmeckende Nahrung dar.

Am nächsten Tage setzten wir unsre Jagd fort. Ich schoß noch ein erwachsenes Männchen der Paradisea raggiana, und Assi erlegte ein reizendes Exemplar des herrlichen kleinen Königsparadiesvogels,

Cicinnurus regius, ferner schoß er einen der kolossalen schwarzen Kakadus, Microglossus aterrimus, einen der größten Papageien, die es gibt, und denjenigen, der von allen mit dem gewaltigsten Schnabel bewaffnet ist. Mit diesem Schnabel vermag der Vogel die steinharten Schalen der Kanaribaumnüsse und der Früchte andrer tropischer Waldbäume zu öffnen. Er dient ihm dabei zugleich als Säge, Bohrer und Beißzange, und die ausdehnbare, an der Spitze hornige Zunge benützt er dazu, die Kerne oder das Fleisch aus den angebohrten oder aufgebrochenen Früchten herauszuziehen. Dieser Kakadu lebt weniger gesellig als seine lärmenden weißen Verwandten. Ich sah ihn immer nur vereinzelt oder paarweise, nie in größeren Gesellschaften.

Sehr häufig ist hier der Nashornvogel oder »hornbill«, Buceros plicatus, dessen mächtiger gebogener Schnabel statt eines eigentlichen Hornes nur einen hornigen, mit Querfalten versehenen Wulst besitzt. Im Walde verrät sich die Anwesenheit des Nashornvogels durch das eigentümliche, sehr starke Sausen, das den Flug dieser plumpen und schweren Vögel auszeichnet. Man hört es auf große Entfernungen, und es ist sehr viel stärker als das Geräusch, das etwa ein Pelikan oder ein Schwan im Fluge hervorbringt. Man hat deshalb seine Entstehung ganz besonderen Ursachen zugeschrieben. Es dürfte aber meiner Ansicht nach wohl bloß im Bau der Flügel begründet sein. Die Brutpflege der Nashornvögel ist sehr interessant und merkwürdig. Sie nisten in ziemlicher Höhe in hohlen Bäumen, und nach Ablage des Eies pflegt das Männchen das Weibchen bis auf eine kleine Öffnung vollkommen einzumauern. Die Öffnung ist nur gerade groß genug, daß das Weibchen den Schnabel herausstrecken kann, um sich von dem ab- und zufliegenden Männchen füttern zu lassen. Fragen wir nach dem Grunde dieser merkwürdigen Gewohnheit, so liegt die Vermutung nahe, daß das Einmauern deshalb geschieht, um die Brut vor den Nachstellungen größerer Säugetiere, vor allem der Baumraubtiere zu schützen. So erklärt sich auch das Horn, welches das Haupt des Tieres wie ein Helm bewehrt und es verhindert, daß der Räuber mittelst Krallenhieben durch das offen gelassene Loch hindurch das Weibchen verletzen kann. Man könnte hiergegen einwenden, daß in Neu-Guinea eigentliche Baumraubtiere ja vollkommen fehlen, und dieser Einwand würde allerdings zwingend sein, wenn die Nashornvögel auf Neu-Guinea und die Nachbargebiete beschränkt wären. Dies ist aber nicht der Fall. Die Gattung Buceros kommt überall in Indien und auf den Sunda-Inseln vor, dort aber finden sich echte Baumraubtiere in großer Menge, und ein Schutz der plumpen

Vögel und ihrer hilflosen Jungen gegen diese muß von großem Nutzen für die Erhaltung der Art sein. Höchst wahrscheinlich hat sich die Familie von Indien aus über die papuanische Region verbreitet und hat ihre sonderbare Nistgewohnheit noch nicht aufgegeben, obwohl dieselbe unter den neuen Bedingungen, welche die Tiere in dieser neuen Heimat fanden, lange nicht mehr den Nutzen besaß wie früher. Bemerkenswert ist es, daß die hornige Helmkappe bei Buceros plicatus, dem papuanischen Nashornvogel, viel geringer entwickelt ist als zum Beispiel bei Buceros bicornis, dem häufigsten Vertreter der Gattung in Indien.

An Säugetieren war übrigens in den schönen tierreichen Wäldern an diesem Flusse auch kein Mangel, aber sie gehörten mit Ausnahme der kosmopolitischen Fledermäuse und Nager und zweier Arten von Wildschweinen, die Neu-Guinea vor Australien voraus hat, sämtlich zu den Beuteltieren. Ungemein zahlreich waren die Flugbeutler, Petaurus breviceps, die in Neu-Guinea durch eine besondere papuanische Varietät vertreten sind. Eine andre Form, Dactylopsila trivirgata, vermittelt sozusagen zwischen den echten Flugbeutlern und den Phalangern und Opossums, welche keine Flughaut besitzen; denn ihre Flughaut ist viel unvollkommener entwickelt als die der echten Petaurus. Dactylopsila trivirgata gehört zu den wenigen Formen von Beuteltieren, die gleichartig diesseits und jenseits der Torresstraße vorkommen, ohne daß sich auch nur eine australische und papuanische Varietät unterscheiden ließe. Das Tier bewohnt die Bäume der dichten Wälder und nährt sich vorwiegend von Insekten und Ameisen. Bei den Petaurus herrscht die vegetabilische Nahrung vor, obwohl auch sie Kerbtiere, selbst Eier und kleine Vögel nicht verschmähen. Wir fanden ein schönes Exemplar von Dactylopsila in einem hohlen Baume. Die Zeichnung stimmte genau mit der eines Exemplars überein, das von Peters und Doria als Dactylopsila albertisi beschrieben werden ist. Oldfield Thomas, der sich eingehend mit der Systematik der Beuteltiere beschäftigt hat, betrachtet aber diese Form als so wenig von der typischen unterschieden, daß er ihr nicht einmal den Rang einer besonderen Varietät einräumen will.

Noch ein anderes niedliches Beuteltier wurde auf diesem Ausfluge von einem der Eingeborenen gefangen und lebend von mir nach Suau zurückgebracht. Es ist der kleine, hübsch gezeichnete Distoechurus pennatus, ein Baumbeutler, der ebenfalls zu den Phalangeriden gehört. Über seine Lebensweise habe ich nichts Näheres feststellen können. Das kleine Geschöpf war außerordentlich bissig und zornig. Als wir es mit einigen Petaurus zusammen in eine

Kiste steckten, die wir durch ein Drahtgitter in einen Tierkäfig verwandelt hatten, fiel es seine Genossen wütend an, als ob es sie für schuld an seiner Gefangenschaft hielte, und verletzte eins der Tiere so stark durch Bisse, daß es starb. Während wir keine Mühe hatten, eine ganze Gesellschaft von Petaurus am Leben zu erhalten und beinahe zahm zu machen, zog der Distoechurus, stolz wie ein alter Römer, den Tod der Gefangenschaft vor und schien so zu sagen an seiner eigenen Bosheit zu ersticken. Noch kurz vor seinem

Dactylopsila trivirgata. 1/2 nat. Gr.

Tode versuchte das kleine Geschöpf mich zu beißen, als ich ihm ein weiches Wattelager bereitete.

Wie ich schon erwähnt habe, war es nicht leicht, sich mit Assi zu verständigen, weil sein englischer Wortschatz sich auf ein halbes Dutzend Wörter beschränkte, die er zum Teil in ganz willkürlichem Sinne anwandte. Ich entdeckte aber allmählich, daß er sich gedacht hatte, ich wollte einen mehrwöchentlichen Ausflug unternehmen, um flußaufwärts so tief nach innen vorzudringen als möglich. Darauf aber war ich nicht vorbereitet; persönliche Ausrüstung hatte ich nicht mit, ebensowenig Mundvorrat oder Tauschgegenstände in genügender Menge, um Nahrung für mich und meine Leute zu kaufen. Es fehlte mir an Spiritus und Gefäßen, um meine Jagdbeute zu bergen, und das Schlimmste war, daß der Missionär Vaitupu gleich am ersten Tage von einem nicht unbedenklichen Fieber ergriffen worden war. Von Pflege konnte unter diesen Umständen keine Rede sein, und

Distoechurus pennatus. ca. $^{2}/_{3}$ nat. Gr.

es war unumgänglich nötig, ihn zunächst zurückzubringen. Vielleicht wäre es das Klügste gewesen, dies zu tun, und ordentlich ausgerüstet einen zweiten längeren Ausflug flußaufwärts zu unternehmen. Ich hatte nun aber einmal den Plan gefaßt, meine Reise bis zum Ostkap auszudehnen, um mich längere Zeit in Milne-Bai aufzuhalten, die mir als ein wahres Paradies für den Zoologen geschildert worden war.

Ich trat also am nächsten Tage die Rückfahrt nach Suau an und benutzte die lange Kanoefahrt dazu, die Nashornvögel, Tauben und Papageien, die am vorigen Tage noch nicht abgebalgt worden waren, zu präparieren. Glühend heiß brannte die Sonne auf das Kanoe herab, und es war keine kleine Anstrengung, in unbequemer halb sitzender halb liegender Stellung auf der Plattform des Boots im grellen Licht die Arbeit zu verrichten. Neben mir lag fiebergeschüttelt Vaitupu, und ich will offen gestehen, daß ich unter diesen Verhältnissen für die Schönheiten der Flußlandschaft, die mich beim Hinauffahren so entzückt hatten, kein Auge hatte. So ruderten wir den ganzen Tag und es war Abend, als wir die Flußmündung erreichten.

Vom Meere her wehte uns ein kräftiger Wind entgegen, und eine ziemliche Brandung stand an der Küste. Die Fahrt längs des Ufers in pechdunkler Nacht, durch die schaumgekrönten Wellen des Meeres war eine recht ungemütliche. Zweimal wurde das Boot beinahe vollgeschlagen und vor dem Sinken nur dadurch bewahrt, daß die Eingeborenen rasch heraussprangen und es ans Land zogen. Wir auf der Plattform wurden vollkommen durchnäßt, sowohl durch oben herüber-, als auch durch unten durchschlagende Wellen. Das Unangenehmste aber war, dass meine Vogelbälge von der salzigen Flut durchtränkt, und die Ausbeute der vorhergehenden Tage zwar nicht vernichtet, aber doch stark geschädigt wurde.

Es war 11 Uhr nachts, als wir in Suau anlangten, Douglas war langst im Bett. Die Frau des Missionärs sorgte erst für ihren Mann, den wir ihr in bejammernswertem Zustande heimbrachten, dann aber erkannte sie, daß auch ich der Pflege bedürftig sei, zwar nicht krank, aber schrecklich hungrig, und brachte mir die Überreste eines stattlichen Neu-Guinea-Schweins, das in meiner Abwesenheit geschlachtet und von Douglas und der Mannschaft der Hekla beinahe aufgezehrt worden war.

Am nächsten Tage ging es dem Missionär viel besser, und wir konnten ohne Bedenken ihn der häuslichen Pflege überlassen und unsere Reise fortsetzen. Ich hatte Douglas gefragt, ob wir nicht einfach dableiben und den Rest unseres Aufenthaltes in Neu-Guinea hier verbringen wollten, wo die Verhältnisse in mancher Beziehung, besonders im Hinblick auf meine Sammlungen, hervorragend günstige waren. Er wünschte aber weiter ostwärts nach Samarai zu gehen, wo einige Weiße leben, und er sich während meiner zoologischen Ausflüge mehr Behaglichkeit und Unterhaltung versprach als hier.

So lichteten wir denn die Anker und erreichten noch an demselben Abend die kleine Insel Samarai (Dinner-Island), auf der sich der Regierungssitz für das östliche Drittel von Britisch-Neu-Guinea befindet. Das Inselchen liegt nur wenige Kilometer vom Festland entfernt und gehört zu einer Gruppe größerer Inseln, die die unmittelbare Fortsetzung des Südostzipfels von Neu-Guinea bilden. Die schmale Wasserstraße zwischen diesen Inseln und dem Festland heißt Chinastraße. In der weiteren Verlängerung nach Südosten folgen dann die Inseln des Louisiaden-Archipels, deren zwei größte, Rossel-Island und Sudest, als das eigentliche Südostende der großen Insel zu betrachten sind. In noch früheren Zeiten haben wahrscheinlich auch die Neu-Hebriden durch den Bismarck-Archipel und die Salomon-Inseln mit der Papua-Insel zusammengehangen, während eine andere Verbindung von Neuseeland nach Neu-Kaledonien mit dem nördlichen Queensland und der zu jener Zeit durch Land ausgefüllten Torresstraße bestand.

Samarai ist ein kleines hügeliges Inselchen. In dominierender Lage liegt das Regierungsgebäude. Leider befindet sich gerade vor dem Hügel, auf welchem es errichtet ist, ein häßlicher, brackiger Sumpf, der wahrscheinlich schuld daran ist, daß das Klima dieser Niederlassung keineswegs ein günstiges ist. Es ist mir nicht gelungen einzusehen, warum die sonst so praktische Verwaltung der Kolonie gerade diesen Platz zu ihrem Sitz im Osten ausersehen hat.

Nur sehr wenige Weiße befanden sich zu jener Zeit dort. Der oberste Beamte war Hon. M. H. Moreton, Privatsekretär des Administrators, der früher längere Zeit als Squatter in Queensland gelebt hatte und viele meiner dortigen Freunde genau kannte. Außerdem lebte noch ein Unterbeamter, Herr D. Ballantine dort, sonst nur einige Subalterne und ein Angestellter der Firma Burns, Philp & Co., die auch hier eine Zweigniederlassung hat. Die Missionsstation befindet sich gegenüber auf dem Festland und wurde durch einen weißen Missionär, Herrn Abel, geleitet. Außerdem weilte gerade ein Wesleyanischer Missionär zum Besuch auf der Insel.

Die Wesleyaner haben sich die Inselgruppen im Südosten von Neu-Guinea mit Einschluß der D'Entrecasteaux-Inseln als Feld ihrer Tätigkeit ausersehen, während die Londoner Missions-Gesellschaft die ganze Südküste des Festlandes von der Torresstraße bis zum Ostkap als ihre Sphäre betrachtet, mit Ausnahme des Distrikts bei Jule Island (S. Josephsfluß und Umgegend), wo die katholischen Missionäre vom Herzen Jesu ihre Tätigkeit ausüben. In Britisch-Nordost-Neu-Guinea wirken vorwiegend anglikanische Missionäre, sie haben ihre Tätigkeit aber eben erst begonnen.

Herr Moreton war so freundlich, meinem Freunde Douglas seine Gastfreundschaft für die Zeit anzubieten, in welcher ich am Ostkap und bei Milne-Bay meinen zoologischen Arbeiten nachgehen wollte. So ließ ich letzteren denn weich gebettet zurück und setzte meine Reise am nächsten Tage früh fort, um noch an demselben Tage das Dörfchen Bou nicht fern vom Ostkap zu erreichen.

Der Wind war uns wie gewöhnlich nicht sehr günstig, und wir hatten in der engen Straße zwischen den Inseln und dem Festland auf und ab zu kreuzen, um vorwärts zu kommen. Unser Kapitän leitete das Manöver und gab bei jedem neuen Schlage mit schläfriger Stimme das Kommando; »'bout ship«. Inzwischen fütterte er eine Anzahl Petaurus, die die Eingeborenen ihm gebracht hatten, und die er in einer kleinen Kiste sorgfältig pflegte, um sie mit nach Thursday Island zu nehmen. Er behauptete immer, daß der einheimische Name dieser Tiere »silly-silly« laute, und pflegte überall, wohin wir kamen, den Eingeborenen von den »silly-silly« zu sprechen und sie aufzufordern, ihm solche zu bringen. Ich bin aber auf meiner ganzen Reise keinem einzigen Stamme auf Neu-Guinea begegnet, der dieses Wort verstanden hätte, und halte es für des wackeren Kapitäns ureigenste Erfindung. Bekanntlich bedeutet das englische Wort »silly« einfältig oder dumm, und Douglas taufte deshalb unsern Piloten mit dessen selbsterfundenen Namen »captain silly-silly«.

Während, wie gesagt, die Fütterung jener interessanten Flugbeuteltiere vor sich ging, sah ich, der ich in mein Tagebuch vertieft auf Deck saß, ganz zufällig, daß wir in direkter Fahrt auf das Küstenriff am Festland zuliefen. Ich sprang auf und rief aus Leibeskräften: »'bout ship«, aber ehe der Befehl ausgeführt werden konnte, fuhr die Spitze des Schiffes mit ziemlicher Gewalt auf das Riff auf und blieb dort hängen. Alle Versuche, es flott zu machen, waren vergeblich, das Wasser fiel, und wir mußten uns in das Unvermeidliche fügen und den Eintritt der nächsten Flut abwarten, um loszukommen. Ein Glück war nur, daß an diesem Tage kein starker Wind herrschte und das Meer beinah glatt war. Bei stürmischem Wetter und kräftiger Brandung wäre sicherlich unsere Hekla schwer beschädigt oder ganz zertrümmert worden.

Sorgenvoll verbrachte ich den ganzen Tag, denn wie leicht konnte der Wind sich verstärken, und ein stärker bewegtes Meer zwar nicht uns selbst — wir befanden uns ganz nahe vom Lande —, doch das wackere Schiff und alle meine Sammlungen und Ausrüstungsgegenstände gefährden. Wiederum wie früher auf der Sandbank bei Hula war die nächste Flut zu schwach, um uns flott zu machen. Sie lief

Zu Seite 439.

Pflanzung bei dem Dorfe Bou, Milne-Bai.

ab und die Hekla legte sich aufs neue auf die Seite. Gewitter und Sturm, die sonst fast regelmäßig jede Nacht eintraten, blieben merkwürdigerweise diesmal aus, und die starke Flut in der Frühe des nächsten Tages befreite uns aus unserer schwebenden Pein. Ohne weiteren Unfall erreichten wir mittags Bou, das am Nordeingang der Milne-Bay gegenüber von den Killerton-Inseln liegt.

Herr Abel, der Missionär von Samarai, hatte mir geraten, mich nach Bou in der Milne-Bay zu begeben, weil der dortige farbige Missionär Maanaima, ein Samoaner, besonders verständig und tüchtig wäre und mir in vielen Beziehungen behilflich sein würde. Ich war deshalb unangenehm überrascht, als ich erfuhr, Maanaima weile augenblicklich nicht in Bou, sondern habe sich für einige Tage fortbegeben, um einen andern Missionär, Filimona, in Mita zu besuchen. Ich nahm mir die Freiheit, mich in seiner Abwesenheit, so gut es ging, in seinem Hause einzurichten. Ich ließ gehörig Mundvorrat aus der Hekla an Land schaffen, denn der Kapitän erklärte, das Schiff könne hier nicht liegen bleiben, sondern müsse einige Meilen entfernt hinter den Killerton-Inseln ankern, wo es besseren Schutz vor dem starken Südostwinde hätte. So blieb ich denn ganz allein unter den Bewohnern von Bou zurück. Eine Anzahl der Eingeborenen kam mir freundlich entgegen; der größere Teil hielt sich mürrisch von mir fern.

Die Bevölkerung ähnelt im Ganzen der von Suau und Samarai und ist erheblich kleiner und schwächer als die Leute von Hula und Aroma. In der Hauptsache tritt uns aber überall derselbe Grundtypus entgegen, den wir als den papuanischen im engeren Sinne bezeichnen können, und den wir trotz aller Variationen in Größe und Hautfarbe auf der ganzen Insel wiederfinden. Das Haar tragen die Leute hier im allgemeinen kürzer als weiter im Westen, und selten begegnet man den prachtvollen Perückenköpfen, dem Stolz jener Gegenden. Die Haarfarbe variiert von schwarz zu rotbraun, ja ich sah sogar einige Individuen mit beinahe fuchsigen Haaren. Es ist aber möglich, daß das nicht ganz Natur war, sondern durch Baden des Haares in alkalischen Flüssigkeiten erzeugt worden ist. Die Haut kann man im allgemeinen als schokoladenfarben bezeichnen, nicht wesentlich heller als die der Leute von Samarai und Aroma.

Sehr häufig ist hier eine Hautkrankheit, die eine Art Ichthyosis zu sein scheint. Die Epidermis schilfert am ganzen Körper in kleinen glänzenden Schuppen ab, welche ein wenig an Fischschuppen erinnern und die der sonst so schönen, warmgetönten Haut der Wilden einen fahlen, stumpfen Glanz verleihen. Ich fand fast 20 Prozent der

27*

Bewohner mit dieser verunstaltenden Hautkrankheit behaftet. Ebenso häufig hatte ich sie in Suau beobachtet, und sie hatte mir schon dort, zumal bei meinen Kanoeleuten, mit denen ich in nähere Berührung kommen mußte, immer etwas Ekel erregt. Außer dem Eintrag an Körperschönheit und einem gewissen Juckreiz, der die Leute veranlaßt, viel an ihrem Körper herumzukratzen, scheint die Affektion für die von ihr Befallenen keine Unzuträglichkeiten oder ernstere Gefahren mit sich zu bringen. Tättowierung bemerkte ich nirgends an den Eingeborenen von Milne-Bay, während dieselbe bei der Bevölkerung von Samarai und dem jener Insel angrenzenden Festlande häufig ist. Die Männer und Jünglinge verhüllen ihre Scham durch Baststreifen, die sie vorn im Gurt befestigen und zwischen den Beinen durchziehen. Das enge Schnüren des Körpers durch den Gurt, wie es weiter westlich üblich ist, findet hier nicht statt.

Die Berge fallen steil ins Meer hinein ab und sind vielfach von tiefen Schluchten zerrissen; eine überaus dichte Vegetation bedeckt sie, weil es an diesem Südostzipfel von Neu-Guinea eigentlich immerfort regnet, und eine ausgesprochene Trockenzeit, unter der zum Beispiel die Gegend von Port Moresby stark zu leiden hat, nicht vorkommt. Bis hoch hinauf in die Berge erblickt man die Pflanzungen der Eingeborenen, die an dieser dicht bevölkerten Bucht jedes geeignete Plätzchen, und sei es auch noch so schwer zugänglich, bepflanzen. In großer Menge wird die Kokospalme kultiviert, und Massen von Kopra werden hier erzeugt. Mit hervorragendem Scharfblick hat deshalb auch O. Finsch im Jahre 1885 als Pionier der Neu-Guinea-Kompagnie in dieser Gegend die deutsche Station Blumenthal gegründet[1]. Die außerordentlich reiche Kopra-Produktion des Berglandes am Ostkap bestimmten ihn dazu, dem deutschen Unternehmungsgeist hier auch im britischen Teil von Neu-Guinea ein Feld zu eröffnen. Leider hat die Neu-Guinea-Kompagnie diese Station bald wieder eingehen lassen. Der Kopra-Export dieses kleinen Gebietes war noch im Jahre 1897 größer als der aus ganz Kaiser Wilhelms-Land.

Man brachte mir auch Bananen von köstlichem Wohlgeschmack, die ich an den früher besuchten Orten, wo fast nur geringe Arten gezogen werden, schmerzlich vermißt hatte. Auch Papayafrüchte erhielt ich hier, außerdem die unvermeidlichen Yams und Taros.

Ich freundete mich bald mit einigen jüngeren Eingeborenen an

---

1) Vergl. O. Finsch: »Samoafahrten«, und: »Wie ich Kaiser Wilhelms-Land erwarb«. Deutsche Monatsschrift f. d. gesamte Leben d. Gegenwart 1. Jahrg. Berlin 1902.

und ließ mich von ihnen auf meinen Ausflügen in die schwer zugänglichen Urwälder begleiten, welche überall die Abstürze der Berge bedecken und ihre scharf gemeißelten Formen verhüllen. Ein vierzehnjähriger Bursche von lebhaftem Wesen und raschem Auffassungsvermögen ernannte sich selbst zu meinem persönlichen Adjutanten.

Knaben und Jünglinge von Bou.

Er war unzertrennlich von mir, begleitete mich von früh bis spät, half mir beim Präparieren der Tiere und diente mir als Dolmetsch, obwohl weder er meine Sprache, noch ich die seinige kannte. Er verstand es aber besser als die andern zu erraten, was ich wollte. Man sieht ihn auf der beigegebenen Photographie am weitesten rechts vom Beschauer. Durch ihn und einige seiner Freunde wurde auch augenscheinlich die ganze weitere Umgebung von meinem Kommen und meinen Wünschen in Kenntnis gesetzt, denn überall strömten von den Küstenplätzen und von den Dörfern des Inlands Besucher herbei, die mich sehen wollten und die gewöhnlich allerlei Getier und Gewürm, Schlangen, Eidechsen, Käfer und Heuschrecken, Fledermäuse und Beuteltiere mitbrachten.

Nie wieder hat mein Sammelgeschäft so geblüht, wie während jener idyllisch schönen Tage, die ich allein bei den Eingeborenen der Ostspitze Neu-Guineas verbrachte. Unter anderem erhielt ich hier zwei sehr schöne und seltene Pythonschlangen, Python amethystinus und Chondropython viridis. Die letztere ist grasgrün gefärbt, eine Farbe, die bei den Riesenschlangen sehr selten ist. Auf der Mitte des Rückens befindet sich eine Längsreihe kleiner lebhaft gelber Flecken, die Unterseite ist weißgelb. Hier fand ich auch eine reizende Laubfroschart, die neu ist und von Professor O. Boettger als Hyla semoni beschrieben worden ist.

Beuteltiere wurden mir meistens lebendig gebracht; außer zahlreichen Flugbeutlern zwei Arten von Kuskus, Phalanger maculatus und orientalis. Die Kuskus sind nahe Verwandte der australischen Opossums, Trichosurus, unterscheiden sich aber von jenen vor allem durch ihre plumpe Gestalt, die senkrecht gestellte Lidspalte und den am Ende nackten warzigen Greifschwanz. Während sich die Gattung Trichosurus in Tasmanien und Australien findet, erstreckt sich das Verbreitungsgebiet der Kuskus über Neu-Guinea, den Bismarck-Archipel und die Salomon-Inseln, die Molukken und Celebes. Nur in Nordaustralien stoßen beide Gattungen zusammen, so daß beide gemeinschaftlich in Queensland vorkommen. Wenn man aber von Süd nach Nord reist, sieht man die Trichosurus seltener, die Kuskus häufiger werden. Eine dritte Gattung, Pseudochirus, verbreitet sich über ganz Australien und findet sich in zwei besonderen Arten auf Neu-Guinea. In ihrer Lebensweise gleichen sich alle drei Gattungen sehr, nur daß die Phalanger und Pseudochirus ihren Schwanz als Greiforgan beim Klettern mit benutzen, während er bei Trichosurus hauptsächlich als Balancierstange beim Klettern und als Steuer beim Springen dient.

Ich fand hier zwei Arten von Phalanger: Ph. maculatus und Ph. orientalis var. typicus. Phalanger maculatus ist eine Art, die in ihrer Färbung ungemein variiert; es gibt graue, gelbliche, auch beinahe weiße Individuen, zuweilen einfarbig, zuweilen durch rote, braune und schwarze Flecken gezeichnet. Unter den Tieren, die mir lebend gebracht wurden, befand sich eins, dessen dichter seidenweicher Pelz auf der Oberseite lebhaft gelbbraun gefärbt war, ohne einen einzigen Flecken zu besitzen, während die Unterseite schneeweiß war. Es war ein Männchen von viel sanfterem und zutulicherem Charakter, als die Mehrzahl der andern gefangenen Kuskus, die fürchterlich bärbeißig und zornig waren und fauchten und bissen, wenn man ihnen nahe kam. Ich fütterte das schöne Tier mit Bananen und machte es bald so zahm, daß es sich gern streicheln und liebkosen ließ und mir gegenüber eine entschiedene Zuneigung an den Tag legte. Leider wurde es, kurz bevor ich Bou verließ, von den zahmen Dingohunden der Eingeborenen, die überall herumlungern, von der Veranda des Missionshauses heruntergeholt und zerrissen.

Phalanger orientalis var. typicus.

Am vierten Tage meiner Anwesenheit in Bou kam Maanaima von Mita im Walboot zurück und brachte zwei andere samoanische Missionäre, Filimona und Toma, sowie die Frau und Tochter des letzteren mit sich. Das Missionshaus in Bou unterschied sich nicht wesentlich von einem Eingeborenenhause und bestand nur aus zwei Räumen. Den einen überließ man mir zur alleinigen Benutzung, in dem andern wohnte, aß und schlief die ganze Missionärgesellschaft. Es war sehr angenehm für mich, daß Maanaima etwas englisch verstand und überhaupt ein intelligenter, energischer und dienstwilliger Mann war. In Bou hatte er, wie er mir selbst sagte, bisher nur bei einem Teil der Eingeborenen festen Fuß gefaßt, während die Mehrzahl seine Anwesenheit noch mit scheelen Augen ansah und auch mir nicht eben freundlich begegnete, wenn ich mit ihnen zusammentraf. Es gibt eben unter den Wilden auch konservative Elemente, die den Neuerungen abhold sind und es nicht gern haben, wenn man ihnen sagt, es wäre unrecht, seine Feinde hinterrücks zu überfallen, Männer, Weiber und Kinder totzuschlagen, die Schädel zur Ausschmückung der Häuser zu verwenden und das Fleisch als guten Braten zu servieren. Die Fehden der Papuas bestehen fast immer in solchen heimlichen Überfällen und zeichnen sich unvorteilhaft vor den Kriegen andrer wilden Völker dadurch aus, daß man die Weiber und Kinder ebenso mordet, wie die erwachsenen Männer. Man sieht in ihnen die zukünftigen Rächer oder die Erzeugerinnen von Rächern und hat überhaupt das Bestreben, den überfallenen Stamm so zu dezimieren, daß er sobald an Vergeltung nicht denken kann. Gewöhnlich erfolgt aber über kurz oder lang ein ähnlicher Handstreich von seiten der früher Überfallenen, der dann später wieder neue Sühne erfordert. So kommt es, daß diese feigen Fehden unter den Eingeborenen nicht aufhören wollen, und daß Zerrissenheit und Zwiespalt überall herrscht, obwohl der Papua von Charakter eigentlich nicht bösartig ist.

Maanaima sagte mir mit Stolz, daß er doch schon während seines halbjährigen Wirkens ausgezeichnete Erfolge zu verzeichnen habe. Kannibalismus käme jetzt kaum noch vor, auch habe er viele Eingeborene überredet, den Hauptschmuck ihrer Häuser, die Menschenschädel, die als Andenken an verstorbene liebe Anverwandte oder auch als Kriegstrophäen aufgehängt werden, an einer besonderen Stelle vor dem Missionshause zu vergraben. Ich sprach dem wackeren Manne meine aufrichtige Anerkennung und Bewunderung für diese Erfolge aus und schlug ihm vor, sein Werk nun noch zu krönen und die anstößigen Schmuckgegenstände, die er glücklich aus den Häusern entfernt hätte, der Wissenschaft zugänglich zu machen, indem er mir half, sie auszugraben und mitzunehmen. Zuerst wollte ihm das nicht recht einleuchten, endlich aber willigte er ein und in einer sternhellen Nacht machten wir uns wie zwei heimliche Schatzgräber ans Werk, nachdem wir uns überzeugt hatten, daß alles um uns herum in tiefem Schlummer lag. Es wäre im Interesse der Mission nicht gut gewesen, wenn die Leute erfahren hätten, daß wir die der Erde übergebenen Schädel herausgenommen und meinen Sammlungen einverleibt hätten. Eine Anzahl papuanischer Schädel, wohlerhalten, aber etwas rauchgeschwärzt, war das Resultat unserer verstohlenen Nachtarbeit und bildet noch jetzt einen kostbaren Bestandteil meiner Sammlung.

Ich machte Maanaima darauf aufmerksam, daß den sämtlichen Schädeln die Unterkiefer fehlten, und fragte, was mit denselben eigentlich angefangen wäre, und ob er sie mir nicht auch verschaffen könnte. Am nächsten Tage kam er und brachte mir einen Unterkiefer, der sich auf Figur 24 Seite 436 abgebildet findet. Dieser Unterkiefer ist durch einen starken Baststreifen, der seine beiden Äste verbindet, zu einem Armband umgebildet worden; ein paar leere Schalen von nußartigen Früchten hängen daran, die wie Kastagnetten klappern, wenn man den Arm, über den man das Schmuckstück gestreift hat, bewegt und schüttelt. Man sieht, wie vielseitig der Papua in der Verwertung eines lieben verstorbenen Anverwandten ist und wie sinnig er ein Andenken zu tragen versteht. Zuweilen sieht man auch Hals- und Brustwirbel als Kopfschmuck verwertet.

Am Sonntag, den 8. Mai, versuchte Maanaima auf dem Platze vor dem Missionshause Gottesdienst abzuhalten, denn eine Kirche war noch nicht gebaut. Da es aber regnete und stürmte, zog es die Gemeinde vor, zu Hause zu bleiben. Filimona war schon vorher nach Mita zurückgekehrt.

Die älteste Missionsniederlassung in Milne-Bay befindet sich in Aroani, auf einer der Killerton-Inseln. Die polynesischen Missionäre haben in Neu-Guinea stark vom Fieber zu leiden, für das die Südseeinsulaner mehr empfänglich sind und dem sie leichter unterliegen, als die Weißen. Erst vor kurzem hatte Maanaima hier seine Frau begraben, und groß ist die Zahl der Opfer, welche die aufopferungsvolle Tätigkeit jener braunen Sendboten des Evangeliums schon gefordert hat.

Nach einwöchentlichem Aufenthalt nahm ich endlich Abschied von der schönen Bai, in der sich der Reichtum und die Üppigkeit der papuanischen Fauna und Flora in ihrer ganzen Fülle offenbart. Maanaima brachte mich im Walboot an Bord der Hekla, und meine eingeborenen Freunde gaben mir in Kanoes und auf eigentümlichen floßartigen Fahrzeugen, die aus einigen wenigen aneinander gebundenen Baumstämmen bestehen, und die ich nur hier gesehen habe, das Geleit.

In Samarai holte ich nun Douglas ab, der sich dort gehörig gelangweilt hatte und mein Kommen wie eine Erlösung betrachtete. Er brachte ein Paar weiße gelbschöpfige Kakadus mit, die er von den Eingeborenen erhalten hatte. Die papuanische Abart ist erheblich kleiner als die australische, die wir so oft in Tiergärten und Menagerien sehen, ihr Wesen ist sanfter und liebenswürdiger, ihre Stimme weniger kreischend. Die beiden Tiere wurden an Bord unseres Luggers auf der langen Rückfahrt unser aller Lieblinge. Wie die Affen kletterten sie überall herum, kamen auf unsern Zuruf herbei und waren entzückt, wenn wir sie liebkosten und uns mit ihnen beschäftigten. Bei schlechtem Wetter mußten sie hinunter in den dunklen, dumpfigen Schiffsraum, und dort waren sie traurig und ängstlich. Ihre ganze Lebhaftigkeit erwachte aber sogleich wieder, wenn wir sie herauf in die warme, helle Sonne brachten. Dann benahmen sie sich ganz wie ausgelassene Buben, die der dumpfen Schulstube entronnen sind. Wir hätten sie gern den ganzen Tag frei herum laufen lassen, aber ohne Aufsicht durften sie nicht bleiben, denn sie hatten die üble Angewohnheit, Holzwerk und alles, was nicht niet- und nagelfest war, mit ihren kräftigen Schnäbeln in Angriff zu nehmen und in unglaublich kurzer Zeit zu zerstören. Im ganzen zeigten sie eine Klugheit und Gelehrigkeit, wie ich sie noch bei keinem anderen Vogel gesehen habe und wie sie auch die Fähigkeiten sehr vieler Haussäugetiere, wie Kaninchen, Meerschweinchen und der Zweihufer weit übertrifft und beinahe an die des Hundes herankommt. Auch Sprachtalente besitzen diese Kakadus, und einer unserer beiden Freunde lernte bald Worte wie »Cockatoo« und »pretty Cocky« nachsprechen.

In Samarai kam ein junger Händler oder »Trader« namens Richard Ede zu mir und bat mich, ihn doch in der Hekla mit nach Thursday Island zu nehmen, weil er von dort mit dem Britisch India Dampfer Jumna nach England zurückkehren wollte, um sich von schweren Fieberanfällen zu erholen. Er hatte mehrere Jahre lang an der Süd- und Nordküste von Neu-Guinea Handel getrieben und war soeben von einer längeren Fahrt nach den Trobriands-Inseln zurückgekehrt. Seine Streifzüge hatte er meist allein in einem kleinen Lugger ausgeführt, bloß begleitet von einigen Südseeinsulanern, und war mehrfach nur mit knapper Not der Gefahr entronnen, von den Eingeborenen ermordet zu werden, die sich seiner Vorräte bemächtigen wollten. Man kann leider nicht ableugnen, daß bei all ihren liebenswürdigen und anziehenden Eigenschaften die Papuas hinterlistig und begehrlich sind und sich nichts daraus machen, einen harmlosen Fremden totzuschlagen, mit dem sie in freundschaftlichstem Verkehr stehen, wenn ihre Habsucht erweckt ist, und Übermacht oder Überraschung ihnen die Sache leicht macht. Verweilt man nicht allzulange an einem Ort, so ist die Gefahr geringer, denn die Pläne der Eingeborenen bedürfen immer längerer Zeit, um zu reifen. Bei zwei Gelegenheiten, so erzählte mir Ede, war er von eingeborenen Frauen gewarnt und aufgefordert worden, sich davon zu machen, weil der Stamm etwas gegen ihn im Schilde führte. Ein ganz ähnliches Begebnis berichtet D'Albertis von Roro, wo er durch Abia, ein Mädchen aus

Bioto, vor einem heimtückischen Anfall ihres eigenen Stammes gewarnt wurde. Man sieht, auch bei den Wilden ist der Sinn der Frauen dem Mord und Blutvergießen mehr abgeneigt, als der der Männer, und nicht nur die edle Griechin, auch das Weib des nackten, wilden Papua fühlt und empfindet, was Antigone mit den herrlichen Worten ausdrückt: »Nicht mitzuhassen, mitzulieben bin ich da«.

Am 10. Mai lichteten wir die Anker und traten unsere Rückreise an. Um diese Jahreszeit hätte normalerweise der regelmäßige Südostpassat schon in ziemlicher Stärke und Stetigkeit einsetzen sollen und er hätte uns leicht in einer Woche nach Thursday Island zurückgetragen. Jedenfalls durften wir aber hoffen, bis zum 20. zurück zu sein, an welchem Tage die »Jumna«, der Dampfer, den Douglas und Ede zur Rückfahrt nach England benützen wollten, dort fällig war. In diesem Jahre war aber alles auf den Kopf gestellt: so lange wir nach Südosten steuerten und den Nordwestwind gebrauchen konnten, hatte uns der Südost in die Zähne geblasen, jetzt da wir ihn nötig hatten, wehten uns wütende Nordweststürme entgegen. Dann wieder kamen tagelange Windstillen. Unter kurz gerefften Segeln suchte die wackere Hekla gegen den Wind aufzukommen, aber am 14. waren wir nicht weiter als bis Toulon Island, und als wir nach drei stürmischen und regnerischen Tagen zum ersten Mal wieder im stande waren, uns über unsere Position zu orientieren, fanden wir uns noch genau an demselben Fleck.

Der Aufenthalt auf dem kleinen Boot, dessen Deck fort und fort von den Wellen überspült wurde, und dessen Kabine ein kleines Loch war, in das man keinen Hund sperren mochte, war selbst für Leute, die an ein rauhes Dasein gewöhnt sind, fürchterlich. Dazu hatte ich noch fortwährenden Ärger mit dem Kapitän wegen der Segel, die er auch bei mittelstarkem Winde so kurz reffte, daß wir beim Lavieren nicht vorwärts kamen, sondern geradezu festzukleben schienen. Am schlimmsten aber waren die Windstillen, welche auf die Nordweststürme folgten. Nach einem derartigen Sturm befindet sich, auch wenn längst völlige Windstille eingetreten ist, das Meer noch lange in der langsam auf- und abwogenden Bewegung, die man Dünung nennt. Kein Lufthauch schwellt die Segel, die in unregelmäßigen, die Nerven reizenden Stößen an den Masten herumflappen. Das Schiff, das dann keine eigene Bewegung mehr hat, ist ein hilfloser Spielball des Meeres, es wird hin und her gedreht und von der Dünung auf und ab geschaukelt, schwankt bald nach rechts, bald nach links, nach vorn und nach hinten. Gerade die Unregelmäßigkeit dieser Bewegungen ist es, die sie so unerträglich unangenehm macht und in der brütenden Sonnenglut, die von keinem Hauch gekühlt wird, einem geradezu das Dasein verleidet. Zu solchen Zeiten und in diesen Breiten lernt der Seefahrer die wohltätige Erfindung des Dampfes erst ganz schätzen.

Langsam und Schritt für Schritt arbeiteten wir uns vorwärts. Am 18. Mai sahen wir Countance Island bei Aroma, am 20. befanden wir uns in einer Windstille vor Port Moresby.

Meine beiden Begleiter mußten jetzt natürlich die Hoffnung aufgeben, noch zur rechten Zeit für ihr Schiff in Thursday Island einzutreffen. Wir bedurften zwei weiterer Tage, um uns bis Jule Island fortzuarbeiten, und beschlossen hier an Land zu gehen, denn der ganze Vorrat an Feuerholz, den wir zum Kochen von Samarai mitgenommen hatten, war aufgebraucht, und unser Trinkwasser war unbrauchbar geworden. Wir hatten bei unserer Abfahrt von Thursday Island zwei Fässer voll ausgezeichneten Regentrinkwassers mitgenommen; das eine war auf der Reise geleert worden, in dem anderen aber traten Larven und Puppen von Moskitos in solcher Menge auf, daß es selbst für einen Naturforscher der größten Überwindung bedurfte, diesen Trank zu genießen. Auf Jule Island begrüßten wir wieder unsere alten Freunde, die katholischen Missionäre, und machten auf einigen halb verwilderten Pferden, die der Mission gehörten, und deren Sättel und Zaumzeug aus Zunder und nicht aus Leder zu bestehen schienen, einen Ritt nach den beiden Dörfern der Eingeborenen.

Hier hatte ich die erste Bekanntschaft der Papuas gemacht und hier nahm ich von ihnen Abschied. Im Laufe der Erzählung von meiner Fahrt von Jule Island bis zum Ostkap habe ich an vielen Stellen Gelegenheit gehabt, die Körperbeschaffenheit, sowie die geistigen Eigenschaften, Sitten und Gewohnheiten dieser merkwürdigen Menschenrasse zu schildern. Es läge nahe, hier ein zusammenfassendes ethnographisches und anthropologisches Bild von ihnen zu geben, wie ich oben versucht habe, es für die Australier zu entwerfen. Wenn ich aber bedenke, daß meine Berührung mit den Papuas überall nur eine flüchtige gewesen ist, und wenn ich sehe, wie vieles in der Ethnographie und Anthropologie dieses Volkes noch zweifelhaft, ungenügend erforscht und vieldeutig ist, so verliere ich den Mut und will mich begnügen, bloß einige allgemeine Umrisse zu geben.

Neu-Guinea wird von einer dunkelhäutigen kraushaarigen Rasse von Menschen bewohnt, die von ihren nordwestlichen Nachbarn, den Malayen, als Orang Papua bezeichnet werden. Eine ganz ähnliche Rasse bewohnt nicht nur die Inselgruppen in nächster Nähe der Hauptinsel Neu-Guinea, die Kei- und Aru-Inseln, Mysol, Salawatti und Waigiu, sondern dehnt sich über den Bismarck-Archipel, die Salomon-Inseln und Neuen Hebriden bis nach Fidji und selbst bis nach Neu-Kaledonien aus, wo allerdings die Mischung mit fremden Elementen schon recht stark wird. Der Kreis der eben erwähnten Inseln wird geographisch als Melanesien bezeichnet und deshalb nennt man auch die ihn bewohnende Menschenrasse vielfach Melanesier und spricht, indem man den Ausdruck Papua für die Bewohner von Neu-Guinea zurückbehält, von Papuas und Melanesiern als etwas besonderem. Andere unterscheiden sogar in der Bevölkerung von Neu-Guinea selbst ein echt papuanisches von einem melanesischen Element. Da aber an der Zusammengehörigkeit der Rassen in diesem ganzen Gebiet nicht gezweifelt werden kann, ist es doch notwendig, einen Sammelnamen für den ganzen Rassenkomplex zu besitzen, unbeschadet der speziellen Gliederung und Untereinteilung. Ich gebrauche deshalb die Bezeichnung papuanische Rasse in diesem allgemeinen Sinne. Eine dunkelhäutige, wenngleich im allgemeinen mehr locken- als wollhaarige Rasse lebt in den Wald- und Berggegenden der Philippinen und wird, zusammen mit den dunklen kraushaarigen Semangs von Malakka, als die Rasse der Negritos bezeichnet. Ihnen scheint die Rasse der Mincopie, als deren typischer Vertreter die Bewohner der Andamanen gelten können, in mancher Beziehung nahe zu stehen. Ob eine nähere Verwandtschaft zwischen Negritos und Papuas wirklich vorhanden ist, ist eine schwierige und auf Grund unserer bisherigen Kenntnisse kaum zu beantwortende Frage. Ganz zweifelhaft ist die Stellung der dunkelhäutigen, lockenhaarigen Alfuren, die die Urbevölkerung einiger der größeren Molukken, der Inseln Ceram, Buru und Halmahera ausmachen. Vieles scheint mir dafür zu sprechen, daß dieselben papuanische Elemente assimiliert haben.

Sehen wir von diesen und anderen kleineren Rassen ab, so finden wir die Papuas umgeben im Westen von den Malayen, im Süden von den Australiern, im Osten und Norden von den Polynesiern, drei Hauptrassen, von denen sie sich in äußerst frappanter Weise unterscheiden. Ich habe allein die Papuas von Neu-Guinea etwas näher kennen gelernt und spreche im Folgenden ausschließlich von ihnen und nicht von den stammverwandten Bewohnern der übrigen melanesischen Inseln. Neu-Guinea ist bekanntlich nach Grönland die größte Insel der Welt und übertrifft an Flächenraum das deutsche Reich ganz beträchtlich. Obwohl ich viele Hunderte von Kilometern der Küste von Neu-Guinea kennen gelernt habe, so ist das doch nur ein verhältnismäßig kleiner Teil, und alles, was ich sage, gilt streng genommen nur für den Südosten der Insel. Aus den Berichten und Bildern anderer Reisender kann ich ersehen, daß die Ethnographie und Anthropologie der Papuas von Neu-Guinea in mannigfacher Weise kompliziert ist und zahlreiche lokale Eigentümlichkeiten zeigt. Dennoch aber scheint mir aus allem mit großer Bestimmtheit hervorzugehen, daß wir es im großen und ganzen mit einer einheitlichen Rasse zu tun haben, die trotz der verschiedenartigen Einwirkungen ihrer näheren und ferneren Nachbarn ein Ganzes darstellt.

Die körperlichen Eigenschaften der Papuas habe ich schon auf Seite 352 geschildert und habe an verschiedenen Stellen meiner Erzählung auf die bedeutenden Schwankungen hingewiesen, die die Stämme vom Golf von Papua bis zum Ostkap in ihrer Körpergröße und Hautfarbe erkennen lassen. So bedeutend diese Differenzen sind, und so deutlich sie hervortraten, hatte ich doch niemals den Eindruck, als ob es sich dabei um wesentlich verschiedene Rassen handle, mehr um Spielarten eines Grundtypus, der in Physiognomie, Schädelbau und allgemeiner Körperform immer deutlich hervortritt. Es ist sicher, daß an der Ostspitze Neu-Guineas eine stärkere Vermischung mit polynesischen Elementen eingetreten ist als weiter westlich. Auch in der Sprache soll sich dies ausprägen. Doch dominiert auch an dem Ostkap und in Milne-Bay das echt Papuanische so sehr, daß wir durchaus nicht jene Stämme von unsern Betrachtungen auszuscheiden brauchen.

Wer die Erzählung meiner Fahrt gelesen hat, der wird, wie ich hoffe, auch von dem Charakter der Papuas ein Bild erhalten haben, von ihrem lebendigen, impulsiven, sorglosen Wesen, ihrem heiteren Temperament, der rückhaltlosen Art, mit der sie ihren Empfindungen und Stimmungen Ausdruck geben, ihrem Familiensinn, der sich in freundlicher Behandlung der Frau und Kinder, in aufrichtiger Trauer um den Tod ihrer Verwandten äußert. Die Papuas sind leidenschaftliche Menschen, und in ihrer Leidenschaftlichkeit liegen auch die Schattenseiten ihres Charakters begründet: ihre Begehrlichkeit nach schönem Besitz, den sie in der Hand von Fremden sehen, die Unzuverlässigkeit, mit der sich Viele, nicht Alle, fremden Besuchern gegenüber benehmen, die rücksichtslose Art ihrer Kriegführung, die Raschheit, mit der ihr Zorn aufflammt und wieder erlischt.

Gute und ausdauernde Arbeiter sind die Papuas nicht. Eine ernstere Lebensauffassung ist ihnen in jeder Beziehung fremd, und als echte Kinder ihrer schönen sonnigen Heimat führen sie ein Dasein, das in Freud und Leid wesentlich dem Augenblicke hingegeben ist und dessen Endziel der freie und frohe Lebensgenuß zu sein scheint. Selbst dann, wenn sie wie die Motus langdauernde Seefahrten unternehmen, ist doch auch diese arbeitsreiche Zeit, von Festen und monatelanger Muße unterbrochen, ebensowohl eine Vergnügungsfahrt als eine Arbeit.

Frei ist ihre soziale Ordnung; die Häuptlinge, wo sie vorhanden sind, üben wohl einen Einfluß auf das Verhalten des Stammes nach außen hin, im übrigen ist jeder sein eigner Herr, und selbst die Kinder tun, was sie wollen. Die Frauen besorgen das Haus, formen in den Gegenden, wo geeignete Tonarten vorkommen, die Gefäße, arbeiten in den Pflanzungen, aber niemals ist ihre Arbeit eine harte; alles geschieht con amore, mehr wie eine angenehme Beschäftigung als wie eine ernste Pflicht. Die Männer sind Fischer, Jäger, Seefahrer. Aber nur bei gutem Wetter fährt man zum Fischen hinaus, und die Jagd ist, im Gegensatz zu den Australiern, mehr Sport als ein Mittel, sich den Lebensunterhalt zu schaffen. Es verdient hervorgehoben zu werden, daß die Papuas überhaupt wesentlich eine Küstenbevölkerung sind und sich nur, dem Lauf der Ströme folgend, etwas dichter in das Inland hinein verbreiten.

Ungeheure Strecken des gebirgigen Innern von Neu-Guinea sind unbewohnt oder ganz dünn bevölkert, ein Umstand, der das tiefere Eindringen in das Land hinein für die Forscher ungemein erschwert hat und wohl neben der gebirgigen. unzugänglichen Natur des Landes der Hauptgrund gewesen ist, daß alle bisherigen Versuche, den Rumpf der Insel zu durchqueren und seine Beschaffenheit zu erforschen, mißglückt sind. Da man nicht erwarten kann, im Innern Eingeborene zu treffen und von ihnen die Nahrungsmittel einzutauschen, muß man alle Lebensmittel, die man braucht, auf menschlichen Schultern mitführen. Zu Trägern aber eignen sich die Papuas schlecht, sie leisten nicht die Hälfte von dem, was ein Neger vermag, und sie sind durchaus abgeneigt, sich auf weitere Expeditionen ins Land hinein einzulassen.

Die Bewohner des dichter bevölkerten Britisch Südost-Neu-Guinea scheinen energischer und kriegerischer zu sein, als die an der deutschen und holländischen Nordküste, wirklich tapfer sind aber auch sie gewöhnlich nicht. Ihre Kriegführung besteht durchweg in feigen Überfällen; die eigentlichen Gefechte sind unblutig, die Metzelei richtet sich gegen die fliehenden oder umzingelten Feinde und gegen die wehrlosen Weiber und Kinder. Chalmers hat jedoch in seinen interessanten Mitteilungen über die Kriege der Papuas Beispiele dafür gegeben, daß es auch unter ihnen tapfere und entschlossene Männer gibt, die ihr Leben einsetzen, um einen in Not befindlichen Freund herauszuhauen.

Über den Verstand der Papuas hört man recht verschiedene Urteile. Mir schien derselbe durchweg nicht gering entwickelt. Hoch steht er über dem der Australier, während er ebenso tief unter dem der Negerrasse zurückbleibt. Wenn wir ihn aber mit dem der Neger vergleichen, müssen wir nicht aus den Augen verlieren, daß wir einen ungemein hohen Maßstab anlegen, denn die Kulturstufe der Negervölker ist zwar fast durchweg eine sehr tiefe, ihre Fähigkeiten aber sind so bedeutend, daß sie, wie viele Beispiele in Nordamerika lehren, in beinahe jeder Beziehung in Wettbewerb mit den Kaukasiern treten können. Nur wenige andere Rassen auf der Erde dürften ihnen das nachmachen. Vergleichen wir die Papuas nur mit ihren Nachbarn im Norden und im Osten, den Malayen und Polynesiern, so hören wir, daß Wallace, einer der feinsten und sachlichsten Beobachter, der 8 Jahre lang im malayischen Archipel gelebt hat, der Ansicht ist, die Papuas stünden den Malayen in geistiger Hinsicht ziemlich gleich, überträfen sie vielleicht sogar. Es ist möglich, daß letzterer Ausspruch doch einer etwas zu günstigen Meinung entstammt, denn die weißen Missionäre, welche die beste Gelegenheit haben, sich über die Intelligenz der Papuas ein Urteil zu bilden, stellen die Fähigkeiten ihrer papuanischen Missionsschüler nicht allzu hoch, entschieden unter die der polynesischen.

Es ist schwierig, über Religion und Kult der Papuas im allgemeinen zu sprechen, denn in dieser Beziehung sind die Unterschiede bei verschiedenen Stämmen bedeutend, und unsere Kenntnisse sowohl intensiv als extensiv noch viel zu gering, um das Wesentliche vom Unwesentlichen zu trennen. Wir können aber doch sagen, daß die religiösen Vorstellungen fast durchweg sehr unentwickelte sind, und daß der religiöse Kultus eine Nebenrolle im Leben der Papuas spielt. Nur der Ahnenkultus ist hiervon auszunehmen, der gewöhnlich in feste und zum Teil strenge Normen gefügt ist. Besonders äußert sich das in einer langdauernden, entsagungsreichen Trauer um die jüngst verblichenen nahen Angehörigen. Die Aufbewahrung der Schädel, das Tragen von Unterkieferarmbändern wurde schon erwähnt. Aus Holz geschnitzte Ahnenbilder, denen man eine besondere Verehrung widmet, finden sich an vielen Teilen der Insel, aber nicht an der Südostecke, die ich besucht habe.

Die Bewohner Südost-Neu-Guineas, deren Bekanntschaft ich gemacht habe, scheinen keinen eigentlichen Gottesbegriff zu kennen. Sie haben eine Anzahl abergläubischer Gebräuche, verrichten bei ihren Trauerfeierlichkeiten, während der Abwesenheit ihrer Verwandten auf gefährlichen Expeditionen, oder auch dann wenn es zu viel oder zu wenig regnet, gewisse Zeremonien, die mehr unter den Begriff der Zauberkunst als eines religiösen Kultus fallen. Sie haben große Angst vor Zauberern, einzelnen Individuen oder ganzen Stämmen, und suchen sich mit denjenigen, die sie im Besitze jener Kraft glauben, auf jede Weise gut zu stellen. Krankheit, besonders Irrsinn, gilt als Behexung. Wie ihr Ahnenkultus beweist, glauben sie an ein Fortleben der Seele nach dem Tod. Alle diese Vorstellungen und Gebräuche sind aber so wenig bestimmt und so verworren, daß sie eben nur die Uranfänge einer Religion darstellen und sich noch in durchaus flüssigem Zustande befinden. Viel genauere Kenntnisse, als wir sie heute besitzen, sind erforderlich, um zu irgend welchen Verallgemeinerungen für die ganze Insel zu gelangen, dasjenige, was fremde Zutat ist, auszuscheiden und einen durchgeführteren Vergleich mit den Religionen und Gebräuchen der Nachbarvölker zu wagen.

Die Papuas sind Polygamisten, und die Ehe ist nur eine lockere; oft verstößt der Mann seine Frau oder trennt sich auch gütlich von ihr und löst die Ehe ohne große Zeremonien, wie er sie eingegangen ist. Von so durchgearbeiteten komplizierten Vorschriften bei der Schließung der Ehe und Verboten der Vereinigung engerer oder fernerer Blutsverwandten wie in Australien findet sich nirgends etwas in Neu-Guinea. Einweihungszeremonien der mannbaren Jünglinge existieren hier und da, so zum Beispiel im Golf von Papua, haben aber nicht die Bedeutung und Heiligkeit der entsprechenden Gebräuche der Australier, von denen sie vielleicht in jenen Distrikten über die Inseln der Torresstraße hin übernommen worden sind. Dort finden wir auch eigentümliche zeremonielle Tänze, zu denen phantastisch gestaltete Masken benutzt werden, die den östlicheren Distrikten fremd sind. An diesen Tänzen dürfen nur die erwachsenen eingeweihten Jünglinge und Männer teilnehmen.

Die Stämme am Golf von Papua haben insofern ein besonderes Interesse, weil sie von polynesischen Einflüssen weniger berührt worden sind als die weiter im Osten lebenden. Nur dürfen wir dabei nicht vergessen, daß ein gewisser, wenn auch wohl nur schwacher Einfluß von Australien her bei ihnen nicht ausgeschlossen ist.

Ein so phantasiereiches Volk wie die Papuas besitzt natürlich zahlreiche Mythen, die oft in poetischer Form die Geschichte des Stammes, seine Wanderungen und Kulturfortschritte schildern. Doch ist weder Poesie, noch Gesang, noch Musik überhaupt die starke Seite unsrer Freunde. Die Natur hat sie aber zu bildenden Künstlern ersten Ranges geschaffen und ihnen einen Formensinn verliehen, der wahrhaft erstaunlich ist.

Wenn es auch einleuchtet, daß eine auf so niedriger Kulturstufe stehende Rasse wie die Papuas sich nicht in der Höhe ihrer Kunstentwicklung mit uns Europäern messen kann, und überhaupt nicht, was den Inhalt ihrer Schöpfungen anlangt, mit ihnen in einem Atem zu nennen ist, so übertreffen sie uns doch in der allgemeinen Verbreitung dieses Sinnes und in ihrem eigentlichen Kunstbedürfnis.

Wie gering ist doch dieses letztere bei unsern niedern und selbst mittlern Ständen entwickelt. Fällt es unsrer Fischerbevölkerung ein, die Ruder zierlich zu formen oder durch irgend eine Verzierung zu verschönen? verlangt irgend ein europäischer Landmann von Pflug und Ackergerät etwas andres als daß es praktisch und brauchbar sei, und macht er sich einen Deut aus der schönen Form, obwohl er Tag für Tag, Jahr aus Jahr ein mit diesen Dingen hantiert? und sind wir Gebildete etwa anders? Der Kunstsinn ist bei den meisten von uns etwas äußerlich erworbenes, aufgepfropftes. Wir lesen Bücher über Kunstgeschichte, wir sehen uns Bilder und Statuen an und empfinden sogar echtes Vergnügen, wenn wir einmal auf einer italienischen Reise so recht gründlich Kunst »studieren« können. Wenn es hoch kommt, abonnieren wir auch auf eine Kunstzeitschrift und schmücken neuerdings unser Heim mit allerlei Fabrikware, die nur selten der Eigenart des Besitzers Rechnung trägt und den Geschmack eher zu verflachen als zu entwickeln geeignet ist.

Aber ist das alles nicht viel mehr angelernt als von innen kommend? Nehmen nicht Hunderttausende von uns Tag für Tag denselben Federhalter in die Hand, ohne daß seine banale oder sogar häßliche Form sie im mindesten stört, ohne daß ihnen in ihrem ganzen Leben der Gedanke gekommen wäre, sich statt dessen für geringe Kosten als täglichen Gebrauchsgegenstand etwas Schönes, dem Auge Gefälliges zu verschaffen? Geht es uns nicht mit tausend andern Dingen ebenso? Unsere Reichen treiben wohl Luxus, indem sie ihre Bürsten und Kämme aus Elfenbein oder Silber herstellen lassen und mit Monogrammen verzieren. Aber wo finden wir denn auch nur den Versuch gemacht, einen edleren Luxus durch Bevorzugung einer schönen gefälligen Form statt den der brutalen Kostbarkeit des Stoffes zu treiben? Fast ebenso verhält es sich mit unsern Messern, Gabeln und Löffeln, die wir täglich in die Hand nehmen und an denen wir nur eben Anflüge eines eigentlichen Kunstsinnes bemerken. Geht man ins Neapler Museum und mustert die Gerätschaften der alten Pompejaner, selbst ihre Kücheneinrichtungen,

Waffen und Geräte aus Südost-Neu-Guinea. Die mit einem * bezeichneten Gegenstände stammen von den Trobriands-Inseln.

Fig. 1—3 Holzkeulen; 4 Keule mit Steinkopf; 5 Kampfschild; 6 Tanzschild; 7 Trommeln; 8—11 Tabakspfeifen aus Bambus; 12 Korb mit Einsätzen 13, 14 Frauenröcke; 15—17 Kürbisgefässe; 18—20 Steinbeile und Handgriffe für dieselben; 21 Kanoe-Kopf.

zum Beispiel die verschiedenartigen geschmackvollen Muster ihrer Siebe, so erkennt man, wie unendlich dieses alte Volk und sicherlich noch viel mehr die Griechen zu ihrer Blütezeit uns Modernen an Schönheitssinn und Kunstbedürfnis überlegen waren, und wird mir recht geben, wenn ich behaupte, daß der Formensinn uns Europäern der Neuzeit zum großen Teile verloren gegangen ist[1]).

Aber wie sehr unterscheiden sich in dieser Beziehung auch die armen unbekleideten Wilden Neu-Guineas von uns. Ihre Entwicklung im allgemeinen befindet sich erst auf der Höhe, welche der neuern Stein- oder neolithischen Periode Europas entspricht. Alle ihre Werkzeuge bestehen aus Holz, Stein, Muschel, Knochen, sie verstehen nicht die Gewinnung und Bearbeitung irgend eines Metalls. Dabei stehen sie doch über den Australiern, denn ihre Steinbeile sind ausgezeichnet poliert (Fig. 19a, 20a) und sie kochen ihre Speisen in selbst gearbeiteten Tongefäßen. Betrachtet man aber ihre primitiven Holz-, Muschel- oder Steingerätschaften, ihre Gefäße aus Kürbis oder Kokosnußschale, wie sehen wir einen siegreichen Geschmack Alles, auch das Kleinste durchdringen! Wenn man Hunderte von Gebrauchsgegenständen oder Waffen der Papuas durchmustert, so wird man selten oder nie ein einziges finden, welches nicht wenigstens durch irgend eine kleine Verzierung Zeugnis für den Schönheitssinn seiner Verfertiger ablegt, nicht etwas an sich trägt, was über die gewöhnliche Nützlichkeit hinausgeht. Ich habe auf den nebenstehenden Tafeln eine Anzahl Abbildungen der von mir mitgebrachten papuanischen Waffen und Geräte gegeben, um den Lesern einen Begriff davon zu geben, was ich meine. Leider sind aber gerade hier die photographischen Reproduktionen recht unvollkommen ausgefallen und geben nur eine schwache Vorstellung von der wirklichen Schönheit der Gegenstände.

Zu bewundern ist in erster Linie die Vielgestaltigkeit und der Abwechslungsreichtum der Muster, ein Beweis, wie schöpferisch die Phantasie dieses Naturvolkes sein primitives Material zu behandeln versteht. Auf Fig. 21 und 22 der folgenden Seite sehen wir Armbänder aus der Muschel Conus millepunctatus, einen sehr beliebten Armschmuck, in Fig. 23 eine Anzahl schmaler Armringe aus Trochus, in Fig. 23 sind viele

1) Seit ich diese Zeilen vor 7 Jahren niederschrieb, hat sich, ausgehend von den reformatorischen Bestrebungen einiger jüngerer Künstler, auch im deutschen Kunstgewerbe in der von mir gekennzeichneten Richtung ein Umschwung zum Besseren bemerklich gemacht. Freilich sind es, besonders was das Kunstbedürfnis und den Geschmack des großen Publikums anlangt, bloße Anläufe, zunächst noch vielfach auf Abwege führend, in ihrem Streben aber verheißungsvoll.

kleinere Muscheln zum Kranze aneinander gereiht, in Fig. 28 und 29 ist das Armband ein zierliches Strohgeflecht, in Fig. 26 dieses Geflecht mit Reihen aufgehefteter kleiner Muscheln geschmückt; Fig. 24 endlich zeigt, wie sogar der Unterkiefer des verstorbenen Anverwandten als Armschmuck zu dienen hat. Fast ebenso vielseitig sind die Halsbänder, Fig. 20, 27, 31, das eine aus Muscheln, das andere mit Früchteverzierung, das dritte aus Strohgeflecht. Auf der Abbildung Seite 387 sieht man andere schöne Halsbänder, die aus einem halbmondförmig geschnittenen Stück Perlmutterschale. Fig. 1 bis 16 auf nebenstehender Tafel sind sämtlich Holzmesser, die beim Betelkauen ihre Verwendung finden. Sie werden in ein kleines Kürbisgefäß, das pulverisierten Kalk enthält, getaucht und ab und zu in den Mund gesteckt. Fällt uns nun bei diesen Messern schon auf den ersten Blick die Verschiedenartigkeit der Gestaltung und Abwechslung der Muster auf, so entdecken wir bei näherer Betrachtung wirklich reizende Formen, so die von Fig. 1, 2, 6, 11 und 12, deren Erfindung einem europäischen Künstler alle Ehre machen würde. Die Holzschnitzerei ist vielleicht die stärkste Seite der Papuas und jene eben erwähnten Holzmesser, die Holzkeulen auf Seite 435 Fig. 1, 2, 3 und besonders das Tanzschild Fig. 6 und der Kanoekopf Fig. 21 sind wahre Wunder in ihrer Art. Eignet sich ein Stoff nicht, um Schnitzerei an ihm anzubringen, so werden Muster und Figuren eingebrannt, wie in die Bambustabakpfeifen, Fig. 8, 9, 10, 11, und in die Kürbisgefäße, Fig. 15, 16, 17. Man schnitzt jedoch nicht nur in Holz, sondern ritzt auch künstliche Muster in Muscheln (nebenstehende Tafel Fig. 34) und formt die Steinköpfe der Keulen durch äußerst mühsame Bearbeitung so um, daß sie nicht nur ihrem furchtbaren Kriegszweck, sondern auch dem Schönheitssinn ihres Besitzers genügen. Auf Fig. 4 Seite 435 habe ich eine derartige Keule abgebildet; es ist aber eine der einfachsten und wenig kunstvollen, denn die besseren Steinkeulen sind hoch geschätzt, und es gelang mir nicht, sie gegen europäische Messer oder Beile einzutauschen.

Gegenstände, die wie die auf der folgenden Seite beigedruckten Ruder nur wenig verziert sind, imponieren uns doch in der Zierlichkeit und Anmut ihrer Form, ebenso die Schäfte der Steinbeile Seite 435 Fig. 19 und 20. Ganz erstaunlich ist ferner der Reichtum der Muster, die man wahrnimmt, wenn man eine Anzahl Gegenstände näher betrachtet. Auf der folgenden Seite gebe ich vier verschiedene Muster von Bambustabakpfeifen. Etwas gleichförmiger sind die eingebrannten Muster auf den Kürbisflaschen; es ist auf den vier auf der Seite 438 abgebildeten Flaschen überall dasselbe Ornament

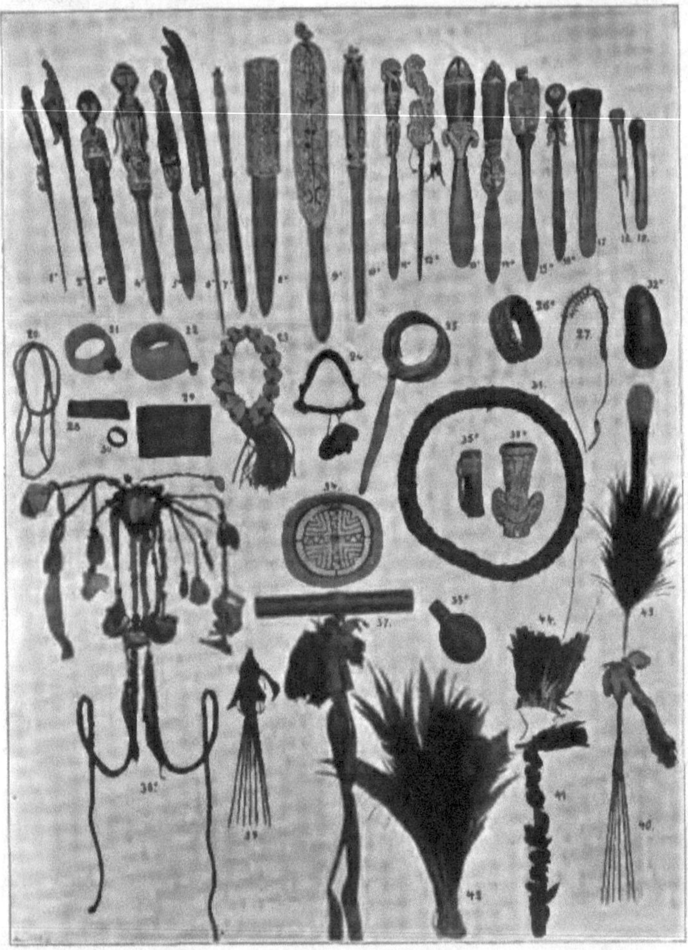

Geräte und Zierrat aus Südost-Neu-Guinea. Die mit einem * bezeichneten Gegenstände stammen von den Trobriands-Inseln.

Fig. 1—16 Holzmesser beim Betelkauen verwendet; 17—19 Messer aus Kasuarknochen; 20—28, 31 Hals- und Armbänder (20—23, 25, 27 aus Schnecken; 26 aus Geflecht mit Früchtebesatz; 28, 29, 31 aus Geflecht; 24 menschlicher Unterkiefer als Armband; 30 geflochtener Fingerring; 32, 33 Gefässe für Kalkstaub; 34 Muschel als Stirnschmuck; 35, 36 Holznäpfchen zum Zerstossen des Betels; 37 Bambusmesser zum Abtrennen der Köpfe; 38 grosses Schmuckstück; 39, 40 Kämme; 41—44 Kopfschmuck aus Vogelfedern (41 Papageifedern; 42, 44 Paradiesvogelfedern; 43 Kasuarfedern und Beuteltierschwanz).

benutzt, aber seine Verwendung ist in allen vier Fällen eine wesentlich verschiedene, und es ist geradzu erstaunlich, mit welcher Kunst und Exaktheit bei allen diesen durch die Papuas, die doch nicht mit Maß und Zirkel arbeiten, das schwierige Problem gelöst worden ist, die Kugelfläche in symmetrischer und ebenmäßiger Weise mit den vielgestaltigen und frei behandelten Arabesken zu bedecken. Wieder eine andere Art der Ornamentierung findet man auf dem S. 439 abgebildeten kapselartigen Gefäß, das aus einer Kokosnuß besteht, in deren Schale ein einfaches Muster eingeritzt ist.

Verschwistert mit diesem Formensinn findet sich überall eine ebenso lebhafte und ebenso geschmackvolle Farbenfreudigkeit. Ich müßte bunte Abbildungen geben, um eine richtige Vorstellung davon zu erwecken, in wie anmutiger Weise die Papuas die Federn der Paradiesvögel, bunten Papageien und Kasuare, sowie die Schwänze der Beuteltiere zu diadem- oder agraffenartigem Kopfschmuck oder zu Verzierungen ihrer Geräte und Waffen zu benutzen verstehen. Leider sind die Autotypien, Seite 436 Figur 37, 39—44, zu undeutlich, um das zu illustrieren. Die Röcke der Frauen, die aus Gras, Schilf oder Kokosnußfasern bestehen, sind ebenfalls häufig

Ruder.

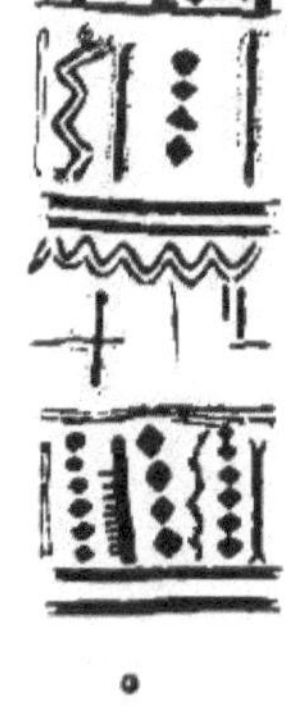

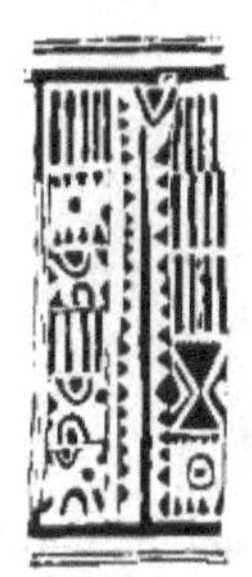

Eingebrannte Muster auf den Bambus-Tabakpfeifen.

durch abwechselnde Streifen hübsch gefärbt, Seite 435 Fig. 14. Der Kampfschild Fig. 5 ist in einer sehr eigenartigen und geschmackvollen Weise weiß, rot und schwarz bemalt. Diese Hinweise mögen

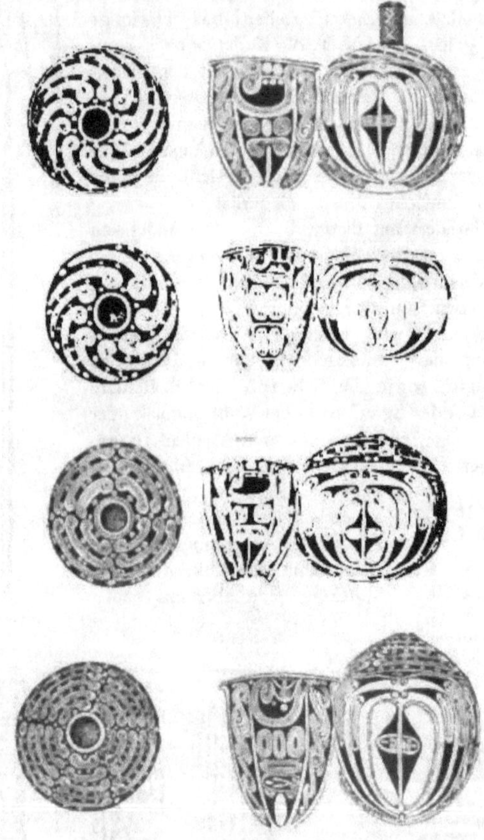

Eingebrannte Muster auf den Kürbisgefäßen.

genügen, um meinen früheren Ausspruch zu rechtfertigen, daß die Papuas in ihrer Art wahre Künstler sind. Und zwar merkwürdigerweise Künstler, deren Geschmack sich in parallelen Geleisen mit dem der abendländischen Kulturvölker bewegt, und denen groteske Formen und schreiende Buntheit der Farben viel mehr zuwider zu sein scheint, als manchen höher kultivierten Völkern. Denn die Form der Mattensegel der Lakatois (Seite 385) möchte ich eher als kühn und genial, denn als grotesk bezeichnen.

Kokosnußgefäß mit eingeritztem Muster.

Obwohl lokale Verschiedenheiten in Art und Form der Waffen und Geräte demjenigen entgegen treten, der größere Strecken der Insel bereist, ist noch viel auffälliger die Wesensgleichheit der papuanischen Kunstschöpfungen, und ich war erstaunt über die Ähnlichkeit in allen Hauptpunkten, als ich später in Ternäte eine reiche Sammlung ethnographischer Gegenstände von der Nordwestküste Neu-Guineas sah und dieselbe im Geiste mit dem verglich, was ich selbst früher an der Südostküste so oft beobachtet hatte. Ebenso groß ist die Übereinstimmung, wenn man zum Beispiel den ethnographischen Atlas von Finsch, der sich hauptsächlich auf Nordost-Neu-Guinea bezieht, durchmustert.

Wie weit die Papuas von Neu-Guinea in anthropologischer und ethnographischer Beziehung eine einheitliche Rasse darstellen, und wie weit Berührung und Vermischung mit fremden Rassen ihre körperliche Beschaffenheit und ihre Sprache, Sitten und Gebräuche verändert haben, das zu entscheiden ist eine Aufgabe, deren Lösung wir noch recht fern stehen, und die wohl einer ferneren Zukunft vorbehalten sein wird.

Wer sind die Papuas, wo kommen sie her, mit welchen anderen Rassen sind sie verwandt? Auch dieses interessante Problem ist heute noch ungelöst. Indem wir die Frage ihrer Verwandtschaft mit der kleinen Rasse der Negritos vorläufig ganz auf sich beruhen lassen, können wir mit Bestimmtheit nur sagen, daß eine nähere Verwandtschaft sowohl mit den Malayen als mit den Australiern gänzlich von der Hand zu weisen ist. Von den mesocephalen bis brachycephalen Polynesiern, deren Hautfarbe gewöhnlich viel heller, deren Haar viel weniger kraus ist, unterscheiden sich die Papuas in ausgesprochener Weise. Im Südosten der Insel enthalten die papuanischen Sprachen besonders in ihrem Wortschatz starke Beimengungen von polynesischen

Worten, was auf eine nicht unbedeutende Einwanderung polynesischer Elemente dorthin schließen läßt. Aber ganz abgesehen von solchen sekundären Mischungen durch Einwanderung ist eine ursprüngliche Verwandtschaft der Polynesier und Papuas durchaus nicht einfach abzuweisen. Zwar kann ich Zöller nicht recht geben, wenn er, allerdings mit Bezug auf die Papuas von Nordost-Neu-Guinea, sagt: »Übrigens kann ich nicht unerwähnt lassen, daß ich persönlich nicht im stande gewesen bin, zwischen den braunen Polynesiern und den ebenfalls braunen Papuas von Deutsch-Neu-Guinea einen besonders in die Augen springenden Gegensatz des körperlichen Aussehens herauszufinden. Mehrfach habe ich des Vergleiches halber absichtlich unbekleidete Samoaner dicht neben unbekleidete Papuas hintreten lassen, aber ich habe keinen Unterschied herausfinden können.«

Wie oft sah ich die polynesischen Missionäre inmitten ihrer papuanischen Gemeinde und war immer frappiert von der mir sehr augenfälligen Verschiedenheit. Aber selbst wenn sich durch weitere Forschungen anthropologischer, ethnographischer und linguistischer Art eine nähere Verwandtschaft zwischen Polynesiern und Papuas herausstellen sollte, so wird damit unser Problem noch keineswegs gelöst sein. Aller Wahrscheinlichkeit nach würden dann die Polynesier als ein Zweig der Papuas aufzufassen sein, der sich durch Vermischung mit anderen Rassen, in erster Linie Malayen, und durch selbständige Fortentwicklung zu einer selbständigen Einheit umgebildet hätte. Die Isoliertheit der Papuas unter den sie umgebenden Haupttypen wird dadurch nicht aufgehoben, wenn eine benachbarte Rasse, die polynesische, sich als ihr Produkt herausstellte, das durch Kreuzung und räumliche Trennung sich ziemlich weit von ihnen entfernt hat.

Daß die papuanische Rasse selbst nicht etwa als ein Mischungsprodukt der sie umgebenden Rassen aufzufassen ist, scheint mir völlig sicher ausgemacht. Es gibt meiner Ansicht nach nur zwei Möglichkeiten: entweder ist die papuanische Rasse ein selbständiger Hauptstamm des Menschengeschlechts, der den übrigen großen Rasseneinheiten zu koordinieren ist und dessen Zusammenhänge sich nicht weiter rückwärts verfolgen lassen. Oder aber es besteht eine wirkliche Verwandtschaft zwischen den dolichocephalen, dunkelhäutigen und kraushaarigen Rassen Afrikas und des stillen Oceans, eine Verwandtschaft und keine bloße Ähnlichkeit zwischen Neger und Papua. Kein geringerer als Huxley hat zuerst auf die Möglichkeit dieses Zusammenhangs hingewiesen. Genaue Kenner der Papuas wie O. Finsch und D'Albertis vertreten dieselbe Ansicht. Neben den körperlichen Übereinstimmungen würden auch manche Züge im Charakter und Temperament beider Rassen dafür sprechen. Andererseits gibt es nur wenige und keineswegs durchgreifende ethnographische Merkmale, die sich in diesem Sinne verwerthen ließen. Keine Spur einer Verwandtschaft der Negersprachen mit denen der Papuas hat sich bisher nachweisen lassen.

Hier wie bei vielen anderen anthropologischen Grundfragen müssen wir zum Schluß ein großes Fragezeichen setzen, und könnte es fast scheinen, als ob diese Wissenschaft überhaupt dazu verurteilt sei, auf alle weiteren Verallgemeinerungen resigniert zu verzichten. Es gibt aber kaum eine zweite Wissenschaft, die noch so wenig die Kinderschuhe ausgetreten hat, deren Thatsachenmaterial noch so lückenhaft und zum großen Teil unzuverlässig, deren Methoden noch so unsichere und schwankende sind. Dazu kommt, daß zur Lösung dieser Probleme Forscher gehören, die nahezu Übermenschliches zu leisten hätten. Sie müssen in gleicher Weise Anthropologen, das heißt Naturforscher, sie müssen Ethnographen und Linguisten sein, und sie müssen die Rassen, deren Beziehungen sie ergründen wollen, aus persönlicher Anschauung, aus der Beobachtung ihres Lebens in ihrer Heimat kennen, nicht durch bloßes Studium von Büchern, durch Arbeit am grünen Tisch oder im Museum.

Ein beherrschender Geist, der die bisher vielfach zusammenhangslos nebeneinander arbeitenden Wissenschaften der physischen Anthropologie, Ethnographie und vergleichenden Sprachforschung zu einem einheitlichen Ganzen zusammenfaßte und die Grundzüge einer wissenschaftlichen Anthropologie in weiterem Sinne vorzeichnete, ist dem neunzehnten Jahrhundert nicht erstanden, so viele gewissenhafte und begabte Sammler und Forscher auch in den Einzelgebieten tätig gewesen sind. Groß sind vielfach die Fortschritte im einzelnen, aber ein zusammenfassendes Band fehlt noch überall, und deshalb ist auch das Interesse der Gebildeten an diesen Fragen ein sehr geringes, obwohl sie wie wenig andere die Grundlagen naturwissenschaftlicher wie historischer Bildung berühren. In unseren Schulen wird darüber nichts oder ganz Unzugängliches gelehrt, und wie ließe sich doch gerade hierdurch der trockene und spröde Stoff der Erdbeschreibung interessant machen. An unsern Universitäten finden wir Anthropologie und Ethnographie häufig nur ganz nebenbei, häufig gar nicht vertreten. Aber freilich, sie bedürfen erst noch weiterer Entwicklung, um als ebenbürtige Wissenschaft neben die anderen zu treten und Gleichberechtigung mit ihnen zu verlangen.

Als wir am Nachmittag des 22. Mai uns eben zur Abfahrt von

Jule Island rüsteten, kam ein Kanoe mit Eingeborenen vom benachbarten Festland zu uns herangerudert. Sie brachten mir zwei Kasuareier, die ziemlich weit ausgebildete Junge enthielten. Die Eier ähneln denen des verwandten Emus, sind aber von hellgrüner Farbe. Den Vogel selbst habe ich nie beobachtet, denn er bewohnt im Gegensatz zum Emu nicht die Lichtungen und offenen Ebenen, sondern hält sich in den dichten unzugänglichen Waldungen auf und ist ungemein scheu und vorsichtig. Seine Spuren sah ich oft. Die Eingeborenen verfolgen ihn eifrig, da sie seine haarähnlichen Federn gern als Kopfschmuck benutzen (Seite 436 Fig. 43) und die Beinknochen zu allerlei Gebrauchsgegenständen, dolch- und schaufelartigen Messern (Fig. 18, 19) verarbeiten.

Eine Stunde vor Sonnenuntergang lichteten wir die Anker, und nun endlich schien der Südostpassat Einsehen zu haben und füllte unsere Segel mit kräftigem Hauche, der unser gutes Schiff pfeilgeschwind vorwärts trieb. Am Morgen des 25. Mai passierten wir Bramble Cay und ankerten am Abend bei Marsden Island. Am 26. um 7 Uhr nachmittags gingen wir vor Thursday Island vor Anker. So endete unser kurzer, aber an Anregungen und Sammelergebnissen reicher Ausflug nach Neu-Guinea.

Fünfzehntes Kapitel.

Java.

Die nächsten fünf Monate verlebte ich in Australien und ich habe diese Zeit, meinen zweiten Aufenthalt am Burnett und mein kürzeres Verweilen im Gebirge bei Cooktown schon oben geschildert. Am 5. November traf ich in dem schönen Dampfer Wodonga der British India Steam Navigation Company wieder vor Thursday Island ein und begrüßte dort die alten Freunde. Unser Aufenthalt war nur von kurzer Dauer und noch an demselben Tage setzten wir unsere Fahrt nach dem Westen fort. Unser Schiff war bestimmt, über Java und Ceylon nach England zu gehen, und hatte in der ersten Klasse eine Anzahl Australier an Bord, die nach vieljähriger Abwesenheit ihrer alten Heimat, dem »old country«, einen Besuch abstatten wollten. Außerdem fuhr noch eine englische Familie mit, die Australien nur flüchtig berührt hatte, und ein junger Engländer, der das Reisen als Zeitvertreib und Unterhaltung betrieb und von einem Ausflug nach den Südseeinseln über Neuseeland und Australien gleichmütig und unbewegt zurückkehrte, wie ein Anderer von einer kurzen Land- oder Wasserpartie. Nachdem die erste Zurückhaltung überwunden war, die der Brite der besseren Stände Fremden zunächst entgegenzubringen pflegt, wurde die Gesellschaft bald sehr vertraut und fühlte sich ganz als eine große Familie. Unter dem Vorsitz des trefflichen Kapitän Sanders nahmen wir in harmloser Fröhlichkeit zusammen unsere Mahlzeiten ein, tranken, plauderten oder schwiegen, ganz wie es jedem behagte. Die Abende wurden mit Whist, ein Teil des Tages aber mit Cricketspiel verbracht. Der deutsche Leser, der dieses schöne Freispiel kennt, wird vielleicht verwundert fragen, wie es möglich ist, diesen Sport, zu dem eine weite ebene Rasenfläche gehört, auf einem Schiff zu spielen. Aber es wurde möglich gemacht.

Wir befanden uns auf einem englischen Schiff, und der Kapitän hatte nichts dawider, daß die eine Hälfte des Mitteldecks ganz diesem edlen Zwecke geweiht wurde. Alles andere hatte dagegen zurückzustehen. Allerdings mußte das Spiel der lokalen Verhältnisse wegen ein wenig vereinfacht und verstümmelt werden. Um zu verhindern, daß die Bälle über Bord flogen, wurde das halbe Schiff mit Netzen umspannt, und da dennoch täglich 1—2 Bälle dem Meere zum Opfer fielen, sah man einen der Seeleute fast unausgesetzt beschäftigt, uns neue anzufertigen. Auch ich, der ich in diesem Spiele ganz ungeübt war und deshalb keineswegs der Partei nützte, zu der das Los mich gesellte, wurde freundschaftlich und dringend dazu geworben, und war bald mit demselben Feuereifer dabei, wie die anderen.

Unser Spiel gaben wir auch dann nicht auf, als wir in die Tropen eingetreten waren und dem Äquator immer näher kamen. Den Engländern sind ihre Wettspiele durch ihre ganze Jugenderziehung so sehr in Fleisch und Blut übergegangen, daß ihr Eifer für dieselben keineswegs erlischt, wenn die heiße Sonne der Tropen für jede körperliche Anstrengung einen weit stärkeren Willensakt erfordert, als er in Nord- und Mitteleuropa notwendig wäre. Nicht nur in dem immerhin schon heißen Australien, auch in Singapore, Bombay und Kalkutta sieht man die englische Kolonie das Tennis-, Cricket- und Fußballspiel eifrig pflegen, und sie befindet sich wohl dabei. Die Hitze der Tropen wirkt bei längerem Aufenthalt schädlich auf jeden Europäer. Die körperliche Regsamkeit verliert sich, häufig auch die geistige; ein Hang zu orientalischer Bequemlichkeit und eine Schlaffheit stellt sich ein, der schwer zu bekämpfen ist. Es ist aber viel besser, dem nicht nachzugeben, sondern auch im heißen Klima den Körper täglich einmal tüchtig durchzuarbeiten. Das ist leichter gesagt als getan, und hygienische Erwägungen und gute Vorsätze wirken viel weniger stark als Vergnügen, Anregung und Ehrgeiz. Das aber gewähren neben der Jagd jene Spiele, überhaupt alles das, was man als »Sport« bezeichnet.

Ich bin durchaus kein Bewunderer von fremder Sitte und werde blinder Nachahmung niemals das Wort reden. Wo wir aber bei anderen Nationen etwas handgreiflich Gutes finden, da wäre es töricht, vor der Annahme, meinetwegen vor der Nachahmung desselben zurückzuschrecken, nur deshalb, weil es fremd ist. Es ist daher auch mit Freude zu begrüßen, daß neuerdings in Deutschland von verschiedenen Seiten Anstrengungen gemacht werden, die englischen Sportspiele unbeschadet unseres vaterländischen Turnens bei uns einzubürgern, und ich kann nichts Patriotisches in der Opposition sehen, die sich dagegen regt, unsere Jugend mit jenen schönen und gesunden Spielen bekannt zu machen. Natürlich muß man sie schon in der Jugend kennen lernen und liebgewinnen, um auch später noch den Aufwand an Zeit und Anstrengung aufzubringen, den sie erfordern. Auch sie heischen ihre Opfer; denn unter tausend Jünglingen, die sie mit Maß üben und aus ihnen Nutzen ziehen, wird es immer einige geben, die sie übertreiben, ganz in ihnen aufgehen und ihretwegen höhere Lebensinteressen vernachlässigen. Aber dasselbe ist der Fall mit den meisten nützlichen Dingen auf dieser Welt, und wo Licht ist, da wird auch immerdar Schatten sein.

Von der Torresstraße aus steuerten wir nordwestlich und traten nach dreitägiger Fahrt an der Insel Babber vorbei in die Bandasee ein, indem wir Timor Laut (Tenimber) nordöstlich liegen ließen. Unsere weitere Fahrt ging längs der sogenannten kleinen Sundainseln zunächst nördlich an der Nordostküste von Timor vorüber, zwischen dieser großen Insel und den Inselchen Kisser, Wetter, Kambing hindurch. Die Nordosthälfte von Timor sowie Kambing sind die letzten Überreste portugiesischer Herrschaft in diesen Gewässern. Im übrigen sind die kleinen Sundainseln holländisch. Java, Sumatra, Celebes und Borneo, mit Ausnahme seiner Nordspitze, stehen ebenfalls unter niederländischer Herrschaft. Auf Borneo hat sich das von Radja Brooke begründete Reich Saráwak unter englisches Protektorat gestellt. Die Molukken und die ganze westliche Hälfte von Neu-Guinea gehören gleichfalls den Holländern, deren Herrschaft allerdings in manchen Gebieten des Archipels, so im Innern von Celebes und im Südwesten von Neu-Guinea, bis jetzt eine mehr nominelle als tatsächliche ist.

Die kleinen Sundainseln bilden, wie ein Blick auf die Karte lehrt, die unmittelbare Fortsetzung von Java nach Osten, so daß Wetter, Alor, Lomblem, Flores, Sumbawa, Lombok und Bali einfach als Teile von Java erscheinen, die durch ganz schmale Wasserarme von der Hauptmasse abgetrennt sind. Die Breite dieser trennenden Kanäle beträgt durchschnittlich bloß 20 bis 30 Kilometer. Wie das eigentliche Java als Wirbelsäule eine von West nach Ost verlaufende Vulkankette besitzt, so hat auch jede der kleineren Inseln einen vulkanischen Pik zu seinem Centrum, oder mehrere als Rückgrat. In nächster Nähe fuhren wir vorüber an der kleinen Vulkaninsel Sangeang, deren »Feuerberg« im Jahre 1820 einen verheerenden Ausbruch verursacht hat. Höher ist der Vulkan Tambora auf der Insel Sumbawa, und prächtig ist es im Lichte der aufgehenden Sonne zu schauen, wie die beiden Zwillingsvulkane von Lombok und Bali, der erstere 4200, der andere 3200 Meter hoch, ihre waldgekrönten Häupter in die Wolken recken. Auf der gefährlichen Reede von Buleleng an der Nordküste von Bali ging unser Schiff am 11. November für kurze Zeit vor Anker, um einen unserer Passagiere an Land zu setzen.

Am 12. November fuhren wir morgens an der Küste von Madura vorüber, einer Insel, die der Nordostküste Javas ebenso dicht angelagert ist, wie Bali seiner Ostküste. Das Meer war hier bedeckt von malayischen Fischerbooten, die sämtlich zwei Ausleger besaßen. Ich sah zwei Formen von Segeln, eine ähnlich unsern lateinischen Segeln, die andre unten schmal, das verbreiterte Ende oben in zwei abgerundete Zipfel ausgezogen. Diese letzteren erinnerten entfernt an die prachtvollen ausgeschweiften Segel der Papuas, sie waren aber viel zahmer, lange nicht so kühn und flott als die meiner papuanischen Freunde.

Am Morgen des 14. November lief die Wodonga in Priok, den Hafen von Batavia, ein. Ehe ich mich aber an Land begebe, muß ich mich mit meinen Lesern über die Weiterführung dieses meines Reiseberichts auseinandersetzen. Ich habe mich bei der Schilderung meines Aufenthalts in Australien, der länger als ein Jahr dauerte, bemüht, dem Leser ein recht deutliches Bild des Landes, seiner physikalischen Beschaffenheit, seiner tierischen und pflanzlichen Bewohner und seiner einheimischen und eingewanderten Bevölkerung in Form einer Reisebeschreibung zu geben. In Neu-Guinea verweilte ich kürzere Zeit und konnte dort nur im Fluge Eindrücke und Beobachtungen sammeln. Dennoch habe ich, was ich sah und erlebte, in ziemlicher Breite berichtet, weil diese merkwürdige Insel bisher ganz ungenügend bekannt ist und erst in den letzten Jahrzehnten Teile von ihr etwas eingehender von Reisenden beschrieben wurden. Nun aber komme ich in ein Gebiet, in dem die Europäer schon seit Jahrhunderten lebhafte Handelsbeziehungen unterhalten, Niederlassungen besitzen, und über die eine ausgedehnte Literatur in allen Sprachen existiert. Es hat nicht viel Sinn, Schilderungen einer Insel wie Java zu geben, die durch und durch ein Kulturland ist und die schon von vielen Seiten weit besser und zuverlässiger beschrieben worden ist, als ich es nach einem vierwöchigen Besuch beim besten Willen im stande wäre. Ich verzichte daher von vornherein darauf und beschränke mich, in skizzenhafter Form meine Eindrücke zu schildern und einige von meinen naturwissenschaftlichen Beobachtungen zu verzeichnen.

Während an dem größten Teile der javanischen Küste sich zwischen die Vulkane und das Meer kein ausgedehnteres Vorland einschiebt, verhält es sich im äußersten Westen der Insel, in der Gegend von Batavia, anders. Ein breiter Streifen zunächst ebenen, dann hügeligen Landes ist dem Gebirge vorgelagert, und erst in weiter Ferne erblickt der vom Meere aus Kommende die schön gestalteten Formen der Vulkangruppen des Salak und Gedeh. Diesen Anblick hat man nur in den ersten Morgenstunden, weil sich, sobald die Sonne höher steigt, regelmäßig Gewölk im Süden zusammenballt und die Berge verdeckt. Im Innern von Batavia selbst sieht man nirgends etwas von den fernen Bergen. Auch merkt man nicht, daß man in einer Seestadt ist, weil die eigentliche Stadt landeinwärts von Kap und Hafen Tandjong Priok liegt, und es einer Eisenbahnfahrt von 18 Minuten bedarf, um von einem Ort zum andern zu gelangen.

Die Hafeneinfahrt ist durchaus nicht schön. Ebensowenig hat mich die Stadt Batavia entzückt, die in erster Linie eine tropische Großstadt ist und in zweiter Linie durch den gänzlichen Mangel an schönen öffentlichen Gebäuden auffällt. Bei der weitläufigen Bauart der Straßen vergeudet man viel Zeit, um von einem Ort zum andern zu gelangen. Wenn man allerdings die Augen auftut, tritt einem überall eine Fülle von Fremdem und Interessantem entgegen: Kanäle, welche die Straßen durchziehen und an holländische Grachten erinnern, schöne tropische Pflanzungen und Gärten, chinesische Bazare, Araber, Indier, einheimische Volksküchen im Freien, tausend kleine Züge javanischen Volkslebens, überall Betriebsamkeit und Bewegung, dazu alles übergossen von der blendenden Sonne des sechsten Breitengrades.

Es gibt Menschen, auf die solche Eindrücke begeisternd und berauschend wirken. Wer sich von Berlin und Paris mehr angezogen fühlt als von Thüringen und der Provence, dessen Hauptinteresse wird sich bei einer Weltreise auch auf Singapore, Batavia und Hongkong konzentrieren. Ich gehöre aber zu denen, die ein Bild mit wenigen ausdrucksvollen Gestalten einem figurenreichen Gewühl vorziehen: mir wird das Beobachten durch die Fülle der Eindrücke gestört, und die Stickluft, die allen Großstädten eigen zu sein scheint, beengt mir die Brust.

Ich hatte zahlreiche Geschäfte in Batavia zu besorgen, besuchte unsern deutschen Generalkonsul, Herrn Dr. Gabriel, der mir von da an während meines ganzen Aufenthalts in Niederländisch-Indien immer hilfbereit und gefällig zur Seite gestanden ist, ging zum Bankier und machte eine Anzahl Einkäufe. Wie froh war ich aber, als ich um halb 4 Uhr alles erledigt hatte und der heißen Riesenstadt den

Rücken kehren durfte. Ich trat meine Fahrt nicht vom Hauptbahnhof der Stadt, sondern von der Station Weltevreden an. Weltevreden (Wohlzufrieden) ist die Neustadt von Batavia. Sie liegt noch weiter landeinwärts, noch entfernter vom sumpfigen Küstengebiet und kann als die Europäerstadt bezeichnet werden. Hier haben die holländischen Kaufleute und Beamten ihre Wohnhäuser und Villen, hier befinden sich die großen Hotels, hier die Klubs und Parkanlagen. Still und vornehm liegen die schönen, weißschimmernden Bauten im dunklen Grün hoher Fruchtbäume und indischer Feigen. Eine freiere und gesundere Luft weht hier.

Batavia ist wegen seines schlechten Klimas berüchtigt; es ist nicht ungefährlich, eine einzige Nacht in Priok zuzubringen, wenigstens zu den Zeiten, in welchen Baggerarbeiten im Hafen vorgenommen werden. Auch die Altstadt ist recht ungesund und jeder Europäer, der es irgend durchführen kann, vermeidet es, dort zu wohnen. Man arbeitet wohl bei Tage dort in den Bureaus und Kontoren, man wohnt und schläft aber in Weltevreden. Seit man in dieser Vorstadt einen verhältnismäßig gesunden Wohnort entdeckt hat, ist die Sterblichkeitsziffer der Europäer in Batavia sehr erheblich zurückgegangen.

Der Schnellzug braucht weniger als eineinhalb Stunden von Batavia bis Buitenzorg (Ohnesorge), malayisch Bogor. Die Fahrt führt erst durch die terrassenförmig angelegten Reisfelder, an Bananen- und Palmenpflanzungen vorüber, zwischen denen man die Bambushütten der Eingeborenen erblickt. Bald kommen die Gebirge bei Buitenzorg, der Salak und östlich davon der Gedeh in Sicht, aber ihre Häupter sind in einer dunklen Wolkenbank verhüllt. Nun sind sie ganz dem Blicke entschwunden, und als ich in Buitenzorg anlange, kracht der Donner und ein wütender Tropenregen schlägt mir entgegen. Ein kleines Wägelchen, ein Dos à dos, führt mich in zehn Minuten vom Bahnhof durch die Hauptstraße des Villenortes zum Hotel, dem man sonst nicht viel Gutes nachsagen kann, das aber seinen Namen »Bellevue« mit vollem Rechte trägt.

Hier traf ich meine Reisegefährten und Freunde von der Wodonga. Sie befanden sich schon seit Vormittag hier, weil sie einen zweitägigen Aufenthalt ihres Schiffes in Batavia benutzen wollten, um das schöne Klima Buitenzorgs zu genießen und den weltberühmten botanischen Garten zu besichtigen. Das letztere haben sie getan und loben ihn auch, mit dem Hotel aber sind sie »disgusted«, weil es so gar nicht im englischen Stil gehalten ist und, wie überall in Niederländisch-Indien, in Einrichtung und Küche Europäisches mit Einheimisch-Javanischem verbindet. Abends gibt es allerdings ein »Dinner«. Am Vormittage aber hat man ihnen zugemutet, statt ihrer bewährten Hammelkoteletts und gebackenen Fische eine Mahlzeit zu verzehren, von der sie geradezu mit Schauder sprechen. Auf ein und demselben Teller sollten sie Reis, Eier, Huhn, Krebse, kleine stark riechende Fische, allerlei gepfeffertes, undefinierbares Zeug, stark gewürzte grüne Saucen essen, mindestens 20 bis 30 verschiedene Schüsseln. Sie erzählten mir, sie hätten ganz deutlich gesehen, wie die Holländer im Hotel von allem oder doch dem meisten kleine Portionen genommen und das Ganze zu einem schrecklichen Ragout gemischt hätten. Dem »Major«, einem unserer Reisegefährten, war dies aber denn doch zu arg. Er erklärte eine derartige Verpflegung öffentlich für eine Schande und befahl mit Stentorstimme den Kellnern, ihm für sein Geld ein Essen zu bringen, das ein Gentleman genießen könnte. Die höflichen javanischen Diener hörten schweigend mit gesenkten Häuptern zu, verstanden kein Wort und brachten dem Major immer neue fürchterlichere Schüsseln, die seine Entrüstung immer mehr steigerten. Er verlangte nach dem Wirt, aber dieser hielt seine Nachmittagsruhe und ließ sich nicht stören. Vergebens suchte eine holländische Dame, die englisch verstand, dem empörten Briten auseinander zu setzen, daß dies die berühmte indische Reistafel sei, die man in ganz Niederländisch-Indien zur Mittagszeit einzunehmen pflegt, weil sie den Appetit, der in dem heißen Klima bald darniederliegt, anreizt, und man es vermeidet, mehr als einmal am Tage ein substantielles Mahl zu genießen. Die Holländer haben die sogenannte Reistafel den Eingeborenen abgesehen, und hat man sich einmal an sie gewöhnt, so erblickt fast jeder in ihr eine köstliche Einrichtung und denkt mit wehmütiger Sehnsucht an sie, wenn er schon längst wieder in der fernen Heimat sitzt. Meinen Reisegenossen vom Schiff wollte aber so bald kein Verständnis dafür aufgehen.

Auch die Dame, die zu begütigen suchte, mißfiel ihnen höchlichst; ihr Kostüm bestand aus einem fein gestickten weißen Jäckchen und einem Rock, der eigentlich nichts anderes war als ein breiter, schön gemusterter Kattunstreifen, der um den Unterkörper geschlungen war, und die bloßen Füße, die in wunderbar geformten Pantöffelchen staken, nur bis zum Knöchel bedeckte. »In solch einem Aufzug setzt sich eine Dame im Hotel zu Tisch!« sagten sie mir später.

Diese Kleidung ist ebenfalls von den holländischen Eroberern der einheimischen Sitte entlehnt. Im Kattunrock oder »Sarong«, der glatt um den Unterleib herumgewickelt wird, und der leichten Leinenjacke

»Kabaja«, strumpflos in Pantoffeln gehen die Damen in Niederländisch-Indien den ganzen Tag herum; auch deutsche und englische Damen, die sich länger dort aufhalten, folgen der bequemen Sitte. Erst abends vor dem eigentlichen Diner macht man europäische Toilette. Eine ähnliche Kleidung wird auch von den weißen Männern getragen, mit dem einzigen Unterschied, daß das Sarong zu einer richtigen Hose verarbeitet ist. Allerdings begibt man sich so nicht auf die Straße, aber man trägt den Sarong im eignen Hause, setzt sich in ihm ungeniert an die Reistafel im Hotel und geht in ihm bis zur Abendstunde auf den Schiffen herum. Die Holländer und die meisten fremden Besucher, die länger dort geweilt haben, sind sehr von dieser Tracht entzückt. Sie ist in der Tat außerordentlich angenehm und dem Klima entsprechend, auch keineswegs unanständig. Warum sollen halbentblößte Füße unschicklicher sein als bloße Arme und Schultern, gegen die doch in Europa niemand etwas einzuwenden hat? Meiner Ansicht nach bringt aber diese Kleidung manche Übelstände für das gesellschaftliche Leben in Holländisch-Indien mit sich. Die Damen müssen sich, wenigstens in allen größeren Orten, umziehen, wenn sie ausgehen wollen, und da ihnen dies bald unbequem und lästig wird, lassen sie es lieber ganz und bleiben zu Hause. Es gilt als unschicklich, tagsüber, so lange sich die Bewohner im Sarong befinden, bei Fremderen Besuch zu machen, und diese Beschränkung wirkt schädlich auf einen ungezwungenen geselligen Verkehr. Wie dem auch sei, es ist eben Landessitte, die zweifellos entschiedene Vorteile mit sich bringt.

Alle Vorstellungen, die ich gestützt auf meine aus Büchern erworbenen Kenntnisse dieser Sitten vorbrachte, vermochten nicht das beleidigte Anstandsgefühl der Passagiere der Wodonga zu besänftigen und sie mit der Reistafel zu versöhnen. Das Diner am Abend, das wirklich schlecht war, nahmen sie mit schweigender, aber um so schneidenderer Verachtung entgegen. Zum Schluß wallten die Wogen des Unmuts noch einmal hoch auf; es gab kalten Kaffee! In der Tat wurde ein kalter Kaffee-Extrakt serviert, dem man durch Zugießen von heißer Milch die richtige Temperatur verleihen sollte. Das war zuviel. Der Major sprang auf und befahl den Wagen für morgen früh zum ersten Zug. »Lieber will ich mich in dem heißen Batavia zu Tode braten lassen, ehe ich in diesem Hotel noch eine einzige Mahlzeit einnehme.« Ursprünglich hatte man beabsichtigt, bis zum nächsten Nachmittag dort zu bleiben.

Als wir nach diesem ereignisvollen Mahl auf die Veranda des Hotels heraustraten, hatte der Regen aufgehört, eine balsamische Luft, kühl, frisch, duftend, strömte uns entgegen; vom Himmel strahlten die Sterne im vollsten Glanze.

Die Nacht war hier, 265 Meter über dem Meere und in der Nähe der 2000 bis 3000 Meter hohen Gebirge, von erquickender Kühle. Ein wolkenloser tiefblauer Himmel begrüßte mich in der Frühe des nächsten Tages, und als ich dann auf die Veranda an der Hinterfront des Hotels hinaustrat, lag in der Morgenfrische ein Landschaftsbild vor mir, so märchenhaft schön, so tropisch eigenartig und taufrisch zugleich, wie ich es kaum je wieder gesehen habe. Den Hintergrund bildet ein mächtig aufgebauter, ganz von dichter Waldvegetation umzogener Vulkan, der Salak, dessen Wände in sanft geschwungenen Linien nach rechts und links abfallen, während sein Gipfel in eine fünfzackige Krone ausgezogen erscheint. Gerade auf uns zu strömt ein wasserreicher, rasch fließender Gebirgsfluß, der Tjidani, der zusammen mit dem Tjiliwong das Städtchen Buitenzorg oder Bogor umschließt. Rechts und links blicken wir auf ein dichtes Blätterdach hinab. Es scheint ein Urwald zu sein, ist aber in Wirklichkeit nichts andres als eine dicht gedrängte Menge von Anpflanzungen: Kokospalmen, Fruchtbäume aller Art, Bananenhaine, dazwischen mächtige Bambusgebüsche, die die Ufer des Flusses umsäumen und mit ihren zierlichen, zartbefiederten Wedeln die Uferränder beschatten. Schaut man schärfer hin, so sieht man allenthalben die Hütten der Eingeborenen eingestreut, leichte Bambusbauten, die mit Palmblättern bedeckt sind und auf niedrigen Pfählen stehen. Die Bewohner Javas, die Malayen überhaupt, stehen zwar in der Kultur unendlich viel höher als beispielsweise die Papuas, und es wäre ganz unangebracht, sie als Wilde zu bezeichnen. Ihre Wohnstätten sind aber keineswegs besser als die der wirklichen Wilden, nur die Häuser der Dorfoberhäupter zeichnen sich durch stattlichere Bauart und größere Dauerhaftigkeit aus. Jene kleinen unscheinbaren Bambushütten, deren Errichtung nur wenig Stunden gekostet hat, haben mir aber immer besonders gefallen. Sie schmiegen sich so gut unter den Schatten der Palmen, der mächtigen Kanari- und Feigenbäume und harmonieren viel besser mit ihrer großartigen Umgebung als die häßlichen Lehmhütten, die man auf dem indischen Festland sieht. Übrigens muß man es auch den Häusern der Europäer lassen, daß sie in ihrer luftigen Anlage, auf Steinsäulen, ihrer niederen Bauart und vor allem durch die schneeweiße Tünchung, die angenehm von dem dunklen Grün der sie umrahmenden Vegetation absticht, ganz vortrefflich mit ihrer Umgebung in Einklang stehen.

Von der Veranda des Hotels stieg ich zum Badehause hinab. Ein

Schwimmbad befindet sich hier, das von einem kleinen Wasserlauf gespeist wird. Überall hört man in Buitenzorg neben sich kleine Wasserläufe rieseln, kleine Kanäle, in denen das reichliche Naß, das der Himmel täglich spendet, aufgefangen und zur Bewässerung der Pflanzungen und Felder und zum Hausgebrauch der Bewohner verwendet wird. Denn der Malaye, wie auch der Europäer, der in den Tropen lebt, braucht Wasser, viel mehr Wasser als die meisten Europäer, die fern in der Kulturheimat sitzen. Jeder Mensch badet hier mindestens einmal täglich. Kein Hotel ohne eine Anzahl Badekammern, kein Privathaus, in dem nicht diesem Bedürfnisse sorgfältig Rechnung getragen wird. In Buitenzorg sieht man morgens überall an den Quellen die Eingeborenen ihre Abwaschungen verrichten; da steht denn ein Mann, der sein kleines Töchterlein fürsorglich und behutsam abschwemmt und dann sich selbst das klare Naß über Haupt und Körper rieseln läßt. Auch Frauen der niederen Klassen sieht man öffentlich baden, sie behalten dabei ihren Sarong an und wissen ihn nachher so geschickt mit einem trockenen zu vertauschen, daß die Procedur absolut nichts Unschickliches an sich hat. Nach jedem längeren Marsche, nach der anstrengenden Feldarbeit badet auch der ärmste Kuli, und nur hoch oben im Gebirge, wo die Wassertemperatur immer und die Lufttemperatur morgens und abends eine eisige ist, findet man das Reinlichkeitsbedürfnis etwas abgeschwächt.

Man dürfte wohl recht haben, die Malayen als die reinlichste aller Rassen zu bezeichnen. Das warme Klima allein bewirkt noch keineswegs die Reinlichkeit. Die afrikanischen Neger, die Papuas, ganz zu schweigen von den Bewohnern des tropischen Australiens, sind in dieser Beziehung mit den Malayen gar nicht zu vergleichen. Das Bad wird auch nicht als bloße Erfrischung genommen, sondern als ein wirkliches Reinigungsbad mit sorgfältiger Waschung des ganzen Körpers. Die mohammedanische Religion ist es nicht allein, die diese Wirkung hervorbringt, denn ich sah oft die Haussaneger in Westafrika die Waschung, die ihre Religion vorschreibt, nur markieren, und die christlichen Malayen der Molukken sind nicht weniger reinlich als ihre mohammedanischen Brüder.

Selbst die kultivierten Europäer lassen es in ihrer Heimat noch im allgemeinen an gründlicher und regelmäßiger Reinigung des Körpers fehlen. Es sollte doch absolute Regel für jeden sein, täglich einmal den ganzen Körper vom Gesicht bis zu den Zehen gründlich abzuwaschen. Aber nicht einmal unter den Gebildeten und Wohlhabenderen ist auf dem Kontinente diese eigentlich selbstverständliche Sitte verbreitet. Den Kindern gibt man bis zum zweiten oder dritten Lebensjahre täglich ein Vollbad, dann aber begnügt man sich mit einer täglichen Waschung des Oberkörpers und badet nur ein- oder zweimal in der Woche. Und doch wäre es eine Kleinigkeit, und nicht einmal mit Kosten verknüpft, mit Hilfe einer Sitzwanne und eines Eimers dem ganzen Körper täglich die Wohltat einer vollen Reinigung zu gewähren

Im Badehause des Hotels fand ich die meisten Herren von der Wodonga wieder. Sie waren entzückt von dem herrlichen Blick, den man auf Flußthal und Berg hatte, und freuten sich an dem erfrischenden Bade. Noch aber war ihr Zorn von gestern nicht verraucht, und richtig fuhren sie schon in der Morgenfrühe fort, um den Tag in der brütenden Hitze von Batavia und Priok zu verbringen. Dafür hatten sie aber die Genugtuung, dieselbe Kost zu genießen, an welche schon ihre Vorfahren seit undenklicher Zeit gewöhnt waren und die sie als die einzig menschenwürdige betrachteten.

Von dem Hotel, an das sich das chinesische Stadtviertel anschließt, ist es nicht weit zum botanischen Garten, und ich schlenderte vormittags, als die Sonnenglut schon anfing sich bemerklich zu machen, dorthin, um mich dem Direktor desselben, Herrn Dr. Melchior Treub, vorzustellen, an den ich von befreundeter Seite empfohlen war und mit dem ich schon in brieflichem Verkehr gestanden hatte.

Der botanische Garten von Buitenzorg ist eines der Wunder der Tropen und steht einzig in seiner Art da. Am Fuße der javanischen Vulkan-Riesen gelegen, die sanfte Formenschönheit mit einfacher Größe verbinden, eröffnen sich in ihm dem Wanderer überall neue und überraschende Ausblicke, sobald er aus dem Pflanzendickicht heraustritt. Prächtig sind die Anlagen. Dem wissenschaftlichen Bedürfnis und der Ordnungsliebe des systematischen Botanikers ist in durchgreifender Weise Rechnung getragen, aber nirgends drängt sich das vordringlich hervor. Überall waltet ein feiner künstlerischer Geschmack. Außerdem aber verkörpert der Garten eine wissenschaftliche Anstalt ersten Ranges, in welcher für die Pflege der rein theoretischen wie der praktisch wichtigen Tropen-Botanik und Agrikulturchemie mehr getan wird als an irgend einem andern Orte der Welt. Den letzteren Ruhm verdankt er seinem jetzigen Direktor, Herrn Dr. Treub; seine Anlage als bloßer botanischer Garten reicht dagegen bis in das Jahr 1817 zurück.

Unter den Direktoren Reinwardt, Blume, Teijsmann, Scheffer und seit dem Jahre 1880 Treub wuchs der Garten aus kleinen Anfängen zu seiner gegenwärtigen Größe und Bedeutung heran. Es ist mir schwer, der Lockung zu widerstehen, seine Schönheiten etwas ausführlicher zu schildern: die berühmte Canarium-Allee, die Palmenquartiere, das düstere Rondel mit den Urostigma-Feigen. Herrlich ist der Blick auf den großen Teich mit dem Palast des General-Gouverneurs am Ufer, dem Inselchen in der Mitte, welches in Vegetation förmlich zu ersticken scheint, den Lotosblumen und blühenden Victoria regia. In den Werken von Mohnike und Rosenberg ist dieser Wundergarten aber schon eingehend geschildert worden, und neuerdings haben Haberlandt in seiner »Botanischen Tropenreise« und Haeckel in seinem Reisebuche »Insulinde« ein so anziehendes und ausgeführtes Bild des jetzigen Zustandes gezeichnet, daß alles, was ich berichten könnte, eine bloße Wiederholung sein würde.

Außer den anderen wissenschaftlichen Anstalten und Versuchsstationen, mit denen Dr. Treub den Garten ausgestattet hat, hat er noch ein gesondertes Laboratorium errichtet, welches einzig und allein zur Gaststätte für fremde Naturforscher bestimmt ist. In erster Linie ist es natürlich der Pflanzenforschung geweiht und wird ausgiebig von Botanikern benutzt. Aus allen Teilen Europas sind sie schon herbeigekommen, um hier monate- und auch jahrelang solche physiologische und biologische Fragen zu studieren, deren Lösung allein inmitten der tropischen Pflanzenwelt möglich ist, möglich nur hier, wo sich die Pflanzenorganismen unter ihren natürlichen Lebensbedingungen finden, nicht daheim im Gewächshaus. Aber auch der Zoolog wird mit offenen Armen aufgenommen. Alle Mittel des Gartens, alle Arbeitskräfte, deren er bedarf, werden ihm unentgeltlich zur Verfügung gestellt, und darüber hinaus hat mir der Rat und die Empfehlung Dr. Treubs auf allen meinen Reisen in Niederländisch-Indien eine mächtige Hilfe gewährt.

Die Fauna der Insel Java, auf der die Holländer schon seit 300 Jahren Niederlassungen besitzen und die sie durch und durch kolonisiert haben, ist natürlich im ganzen gut bekannt. Aber manches Neue läßt sich auch hier noch finden und unendlich viel bleibt zu tun, wenn wir die Tiere nicht bloß als Museumsobjekte und anatomische Präparate untersuchen, sondern ihre ganze Lebens- und Entwicklungsgeschichte studieren wollen. Es interessierte mich besonders, Material von der Entwicklungsgeschichte des javanischen Schuppentiers, Manis javanica, zu sammeln, welches der merkwürdigen und in vieler Beziehung noch rätselhaften Gruppe der Zahnarmen oder Edentaten angehört. Ihren Namen hat diese Gruppe davon erhalten, daß ihr Gebiß hochgradige Reduktionen zeigt. Entweder sind die Zähne ganz verschwunden, oder es sind zahlreiche Zähne vorhanden, die aber des Schmelzes entbehren. Es ist recht fraglich, ob diejenigen Tiere, die man in der Gruppe der Edentaten vereinigt, wirklich auch eine einheitliche Ordnung bilden. Wahrscheinlich sind die amerikanischen Vertreter, die Faultiere, Ameisenbären und Gürteltiere, einem ganz anderen Stamm entsprossen, als die Zahnarmen der alten Welt: die Schuppentiere, Manis, welche in Afrika, Südasien und dem malayischen Archipel vorkommen, und die südafrikanischen Erdferkel, Orycteropus. Die Ähnlichkeiten, die diese beiden Gruppen darbieten, sind wahrscheinlich in vieler Beziehung eine bloße Konvergenz-Erscheinung, entstanden durch ähnliche Lebensweise. Edentaten von kolossaler Größe und abenteuerlicher Gestalt findet man fossil in der älteren und jüngeren Pampasformation von Südamerika, hie und da auch im Pliocän von Nordamerika, so die Gürteltiere von Rhinoceros-Größe, Glyptodon und Hoplophorus, so das durch die Scheffelsche Poesie verherrlichte Riesenfaultier oder Megatherium. Es gelang mir, eine ganze Anzahl von Entwicklungsstadien des javanischen Schuppentieres zu sammeln; leider war nur ein einziges ganz junges Stadium darunter.

Wenn ich im Laboratorium arbeitete, erschienen fort und fort die Kinder der Gartenarbeiter bei mir und brachten allerlei Getier, das sie irgendwo im Grase oder im Gebüsch aufgelesen hatten. Meistens war es unbrauchbares Zeug. Die kleinen Bringer machten mir aber große Freude, allerliebste Geschöpfe mit hellbrauner, atlasglänzender Haut, rundlichen Wangen, großen sanften Augen. Der Charakter ihrer Eltern sprach sich schon bei ihnen aus, so bescheiden und zurückhaltend waren sie, leise in ihrem Gehen und Kommen, höflich in ihrem Benehmen, und nie bin ich einem solchen kleinen Strolch begegnet, ohne daß er mir respektvoll und treuherzig zugleich sein »Tabeh tuan«, »Sei gegrüßt, Herr!« zugerufen hätte. Wie anders benimmt sich dagegen das scheue, aber doch schon selbstbewußte Kind des Australiers, die dreiste, geräuschvolle Jugend in Neu-Guinea.

Höflichkeit, Zurückhaltung, Gemessenheit ist ein Grundzug im Wesen des Malayen. Sitte und Erziehung, das alte Feudalsystem, unter dem die Bewohner Javas seit undenklicher Zeit gelebt haben, tun das ihre dazu, aber die Grundlage liegt doch tief im Charakter und ist angeboren. Es ist unerhört, daß ein Malaye einem Höhergestellten frech entgegen tritt und die Etikette verletzt, auch wenn seine Handlungen im Kern den Stempel größter Frechheit tragen. Zorn, Haß und Rachsucht werden nicht offen gezeigt, sondern unter einer höflichen Maske verborgen, und der günstige Moment wird abgewartet, um die Rechnung mit Gift oder Kris zu begleichen.

Während meines zweiwöchigen Aufenthalts in Buitenzorg war ich oft mit mir zu Rate gegangen, wie ich wohl die fünf Monate, die mir noch blieben, am nutzbringendsten anwenden könnte. Da mein Ziel in erster Reihe darauf gerichtet war, Material für die bisher noch arg vernachlässigte Entwicklungsgeschichte tropischer Tierformen zu sammeln, so hatte ich die Wahl zwischen zwei Aufgaben. Entweder ich suchte die Waldwildnis einer der großen Sundainseln auf, am besten Sumatras oder Borneos, und richtete mein Hauptaugenmerk auf gewisse Säugetierformen, die merkwürdigen Halbaffen, die echten Affen und besonders ihre höchst entwickelten menschenähnlichen Vertreter Gibbon und Orang-Utan. Oder aber ich begab mich auf eine der Molukkeninseln und widmete mich dort an den korallenreichen Gestaden der Molukkensee der marinen Zoologie; vielleicht hatte ich Glück und es gelang mir, die Entwicklungsgeschichte des merkwürdigen Kopffüßers Nautilus aufzuklären, des einzigen lebenden Verwandten der sonst längst ausgestorbenen vierkiemigen Cephalopoden. Das wäre ein glänzender Abschluß meiner so glücklich begonnenen entwicklungsgeschichtlichen Sammlungen gewesen. Die Erfolge in Australien waren mir zu Kopfe gestiegen, ich sah mich schon im Geiste im Besitz einer vollkommenen Entwicklungsserie des Nautilus pompilius. So beschloß ich denn, nach der Insel Ambon zu gehen, um dort mein Glück zu versuchen.

Der nächste Molukkendampfer ging von Batavia am 11. Dezember ab; bis dahin hatte ich noch 1½ Woche Zeit und diese benutzte ich zum Besuche der zum botanischen Garten gehörigen Bergstation Tjibodas, die auf halber Höhe des Vulkans Gedeh, 1425 Meter über dem Meere, inmitten eines prachtvollen Bergwaldes liegt.

Am 1. Dezember 6 Uhr morgens wollte ich aufbrechen; der Wagen war auch pünktlich zur Stelle. Mein javanischer Diener Kudjong, den ich bald nach meiner Ankunft in Buitenzorg engagiert hatte und der mich auf meinen weiteren Reisen begleiten sollte, ließ sich nicht blicken, ebensowenig ein anderer, namens Neibi, den ich ausschließlich zum Schmetterlingsfang angestellt hatte. Im Hotel schlief noch Alles, Kudjong hatte nichts vorbereitet, und nachdem ich rasch meine Sachen gepackt und vergebens versucht hatte, mir etwas Frühstück zu verschaffen, trat ich nüchtern und einsam meine Fahrt an.

Die Verständigung mit den Leuten wurde mir damals noch ziemlich schwer. Vor meiner Abreise aus Europa hatte ich angefangen, etwas Malayisch zu treiben, ich hatte es dann aber auf meinen Wanderungen in Australien und Neu-Guinea ganz aufgegeben und hatte nicht einmal meine Muße auf den langen Seefahrten benutzt, mir einige Fertigkeit in der leicht zu erlernenden Sprache zu erwerben. Was man gewöhnlich Malayisch nennt, ist aus einer argen Verstümmelung des wohlentwickelten formenreichen Hochmalayischen hervorgegangen, das auf Malakka und in gewissen Teilen Sumatras gesprochen wird. Das Niedermalayische hat so gut wie alle Grammatik und Syntax verloren. Die Konjugation besteht darin, daß man, um die Vergangenheit auszudrücken, das Wort suda, um die Zukunft, das Wort maū dem Verbum vorsetzt. Eine eigentliche Flexion gibt es nicht. Der Plural der Hauptworte wird durch bloße Verdoppelung des betreffenden Wortes gebildet. Jedes Hauptwort, Eigenschaftswort und Verbum ist absolut starr, und alle Nüancen der Konjugation und Deklination, Ausdruck des männlichen oder weiblichen Geschlechts werden allein durch Zusätze bestimmter Worte erreicht. Der Wortschatz ist an sich nicht gering, und außerdem werden in sinniger Weise durch Zusammensetzung Worte erzeugt, die oft auf einen poetischen Vergleich hinauslaufen, wie Mata hari, Auge des Tages, für Sonne, Kareta api, Feuerwagen, für Eisenbahn.

Diese Kindersprache mit hochmalayischem Wortschatz, die im ganzen malayischen Archipel als lingua franca benutzt wird, ist entstanden aus dem Bedürfnis der seefahrenden Malayen, ein Mittel zu besitzen, durch das sie sich gegenseitig in ihrer vielsprachigen Inselwelt verständigen können. Obwohl die Sprachen des Archipels größtenteils wurzelverwandt sind, ist ihre selbständige Gestaltung und Differenzierung so groß, daß ein Westjavaner (Sundanese), der »sundanesisch«, einen Mitteljavanen, der »javanisch«; und dieser einen Ostjavanen, der »maduresisch« spricht, nicht verstehen würde. Noch viel größer ist die Sprachzersplitterung auf Sumatra. Überall aber findet man wenigstens an der Küste Leute, die das gewöhnliche Niedermalayisch verstehen. Kommt man mehr in das Innere hinein, so wird die Kenntnis seltener und seltener, und selbst in Java in den einsameren Gebirgsgegenden versteht oft allein das Oberhaupt des Dorfes ein wenig Malayisch. Nur an wenigen Orten, in Batavia, in der Stadt Ambon, auf den Bandainseln, sprechen die Bewohner Niedermalayisch als Muttersprache. Sie haben dort durch den jahrhundertelangen Einfluß ihrer niederländischen Herren ihre eigene Sprache verloren, oder sind auch, wie zum Beispiel auf Banda, gar keine eingeborene Bevölkerung.

Ich machte mich von jenem Tage an mit Feuereifer an die Erlernung der malayischen Sprache, da ich sah, daß ihre Beherrschung zum selbständigen Reisen im malayischen Archipel unumgänglich notwendig wäre. Es gelang mir denn auch in einigen Wochen, so weit zu sein, daß ich mich einigermaßen verständigen konnte, und in einigen Monaten weit genug, um eine leidliche Unterhaltung zu führen. Nach und nach gewann ich sogar die formlose Sprache lieb, die durch ihren Vokalreichtum und ihre Klangfülle ein wenig an das Italienische erinnert. Und sonderbar, je vertrauter sie mir wurde, um so mehr entschwand das Italienische meinem Gedächtnis, und als ich fünf Monate später auf der Rückreise Italien berührte, sagte ich »suda« statt »basta« für genug, und »tida« statt »no« für nein.

Wagenfahrten in Java sind nicht eben billig, aber höchst angenehm und genußreich. Die Straßen, die wie ein Netz die ganze Insel durchziehen, sind ausgezeichnet. Die Malayen sind seit altersher eifrige Pferdezüchter, und der bedeutende Bedarf Javas wird, außer durch die eigene Produktion, durch Import von den Inseln Sumba, Sumbawa, Rotti und Timor, daneben auch durch celebesische Pferde von Makassar gedeckt. Unsere Wodonga brachte eine ganze Ladung großer australischer Pferde mit, die speziell in Batavia Verwendung finden sollten. Die munteren kleinen Malayenpferde werden gut gehalten und nicht überanstrengt. Von Strecke zu Strecke ist Relais gelegt; kommt eine stärkere Steigung, so steht schon Vorspann von Pferden oder Ochsen bereit, um das leichte Wägelchen den Berg hinauf ziehen zu helfen. Alles vollzieht sich prompt, sicher und ohne Aufregung und Lärmen. Da ist es denn ein wahres Vergnügen, durch die schöne Gebirgslandschaft Javas dahinzurollen. Die javanischen Feldarbeiter, denen der Weiße auf der Landstraße begegnet, verlassen die Straße und kauern mit abgewendeten Gesichtern am Wegrande nieder. Es wäre nach ihrer Anschauung vermessen, dem vornehmen Herrn ins Antlitz zu blicken. Dieser erwidert den demütigen Gruß nicht; das wäre gegen die Etikette, die dem malayischen Feudalsystem entlehnt ist, und würde den armen Leuten selbst als unschicklich auffallen. Ich habe aber doch wieder gegrüßt, wenn man mir so viel Höflichkeit entgegenbrachte.

Zuerst ging die Fahrt durch schön bebautes Land, terrassenförmig angelegte Reiskulturen, die durch ein kunstvolles Kanalsystem bewässert oder richtiger zeitweilig unter Wasser gesetzt werden. Dann steigt die Straße das Megamendung-Gebirge hinan, dessen Paßhöhe, der Puntjak, 1500 Meter über dem Meere liegt. Eine schöne Waldvegetation bekleidet den Paß; prächtige Baumfarne aus der Gattung Alsophila stehen zwischen Palmen und breitblätterigen Waldbäumen am Wege. Die breite Straße gewährt dem Licht freien Zugang,

Semon, Im australischen Busch. 2. Aufl.

Zu Seite 458.

Blick auf das Megamendung-Gebirge.

Zu Seite 459.

Kulturgarten und Gartenhaus von Tjibodas, im Hintergrunde der Gipfel des Gedeh.

und so finden wir die Waldränder bedeckt mit buntgefärbten Blumen, ein seltener Anblick in diesen tropischen Bergwäldern. Überall nicken Einem die mächtigen weißen Blüten einer Datura entgegen, daneben Schmetterlingsblütler und rotgefärbte Lantanadolden. Vom Puntjak aus senkt sich unser Weg nach Tjimatjan, Tigerfluß (Tji bedeutet im Sundanischen Fluß, im Malayischen lautet das Wort für Fluß Kali). Die Straße führt von dort über Tjiwalen weiter nach dem Luftkurort Sindanglaja und nach Tjipanas, dem Lustschloß des Generalgouverneurs.

In Tjiwalen muß ich den Wagen verlassen und klettere nun, begleitet von einem Kuli, der mein Gepäck trägt, zu Fuße weiter. Zuerst geht es einen schattenlosen, ziemlich kahlen Bergrücken hinauf, dann nimmt der Wald uns auf, und die ganze Schönheit dieser ewig feuchten Bergdickichte beginnt sich zu entfalten. Mir aber knurrt der Magen und ich habe kein Auge für die Pracht, die mich umgibt und die ich auf wohlgeebnetem Pfade bequem genießen könnte. Es ist 12 Uhr mittags, ich bin heiß, durstig und hungrig und strebe rasch meinem Ziele zu. Der Urwald lichtet sich; wir durchschreiten eine wohlgepflegte kleine Gartenanlage, hier eine prachtvolle Gruppe schön gewachsener Baumfarne, dort ein australischer Grasbaum, dazwischen Beete von javanischen und europäischen Zierpflanzen und Blumen. Das kleine, aus dem Holze des Rasamalabaums erbaute Gartenhaus liegt angelehnt an die sanft ansteigende Bergwand, daneben das Haus des Gärtners und eine Anzahl Nebengebäude. In dem Stationshause, dessen Giebel man auf dem beistehenden Bilde eben noch durch die angepflanzten Bäume schimmern sieht, richtete ich mich häuslich ein und verlebte neun herrliche Tage.

Ich war augenblichlich der einzige Besucher, und das ganze Haus stand während dieser Zeit zu meiner Verfügung. Der europäische Gärtner, Herr Lefèbre, war in den ersten Tagen meiner Ankunft fieberkrank, und so war ich ganz auf mich selbst angewiesen. Einsam war es, aber doch oder gerade deshalb wundervoll. Im Hause genoß man alle Annehmlichkeiten der Kultur, schöne Schlaf-, Wohn- und Eßzimmer, eine kleine Bibliothek, die Herr Dr. Treub mit den Abfällen seiner eigenen großzog, gutes Essen, vor allem ein wohleingerichtetes Laboratorium, indem sich sogar alle Apparate zum Entwickeln der photographischen Aufnahmen vorfanden.

Die Vereinigung von Behaglichkeit, beinah Luxus, mit Weltabgeschiedenheit in der unmittelbaren Nähe einer großartigen, unberührten Natur hat einen besondern Reiz. Durch den Urwald sind in verschiedener Richtung schmale Pfade gehauen und diese werden von den Gartenarbeitern durch zeitweiliges Begehen und Abholzen mit dem Haumesser offen gehalten. Darauf beschränkt sich aber der Eingriff, den sich hier der Mensch dem Walde gegenüber erlaubt. In aller Muße kann der Forscher unter den Urwaldriesen wandeln, kann schauen, beobachten und sammeln, ja sogar inmitten der unverfälschten Natur seine Experimente anstellen. Leicht ist es ihm zu einer Stelle, wo sein Versuch im Gange ist, drei- oder viermal am Tage zurückzukehren, denn sein Haus befindet sich ja nur wenige Schritte entfernt. Die fernere Untersuchung kann er dann sofort im Laboratorium vornehmen, das ihm alle chemischen und optischen Hilfsmittel zur Verfügung stellt. Wie gesagt ist das etwas ganz außerordentlich Anziehendes, und war mir völlig neu. Zwar hatte ich schon zuvor viele Urwälder betreten. Die Walddickichte an den Küsten von Neu-Guinea sind nicht üppiger, aber entschieden farbenprächtiger, durch eine reichere Tierwelt belebt, als die Bergwälder Javas. In Australien hatte ich dreiviertel Jahre lang im unberührten Busch verweilt, und zehn Schritte von meinen Zelten begann dort mein Arbeitsfeld. Aber in allen diesen Gegenden hatte man mit Schwierigkeiten aller Art zu kämpfen, und die Verhältnisse waren stets derart, daß es unmöglich gewesen wäre, feinere wissenschaftliche Untersuchungen an Ort und Stelle vorzunehmen. Hier nun waren alle Bedingungen dazu vorhanden. Der Untersucher brauchte sich um nichts anderes in der Welt zu kümmern, als um seine Arbeit. Freilich hat auch das Arbeiten unter jenen schwierigen Verhältnissen seinen eigenen Reiz.

Was den Aufenthalt hier noch besonders angenehm macht, ist das Klima. Morgens in der Frühe beträgt die Temperatur gewöhnlich 15 bis 16° C., in der Mittagszeit steigt sie auf 20 bis 21° und abends fällt sie wieder auf 17 bis 18°. Zur Zeit des Ostmonsuns kann die Nachttemperatur noch erheblich tiefer sinken, und der an das Tropenklima Gewöhnte hat sich gehörig mit Decken vorzusehen. Während meiner Anwesenheit in Tjibodas regnete es mit Ausnahme eines einzigen Tages jeden Nachmittag einige Stunden. Für Buitenzorg ist das Nachmittagsgewitter etwas fast ebenso Regelmäßiges wie Ebbe und Flut an der Küste der Nordsee. Einmal tritt das Gewitter schon um 12 Uhr oder um 1 Uhr ein, das andere Mal erst um 5 oder 6 Uhr, aber kommen tut es, das erwartet man von ihm, und wenn es einmal ausbleibt, was im ganzen Jahre nur etwa ein Dutzend Mal vorkommt, dann jammert Jung und Alt, Europäer und Malaye über die unerhört schlechte Behandlung. In Tjibodas fällt nicht ganz so

Zu Seite 460.

Bergschlucht bei Tjibodas.

Semon, Im australischen Busch. 2. Aufl.

Zu Seite 463.

Fernsicht von der Terrasse von Tjibodas.

viel Regen wie in Buitenzorg, aber die größere Höhe macht das Klima besonders herrlich und verleiht dem Weißen für seine Arbeit eine Spannkraft und Frische, die er unten nicht kennt.

Wohin uns auch unser Schritt führt, da eröffnen sich uns in Nähe und Ferne entzückende Bilder. Über die Schlucht hin, in deren Grund ein munteres stürmisches Gebirgswasser dahinrauscht, blickt man auf eine grüne Pflanzenmasse von solcher Dichtigkeit und solchem Wechsel der Zusammensetzung, daß man ein ganzes Buch schreiben müßte, um jeden einzelnen Busch oder Baum zu beschreiben. Denn das ist eine der charakteristischen Eigenschaften der Tropenvegetation: die Waldbäume und die Gebüsche gehören nicht wie in unsern Wäldern wenigen Arten an, sondern fast jedes Individuum, welches wir untersuchen, ist Repräsentant einer eigenen Art. Waldungen, die sich gleichmäßig aus einer oder wenigen Arten zusammensetzen, wie unsere Buchen- oder Eichen-, Tannen- oder Kiefernwälder, kommen so gut wie gar nicht vor. Nur erinnere ich mich, gelegentlich auf den Molukken Striche des Waldes durchwandert zu haben, deren Baumwuchs ausschließlich aus Bambus bestand.

Blicken wir von der Terrasse, auf der das Haus steht, in die Ferne, so sehen wir vor uns am Fuße des Berges das Plateau, auf welchem Tjiwalen und Tjipanas liegen; weißschimmernde Wasserflächen sind in dasselbe eingestreut, dann folgen coulissenartig hintereinander aufsteigende Bergzüge, jede fernere Reihe in zarteren Duft gehüllt, und ganz in der Weite die zackigen Hochgipfel einer mächtigen Vulkankette. Den ganzen Tag über pflegte ich im Walde herumzustreifen, oft allein, zuweilen begleitet von meinem Schmetterlingsfänger Neïbi und dem »Waldjungen«, das heißt Planzensammler des Gartens von Tjibodas, Sapiën. Mein träger Diener Kudjong war mir am Tage nach meiner Ankunft oben nachgekommen, ich hatte ihn aber sofort entlassen.

Es war mir im hohen Grade interessant, mich hier auf einmal inmitten eines ganz anderen Tierlebens wiederzufinden, als ich es von Australien und Neu-Guinea her gewohnt war. Die Beuteltiere sind verschwunden, dafür schaukeln sich Affen (Cercopithecus cynomolgus) in den Wipfeln der Bäume, wirkliche Eichkätzchen springen von Ast zu Ast. Hier gibt es Spitzmäuse, Marder, zahlreiche Viverra-Katzen, auch Panther. Tiger sind am Gedeh wohl ausgerottet. Während meiner Anwesenheit in Buitenzorg machte aber ein Tiger, und zwar ein wirklicher »Menschenfresser«, die westlichen Abhänge des Salak unsicher und verstand es, sich monatelang der Verfolgung zu entziehen.

Mit dem Tiger verhält es sich ganz ähnlich wie mit dem Krokodil und dem Haifisch. Die große Mehrzahl geht dem Menschen sorgfältig aus dem Wege, und nur ab und zu kommt es vor, daß einer von ihnen, meist ein altes Tier, das nicht mehr im stande ist, flüchtiges Wild wie Hirsche, Wildschweine, wilde Rinder zu erbeuten, sich von Hunger getrieben an ihn heranwagt. Bald wird es solch einem Gesellen dann klar, daß kein zweites Wild so leicht zu erbeuten ist, so schlechte Sinne, so langsame Beine hat. Da nimmt er denn die unliebenswürdige Gewohnheit an, sich täglich einen Herrn der Schöpfung zum Imbiß zu holen, und ein derartiger »Menschenfresser« kann seinen ganzen Distrikt unsicher machen. Frech überfällt er die Arbeiter in den Pflanzungen, kommt bis dicht an die Dörfer heran, belagert die Landstraßen. Dem Jäger aber, der ihn aufsucht und ihm kühn entgegentreten will, geht auch er sorgfältig aus dem Wege. Ein Sprung aus dem Dickicht heraus auf einen Ahnungslosen ist seine Sache, kein offener Kampf, zu dem er sich nur entschließt, wenn er in die Enge getrieben ist, oder wenn eine Wunde ihn in rasende Wut versetzt.

Das Rhinoceros lebt am Gedeh nur noch in der Tradition und in einigen Ortsnamen. Sehr lästig machen sich die Wildschweine, die nachts in die Pflanzungen des Gartens brechen und dieselben verwüsten. Doch ich will keine Aufzählung der javanischen Säugetierwelt geben, da mir die Behandlung der indischen Fauna, deren Bereich ich auf meiner langen Reise nur kurz gestreift habe, hier ferne liegt. Obwohl in Arten und Gattungen von der europäischen Fauna unterschieden, sind es doch größtenteils dieselben Familien und Ordnungen, denen wir begegnen. Vieles ist reicher, kräftiger, farbenprächtiger als bei uns, wie es der unerschöpfliche Reichtum und die verschwenderische Üppigkeit der Tropenwelt mit sich bringt. Aber alles ist uns hier vertrauter, überall ist die Anknüpfung leichter als in Australien, wo wir uns in einer fremden Welt befinden. Übrigens sind die Bergwälder hier oben zwar nicht gerade tierarm, aber doch etwas still und schweigsam. Selten hört man bei Tage den Laut eines Sängers, unvergleichlich geringer ist die Farbenpracht der Vogelwelt gegen diejenige, die die Küsten Neu-Guineas bevölkert. Der Hauptschmuck des Waldes ist ein zahlreiches Heer bunter, vielgestaltiger Schmetterlinge, die Wegränder und Lichtungen umschweben.

Abends sammelte ich eine große Anzahl von Motten und Nachtschmetterlingen, indem ich ein helles Licht auf die Veranda des Hauses stellte und die massenhaft herbeiströmenden Nachtinsekten

Tjiburum.

von der Glocke der Lampe und den weißgetünchten Wänden ablas. Es gelang mir auf diese Weise, eine ganz hübsche Sammlung zusammenzubringen, unter der sich verschiedenes Neue befindet.

Von meinen Ausflügen von Tjibodas aus möchte ich nur den auf den Gipfel des Gedeh-Vulkans hier etwas näher schildern. Die ganze Tour nimmt nur etwa 24 Stunden in Anspruch, aber weil man oben übernachten muß, ist es nötig, warme Decken mitzunehmen, und man hat sich auch mit Mundvorrat zu versehen. Ich nahm deshalb außer Sapiën und Neibi noch zwei Kulis mit, die das Gepäck zu tragen hatten. Mittags brachen wir auf und gelangten nach einstündigem sanften Ansteigen nach Tjiburum, einem ebenen Flecken mitten im rauhen steil ansteigenden Gebirgswald. Von den schroffen, ganz mit saftigem Grün überzogenen Felsenmauern stürzen sich hier weiß schimmernde Wasserfälle in den kleinen Talkessel. Der Pflanzenwuchs befindet sich eigentlich in einem fortdauernden Sprühregen. An den Rändern der Bächlein, in welchen sich die Wasser der kleinen Fälle sammeln, wächst die prachtvolle Nepenthes Rafflesiana, die durch die purpurnen Farben ihrer Blätterkannen allerlei Insekten, besonders Ameisen, anzulocken versteht. So lange die Kanne jung ist, wird sie durch einen Deckel verschlossen. Sobald sie fertig ausgebildet ist, springt der Deckel auf, die arglosen Besucher haben freien Zugang und ertrinken in der die Kanne teilweise ausfüllenden Flüssigkeit. Ein Entrinnen gibt es nicht, denn die Wände sind durch einen Wachsbelag glatt gebohnt wie ein Parkett. Die Flüssigkeit im Innern der Kanne ist leicht sauer, besitzt aber, so lange kein Insekt hineingefallen ist, keinerlei verdauende Wirkung. Ich habe gesehen, wie die Ambonesen in der Morgenfrühe die Flüssigkeit der eben aufgesprungenen Kannen tranken, und habe sie selbst gekostet. Sie schmeckt angenehm und erfrischend. Auf Ambon nennt man diese Kannen »Tampajan setan«, Satanskrug. Sobald eine Beute in die Falle gegangen ist, ändert sich die Sache. In die Kanne wird zu der schon vorhandenen Flüssigkeit durch besondere Drüsenzellen ein Saft ausgeschieden, der exquisit verdauend wirkt und die Weichteile des unglücklichen Opfers bis auf den unverdaulichen Chitinpanzer zerstört. Die Pflanze kann, wie andere »insektenfressende Pflanzen«, ganz gut auch ohne solche Fleischkost auskommen und sich durch die Fähigkeit ihrer grünen Blattorgane die Stoffe selbst bereiten, deren sie zum Wachstum bedarf. Wie man aber durch Experimente an anderen insektenfressenden Pflanzen festgestellt hat, gedeihen sie alle üppiger und bringen mehr Samen hervor, wenn man ihnen die Fleischkost nicht entzieht. In Europa ist von insektenfressenden Pflanzen der gemeine Sonnentau, Drosera rotundifolia, die bekannteste. Auf moorigen Heiden ist sie nicht selten. Alle Gattungen der Familie der Droseraceen fangen Insekten. Ebenso Pinguicola, das Fettkraut, und Utricularia, der Wasserschlauch, der neben seinen gefiederten Blättern hier und da eigentümliche Blasen besitzt, in denen sich Wasserinsekten und Krebschen fangen.

Eine planmäßige Aufzählung der einzelnen Bestandteile, die das Vegetationsbild von Tjiburum zusammensetzen, würde dem Leser keine lebendige Vorstellung geben, und in großen Strichen läßt sich ein Bild nicht zeichnen, dessen Eigentümlichkeit gerade die Fülle der Einzelheiten ist. Die nebenstehende Wiedergabe einer Photographie, die ich dort aufgenommen habe, gibt nur eine schwache Andeutung. Was diesen Fleck selbst inmitten des überall großartigen Urwaldes besonders reizend macht, ist das belebende Element des fallenden Wassers, das schleierartig von den Felsen herabhängt und die Stille, die sonst allerorts herrscht, durch sein Rauschen und Plätschern unterbricht. Ferner das helle, saftige Grün der Bergwände und ganz besonders die Menge der Baumfarne, denen vielleicht vor allen anderen baumartigen Gewächsen der Schönheitspreis, fast hätte ich gesagt »die Palme« gebührt. Mit den Palmen teilen sie den schlanken Wuchs und die zierlich gefiederte Krone. Aber ihr Grün ist frischer als das der meisten Palmen, und ihre Zeichnung ist viel feiner ausgearbeitet. Jede Fieder, die bei den Palmen von einem einzigen derben Blatte dargestellt wird, ist hier noch einmal in eine Unzahl kleiner, feinster Fiederchen zerschlissen, und dies verleiht dem Ganzen eine unvergleichliche Zartheit und Durchsichtigkeit. Wunderbar ist der Effekt des Lichts, das im Urwalddickicht, von oben einfallend, jene zarten Blattfiedern bestrahlt. Das Blätterdach oben ist so dicht, daß nur hier und da ein Lichtstrahl durchfallen kann und im allgemeinen ein Halbschatten herrscht. Jeder durchfallende Lichtblitz leuchtet dafür aber auch doppelt strahlend.

Von Tjiburum an wird der Weg etwas rauher, nach anderthalbstündigem Marsch gelangt man in 2090 Meter Höhe an eine Stelle, wo heiße Quellen, Ajer panas, dem vulkanischen Innern der Erde entsprudeln. Wir durchschreiten die dichten Dampfwolken, die den Lauf der heißen Gewässer umhüllen. Eine halbe Stunde weiter gelangen wir an eine Trümmerhalde, Lebak sñat genannt, und von hier an, 2135 Meter über dem Meer, beginnt allmählich die Vegetation ihren tropischen Charakter mehr und mehr zu verlieren. Zwar wachsen auch hier noch Baumfarne, nicht mehr Alsophilaarten, sondern Callantium chrysotricha, aber das Gewirr der Schlingpflanzen verschwindet mehr und mehr. Wir bemerken Gewächse, die uns von Jugend an vertraut sind, mehrere Arten wilder Brombeeren, Erica, Hahnenfuß, Veilchen; auch unsere Erdbeere, Fragaria vesca, wächst hier oben. Nach einer weiteren halben Stunde gelangen wir an einen freien Platz, an dem sich eine kleine ganz primitive Schutzhütte, richtiger gesagt ein Schutzdach befindet. Es wird Kadang badak genannt, das Rhinoceros-Lager, wahrscheinlich weil früher dieser Ort von den plumpen Dickhäutern bevorzugt worden ist. Hier müssen wir übernachten, denn die Dunkelheit beginnt hereinzubrechen. Wir kochen Kaffee und genießen von den mitgenommenen Mundvorräten, dann hüllen wir uns in unsere Decken und erfreuen uns noch eine Weile an dem herrlich gestirnten Himmel. Hier oben sind wir aus der Wolkenregion heraus, und während es in Buitenzorg in Strömen regnet, genießen wir die sternhelle, trockene, etwas kalte Tropennacht.

Es hat mir immer besonderes Vergnügen gemacht zu beobachten, daß bei Vergleichung verschiedenartiger Menschenrassen man einmal überrascht ist von der Mannigfaltigkeit ihrer Sitten und Gewohnheiten, den Unterschieden in der Betätigung ihres geistigen Lebens; wie man aber andererseits doch immer dieselben allgemein menschlichen Grundzüge wiederfindet. Die gleiche Liebe und der gleiche Haß, Aufopferungsfähigkeit, Selbstsucht bewegen ebenso die Brust des australischen Wilden, wie die des gebildeten Europäers, und sie äußern sich auch oft in überraschend ähnlicher Weise. Außer diesen großen Zügen aber gibt es noch einen kleinen, den ich ebenfalls durchgehend bei allen Menschen, mit denen ich in Berührung gekommen bin, beobachtet habe. Es ist die Neigung, abends nach dem Niederlegen noch ein halbes Stündchen zu schwatzen, auch wenn man ein tüchtiges Tagewerk hinter sich hat, gehörig ermüdet ist und schon den ganzen Tag über Zeit gehabt hat, seine Gedanken auszutauschen. Das taten meine Australier in ihren Rindenzelten, das taten meine papuanischen Begleiter am Garafluß, meine afrikanischen Nachbarn in Lokodja am Niger, als ich dort wochenlang krank am Fieber daniederlag, das tun auch unsere Soldaten im Manöver und die Alpenreisenden, mit denen man in einer Klubhütte übernachtet. Jetzt sah ich, daß auch die malayische Rasse hierin keine Ausnahme macht, und erst mein Machtspruch »Kita orang tidor«, »wir schlafen«, schaffte mir die gewünschte Nachtruhe.

Am nächsten Morgen erhoben wir uns vor Sonnenaufgang, Neibi kochte rasch Kaffee für mich, und dann traten wir den Aufstieg zum

Gipfel an. Zunachst führte unser Weg noch durch Wald. Eine prächtige Rhododendronart kommt hier vor, nicht das Rhododendron retusum, das weiter unten wächst, sondern eine Goulderia mit roten Blättern an den Spitzen der Zweige und schönen roten Blüten. Je höher wir hinaufkommen, um so niedriger werden die Bäume, um so strauchartiger ihr Wuchs, genau wie wir das in unsern Alpen bei Besteigung eines Hochgipfels beobachten können. Hier sehen wir uns fast ganz von europäischen Pflanzenformen umgeben, und eine Flora umgibt uns, deren Bestandteile sich erst wieder in Tausenden von Meilen Entfernung an den Berghängen des Himalaja und seiner Ausläufer wiederfinden.

Wie sind diese Pflanzen hierher gelangt? Ist es zu glauben, daß der Wind ihre Samen über so ungeheure Entfernungen getragen habe? Man könnte ja denken, daß der Wind fortdauernde Keime auf sehr weite Entfernungen hin verschleppen und daß die Kinder eines gemäßigten oder alpinen Klimas, die auf den Tiefebenen Indiens und an den heißen Küsten der Sundainseln nicht die Bedingungen ihres Gedeihens finden können, sich wohl auf den kühlen Hochgipfeln Javas angesiedelt hätten. Aber dann würde man erwarten, daß jene europäischen oder innerasiatischen Pflanzenformen, die wir auf den Bergen Javas antreffen, auch besonders kleine leichte, mit Flugapparaten versehene Samen hätten. Eine solche Regel läßt sich aber keineswegs für jene Pflanzenformen nachweisen. Der Pic von Teneriffa, der Europa verhältnismäßig nahe liegt, hat keine alpine europäische Flora, und dies würde kaum zu verstehen sein, wenn wirklich der Wind die Berge Javas mit zentralindischen Pflanzen bevölkert hätte.

Die Erklärung ist vielmehr in zwei andern Momenten zu suchen, die durch zahlreiche zoologische und geologische Gründe gestützt sind. Einmal haben wir anzunehmen, daß früher ein direkter Zusammenhang Javas mit Indien bestanden habe, und zwar nicht durch den scheinbar auf der Hand liegenden Verbindungsweg über Sumatra nach Malakka, sondern durch eine Verbindung, die über die Insel Bangka hin direkt nördlich nach Siam hinlief. Allein durch diese Annahme erklärt sich die Tatsache, daß zahlreiche Elemente der javanischen Tierwelt mehr mit denen Zentralindiens, als mit denen Borneos, Sumatras und Malakkas übereinstimmen. Wir haben also anzunehmen, daß zu einer gewissen Zeit, wahrscheinlich im Pliocän und wohl bis in das Pleistocän hinein, Java und Bangka direkt mit der siamesischen Halbinsel zusammengehangen haben.

Für Europa ist mit Sicherheit nachgewiesen, daß es in der

Zu Seite 467.

Blick in den Gedeh-Krater.

Pleistocänzeit sehr erhebliche Schwankungen des Klimas durchgemacht hat, und daß Mittel- und Nordeuropa in dieser Periode zeitweilig völlig vereist war. Diesen Glacialperioden sind wahrscheinlich Zeiten eines besonders heißen Klimas vorausgegangen, und andrerseits spricht vieles dafür, daß langsame Schwankungen des Klimas im Laufe der geologischen Epochen bald diese, bald jene Regionen des Erdballs betroffen haben. Nehmen wir nun an, daß zu irgend einer Zeit, während welcher Java mit Siam vereinigt war, das Klima dieses ganzen Erdstrichs ein erheblich niedrigeres gewesen ist als augenblicklich, so werden sich zu solchen Zeiten Pflanzen wie Brombeeren, Himbeeren und Erdbeeren, Veilchen, Maiglöckchen und Gaisblatt, Schachtelhalme, Eichen und Taxus über das ganze Land hin bis zum Meere hinab verbreitet haben. Als dann wiederum eine wärmere Periode eintrat, mußten jene Pflanzen die immer heißer werdenden Ebenen räumen, Schritt für Schritt zogen sie sich auf die Berge zurück, zunächst auf die unteren Regionen; als sich aber das Klima auch dieser zu stark erwärmte und gleichzeitig die Höhen eisfrei wurden, auf letztere. Inzwischen löste sich auch die Verbindung von Java mit dem Festland und so gelangten wir zu einem Zustand, den wir noch heute antreffen [1]).

Endlich erreichten wir den untern Rand des Kraterkegels. Hier hört alle Vegetation auf. Nach 20 Minuten Kletterns an der steilen, mit Geröll bedeckten Wand ist die tiefste Stelle des Kraterrandes erreicht. Am höchsten steigen seine südlichen Wände an und fallen fast senkrecht gegen den Kraterkessel ab. Aus Höhlen und Spalten des letztern qualmen stark nach Schwefel riechende Dämpfe empor. Ringsum eröffnet sich ein herrlicher Blick. Überall umgeben uns zerrissene Berge, kühne Spitzen, wallartige Ausschnitte vulkanischer Kessel. Über uns wölbt sich der Gipfel des Pangerango; er erreicht eine Höhe von 2935 Meter, während der Gedeh nur 2700 Meter hoch ist. In der Ferne erblickt man das grün schimmernde Flachland der »Smaragdinsel«, und fern bis zur Küste schweift der Blick.

Mittag waren wir wieder unten in Tjibodas, und ich dehnte meinen genußreichen und sozusagen beschaulichen Aufenthalt noch auf weitere vier Tage aus. Eine Sonderheit, die Fortpflanzung vieler

1) Wer sich näher für diese Frage interessiert, findet eine genauere Begründung dessen, was hier bloß skizziert worden ist, bei Darwin: »Entstehung der Arten«, im 11. Kapitel, »Geologische Verbreitung. Die Zerstreuung während der Eisperiode«, und bei Wallace: »Die geographische Verbreitung der Tiere« und »Der malayische Archipel«.

30*

javanischer Tiere betreffend, die mir schon in Buitenzorg aufgefallen war, trat mir hier von neuem entgegen. Beim Sammeln der Schuppentiere hatte ich bemerkt, daß die ausgewachsenen Weibchen zum Teil mit Jungen in allen möglichen Entwicklungsstadien trächtig waren; andre hatten kleinere oder größere Säuglinge bei sich, wieder andre waren völlig kinderlos. Dies war im Monat November. Ich sah nun im Laboratoriumsbuch von Buitenzorg nach und fand, daß ein andrer Zoologe, Dr. Strubell, Entwicklungsstadien von Manis javanica vom Januar bis April gesammelt hatte. Professor Weber scheint sein Material in den Sommermonaten erlangt zu haben, jedenfalls gibt er im Laboratoriumsbuch an, daß er Eier des fliegenden Geckos, Ptychozoon homalocephalum, vom Juli bis September erbeutet habe, während ich Eier derselben Art im November und März fand. Überhaupt fand ich in Java bei fast allen denjenigen Tierarten, deren Untersuchung durch besondere Häufigkeit erleichtert war, daß sich die Individuen derselben Art in Bezug auf ihre Fortpflanzungsverhältnisse in ganz verschiedenen Zuständen befanden, so bei verschiedenen Geckos und Skinken, bei der schöngrünen Agamide Calotes jubatus, die wie das Chamäleon einen sehr ausgeprägten Farbenwechsel besitzt und ihr Grün in ein fahles Schwarz zu verwandeln vermag, bei vielen Schlangen.

In Europa hingegen besitzen alle freilebenden Tiere ihre scharf umgrenzte Fortpflanzungszeit, deren Anfang und Ende bei den einzelnen Individuen nur innerhalb enger Grenzen schwankt. Dasselbe ist der Fall in der ganzen gemäßigten Zone der nördlichen Hemisphäre. In der überwiegenden Mehrzahl der Fälle sehen wir, daß die Fortpflanzungszeit mit dem Wiedererwachen der Natur im Frühling beginnt, etwas zeitiger im südlichen Europa, etwas später im mittleren, noch später im nördlichen.

Die Brutperiode der einen Art beginnt früher, die der andern später, je nach den Lebensbedingungen, die für die junge Brut maßgebend sind. Manche schreiten sodann noch zu einer zweiten oder dritten Paarung; mit dem September ist aber für fast alle europäischen Tiere die Fortpflanzungszeit beendigt und eine längere Ruhepause tritt ein. Ganz ähnliche Verhältnisse beobachten wir auf der südlichen Hemisphäre, zum Beispiel in Australien, nur daß dort die Brunst in der Mehrzahl der Fälle mit dem Beginn des australischen Frühlings, also im Juli, August oder September anhebt. Diese ganze Einrichtung zielt darauf hin, daß die junge Brut dann geboren und dem Kampf ums Dasein ausgesetzt wird, wenn die Bedingungen zu ihrer Erhaltung am günstigsten sind, also dann, wenn die Pflanzenwelt, die ja in letzter Linie die Nahrungsquelle aller Tiere darstellt, in ihrer vollen Entfaltung begriffen ist. Nur unsere Haustiere machen davon eine Ausnahme, unsere Pferde, Rinder, Schafe, Schweine, Hunde. Aber dadurch, daß sie sich im Zustande der Domestikation befinden, sind sie auch jenen äußern Verhältnissen nahezu entrückt; sie besitzen warme Ställe, erhalten im Sommer und Winter reichlich Nahrung und sind dadurch, wie der Mensch selbst, für sich und ihre Jungen von dem Wechsel der Jahreszeiten verhältnismäßig unabhängig.

Die Tropenzone kennt keinen scharf ausgesprochenen Wechsel von warm und kalt, von Sommer und Winter, aber trotzdem befindet sich die Pflanzenwelt der Tropen in den weitaus meisten Gegenden nicht beständig unter den gleichen Bedingungen. Fast überall begegnen wir dort einem regelmäßigen Wechsel von feucht und trocken, von Regenperiode und Trockenzeit. In der ersteren schießen die Gräser überall üppig hervor, die Bäume wachsen und erzeugen neue Blätter, alle Gewächse treiben Blüten. In der Trockenzeit verdorren alle zarteren Pflanzen, das Land verwandelt sich stellenweise in eine Wüste, und den pflanzenfressenden Tieren ist ihr Nahrungserwerb fast ebenso erschwert, wie bei uns, wenn Eis und Schnee den Boden bedeckt. So finden wir denn, daß auch die meisten Tropentiere eine deutlich umschriebene Fortpflanzungszeit besitzen, daß der Beginn derselben vielfach mit dem Eintritt der Regenperiode zusammenfällt, und daß sie aufhört, wenn die Trockenzeit einsetzt.

In Buitenzorg und an den Abhängen des Gedeh herrschen dagegen exceptionelle Verhältnisse, es herrscht überhaupt keine eigentliche Trockenzeit. Fast das ganze Jahr hindurch fällt täglich ein mehr als ausgiebiger Gewitterregen, die Pflanzen treiben, grünen und blühen das ganze Jahr hindurch, die Tiere finden deshalb in dem einen Monat die gleiche Nahrung, die gleichen Existenzbedingungen wie in dem andern, und sie befinden sich deshalb in dieser Beziehung durchaus in ähnlichen Verhältnissen wie unsre Haustiere. Kein Wunder, daß daher ihre anderwärts fest fixierte Fortpflanzungsperiode in sehr weiten Grenzen, fast über das ganze Jahr hin, zu schwanken beginnt. Mein Aufenthalt in Java war ein zu kurzer und meine Beobachtungsreihe deshalb zu wenig vollständig, um zu einem abschließenden Resultat zu gelangen. Es wäre interessant, zu untersuchen, wie sich die gleichen Arten, die in Buitenzorg keine fixierte Fortpflanzungszeit zu besitzen scheinen, in Batavia verhalten, das schon eine zweimonatige Trockenperiode besitzt, oder in Ostjava, wo sich diese Trockenperiode auf noch längere Zeit ausdehnt. Derartige biologische

Fragen bedürfen einer längeren Beobachtungszeit oder der Tätigkeit verschiedener Forscher zu ihrer vollständigen Beantwortung.

Am 9. Dezember verließ ich Tjibodas und begab mich zunächst nach Buitenzorg zurück, wo ich einen neuen Diener namens Ikin zum Begleiter auf meiner Molukkenreise engagierte. Am 11. Dezember schiffte ich mich im Dampfer Both der Königlich Niederländischen Packetfahrtgesellschaft von Priok ein. Er war bestimmt, die Fahrt von Batavia an der Nordküste Javas entlang, von da um West- und Nord-Celebes herum über die Molukken und nach Java zurück zu machen, die sogenannte große Molukkentour, zu der er fünf bis sechs Wochen braucht. Ich wollte ihn bis Ambon benutzen. Da er sich aber lange an der Küste von Java aufzuhalten pflegt, fuhr ich zunächst nur bis Samarang mit. Dort verließ ich ihn und hatte drei Tage für den Besuch des Inneren Mitteljavas. Am 16. konnte ich dann das Schiff mit der Eisenbahn, welche Mittel- und Ostjava verbindet, in Surabaja wieder einholen. Meine Tour nach Mitteljava galt vornehmlich dem Besuch der merkwürdigen Tempelbauten, die als Denkmäler einer längst vergangenen Kultur dort stehen geblieben sind.

Von Samarang führt die Bahn bis Amasawa (Willem I). Von da geht es weiter im vierspännigen Wagen durch eine schön kultivierte Gebirgsgegend nach Magelang. Zu unserer Rechten erhebt sich im Nordwesten der mächtige Kegel des Vulkans Sumbing, der eine Höhe von 3300 Meter erreicht, linkerseits im Südosten die zarten Linien des etwas niedrigeren Merapi. Das kleine Gebirgsstädtchen Magelang ist eine richtige zentraljavanische Garnisonstadt. Vier Bataillone liegen hier und ihre Gegenwart bewirkt, daß das Ganze einen stark europäischen Anstrich erhält, europäisch allerdings in dem abgetönten, mit der tropischen Umgebung harmonisierenden Sinne, der die niederländischen Kolonien auszeichnet.

Am nächsten Morgen um 7 Uhr fuhr ich im vierspännigen Wägelchen weiter. Die Straße führt in dem Tal der Flüsse Progo und Ello, die zusammen ihr Wasser an der Südküste Javas ins Meer ergießen. Wir überschreiten den Progo mit unserm Wagen auf einer Fähre und gelangen kurz vor 9 Uhr zum Boro-Budor, der berühmtesten und gewaltigsten aller javanischen Tempelruinen. Wie eine kolossale breite, mächtige und trotzige Festung liegt die dunkelgraue Masse vor uns. Nach 9 Uhr morgens steht die Sonne in den Tropen schon hoch, die Schatten sind nur kurz und so tritt die wenig ausgesprochene architektonische Gliederung, die das Bauwerk besitzt, noch mehr zurück. Günstiger wäre sicherlich die

Zu Seite 471.

Boro-Budor.

Betrachtung kurz nach Sonnenaufgang oder vor Sonnenuntergang. Der erste Eindruck, den ich von diesem Kolossalbau empfing, war der, etwas höchst Sonderbares und Eigenartiges zu sehen, etwas, dessen Form zunächst keineswegs entzückte, das wie ein riesiger Steinhaufen aussah, ein Steinhaufen, dessen Wände aber bei näherem Zusehen über und über mit den kunstvollsten und wunderbarsten Reliefdarstellungen geziert waren.

Die Grundfläche des Bauwerks ist ein Quadrat von 123 Meter, den Kern des Ganzen bildet ein natürlicher, aber für diesen Zweck in seiner Form zurecht geschnittener Hügel. Dieser Hügel ist in fünf zwanzigeckige Terrassen geteilt; auf dem Gipfel der obersten Terrasse finden sich drei konzentrische Kreise von kleinen glockenförmigen Bauten, sogenannten Dagops, die je ein überlebensgroßes Buddhabild enthalten. Jeder innere Kreis liegt etwas höher als der nächstäußere, in dem Zentrum des Ganzen befindet sich ein gewaltiger, die Spitze des ganzen Gebäudes bildender Dagop, den man auch auf der beistehenden Photographie alles überragen sieht. Er ist zum Teil verfallen und enthält in seinem Innern einen sitzenden, vier Meter großen Buddha. Umschreitet man nun eine Terrasse, so findet man sich auf dem breiten Wege, der um jede Stufe herumläuft, zwischen zwei Mauern. Die innere Mauer ist diejenige, die sich an den Hügelkern anlehnt, die äußere Mauer führt frei neben ihr her und beide lassen zwischen sich den Weg frei. Die Wände dieser Mauern sind vollkommen bedeckt mit Hochreliefs, die sich auf das Leben und die Lehre Buddhas beziehen. In regelmäßigen Abständen finden sich Nischen, die je ein sitzendes Buddha-Bild enthalten. Je an den vier Seiten des Bauwerks führt ein Bogentor und eine Treppe von unten zunächst zur untersten Terrasse, dann zur nächsthöheren und so weiter bis ganz nach oben, wo sich am höchsten, gewaltigen Dagop in einer Höhe von 37 Metern ein herrlicher Ausblick auf die ernste und dabei liebliche Gebirgslandschaft eröffnet. Kein Mensch kann jene Höhe ersteigen, kann die Terrassen umschreiten und ihre tausendfachen kunstvollen Bildwerke betrachten, ohne ein staunendes Bewundern zu empfinden. Eine gewisse Herbheit wohnt allen diesen Darstellungen inne, aber sie sind groß gedacht und atmen eine tiefe, ins Innere gerichtete Religiosität. Bewunderungswürdig ist die Behandlung des Materials, eines spröden, schwer zu behandelnden Trachyts, der leider durch Verwitterung sehr gelitten hat und uns die volle Schönheit, die jene Kunstwerke einst besessen haben, nur ahnen läßt. Äußerst kunstvoll ist auch die Bautechnik, denn nirgends ist Mörtel oder ein anderes Bindemittel verwendet, nirgends Klammern, sondern der glatte behauene Stein ruht einfach auf dem Steine und haftet an ihm vermittelst seiner Schwere.

Wie muß die Kultur der Javaner zu jenen Zeiten beschaffen gewesen sein, als sie das gewaltige Bauwerk errichteten? Wie viele kunstgeübte, durchgebildete Bildhauer muß es damals gegeben haben, die diese tausende und abertausende von Figuren gebildet haben! Wie bedeutend und genial war die Schaffenskraft des Mannes, der den eigenartigen Plan des Ganzen entwarf und die Ausführung aus einem Gusse bewirkte! Die einheitliche Durchführung, die vollendete, bis ins kleinste durchgearbeitete Ausschmückung, die hervorragende Originalität dieses Tempelbaues verdient uneingeschränkte Anerkennung.

Hier endigt aber meine Bewunderung. Die künstlerische Gesamtwirkung bleibt nach meinem Gefühl weit hinter den aufgewandten Mitteln zurück. Es fehlt dieser Masse die ernste Majestät der ägyptischen Pyramiden, denn das Ganze geht zu sehr ins Breite, die überall hervortretenden Ecken und Nischen, die kleinen Dagops mit ihren Spitzen am Gipfel zerstreuen das Auge und rauben dem Gesamtbau viel von der Wucht, die ihm sonst infolge seiner Masse innewohnen würde. Andererseits ist aber auch der Versuch, dem schweren Bauwerk durch den Aufbau der fünf Terrassen eine gewisse Gliederung zu verleihen und diese Gliederung durch die vieleckige Form jeder Terrasse noch weiter fortzuführen, entschieden mißlungen. Das Ganze ist und bleibt eine nur unvollkommen gegliederte Masse, man mag jeden beliebigen Standpunkt wählen; wenigstens ist dies bei hochstehender Sonne, also den größten Teil des Tages über, der Fall.

Wenn man diesen Mangel auch nicht verschweigen kann, wird man das Kunstwerk dennoch mit hohem Genuß betrachten und wird die gewaltige Regung künstlerischer Schaffenskraft der Vorfahren eines Volkes bewundern, dessen Kultur von solcher stolzen Höhe längst herabgestiegen ist. Wahrscheinlich ist es, daß auch die Verfertiger jener Bauten in Bambushütten wohnten, ebenso wie die jetzigen Javaner; denn Reste von Wohnhäusern in der Nähe dieses oder anderer Tempel haben sich nicht gefunden. Daß die Bildhauerkunst, die in jenen Zeiten in höchster Blüte gestanden haben muß, jetzt spurlos verschwunden ist, ist wohl eine Wirkung des Eindringens des Mohammedanismus, der alle bildliche Darstellung der menschlichen und tierischen Gestalten verbietet. Die jetzigen Javaner sind Mohammedaner und staunen die Schöpfungen ihrer Vorfahren als die Werke finsterer dämonischer Kräfte an.

Blickt man von dem Tempel auf das umliegende, im vollen Kulturschmuck prangende Land, so erkennt man, wie die alten Javaner zu dem Baustil kamen, der sich in diesen und in anderen Tempeln Mitteljavas ausdrückt. Die Hauptkulturpflanze der westlichen Hälfte des malayischen Archipels ist der Reis, und wohl schon seit undenklichen Zeiten hat man es auf Java verstanden, ihn auf sogenannten nassen Feldern zu kultivieren, die terrassenförmig an den sanft ansteigenden Hängen der Berge übereinander liegen. Jeder Tropfen Flüssigkeit, der von einem oberen Felde abfließt, gelangt in das nächstuntere und so weiter, und kein Tropfen der das Wachstum befördernden Flüssigkeit wird vergeudet. Jeder sanft geneigte Berghang ist über und über mit den terrassenförmigen Reisfeldern bedeckt. Das sieht man jetzt überall in ganz Java. Vor tausend Jahren hat man aber höchstwahrscheinlich an vielen Stellen ganz ebenso die Reiskultur betrieben, und es ist kein Wunder, daß man architektonisch das verwertete, was das Auge täglich in Gestalt der saftig-grünen, Nahrung spendenden Getreidefelder vor sich sah.

Eine halbe Stunde von diesem Tempel entfernt befindet sich die Ruine des kleinen Mendut-Tempels, eine Tempelkammer, die frei auf einem niederen Aufbau steht und in ihrer inneren Halle drei Kolossalstatuen des auf einer Lotosblume sitzenden Buddha enthält. Die Figuren zeichnen sich durch große Korrektheit in der Behandlung der menschlichen Gestalt aus. Der Gesichtsausdruck trägt die stille Hoheit, die weltentrückte Ruhe und Sammlung, die den meisten Buddhabildern eigen ist.

Von hier führte mich mein Weg nach Djokjokarta, der Hauptstadt des gleichnamigen Fürstentums, das ebenso wie das Fürstentum Surakarta nominell selbständig ist. Das ist aber eitel Spiegelfechterei. Die »Souveräne« dieser beiden Länder besitzen jeder eine Leib- oder Ehrengarde von 60 Mann, welche ausschließlich aus niederländischen Soldaten besteht und in jeder Beziehung gut auf den Fürsten aufpaßt. Durch den Mund des Fürsten wird das Volk regiert, aber das Ohr des ersteren darf sich den Worten des holländischen Residenten, der ihm wie ein »älterer Bruder« zur Seite steht, nicht verschließen. Ein holländisches Fort neben der Residenz zeigt am besten, was diese Unabhängigkeit zu besagen hat. In Djokjokarta besah ich die neue Stadt und den malerischen alten Fürstenpalast, der vor 170 Jahren erbaut worden ist, aber schon seit lange nicht mehr benutzt wird.

Den folgenden Morgen widmete ich einem anderen Ausflug, um

die merkwürdigen brahmanischen Tempelruinen in der Nähe des Dorfes Prambanan zu besichtigen. Eine Viertelstunde vom Dorfe entfernt liegen die Tempel, welche man als Loro Djongrang bezeichnet. Statt eines einzelnen Tempels finden wir hier, entsprechend der vielgötterigen brahmanischen Religion, eine größere Anzahl von Gotteshäusern. Deutlich erkennbar sind sechs größere, umgeben von einer größeren Anzahl (man rechnet 14) kleinerer. Auch hier ist der Baustil wieder die Terrassenform, aber jedes einzelne Gebäude

Wand-Ornament am Prambanan.

ist verhältnismäßig viel schlanker als der Boro-Budor. Dadurch daß der Künstler unter Verzicht auf die imposante Massenwirkung aus religiösen Gründen oder von künstlerischen Gesichtspunkten aus das Heiligtum in eine größere Zahl von Einzelbauten aufgeteilt hat, die er in wohldurchdachter Verteilung und Abstufung nebeneinander aufwachsen läßt, ist es ihm gelungen, trotz der Terrassenform seinem Werke eine schöne architektonische Gliederung zu verleihen, die dem Boro-Budor fehlt.

Der mittlere größte Tempel ist der Gemahlin des Siwa, der Durga oder Uma, mit ihrem javanischen Namen Loro Djongrang, geweiht. Die Wände des vieleckigen Unterbaues dieses und der anderen Tempel sind mit prächtigen, torartigen Reliefdarstellungen geschmückt. Eine breite Treppe führt von der Vorderfront aus auf die erste Terrasse, und hier haben wir wiederum rund herum prachtvoll erhaltene Reliefdarstellungen aus der Mythologie der Hindus. Die zweite Terrasse trägt die kleine Tempelhalle, hier findet sich das Erzbild der streitbaren Göttin Loro Djongrang mit ihren acht Armen

Mythologische Reliefdarstellungen am Prambanan.

und Händen, deren jede ein besonderes Emblem trägt. In einer anderen Kammer steht das Steinbild des Siwa, in einer dritten das des Ganesa, des Sohnes des Siwa und der Loro Djongrang. Er besitzt einen Elefantenrüssel, mit dem er aus der Schale, die er in der Hand hält, Speise entnimmt. In einer dritten Kammer befindet sich endlich noch ein drittes Steinbild.

Der große Tempel, östlich von diesem Haupttempel, ist dem Brahma, der westliche dem Wischnu geweiht. Auch die kleineren

Tempel sind jeder einer besonderen Hindugottheit heilig. Ich will keine Einzelbeschreibung der Tempel geben, sondern bloß auf die erstaunliche Gestaltungskraft und Lebensfülle hinweisen, die uns aus den mythologischen Reliefdarstellungen entgegentritt. Hier haben die javanischen Künstler dasselbe Ziel angestrebt, wie die hellenischen

Wand-Ornament am Prambanan.

in ihren berühmten Altar- und Tempelfriesen in Pergamon und am Parthenon, und wenn sie natürlich in der Höhe der Kunstvollendung hinter jenen auch weit zurückbleiben, verdient ihre kraftvolle Schöpfung immerhin in solchem Zusammenhange genannt zu werden. Ich müßte nicht eine, sondern hundert Abbildungen geben, um das klar zu machen.

Nicht minder bewunderungswürdig sind die Ornamente, die den Sockel der Tempel schmücken und von denen ich auch nur einige Proben gebe. In der Nähe dieser Tempelruinen liegen noch zahlreiche andere, die Tjandi Lumbung und die Tjandi Seru oder tausend Tempel, die aus etwa 250 Ruinen bestehen.

Schon um $^1/_2$ 10 Uhr mußte ich weiter und hatte nun noch den ganzen Tag mit der Bahn durch die östliche Hälfte Javas in ihrer ganzen Länge hindurch zu fahren. Um 11 Uhr waren wir in Surakarta, 1 $^1/_2$ Stunde später fuhren wir an dem kleinen Dörfchen Ngale vorbei, unweit dessen, bei Trinil am Bengawafluß, der holländische Militärarzt Eugen Dubois ein Jahr zuvor fossile Reste eines Geschöpfes entdeckt hatte, das er als Zwischenglied zwischen Menschen und Affen deutet. Seine Mitteilungen wurden zunächst mit großer Skepsis entgegengenommen. Nachdem er jedoch den Naturforschern Europas die gefundenen Knochenreste als stumme, aber doch beredte Zeugen vorgelegt hat, und es ihm auch gelungen ist, die theoretischen Einwände seiner Gegner Punkt für Punkt zu widerlegen, ist nunmehr die Mehrzahl der kompetenten Beurteiler zu der Überzeugung gelangt, daß hier wirklich die fossilen Reste des lange gesuchten Zwischengliedes gefunden sind, und zwar in Ablagerungen, die wahrscheinlich als jungpliocäne, also tertiäre zu bezeichnen sind.

Um 6 Uhr abends langte ich in Surabaja an und stieg dort im Hotel Insulinde ab. Den nächsten Tag verlebte ich in Surabaja. Am darauffolgenden um $^1/_2$ 7 Uhr begab ich mich in einem kleinen Ruderfahrzeug, einem sogenannten Tambangan, an Bord des »Both«, der mitten in der schmalen Straße zwischen Java und Madura vor Anker lag, und trat meine Reise nach den Molukken an.

Sechzehntes Kapitel.

Von Java um Celebes und die nördlichen Molukken nach Ambon.

Der Dampfer Both gehört der »Koninklijke Paketvaart Maatschappiy«, welche von der niederländischen-indisch Regierung subventioniert ist und den ganzen Post- und Haupt-Personen-Verkehr in Niederländisch-Indien besorgt. Die Preise der Fahrten im Archipel sind ziemlich hohe, zum Glück erhält aber jeder Naturforscher ohne weiteres 20 Prozent Ermäßigung. Ich habe alles in allem fast zwei Monate an Bord des Both zugebracht und trat bald mit dem vortrefflichen Kapitän, Herrn A. de Bruyne, und den Offizieren in ein freundschaftliches Verhältnis. Wo es anging, war man mir behilflich. Ich machte hier den Versuch, die pelagischen Seetiere, das sogenannte Plankton, derart zu fischen, daß ich das Seewasser durch eine der Pumpen des Both aus dem Meere hob und durch ein feines Gazenetz laufen ließ. Der Rückstand auf dem Boden des Netzes wurde dann gesammelt und konserviert. Leider waren aber die Öffnungen der Pumpen sämtlich so fein, daß ich auf diese Weise nur die allerkleinsten Organismen als Filtrat erhielt. Der erste Offizier, Herr van der Lee, hatte sich neben seiner Kabine eine kleine Dunkelkammer zum Entwickeln von Photographien und Wechseln der Platten hergestellt und gestattete mir zuvorkommend den Gebrauch derselben.

Von Passagieren hatten wir eine Anzahl evangelische Missionäre, die im Norden von Celebes in der sogenannten Minahassa ihre Tätigkeit ausübten. Die niederländisch-indische Regierung gestattet es den christlichen Missionären nicht, in Java Propaganda zu machen, weil dies ohne Zweifel den Frieden der streng mohammedanischen Bevölkerung stören würde. An anderen Orten des Archipels dagegen gibt es Missionäre, und dieselben haben in der Minahassa gute Erfolge zu verzeichnen. Unsere beiden Missionärfamilien waren schon seit länger als einem Jahrzehnt dort ansässig. Der eine Missionär war nach Java gekommen, um seine hübsche 18jährige Tochter, die in

Utrecht erzogen und eben aus dem Mutterlande zurückgekehrt war, abzuholen. Der gebildete Holländer läßt, wenn er es irgend vermeiden kann, seine Kinder nicht in Indien aufwachsen, auch die nicht, die dort geboren sind. Wenn sie groß genug sind, um die Reise gut zu vertragen, schickt man sie nach Europa und läßt sie dort erziehen. Der Körper des reinblütigen Europäers entwickelt sich nicht in voller Frische und Kraft, wenn man ihn die Kindheit und Reifezeit in dem heißen Klima Indiens verbringen läßt. Der Organismus wird schwächlicher, hinfälliger, weichlicher. Auch wirkt das Aufwachsen unter der malayischen Dienerschaft, deren Sprache die Kinder gewöhnlich besser verstehen, als die Eltern, und deren sittliche Anschauungen sie unvermerkt in sich aufnehmen, ungünstig auf die Moral der heranwachsenden Jugend.

Außerdem befanden sich an Bord zwei junge Regierungsbeamte oder Amtenaare, im Alter von ungefähr 20 Jahren, die eben frisch aus Holland importiert waren. Sie kamen aus Delft, wo die Regierung eine Hochschule zur Heranbildung ihrer niederländischen Civilbeamten errichtet hat, und waren eben im Begriff, sich nach glücklich bestandenem Examen in ihren neuen Wirkungskreis zu begeben. Der eine von ihnen hatte so vorzüglich absolviert, daß er dadurch das Recht auf eine Anstellung in Java erworben hatte, was als ein besonderer Vorzug angesehen wird. Aber auf der Überfahrt hatte ihn sein Schicksal erreicht. Er hatte die hübsche und liebenswürdige Missionärstochter kennen gelernt, und als der Vater derselben sein Kind nach vierjähriger Trennung in Priok vom Dampfer abholte, stellte sich ihm gleich ein hoffnungsvoller junger Mann vor, der sein Schwiegersohn zu werden wünschte. In diesem Falle rann der Strom der treuen Liebe sanft, die Erkundigungen, die der Vater einzog, lauteten günstig, der junge Mann verzichtete auf seine Anstellung in Java und bat um eine solche in der Minahassa. Der General-Gouverneur war nicht hartherzig, und wenn das Brautpaar auch so lange, bis die Schwiegermutter in Celebes und die Eltern des Bräutigams in Holland ihre Einwilligung gegeben hatten, nur als ein sogenanntes »heimliches« figurierte, war es doch mit dieser Heimlichkeit nicht weit her. Zur Beruhigung der Leser will ich mitteilen, daß ich denn auch sechs Monate später, als ich schon wieder in Europa war, die offizielle Anzeige des Amtenaars und seiner Erwählten erhielt. Diese kleine freundliche Liebesgeschichte der liebenswürdigen jungen Menschenkinder verlieh unserem kleinen, gemütlichen Kreise an Bord des Both einen besonderen Reiz.

Von Surabaja führte uns unser Schiff quer durch die Sundasee hinüber nach Makassar an der Südwestspitze von Celebes. Die Bewohner von Süd-Celebes, die sogenannten Bugis, sind von alters her große Seefahrer und unternehmende Kaufleute. In ihren sonderbar gebauten Prauen machen sie regelmäßige Fahrten nach den Aru-Inseln und Neu-Guinea; man findet sie in den Molukken, auf Borneo, und selbst fern, in der Straße von Malakka, in Singapore. Makassar ist ihre große Empore, der Mittelpunkt, von dem aus sie ihre Fahrten unternehmen, und so bietet die dortige Reede stets ein bewegtes Bild malayischen Schiffsverkehrs. Die Küste selbst ist hier niedrig und nicht besonders anziehend.

Da der Both mehrere Tage in Makassar blieb, nahm ich meinen Aufenthalt in dem kleinen europäischen Hotel und besuchte den deutschen Konsul Herrn von Hanfstängel und den Sekretär des Gouverneurs, Herrn Erdmans, an die ich Empfehlungen hatte. Herr Erdmans schlug mir vor, am nächsten Tage dem Radja des großen und unabhängigen Staates Goa einen Besuch abzustatten. Die Herrschaft des Radja beginnt direkt vor den Thoren Makassars. Er ist ein Verbündeter Hollands, aber dabei unumschränkter Herrscher in seinem Lande und könnte, wenn er Lust hätte, sich als recht unangenehmer Nachbar bemerklich machen. Er besitzt einen gehörigen Posten von Hinterladergewehren und hat außer dem allgemeinen Aufgebot seines volkreichen Landes ein kleines stehendes Heer von 5 bis 600 Mann, das er ganz nach holländischem Muster eingekleidet und gedrillt hat.

Eine kurze Wagenfahrt durch dürr und uninteressant aussehende Reisfelder führte uns nach Goa. Der Radja selbst war altersschwach und geistig nicht mehr frisch, und an seiner Statt führte sein ältester Sohn, der Kronprinz, die Regierung. Der Prinz war ein etwa dreißigjähriger, intelligent aussehender Mann von liebenswürdigem Wesen und angenehmen, verbindlichen Umgangsformen. Feierlich empfing er uns in seinem nach europäischer Art gebauten, etwas schmutzigen Hause. Der Hausrat war größtenteils europäisch, aber da der europäische Ordnungssinn dazu fehlte, machte alles einen unfrischen, ein bischen verwahrlosten Eindruck. Man servierte uns Kaffee und europäisches Gebäck, das vor längerer Zeit aus Makassar bezogen zu sein schien. Hübscher als das Haus des Kronprinzen war das kleinere Haus seines Schwagers, das wir nachher besichtigten. Der letztere, ein junger Mann von ungefähr 23 Jahren, machte einen hervorragend intelligenten Eindruck und schien eine Art mechanischen Genies zu sein. Alle Entwürfe und Einrichtungen, ja viele einzelne Gegenstände in seinem Hause waren von ihm selbst gemacht worden. Die Wände der

Zimmer können herausgenommen und wieder eingesetzt werden, so daß er nach Belieben über einige große Säle oder über zahlreiche kleinere Zimmer verfügt. Er führte uns auch in sein und seiner Frau Schlafzimmer, und wir konnten den Toilettentisch der Prinzessin bewundern, der sich nicht viel von dem einer europäischen Dame unterschied. Zum Schluß hatte ich auch noch die hohe Ehre, den Prinzessinnen selbst und ihrem Hofstaat vorgestellt zu werden. Schönheiten befanden sich nicht darunter, aber es waren muntere, fröhliche Dämchen, deren Zähne allerdings durch das leidige Betelkauen in unangenehmer Weise entstellt waren. Hier entdeckte ich ein wunderbares Tier, dergleichen ich nie zuvor abgebildet oder lebend gesehen hatte. Es hatte die Form einer Katze, war aber an Kopf und Brust rosenrot, am Hinterteil himmelblau, in der Mitte weiß, während die Extremitäten schön gelb gefärbt waren. Erstaunt trat ich näher, um diese neue Art zu untersuchen, und Herr Erdmans erklärte den Damen, daß ich als Naturforscher besonderen Anteil an ihrem so zierlich bemalten Kätzchen nähme. Das erregte natürlich den Ausbruch einer herzlichen, aber mit höflicher Zurückhaltung geäußerten Heiterkeit bei den Prinzessinnen, und auch der Hofstaat erlaubte sich ein vergnügliches Schmunzeln.

Um Mitternacht dieses Tages sollte der Both Makassar verlassen. Ich hatte gleich nach meiner Ankunft einen großen Teil meiner Leibwäsche und meiner Waschanzüge einem makassarischen Wäscher, der auf das Schiff gekommen war, übergeben. Der Mann hatte mir hoch und heilig versprochen, mir mein Hab und Gut bis zum nächsten Abend fix und fertig wiederzubringen. Als ich nun zwei Stunden vor Abgang des Schiffes an Bord kam, war meine Wäsche nicht da. Es war eine ziemliche Menge, fast die Hälfte von dem, was ich mit mir hatte, denn in den letzten vierzehn Tagen hatte ich in Java nicht waschen lassen können und in den Tropen braucht man täglich mindestens einen reinen Waschanzug. Ich rief den holländischen Steward, der mir den Wäscher empfohlen hatte; er wußte aber selbst nichts näheres über ihn, als daß er regelmäßig an Bord käme, wenn das Schiff in Makassar anlegte. Es wurde 11 Uhr und ½12 Uhr und die festgesetzte Abfahrtszeit des Schiffes nahte. Ich ging zum Kapitän und fragte ihn um Rat. Er sagte mir, ich solle in die Stadt schicken, das Schiff würde nicht vor 2 Uhr auslaufen.

Niemand auf dem Schiff wußte, wo der Wäscher wohnte, nur ein malayischer Steward behauptete, er würde ihn sofort erkennen, wenn er ihn sähe. Ich sagte ihm, er solle doch in die Stadt gehen ihn zu suchen, und versprach ihm eine reichliche Belohnung. Er war aber nicht dazu zu bewegen, denn in den Quartieren der Eingeborenen, besonders in den chinesischen Kampongs der großen indischen Städte, ist es nachts mit der Sicherheit nicht besser bestellt als in den Hafenquartieren der europäischen großen Seestädte. Ich fragte also den Mann: »Willst du mitkommen, wenn ich mit dir gehe?« Er entschloß sich dazu nach kurzem Zögern, und nun erklärte sich auch mein Diener Ikin bereit, uns zu begleiten. Ich steckte meinen Revolver in die Tasche und wollte eben aufbrechen, als die beiden jungen Amtenaare auch Lust bekamen, sich dem Zuge anzuschließen.

So waren wir denn eine ganze Expedition, drei Europäer und zwei Eingeborene, die in der Nacht die Stadt Makassar auf der Suche nach der unterschlagenen Wäsche durchstreiften. Stundenlang zogen wir umher, jeder, dem wir begegneten, wurde angehalten und gefragt, wo in dieser Gegend ein Waschkünstler, ein »Tukang minatu« wohne. Mancher arme Kerl, der friedlich in seinem Hause bis in die Nacht hinein das Wäscherhandwerk trieb, verging beinahe vor Schreck, wenn wir in sein Haus drangen. Der malayische Junge stellte sich dann vor ihn hin, betrachtete ihn kritisch und sagte jedesmal: »Nein, er ist es nicht.« So ging es stundenlang durch die schweigenden, einsamen Kampongs. Ab und zu trafen wir auf ein paar einheimischer Nachtwächter. Diese veranlaßten wir jedesmal, uns zu begleiten, und ließen uns von ihnen die Häuser der Wäscher ihres Reviers zeigen. Das machte unsern Zug noch imposanter.

Es war längst 2 Uhr vorüber, wir hatten fast ganz Makassar durchstreift und es war höchste Zeit, an Bord zurückzukehren. Auf dem Rückweg mußten wir das vornehme europäische Quartier passieren, die Neustadt oder den Kampong baru, wo wir den Wäschedieb am wenigsten vermutet hatten. Unterwegs kamen wir an eine erleuchtete europäische Villa und fragten einen dort sitzenden holländischen Herrn, ob wohl hier in der Nähe ein Wäscher wohne. Er sagte ja, gleich daneben in einem engen Gäßchen wohnten zwei. »Gut, beschlossen wir, dann gehen wir noch zu den beiden und geben es dann auf.« Der erste war wieder nicht unser Mann; der zweite aber zeigte sich merkwürdig gleichgiltig bei unserm Eintritt. Er kam mir gleich bekannt vor, und richtig, mein Orakel sagte ohne weiteres, als er ihn einen Augenblick gemustert hatte: »Er ist es.« Darauf entspann sich eine kurze malayische Unterhaltung, und der Mann, ohne seinen Platz zu wechseln und eine Miene zu verziehen, langte neben sich und hob ein mächtiges, sauber eingewickeltes Paket empor, meine Wäsche, die ich fast schon verloren gegeben hatte. Er habe sie eben an Schiff bringen wollen. »Aber das Schiff sollte ja schon vor zwei Stunden abgehen!« Darauf keine Antwort. Der Mann blickte ruhig, als ob ihn die ganze Sache nichts anginge, vor sich hin. Ich trat ganz nahe heran, blickte ihm scharf in die Augen und sagte auf Deutsch, weil mein Malayisch nicht auf der Höhe der Situation stand: »Du bist der durchtriebenste Halunke, der mir überhaupt vorgekommen ist. Das kannst Du doch selbst nicht leugnen?« Die holländischen Herren lachten, selbst über die Gesichter der beiden Malayen stahl sich ein Lächeln, nur der Tukang minatu blickte ruhig und unbefangen vor sich hin, aber in den Winkeln seiner verschmitzten Augen zeigte sich ein humoristisches Zwinkern. Ich legte meine Hand auf die Schulter des Ehrenmannes und schüttelte ihn einige Augenblicke sanft aber eindringlich. Dann eilten wir an Bord des Both, der sich eben zur Abfahrt rüstete.

Auf der Weiterfahrt berührten wir eine Anzahl Küstenorte von West-Celebes, Paré Paré an der gleichnamigen Bai, Dongala am Eingang der Palosbai, Toli-Toli und Kwandang, endlich Amurang, Menado und Kema an der Nordspitze der Insel, der sogenannten Minahassa. Wo es immer anging, begab ich mich an Land und sammelte Tiere, besonders Käfer, Tausendfüßler und Schmetterlinge, oder nahm Photographien der schönen Landschaft und der merkwürdigen Bevölkerung auf. Am meisten sah ich von dem vulkanischen Nordende der Insel, der schön kultivierten Minahassa, die stellenweise einem Garten gleicht. In Menado verlebte ich den Weihnachtsabend, den zweiten, den ich auf dieser Reise fern von der Heimat verbrachte. Im vorigen Jahre weilte ich um diese Zeit im australischen Busch. Unser Schiff hielt sich im ganzen zwei Tage in Menado auf, und da es von dort um die Nordspitze von Celebes herum nach Kema gehen mußte, hätte die Zeit genügt, um einen Ausflug nach dem berühmten See von Tondano und dem Wasserfall des aus ihm hervorströmenden gleichnamigen Flusses zu machen und das Schiff dann in Kema zu treffen. Da die Abfahrtszeit aber unsicher war, mußte ich darauf verzichten und mich mit kürzeren Ausflügen auf den munteren kleinen Timor-Ponies in die nähere Umgebung von Menado begnügen.

Die Bevölkerung der Minahassa unterscheidet sich ziemlich auffällig von der des südlichen Celebes, den Makassaren und Bugis. Die Hautfarbe ist erheblich heller und geht ins Gelbe über, die Statur ist gedrungener, die Physiognomie weniger ausgesprochen malayisch,

31*

Die Haare haben den gewöhnlichen Typus des schwarzen straffen Malayenhaares. Noch im Anfang dieses Jahrhunderts waren diese Leute, die augenblicklich zu den gesittetsten und umgänglichsten des ganzen malayischen Archipels gehören, vollkommen Wilde. Ähnlich den heutigen Papuas von Neu-Guinea waren sie in kleine Dorfgemeinden zersplittert, welche sich fortwährend gegenseitig befehdeten, und sprachen Dialekte, die nur in kleinem Umkreis verstanden wurden.

Leute von Amurang (Minahassa).

Menschenraub, Kopfjägerei, sogar Kannibalismus stand auf der Tagesordnung, und die Religion dieser wilden Stämme war ein phantastischer Dämonismus. Mit der Anpflanzung des Kaffeebaums aber kam die Kultur. Rasch legten die Eingeborenen ihre barbarischen Gewohnheiten ab; von den Europäern und herübergekommenen Javanen eigneten sie sich Fertigkeiten und Kenntnisse an, das Land bedeckte sich mit Kulturen, die Häuser wurden besser, und vortreffliche Verkehrswege verbanden bald die einzelnen Gemeinden, die unter dem

Zu Seite 483.

Leute von Dongala an der Palosbai (Westcelebes).

Zwange der europäischen Herrschaft nun in Frieden bei einander leben mußten und sich wohl dabei befanden.

Ganz anders ist der Kulturzustand und Volkscharakter der Bewohner des übrigen Celebes, der sogenannten Makassaren und Bugis. Sie besaßen, als sie mit Weißen in Beziehung traten, von Hause aus eine viel höhere eigene Kultur als die Bewohner der Minahassa, sie bildeten größere Staatenverbände, waren selbstbewußter und politisch stärker und wußten sich deshalb dem europäischen Einfluß auch viel besser zu entziehen. Die holländische Einwirkung beschränkt sich dort denn auch vorwiegend auf einige Küstengebiete. Die Staaten im Innern sind größtenteils faktisch unabhängig. Zur Zeit meiner Anwesenheit auf Celebes waren sie auch geographisch noch sehr wenig erforscht. Inzwischen haben die Vettern Paul und Fritz Sarasin Celebes zur Domäne ihrer geographischen, geologischen und biologischn Forschungen gemacht und das Dunkel, in welches die Geographie des Innern der Insel gehüllt war, größtenteils gelichtet.

Der malayische Rassentypus ist da, wo er einigermaßen rein auftritt, leicht von allen andern Rassen zu unterscheiden. Die Hautfarbe ist ein helles Braun. Das Kopfhaar ist pechschwarz und straff, der Bartwuchs ist sehr schwach, der übrige Körper ist fast haarlos. Die Körpergröße liegt beträchtlich unter dem europäischen Mittel, die Körperformen sind wohlproportioniert, kräftig, aber nicht robust, die Hände klein, die Füße breit und kurz. Die Schädelform ist fast durchweg brachycephal; in den Molukken und auf Timor, wo die Rasse stark mit andern Elementen gemischt ist, wird sie mesocephal. Dolichocephalie kommt als Ausnahme vor und deutet ebenso wie das Auftreten von gelocktem Haar wohl mit Sicherheit auf Vermischung mit fremden Elementen. Sehr charakteristisch ist die Physiognomie, die durch die breiten vorstehenden Backenknochen, die kurze, platte, an der Spitze verdünnte Nase mit breiten Nasenlöchern,. die schwarzen, leicht schief stehenden Augen ihre eigentümliche Ausprägung erhält. Diesem malayischen Typus, den kein Mensch mit den Papuas und Australiern und meiner Ansicht nach auch nicht mit den Polynesiern verwechseln wird, begegnet man im ganzen nach ihm benannten Archipel, also auf der Halbinsel Malakka, den großen und kleinen Sundainseln, den Molukken und bei den Tagalen auf den Philippinen. Es ist ganz selbstverständlich, daß wir in ihm keine so einheitliche Rasse vor uns haben, wie etwa bei den Bewohnern des australischen Kontinents, denn zur Bildung einer einheitlichen Rasse ist in erster Linie eine längere Isolierung erforderlich, und wie ist diese möglich bei einem Inselvolke, das selbst so hervorragende Tüchtigkeit und Neigung zur Seefahrt besitzt und das umgeben ist von andern Völkern, Indiern, Mongolen und Papuas, mit denen es seit vielen Hunderten von Jahren in vielerlei Wechselbeziehung gestanden hat. So entdecken wir bei näherem Zusehen eine Fülle von Verschiedenheiten im Kulturzustande und ganz besonders in den Sprachen, während in körperlicher Beziehung eine bedeutendere Einheitlichkeit herrscht.

Die malayische Physiognomie erinnert an die mongolische, und eine Wurzelverwandtschaft beider Rassen erscheint mir auch sonst aus anthropologischen Gründen im hohen Grade wahrscheinlich. Die Divergenz muß aber eine sehr alte sein, da sich ursprüngliche Beziehungen der malayischen zu den mongolischen Sprachen durchaus nicht auffinden lassen. Dagegen ist ein unverkennbarer näherer Zusammenhang der malayischen mit den polynesischen Sprachen nachgewiesen, und da nun weiterhin die papuanischen Idiome mancherlei malayische und polynesische Elemente enthalten, und es Mischgebiete zwischen Malayen und Polynesiern einerseits, Polynesiern und Papuas andererseits gibt, so wird von manchen Ethnographen die Auffassung vertreten, daß die malayische, polynesische und papuanische Rasse als eine gemeinsame Einheit zu behandeln sei. Und doch sind die hellbraunen, straffhaarigen, brachycephalen Malayen mit den dunklen, wollhaarigen, dolichocephalen Papuas nicht näher verwandt, als wir Europäer mit den Mongolen oder Afrikanern. Nicht nur ihre Körperbeschaffenheit, auch ihre geistige Veranlagung, ihr Temperament und ihr Charakter beweisen das auf das bestimmteste. Man darf eben nicht in diesen Fragen auf ein einzelnes Merkmal hin, wie die Sprache es ist, Verwandtschaften konstruieren, sondern muß ebenso wie in der systematischen Zoologie und Botanik alle Faktoren berücksichtigen und gegeneinander abwägen. Auf die Möglichkeit, daß die Polynesier durch eine Mischung von Malayen mit Papuas entstanden sind und sich durch selbständige Weiterentwicklung in einem verhältnismäßig isolierten Bezirk zum Range einer eigenartigen Rasse erhoben, noch ehe sie sich über die Inselflur der gesamten Südsee verbreiteten, habe ich schon früher hingewiesen.

Von Kema, das in prächtiger Lage am Fuße des 2000 Meter hohen Vulkans Klabat liegt, steuerten wir in den Golf von Tomin oder Gorontalo hinein und gelangten am nächsten Tage nach Gorontalo an der Mündung des Bolango- oder Tapa-Stroms, der den Abfluß des Sees von Limbotto aufnimmt. Dicht bei der Stadt mündet der

Einfahrt in den Bolangofluss. Gorontalo, Nordostcelebes.

von Osten kommende Boné in den Bolango, und die Stadt liegt in dem Delta, welches die beiden Flüsse bei ihrer Vereinigung bilden. Die Einfahrt in den Fluß, nahe dessen Mündung die Stadt liegt, ist schön. Granitische, dicht bewachsene Berglehnen schieben sich kulissenartig vor. In der Ferne heben sich die Ketten des gebirgigen Hinterlandes ab. Fischwehre, ähnlich denen, welche ich später oft auf den Molukken gesehen habe, und in deren Erbauung die malayischen Fischer Meister sind, flankieren die Flußmündung. Da unser Schiff den ganzen Tag vor Gorontalo zu bleiben hatte, benutzte ich die Zeit zu einem langen Ausfluge ins Land hinein, indem ich dem Lauf des Stromes folgte und beinahe bis zum See vordrang. Ikin war an diesem Tage krank und konnte mich nicht begleiten. So ging ich allein.

Es ist natürlich, daß, wenn man auf einige Stunden ans Land geht und ohne jede Kenntnis der Topographie aufs Geratewohl herumstreift, das Ergebnis des zoologischen Sammelns selten ein glänzendes ist. Der Zoolog braucht für seine Arbeit Ruhe und Zeit; er muß sich häuslich an einem Ort einrichten können, die Umgebung genau studieren und sich mit den Eingeborenen bekannt machen. Dann, nach Verlauf einer halben oder ganzen Woche, pflegen sich erst die rechten Erfolge einzustellen, und es kommen Tage, an denen man wirklich kaum weiß, wie man die erbeuteten Schätze alle bergen soll. Das Aufreibende und Abspannende in der Tätigkeit des reisenden Zoologen liegt darin, daß er nach den Strapazen des Tages am Abend sich hinsetzen muß, um die erlegten Säugetiere und Vögel abzubalgen, ihre Organe zu präparieren, Schmetterlinge und andere Insekten trocken einzulegen, zartere Geschöpfe nach den Regeln der Kunst durch verschiedene Konservierungsflüssigkeiten in ihrer natürlichen Beschaffenheit zu erhalten, endlich noch seine Notizen zu ordnen und sein Tagebuch zu schreiben.

An jenem Tage hatte ich nun aber gleich von Anfang an gute Sammelerfolge. An den Flußufern wimmelte es von Tausendfüßlern, Käfern und besonders Schmetterlingen. Ich kam an ein kleines Dorf, und als die Jugend desselben sah, daß ich in der Nähe der Anpflanzungen einige Exemplare des zu den Euploeen gehörigen Schmetterlings, Bibisana Diana, fing, umdrängten sie mich mit lebhaften Gesten und redeten auf mich ein. Obwohl ich kein Wort ihrer Sprache verstand, nahm ich an, daß sie mich zu einer besonders günstigen Fangstelle führen wollten, und folgte ihnen. Nach einem viertelstündigen Marsche kamen wir an eine kleine geschützte Talmulde, die nur mäßig von Bäumen bestanden war. Ein reicher

Blumenflor schmückte den Boden, und eine Anzahl ausgezeichnet schöner und großer Schmetterlinge hatte sich dieses idyllische Plätzchen zum Aufenthalt gewählt und flog emsig von Blume zu Blume.

Am Abend lichteten wir die Anker und verließen nun Celebes, indem wir quer durch die Molukkensee den berühmten Gewürzinseln zusteuerten. Nach 36 stündiger Fahrt erreichten wir die Insel Ternate, die nichts anderes ist als die kegelförmige Kuppe eines unmittelbar aus dem Meere aufsteigenden, eine Höhe von 1580 Meter erreichenden Vulkans. Die Stadt Ternate liegt lang hingestreckt am Südostabhang des Vulkans, gerade gegenüber im Süden erblickt man eine andere vulkanische Insel, die sich mit noch schöner geformtem Kegel höher aus dem Meere erhebt. Es ist Tidore, ebenso wie Ternate der Sitz eines Sultans, der ehemals zu den reichsten und mächtigsten Fürsten des Ostens gehörte. Seine Macht erstreckte sich bis an die Küste von Nordwest-Neu-Guinea, und noch heute zahlen eine Anzahl der dortigen Stämme und ein Teil der Bevölkerung von Waigiu an ihn einen Tribut in Gestalt von Paradiesvogelbälgen und Schildpatt. Augenblicklich sind diese Sultane, die zuerst von den Portugiesen unterjocht worden sind, nur Schattenkönige; sie stehen gänzlich unter der Bevormundung der holländischen Regierung. Freilich sind sie noch Souveräne, denn die Holländer haben überall das Prinzip, die angestammten Fürstenhäuser zu erhalten und die Herrschaft durch ihre Vermittlung auszuüben. Dies Verfahren ist ein sehr weises und findet jetzt bei fast allen europäischen Mächten für die Verwaltung ihrer Kolonien Nachahmung. Die Eingeborenen empfinden dann die Fremdherrschaft viel weniger drückend, und für die Weißen ist solch eine indirekte Verwaltung bequemer und angenehmer als eine direkte. Allerdings gehört dazu, daß von vornherein eine einheimische Regierung vorhanden ist, die Macht und Autorität besitzt, wie hier in den malayischen Feudalstaaten oder in Madagaskar oder Tunis. Auf Neu-Guinea oder an der afrikanischen Westküste wird die Kolonisation und Verwaltung durch Abwesenheit einer solchen erheblich erschwert. Der Sultan von Ternate übt außer der Herrschaft über die eingeborene Bevölkerung seiner Insel noch Souveränität über die nördlichen Teile von Halmahera aus. Östlich von der Stadt Ternate in geringer Entfernung erblickt man die langgestreckte bergige Küste letzterer Insel.

Wir blieben zwei Tage vor Ternate, und der Resident, Herr Bensbach, und der Sekretär, Herr Sedé, gewährten mir eine zuvorkommende und gastfreie Aufnahme. Der letztere übergab mir eine schöne Sammlung von Paradiesvögeln als Geschenk für die Universität

Jena. Infolge seiner Oberhoheit über einen Teil des nordwestlichen Neu-Guineas ist Tidore und damit auch das benachbarte Ternate seit langer Zeit der Ausgangspunkt des Exports von Paradiesvogelbälgen nach Europa. Im Hause des Herrn Sedé sah ich einige Exemplare der prachtvollen Kronentauben von Neu-Guinea, Megapelia (Goura) coronata, die lebend in einem Käfig gehalten wurden. Herr Bensbach zeigte mir seine ausgezeichnete Sammlung von celebessischen Waffen. Am nächsten Tage bestieg ich den Vulkan von Ternate bis etwa zu seiner halben Höhe. Der Sockel des Berges steigt nur allmählich an und ist mit dichten Pflanzungen bedeckt; hier fing ich eine Anzahl von Schmetterlingen. In größerer Höhe nimmt die Steilheit zu und tiefe Furchen durchsetzen den Mantel des Vulkans, die Pflanzendecke reicht hoch hinauf, beinah bis zum Gipfel.

Ternate und Tidore sind die nördlichen Erhebungen einer von Nord nach Süd reichenden Vulkanreihe, die der Westküste von Halmahera vorgelagert sind. Es sind südlich von Tidore Maree, dann Motir und Makjan. Weiter im Süden folgt die größere Insel Kajoa und noch weiter südlich gelangt man zu einer Gruppe ansehnlicher Inseln, deren Hauptmasse durch die der Südwestspitze von Halmahera vorgelagerte Insel Batjan eingenommen wird.

Am 31. Dezember 92 langten wir vor der Stadt Batjan an und blieben den Tag über dort. Ich benutzte die Zeit zu einem Ausflug in die sumpfige und, wie man mir sagte, zu dieser Zeit ungesunde Umgebung der Stadt und sammelte eine Anzahl Schmetterlinge und andere Insekten. Auf Batjan kommt der merkwürdige pavianähnliche Affe Cynopithecus niger vor, der höchst wahrscheinlich durch seefahrende Malayen von Celebes eingeschleppt worden ist. Auf der großen Insel Halmahera, die nur durch eine schmale Meerenge von Batjan getrennt ist, wird er nicht angetroffen. Durch Vermittlung des Kontrolleurs Stormer hatte ich eine Unterredung mit dem Radja, der mir versprach, mir einige gute Taucher von Batjan nach Ambon herüber zu senden, falls ich in letzterem Orte keine finden sollte, eine Befürchtung, die sich später als unbegründet erwies.

Das Jahr 1893 leitete sich in etwas unfreundlicher und gewaltsamer Weise ein. In der Nacht hatten wir einen sehr heftigen Sturm, der noch den ganzen nächsten Tag über anhielt. Mittags erreichten wir die Nordostspitze der Insel Buru und versuchten in die Bai von Kajeli einzulaufen. Der heftige Regen hinderte die Orientierung aber so sehr, und das Meer war so wild und erregt, daß der Kapitän, nachdem er während einiger Stunden auf der Höhe von Kajeli gestoppt hatte, und das Schiff in höchst unangenehmer Weise von den Wellen hin und her geworfen war, den Versuch aufgab. Wir steuerten südöstlich auf Ambon zu, und nach einigen Stunden tauchten die hohen Berge dieser herrlichen Molukkeninsel vor uns auf. Unser Schiff lief in die ziemlich geschützte Außenbai ein und ging vor Anbruch der Dunkelheit vor der Stadt Ambon vor Anker, wobei der Both von den Wellen gegen die Bohlen des Quais geworfen wurde und einen Teil derselben eindrückte.

Siebzehntes Kapitel.

Die Insel Ambon.

Die Niederlassung der Holländer auf der Insel Ambon gehört zu den ältesten in Niederländisch-Indien. Zuerst von allen Europäern erschienen im Jahre 1515 die Portugiesen auf den Molukken und unterwarfen bis zum Jahre 1564 den größten Teil dieser reichen und fruchtbaren Inseln. Im Jahre 1605 traten die Holländer dort auf und nahmen in den folgenden Jahren ihren Nebenbuhlern den kostbaren Besitz ab. Centralpunkt der holländischen Herrschaft im östlichen Teil des malayischen Archipels war von jeher Ambon oder, wie die Portugiesen es nannten, Amboina. Letzterer Name ist noch heute der offizielle, aber an Ort und Stelle nennt kein Mensch Insel und Stadt anders als Ambon.

Die Insel Ambon (vergleiche Karte 4) besteht eigentlich aus zwei nebeneinander liegenden Inseln: das größere Hitu im Norden, das kleinere Leïtimor im Süden, die an einer einzigen schmalen Stelle, der wenig über einen Kilometer breiten Landenge von Passo, zusammenhängen. Durch diese Landenge wird der Meeresarm, welcher die beiden Inseln trennt, in zwei besondere Baien, die Bai von Baguala im Osten und die von Ambon im Westen, geschieden. Von Hitu aus springt ein scharf zugespitztes Vorgebirge, das Tanjong Montafons in die Bai von Ambon vor und teilt dieselbe in eine Binnenbai, zwischen Montafons und Passo, und die trichterförmig sich nach außen öffnende Außenbai. Den Eingang in letztere vom offenen Meere aus bezeichnen zwei Vorgebirge, im Norden das Tanjong Alang auf Hitu, im Süden das Tanjong Nusanive auf Leïtimor.

Die Stadt Ambon liegt auf Leïtimor und erstreckt sich mit ihren Vororten ein gutes Stück die Küste entlang. Gerade gegenüber erblickt man das bergige Hitu mit seinem 1300 Meter hohen Salhutu im Osten und dem Doppelgipfel des 900 Meter hohen Wawani im Westen. Niedrigere Züge sind diesen Bergen, in denen wir ehemalige Vulkane zu erblicken haben, vorgelagert. Eine dichte üppige Waldvegetation überzieht die Höhen, im tiefsten Blau schimmert das Meer, und wenn man von einer Höhe oberhalb der Stadt auf die freundliche Ansiedlung, die leuchtende Meeresfläche der beiden Baien, das bergige, reich bewaldete Gegenüber hinschaut und in blauer Ferne noch die duftigen Höhen des hochgipfligen Ceram entdeckt, so gibt das wirklich ein so strahlendes, farbengesättigtes Tropenbild, daß man das Entzücken älterer und neuerer Reisender bei diesem Anblick wohl verstehen kann. Auch zu ihm gehört aber Licht und Sonne, oder ein sternenklarer Himmel oder leuchtender Mond, und wer Ambon bei schlechter Beleuchtung und trübem Himmel von einem ungünstigen Standorte aus sieht, wird wahrscheinlich enttäuscht sein und den Enthusiasmus der Anderen für übertrieben halten.

Die Stadt ist schon oft beschrieben worden, und da sie für mich wenig Interessantes bietet und nichts Eigenartiges besitzt, will ich mich nicht bei ihr aufhalten. Ich habe dort auch nur kurze Zeit gewohnt. Ambon besitzt ein wenig behagliches Hotel, das entfernt vom Meere, mitten in einem belebten Stadtteil gelegen ist. Ich sah gleich, daß ein Aufenthalt hier für meine Ziele ungeeignet sein würde, und begab mich auf die Suche nach einer passenderen Wohnung. Durch Herrn Dr. Treub hatte ich eine Empfehlung an einen in Ambon ansässigen holländischen Kaufmann erhalten, Herrn A. T. Bouman, der sich mir während meines ganzen Aufenthalts als ein treuer und hilfsbereiter Berater erwiesen hat.

Durch ihn gelang es mir bald, ein hübsches geräumiges Haus dicht am Meere zu finden, das in dem südwestlichen Vorort von Ambon, Tanalapan, einsam und still gelegen war. In dieser Gegend wohnten ausschließlich Eingeborene, und ich war hier vor allen neugierigen Besuchen und sonstigen Störungen sicher. Das Haus lag mitten in einem schönen Fruchtgarten und schaute nur mit einer schmalen Front, die eine kleine Veranda besaß, auf den kleinen Pfad, der von den Eingeborenen bei ihren Wegen nach der Stadt und zurück begangen wird. Das Vorderhaus bestand aus drei Zimmern, darauf folgte eine gedeckte, aber seitlich nur durch niedrige Verschläge abgegrenzte Halle, die ich als Laboratorium benutzte. An sie stieß das Hinterhaus, welches die Küche und Gelaß für die Dienerschaft enthielt. Das Ganze war einstöckig. Das Sparrwerk des Gebäudes war aus den starken Mittelrippen der ungeheuren Blätter der Sagopalme errichtet. Die Wandfüllung bestand aus den nebeneinander gereihten gleichgroßen Stäben, den Mittelrippen der Blattfiedern der-

Zu Seite 492.

Blick auf die Stadt Ambon vom Kati-Kati-Hügel im Süden der Stadt. Gegenüber Hitu, dessen Vorgebirge Montafons die Aussenbai von der Innenbai (im Hintergrunde) abscheidet.

Mein Haus in Tanalapan. Ambon.

selben Palme. Dieses ebenso feste wie leichte und dabei doch dauerhafte Baumaterial wird auf Ambon fast ausschließlich an Stelle der Holzbretter zum Bau von Wänden und zur Anfertigung leichter Kisten und Behälter verwendet; es wird Gabba-gabba genannt. Das Dach, »Atap«, bestand aus den gefalteten und mit ihren Stielen zusammengehefteten Blattfiedern, der Fußboden aus einem Parket der starken Mittelrippen der Sagopalme. Kurz das ganze Haus war durch und durch aus Teilen dieser Palme erbaut. Dabei war es luftig und geräumig und auch ganz hübsch eingerichtet, denn es gehörte einer jungen begüterten Ambonesin, der Witwe eines Holländers, die außerdem noch ein zweites besaß und mir dieses gegen den nicht hohen Preis von 25 Gulden monatlich zum Gebrauch überließ.

Das kleine Badehaus neben dem Hauptgebäude befand sich in ziemlich jämmerlichem Zustande, und als ich deshalb gegen meine Wirtin eine Bemerkung machte, ließ sie am folgenden Tage einen Arbeiter kommen, der aus Sagosparren, Gabba-gabba und Atap in wenigen Stunden ein allerliebstes, zierlich aussehendes Badehäuschen aufbaute, das allen meinen Bedürfnissen genügte. Die Leute haben eben in der Sagopalme, in zweiter Linie auch im Bambus ein wunderbares Baumaterial und wissen dasselbe in höchst sinnreicher Weise zu benutzen. Als Bandmaterial verwendet man ausschließlich die Stämme der zähen, elastischen und biegsamen Rotangpalme, die man nach Bedürfnis spalten kann, und die auch uns in gespaltenem Zustande unter dem Namen »spanisches Rohr« in dem Rohrgeflecht unsrer Stühle bekannt sind.

Als Koch mietete ich mir einen Ambonesen namens Pijman, der früher mit dem italienischen Naturforscher Beccari weite Reisen im Archipel und bis nach Neu-Guinea unternommen hatte. Er war der Vater der Besitzerin des Hauses und hatte zu seinem Adjutanten und Helfer seinen Großneffen Eduard, einen jungen Ambonesen von etwa 17 Jahren mit etwas affenartigem Gesichtstypus. Auch diesen Neffen nahm ich später in meine Dienste.

Zu meiner eigenen Haushaltung bedurfte ich, da Kochgeräte und Tafelgeschirr im Hause waren, nur noch allerlei Vorräte von Konserven, Reis, Sodawasser, Wein, Petroleum u. s. w., und Herr Bouman führte mich zu einem Chinesen namens Tja Ke Beng, der in der Stadt einen Laden oder »Toko« besaß und mich mit allem Nötigen versehen konnte.

Die Chinesen spielen in diesem Teile des Archipels eine eigenartige Rolle. Sie haben den ganzen Kleinhandel in Händen, besitzen in allen Ansiedlungen Niederlagen, in denen man Gebrauchsgegenstände jeder Art, Konserven, Getränke, die gebräuchlichsten und ungebräuchlichsten Gegenstände findet. Es ist daher überflüssig, hierher eine große Ausrüstung von zu Hause mitzunehmen; denn was man braucht, bekommt man gewöhnlich ganz gut und verhältnismäßig billig bei den chinesischen Händlern. Die letzteren beschränken sich aber nicht darauf, in den Ansiedlungen ihren Geschäften nachzugehen; sie sitzen auch als Pioniere des Handels einzeln verstreut unter den halbwilden Stämmen, denen sie erst allmählich Bedürfnisse anzugewöhnen haben. Wo sie sich niederlassen, gewinnen sie nach und nach Einfluß und Reichtum, sie verstehen es, die Leute in Abhängigkeit von sich zu bringen, nehmen sich die hübschesten Mädchen der Eingeborenen zu Frauen oder Genossinnen, erwerben Fruchtgärten und Pflanzungen und werden oft die wahren Herren des Landes. An Genügsamkeit, Zähigkeit und Geduld übertreffen sie die Europäer und sogar die im Archipel ebenfalls häufigen arabischen Händler bei weitem. Ihr Geschäft nimmt von Jahr zu Jahr an Ausdehnung zu, sie richten ein Kontor ein, in welchem sie andere Chinesen und Europäer beschäftigen, aus dem Kleinhändler wird ein Großhändler, der direkt mit London und Hamburg korrespondiert und seine Waren von dort bezieht. So ist es denn erklärlich, daß auf Java und anderswo im Archipel ausgedehnte Plantagen und wichtige Großbetriebe in chinesische Hände gelangt sind.

Mein Freund Ke Beng in Ambon war ebenfalls ein wohlhabender Mann, der außer seinem blühenden Geschäft sich noch einen schönen Grundbesitz und einträgliche Pflanzungen von Frucht- und Gewürzbäumen in Ruma tiga auf Hitu erworben hatte. Er sprach fließend holländisch, war stets höflich und gefällig und setzte eine Ehre darein, mir behilflich zu sein, auch wenn es dabei nichts oder nichts nennenswertes zu verdienen gab.

Während ich so mein Haus und mein Laboratorium einrichtete, traf ich gleichzeitig Vorbereitungen, mit meiner wissenschaftlichen Tätigkeit zu beginnen. Ich wollte mich hier vor allem der marinen Zoologie widmen und wußte, daß es auf Ambon einen Fischer gab, der schon früher in dem Dienste europäischer Zoologen, des verstorbenen Dr. Brock, des Schweizer Zoologen Dr. Bedot, des deutschen Zoologen Dr. Strubell gestanden hatte und mit dem Aufenthalt der Tiere wie mit den naturwissenschaftlichen Fangmethoden vertraut war. Es war ein Ambonese namens Udin, der in Batu Mera, einem kleinen Dorf dicht bei Ambon, nördlich von der Stadt, wohnte. Batu Mera (Rotenstein) wird fast ausschließlich von Mohammedanern m(alayisch orang islam oder 'slam) bewohnt, während die Bevölkerung der Stadt Ambon größtenteils aus Christen (orang serani) besteht. In allen Dörfern auf Leïtimor überwiegt die christliche Bevölkerung bei weitem, ebenso an der Ostküste von Hitu, während an der Nordküste dieser Insel das mohammedanische Element vorherrscht. Unvorteilhaft zeichnen sich die ambonesischen Christen vor den Mohammedanern durch ihre häßliche schwarze Kirchen- und Festkleidung aus. Bei den Frauen besteht dieselbe aus einem langen kaftanartigen Gewand aus schwarzglänzendem Kattun oder bei Wohlhabenden aus schwarzer Seide.

Natürlich ist die Bevölkerung der Insel Ambon, die seit vielen Hunderten von Jahren ein Verkehrscentrum für Malayen und Europäer gebildet hat, keine rassenreine. Die Urbevölkerung hat wohl ursprünglich mit der alfurischen Bevölkerung der nahe gelegenen Insel Ceram übereingestimmt. Durch fortgesetzte und ausgiebige Mischung mit Ternatanern, Malayen von Celebes und anderen Teilen des Archipels, Portugiesen, gelegentlich auch Holländern und Chinesen ist eine eigentümliche Rasse entstanden, die, wie alle derartigen Mischrassen, keine gut fixierten Merkmale besitzt. Besonders auffallend ist das Variieren der Hautfarbe, welches von dem gewöhnlichen malayischen Hellbraun bis fast zum papuanischen Dunkelbraun schwankt. Mein ambonesischer Diener Eduard war beinah schwarzbraun und sein Haar, wie das mancher anderer Ambonesen, die ich gesehen habe, war nicht schlicht und straff, sondern wellig, fast kraus. Die Körpergröße der ambonesischen Bevölkerung ist durchgehend eine geringe.

In der Stadt Ambon wird ein Niedermalayisch gesprochen, welches stark mit portugiesischen Elementen durchsetzt ist; so heißt zum Beispiel Stuhl cadera (statt crossi), Taschentuch lenço, Taube pombo, Stirn testa, u. s. w. Auf den Dörfern wird eine eigentümliche Landsprache, bohassa, gesprochen, welche in viele Dialekte zerfällt. Aber fast jeder Mensch auf Ambon versteht malayisch.

In Niederländisch-Indien ist man im allgemeinen recht schlecht auf die ambonesischen Christen zu sprechen, man erklärt sie für faul, anmaßend, im Weingenuß unmäßig und gesteht ihnen nur das eine Gute zu, daß sie tapfere und ausdauernde Soldaten abgeben. Ich habe nur zwei Monate auf Ambon gelebt und möchte meine Erfahrungen nicht gegen die langjähriger Beobachter setzen. Ich kann aber nur sagen, daß mein Eindruck von den Leuten kein so durchaus ungünstiger gewesen ist. Nicht nur den christlichen »Bürgern« von Ambon, auch den dortigen Mohammedanern fehlt allerdings die Bescheidenheit und Zurückhaltung, das ceremonielle und unterwürfige Wesen, das den echten Malayen eigen ist, und hier dokumentiert sich sehr deutlich die Beimengung alfurischen und europäischen Blutes. Die holländischen Herren mögen sich dadurch zuweilen unangenehm berührt fühlen, aber ich, der ich die Einwohner nicht als Untertanen, sondern als Menschen betrachte, bin nicht verpflichtet, ebenso hart über diesen Mangel zu urteilen. Einer wirklichen Unverschämtheit bin ich bei keinem Ambonesen begegnet. Daß die dortigen Christen dem Palmwein oder Saguweer, den sie Sageeru nennen, zuweilen tüchtig zusprechen, ist wahr, und hin und wieder habe ich in meiner Vorstadt Tanalapan trunkene Szenen beobachtet, wie sie bei der enthaltsamen mohammedanischen Bevölkerung Javas unerhört sind. Aber auch hier bin ich, der ich viel im zivilisierten Europa gereist bin, abgeneigt den Stab zu brechen. Mein Fischer Udin war Islam, und da er nur mit seinen Glaubensgenossen arbeiten wollte, bestand die Bemannung meiner beiden Boote ausschließlich aus Mohammedanern von Batu-Mera. Diese Leute tranken eingestandenermaßen keine geistigen Getränke. Dies verhinderte sie aber nicht, meinen Weinvorrat ganz gehörig zu brandschatzen, als sie meine Frau, mit der ich die Fahrt nach Ceram versucht hatte, um Leïtimor herum nach Ambon zurückbrachten, während ich auf dem Landweg zurückkehrte. Überhaupt haben mir jene mohammedanischen Fischer, mit denen ich Tag für Tag zu arbeiten hatte, keinen wesentlich bessern Eindruck gemacht, als die christlichen Ambonesen, wie zum Beispiel der Koch, sein Neffe und verschiedene andre, mit denen ich viel zu tun hatte. Kurz und gut, mir hat das fröhliche Völkchen auf Ambon, das gern singt und tanzt, dichtet und sich seines Lebens freut, ganz gut gefallen, und ich habe mit ihnen lieber gearbeitet und mich von ihnen bedienen lassen, als von meinem demutsvollen, korrekten Diener Ikin, der kein lautes Wort sprach, niemals lachte, mir nur gesenkten Hauptes nahte und mich dennoch nach allen Regeln der Kunst bestahl.

Ich merkte das in den ersten Wochen meiner Anwesenheit auf Ambon. Von meinen Gebrauchsgegenständen kam allerdings nichts fort, aber ich war erstaunt, wie rasch die Konserven, der Wein und das Sodawasser zu Ende gingen, die ich von Ke Beng bezog. Und dabei aß ich selbst sehr selten Konserven, sondern zog die ausgezeichnete Reistafel vor, die mir mein Koch Pijman aus den zahllosen Fischarten, den vortrefflichen Krebsen und Krabben, den wunderbaren frutti di mare, an denen die Bai von Ambon so reich ist, bereitete. Oft aß ich an demselben Tage mittags und abends Reistafel, zuweilen nur wurde ein Huhn geschlachtet. Das zähe, unschmackhafte Rindfleisch, welches man auf Ambon erhält, verbat ich

Mein Fischerboot mit Udin und seinen Gehilfen. Guru-Guru besar auf Hitu.
Auf dem Felsen eine Sagopalme.

mir ganz. Dennoch verschwanden meine Konserven reißend, und ich beschloß deshalb, dieselben unter Verschluß zu nehmen, und bat die Wirtin des Hauses, mir einen passenden Schrank einzuräumen. Sie war dazu gern bereit, sagte mir aber, als ich mit allem fertig war: »Ikin stiehlt auch Reis, Butter, alles was er bekommen kann.« Als ich ihr weiter zuredete, teilte sie mir mit, daß sie und ihr Vater schon lange beobachtet hätten, daß der Javaner das Stehlen im großen Maßstabe betreibe. Er verkaufe die Sachen nicht, sondern schenke sie ein paar malayischen Schönen, mit denen er in nähere Beziehungen getreten war. Überhaupt liebte er es, den großen Herrn zu spielen, und hatte zum Beispiel den Fischer Udin zuweilen zu einer Flasche meines Weins eingeladen, den die beiden Mohammedaner denn auch ohne religiöse Skrupel und im besten Einvernehmen vertilgt hatten. Das war mir denn doch zu arg. Der Bursche suchte sich auch gar nicht zu verteidigen, sondern gab gleichmütig alles zu, was ihm vorgeworfen wurde. Ich besann mich nicht lange, sondern schickte ihn mit dem nächsten Dampfer, der Ambon verließ, nach Java zurück, was mich schweres Geld kostete. An seiner Stelle wurde Eduard als mein Diener installiert.

In den ersten Wochen meines Aufenthalts widmete ich mich ganz dem Studium der Meerestiere, deren Artenreichtum und Formenschönheit in der Bai von Ambon ganz unvergleichlich ist. Ambon ist berühmt durch seine schönen vielgestaltigen Conchilien, und war es ehedem noch mehr, als die Zoologie wesentlich im Sammeln von Tierbälgen und Schneckenschalen bestand und ein zoologisches Museum gleichbedeutend war mit einer »Raritätenkammer«. Ein hervorragender Zoologe jenes alten Stils, Georg Everhard Rumph, lebte lange Zeit auf Ambon und veröffentlichte im Jahre 1705 ein Buch, das sich durch vortreffliche Beobachtung, naive aber interessante Darstellung und vorzügliche Abbildungen auszeichnet: »D'Amboinsche Rariteitkamer, of eene Beschryvinge van allerhand Schaalvischen; benevens de voornaamste Horntjes en Schulpen.« Rumph ist auf Ambon bestattet, und ein einfaches Grabdenkmal erinnert an die Verdienste des ausgezeichneten Mannes.

Mich interessierten allerdings weit weniger die genau bekannten Schnecken und Muscheln der Insel, als die übrigen Meeresbewohner, und täglich unternahm ich in einem kleinen Einbaumboot, das zwei Ausleger besaß und vor dem Wind segeln konnte, mit Udin und zwei andern Fischern Ausfahrten nach allen Punkten der Außen- und Innenbai. Bei Windstille ist das Wasser in den Buchten der Außenbai und überall in der Innenbai spiegelglatt, und man vermag vom

Boote aus bis in große Tiefe hinabzusehen. Auf dem von Korallen überzogenen Grunde enthüllt sich dann dem Auge die wundersame Welt der sonderbar gestalteten und prachtvoll gefärbten Seetiere, die, zum Teil festgewachsen, wahre Beete von bunten Blumen oder zierlich verzweigten Büschen darstellen, so daß man in einen unterseeischen Garten zu schauen glaubt. Die Holländer nennen diese Bildungen auf Ambon denn auch treffend »Tuine«, Gärten. Eine schwache Vorstellung von ihnen erhält man, wenn man unsere Seewasseraquarien betrachtet, in denen eine bunte und vielgestaltige Seetierwelt auf einen engen Raum zusammengedrängt und unter Verhältnisse gebracht ist, die der Betrachtung besonders günstig sind. Die geschützte Lage der Bai von Ambon bewirkt, daß an manchen Tagen die Betrachtung des Meeresbodens ebenso ungehindert ist, als unter den künstlichen Verhältnissen des Aquariums, eine Bedingung, die wir in der Natur sonst nur recht selten antreffen. Denn wo die Tierwelt üppig ist, ist das Wasser meist bewegt, und wo das Wasser vorwiegend ruhig ist, entfaltet sich selten ein so üppiges Tierleben wie in der Bai von Ambon.

Der Anblick der natürlichen Tuine übertrifft aber den jedes künstlichen Aquariums unendlich, denn alles, was man sieht, ist in viel größerem Stile angelegt, wir haben den Eindruck, wirkliche Natur zu beobachten, und sehen tropischen Urwald statt eines wohlgepflegten Ziergärtleins. Die ästigen Korallen bilden wahre Wälder, die knolligen Formen Hügel und Berge, dazwischen und darauf wuchern dichte Massen von purpurnen Weichkorallen, Alcyonarien, welche in unsern Meeren sehr zurücktreten, während hier und da eine andre Weichkoralle, die auch im Mittelmeer heimische Seefeder, ihre reizend gefiederte Fahne schlank emporreckt. Jedes Fiederchen ist mit Hunderten von zarten Einzelpolypen besetzt, deren Aufgabe es ist, die Nahrung für das ganze Stockgebilde aufzunehmen und die Art fortzupflanzen.

Zahlreich sind die einzelnen »Seeanemonen« oder »Seerosen« vertreten, Einzelindividuen mit einem zarten, oft prachtvoll gefärbten Tentakelkranz, der wie aus buntem, durchsichtigem Glas gefertigt erscheint. Diese entzückenden Geschöpfe, die wie Blüten eines Paradiesgartens aussehen, sind höchst gefährliche Räuber. Wehe dem Fischlein oder Krebs, der mit jenen Tentakelkränzen in Berührung kommt. Tausende von giftigen Nesselfäden werden herausgeschleudert, heften sich an den Körper des Opfers, andere Tentakel kommen zu Hilfe und ziehen das wehrlos gemachte Geschöpf in die Mitte des Blütenkelches. Dort öffnet sich ein gefräßiger Mund und die Beute verschwindet im Magen, der in der Achse des scheinbaren Blütenstiels liegt. Der Vergleich aller jener »Seegewächse« mit Pflanzen, der Name »unterseeische Gärten« ist eben nur vom ästhetischen, nicht vom naturwissenschaftlichen Standpunkt gerechtfertigt.

Sehr zahlreich ist in den ambonesischen submarinen Tuinen eine andre Gruppe festsitzender niedrer Seetiere vertreten, die dadurch allgemeineres Interesse besitzen, daß sie besonders im Bau ihrer Jugendstadien deutliche Übereinstimmungen mit den Wirbeltieren erkennen lassen, die auf entfernte verwandtschaftliche Beziehungen hinweisen. Es sind die Seescheiden oder Ascidien. Sie gehören zur Klasse der Manteltiere oder Tunicaten, die von manchen Zoologen zu den Würmern gestellt, von andern als ein besonderer Tierstamm betrachtet, von wieder andern als Urochordaten zu den niedersten Wirbeltieren oder Cephalochordaten (dem berühmten Amphioxus) in nähere Beziehung gesetzt werden. Von Ascidien sammelte ich in den ambonesischen Korallengärten sehr zahlreiche Arten, von denen nicht weniger als dreizehn neu sind.

Ich will der Lockung widerstehen, das Tierleben in jenen Tuinen weiter auszumalen, denn es gibt unzählige Schilderungen des marinen Tierlebens der Nordsee und des Mittelmeeres und farbenreiche Gemälde der Schönheiten tropischer Korallenbänke in Wort und Bild. Nur etwas möchte ich erwähnen, was den Korallengärten einen ganz besondern Reiz verleiht. Es sind die wunderbar gefärbten Vögel, die die Gewächse des Gartens umschweben und zwischen den Zweigen des Korallenwaldes auf- und abgleiten. Natürlich keine wirklichen Vögel. Aber kleine Fische von solchem Farbenglanz und einer solchen Schönheit der Zeichnung, daß sie sich dreist mit Papageien und Kolibris messen können.

Diese »Korallenfische« gehören zwei Familien an, den Squamipennes oder Schuppenflossern und den Pomacentriden oder Rifffischen. Der Leib ist bei beiden Familien seitlich stark zusammengedrückt, sein Höhendurchmesser (von Rücken zu Bauch) dafür aber sehr bedeutend, die Schnauze ist oft rüsselförmig verlängert, die Rücken- und Afterflosse zuweilen zu ungeheuer langen, phantastischen Fortsätzen ausgezogen. Fast alle Korallenfische prangen in den herrlichsten Farben, in Silber oder Gold, Purpur, Ultramarin oder leuchtender Orange, einige sind einfarbig, andre mit Bändern, Quer- oder Längsstreifen, Augenflecken, mit Mustern versehen, wie noch keine menschliche Phantasie sie ausgedacht hat. Von hervorragender Schönheit sind die Gattungen Chaetodon, Heniochus und Holacanthus der Squamipennes, und Pomacentrus, Dascyllus und Glyphiodon der Pomacentriden. Zu Tausenden sieht man diese meist kleinen Fische im Gezweig der ästigen Korallen herumschwärmen. Sie nähren sich von Zoophyten und andern kleinen wirbellosen Tieren, und das Auftreten der meisten Arten ist streng an das Vorkommen von Korallenwäldern gebunden, in denen sie Schutz und Nahrung finden.

Obwohl die beiden Familien ganz verschiedenen Fischordnungen angehören, die Squamipennes den Stachelflossern, die Pomacentriden den Schlundkiefern oder Pharyngognathen, ähneln sie einander im äußeren Habitus oft außerordentlich, was nicht so wunderbar ist, wenn man bedenkt, daß ähnliche Existenzbedingungen nicht selten im Tierreich konvergente Formbildungen erzeugen; ich erinnere nur an die Ähnlichkeit solcher wühlender Geschöpfe wie der Coecilien, Grundschlangen und Blindschleichen oder diejenige der Beutelraubtiere und der placentalen Raubtiere. Die zusammengedrückte Körperform aller Korallenfische ist wohl sicherlich als eine Anpassung an das Schwimmen zwischen den Korallenästen aufzufassen. Die rüsselartige Verlängerung der Schnauze bei manchen Squamipennes dient dazu, die Beute aus schwer zugänglichen Löchern und Höhlen im Korallenfels herauszuziehen. Aber warum ist die Mehrzahl von ihnen so wunderbar bunt geschmückt und so schön gezeichnet, warum die Vertreter der Squamipennes und der Pomacentriden oft in überraschend ähnlicher Weise? Was bedeuten jene phantastisch verlängerten Flossenanhänge bei Heniochus und andern? Darwin hat uns die Entstehung der schützenden Färbung im Tierreich verstehen gelehrt. Auch manche bunten und auffallenden Farben bei giftigen oder schlechtschmeckenden Tieren können wir als Schreckfarben, die den Angreifer schon von ferne warnen, durch natürliche Zucht entstanden vorstellen. Die lebhaften Farben der Phanerogamenblüten sind ebenfalls durch natürliche Zuchtwahl herangezüchtet. Sie dienen dazu, die honigsuchenden Insekten herbeizulocken, deren Besuch für die Befruchtung der Blüten notwendig ist. Der herrliche Schmuck vieler Vögel ist sicherlich ein Produkt der geschlechtlichen Zuchtwahl, wie ich aus den schon früher (Seite 211) aufgezählten Gründen mit Darwin gegen Wallace annehme. Ob letztere Erklärung auch auf die Schmetterlinge und andre bunte Insekten auszudehnen ist, lasse ich dahingestellt.

Aber bei den Korallenfischen handelt es sich nicht um Schreckfarben, denn diese Fische sind nicht giftig oder in merklicher Weise schlecht schmeckend[1]), und ein solcher Reichtum an Zeichnung und

[1] Der schöne Holacanthus imperator, der über einen Fuß lang wird, und herrlich blau und gelb gestreift ist, ist ein beliebter Tafelfisch im indischen Archipel.

eigentümlicher Farbenverteilung geht weit über das erforderliche Maß der Schreckfarben hinaus. Auch sind diese Fische schon dadurch hinreichend geschützt, daß sie sich vor größeren Raubfischen in das stachlige Dickicht der Korallenäste zurückziehen können. An geschlechtliche Zuchtwahl ist ebenfalls nicht wohl zu denken bei Geschöpfen, bei denen keine innere Kopulation stattfindet, sondern die Eier vom Männchen im Moment der Ablage befruchtet werden.

Wie ist überhaupt die auffallende Buntheit so vieler anderer, besonders festsitzender Meerestiere zu erklären, bei denen geschlechtliche Zuchtwahl ganz ausgeschlossen ist? Was bedeuten die lebhaften Farben vieler Actinien und Alcyonarien, welchen Nutzen hat ein Seestern davon, intensiv blau, ein anderer, scharlachrot zu sein? Auf diese Fragen müssen wir bis jetzt die Antwort schuldig bleiben und können nicht einmal eine Vermutung äußern, die einige Wahrscheinlichkeit für sich hätte. Mangelt es uns doch noch durchaus an einer intimeren Kenntnis der Biologie der niederen Seetiere, der niederen Tiere überhaupt, und wird ein tieferes Eindringen in dieses, bisher meist nur dilettantisch behandelte Gebiet noch eine reiche Ernte an neuen Erkenntnissen und Gesichtspunkten liefern[1].

Wenn unser Boot langsam über die unterirdischen Gärten hinglitt, hielt ich mein Auge stets scharf auf die Tiefe gerichtet, und wo ich eine Seerose, eine Rindenkoralle oder einen Hydroidpolypen, eine Ascidie oder einen Stachelhäuter erblickte, der mir neu war, wurde Halt gemacht, und Udin oder einer der anderen Fischer tauchte hinunter und holte die Beute herauf. War es ein sehr stacheliges oder giftiges Geschöpf, so berührte er es nicht mit den Händen sondern schöpfte es in die halbierte Schale einer Kokosnuß und trug es so empor.

Wenn die Fischer auf See waren, entkleideten sie immer den ganzen Oberkörper und behielten nur die sackartige weite Hose an, die bis über die Kniee herabreicht und auf Ambon an Stelle des Sarongs getragen wird. Tauchten sie, so entkleideten sie sich ganz, und ich konnte dann deutlich an den ins Wasser hinabsinkenden oder aufsteigenden Gestalten erkennen, daß der Oberkörper, der täglich stundenlang direkt den glühenden Sonnenstrahlen exponiert wurde, viel dunkler war, als der Unterkörper. Wie man sieht, wirkt also der Sonnenbrand ebenso stark auf die Haut des braunen als des weißen Menschen; die Wirkung läßt sich nur unter gewöhnlichen Verhältnissen nicht so leicht beobachten.

1) Das letzte Jahrzehnt hat auf diesem Gebiet einen bemerkenswerten Fortschritt gebracht, besonders durch die Arbeiten von J. Loeb und seiner Schüler.

Besonders reiche Ausbeute lieferte mir das Sammeln auf den Korallenriffen zur Ebbezeit. Viele Tiere konnte ich dann direkt im seichten Wasser von 2—3 Fuß Tiefe von den Korallen ablesen. Ich trug bei dieser Arbeit starke Bergschuhe und eine leichte Saronghose. Meine Leute aber wandelten mit bloßen Füßen auf den spitzen Korallen herum. Als die ergiebigste Methode erwies es sich, mächtige Korallenblöcke, die bei Niederwasser in drei bis sechs Fuß Tiefe lagen, abzulösen, ans Ufer zu schleppen und dort mit Hämmern zu zerklopfen. Die Höhlungen und Buchten des Korallenfelsens bieten Tausenden von anderen Tierarten Schutz und Aufenthalt. Da wimmelt es von Krebsen und Krabben aller Art, kleine Seeigel sitzen in den Vertiefungen und stemmen sich mit ihren Stacheln so fest gegen die Vorsprünge des Steins, daß es nur möglich ist, sie hervorzuziehen, wenn man den letzteren zertrümmert. Schlangensterne strecken ihre enorm verlängerten Arme durch das weite Löchersystem des Korallenbaues: ergreift man einen dieser Arme, um das Tier hervorzuziehen, so stemmt auch dieses sich mit seinen Stacheln fest, der Arm reißt ab und bleibt dem Feinde als Beute, während das Tier sich noch weiter verkriecht und durch sein kräftiges Regenerationsvermögen bald den Schaden ersetzt. Mit ihnen bewohnen Ringel- und Schnurwürmer den porösen Kalkfelsen, kleine Actinien füllen Öffnungen aus, in die sie sich ganz zurückziehen können, wenn sie das Wasser aus ihrem schwellbaren Körper auspressen. Ihrem Bau, ihren Größenverhältnissen, ihrer ganzen Lebensweise nach zeigen sich diese Formen auf das innigste den Bedingungen angepaßt, die das Leben im Korallenfels ihnen bietet.

Die von mir auf meiner Reise gesammelten Tiere sind mittlerweile bestimmt und im fünften Bande der »Zoologischen Forschungsreisen in Australien und dem Malayischen Archipel« beschrieben und zum Teil abgebildet worden. Allein auf Ambon kommen über 100 neue Arten, die zum Teil neuen Gattungen angehören.

Ein Wald von ästigen Korallen ist eine hinfällige Bildung. Ein starker Sturm zertrümmert Tausende der zarten Äste. Horn-, Koffer- und Kugelfische brechen auf der Jagd nach Mollusken und Krebsen mit gewaltigen Kiefern die Zweige ab, die ihnen im Wege sind, die Trümmer, die Schalen abgestorbener Tiere, der von der Brandung aufgerührte Sand fängt sich im Astwerk. So wird aus dem unendlich zierlichen Steingebüsch ein festerer, von Löchern und Höhlungen durchzogener Fels. Zunächst ist aber noch überall die eigentümliche Korallenstruktur deutlich erhalten. Das poröse Gestein wird nun zur Wohnung aller jener Riffbewohner, die sich seiner Konfiguration angepaßt haben. Aber wie das Leben im Korallenfels die Organisation der Bewohner desselben in vielen Punkten beeinflußt, ebenso wirken die letzteren wiederum durch ihre Gegenwart auf ihre steinerne Umgebung. Indem die hartschaligen Krebschen, stacheligen Seeigel und Schlangensterne fort und fort in den engen Höhlungen und Buchten auf- und abkriechen, schleifen sie allmählich das zarte Oberflächenrelief mehr und mehr ab. Vielfach habe ich gesehen, daß die eigentliche Korallenstruktur, die Struktur der strahligen Kelche schon bei den Blöcken, die den Baugrund der noch lebenden und weiterwachsenden Korallen bilden, gänzlich verwischt ist. Allmählich füllen sich die Höhlungen mit den Schalen abgestorbener Riffbewohner. Viele Würmer und Holothurien gewinnen ihre Nahrung dadurch, daß sie ungeheure Mengen von Sand verschlingen und die den einzelnen Partikeln aufsitzenden kleinen und kleinsten Geschöpfe verdauen, während der Sand selbst unverändert ausgeschieden wird. Durch diese Tiere werden große Mengen von Sand und kleinem Trümmermaterial in die Höhlungen des Korallenfelsens verschleppt, und zuweilen sind Teile eines Riffs, ehe sie noch durch Hebung des Bodens oder Sinken des Wasserspiegels aus dem Wasser gehoben und der atmosphärischen Verwitterung ausgesetzt werden, so verändert, daß nur die löchrige Struktur, nicht aber der feinere Bau die ursprüngliche Korallennatur aufweist. Daneben mag auch noch die auflösende Wirkung eines an Kohlensäure reichen Seewassers eine bedeutende Rolle spielen. Auch die Brandung, die fort und fort an der äußeren Böschung der Riffe nagt und schleift, hat an dem Undeutlichwerden der Korallenstruktur einen erheblichen Anteil, aber sie betrifft mehr die äußerste Zone. Die von mir hervorgehobenen Agentien arbeiten vorwiegend an dem geschützten, dem Lande zugekehrten Innengürtel des Riffs und betreffen weniger die Schicht lebender Korallen als die poröse Korallengrundlage, auf der die letzteren fußen.

Korallenriffe in einem ganz oder nahezu stationären Gebiet werden viel mehr diesen Einflüssen ausgesetzt sein als solche in einem Senkungsgebiet. Die letzteren werden der, ich möchte sagen, Abnutzung viel rascher entzogen worden, weil sie bald durch das unaufhaltsam fortschreitende Wachstum der Korallen von neuen Schichten bedeckt, unter denselben begraben werden.

Unter diesen Umständen ist es kein Wunder, daß, während in manchen Gegenden Ablagerungen mit sehr gut erhaltenen Riffkorallen existieren, anderswo die Korallenstruktur verwischt, ja geradezu verschwunden ist, und nur indirekt die Natur einer Ablagerung als das Produkt riffbildender Korallen erkannt werden kann. Ein klassisches

Beispiel hierfür sind die Kalk- und Dolomitriffe von Südtirol, deren Natur lange Zeit den Geologen ein Rätsel war, bis man sie neuerdings als Korallenbauten erkannt hat.

Das Sammeln auf den Riffen während der Ebbezeit, das Herausheben der Blöcke und das Zertrümmern derselben am Ufer lieferte bei weitem die reichste Ausbeute. Größere Schwierigkeiten hatte ich mit dem Dredgen in größerer Tiefe. Im allgemeinen kann man sagen, daß, wenn dem Zoologen kein größeres Fahrzeug zu Gebote steht, diese Art der marinen Fischerei in den meisten Fällen nur spärlichere Ausbeute liefern wird. Hier kann der einzelne Naturforscher absolut nicht mit den Expeditionen konkurrieren, wie sie in den letzten 25 Jahren zur Erforschung der Meere von verschiedenen Nationen ausgesendet worden sind. Im kleinen Boot erzielt man mit unsäglicher Mühe in Wochen und Monaten nicht das, was ein mittelgroßer oder selbst kleiner Dampfer in wenigen Tagen erreicht. In großen Tiefen von 100 Faden und darüber zu dredgen, ist für den Fischer im kleinen Boot kaum möglich, und doch wären solche Fischereien hier besonders interessant und wichtig, weil in der Molukken- und Bandasee in größerer Tiefe herrliche Schwammformen vorkommen, die Hexactinelliden, deren Kieselskelette die reizendsten Formen vorstellen, die man sich denken kann. Übrigens kommen in der Bai von Ambon selbst so bedeutende Tiefen nicht vor; um sie zu finden, müßte man schon draußen in weiterer Entfernung von der Insel arbeiten.

Auch das Fischen mit dem feinen Gazenetz, um die zarten schwimmenden Seetiere, das sogenannte Plankton oder den pelagischen Auftrieb, zu erbeuten, lieferte in der Zeit meiner Anwesenheit auf Ambon nur mittelmäßige Resultate. Ob die topographischen Verhaltnisse der Bai für die Ansammlung dieser Tierformen nicht günstig sind, oder ob es vielleicht an der Jahreszeit lag, in welcher ich mich in Ambon aufhielt, vermag ich nicht anzugeben. Jedenfalls fischt man in den Wintermonaten in Neapel viel mehr, in Messina unendlich mehr Plankton, als in den Monaten Januar und Februar in der Bai von Ambon und Baguala zu finden war.

Kleinere pelagische Tiere fängt man bekanntlich mit dem feinen Netz, größere schöpft man direkt mit einem passenden Gefäß aus dem Meere. Einmal versuchte ich eine prachtvolle Wurzelmundqualle oder Rhizostomide herauszuschöpfen, war aber sehr erstaunt zu sehen, daß das Tier immer in höchst zweckmäßiger und vorbedachter Weise von dem Gefäß wegschwamm, in welches ich es hinein zu strudeln suchte. So etwas beobachtet man sonst niemals bei so niedrig stehenden Tieren, wie die Quallen es sind. Dieselben besitzen zwar ein Nervensystem und außer anderen Sinnesorganen auch sehr einfach gebaute, lichtempfindende Organe; aber ihre ganze Organisation ist noch zu niedrig, um sich einer derartigen Verfolgung in zweckmäßiger Weise zu entziehen. Endlich gelang es mir, das Tier zu fangen und herauszuschöpfen, und nun sah ich, was sein eigentümliches Verhalten veranlaßt hatte. Innerhalb des gewölbten Schirms der Meduse schwamm ein mittelgroßes 12 cm langes Fischchen umher und suchte, als ich es nebst seiner Meduse in einen Eimer gesetzt hatte, die Gefährtin unablässig durch Stöße gegen die Innenseite des Schirmes in einer gewissen Richtung fortzutreiben. Natürlich waren alle seine Anstrengungen vergeblich, die Meduse aus dem engen Behältnis, in dem es ihm höchst ungemütlich war, herauszubugsieren, aber stundenlang setzte es seine Anstrengungen fort und veranlaßte den unglücklichen Gallertschirm zu krampfhaftem Herumschwimmen. Später fing ich noch zweimal dieselbe Medusenart in Begleitung desselben Fisches, Caranx auratus. Aus diesen Beobachtungen können wir schließen, daß Fisch und Meduse miteinander in einer Art Gesellschaftsverhältnis, Symbiose oder Commensalismus leben. Der Fisch zieht den Vorteil davon, daß die gewaltigen Nesselbatterien der Meduse ihn vor vielen Verfolgern schützen. Ob auch die Meduse von der Anwesenheit des Fisches, den sie mit ihren Waffen jedenfalls nicht schädigt, einen Vorteil zieht, ist fraglich. Den Verfolgungen wissensdurstiger Zoologen wird eine so mit einem Wirbeltier verbundene Meduse freilich leichter entgehen als eine mehr einsiedlerisch lebende. Sollte dies aber der einzige Feind sein, vor dessen Verfolgungen die Meduse durch die Anwesenheit des Fisches geschützt wird, so dürfte er bei der bisherigen Seltenheit der Zoologen doch zu geringfügig sein, um Selectionswert zu besitzen.

Einen anderen interessanten Fall von Zusammenleben zweier verschiedener Tierformen beobachtete ich einige Male in der Nähe des Strandes von Ambon im Flachwasser von drei bis vier Fuß Tiefe. Dort sieht man häufig einen prachtvollen großen Seeigel, Diadema setosum, der durch seine schöne Färbung und seine außerordentlich langen und spitzen, mit feinen Widerhäkchen versehenen Stacheln auffällt. Nun wissen wir, daß diese Seeigel komplizierte Sehorgane besitzen, und man kann sich leicht davon überzeugen, daß sie dieselben auch brauchen; denn wenn man versucht, die Tiere anzugreifen, richten sie ihre Stacheln in die Gegend, aus welcher sich die bedrohende Hand naht. Ich sah nun wiederholt diese Seeigel von Scharen junger Fische umschwärmt. Um zu sehen, was das zu bedeuten hätte, schwang ich mich von dem Boote ins Wasser und watete an die betreffende Stelle heran. Was geschah, als ich mich näherte? Die sämtlichen Fischlein eilten auf den Seeigel zu und zogen sich in den Wald starrender Speere, den seine Stacheln darstellten, zurück. Es liegt auf der Hand, ein wie vorzüglicher Schutz durch diese Gewohnheit für die junge hilflose Fischbrut Raubfischen gegenüber geschaffen ist. Übrigens waren die Fische so klug, wenn wir die Seeigel aus dem Wasser herausschöpften, ihren Zufluchtsort zu verlassen; es gelang mir deshalb nicht, einige von ihnen zu fangen, um die Art festzustellen. Die Beobachtung ist aber am Strande von Ambon jederzeit leicht zu wiederholen.

Wenn man im Boot im flachen Wasser über den sandigen Strand dahinfährt, so fällt es auf, daß man zuweilen auf Hunderte von Metern kein einziges Tier wahrnimmt, dann kommt man an eine Stelle, an der Dutzende von Diademiden in einem verhältnismäßig kleinen Umkreis nahe bei einander liegen, wieder an anderen Stellen findet man ganze Scharen des Seesterns Astropecten beisammen, an anderen Stellen wieder andere Seeigel, wie Scutella, und andere Seesterne, wie Oreaster. Es läßt sich mit einem Wort meiner Ansicht nach nicht bezweifeln, daß eine Anzahl von Grundbewohnenden niederen Seetieren, besonders Stachelhäutern, geradezu gesellig lebt, ebenso wie ein geselliges Auftreten zahlreicher Fische und niederer pelagischer Seetiere schon längst durch zahlreiche Beobachtungen festgestellt worden ist. Bei dem geselligen Auftreten der von mir erwähnten Tiere handelt es sich nicht etwa darum, daß man an einem günstigen Standort zahlreiche Exemplare einer Art findet, sondern um ein herdenweises Auftreten inmitten einer sonst gleichartigen Umgebung. Gewisse Standorte wurden allerdings bevorzugt; aber an einem Tage befand sich die Gesellschaft einer Art hier, am nächsten Tage ein paar hundert Meter entfernt. Was der eigentliche Grund des geselligen Zusammenhaltens jener Stachelhauter ist, läßt sich zur Zeit, wo wir über die Biologie der meisten niederen Seetiere noch so ungenügend unterrichtet sind, nicht mit Sicherheit feststellen. Wahrscheinlich hängt das herdenweise Auftreten mit der Fortpflanzung zusammen, aber nicht immer direkt, denn ich konnte konstatieren, daß jene gesellig zusammenhaltenden Seeigel und Seesterne zuweilen noch gar nicht geschlechtsreif waren. Sehr wahrscheinlich spielen in allen Fällen chemotropische Phänomene eine Rolle.

In ähnlicher Weise sind Beobachtungen anderer Art zu deuten, die ich auf Ambon machte. Wie ich schon früher erwähnt habe, war es eins meiner Hauptziele beim Besuch der Molukken, wenn irgend möglich, entwicklungsgeschichtliches Material von Nautilus zu sammeln. Dieser merkwürdige vierkiemige Cephalopode steht unter den lebenden Kopffüßern ganz isoliert da. Die Ordnung, der er angehört, hat aber in den ältesten geologischen Epochen, aus welchen wir Fossilien kennen, dem Cambrium, Silur, Devon und der Dyas, die höchste Blüte besessen, während in jüngerer geologischer Zeit allmählich alle Gattungen bis auf die Gattung Nautilus ausgestorben sind. Vier Arten dieser Gattung, von denen Nautilus pompilius die häufigste ist, haben sich bis in die Gegenwart im indischen und stillen Ozean lebend erhalten. Ihre eigentümlich gekammerten leeren Schalen findet man häufig am Strand der Molukken, Neu-Guineas und der melanesischen Inseln. Jeder meiner Leser wird dieselben wohl schon in Conchilien-Sammlungen oder in Verkaufsstellen von Muscheln und Schnecken an Hafenorten gesehen haben. Die Schale gleicht, oberflächlich betrachtet, einer eingerollten Schneckenschale, unterscheidet sich aber von dieser durch die eigentümlichen queren Scheidewände, die das Innere in eine große Anzahl von hintereinander liegenden Kammern teilen. In der äußersten größten Kammer lebt das Tier; wird es größer, so wird neue Schalensubstanz an der Außenöffnung abgeschieden und das schmale Innenstück der Wohnkammer durch eine neue Schalenwand abgekapselt. Man kann die äußere braune Schicht der Schale leicht entfernen, und dann erhält das Ganze jenen Perlmutterglanz, den die von den Conchilienhändlern zum Verkauf gebotenen Nautilusschalen meistens zeigen. Dem alten Rumph verdanken wir die ersten zuverlässigen Beobachtungen über das Leben des Tieres und die Form seines Weichkörpers. So häufig man nämlich die leeren Schalen findet, so selten wird das lebende Tier gefangen, weil es gewöhnlich in größeren Tiefen am Meeresboden sein Dasein führt und nur ausnahmsweise nach Stürmen und dann meist in absterbendem Zustande an die Oberfläche kommt. Die leeren Schalen schwimmen an der Oberfläche, weil die Kammern hinter der Wohnkammer Luft enthalten.

Es wäre ungemein wichtig, die Entwicklungsgeschichte dieses Cephalopoden genau zu studieren, weil dadurch wohl eine Anzahl von Problemen, die den Paläontologen ebenso interessieren wie den Zoologen, gelöst werden würde. Ich war nun sehr enttäuscht, als mir gleich nach meiner Ankunft in Ambon Udin sagte, daß zur Zeit des Nordwestmonsuns nur ganz ausnahmsweise Nautilus bei Ambon und den Nachbarinseln gefangen würde. Dagegen wäre es nicht schwer, ihn zur Zeit des Südostpassats zu erhalten. Auf Ambon wird er nach Udins Angabe mit Angeln gefangen, die mit mittelgroßen Fischen beködert sind. Auf Fidji fangen ihn die Eingeborenen auf dem korallenreichen Meeresgrunde in eigentümlichen Korbfallen, in denen sich eine mit Widerhaken versehene Angel befindet. Begibt sich das Tier, angelockt durch den Köder, der in einem gekochten Krebs besteht, in das Innere des Korbes, so wird es durch ein schnelles Anziehen der im Korbe befindlichen Angel angehakt und so am Entkommen verhindert.

Mir schien es höchst wunderbar, daß Nautilus sich nur zur Zeit des Südostpassats in der Nähe der Küste von Ambon zeigen sollte, aber während meines Aufenthaltes wurde wirklich kein einziger gefangen. Ich ließ darauf bei Udin Spiritus und Gefäße zurück, und in den Monaten Mai bis September erbeutete dieser nicht weniger als sechs Exemplare und sandte mir dieselben nach Europa. Der Gedanke liegt nahe, daß Nautilus für gewöhnlich in größerer Tiefe und fern von den Küsten auf dem Meeresgrunde lebt und sich nur zum Ablegen seiner Eier in flacheres Wasser und in größere Nähe des Ufers begibt. Diese Vermutung wird dadurch bestätigt, daß die sämtlichen Exemplare, die Udin mir nachgesandt hat, geschlechtsreif waren oder dicht vor der Laichzeit standen.

Die Fischer von Ambon teilten mir ferner mit, daß das Meer an der Küste überhaupt zur Zeit des Südostpassats viel tierreicher sei als zu der des Nordwestmonsuns. Auch hier liegt der Gedanke nahe, daß nicht nur Nautilus, sondern noch viele andere Seetiere für gewöhnlich in größerer Tiefe leben und sich nur zum Laichen an die Küste begeben. Beobachtungen, die ich selber früher auf Helgoland gemacht habe, bestätigen dies noch weiter. Ich wollte dort im April die Entwicklung von Seesternen studieren und suchte eifrig nach Exemplaren des Seesterns Asterias rubens, der in flachem Wasser bei der Insel sehr häufig ist. Zu meinem und meines Fischers, Hilmar Lührs, großem Erstaunen vermochten wir aber Anfang April fast gar keine Exemplare dieses Seesterns an Stellen zu finden, an denen es sonst von ihnen wimmelte. Dagegen erhielten wir viele aus größerer Tiefe, die sich an die Ankertaue der Fischerboote angesetzt und mit ihnen in die Höhe gezogen waren. Diese Exemplare waren sämtlich unreif. Mitte April begannen nun einzelne Exemplare in der Nähe des Strandes aufzutauchen, welche reife Geschlechtsprodukte enthielten, während die aus der Tiefe heraufgeholten Tiere noch nach wie vor unreif waren. Ende April konnte man überall Mengen von geschlechtsreifen Seesternen auflesen. Auch dieser Fall ist nicht anders zu deuten, als daß unsere Stachelhäuter, sobald ihre Laichzeit herannaht, sich aus der Tiefe in das flache Wasser nahe der Küste begeben.

In Ambon fahndete ich noch auf eine andere Tiergruppe, deren nähere Untersuchung zoologisch von großem Interesse sein würde. Es sind dies eigentümliche, prachtvoll gefärbte Seeigel, mit ihrem wissenschaftlichen Namen Echinothuriden, die ihre Platten durch ein besonderes Muskelsystem gegeneinander verschieben können und deren Stacheln einen besonderen Giftapparat enthalten.

So eifrig ich nun auch nach diesem auffälligen Tiere suchte, und so sehr ich meine Augen anstrengte, wenn wir über die klare Flut dahinglitten, konnte ich doch kein einziges Exemplar finden. Da fiel mir ein, es könnte sich vielleicht mit diesem Seeigel ebenso verhalten, wie mit dem Seestern in Helgoland und mit Nautilus. Ich beschrieb deshalb Udin das Tier so genau als möglich, betonte die Weichheit und Beweglichkeit seines Körpers, seine Buntheit und ungemeine Giftigkeit. Ratjun heißt auf malayisch giftig und lombot weich. Udin machte sofort ein verständnisinniges Gesicht und sagte mir, ja, ich hätte Recht, der Ratjun lombot zeige sich ebenfalls nur während des Südostpassats bei Ambon. Ich gab ihm den Auftrag, mir mit den nachzusendenden Nautilus auch eine größere Anzahl von »ratjun lombot«-Seeigeln mitzuschicken, und richtig, in der Sendung, die mir später zukam, und die die Ausbeute seiner Fischerei während des nächsten Südostpassats enthielt, befanden sich zahlreiche Asthenosomen, welche von Prof. L. Döderlein als Asthenosoma varium bestimmt worden sind. Auch in diesem Falle kommt wohl zweifellos der Seeigel zum Laichen an die Küste, denn die mir gesandten Exemplare waren sämtlich geschlechtsreif, und wir haben hier drei sichere Fälle von periodischen Wanderungen grundbewohnender Seetiere.

So viel mir bekannt ist, sind derartige Wanderungen bei grundbewohnenden Seetieren noch nicht oder doch nur äußerst selten beobachtet worden. Für den Hummer wird angegeben, daß er sich zum Laichen in seichteres Wasser begebe. Von einer eigentlichen Wanderung kann man aber bei ihm nicht wohl reden. Dagegen wissen wir, daß schwimmende Seetiere, Coelenteraten und andere pelagische wirbellose Tiere sowohl wie Fische ausgedehnte Flächen- und Tiefenwanderungen unternehmen. Oberflächenfische wie die Makrelen sammeln sich zum Laichen in Scharen an der Küste. Die für gewöhnlich in den tieferen Wasserschichten bis zu etwa 120 Faden lebenden Dorsche steigen auf und nähern sich der Küste soweit, als es ihnen die jeweiligen Verhältnisse der Seewasserzusammensetzung gestatten. Sie sind nämlich sehr empfindlich gegen süßes Wasser und begeben sich niemals in die Zone süßeren Wassers hinein, die vielfach die Küsten umlagert.

Vielleicht wird es meinen Lesern aufgefallen sein, von Seeigeln zu hören, die sich sorgsam in den Löchern der Korallenfelsen verbergen und dort mit ihren Stacheln so feststemmen, daß es unmöglich ist, sie herauszuziehen, ohne den Felsen zu zertrümmern; von anderen, die mit nadelscharfen, ganz mit feinen Dornen bedeckten Stacheln bewehrt sind, wieder andern, die in hohlen Stacheln Giftapparate besitzen, die im Prinzip ganz mit den Giftzähnen der Schlangen übereinstimmen. Wozu bedürfen Tiere, deren Leib im wesentlichen aus einer harten Kalkschale zu bestehen scheint, noch weiter so ausgiebiger Schutzmittel, so furchtbarer Waffen? Gibt es Tiere, die einen gepanzerten und gestachelten Seestern angreifen können, eine mehr aus Kalkstein, denn aus Fleisch bestehende Seelilie, eine Holothurie, deren Haut ganz von kleinen Kalkkörpern und oft von spitzen Nadeln und Ankern durchsetzt ist?

Die Untersuchungen, die ich in früheren Jahren am Mittelmeer anstellte, haben diese Frage bejaht. Es gibt allerdings solche Tiere, und zwar sind es nicht etwa in erster Linie räuberische Fische oder gefräßige Krebse, die dieses Kunststück fertig brächten, sondern Tiere, denen man solche Taten am allerwenigsten zutrauen würde.

Im Jahre 1854 fand der deutsche Naturforscher Troschel, daß wenn er gewisse große Seeschnecken, die bekannten Trompetenschnecken oder Tritonshörner, Tritonium, oder die Faßschnecken, Dolium, nach Zertrümmerung ihrer Schale reizte, die Tiere aus ihrer Mundöffnung einen Strahl von wasserheller Flüssigkeit ausspritzten, welcher 2—4¼ Prozent freier Schwefelsäure enthielt. Troschel nahm an, dieses Sekret diene den Tieren zur Verteidigung. Aber hiergegen machte der italienische Zoologe Panceri mit Recht geltend, daß es nicht recht einzusehen wäre, welche Feinde den mächtigen Tritonshörnern gefährlich werden könnten, deren Schale nur durch Hammerschläge zu zertrümmern ist, und die den Zugang in das Innere durch den starken, an ihrem Fuße befindlichen Deckel fest verschließen können. Man stellte nun noch verschiedene andre Hypothesen über die Bedeutung der Säure auf, man erklärte dieselbe für ein bloßes Ausscheidungsprodukt, oder nahm an, daß sie bei der Verdauung beteiligt sei. Diese Erklärungsversuche erwiesen sich aber bei näherer Betrachtung sämtlich als nicht stichhaltig.

Ich hatte nun in Neapel Gelegenheit zu beobachten, wie die erwähnten großen Schnecken mit Vorliebe Holothurien und Seesterne angriffen und die kalkdurchsetzten, stachelbewehrten Geschöpfe in so kurzer Zeit auffraßen und verdauten, als wären es weiche Würmer oder aus der Schale herausgenommene Austern. Durch weitere Beobachtungen fand ich, daß die Zerstörung der Kalksubstanz der Stachelhäuter in folgender Weise vor sich geht: Das schwefelsäurehaltige Sekret wird von zwei großen Drüsen, sogenannten Speicheldrüsen, ausgeschieden, die dicht neben dem Magen liegen und durch zwei lange Ausführgänge, rechts und links neben der Reibeplatte oder Radula, dem Hauptkauorgan der Schnecken, ausmünden. Die Schnecke bewältigt nun das kalkige Skelett ihrer Beute derart, daß sie, an einer Stelle beginnend, die Kalkplatten anätzt und dann mit der Reibeplatte zerreibt. Die organischen Substanzen, die sich zwischen und unter dem Kalkskelett befinden, wandern in den Magen, unablässig schreitet der Ätzungs- und Zerreibungsprozeß weiter, und ein großes Tritonshorn ist im stande, den Kalk eines mächtigen Asterias glacialis von ein viertel Meter Durchmesser und 134 Gramm Gewicht in 24 Stunden vollständig zu zerstören und die organischen Teile des Tieres in seinen Magen aufzunehmen. Übrigens machen sich die Schwefelsäureschnecken, zu denen von Vorderkiemern außer den genannten noch die Sturmhauben (Cassis, Cassidaria), von Hinterkiemern die Pleurobrancheen gehören, auch an Kalkschwämme und andre durch kalkige Ausscheidungen geschützte Tiere, Alcyonarien und Ascidien.

Die meisten Stachelhäuter sind diesen mit so gewaltigen Angriffswaffen ausgerüsteten Feinden rettungslos preisgegeben. Die Seeigel entwischen ihnen indessen häufig durch ihre Schnelligkeit, und natürlich sind Formen mit langen spitzen Stacheln, wie Diadema, besonders im Vorteil, weil sie entfliehen können, ehe die Schnecke nur ordentlich anpacken kann. Andre Seeigel verkriechen sich unter Steine oder stemmen sich in Höhlungen fest, aus denen sie ihre Feinde nicht herausholen können. Ein weiterer Schutz liegt für viele Arten der Stachelhäuter darin, daß sie sich vorwiegend im flachen Wasser aufhalten, in das jene großen und unbehilflichen Schnecken sich selten wagen. Dort fallen die ungeschützteren Arten aber wiederum den Möven und andern Seevögeln zur Beute, wovon man sich leicht an unsern Nordseeküsten überzeugen kann, wo »Seestern« auf dem Küchenzettel der verschiedenen Mövenarten eine Hauptrolle spielt. Asthenosoma, für gewöhnlich ein Bewohner der tieferen Wasserschichten, würde besonders gefährdet sein, wenn ihn nicht seine furchtbaren Giftstacheln schützten. Seine bunte Farbe ruft den Feinden schon von weitem ein noli me tangere zu. Daß wir in den

Tropen die Stachelhäuter viel stärker geschützt finden als im Mittelmeer und in der Nordsee, ist nicht wunderbar. Ist doch die Zahl, Größe und Stärke ihrer Feinde in den warmen Meeren eine viel größere als in den kälteren Zonen. Das tropische Meer gleicht in dieser Hinsicht dem tropischen Lande. Die Energie des Lebens, die Größe, Schönheit, Wehrhaftigkeit und Giftigkeit der Geschöpfe ist gesteigert. Die Fülle der Anpassungen ist größer, Angriffs- und Verteidigungswaffen sind stärker.

Ging ich am sandigen Strande vor meinem Hause spazieren, so sah ich zur Ebbezeit oft, daß der vom Wasser entblößte Sandboden nicht glatt, sodern von Millionen kleiner sternförmiger Sandhäufchen bedeckt war. Im Zentrum jedes Häufchens führt ein kleiner Gang in die Tiefe und dient einer kleinen Krabbe, Myctiris longicarpus, zur Wohnung. Wenn die Flut den Strand bedeckt, hält sie sich in der Tiefe; sobald aber der Strand trocken wird, kommt sie empor, stößt den Sand über ihrem Loche heraus und zerkaut ihn, Nahrung suchend, zu kleinen Partikelchen. Indem tausende und abertausende von kleinen Krebschen diesem Geschäft nachgehen, gewinnt der glatte Strand das Aussehen, als sei er künstlich fein nach allen Richtungen zerharkt. Auch große fünfstrahlige Sternfiguren bemerkt man oft in dem eben trocken werdenden Sande. Sie rühren von dem Seestern Astropecten her, der sich während der Ebbe vergräbt und oben den Abdruck seiner Körperform zurückläßt.

Das Fischen in der Bai von Ambon gewährte mir täglich eine Fülle neuer Beobachtungen und brachte mir immer neues, schönes Material. Gewöhnlich begab ich mich morgens bald nach Sonnenaufgang im Boot nach den Korallenriffen nördlich von Ambon oder ich fischte am Strande von Hitu oder dredgte in der Mitte der Bai. Zwischen 10 und 11 Uhr kehrte ich dann zurück und machte mich an die Konservierung der erbeuteten Schätze; um 1 Uhr war Reistafel. Nachmittags begab ich mich anfangs gewöhnlich noch einmal aufs Meer, später aber benutzte ich diese Zeit lieber zu Landausflügen, weil in der kolossalen Nachmittagshitze die Ausbeute an zarten Geschöpfen gewöhnlich verdarb, wenn man länger draußen blieb. Was man um 2 Uhr gefangen hatte, war oft schon unbrauchbar, wenn man um 5 Uhr zurückkehrte.

Überhaupt begann jetzt am Ende meiner Reise meine körperliche Leistungsfähigkeit nachzulassen. Ich war zwar nach wie vor gesund, aber die körperlichen Strapazen und die geistige Anspannung, denen ich nun schon beinahe zwei Jahre lang in tropischen Klimaten ausgesetzt gewesen war, machten sich geltend. Ich wurde schlaffer und gleichgiltiger, aß wenig und mußte mich sehr bezwingen, daß ich mir nicht nach Art der meisten dort lebenden Europäer eine längere Siesta zur Mittagszeit gönnte. Dieser Zustand befällt wohl jeden, der längere Zeit in den Tropen zu leben und zu arbeiten hat. Der Körper des Europäers leistet dort auf die Dauer nicht dasselbe wie in seiner kühleren Heimat.

Herr Dr. Treub, der so viele Jahre in dem heißen Java gelebt und energisch gearbeitet hat, sagte mir, daß man dort auf das sorgsamste mit seinen Kräften haushalten müsse, wenn man leistungsfähig bleiben wolle. Eine mäßige körperliche Leistung sei nützlich, und es sei zur Erhaltung der Frische notwendig, ein gewisses Pensum täglich zu erledigen. Dagegen müsse man jede überflüssige Aufregung und Sorge, »susah«, wie die Malayen es nennen, vermeiden. Anfangs habe er sich oft abgehastet, habe sich gesorgt und geärgert. Jetzt sage er sich: das ist »susah«, und schaffe durch Ruhe und Stetigkeit ebensoviel wie früher, als er Impulsen leichter nachgab.

Für den Reisenden, der sich immerfort unter neuen Verhältnissen bewegt, ist es oft unmöglich, sich die »susah« fern zu halten, und nach und nach tritt eine nervöse Abspannung ein. Bei mir war das Schlimmste, daß ich allmählich ganz und gar den Appetit verlor und außer einigen scharf gewürzten Reisspeisen am Mittag und Abend nur noch Früchte essen mochte. In letzteren aber schwelgte ich, und einige derselben gewährten mir Genüsse, wie keine andern Speisen sie je zuvor meinem Gaumen gewährt hatten. Als ich im November nach Java kam, war mir auf den Märkten häufig ein eigenartiger, höchst unangenehmer Bisamgeruch aufgefallen, der zugleich etwas an Zwiebeln erinnerte, dabei aber auch die Vorstellung des Fauligen, in Zersetzung begriffenen hervorrief. Ich entdeckte, daß dieser Geruch von großen ovalen Früchten ausging, größer als Kokosnüsse, von grüner Farbe und über und über mit starken spitzigen Stacheln bedeckt. Diese schweren Früchte wachsen auf riesigen Waldbäumen und sie können, wenn sie zur Reifezeit herabfallen, den unten wandelnden Menschen mit ihren spitzen Stacheln schwere Verletzungen zufügen. Der Baum, Durio zibethinus, malayisch Durian, ist in seinem Vorkommen auf den malayischen Archipel beschränkt, und die Eingeborenen essen das weiche cremeartige Fleisch, welches im Innern der Frucht die Kerne umgibt, leidenschaftlich gern. Der Geruch ist aber für denjenigen, der nicht von Jugend auf an denselben gewöhnt ist, so widerwärtig, daß nur wenige Weiße, die als Erwachsene nach Indien kommen, den Abscheu überwinden. Es ist verpönt, diese Frucht ins Hotel zu bringen und auf dem eigenen Zimmer zu essen, denn der Duft verbreitet sich durch das ganze Haus. Höchstens im Badehaus darf man sie öffnen lassen und genießen. Die Durianfrucht hat durch Wallace auch außerhalb Indiens eine gewisse Berühmtheit erlangt, denn der große englische Naturforscher widmet ihr in seinem »Malayischen Archipel« mehrere Seiten und gibt eine wahrhaft klassische Beschreibung von dem Geschmack dieses »Königs der Früchte«. Er sagt: »Die fünf Zellen sind atlasartig weiß von innen und jede ist von einer ovalen Masse rosafarbigen Breis gefüllt, in dem zwei oder drei Samen von der Größe einer Kastanie liegen. Dieser Brei ist das Eßbare, und Zusammensetzung und Wohlgeschmack desselben sind unbeschreiblich. Ein würziger, buttriger, stark nach Mandeln schmeckender Eierrahm gibt die beste allgemeine Idee davon, aber dazwischen kommen Duftwolken, die an Rahmkäse, Zwiebelsauce, braunen Sherry und andres Unvergleichbare erinnern; dann ist der Brei von einer würzigen, klebrigen Weichheit, die sonst keinem Ding zukommt, die ihn aber noch köstlicher macht. Die Frucht ist weder sauer noch süß, noch saftig, und doch empfindet man nicht den Mangel einer dieser Eigenschaften, denn sie ist vollkommen, so wie sie ist. Sie verursacht keine Übelkeit und bringt überhaupt keine üble Wirkung hervor, und je mehr man davon ißt, desto weniger fühlt man sich geneigt aufzuhören. Durian essen ist in der Tat eine neue Art von Empfindung, die eine Reise nach dem Osten lohnt.«

In Buitenzorg war ich im Hotel mit einigen reichen Amerikanerinnen zusammen, die, begeistert durch das Wallace'sche Buch, nach dem Osten gekommen waren, um den Orang-Utang und die Paradiesvögel in ihrer Heimat zu sehen und Durian zu essen. Vorläufig scheuten sie sich noch, im Garten von Buitenzorg spazieren zu gehen aus Furcht vor Schlangen und konnten es nicht über sich gewinnen, die übel duftende Durianfrucht zu berühren. Mich kostete es von Anfang an wenig Überwindung, denn als Naturforscher habe ich es von jeher für meine Pflicht gehalten, die landesüblichen Speisen zu kosten, und habe in Neapel die eßbaren Haifische, in Thursday Island Trepang, in Australien geröstete Bockkäferlarven, eine Lieblingsspeise der Eingeborenen, auf Java und Ambon Durian gegessen. Hat man sich einmal überwunden, die Frucht in den Mund zu nehmen, so gib. es in der Tat nichts köstlicheres. Eine Vorsicht ist allerdings nötig. Man muß diese Speise vor einer Mahlzeit und nicht als Dessert essen, sonst wird man den Geruch nicht los und wird seiner Umgebung und sich selbst unerträglich durch die Düfte, die sich durch Mundspülen nicht gleich beseitigen lassen. Auf Ambon gibt es auch eine Varietät der Mangifera foetida von penetrantem Geruch, die fast nur von den Eingeborenen genossen wird. Auch sie schmeckt ausgezeichnet, wenn man sich einmal überwunden hat. Mit diesen Früchten geht es wie mit unsern stark riechenden Käsen. Wer sie nicht liebt, verabscheut sie.

Von andern edlen Früchten der Malayenländer, zu deren Verständnis man sich weniger mühsam durcharbeiten muß, und die fast jedem gleich munden, sind neben der köstlichen Banane, malayisch »Pisang«, vor allem die gewöhnliche aromatische Mango, Mangifera indica, zu nennen, die einen eigentümlichen, aber angenehmen Terpentingeschmack besitzt; die herrliche »Rambutan«, Nephelium lappaceum; »Papaja«, Carica papaja; Mangustan oder Mangis, Garcinia mangostana; endlich die köstliche Brotfrucht Artocarpus incisa und die »Nangka«, Artocarpus integrifolia. Ananas und »Sirikaia« sind von Amerika eingeführt und gedeihen vortrefflich. Dagegen können sich die indischen Orangen nicht mit den italienischen messen, und die melonengroße Riesenapfelsine, Citrus decumana, von den Holländern »Pompelmus« genannt, hat wenig Aroma und Wohlgeschmack.

Auch Wein wächst auf Ambon, allerdings kein Traubenwein, sondern das Produkt der Weinpalme, Arenga saccharifera. Diese Palme gewährt einen höchst eigentümlichen Anblick, einmal weil die Farbe ihrer Blätter kein kräftiges sattes Grün ist, wie die der meisten andern Palmen, sondern ein dunkles Blaugrün. Dann aber auch, weil die älteren Blätter meist zerzaust und geknickt herabhängen oder bis auf die Blattstiele ganz abgebrochen sind, und das Baumindividuum dadurch einen ungepflegten, struppigen Eindruck macht. Der alte Rumphius vergleicht deshalb diese Palme treffend mit einem betrunkenen Manne.

Um den Weinsaft zu gewinnen, schneiden die Eingeborenen die jungen Blütenkolben ab und sammeln die tropfenweise austretende, zuckerreiche Flüssigkeit in darangehängten Bambusgefäßen. Während der Wein gährt, werden Stücke des Wurzelholzes von Garcinia picrorhiza hineingeworfen und verleihen dem Getränk, das man vor Abschluß der Gährung, sozusagen als »Federweißen« trinkt, einen angenehm bittern Beigeschmack. Gewöhnlich findet man diesen Palmwein in der Literatur als »Saguweer« bezeichnet; auf Ambon wird er aber allgemein »Sageeru« genannt. Wie oft hat mir ein Schluck dieses Sageeru köstliche Labung gebracht, wenn ich beim Herumklettern in den Bergen Frauen und Mädchen begegnete, die ihre Lese in Tongefäßen nach Ambon zum Markte trugen und mir gern ein Glas des weißschäumenden Tranks kredenzten. Aus dem nur schwach alkoholischen Sageeru gewinnt man durch Destillation das schnapsähnliche »Kolwater«.

Der süße Saft der Weinpalme hat außer dem Menschen noch einen andern Liebhaber, den riesigen Blatthornkäfer Euchirus longimanus, der sich gern nachts an der Weinquelle zu Gaste ladet und morgens dann auf frischer Tat ertappt wird. Die Eingeborenen nennen ihn Maï-maï-sageeru. Der Körper dieses Käfers erreicht eine Länge von 7—8 Centimetern. Beim Männchen sind die Vorderbeine aber so enorm verlängert, daß sie die Länge des ganzen Körpers beträchtlich übertreffen, und das Tier sich nur langsam und unbehilflich fortbewegen kann. Die Bedeutung dieser monströsen Proportionen ist unklar; sie scheint nicht mit der Lebensweise des Tieres zusammenzuhängen, sondern auf sexuellem Gebiete zu liegen, da die Vorderbeine des Weibchens von mäßiger Länge sind.

Aus den roßhaarähnlichen schwarzen Fasern der Weinpalme machen die Ambonesen sehr feste schwarze Taue, die der Nässe besser widerstehen und dauerhafter sind, als die braunen Taue aus Kokosfaser.

Schöner als die Weinpalme und wichtiger für die Bewohner ist die echte Sagopalme, Metroxylon rumphii, von der man ein schönes junges Exemplar auf der Abbildung Seite 497 gerade über dem Felsen in der Mitte des Bildes sieht. Der Sago ist für die östliche Hälfte des Archipels dasselbe, was der Reis für die westliche ist. Da diese Palme in den Molukken, wo immer sich eine günstige sumpfige Bodenbeschaffenheit findet, ohne Pflege wächst und nur wenige Gulden wert ist, und da ein einziger guter Baum genug Sagomehl liefert, um einen Mann ein ganzes Jahr hindurch zu ernähren, so bedarf es für den Bewohner der Molukken nur äußerst geringer Arbeit, um sich mit Weib und Kind zu erhalten. Der wirtschaftliche Wert der Sagopalme ist oft auseinandergesetzt und berechnet worden, vornehmlich von Wallace, nach ihm noch von vielen andern, so daß ich nicht näher darauf einzugehen brauche. Tatsache ist, daß, wo immer die Sagopalme in größerer Menge vorkommt, die Bewohner eine Art Schlaraffenleben führen und an Fleiß und Betriebsamkeit hinter den Bewohnern solcher Gegenden zurückstehen, die wesentlich Körnerfrüchte produzieren.

Die stärkehaltige Substanz, die man Sago nennt, ist nichts andres als das Mark des Stammes der ausgewachsenen Palme. Dieses Mark wird, nachdem der Baum gefällt ist, mit einem eigens konstruierten Sagoklopfer herausgebrochen und dann in Wasser geknetet, bis alle Stärke gelöst ist. Darauf läßt man die gelöste Stärke sich wieder absetzen, formt sie zu Rollen und trocknet sie oberflächlich. Dieser rohe Sago »Sagu-manta« wird nun entweder einfach in Wasser zu einem dicken klebrigen Schleim »Papeda« gekocht, oder man trocknet das Mehl gründlich an der Luft und bäckt daraus kleine Brote »Sagu maruka«. Sagomehl mit Fett und Zucker zusammengeknetet liefert einen Kuchenteig, dem man durch Zusatz von zerriebenen Kanari- oder Kokos-Nüssen ein besonderes Aroma verleiht. Oder man schlägt Sago und Eiweiß mit Zucker zusammen und erhält dadurch ein leichtes Gebäck, ähnlich unsrer Schaumtorte. Solche Sagokuchen und Konfekte habe ich von Ambon nach Europa mitgebracht. Sie hatten nach Monaten noch nichts von ihrer Frische und ihrem Wohlgeschmack verloren.

Schöne Pflanzungen oder, wie die Holländer sagen, Tuine befinden sich auf Hitu bei Ruma tiga. Außer der Weinpalme, Sagopalme, zahlreichen Durian-, Mango- und Kanaribäumen sieht man hier ausgedehnte Kulturen von Gewürznelken und Muskatnüssen. Diese beiden Bäume sind es ja, die ihrer Heimat den Namen der Gewürzinseln verschafft haben. Die Gewürznelke soll ursprünglich auf den nördlichen Molukken, Ternate und Tidore heimisch gewesen sein, die Muskatnuß im Süden von Ambon, auf dem Banda-Archipel. Als die Holländer die Herrschaft an sich rissen und im Jahre 1602 die Niederländisch-Ostindische Kompagnie gründeten, erklärte die letztere den Gewürzhandel für ihr Monopol, und um allen Schmuggel zu verhindern, wurde die Kultur auf gewisse kleinere Inseln, die man genau überwachen konnte, beschränkt. Ambon und die benachbarten Uliassers: Haruku, Saparua und Nusa Laüt wurden zur Kultur der Gewürznelke ausersehen, die Inseln des Banda-Archipels für die ausschließliche Bebauung mit Muskatnuß reserviert. Alle Anpflanzungen, alle wildwachsenden Bäume außerhalb des vorgeschriebenen Gebietes wurden vernichtet, und die Anlegung neuer Kulturen daselbst mit grausamen Strafen belegt. Auf diese Weise bewirkte die Kompagnie, daß nur eine beschränkte Menge der Gewürze auf den Markt kam, und sie den Preis für dieselbe beliebig diktieren konnte.

In dieser Rechnung befand sich aber ein Fehler. Trotz alles Abholzens, trotz aller Einschüchterung und Bestrafung der Eingeborenen wuchsen fort und fort auf Ceram, Manipa, Kelang, Amblau und Baru neue Gewürznelken- und Muskatnußbäume wild empor. Auf den Molukken leben die schönen großen Fruchttauben, Carpophaga, die leidenschaftlich gern die Früchte der Gewürzbäume, um des Fleisches willen, welches die Kerne umgibt, verschlingen. Die Kerne werden unverdaut wieder ausgeschieden, und wenn diese Vögel leichten Fluges nach einer tüchtigen Mahlzeit von einer Insel zur andern flogen, so verbreiteten sie trotz aller Vorschriften der hohen Obrigkeit die verbotenen Früchte immer von neuem. Auch die Nashornvögel der Molukken beteiligten sich an dieser Arbeit, und der Helmkasuar von Ceram, Hippalectryo galeatus, trug seinerseits dazu bei, auf demselben Wege die Keime überall über jene große Insel zu verschleppen.

Um das Aufkommen solcher Wildlinge auf den andern Molukkeninseln zu verhindern, verfiel man bald auf folgendes Mittel. Einmal jährlich zur Zeit der Blüte der Gewürzbäume unternahm der Gouverneur der Molukken mit einer Anzahl von Beamten und Soldaten und in Begleitung einer ganzen Flotte von Schiffen der Eingeborenen, Orembäi genannt, eine Fahrt um Ceram und die Ambon benachbarten kleineren Inseln herum. Diese Fahrten nannte man Hongiefahrten. Überall wurde gelandet, alle neu aufkommenden Gewürzpflanzen zerstört und die Eingeborenen, die man im Verdachte des Schmuggelns hatte, auf das Grausamste bestraft.

Fast zwei Jahrhunderte lang haben die Einwohner der Molukken unter diesem Monopol und seiner rücksichtslosen Durchführung gelitten. Im Jahre 1800 wurde die Niederländisch-Ostindische Kompagnie aufgelöst, und elf Jahre später fielen ihre Besitzungen an England, das sie aber im Jahre 1814 wieder an Holland zurückgab. Während ihrer kurzen Regierung hatten die Engländer das Monopol aufgehoben; von den Holländern wurde es gleich wieder eingeführt, aber von nun an milder gehandhabt. Im Jahre 1824 wurden die Hongie-Fahrten aufgehoben, das Monopol aber erst im Jahre 1873 abgeschafft, nachdem es allmählich mehr und mehr von seiner Bedeutung eingebüßt hatte. Die Engländer hatten nämlich die Zeit ihrer Herrschaft dazu benutzt, Sämlinge der Gewürzbäume in andere Gegenden, vor allem nach den westindischen Inseln und Brasilien, zu verpflanzen, und dieselben kamen dort fast ebensogut fort als in ihrer ursprünglichen Heimat.

Seit Aufhebung des Monopols wird auf Ambon nicht nur der Gewürznelkenbaum, Eugenia caryophyllata (Caryophyllus aromaticus), eine Myrtacee, sondern auch der Muskatnußbaum, Myristica fragrans, der entfernt mit dem Lorbeer verwandt ist, mit Vorliebe angepflanzt, und die Kultur des letzteren nimmt immer mehr zu, während die der Gewürznelke zurückgeht. Man berichtet, daß man an Bord der Schiffe den Nelkenduft schon spüre, ehe noch die Inseln selbst in Sicht sind. Das mag unter Umständen vorkommen. Selbst erfahren habe ich es nicht, wohl aber nahm ich den Geruch mit großer Schärfe wahr, als unser Schiff am Quai von Ambon anlegte, auf dem zahlreiche mit Nelken gefüllte Säcke zum Verladen bereit lagen.

Der Gewürznelkenbaum, auf Ambon Tjenke genannt, erreicht eine Höhe von acht bis zehn Metern, der Wuchs des Baumes ist ebenmäßig und zierlich, die Verzweigung beginnt schon in geringer Höhe über dem Boden. Die Blätter sind glatt, fest, ziemlich schmal, ihre Farbe ist ein kräftiges glänzendes Grün. Zerdrückt man sie, so strömen sie dasselbe Nelkenaroma aus wie die jungen Blütenknospen, die, bekanntlich vor der Reife gepflückt und gesammelt, das unter dem Namen Nelke oder Nägelchen bekannte Gewürz liefern.

Der Muskatnußbaum erinnert in seinem Habitus ein wenig an den Gewürznelkenbaum, mit dem er nicht näher verwandt ist. Seine Krone ist jedoch mehr abgerundet, an Höhe übertrifft er seinen Rivalen um ein Geringes. Die Malayen nennen den Muskatbaum pohon pala, die Nuß bua pala. Die Frucht erreicht die Größe eines kleinen Apfels; innerhalb der äußern, zur Reifezeit gelben Schale steckt der eigentliche Kern, der von einem roten stark duftenden Fleisch, der sogenannten Muskatblüte, umgeben ist. Diese Muskatblüte ist es, auf welche die Fruchttauben, Nashornvögel und Kasuare so erpicht sind und derentwegen sie die ganze, aus der äußeren Hülle befreite Frucht verschlingen.

Man zieht den Muskatnußbaum in parkähnlichen Anpflanzungen, sogenannten »Perken«, und pflanzt gewöhnlich höhere Bäume mit Schirmkronen als Schattenspender dazwischen, am liebsten die riesigen Kanaribäume. Solch eine schattige Pflanzung mit ihrem gereinigten Untergrund und ihren schön belaubten zierlichen Muskatnußbäumen erinnert lebhaft an einen europäischen Park und versetzt uns von den Tropen in die ferne Heimat. Den Gewürznelkenbaum kultiviert man dagegen meist ohne Schattenspender. Die Pflanzungen werden holländisch »Kruidnageltuine«, Gewürznelkengarten, genannt.

Groß ist die Zahl der anderen Nutzpflanzen auf den Molukken, die teils einheimisch, teils aus andern Ländern importiert sind. Eine Aufzählung und nähere Beschreibung kann ich den Botanikern überlassen und will hier nur noch zwei Bäume erwähnen, deren Früchte einem Krebs Veranlassung gegeben haben, seine Lebensgewohnheiten eigentümlich zu verändern und die sonderbarsten Sitten anzunehmen. Es sind dies die Kokospalme, malayisch Kalapa, holländisch Klapperboom genannt, und der riesige Kanari-Baum, Canarium commune, die beide auf Ambon ungemein zahlreich angepflanzt sind. In Neu-Guinea lernten wir einen Kakadu kennen, Microglossus aterrimus, dessen Schnabel zu einer Säge und Beißzange von außerordentlicher

Kraft und Schärfe umgewandelt ist, um die steinharte Schale der Kanari-Früchte zu zertrümmern. Hier finden wir einen Krebs, den mit den Einsiedlerkrebsen verwandten Palmendieb, Birgus latro, der die Fähigkeit erlangt hat, die starken nnd schwer zerbrechlichen Schalen der Kokosnüsse mit seinen gewaltigen Scheren zu öffnen. Er tut dies, indem er von der Basis der Nuß zunächst die faserige Substanz abzieht, bis er an die drei Keimlöcher oder »Augen« kommt. Auf diese hämmert er mit seinen schweren Scheren los, bis er die Schale gesprengt hat; dann zieht er mit den hinteren schlankeren

Der Palmendieb, Birgus latro, 1/2 nat. Gr.

Scheren das weiße gallertige Fleisch aus der Nuß heraus. Darwin beobachtete zuerst diese merkwürdige Gewohnheit, die bei den Krebsen wohl einzig in ihrer Art dasteht, auf den Keelings-Inseln. Fort und fort hört man von den Eingeborenen die Angabe, daß der Krebs sich nicht begnügt, nur die abgefallenen Nüsse zu öffnen und zu verzehren, sondern daß er auch auf die Kokospalmen klettere und die noch am Baum befindlichen Früchte abkneipe. Dieser Angabe ist vielfach widersprochen worden, denn sie klingt an sich nicht sehr wahrscheinlich, und durch zuverlässige Beobachtung eines

Zu Seite 321.

Meine Orembāi bei Suli auf Ambon.

Weißen ist sie bisher noch nicht bestätigt worden. Immerhin hat man auch kein Recht, die Möglichkeit einfach in Abrede zu stellen. Meine ambonesischen Gewährsmänner behaupteten auch, daß der Krebs die steinharten Früchte der Kanari-Bäume zu öffnen verstehe.

Auf Ambon führt er sein Diebesgewerbe ganz vorwiegend bei Nacht aus und verbirgt sich bei Tage in Erdlöchern und unter Wurzeln. Ab und zu sucht er das Meer auf, wie es heißt, um seine Kiemen anzufeuchten. Diese Erklärung seines Meeresbesuchs erscheint mir unwahrscheinlich, denn die Kiemen selbst sind sehr klein; dafür besitzt die Wand der Kiemenhöhle reich verästelte Gefäße und ist zu einer Art Lunge umgebildet. Der Besuch des Meeres gilt vielmehr wahrscheinlich blos dem Fortpflanzungsgeschäft; denn die Eier werden ins Wasser abgesetzt und die Jungen führen eine Zeit lang eine marine Lebensweise. In Ambon war es mir gar nicht leicht, eine Anzahl dieser großen und wohlschmeckenden Krebse für meine Sammlung zu erlangen, denn die Chinesen sind leidenschaftliche Liebhaber ihres Fleisches und bezahlen gute Summen für sie. Sie halten die eingesammelten Krebse, die so groß und schwer werden wie ein mittelgroßer Hummer, eine Zeit lang in der Gefangenschaft und mästen sie förmlich mit Kokosnüssen.

Nachdem ich drei Wochen lang in der Außen- und Innenbai von Ambon gefischt hatte und mich überzeugen mußte, daß alle Hoffnung, in dieser Jahreszeit entwicklungsgeschichtliches Material vom Nautilus zu finden, trügerisch wäre, beschloß ich eine längere Tour nach der Ostseite der Insel zu unternehmen und entweder dort oder an den Küsten der Uliassers meine marinen Sammlungen fortzusetzen. Gegebenenfalls wollte ich auch nach Ceram übersetzen, um mich einige Zeit im Südosten dieser Hauptinsel der südlichen Molukken aufzuhalten. Für dieses Unternehmen brauchte ich zum Transport meiner Sammlungen, Gläser und Konservierungs-Flüssigkeiten ein größeres Boot, und es traf sich günstig, daß Herr Bouman mir eine kleine Prau oder Orembäi von passender Größe für billigen Preis vermieten konnte. Es war ein flaches offenes Fahrzeug von etwa neun Meter Länge, in der Mitte befand sich eine kleine gedeckte Kajüte, von etwa zwei Meter im Geviert, eben groß genug, um mir als Schlafraum, Laboratorium und Stapelplatz für meine Sammlungen und Instrumente zu dienen. Freilich konnte man nur in gebückter Haltung eintreten, und wenn ich bei der Arbeit war und meine Jagdbeute vor mir ausgebreitet hatte, so war es mir zuweilen buchstäblich unmöglich, mich umzudrehen.

Um von Ambon nach Passo zu gelangen, gibt es zwei Wege. Entweder man fährt um ganz Leï-Timor herum, oder man überschreitet die schmale Landenge zwischen der Bai von Ambon und Baguala. Ein flacher Kanal, der zum Teil dem Laufe eines kleinen Bächleins folgt, verbindet die beiden Baien. An der höchsten Stelle der Landenge reicht dieser Kanal aber selbst bei Hochwasser nicht ganz bis zum Niveau des Meeres hinab, und man muß an dieser Stelle die Kanoes und Orembäis ein Paar hundert Schritt über festes Land ziehen. Herr Bouman wünschte nicht, daß dies mit seiner Orembäi geschähe, und ich mußte dieselbe daher mit Udin und sieben mohammedanischen Ruderern von Batu Mera um Leïtimor herumschicken, während ich selbst in Ambon blieb, bis das Boot in Passo angekommen wäre.

Um diese Zeit war der Resident von Ambon, der höchste Regierungsbeamte auf den südlichen Molukken, Herr Baron von Hoëvell, von einer Reise nach den Aru-Inseln zurückgekehrt, die er in seinem kleinen Regierungsdampfer unternommen hatte, um einen dort ausgebrochenen Aufstand zu dämpfen. Ich hielt es für meine Pflicht, mich ihm, dem höchsten Beamten des Landes, vorzustellen und ihm die Empfehlung des Generalgouverneurs von Niederländisch Indien zu überreichen, die mir derselbe auf Antrag des deutschen Generalkonsuls, Dr. Gabriel, ausgefertigt hatte. Im übrigen wollte ich eigentlich nichts von dem Residenten, da ich diese Fahrten und Arbeiten auf Ambon, wie alle meine bisherigen, gänzlich selbständig unternahm. Höchstens wären mir einige Spezialempfehlungen an die Unterbeamten, die Kontrolleure und Posthouders auf den Uliassers und Ceram erwünscht gewesen. Der hohe Würdenträger empfing meinen Höflichkeitsbesuch ungemein herablassend. Er versprach mir gnädigst die Empfehlungen an die Unterbeamten und behielt das Schreiben des General-Gouverneurs in seinem Büreau, um meinen Namen richtig abschreiben zu lassen. Vier Wochen später, nachdem ich längst von meiner Reise zurückgekehrt war, sandte er es mir ohne die versprochenen Empfehlungen zurück.

Am 23. Januar kam Udin zu Fuß von Passo nach Ambon und sagte mir, daß die Orembäi am Abend zuvor glücklich dort angekommen sei. Während sich der Koch und Eduard zu Fuß nach Passo begaben, fuhr ich im kleinen Kanoe mit Udin und einem anderen Fischer durch die Bai von Ambon dorthin. Hier in der Innenbai sieht man an verschiedenen Stellen die ausgedehnten Fischwehre aus Bambus, die die Bewohner der Molukken an günstigen Stellen anlegen, um mit dem Hochwasser Fische zu fangen. Überhaupt sind sie ausgezeichnete Fischer. Sie fangen die Fische in Reusen und Fischfallen, die aus Rotang geflochten werden, und die man massenhaft in allen Stranddörfern herumliegen sieht; sie verfertigen riesige Netze, mit denen sie die Fischschwärme einzukreisen und in Mengen zu fangen verstehen. Im flachen Wasser und in den Flüssen benutzen sie kreisförmige Wurfnetze, die, in zusammengefaltetem Zustande geschleudert, sich im Fallen ausbreiten und untersinkend einen ziemlichen Umkreis des Grundes mit allem, was sich über ihm befindet, bedecken. Letztere Netze waren mir selbst sehr nützlich, um eine Sammlung der im Süßwasser von Ambon vorkommenden Fische anzulegen. Endlich fischt man auch noch nachts bei Fackelschein. Oft sieht man zur Nachtzeit bei ruhigem Wetter hunderte von Lichtern der Fischerboote, ein Anblick, der lebhaft an den erinnert, den in manchen Nächten der Golf von Neapel bietet. Als Fackel verwenden die Ambonesen zusammengerollte Palmblätter, die mit dem Harz der auf Ambon häufigen Dammara alba gefüllt sind. Diese tropische Conifere erinnert in ihrem Wuchs etwas an unsere Pappeln. Mit Tagesanbruch kehren dann die Boote zurück. Aus denjenigen, die guten Fang gemacht haben, ertönt fröhlicher Gesang und der Schall der Pauken und Gongs. Diejenigen, die mit ihrer Ausbeute unzufrieden sind, rudern schweigend und ohne Sang und Klang nach Hause.

Auf unserer Fahrt durch die Innenbai hatten wir eine gute Brise und konnten vor dem Winde dahinsegeln, ohne ein Ruder zu rühren; bald aber schlief der Wind ein, und ich beobachtete hier wie auch sonst noch bei anderen Gelegenheiten, daß Udin und die anderen Fischer den Wind durch Pfeifen herbeizulocken suchten oder ihn dadurch aufmunterten, daß sie Wasser in die Richtung, aus der er kommen sollte, spritzten. Dieser Fischeraberglaube ist weit verbreitet. Meine weißen Seeleute auf Thursday Island suchten ebenfalls den Wind herbeizupfeifen. Die Papuas bilden sich ein, Beschwörungsmittel zu besitzen, durch die sie Regen und Wind nach Belieben hervorrufen und zum Verschwinden bringen können.

Die Landenge von Passo ist nur etwa 1200 Meter breit und besteht aus flachem Schwemmlande. Es wäre leicht, sie wirklich zu durchstechen, aber man nimmt Abstand davon, weil ein wirklicher Kanal bald wieder von der Flut zugeschwemmt werden würde.

Passo liegt an der Ostseite der Enge, und von diesem kleinen Dörfchen hat man einen reizenden Blick über die Bai von Baguala hin. Am nächsten Tage ruderten wir in unserer Orembâi nach Suli, und da dieser Ort sich an Seetieren sehr ergiebig erwies, verweilte ich hier eine halbe Woche.

Das Dörfchen liegt in einer kleinen geschützten Einbuchtung, in welche sich ein kleiner Fluß ergießt. Ein schönes Strandriff umsäumt einen Teil der Küste, und während der Außenrand desselben ein üppiges Korallenwachstum zeigt, ist der an die Küste anschließende Teil des Riffs abgestorben und in seinen inneren Teilen zersetzt und zerfressen. Bei gewissem Wasserstand bildet dieser innere zersetzte Teil des Riffs eine Art von kleiner, nach Westen offener Lagune. Nach Osten ist dieselbe durch das Vorgebirge von Suli abgeschlossen. Dies ist ein deutliches Beispiel dafür, daß sich Bildungen, die an Lagunen oder Riffkanäle erinnern, auch nachträglich durch Zerstörung und Auswaschung bilden können, und daß Darwin zu weit gegangen ist, wenn er alle derartigen Vorkommnisse durch seine Senkungstheorie erklären wollte. Doch ist hervorzuheben, daß es erstens gar keine typische Lagune ist, die wir vor uns haben. Ferner macht die Konfiguration der Küste, auf die ich nicht ausführlicher eingehen kann, ohne sie durch Abbildungen zu illustrieren, die Entstehung dieser Bildung leicht verständlich, während das Zustandekommen der großen Barrierriffe von Nord-Australien und Südost-Neu-Guinea ohne die Annahme einer positiven Strandverschiebung (Sinken des Landes oder Steigen des Meeres) meiner Ansicht nach durchaus unerklärlich sein würde. Ich komme also wiederum zu dem Schluß, daß Darwins Erklärung für die Mehrzahl der Fälle und gerade der typischsten zutrifft, daß aber ähnlich aussehende Resultate auch durch andere Ursachen: das Relief des Grundes und der Küste, Wachstums- und Zersetzungserscheinungen am Riff, hervorgebracht werden können. Solche analogen, nicht homologen Bildungen werden aber selten oder nie den streng regelmäßigen Bau und die Ausdehnung der Barrieren und Atolle in Senkungsgebieten zeigen.

Die Felsen fallen an der Ostküste von Hitu überall steil ins Meer. Wenn man sie näher untersucht, sieht man, daß sie aus erst kürzlich gehobenen Korallenriffen bestehen, deren Korallenstruktur noch sehr deutlich ist, und deren Fauna mit der der lebenden Riffe übereinstimmt. Vierzig Meter oberhalb von Suli findet sich dann ein ausgedehntes Plateau, das ganz aus gehobenem Korallenkalk besteht. Oberhalb des Plateaus erheben sich neue Riffmassen, die wiederum von Stufe zu Stufe eine Gliederung in Terrassen erkennen lassen. Solche terrassenförmige Anordnungen der fossilen Riffe beobachtete ich noch weiter an der Ostküste von Hitu bis nach Waai. Auf die Bedeutung dieser Terrassen komme ich später zurück.

Der Boden der ersten Riffterrasse über Suli scheint nicht sehr fruchtbar zu sein; eine üppige Waldvegetation findet man hier nur an wenigen Stellen entwickelt. Wahrscheinlich ist der poröse Korallenfels zu durchlässig und hält die niederfallende Feuchtigkeit nicht genug fest. Als ich zum ersten Male diese Höhe betrat und mich in dem lichten Waldbestand, der sich oben entwickelt hat, umsah, war ich im höchsten Grade erstaunt; ich glaubte mich in den australischen Busch versetzt, denn die Bäume wuchsen wie dort in weiten Abständen voneinander und erinnerten in ihrem Habitus in auffallender Weise an die australischen Tea-trees. In der Tat sind sie auch nahe Verwandte der weißblühenden Tea-tree-Art Melaleuca linariifolia. Es ist Melaleuca minor, der Kajeputbaum, aus dessen Blättern man auf Ambon und besonders auf Buru das bekannte ätherische Kajeputöl bereitet. Kajeput ist verdorben aus Kaju puti, Kaju Holz, puti weiß. Die Rinde der Bäume ist glänzend weiß und löst sich in Fetzen ab.

Hier oben gab es massenhafte Tauben, mehrere Arten der schönen großen Carpophaga (C. perspicillata und C. aenea) und eine Menge kleinerer Arten, die sich tagsüber verstreut in den Waldungen aufhielten, sich aber bei Sonnenuntergang in einigen riesigen Bäumen zu versammeln pflegten, oft in einer Höhe, daß ein Flintenschuß sie nicht mehr erreichte. Die Gewohnheit, sich abends auf einigen wenigen Schlafbäumen zu versammeln, tagsüber aber allein den Berufsgeschäften nachzugeben, habe ich sonst noch besonders bei Reihern beobachtet. Einige Male ging ich nachts aus und erlegte bei Mondenschein einige Exemplare der auf Ambon sehr häufigen Kuskusart Phalanger maculatus. Auch an fliegenden Hunden war kein Mangel. Ich begnügte mich aber nach dem großen Morden, das ich bei Cooktown unter diesen harmlosen Geschöpfen angerichtet hatte, um entwicklungsgeschichtliches Material zu sammeln, hier ein einziges Tier zu schießen, das mir in der Abenddämmerung allzu schön vor den Lauf kam.

Auffallend waren hier am Rande aller der Korallenterrassen die zahlreichen Höhlenbildungen, die mir schon in verkleinerter Form bei Batu Mera nahe Ambon im gehobenen Riff direkt über dem Meeresspiegel aufgefallen waren.

Die marine Fischerei lieferte reichliche Ausbeute, weil der Sandboden, das schöne lebende und das abgestorbene Riff ein jedes für sich den verschiedenartigsten Tieren Wohnort und Unterschlupf gewährte. Auf dem abgestorbenen Riff wimmelte es von riesigen Synaptiden, einer Holothurienfamilie, die sich durch ihre zarte, bei kleineren Exemplaren fast durchsichtige Haut, durchsetzt mit Kalkrädchen und -platten und gespickt mit spitzigen Kalkankern, auszeichnet. Dieselben würden das Tier einem jeden Munde, dessen Speichel nicht mit Schwefelsäure versetzt ist, zu einem recht unangenehmen Bissen machen. Vermittelst der spitzen, bei einigen Arten millimetergroßen Anker vermögen die Tiere sich wie Kletten an Gegenstände zu heften, mit denen sie in Berührung kommen. Die im Mittelmeer häufigen Arten, Synapta inhaerens und digitata, werden deshalb auch als Klettenholothurien bezeichnet. Sie sind Zwerge gegen ihre Verwandten im tropischen Ozean, die eine Länge von mehreren Metern erreichen. Ich sammelte hier fünf verschiedene Arten dieser merkwürdigen Tiere, von denen keine im Sand oder unter Steinen lebte, sondern die alle frei an der Oberfläche des Grundes herumkrochen. Einige Arten besitzen eine Färbung, die sie dem Meeresgrunde sehr ähnlich macht und ihnen zweifelsohne einen bedeutenden Schutz verleiht. Alle fand ich in ziemlicher Nähe des Ufers in flachem Wasser, wo ihre Hauptfeinde, die großen, Schwefelsäure ausscheidenden Schnecken, sie nicht erreichen können. Übrigens besitzen diese Synaptiden außer ihren Ankern noch einen anderen guten Schutz gegen übermächtige Angriffe. Wenn sie an einer Stelle ihres langen wurmförmigen Leibes gepackt werden, so schnürt sich der Leib mit dem Kopf oberhalb der Angriffsstelle ab und empfiehlt sich, indem er sein Hinterende dem Feinde als gute Beute überläßt. Unsere Eidechsen sind nicht ganz so gut daran, denn sie vermögen sich nur von ihrem Schwanze zu trennen. Die niedrig organisierte Holothurie macht sich nichts daraus, mehr als drei Vierteile ihres Körpers zu opfern. Wenn nur der Kopf mit dem nervösen Centralorgan, dem Nervenring, unverletzt bleibt, wird der übrige Körper leicht regeneriert.

In dem kleinen Flüßchen von Suli fischten wir eifrig mit dem Wurfnetz nach Süßwasserfischen und erhielten auch manches schöne Exemplar von den Eingeborenen des Ortes gebracht. Im allgemeinen fielen mir die Leute hier etwas lästig, denn sie waren im hohen Grade neugierig und aufdringlich, und obwohl sie zum größten Teil Christen waren, und die Kinder einen regelmäßigen Schulunterricht genossen, erinnerte mich die Art und Weise, wie mein Tun und Treiben von ihnen angestaunt wurde, lebhaft an die wirklichen »Wilden« der Papua-Insel. Der sich hoch kultiviert dünkende Ambonese spricht mit ungeheurer Verachtung von dem »Orang papua«.

Jedes der ambonesischen Dörfer steht unter einem eingeborenen Oberhaupt, Pati genannt, der sich noch viel lieber Radja titulieren laßt. Als ich nach Suli kam, ließ ich dem dortigen Pati[1]) durch Udin meine Ankunft melden, und er kam auch gleich an Bord, um mich zu begrüßen, mir seine Dienste zur Verfügung zu stellen und mich in sein Haus einzuladen. Wenn ich aber wirklich etwas brauchte, war er immer der letzte, der es mir verschaffte. Dafür besuchte er mich stundenlang auf meiner Orembäi, wenn ich mit meinen Sammlungen beschäftigt war und meine Ausbeute konservierte. Alle Winke, ob nicht seine Anwesenheit an Land erforderlich sei, fanden kein Verständnis, und zwei Tage lang duldete ich schweigend, daß er meine enge Kabine ungebührlich durch seine Anwesenheit verengte. Am dritten Tage hielt ich es für das Beste, deutsch mit ihm zu reden, und bat ihn auf malayisch, sich vor die Tür der Kajüte zu setzen.

Ebenso neugierig war aber die übrige Bevölkerung, wenn sie sich auch nicht an Bord des Schiffes wagte. Wenn ich morgens mein Bad in der See nahm, so war dies immer ein Fest für das Dorf. Eine große Schar von Zuschauern pflegte diesem Schauspiel beizuwohnen, es mit Spannung zu beobachten und über dasselbe ungeniert seine kritischen Bemerkungen auszutauschen. Echte Malayen würden sich niemals in dieser Weise benehmen. Durch mancherlei Erfahrung auf meiner langen Reise war ich mit Unempfindlichkeit gegen so etwas gewappnet und suchte nur durch möglichst frühes Baden die Zahl der Zuschauer zu verringern. Übrigens sind Seebäder in den Tropen nichts besonders erfreuliches. Eine schöne Brandung wie an den Küsten unserer Nordsee findet man fast nirgends. Das Wasser hat eine lauwarme Temperatur, und ein Seebad erfrischt in diesen Breiten lange nicht so wie ein Bad im süßen Wasser oder auch bloß das Übergießen mit letzterem.

Von Suli ruderten wir nach Tial und blieben dort nur kürzere Zeit, weil das Meer daselbst nicht besonders tierreich war. Am Strande sah ich massenhafte Fischkörbe und Reusen, die aus Rotang geflochten werden. Die Bewohner dieses Stranddörfchens scheinen sich mit Vorliebe mit dieser Arbeit zu beschäftigen. Östlich und dann nördlich steuernd umfuhren wir das Nordostkap der Bai von Baguala

1) Die Ambonesen singen folgenden Spottvers:

Patti Suli dan Pati Waai	Der Pati von Suli und der von Waai
Pati dua djadi satu.	Zwei Pati, einer wie der andere.
Hati sutji dan hati baai	Ein reines und ein gutes Herz
Hati dua djadi satu.	Zwei Herren, eins wie das andere.

Im malayischen Text reimen nicht nur die Endworte der Verse, sondern alle korrespondierenden Worte klingen an.

und kamen nun in die Straße von Haruku. Die waldgekrönte Insel Haruku erhebt sich hier gerade im Osten von Ambon aus dem Meere, ferner liegt im Südosten das winzige Molana und noch ferner Nusa Laût. Saparua wird hier ganz von Haruku verdeckt. Alle diese bergigen Inseln besitzen nur eine geringe Höhe; die höchsten Spitzen von Haruku erreichen etwas über 400 Meter, die von Saparua und Nusa Laût nur gegen 300 Meter. Steil fallen die Korallenklippen, die den vulkanischen Kern überkleiden, gegen den Strand ab. Im Morgendufte gewähren diese niederen Tropeninseln, die sich mit zarten, aber doch charakteristischen Formen aus dem blauen Meer erheben, einen wahrhaft lieblichen Anblick.

Auch an der ambonesischen Küste bei Tengga-tengga, wo wir unsern nächsten Aufenthalt nahmen, fallen die Korallenfelsen außerordentlich steil und schroff ins Meer. Vielfach haben die Einwohner an der Ostküste von Ambon im Korallenfels Stufen, stellenweise richtige Treppen angelegt, die vom Strande auf die erste Riffterrasse hinaufführen. Auch hier beobachtete ich zahlreiche kleine Höhlen im Korallenfels. In greifbarer Nähe erblickt man gegenüber im Osten Haruku, im Norden grüßen aus der Ferne die gewaltigen Berge von Ceram. An den Waldrändern und in den Pflanzungen von Tengga-tengga, in nächster Nähe des Strandes, flogen in großen Mengen prachtvolle große Schmetterlinge, deren Zeichnung eine Art von schwarzbraunem Netz- und Fleckenwerk auf weißem Grunde darstellt. Es ist die größte der Danainen, Hestia Idea, und die nahe verwandte Art Hestia Aza, die wohl nur als eine Varietät der ersteren aufzufassen ist, da sich in meiner Sammlung alle Übergänge von der einen zur andern vorfinden. Der Flug dieser Schmetterlinge ist schwebend und auffallend langsam. Die Flügel scheinen in der Luft zu vibrieren, so papierdünn und zart sind sie. Beharrlich umkreist der Schmetterling eine bestimmte Stelle, zu der er, weggescheucht, häufig wieder zurückkehrt, und obwohl die Tiere in beträchtlicher Höhe zu fliegen lieben, sind sie dabei so gleichgiltig und dummdreist, daß man sie ohne Mühe mit einem, an einem langen Bambusstab befestigten Netze fangen kann. Diese Sorglosigkeit, welche die Tiere in ihrem ganzen Verhalten an den Tag legen, erklärt sich daher, daß die Säfte der Danainen einen üblen Geschmack besitzen, und insektenfressende Vögel sie deshalb verschmähen. Sehr häufig war ferner hier und anderwärts auf Ambon das unscheinbar gefärbte Weibchen von Ornithoptera Priamus, während das prächtig smaragdgrüne Männchen zur Zeit meiner Anwesenheit sich viel seltner sehen ließ. Ich habe dieses herrlichen Schmetterlings schon früher (Seite 389) Erwähnung getan, als ich gelegentlich meines Aufenthalts auf Neu-Guinea seinen nahen Verwandten, Ornithoptera Pegasus, beschrieb, der wohl nur eine lokale Varietät von ihm darstellt.

Nicht viel seltner sind zwei andre Arten, O. Helena und Hippolytus, ebenfalls zwei Riesenformen, deren Schmuck eine prachtvoll gelbe Fleckenzeichnung auf schwarzem Grunde ist. Beim Anblick dieser herrlichen Geschöpfe, wenn sie mit weichem, wiegendem Fluge die Büsche und Bäume umschweben, fragt man sich zuweilen unwillkürlich, ob man Vögel oder Schmetterlinge vor sich hat. Viel lebhafter und unruhiger ist der Flug des Papilio Ulysses, der feuchte Gegenden zu bevorzugen scheint. Er ist nur wenig kleiner als die kleinern Ornithopteren und trägt auf der Oberseite seiner schwarz umrandeten Flügel ein herrlich leuchtendes, metallisch schimmerndes Blau, das je nach der Richtung, aus der man es betrachtet, von hellblau bis zu violett wechselt.

Man hat die auffallende Beobachtung gemacht, daß dieselben Arten, die einerseits auf Ambon, andrerseits auf Ceram, Buru und andern Molukkeninseln vorkommen, auf dem kleinen Ambon meist stattlicher und schöner entwickelt sind, als auf den größeren Nachbarinseln. Auf diesen wiederum pflegen nahe verwandte Formen größere Dimensionen und reichere Farbenpracht zu entwickeln als auf der riesigen Papua-Insel. Der Grund für diese Erscheinung ist gänzlich unbekannt. Man könnte vielleicht daran denken, daß eine bestimmte Art, die auf einer kleinen Insel lebt, dort weniger verschiedenartige Feinde besitzt als in einem größeren Areal, welches regelmäßig zwar nicht individuen-, aber artenreicher zu sein pflegt. Diese Erklärung besagt aber nicht viel, denn es ist wirklich nicht zu glauben, daß der papuanische Ornithoptera Pegasus auch nur einem Feinde gegenüber irgend welchen Vorteil daraus zieht, um ein weniges kleiner zu sein, als die molukkische Varietät Ornithoptera Priamus. Überhaupt ist es unmöglich anzugeben, warum die Insektenfauna der austromalayischen Region so hervorragend schön und durch besondere Farbenpracht ausgezeichnet ist, und in dieser Beziehung die indomalayische Region so entschieden übertrifft. Denn wenn sich die besonders schöne Entfaltung der austromalayischen Vogelwelt wahrscheinlich aus der Abwesenheit von höheren Baumsäugetieren erklärt (Seite 405, 410), so läßt sich ein ähnlicher Grund für Insekten nicht auffinden, da es an insektenfressenden Vögeln nicht mangelt.

Schon eine kurze Umschau in der Tierwelt der Molukken überzeugt uns, daß wir uns hier in einem Faunengebiet befinden, welches mit dem von Neu-Guinea große Übereinstimmung besitzt. Eine genauere Analyse, die sich auf alle Land- und Süßwassertiere ausdehnt, bestätigt dies vollkommen. Sehen wir zunächst von den Säugetieren ab, so finden wir, daß die Mehrzahl der Formen zwar nicht ganz mit den papuanischen übereinstimmt, aber mit ihnen nahe verwandt ist. Die Familie der Paradiesvögel fehlt auf den Molukken bis auf eine einzige Art, die sehr eigenartige Semioptera wallacei von Batjan. Die Kakadus sind reichlich vertreten, die hervorstechendsten Papageien gehören den Gattungen Lorius, Eos, Electus an, welche auch in Neu-Guinea beziehentlich Australien häufig sind. Von Schlangen findet man hier die australischen Braunschlangen, Diemenia, und Todesottern, Acanthophis, repräsentiert durch besondere Arten, und von den Eidechsen die ebenfalls für Australien charakteristische Cyclodus. Überall finden wir aber daneben Formen, denen man auch in dem westlichen Teile des Archipels begegnet und die als indomalayische Einwanderer zu betrachten sind. Alles zusammen erhält man den Eindruck einer ihrem Wesen nach australisch-papuanischen Fauna, die sich aber eigenartig entwickelt und viele Beimengungen aus der orientalischen Region in sich aufgenommen hat.

Von Tengga-tengga ruderten wir mühsam gegen einen starken Nordwestwind nach Tulehu. Nicht fern von letzterem Dorfe findet sich eine Stelle, an welcher in einem größern Umkreis, teils am Strand, teils auch vom Grunde des Meeres, mehrere Meter unter dem tiefsten Wasserstand der Ebbe, heiße Quellen entspringen. Beim Entlangfahren zählte ich in einer Entfernung von zwei Kilometern sechs solche submarine Quellen. Vom sandigen Grunde sieht man hier von Zeit zu Zeit intermittierend eine Menge Blasen aufsteigen, dann tritt eine Pause ein und die Blasenentwicklung beginnt aufs neue. An einer Stelle am Ufer kommen die Quellen jenseits der Flutgrenze aus der Erde, und hier haben die Eingeborenen ein Loch gegraben, in dem sich das Wasser sammelt. Es besitzt eine Temperatur von etwa 60° C. und hat einen mineralischen und außerdem deutlich schwefeligen Beigeschmack. Ein Eingeborener von Ambon teilte mir mit, daß sich am Südabhange des Wawani auf Hitu eine Solfatara finden soll. Diese Angabe ist wohl zuverlässig, denn der Wawani und wahrscheinlich alle Berge von Hitu sind ebenso wie die Höhen der Uliassers erst kürzlich erloschene Vulkane. Daß die vulkanische Tätigkeit nur schlummert, dafür sprechen die submarinen heißen Quellen und, wenn man meinem Gewährsmann trauen darf, die Solfatara.

Mein Verweilen in Tulehu gegenüber der niedrigen, dicht bewachsenen Koralleninsel Pulu Pombo ganz nahe liegt die kleine

Dorfstrasse in Tulehu (Ostküste von Hitu, Insel Ambon).

Klippe Batu Lomba) bot nichts besonders bemerkenswertes. Die nebenstehende Photographie wird dem Leser ein Bild eines derartigen ambonesischen Dörfchens und seiner Bevölkerung geben. Von Tulehu arbeiteten wir uns mit großer Anstrengung gegen heftigen Nordwestwind in die Bai von Waai hinein, bis nahe an das Dorf Waai heran. Wind und Wellenschlag wurden aber so heftig, daß unsere flache Orembäi nahe daran war zu kentern, und wir sie nur mit größter Mühe an einem geschützten Ort landen konnten. Ich mußte nach Tulehu zurückkehren und wartete einige Tage, ob das Wetter sich bessern und mir die Überfahrt nach Ceram gestatten würde. Wäre unser Fahrzeug seetüchtiger gewesen, so wäre es zur Not wohl gegangen, aber in dieser flachen ungedeckten Nußschale, in welche die Wellen hineinschlugen, und mit der man absolut nicht gegen den Wind lavieren konnte, war der Versuch bei dem augenblicklich herrschenden Nordwestwind zu unsicher. So hielt ich es denn für das Beste, nach dreiwöchigem Aufenthalt an der Ostküste der Insel wieder nach Ambon zurückzukehren und dort den Rest meiner Zeit zu verbringen.

Achtzehntes Kapitel.

Von Ambon nach Banda. Heimreise durch Indien.

Nach der Rückkehr in mein Haus bei Ambon nahm ich meine gewohnte Lebensweise wieder auf. Den Morgen und Vormittag widmete ich dem Sammeln von Seetieren, die Nachmittage aber verwendete ich zu Ausflügen über Land, einmal um den Bau der gehobenen Korallenriffe etwas näher zu studieren, dann aber auch, um meine Sammlung von Süßwasser-Fischen und -Krebsen zu vervollständigen. Die Insel besitzt nur unbedeutende Wasserläufe, und da wahrscheinlich niemals ein Teil von ihr mit einem der großen Kontinente in direktem Zusammenhang gestanden hat, ist es nicht wunderbar, daß die Mehrzahl ihrer Süßwasserfische streng genommen nur Brackwasser- oder Seefische sind, die sich an das Leben im süßen Wasser angepaßt haben. Unter den Fischen, die ich im süßen Wasser von Ambon erbeutete, befindet sich auch einer, der eine neue Gattung repräsentiert und von Professor Max Weber als Stiphodon semoni beschrieben worden ist.

Im Meere dredgte ich jetzt täglich einige Stunden lang, hatte aber keine sehr reiche Ausbeute. Mit dem feinen Netz fing ich eine Anzahl von herrlichen Siphonophoren und verwandte große Mühe auf die Konservierung dieser zarten und vergänglichen Geschöpfe, die sich gewöhnlich in ihre Einzelbestandteile auflösen, wenn man sie abtötet.

Anfangs mißlang das gewöhnlich, und ich hatte das zerstückelte und verdorbene Material eimerweise wegzuschütten. Die Hühner meiner Wirtin trieben sich überall im Garten herum und machten mit Vorliebe Vorstöße in die Halle, die mir zum Laboratorium diente. Eines Tages müssen sie sich wohl über die weggeworfenen Reste von Seetieren hergemacht haben, die ich versucht hatte, mit einer Mischung von Chromsäure und Sublimat zu konservieren. Gegen Mittag kam die Wirtin zu mir und sagte mir, vier von den Hühnern seien gestorben. Ich ahnte gleich Schlimmes, sprach aber bloß mein Bedauern aus. Nach einer halben Stunde kam sie wieder mit der Nachricht »lajin ajam mati«, ein andres Huhn ist tot, und dies wiederholte sich fort und fort bis zum Abend, so daß ich ihr schon immer lachend zurief, wenn sie hereinkam: »lajin ajam mati?« Als wir abends die Strecke nahmen, waren zwölf Hühner tot, und eins schien sich sehr übel zu befinden. Es erholte sich aber wieder bis zum nächsten Morgen. Ich machte gute Miene zum bösen Spiel, bezahlte die zwölf Opfer der Wissenschaft und ließ in Zukunft die Abfälle meiner Konservierungsversuche direkt ins Meer ausschütten.

Auf meinen Landexkursionen lernte ich die geologische Struktur der Insel genauer kennen. Hitu und Leïtimor sind sehr verschiedene Bildungen. Während der letztere Inselabschnitt einen granitischen Kern besitzt, besteht die Grundlage von Hitu aus jüngerem Eruptivgestein. Im Jahre 1674 sollen sich am Wawani auf Hitu zwei Spalten gebildet haben, und aus diesen sollen Ströme von heißem Schlamm und kochendem Wasser ausgeflossen sein. Daß sich jetzt noch Spuren vulkanischer Tätigkeit vorfinden, Solfataren am Fuße des Wawani, heiße Quellen an der Ostküste der Insel, wurde schon erwähnt. Jüngere Eruptivgesteine fehlen dagegen auf Leïtimor. Das eigentümliche poröse Gestein von kräftig roter Farbe, das dem Dörfchen nördlich von Ambon den Namen Batu mera, Rotenstein, eingetragen hat, ist ein Laterit, der durch Zersetzung des Granits entstanden ist. Ein dicker Mantel von jungen Korallen deckt überall die Abhänge der Berge gegen die Küste hin. Die Fauna dieser Korallenkalke stimmt so sehr mit derjenigen überein, die noch jetzt das Meer zu den Füßen der Berge bevölkert, daß wir annehmen müssen, die letzteren seien noch vor verhältnismäßig kurzer Zeit viel tiefer ins Wasser hineingetaucht gewesen als heute. Zu jener Zeit wird das, was wir heute Ambon nennen, aus einer größeren Anzahl von kleinen, niedrigeren Inseln bestanden haben.

Die gehobenen Riffe an Ambon, die die Bergrücken bis in bedeutende Höhen hinauf mantelförmig bedecken, bieten manches Eigentümliche. Gleich im Norden von Tanalapan, wo sich mein Haus befand, erheben sich eine Anzahl von Hügeln, Vorberge des höheren Gunong Nona. Auf einem dieser Hügel, von den Eingeborenen Kati-Kati genannt, fielen mir eine Anzahl von eigentümlichen Dellen auf den Kuppen des Hügels auf. Dieselben waren kreisförmig oder elliptisch, zuweilen auch unregelmäßiger gestaltet. Mit steiler, manchmal senkrechter Böschung fielen die Korallenfelsen gegen den flachen Boden der Delle ab. Eine dieser Bildungen, die eine ziemlich regelmäßige Ellipse darstellt und die ich genauer untersuchte, besitzt einen Längsdurchmesser von 43 Metern, einen Querdurchmesser von 27 Metern, die Tiefe der Einsenkung beträgt etwa 20 Meter. Das sehr geschützte Plätzchen war von den Bewohnern jener Höhen zu einer kleinen Djagung- oder Mais-Pflanzung benutzt worden. Auf der einen Hügelkuppe etwa 250 Meter über dem Meere zählte ich zwei, auf einer andern, ungefähr 50 Meter höheren, drei derartige Bildungen.

Den Gunong Nona selbst fand ich bis zu seinem Gipfel, der etwa 480 Meter über dem Meere liegt, von Korallen bedeckt. Die Aussicht von oben über das vegetationsstrotzende Leitimor und Hitu, die hohen Gipfel des Salhutugebirges, nordöstlich davon die noch höhern von Ceram, die Außen- und Innenbai von Ambon und das unbegrenzte blaue Meer im Süden und Westen ist im Lichte der tropischen Morgensonne unbeschreiblich schön. 75 Meter unter dem Gipfel befinden sich wieder mehrere der eigentümlichen Dellen, von denen einige fast vollkommene Kreisform besitzen. Bei einer Tiefe von 20—30 Metern haben sie einen Durchmesser von mehreren hundert, in einem Falle sogar von 500 Metern. Die Böschungen gegen das Innere der Kessel sind hier meist erheblich sanfter als am Kati-Kati. Keine der Dellen enthielt Wasser, keine war ein Teil eines noch vorhandenen oder ehemaligen Wasserlaufs, denn sämtlich waren sie nach allen Seiten hin geschlossen.

Es ist klar, daß wir hier lagunenähnliche Bildungen in den Korallenriffen vor uns haben. Für die Lagunen echter Atolle möchte ich sie allerdings nicht halten, denn ihre Form ist häufiger unregelmäßig, als schön kreisförmig oder elliptisch, ihre Außenböschungen sind gewöhnlich sanfte, und der Umstand, daß sie sich in so verschiedenen Höhen finden, macht es höchst unwahrscheinlich, daß sie nach dem Darwinschen Senkungsschema entstanden sind. Sonst würden die »Atolle« des Kati-Kati doch wahrscheinlich zu gleicher Höhe emporragen, wie die auf dem Gipfel des Gunong Nona. Schon oben habe ich darauf hingewiesen, daß sich unter Umständen lagunenähnliche Bildungen auch in stationären oder Hebungsgebieten bilden können.

Überall findet man auf dem Gunong Nona und seinen Vorbergen, auch sonst noch vielfach auf den Bergen von Ambon, gut gehaltene Mais-, Bananen-, Tabak-, Areng- und Kokospflanzungen, die von den sogenannten Binungkus angelegt sind, Bewohnern der Insel Bouton im Südosten von Celebes und den vorgelagerten kleinern Inseln, zu denen auch das Inselchen Binungku gehört.

Seit etwa 25 Jahren kommen diese Leute in ziemlicher Menge nach Ambon, Ceram, Buru und Banda und legen auf den Bergen Pflanzungen aller Art an, die sie viel fleißiger bearbeiten und sorgsamer pflegen, als es die nachlässigen Ambonesen tun. Hier und da sitzen sie auch als Fischer am Meere. Meistens sind es nur die Männer, die kommen, um, wenn sie genügend Geld verdient haben, nach einer Anzahl von Jahren in ihre Heimat zurückzukehren. Sie gehen gewöhnlich bis zum Gürtel unbekleidet und machen einen halbwilden Eindruck; dem Namen nach sind sie Mohammedaner. Die kulturbeleckten Ambonesen dünken sich diesen fleißigen Leuten gegenüber, deren Sprache sie nicht verstehen und deren Einfachheit sie verachten, ungeheuer überlegen und sehen auf sie herab, wie die deutschen oder englischen Matrosen auf einen wilden Papua. Auf meinen Exkursionen nahm ich fast immer einige Binungkus als Führer und Träger mit, weil sie mehr leisten und die Berge besser kennen, als die eingeborene Bevölkerung der Insel.

Von einem guten Aussichtspunkte aus sieht man, daß auch die korallenüberzogenen Abfälle der Berge gegen die Bay von Ambon hin terrassiert sind. Noch deutlicher tritt allerdings diese Terrassierung an der Ostküste hervor. Wie sind diese Stufen entstanden? Soweit die Korallen reichen, waren früher die Berge von Ambon ins Meer versenkt; auf dem Gipfel des Gunong Nona findet man in großer Menge riesige Tridacnamuscheln, die mit den noch heute im Meere lebenden identisch sind. Eine Hebung des Landes oder ein Sinken des Meeresspiegels, kurz das, was die moderne Geologie eine positive Strandverschiebung nennt, hat den Korallengürtel aus dem Meere gehoben, und aus dem Umstande, daß die Korallenkalke keinen glatten Mantel, sondern eine stufige Decke bilden, können wir mit Sicherheit schließen, daß diese Strandverschiebung nicht allmählich und in gleichem Tempo, sondern periodisch, ruckweise erfolgt ist. Man könnte glauben, in stationären Zeiten hätte sich die Brandung im Niveau des jeweiligen Meeresspiegels in den abgerundeten Korallenmantel der Berghöhen hineingenagt und so die horizontalen Streifen der Terrassen geschaffen. Was wir vor uns hatten, wären dann Brandungsterrassen, und der Leidener Geologe Professor K. Martin, der ähnliche Terrassen auf den benachbarten Uliassers beobachtet hat, bezeichnet sie auch als solche. Hiergegen aber spricht, daß die horizontalen Flächen der Terrassen stellenweise, wie ich besonders an der Ostküste von Hitu beobachtet habe, eine Breite von einem und selbst mehreren Kilometern haben. Unmöglich können wir annehmen, daß diese Flächen Denudationsflächen eines Riffmantels sind, denn dieser müßte dann selbst eine Dicke von mehreren Kilometern besitzen.

Ich fasse diese Bildungen vielmehr so auf, daß ich annehme, die Korallen bauten in einer stationären Periode horizontal ins Meer hinaus. Dauerte die Periode lange und war die betreffende Stelle für das Wachstum des Riffs günstig, so entstanden kilometerbreite Flächen. Zu andern Zeiten und an weniger günstigen Stellen entstanden bloß schmale Streifen. Die Stufen, die wir finden, sind demnach im wesentlichen Auflagerungsflächen und sind nicht durch Denudation aus einem ehemals soliden Mantel herausgemeißelt. Natürlich mag hie und da die Brandung mit geholfen haben, zu der Auflagerungsfläche, durch Denudation der ansteigenden Küste, innen noch ein Stück hinzuzufügen; doch dürfen wir dieses Moment nicht überschätzen. Denn ein Strandriff hat zwar an seinem Außenrande eine gehörige Brandung; für die Küste selbst ist es aber ein vorzüglicher Wellenbrecher, und schwerlich wird die Brandung über ein breiteres Strandriff hinüber das Relief der Küste wesentlich beeinflussen.

Eine fast ebenso auffallende Erscheinung wie die terrassenförmige Stufung der gehobenen Riffe ist der Reichtum an größern und kleinern Höhlenbildungen, den man in allen Horizonten des fossilen Riffs antrifft. Bei Batu mera, ebenso an der Südküste von Leïtimor, sieht man kleine Höhlen im Kalkfelsen direkt über dem Niveau des Meeres. An der Ostküste von Hitu fand ich sie bei Suli und Tengga-tengga massenhaft in allen möglichen Höhen. Das Dorf Liang, malayisch Höhle, an der Nordostküste von Hitu trägt sicherlich seinen Namen von derartigen Höhlenbildungen. Auch an dem Südwestzipfel von Leïtimor fand ich eine kleine Höhlenbildung in etwa hundert Meter über dem Meere. Ich hatte gerade zu dieser Zeit eine interessante Arbeit von Johannes Walther: Die Adamsbrücke und die Korallenriffe der Palkstraße gelesen, in welcher dieser Forscher auf Grund seiner Studien der lebenden und fossilen Riffe am Roten Meer und bei Ceylon zu dem Resultat gelangt, erstens daß sich im lebenden Riff durch die Art und Weise des Korallenwachstums weitausgedehnte Lücken bilden, welche nie durch Kalksand ausgefüllt werden und als submarine Riffhöhlen persistieren; und zweitens, daß sich diese Höhlen in jungfossilen Riffen wiederfinden. Er spricht dann ferner noch die Vermutung aus, daß manche fossile Höhlen in Kalkgebirgen des Festlandes ursprüngliche Sedimentlücken sind, die den Lücken im wachsenden Korallenriff entsprechen und bei deren Entstehung die Auswaschung durch rinnendes Wasser nur eine untergeordnete Rolle gespielt hat.

Als ich die kolossalen Mengen von kleineren und größeren Höhlen in den Riffen von Ambon sah, leuchtete mir die Richtigkeit dieser Anschauung im hohen Grade ein. Es wäre nun aber denkbar, daß diese kleinen Höhlen am Strande und an den Abhängen der Riffterrassen blos durch die Brandung herausgenagt werden, und wenn die Form der Erosion, die sich in solchen Bildungen äußert, auch auf eine verschiedenartige Festigkeit des Gesteins schließen ließe, zu deren Erklärung wir ebenfalls auf die Art des Wachstums des Riffs zurückgehen müssten, so würde doch das Auffinden größerer Höhlen, die sicher nicht durch die Brandung aus dem Felsen herausgenagt sind, den Beweis viel zwingender machen. Vergebens suchte ich selbst nach solchen tiefern Höhlen im fossilen Fels, war aber fest überzeugt, daß es so etwas auf Ambon geben müsse, und siehe da, durch eifriges Herumfragen erfuhr ich denn auch, daß das Gewünschte sowohl auf Leïtimor als auch im Nordosten auf Hitu an verschiedenen Stellen zu finden wäre.

Die schönste und bedeutendste dieser Höhlen befindet sich im Südosten der Stadt Ambon, etwa zwölf Kilometer von meinem Wohnort entfernt. Sie wird Liang Ikan, die Fischhöhle, genannt und befindet sich nahe der Quelle des Flüßchens Batu Gantong, der bei Wainitu ins Meer fällt. Zunächst folgt der Weg der Straße, die über das Gebirge hinüber nach der Südküste von Leïtimor führt, dann geht es auf schmalem Pfade durch schönen Wald und dichte Pflanzungen zur Höhle. Dieselbe liegt etwa 120 Meter über dem Meere. Die Felsen, die ihr breites Eingangstor übermauern, sind mit einer reichen Vegetationsdecke überzogen. Zunächst steigt man etwa 15 Schritte weit schräg in die Tiefe hinab, dann kommt man in einen horizontal verlaufenden gewölbten Gang mit nahezu parallelen Wänden und einer gewölbten Decke, deren Höhe zwischen 10 und 15 Metern schwankt. So geht es über einen Kilometer weit fort, der Boden ist natürlich nicht absolut horizontal, aber die Niveauschwankungen sind nur gering. Hin und wieder entsendet die Höhle schmale Seitenausläufer. Der Hauptgang hat einige Knickungen und Biegungen, allmählich verengert er sich und wird sowohl niedriger als schmäler. Von den Wänden hängen Tropfsteinbildungen herab; überall, wo das Wasser den Felsen nicht allzusehr verändert hat, ist die Korallenstruktur noch recht deutlich. Am Ende der Höhle soll sich eine Art Tümpel oder Teich befinden; ob derselbe Fische enthält, und sich hieraus der Name Liang Ikan erklärt, vermochten mir meine Begleiter nicht anzugeben. Das Ende der Höhle war überhaupt zur Zeit meines Besuchs infolge der großen Feuchtigkeit unzugänglich.

Wasser schlägt überall durch den porösen Kalkstein durch, ein eigentlicher Wasserlauf findet sich aber, soweit ich gekommen bin, nicht, und in der ersten Hälfte der Höhle ist der Boden fast überall trocken.

Udin, der mich auf diesem Ausfluge nicht begleitete, teilte mir mit, daß sich ähnliche kleinere Höhlenbildungen noch sowohl auf Leitimor, als auf Hitu vorfinden. Zu einem Besuch derselben fehlte es mir an Zeit, und bleibt eine genauere Untersuchung auch besser einem geschulten Geologen überlassen. Nach meiner Ansicht gestatten aber schon die mitgeteilten Tatsachen einen Rückschluß auf die Bildung der Korallenhöhlen von Ambon. Es ist höchst unwahrscheinlich, daß die zahlreichen kleinen Höhlen aus dem soliden Fels durch die Brandung herausgenagt, die größeren aber durch die Tätigkeit des fließenden Wassers herausgewaschen sind. Daß das Innere einer Höhle im porösen Kalkstein immer feucht ist, versteht sich von selbst. Aber ein wirklicher Wasserlauf findet sich nicht in Liang Ikan. Zudem ist der Bau der Höhle sehr charakteristisch. Nicht selten sieht man im lebenden Riff parallele Mauern, welche gerade oder ab und zu gekrümmt fortlaufend durch einen Streifen tieferen Wassers getrennt sind. Sie sind meist nicht ganz kontinuierliche Bildungen, sondern werden ab und zu durch schmale Seitenkanäle unterbrochen. Wenn sich schließlich das Geäst dieser emporstrebenden Mauern oben gewölbeartig berührt, wird der Raum zwischen ihnen zu einer Höhle abgeschlossen werden, die in ihrem Bau vollkommen mit derjenigen von Liang Ikan übereinstimmen würde.

Von der Höhle aus begab ich mich nach der Quelle des Batu Gantong, die sich in einem sumpfigen, dicht mit Sagopalmen bestandenen Walde befindet. Über steile Korallenfelsen nimmt das Flüßchen dann weiter seinen Lauf dem Meere zu. In einiger Höhe über Tanalapan bildet es kleine Cascaden, und hier befindet sich die Stelle, der der Fluß seinen Namen, Batu Gantong, hängender Stein, verdankt. Von der 30 Meter hohen, fast senkrechten Felswand hängt ein mächtiger Felsblock grottenartig über; der Fluß windet sich um ihn herum und fällt dann wie ein Schleier in ein kleines Felsenbassin, das er mit seinem reinen, durchsichtigen Wasser erfüllt. Wo die steil überhängenden Felswände es gestatten, klammert sich die Vegetation an, Schlinggewächse überkleiden den Felsen, wo immer ein Felsenvorsprung Anhalt gewährt, strebt ein Baum empor. Dies war mein Badeplatz, wenn ich von meinen anstrengenden Kletterpartien heimkehrte, und das Wasser in dem Felsenbecken unter dem kleinen Fall war von einer Kühle, die mich bis ins Mark hinein erfrischte.

Batu Gantong auf Ambon.

Durchschwimmt man in kräftigen Stößen den Fall, so gelangt man in eine kleine Grotte, in welcher man durch den Wasserfall von der übrigen Welt abgeschlossen ist.

Meine Zeit in Ambon war abgelaufen. Der Februar näherte sich seinem Ende, am 26. wurde der Dampfer Both erwartet, auf dem ich die Banda-Inseln besuchen und dann meine Heimreise antreten wollte. Am 25. war der Haupttag des chinesischen Neujahrsfestes, malayisch taün baru tjina, welches acht Tage dauert. Am Nachmittag war teng-teng, das heißt große Ausfahrt der Chinesenkinder, die bei dieser Gelegenheit großartig ausgeputzt in phantastisch geschmückten Wagen von Kulis spazieren gefahren wurden. Abends waren alle Chinesenhäuser erleuchtet und die jungen Burschen von Ambon zogen von Haus zu Haus und tanzten in scherzhaften Verkleidungen einen komischen Tanz, den sie als tjekiba bezeichnen. Auch vor mein Haus kamen sie in später Nacht und fragten mich, ob ich ihren Tanz wohl mit ansehen möchte. Ich erwartete etwas Interessantes, Nationales zu sehen, erblickte aber statt dessen acht Paar dunkelhäutige Menschen, von denen die großen und bärtigen Individuen sich in Galauniformen europäischer Generale und Admirale gesteckt hatten, die kleineren, bartlosen trugen weiße Ballkleider und sahen von weitem wie elegante Damen aus. Nähere Betrachtung aber belehrte, daß sie nichts anderes waren als echt ambonesische Tunichtguts, die die Frauenrolle übernommen hatten, weil kein Mädchen bei der tjekiba mittanzen will. Der Tanz ist eine verstümmelte Française, zu der das Kommando in einem vollkommen ambonisierten Französisch gegeben wird. Zum Schluß begleiteten sie ihren Reigen mit Händeklatschen und sangen das ambonesische Lieblingslied, das man damals, gleich einem neapolitanischen Piedigrottalied, überall in der Stadt hören konnte, wohin man kam.

Woher diese Melodie stammt, weiß ich nicht, jedenfalls ist sie europäischen, vielleicht portugiesischen oder spanischen Ursprungs. Daß sie nicht in Ambon gewachsen ist, erscheint mir sicher.

Dari Ambon menjabrang Banda,	Von Ambon nach Banda zieh hin übers Meer,
Kali batang gunong api,	Schaue den Fluß und den Feuerberg hehr.
Siser rambut, menimbang badang.	Blinkend dein Leib und geglättet dein Haar,
Liat di mata, sedap di hati.	Frohsinn im Herzen, die Augen klar.

Das war denn auch für mich eine Mahnung, von dem herrlichen Ambon Abschied zu nehmen und, nachdem ich Banda gesehen und seinen Feuerberg und noch einmal die Augen weit aufgemacht hatte, fröhlichen Herzens meinen Rückweg in die Heimat anzutreten.

Am 26. Februar kam der Both nach Ambon, und am Nachmittag des 27. verließ ich auf ihm die wunderbare Insel, auf der ich zwei der genußreichsten Monate meiner Reise verlebt und schöne wissenschaftliche Erfolge gehabt hatte.

Omabak puti, ombak datang dari laüt,
Kipas lenço puti, tana Ambon suda djaü.

Weiß ist die Woge der brandenden See,
Weiß ist das Tuch, das mir winkt, da ich geh,
Fern schon ist Ambon, der Abschied tut weh.

Am Morgen des nächsten Tages langten wir im Bandaarchipel an, und der Both ging in dem kleinen Becken zwischen Gunong Api und Neira, dicht unter dem alten portugiesischen Fort Belgica, vor Anker. Hinter Neira erhebt sich das höhere Lonthor (oder Groß-Banda), dessen Bergwände einen Halbkreis bilden. Während die Inseln Neira und Lonthor von einer dichten immergrünen Vegetation bedeckt sind, besteht die Insel Gunong Api im wesentlichen aus einem nackten, 650 Meter hohen Vulkankegel, dessen Spitze eine Rauchwolke umlagert. Dieser Vulkan ist immerfort tätig und gefährdet fort und fort die fruchtbaren Nachbarinseln durch Eruptionen, die mit heftigen Erdstößen und Seebeben verbunden zu sein pflegen. Die furchtbarsten Ausbrüche fanden in den Jahren 1690 und 1852 statt. Bei der Eruption im Jahre 1690 stieg das Meer 25 Meter über die höchste Flutmarke und richtete ungeheuere Verwüstungen an den Küsten von Neira und Lonthor an.

Als unser Schiff in den kleinen Meerteil zwischen Gunong Api, Kraka und Neira einfuhr, hatte ich den deutlichen Eindruck, daß der kleine vom Meere ausgefüllte Kessel nichts anderes als der Krater eines größeren Vulkans sei, dessen derzeit durchbrochene Wände von dem Ring der eben genannten Inseln gebildet werden. An einer Stelle der Wand dieses Kraters hat sich der Gunong Api als neuerer Eruptionskegel erhoben, die vulkanischen Kräfte wirken aber noch jetzt im ganzen, vom Meer ausgefüllten, größeren Kraterkessel fort, denn ich beobachtete vulkanische Tätigkeit sowohl an der Nordwestküste von Neira als an der gegenüberliegenden von Gunong Api. Blasen steigen hier intermittierend an vielen Stellen des mit Felsblöcken bedeckten Meeresbodens auf. Der Anblick erinnert im hohen Grade an die submarinen heißen Quellen bei Tulehu auf Ambon. Ob es heiße Quellen sind, die vom Meeresboden entspringen, oder auch blos heiße Dämpfe, die die Blasenbildung bedingen, vermochte ich nicht festzustellen. Jedenfalls schlummert der große Krater

Dampfer Both vor Anker vor Neira (Banda).
Oben das alte portugiesische Fort Belgica. Im Hintergrunde die Höhen von Lonthor.

zwischen Gunong Api, Neira und Kraka nicht vollständig. Die kesselförmige Gestalt des Meeres zwischen den drei Inseln war zur Zeit meiner Anwesenheit dort viel deutlicher, als sie aus der umstehenden Kartenskizze zu ersehen ist, einer Kopie aus dem Reisewerke der Challenger-Expedition. Offenbar hat sich seit der Zeit, aus der die Aufnahmen des Challenger stammen, die Konfiguration der Küste von Gunong Api etwas verändert. Eine eigene Kartenzeichnung, die ich dort entwarf, wage ich aber nicht vorzulegen, weil sie bloß auf Augenmaß, nicht auf genauen Peilungen und Messungen beruht.

Um den ringförmigen Kraterwall, der durch die Inseln Gunong Api, Kraka und Neira repräsentiert wird, schlingt sich nun etwas excentrisch ein zweiter größerer Kraterwall, der noch unvollständiger ist, als der innere, und in der Hauptsache durch die Insel Lonthor repräsentiert wird. Dieselbe bildet zusammen mit den Inseln Pisang und Kapal einen Halbkreis im Süden und Osten um die inneren Inseln herum; die nördliche und westliche Seite dieses mächtigen Vulkangebildes ist verschwunden. Vielleicht hat allerdings die Insel Waii, die in der Verlängerung der Westküste von Lonthor liegt, mit zu diesem Ring gehört, dann würde die Form desselben keine

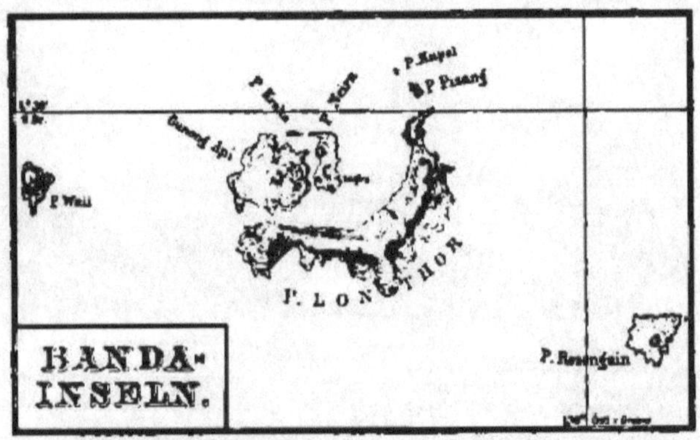

runde, sondern eine elliptische gewesen sein. Diese Konfiguration der vulkanischen Banda-Inseln erinnert in frappanter Weise an die Inselgruppe von Santorin, die südlichste der griechischen Cycladen. Auch dort bilden Santorin zusammen mit Therasia und Aspronisi den Gürtel eines äußeren Kraterwalles von elliptischer Form, in dessen Innerem sich später Palaea-Kaimeni, Mikra-Kaimeni und Nea-Kaimeni erhoben.

Die prachtvolle Vegetation, die die Inseln Neira und Lonthor bedeckt und die einen dichten Urwald vorzaubert, enthüllt sich beim Betreten als eine unübersehbare Fülle von Muskatnußparks. Seit Hunderten von Jahren hat man hier diese Anpflanzungen unter dem Schatten der hohen Kanariabäume angelegt, hat den Boden geebnet, das Unterholz weggeräumt und so eine Parkanlage geschaffen, die an Nützlichkeit, Schönheit und Ausdehnung nicht ihresgleichen hat. Zur Zeit des Monopols durften Muskatnüsse in Niederländisch-Indien einzig und allein auf den Inseln des Bandaarchipels, Lonthor, Neira, Rhun, Waii (Aii) und Rozengain angepflanzt werden. Hongiefahrten, wie an den Amboninseln, waren wegen der isolierten Lage des Bandaarchipels nicht nötig.

Die Fauna von Banda ist, wie man dies bei der Kleinheit der Insel und ihrer isolierten Lage nicht anders erwarten kann, arm. Von Säugetieren kommt außer Fledermäusen nur Phalanger maculatus vor. Es ist nicht nötig anzunehmen, daß derselbe durch Menschen eingeführt worden ist, denn wie ich schon an verschiedenen Stellen dargelegt habe, wird die Gattung Phalanger besonders leicht durch Treibholz verschleppt und ist so über den ganzen Archipel bis einschließlich Celebes verbreitet worden. Zwei der Insel eigentümliche Fruchttauben kommen vor, von denen die schöne große Carpophaga concinna eine große Liebhaberin der Muskatnüsse ist. Sie verschlingt dieselben des roten Fleisches, der sogenannten Muskatblüte, wegen, während sie den Kern unverdaut von sich gibt und so zur Verbreitung des Baumes beiträgt.

Eine wirklich eingeborene Bevölkerung gibt es nicht auf Banda. Zuerst wurden die Inseln im Jahre 1512 von den Portugiesen in Besitz genommen. 1609 wurden sie von den Holländern erobert, die keine Schwierigkeiten hatten, sie ihren europäischen Rivalen abzunehmen, aber bald in blutige Kämpfe mit den kriegerischen Eingeborenen verwickelt wurden. Mehrfach überrumpelt und empfindlich geschlagen, vermochten die Holländer erst in den Jahren 1621—27 ihrer tapferen Gegner völlig Herr zu werden. Was nicht im Kampfe gefallen war, wurde zu Sklaven gemacht und von der Insel weg nach Java geschleppt. Die jetzige Einwohnerschaft des Archipels besteht aus einer Bevölkerung, die von den Holländern zur Bearbeitung der Pflanzungen aus verschiedenen Teilen ihrer Besitzungen importiert wurde, und als eine Mischung von Malayen, Alfuren, Papuas und Europäern zu betrachten ist. Sie sind Christen und bewohnen jetzt als freie Leute das Land, das seit dem Jahre 1873 von dem Drucke des Monopols befreit worden ist.

Ich fischte an der Küste von Neira in dem Wasser, welches von einer außerordentlichen Reinheit und Durchsichtigkeit ist, mit dem feinen Netz und fand hier eine reiche Fauna von pelagischen Tieren. Die Felsen des Strandes fallen steil in das Meer hinab und zeigen nur eine geringe Bedeckung mit Korallen. Die Durchsichtigkeit des Wassers ist so groß, wie ich sie kaum jemals wieder gesehen habe;

in großen Tiefen vermag man noch deutlich alle Details des Grundes zu erkennen. Die Fischer von Banda sagten mir, daß auch hier zur Zeit des Südostpassats Nautilus häufig gefangen würde.

Als die Nacht hereinbrach, leuchteten die Kämme der kleinen Wellen, die sich an den Felsen brachen, in wunderbar phosphoreszierendem Lichte. Die Hand, die man durchs Wasser zog, das ins Meer getauchte Ruder ließ Tausende leuchtender Lichtpunkte aufblitzen. Meerleuchten herrlichster Art sieht man natürlich sehr oft in den tropischen Meeren. Ich habe aber darauf verzichtet, das Phänomen näher zu beschreiben, weil dies schon in hundert Reisebeschreibungen geschehen ist, und es schwer wäre, etwas Neues darüber zu sagen. Hier in Banda allerdings wäre das doch möglich gewesen, wenn ich nicht im Februar, sondern im Juni, August oder September dorthin gekommen wäre. In diesen Monaten soll nämlich das Meer zwischen Banda und Ost-Ceram die Erscheinung des Meerleuchtens in ausgesuchter Weise zeigen, und die sogenannte »weiße See« bei Banda ist schon seit altersher berühmt. Die Erscheinung tritt regelmäßig und periodisch auf, im Juni ist sie schwächer und wird als kleines weißes Wasser, im August und September ist sie stärker und wird dann als großes weißes Wasser bezeichnet. Zweifellos muß es das Auftreten einer besonderen stark leuchtenden und sehr zahlreichen Gruppe von Lebewesen sein, das diese auffallende lokale Erscheinung hervorruft. Bis ein Naturforscher einmal zur rechten Zeit nach Banda kommt und den Erzeuger des Lichts, wahrscheinlich einen einzelligen Organismus, genauer studiert, läßt sich ein Urteil nicht abgeben.

Am nächsten Morgen besuchte ich den Markt oder Pasar von Banda, auf welchem auffallend viele Araber Verkaufsstellen haben. Dann machte ich mit meinem einzigen Mitpassagier an Bord des Both, Herrn C. Drießen, einen weiten Spaziergang durch die herrlichen Muskatnußparks von Neira. Am Abend dieses Tages, am 1. März lichtete der Both die Anker, und ich trat nun im vollen Ernste meine Rückreise in die Heimat an und betrachtete von nun an meine wissenschaftliche Arbeit als beendigt. Die nächsten Monate war ich bloß noch Tourist, der sich nach getaner Arbeit schauend und genießend erholte und Kräfte für neue Aufgaben, die wissenschaftliche Ausarbeitung der Reiseergebnisse, sammelte. Nur pelagischen Auftrieb oder Plankton fischte ich auch fernerhin mit dem feinen Netz in den verschiedenen Meeresteilen, die ich noch berührte.

Über Ambon und Celebes führte mich mein Weg zunächst noch einmal nach Java. In Buitenzorg konnte ich ein reichliches Material von Schuppentieren in Empfang nehmen, die Herr Dr. I. M. Janse, einer der Abteilungsvorstände des botanischen Gartens, freundlichst für mich gesammelt hatte.

In Singapore verweilte ich zwei Tage. Ich bewunderte die Schönheit der inselreichen Straße von Malakka, besuchte den ausgezeichneten botanischen Garten, der auch eine Sammlung von lebenden malayischen Tieren enthält, und ergötzte mich an dem bunten Völker- und Rassengewirr, das diese merkwürdige und häufig beschriebene Hafenstadt auszeichnet. Mit dem kleinen, aber trefflichen Dampfer Catherine Apcar fuhr ich dann nach Penang und von dort quer durch den Meerbusen von Bengalen nach Kalkutta.

Es war Ende März, und die Hitze, die um diese Zeit hier in Vorderindien herrschte, war fürchterlich. Kenner hatten mir entschieden abgeraten, im April eine Reise quer durch Indien zu unternehmen, weil dieser Monat nächst dem Mai für manche Teile Indiens die größte Hitze bringt. Ein Vergnügen, sagten sie, würde es jedenfalls nicht sein, und eine Erholung nach einer zweijährigen Tropenreise noch weniger: — Sollte ich aber darauf verzichten, das mitzunehmen, was direkt an meinem Wege lag, und dessen Besuch mir vielleicht nie wieder in meinem Leben vergönnt sein würde? Ich wußte sicher, daß ich es später immer bedauern würde, eine so wunderbare Gelegenheit verpaßt zu haben, und so wagte ich mich denn in den großen Bratofen, der zu dieser Zeit weit heißer ist, als eine der von mir besuchten äquatorialen Gegenden.

Vorher wollte ich mir aber erst noch einmal kühle Hochalpenluft um das Haupt wehen lassen und dafür war ich hier an die rechte Stelle gekommen. Sind doch die Vorberge des höchsten Gebirges der Erde, des Himalaya, von Kalkutta in 24 Stunden zu erreichen, und gehört der Blick von dort auf die nahen Bergriesen zum schönsten und erhabensten, was die Erde an Alpenfernsichten darbietet.

Mörderisch war die Hitze in der Stadt und noch mehr im Eisenbahnwagen, als ich um halb 4 Uhr Nachmittag Kalkutta verließ, um den Ausflug nach Dardjiling in Britisch-Sikkim zu machen. Abends wurde es angenehmer, und als wir in der sternhellen Nacht in einer Dampffähre über den stillen Ganges fuhren und auf derselben unsere Abendmahlzeit einnahmen, vermochte man wieder frei aufzuatmen. Als wir weiterfuhren, schien es, als ob unser Weg an einer großen Stadt vorüberführte, deren Lichter dicht gedrängt aus einem weiten Umkreis zu uns herüberleuchteten. Die Stadt wollte aber nicht enden, und zudem schienen es Blinkfeuer zu sein, die periodisch aufblitzten und wieder erloschen. Es waren Tausende und Abertausende großer, hellstrahlender Leuchtkäfer, die ihren nächtlichen Brautflug vollführten.

Die nun folgende Eisenbahnfahrt war angenehm. Die Eisenbahneinrichtungen in Indien sind ausgezeichnet; für die Nacht erhält ein jeder Passagier in der ersten Klasse, die allgemein von den Europäern benutzt wird, einen breiten und langen Sitz, auf dem er sich bequem ausstrecken kann. Kopfkissen, ein Betttuch und Decken führt jeder in seinem Handgepäck mit sich und läßt sich von seinem Diener für die Nacht ein bequemes Lager bereiten. Dieses System wäre auch für Nachtreisen in Europa sehr zu empfehlen, und ist billiger und angenehmer, als das der teuren und oft wenig behaglichen Schlafwagen. Fast alle Europäer nehmen auf Reisen einen oder mehrere einheimische Diener mit sich, die ihren Herrn auch im Hotel zu bedienen haben. Bei der Kürze meines Aufenthaltes in Indien glaubte ich hierauf verzichten zu dürfen und hatte in Kalkutta nicht geringe Mühe, mich der Diener zu erwehren, die mir ihre Dienste anboten. Allerdings bedurfte es in den Gasthöfen oft erst eines energischen Auftretens, bis sich die Hotelleute dazu verstanden, mein Zimmer in Ordnung zu bringen und mir bei Tisch die Speisen aufzutragen.

Am Morgen um 8 Uhr kamen wir in Siliguri an, das am Fuße der Berge gelegen ist. Hier verläßt man die Eisenbahn, und ein Schmalspurbahn, vor welche eine kleine, aber starke Berglokomotive gespannt ist, führt den Reisenden in die Höhe. Die schmalen Wagen sind an den Seiten offen, oben mit einem Verdeck versehen; jeder besitzt drei Vorder- und drei Rücksitze. In flottem Tempo führt diese, wie mir schien, etwas leicht gebaute »Himalaya-Bahn« die steilen Höhen hinan. Die brütend heiße Temperatur, die schon um 8 Uhr morgens in der Ebene lagert, macht einer frischeren Luft Platz, je höher man kommt und je weiter man in die Berge eindringt. Auch die Vegetation ändert sich, Palmen und Bambus verschwinden, die Berghänge sind mit Teepflanzungen bedeckt; noch höher begrüße ich alte, lange nicht gesehene Bekannte, Kastanien, Eichen und Birken, Cedern, Tannen und Fichten. Auch das Aussehen der Bevölkerung hat sich mit einem Schlage geändert, statt der Indier, die trotz ihrer dunklen Haut doch in Gestalt und Physiognomie ihre nahe Verwandtschaft mit uns Europäern erkennen lassen und die vielfach sogar an Adel der Form und Gesichtsbildung den europäischen Typus übertreffen, finden wir hier in den Bergen einen plump gebauten, häßlichen, dabei recht schmutzigen Menschenschlag von ausgesprochen

Zu Seite 547.

Kintschinjönga von Dardjiling.

mongolischem Typus. Es sind die Leptschas, Verwandte der Tibetaner. Um 3 Uhr hat die Bahn bei dem Dorf Ghoom die höchste Steigung mit 2250 Metern erreicht und führt nun in einer halben Stunde wieder etwa 50 Meter herunter nach Dardjiling. Als wir dort ankommen, sind die hohen Schneeberge im Hintergrunde in Nebel gehüllt, aber prächtig ist der Anblick des an die schroffen Bergwände geschmiegten Städtchens, der zerklüfteten Felsenlandschaft ringsum, der schönen und kraftvollen Vegetation. Vieles erinnert an die Heimat, aber die hohen Magnolienbäume und gigantischen Rhododendren rufen uns ins Gedächtnis zurück, daß wir uns nicht in einem Schweizer Alpendorfe, sondern in den Vorbergen des Himalaya befinden.

Als ich am nächsten Morgen früh aus dem Hause trat, lag diese herrliche Alpenlandschaft übergossen vom klaren Licht der Frühsonne vor mir, der Himmel war wolkenlos und rein, nur im Norden hing über den Bergen ein seltsam gestaltetes, silberleuchtendes Gewölk. Wie merkwürdig diese Wolken an Schneeberge erinnern! Aber das können sie ja nicht sein, denn sie schweben scheinbar frei in der Luft und stehen viel zu hoch über dem Horizont am Himmel. Allmählich treten auch andre Leute aus dem Hotel und betrachten staunend das Wunder. Es sind wirklich Berge, die Kette des Kintschinjönga, des dritthöchsten Berges der Erde, die hier in greifbarer Nähe vor uns liegen. Die höchste Spitze erreicht eine Höhe von 8580 Metern, sie ist also mehr als doppelt so hoch wie die Jungfrau. Der Schnee beginnt erst in einer Höhe von 5000 Metern, das heißt, die weiße Kette, die wir sehen, fußt höher als die höchste Spitze des Montblanc (4810 Meter) reichen würde. Aus diesem Grunde und weil wir uns in der Luftlinie nur etwa 80 Kilometer von den Bergen entfernt befinden, erscheinen sie dem, der bisher nur Hochgipfel von mittleren Höhen gesehen hat, so seltsam überhöht. Als Kind stellt sich der Bewohner der Ebene die Erhebung der Alpengipfel über dem Horizont viel größer vor, als sie in der Tat ist, und viele von uns sind deshalb beim ersten Anblick der Hochgipfel etwas enttäuscht. Wenn man dann öfters Berge gesehen hat, gewöhnt man sich an eine richtigere Beurteilung der Dimensionen und bildet sich eine bestimmte Vorstellung von ihrer Erhebung über dem Horizont. Hier tritt wieder der umgekehrte Vorgang ein; alle bisherigen Vorstellungen werden über den Haufen geworfen, man muß den Kopf viel tiefer in den Nacken legen, um die fernen Berge zu sehen, deren Spitzen wirklich im Himmel zu thronen scheinen. Die schneelose Region in 4000 bis 5000 Meter Höhe ist häufig in einen feinen Nebel gehüllt und erscheint in einer Bläue, die sich wenig von der des Himmels unterscheidet. Dann sieht es aus, als ob die silberweiße Schneekette frei am Himmel schwebe.

Dieses leuchtende Phänomen stand während meiner dreitägigen Anwesenheit immer nur vom Morgen bis Mittag am Himmel; nachher wurde alles von Nebel und Wolken umhüllt.

Dardjiling ist ein beliebter Luftkurort der Europäer in Indien. Es besitzt gute Hotels, schöne Privathäuser, wohlgepflegte Spazierwege und Anlagen. Bei Ghoom befindet sich ein Militärhospital für die Soldaten der britisch-indischen Armee, deren Gesundheit von der Hitze und den Fiebern der Ebene erschüttert ist. Auch ich kam, zwar nicht als Kranker, aber doch als ein Mensch, der durch zweijährige Strapazen in einem heißen Klima viel von seiner Frische und Spannkraft eingebüßt hatte, hierher. Nach 24 Stunden oben war ich wie ausgewechselt; Regsamkeit und Energie waren wieder da, ich aß meine Mahlzeiten aus Hunger und nicht aus Pflichtgefühl und wurde nicht müde, von Sonnenaufgang bis zum Abend auf den Bergen herumzuklettern oder auf den ausdauernden, sanften und doch feurigen Nepalponies, den angenehmsten Bergpferden, die ich je kennen gelernt habe, weite Ausflüge zu unternehmen. Diese Frische, die mir der Aufenthalt in der kühlen Höhenluft verlieh, ließ nicht nach, als ich wieder herunter in die heiße Ebene kam, und reichte aus, mich die Strapazen des folgenden Monats spielend überwinden zu lassen.

Zweimal war ich auf Tiger Hill, einer hohen Bergkuppe bei Dardjiling, von der man unter günstigen Verhältnissen einen Blick auf die Kette des Gaurisankar oder Mount Everest hat. Beide Male war mir aber die Witterung nicht günstig, und die fernen Spitzen des Gaurisankar, der mit 8840 Metern doppelt so hoch ist als das Matterhorn, enthüllten sich mir nicht. Der Leser wird es mir hoffentlich nicht verübeln, wenn ich ihm nebenstehend ein Bild dieses höchsten Berges der Erde vorlege, den ich leibhaftig selbst nicht gesehen habe.

Vieles hätte ich noch von Dardjiling, seinen Bergen, seiner Vegetation, seiner Bevölkerung zu berichten, aber es drängt mich, zum Ende zu kommen. Benares, die heilige Stadt der Indier, Agra und Delhi, die prächtigen Residenzen der alten Mogulkaiser mit ihren klassischen Baudenkmälern, Jeypore, der Typus einer indischen Stadt, die durch europäischen Einfluß wenig verändert ist, das malerisch gelegene Bombay, wie herrliche Erinnerungen knüpfen sich für mich an sie, wie unvergeßbare Genüsse boten sie mir. Aber sie sind schon so oft und so erschöpfend geschildert worden, daß ich lieber schweigend mein Schiff, die Assam, in Bombay besteige, das mich

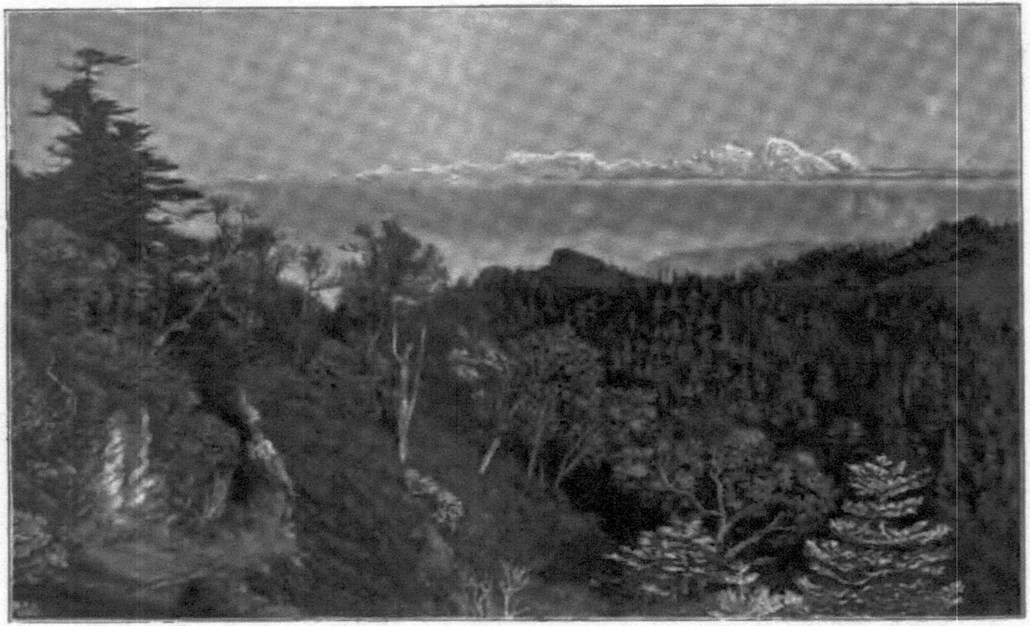

Gaurisankar von Sandakfoo (Dardjiling).

der Heimat zuführen soll. Am 15. April nahm ich Abschied von den sonnigen Küsten Indiens, zehn Tage später winkten mir die schneebedeckten Berge Kretas den ersten Willkommensgruß Europas zu. An den schroffen, kahlen Höhen von Zakynthos vorüber, dann durch die schmale Meerenge zwischen Kephalonia und Ithaka trägt uns das Schiff nach Brindisi. Es war am 28. April, als wir anlangten: im Frühlingsschmuck lag Italien da; im Frühlingsschmuck, den die Tropen nicht kennen, begrüßte mich die deutsche Heimat.

Wenn ich zum Schluß zurückblicke und mich frage, was ist mir diese Reise gewesen, so denke ich nicht der greifbaren Förderung, die meine wissenschaftlichen Arbeiten durch Gewinnung eines reichen und in vieler Beziehung sehr eigenartigen Materials erfahren haben. Viel höher schätze ich die große Anregung auf allen Gebieten naturwissenschaftlichen Denkens, die den reisenden Forscher veranlassen, unendlich Vielem Beobachtung und Nachdenken zu widmen, das für ihn zu Hause, wo er allein den Weg seiner Spezialforschung zu wandeln gewohnt ist, nicht vorhanden ist. Nicht Zersplitterung, sondern einseitige Spezialisierung ist die Hauptgefahr, die heute die Vertreter der so hoch, aber deshalb so spezialisiert entwickelten Naturforschung bedroht. Da wirkt denn die Reise ins große Meer allgemeiner Naturerkenntnis auf den jungen Forscher wie die Meerfahrt des Lachses auf das Fischlein, das in seinem kleinen Fluß groß geworden ist, sich dort heimisch weiß und, bevor es seine große Reise ins Weltmeer angetreten hat, kaum ahnt, daß es draußen auch noch Wasser gibt.

Ebenso wichtig wie der Gewinn, den der Forscher aus einer solchen Reise zieht, ist aber die Förderung, die der Mensch als Mensch erfährt, die reiche Fülle ästhetischer Genüsse, die Übung des Auges und aller Sinne, die Ausdehnung des Horizonts und der Urteilsfähigkeit durch die Vervielfachung der Vergleichungsobjekte. Wallace sagt scherzend, allein der Genuß, Durian zu essen, lohne eine Reise in den Osten. Er hat darin schon recht, aber noch mehr lohnt es sich, der Gesellschaft der eigenen Verwandten und alten Freunde zeitweilig zu entsagen, um dafür draußen fremde, uns durch keinerlei Bande verknüpfte Menschen kennen zu lernen, die hochherzig und ohne jedes eigennützige Motiv den fremden Wanderer bei sich aufnehmen und seine Bestrebungen opferwillig unterstützen. Solche Erfahrungen, die auf einer langen Reise in fremden Ländern jeder machen wird, der sich ihnen nicht künstlich verschließt, sind geeignet, uns den Glauben an eine eingeborene Güte der menschlichen Natur viel eindringlicher zu Gemüte zu führen, als wenn wir im abgegrenzten Kreise der Heimat bleiben, wo die Selbstlosigkeit der Motive sich unserm Auge weniger überzeugend darstellt. Vor einer zu optimistischen Beurteilung des menschlichen Charakters wird der Reisende, der unter schwierigen Verhältnissen mit allen möglichen Sorten von Menschen in Berührung kommt, ebenfalls geschützt sein. Er wird sich gewöhnen, objektiv zu beobachten und wird finden, daß unter den Weißen und Schwarzen, Australiern und Deutschen, Männern und Weibern immer dieselben Leidenschaften, Schwächen und Tugenden wiederkehren, immer dasselbe Thema, aber verschieden gesetzt, verschieden variiert, überall wiederklingt, wo Menschen leben, lieben und hassen. Das Gemeinsame der Menschennatur in all ihren Verkleidungen herauszuerkennen und das Charakteristische jeder einzelnen Variation zu erfassen, ist ein weiterer Genuß, der der verständnisvollen Versenkung in ein großartiges Kunstwerk oder eine wunderbare Landschaft ebenbürtig ist.

Vielfach versucht man es, den Wert der Kolonien für das Mutterland auf Heller und Pfennig zu berechnen, indem man fragt, was sie dem letzteren unmittelbar einbringen. Mit Recht wird hiergegen geltend gemacht, daß der indirekte Nutzen: die lebhaften gegenseitigen Handelsbeziehungen, der Reichtum, den die Einwanderer aus den noch ungehobenen Schätzen der Kolonien ziehen und später mittelbar oder unmittelbar dem Mutterlande wieder zuführen, die direkten Einnahmen aus den Überschüssen unendlich übertrifft.

Noch viel höher möchte ich aber den Nutzen anschlagen, den die gesteigerte Lebenserfahrung, die Erweiterung des Horizonts auf die Persönlichkeit derjenigen ausübt, die draußen geweilt haben. Daß der Aufenthalt in fernen Ländern unter ungeregelten Verhältnissen für manche Naturen eine Schule des Lasters und der Brutalität werden kann, ist nicht zu verkennen. Doch auf die Mehrzahl der Jugend, der es vergönnt ist, draußen die Pionierarbeit zu vollführen, wird jene entsagungsvolle, aber an neuen Eindrücken und ungewöhnlichen Erlebnissen reiche Zeit sicher erzieherisch wirken, und der geistige Zuwachs, den jeder Einzelne heimbringt, kommt der Gesamtheit zu gute. Dieser ideale Wert der Kolonien für ein Volk ist ihrem materiellen mindestens gleich zu achten.

Anhang I.

Verzeichnis von 120 Wörtern aus der Sprache der Eingeborenen am mittleren Burnett.

Hauptwörter.

Abend	djuju	Keule	djabir
Arm	gening	Kind	kagur
Auge	mel	Mann	murun
Baum (Holz)	taddo	Mond	•gullo
Bein	jangar	Morgen	ngolga
Blume	bullor	Mutter	memme
Bumerang	barran	Nacht	mulgen
Ei	ngoo	Ohr	pinnang
Feuer	gujom	Rinde	gondo
Fleisch	djam	Schild	cumare
Fluß	dongi	Sohn	njukoerring
Flüßchen	jena	Sonne	jaunan
Fuß	jinnang	Speer	kanne
Gras	bau	Stein	taï
Hand	na	Tag	muin
Himmel	munar	Tochter	njukoerringon
Holz (Baum)	taddo	Vater	baba
Honig	dohl	Weib	gjubom
Hütte (Wohnung, Zelt)	gundu	Wind	boran
		Wasser	kung
Jüngling	murun	Zunge	djunom

Tiernamen.

Aal	Imba
Ameisenigel (Echidna)	Cauara
Bändikut (Perameles)	Pinuru
Beutelbär (Phascolarctos)	Gulla
Beuteleichhorn, fliegendes (Petaurus)	Wuaa oder Barbar
Beutelmarder (Dasyurus)	Gumbem
Ceratodus	Djelleh
Eidechse	Cullim
Emu	Mui
Felsenwallaby (Petrogale)	Guembi
Frosch	Daggam
Giftschlange	Wonge
Großfußhuhn (Talegallus, Catheturus)	Wauen
Jackass, lachender (Paralcyon gigas)	Gugaga
Jewfisch (Wels, Arius australis)	Bolla
Käfer	Jamgon
Känguruh	Gruman
Känguruhratte (Aepyprymnus)	Barunga
Kakadu	Giera
Katzenwels (Copidoglanis)	Gidiri
Krageneidechse (Chlamydosaurus)	Binángaram
Land-Iguana (Varanus)	Jimben
Meeräsche (Mugil cunesius)	Ngaria
Opossum	Gruna
Pelikan	Gorolcápino
Schildkröte	Miaro
Schmetterling	Boaba
Schnabeltier (Ornithorhynchus)	Jungjumóre
Schwarzer Schwan	Gulon
Spinne	Munnin
Squattertaube (Geophaps scripta)	Mammin
Teppichschlange (Python spilotes)	Bui
Wallaby	Wueia
Wasser-Iguana (Physignathus)	Niaram
Wild-Ente und -Gans	Monarum
Wongataube	Wung

Fürwörter.

Ich ngea Du njin Er jango

Zeitwörter.

Essen (trinken)	djao	Sehen	njao
Fliegen (laufen)	mjeringe	Sein	nganje
Haben	nkamangare	Sitzen	ngeno
Hören	binan	Springen	kunaue
Laufen (fliegen)	mjeringe	Töten	bumgo
Schlafen	buando	Trinken (essen)	djao
Schwimmen	gerumjo	Werfen	bienge

Eigenschaftswörter.

Alt	gorenga	schlecht	nieng
bunt (rot, gelb, grün, blau)	beiar	schnell	djuinga
durstig	kongi	schwach	birir
groß	jan	schwarz (dunkel)	nguruc (nguruc ngurue bedeutet schmutzig)
gut	kalang		
jung	gagur	stark	darrin
klein	baribari	weiß	bambar
langsam	jeier		

Umstandswörter.

nein	wuakka	ja	joei

Zahlwörter.

Eins	garro	fünf	boo koromde
zwei	boo	viel, eine Menge (alles was fünf übersteigt)	meian
drei	koromde		
vier	wogaro		

Einige Bezeichnungen für Tiere und Nahrungsmittel, welche die Schwarzen seit Eindringen der Weißen kennen gelernt haben:

Pferd	jaraman	Zucker	schugei
Rind	bulla	Tee	ti
Mehl	bullor		

Anhang II.

Untersuchung des Gesteinsmaterials einiger australischer und papuanischer Steinbeile.

Von Professor Dr. **G. Linck.**

Zur Untersuchung lagen fünf Steinbeile vor, welche zwischen 10 und 22 Centimeter lang, 8—10 Centimeter breit und an den dicksten Stellen bis 3 Centimeter dick waren. Drei derselben, Nr. 3, 4, 5, die von der Südostküste von Neu-Guinea stammen, sind vollkommen bearbeitet und poliert, die anderen beiden, Nr. 1 und 2 aus Queensland (Burnett-Distrikt), sind mehr roh, etwa einem gut geschlagenen Handstück ähnlich und nur an der Schneide, d. h. an der einen Schmalseite auf eine geringe Erstreckung angeschliffen und anpoliert.

Die Farbe der Gesteine ist an den anpolierten Stellen dunkelsaftgrün, meist völlig homogen; nur zwei der Beile lassen Lagenstruktur erkennen, indem dünne, lichtere, gelblichgrüne oder dunklere, fast schwarze Lagen mit der Hauptmasse abwechseln (Nr. 3 und 5). Auf dem frischen Bruch haben die Gesteine durchweg ein grünlichgraues Aussehen.

Unter dem Mikroskop sind bei diesen Gesteinen zwei verschiedene Typen zu unterscheiden.

Die drei vollständig anpolierten Stücke haben durchaus tuffartigen Charakter. Feldspatbruchstücke, seltene Quarzstückchen und viel Hornblende mit wenig Erz bilden die Hauptbestandteile, welche in dem einen Gestein (Nr. 4) regellos durcheinander gemischt und von gleichmäßig feinem Korn sind, während in einem anderen (5) gröberkörnige, feldspatreiche Lagen mit den herrschenden feinerkörnigen feldspatarmen abwechseln und bei dem dritten (Nr. 3) das Korn durchweg ein gröberes ist. — Die Hornblende ist meist schmutziggrün, in Nr. 3 zum Teil auch bräunlich gefärbt und zeigt kräftigen

Pleochroismus. Sie tritt in unregelmäßigen Fetzen, zum Teil auch in feinen Nadeln auf, welche öfters subradial bis radial struiert sind. Die Auslöschungsschiefe ist groß. — Der Feldspat gehört seinem optischen Verhalten nach wohl durchweg einem Plagioklas (Kalknatronfeldspat) an, und erscheint nur in unregelmäßigen Bruchstückchen. — Das Erz tritt in unregelmäßigen Putzen, nie in Krystallen auf. Es dürfte Magneteisen sein.

Der zweite Typus wird vertreten durch Nr. 1 und 2. Das letztere ist ein typischer Diabas, dessen Augit aber fast vollständig in Hornblende umgewandelt ist. Ein typisch divergentstrahlig struierter, langleistenförmiger Kalknatronfeldspat bildet das vorzügliche Charakteristicum des Gesteines. Die Räume zwischen den Feldspatleisten sind erfüllt mit schmutziggrün gefärbter Hornblende, deren ausgefranste Enden, deren Übergang in feine Nadeln, welche sich in den Feldspat hineinerstrecken, ihren uralitischen Charakter demonstrieren. In dieser Hornblende steckt hin und wieder, aber selten, ein kleiner Kern von lichtgelblichgrünem Augit. Die Hornblende wird häufig von kleinen Magneteisenerz-Putzen begleitet. Sonst sind die Eigenschaften derselben die gleichen, wie in den übrigen Gesteinen. — Quarz ist nur selten als interstitiale Füllmasse zwischen den Feldspäten vorhanden.

Zum gleichen Gesteinstypus ist offenbar Nr. 1 zu rechnen, wenn gleich sein Charakter durch die starke Zersetzung schon sehr viel mehr gelitten hat. Augit ist gar keiner mehr vorhanden, die Hornblende mehr bläulichgrün, auch mehr in kurzen, plumpen Säulchen entwickelt, und durchspickt in weit stärkerem Maße das ganze Gestein. — Der Feldspat ist nur selten noch als solcher deutlich zu erkennen, und wo dies der Fall ist, erblickt man deutlich noch die vielfache Zwillingslamellierung und die ophitische Struktur. Meist ist er in saussuritische gleichmäßig feinkörnige Produkte umgewandelt. — Die Erzputzen sind größer und reichlicher als in dem vorhergehenden Gestein.

Nach diesen Untersuchungen dürften die beiden Gesteine Nr. 1 und 2 als uralitisierte Diabase, die übrigen drei Gesteine dagegen wahrscheinlich als uralitisierte Diabastuffe aufzufassen sein. Die Uralitisierung verschafft ja den Gesteinen eine kompaktere, zähere Beschaffenheit, die aber natürlich die des reinen Nephrits nicht zu erreichen vermag. Trotz alledem sieht man, daß auch hier wieder gerade hornblendereiche Gesteine, als zu den Werkzeugen geeignet, aufgesucht worden sind.

Register.

Die fettgedruckten Seitenzahlen verweisen auf ausführlichere Besprechungen der betreffenden Gegenstände.

36*

Druck von Breitkopf & Härtel in Leipzig.

SEMON, Im australischen Busch. KARTE I.

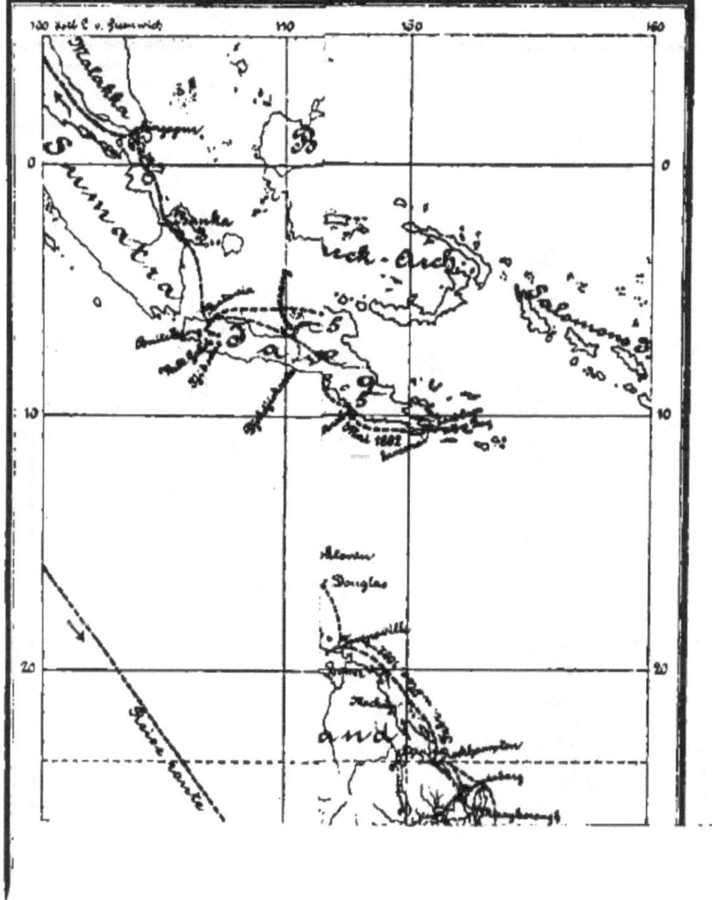

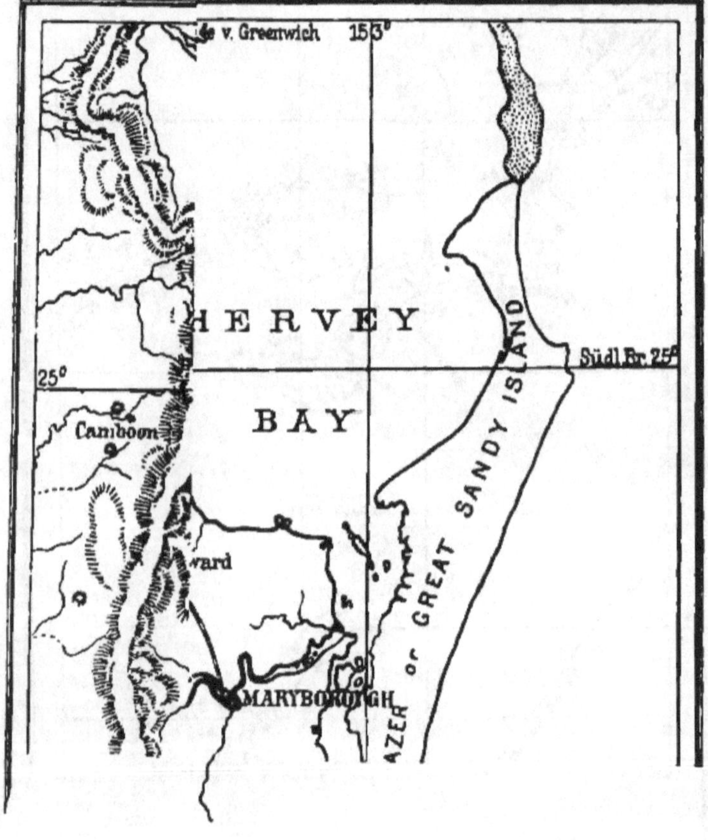

de v. Greenwich
153°
HERVEY
BAY
25°
Südl.Br.25°
Camboon
ward
MARYBOROUGH
FRAZER or GREAT SANDY ISLAND

151°
152°
153°
154°
8°
9°
10°
11°
12°
Trobriand I.s
Woodlark I.
Shary I.
LOUISIADEN ARCHIPEL
Islands
Pannatia I.
Barrier Reef
Cape Flattery
Mt. Jack

SEMON, Im australischen Busch. 2. A KARTE IV.

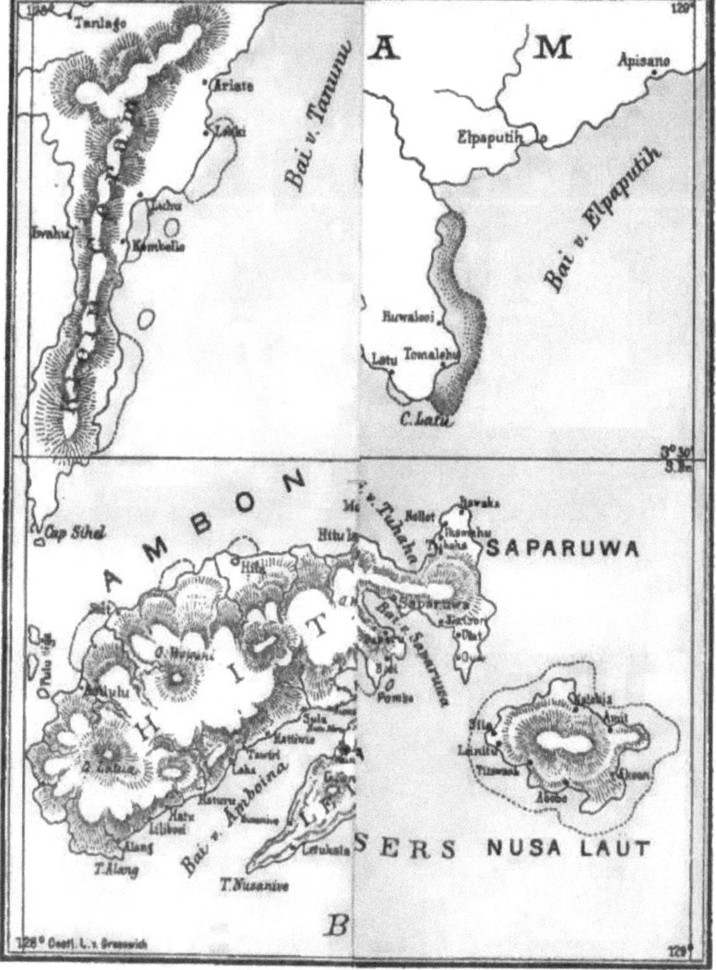

Zeitfracht Medien GmbH
Ferdinand-Jühlke-Straße 7
99095 Erfurt, Deutschland
produktsicherheit@kolibri360.de